회계사·세무사·경영지도사 합격을 위한

해커스 경영아카데미
합격 시스템

해커스 경영아카데미 인강

취약 부분 즉시 해결!
교수님께 질문하기
게시판 운영

무제한 수강 가능+
PC 및 모바일
다운로드 무료

온라인 메모장+
필수 학습자료
제공

* 인강 시스템 중 무제한 수강, PC 및 모바일 다운로드 무료 혜택은 일부 종합반/패스/환급반 상품에 한함

해커스 경영아카데미 학원

쾌적한 환경에서 학습 가능!
개인 좌석 독서실
제공

철저한 관리 시스템
미니 퀴즈+출석체크
진행

복습인강 무제한 수강+
PC 및 모바일
다운로드 무료

* 학원 시스템은 모집 시기별로 변경 가능성 있음

회계사 · 세무사 · 경영지도사 단번에 합격! **해커스 경영아카데미** cpa.Hackers.com

┃ 이 책의 저자

정윤돈

학력

성균관대학교 경영학과 졸업

경력

현┃ 해커스 경영아카데미 교수
　　해커스공무원 교수
　　해커스금융 교수
　　미래세무회계 대표 회계사
　　삼일아카데미 외부교육 강사

전┃ 삼정회계법인 감사본부(CM본부)
　　한영회계법인 금융감사본부(FSO)
　　한영회계법인 금융세무본부(FSO TAX)
　　대안회계법인 이사
　　이그잼 경영아카데미 재무회계 전임(회계사, 세무사)
　　합격의 법학원 재무회계 전임(관세사, 감평사)
　　와우패스 강사(CFA-FRA, 신용분석사, 경영지도사)
　　KEB하나은행, KB국민은행, 신한은행, IBK기업은행, 부산은행 외부교육 강사

자격증

한국공인회계사, 세무사

저서

해커스 IFRS 정윤돈 회계원리
해커스 IFRS 정윤돈 중급회계 1/2
해커스 IFRS 정윤돈 재무회계 키 핸드북
해커스 IFRS 정윤돈 객관식 재무회계
해커스 세무사 IFRS 정윤돈 재무회계 1차 FINAL
해커스 IFRS 정윤돈 재무회계연습
해커스공무원 정윤돈 회계학 재무회계 기본서
해커스공무원 정윤돈 회계학 원가관리회계 · 정부회계 기본서
해커스공무원 정윤돈 회계학 단원별 기출문제집
해커스 신용분석사 1부 이론 + 적중문제 + 모의고사
IFRS 중급회계 스터디가이드
IFRS 재무회계 기출 Choice 1/2
IFRS 객관식 재무회계 1/2
신용분석사 완전정복 이론 및 문제 1/2
신용분석사 기출 유형 정리 1부
신용분석사 최종정리문제집 1/2부

머리말

재무회계 학습에서 가장 중요한 것은 각 거래들이 재무제표에 어떠한 영향을 주어 정보이용자에게 어떠한 의미로 전달되는지를 파악하는 것입니다. 이를 위해서 우리는 다양한 방법을 통하여 각 거래를 학습하고 있습니다. 그러나 많은 수험생들이 재무회계를 학습할 때 단순히 회계처리를 해보거나 그림을 그려 답을 구하려고만 하는 실수를 범하는 경우가 많습니다. 모든 회계처리와 그림의 결론은 '각 거래들이 재무제표에서 어떠한 의미로 기재되는가'라는 것을 항상 기억하시기 바랍니다. 본서의 특징은 아래와 같습니다.

첫째, 수험생들이 기본서를 별도로 공부하지 않아도 될 수 있도록 기본서에 정리되어 있는 모든 내용들을 요약 정리 및 도식화하였습니다.

둘째, 각 거래별로 필수적으로 알아야 하는 회계처리를 모두 기재하였고, 각 주제별로 문제풀이 TOOL을 모아 놓았습니다. 또한 기존 요약서들의 한계를 극복하기 위하여 기준서의 문구들도 기본서 수준으로 충실히 정리하였습니다.

셋째, 기본강의를 듣는 학생부터 2차 유예학생들까지 수험기간 동안 계속하여 단권화하여 사용할 수 있도록 각 주제별로 기본적인 내용부터 2차 수준의 고급이론까지 단계별로 정리하였습니다.

넷째, 회계사·세무사 시험에 자주 출제되는 문장을 엄선하여 수록하여 1차 시험에 철저히 대비할 수 있도록 하였습니다.

해커스 경영아카데미에서 강의를 하면서도 한번도 힘들지 않고 즐겁게 일할 수 있게 해준 영혼의 파트너 이훈엽 세무사, 서호성 선생님에게도 감사의 말씀 전합니다.

끝으로 늘 바쁘고 피곤하다는 이유로 남편 노릇 한번 제대로 못하고, 남들 다 같이 시간 보내는 결혼기념일에도 같이 있어주지 못하는 남편을 늘 부족함 없이 사랑해주는 아내 현주에게 내 인생을 바꾼 단 한순간은 당신을 만난 그 순간이었다는 말을 전합니다.

정윤돈

목차

본 교재와 관련된 **객관식 문제**를 풀어보고 싶다면!
<해커스 IFRS 정윤돈 객관식 재무회계>

 본 교재와 관련된 **주관식 문제**를 풀어보고 싶다면!
<해커스 IFRS 정윤돈 재무회계연습>

* 위 교재는 시중 서점에서 구입할 수 있습니다.

제 **1** 장

재무회계와 회계원칙

해커스 IFRS 정윤돈 재무회계 키 핸드북

Ⅰ | 재무회계의 의의

01 회계의 정의

현재에는 회계를 아래와 같이 정의하고 있다.

> 정보이용자의 **경제적 의사결정에 도움을 주기** 위하여 **경제적 실체와 관련된 정보를 식별**하고 **측정**하여 **보고**하는 과정

이러한 정의로부터 회계가 추구하는 목적이 **정보이용자의 의사결정에 유용한 정보를 제공**하는 것임을 알 수 있다.

✎ **회계의 정의**

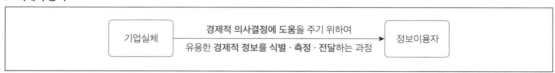

이러한 회계의 정의는 회계실체의 거래나 사건을 기록, 분류, 요약, 해석하는 기술로 보아 회계정보의 생산 측면 (≒ 부기)만을 강조하지 않고 회계정보의 이용 측면까지 강조하고 있다. 그러므로 현재에는 **회계정보를 경제적 정보**로 간주하여 **재무적 정보와 과거정보**뿐만 아니라 **비재무적 정보와 미래정보**도 포함하는 개념으로 정보의 범위를 확장하였다. 즉, 회계의 보고수단이 재무제표에서 **재무제표와 재무제표 이외의 재무정보 전달수단을 포괄**하는 재무보고로 확정되었다.

02 회계정보이용자와 회계의 분류

(1) 회계정보이용자의 구분

✎ **회계정보이용자의 구성**

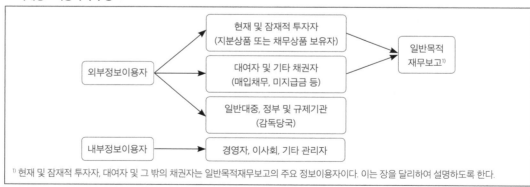

1) 현재 및 잠재적 투자자, 대여자 및 그 밖의 채권자는 일반목적재무보고의 주요 정보이용자이다. 이는 장을 달리하여 설명하도록 한다.

기업의 회계정보이용자는 **내부정보이용자와 외부정보이용자로 구분**할 수 있으며, 이러한 회계정보이용자 분류에 따라 회계는 **재무회계와 관리회계로 구분**된다.

(2) 내부정보이용자

기업의 주요 내부정보이용자는 기업의 경영자이며 그들은 기업활동과 관련된 의사결정에 도움을 받기 위해서 회계정보를 필요로 한다. 경영자에게 제공되는 **회계정보는 내용이나 형식에 특별한 제약을 받지 않고** 회계정보를 산출하는 데 있어서 지켜야 할 지침이나 규칙이 요구되지 않으며, 오로지 경영자가 가장 유용하게 이용할 수 있도록 회계정보를 산출하여 제공하기만 하면 된다.

(3) 외부정보이용자

기업의 외부정보이용자는 현재 및 잠재적인 투자자, 대여자 및 그 밖의 채권자, 정부, 일반대중 등이 있다. 외부정보이용자에게 제공되는 회계정보는 통일된 지침과 규칙에 따라서 작성되어야 하고, 일정한 수준 이상의 충분한 정보가 제공될 필요가 있다. 이때 회계정보 작성 및 공시과정에서 준거해야 할 지침 또는 규칙을 '일반적으로 인정된 회계원칙(GAAP; Generally Accepted Accounting Principles)'이라고 한다.

✎ **내부정보이용자와 외부정보이용자의 구성**

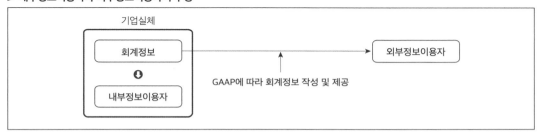

☆ **Self Study**

외부정보이용자에게 전달되는 회계정보는 일반적으로 인정된 회계원칙에 따라 작성될 필요가 있으나, **내부정보이용자(= 경영자)에게 전달되는 회계정보는 일반적으로 인정된 회계원칙에 따라 작성될 필요가 없다.** 또한, 경영자는 의사결정에 있어서 일반적으로 인정된 회계원칙에 따라 작성된 회계정보에 의존할 필요도 없다.

---

(4) 회계의 분류

회계는 회계정보의 이용주체인 회계정보이용자에 따라 재무회계와 관리회계로 분류된다. 여기서 현재 및 잠재적 투자자, 대여자와 그 밖의 채권자 등의 **외부정보이용자가 이용하는 회계정보를 재무회계라고** 하고 경영자 등의 **내부정보이용자가 이용하는 회계정보를 관리회계라고** 한다.

03 재무보고

재무회계시스템을 통하여 산출된 회계정보를 외부정보이용자에게 제공하는 것을 재무보고라고 하고, 재무보고를 할 때 사용하는 가장 대표적인 전달 수단이 재무제표이다.

(1) 재무제표

재무회계는 기업의 외부정보이용자들이 합리적인 의사결정을 할 수 있도록 유용한 정보를 제공하는 것이 목적이다. 그러므로 기업은 외부정보이용자들에게 기업에 유입될 미래 순현금유입의 금액, 시기 및 불확실성을 예측하기 위하여 재무상태, 재무성과, 자본변동 및 현금흐름에 관한 정보를 제공해야 한다. 이러한 재무회계의 목적을 달성하기 위해서는 다양한 회계정보가 필요하고, 이를 위하여 표준화된 일정한 양식이 필요한데 이를 재무제표(F/S; Financial Statements)라고 한다. 재무제표는 기업실체의 외부정보이용자에게 기업실체에 관한 재무적 정보를 전달하는 핵심적인 재무보고의 수단이다.

기업회계기준서 제1001호 '재무제표 표시'는 다음과 같은 재무제표들을 공시하도록 요구하고 있다.

---

① 특정 시점의 상태에 관한 재무제표
- 재무상태표(B/S, Statement of Financial Position): 일정 시점에 기업의 경제적 자원(자산)과 보고기업에 대한 청구권(부채 및 자본)에 관한 정보를 제공하는 재무제표

② 특정 기간의 변동에 관한 재무제표
- 포괄손익계산서(I/S, Statement of Comprehensive Income): 일정 기간 동안의 지분참여자에 의한 출현과 관련된 것을 제외한 순자산의 증감에 의하여 발생하는 재무성과에 관한 정보를 제공하는 재무제표
- 자본변동표(S/E, Statement of Change in Equity): 일정 시점에 자본의 잔액과 일정 기간 동안 자본의 변동에 관한 정보를 제공하는 재무제표
- 현금흐름표(CF, Statement of Cash Flow): 일정 기간 동안 현금및현금성자산의 창출능력과 현금흐름의 사용 용도를 평가하는 데 유용한 기초를 제공하는 재무제표

재무제표는 주석을 통하여 재무제표 본문에 표시된 정보를 이해하는 데 도움이 되는 추가적 정보나 재무제표 본문에 계상되지 않은 자원, 의무 등에 대한 정보를 함께 제공해야 한다. 주석은 재무제표상 해당 과목 또는 금액에 기호를 붙이고 난외 또는 별지에 동일한 기호를 표시하여 그 내용을 간결하게 기재하는 것을 말한다. 주석은 재무제표와는 별도로 공시하지만 재무제표에 포함된다.

(2) 재무보고

재무보고의 기타 수단으로 제공되는 재무정보에는 재무제표에 보고되기에는 적절하지 않지만 정보이용자의 의사결정에는 유용한 정보가 모두 포함되어 있다. 사업보고서는 재무제표와 더불어 기업의 재무정보를 제공하는 재무보고 수단의 예로 비재무정보를 포함한다.

04 회계의 사회적 역할

(1) 경제적 자원의 효율적 배분

회계는 각 경제주체의 합리적 의사결정에 필요한 정보를 제공함으로써 경제적 자원의 최적 배분에 기여하고 있다. (➡ 기업 내부·외부 자원 모두에 대한 배분 및 개념적으로의 배분이 아닌 실제 자원의 이동 모두에 영향을 미친다)

(2) 수탁책임에 관한 보고 기능

투자자와 채권자들은 수탁한 자본이 효율적이고 효과적으로 사용되고 있는지에 대해 결과보고를 받아야 하는데 이를 수탁책임에 관한 보고라고 한다. 이러한 보고는 회계정보를 통해서 이루어진다. 또한 수탁책임에 관한 보고 기능은 그 과정에서 정보의 비대칭, 역선택, 도덕적 해이에 대한 위험을 감소시킨다.

🖉 **경영진의 수탁책임에 관한 보고 기능**

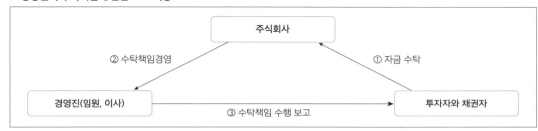

Ⅱ 일반적으로 인정된 회계원칙(GAAP)과 한국채택국제회계기준(K-IFRS)

01 일반적으로 인정된 회계원칙

(1) 일반적으로 인정된 회계원칙의 의의

회계정보이용자에게 전달되는 공통된 회계정보를 담고 있는 일반목적재무제표를 위한 일반적으로 인정된 회계원칙(GAAP; Generally Accepted Accounting Principles)이 필요하게 되었다.

(2) 일반적으로 인정된 회계원칙의 특징

일반적으로 인정된 회계원칙은 고의나 오류에 의해서 회계정보가 왜곡되는 것을 방지하여 회계정보가 기업 간 · 기간 간 비교 가능하고 객관적인 정보가 되도록 하기 위해서 **기업실체에 영향을 미치는 특정 거래나 사건을 재무제표에 보고할 때 따라야 할 지침 또는 규범**이라고 할 수 있다.

일반적으로 인정된 회계원칙의 특징은 아래와 같다.

> ① 실질적 권위가 있는 다수의 전문가들에 의하여 지지
> ② 중립적인 성격(이해조정적 성격)
> ③ 가변성
> ④ 신뢰성, 비교가능성, 이해가능성 향상 및 제고

☆ Self Study

정치적 과정이란 기업의 이해관계자들이 회계처리기준의 제정 과정에 영향을 미치는 것을 말한다. 정치적 과정이 부정적인 영향만을 미치는 것은 아니다. 회계처리기준이 일반적으로 인정된 회계원칙이 되기 위해서는 **회계처리기준에 의해 영향을 받는 집단에 의한 수용이 전제되어야 한다**는 측면에서 정치적 과정은 긍정적인 의미를 가질 수도 있다.

(3) 회계기준의 제정 방법

① 연역적 접근법

오늘날 회계가 단순한 장부기록의 기술에서 회계정보시스템에 입각한 학문으로 발전함에 따라 주로 연역적 접근법이 회계원칙의 제정 방법으로 사용되고 있다.

✐ 연역적 접근법의 회계원칙 도출 과정

회계의 목적	➡	논리적인 추론 과정	➡	회계원칙의 도출

② 귀납적 접근법

오늘날 회계는 주로 연역적 접근법에 의하여 회계원칙이 제정되지만 증권 · 보험업과 같은 특수한 업종에서는 회계실무를 반영하는 귀납적 접근법도 사용되고 있으며, 회계정보이용자들이 회계의 제정 과정에 정치적 압력을 행사함으로써 연역적 접근법의 단점을 보완하고 있다.

✐ 귀납적 접근법의 회계원칙 도출 과정

회계실무의 관찰	➡	관찰내용의 분석	➡	회계원칙의 도출

③ 현행회계

연역적 접근법과 귀납적 접근법이 결합되어 제정되고 있다.

(4) 회계기준 제정

우리나라의 회계원칙을 기업회계기준이라고 한다. 「주식회사 등의 외부감사에 관한 법률」 제13조 제4항에 따라 금융감독위원회가 회계처리기준에 관한 업무를 전문성을 갖춘 민간 법인 또는 단체에 위탁할 수 있는 근거가 마련되었으며, 같은 법 시행령 제7조의2에서는 회계기준제정기구로 한국회계기준원(KAI; Korea Accounting Institute)을 지정하였고, 이에 따라 한국회계기준원은 기업회계기준의 제정, 개정, 해석과 질의회신 등 관련 업무를 수행하게 되었다.

> **☆ Self Study**
>
> 1. 한국회계기준원은 회계기준위원회의 심의와 의결을 거쳐 확정된 기업회계기준의 제정안 또는 개정안을 금융위원회에 보고한다(회계기준의 제정 권한은 금융위원회에 있다).
> 2. 회계기준원은 정당한 사유가 없으면 금융위원회의 수정요구사항에 응하고, 확정된 기업회계기준을 일반에 공표한다.

(5) 외부감사제도

외부감사제도란 기업의 경영자가 작성한 재무제표가 일반적으로 인정된 회계원칙에 따라 작성되었는지를 독립적인 전문가가 감사를 수행하고 그에 따른 의견을 표명함으로써 재무제표의 신뢰성을 높이기 위한 제도이다. 독립적인 전문가인 공인회계사(CPA; Certified Public Accountant)가 회사의 재무제표가 재무상태와 경영성과를 중요성의 관점에서 적정하게 표시하고 있는지에 대한 의견(적정의견, 한정의견, 부적정의견, 의견거절)을 표명하는 제도이다.

02 한국채택국제회계기준

(1) 한국채택국제회계기준의 의의

한국회계기준원과 국제회계기준 도입 준비단은 2007년 3월 15일 '국제회계기준 도입 로드맵'을 발표하였다. 이에 따라 회계기준위원회는 국제회계기준의 내용에 일치시키는 것을 원칙으로 하여 한국채택국제회계기준 (K-IFRS)을 제정 · 개정하고 있다.

2011년부터 우리나라가 국제회계기준을 전면 도입하기로 결정하고, 2013년에는 중소기업회계기준이 제정됨에 따라 회계기준이 3원화되었다. 하나는 상장기업이 강제적으로 적용하여야 하는 한국채택국제회계기준(K-IFRS) 이며, 다른 각각은 비상장 외부감사대상기업이 적용할 수 있는 일반기업회계기준과 외부감사대상이 아닌 비상장 중소기업이 적용할 수 있는 중소기업회계기준이다.

[우리나라 회계기준의 구성]

2011년 이전		2011년 이후		
		비상장기업		상장기업
외환위기 이전	외환위기 이후	비외부감사대상	외부감사대상	
기업회계기준 준칙 해석	기업회계기준서 기준해석서 기준적용사례	중소기업회계기준	일반기업회계기준	한국채택국제회계기준 (기준서와 기준해석서로 구성)

국제회계기준은 국제회계기준위원회(IASC에서 2001년 이후 IASB로 변경)에서 제정한다. 국제회계기준위원회의 명칭이 변경됨에 따라 국제회계기준의 명칭도 2가지로 구분되는데, 하나는 IASC가 제정하는 IAS와 IASB가 제정하는 IFRS이다. 명칭은 다르지만 국제회계기준으로서의 효력에는 차이가 없다.

☆ **Self Study**

1. 국제회계기준의 도입으로 재무제표의 **신뢰성과 비교가능성**이 향상되고, 재무보고비용을 감소시킬 수 있다. 또한, 회계문제에 대한 정부 및 압력집단의 간섭이 감소되어 **중립성**이 유지될 수 있다.

2. 한국공인회계사와 세무사 시험은 한국채택국제회계기준을 그 범위로 하고 있다.

---

(2) 국제회계기준의 특징

① 원칙 중심의 회계기준

> **☆ Self Study**
>
> 회계기준은 회계의 목적에 따라 원칙적인 기준만을 규정하고 전문가적인 판단을 중요시하여 제정되는 원칙 중심의 회계기준과 모든 경제적 사건과 거래에 대한 구체적인 기준을 규정하는 규칙 중심의 회계기준으로 구분할 수 있다. 각 분류에 따른 특징은 아래와 같다.
>
> | 구분 | 원칙주의 | 규칙주의 |
> |---|---|---|
> | 비교가능성 | 낮음 | 높음 |
> | 전문가의 판단 | 많음 | 최소화 |

② 공정가치 측정원칙
③ 연결재무제표 중심

[국제회계기준의 특징 비교]

구분	일반기업회계기준 (Local GAAP)	한국채택국제회계기준 (K-IFRS)
접근방식	규칙 중심	원칙 중심
외부공표 F/S	개별 F/S	연결 F/S
측정기준	역사적 원가	공정가치

제 **2** 장

재무보고를 위한
개념체계

해커스 IFRS 정윤돈 재무회계 키 핸드북

cpa.Hackers.com

Ⅰ | 개념체계의 목적과 위상

01 개념체계의 의의

현재의 일반적으로 인정된 회계원칙은 주로 연역적인 방법으로 제정된다. 그러므로 회계목적을 기초로 하여 논리적인 방법으로 회계원칙을 도출하기 위해서는 재무보고의 목적과 이론을 정립할 필요가 있다. 이에 따라 재무보고를 위한 개념체계는 외부이용자를 위한 재무보고의 기초가 되는 개념을 정립하기 위하여 제정되었다.

02 개념체계의 목적

재무보고를 위한 개념체계는 일반목적재무보고의 목적과 개념을 서술한다. 개념체계의 목적은 아래와 같다.

[재무회계의 개념체계의 목적]

대상	목적
회계기준위원회	한국회계기준위원회가 일관된 개념에 기반하여 한국채택국제회계기준을 제정·개정하는 데 도움을 준다.
재무제표 작성자	특정 거래나 다른 사건에 적용할 회계기준이 없거나 회계기준에서 회계정책을 선택하는 것을 허용하는 경우에 재무제표 작성자가 일관된 회계정책을 개발하는 데 도움을 준다.
모든 이해관계자	회계기준을 이해하고 해석하는 데 도움을 준다.

03 개념체계의 위상(개념체계와 국제회계기준의 관계)

구분	내용	비고
개념체계의 위상	회계기준 아님	어떠한 내용도 회계기준이나 회계기준의 요구사항에 우선 ×

➡ 일반목적재무보고의 목적을 달성하기 위해 개념체계의 관점에서 벗어난 요구사항을 정하는 경우가 있을 수 있다. 이 경우, 해당 기준서의 결론도출 근거에 그러한 일탈에 대해 설명할 것이다.

04 개념체계의 구조

일반목적재무보고의 목적	⇒	정보이용자의 경제적 의사결정에 유용한 정보 제공

↓

유용한 재무정보의 질적특성	⇒	근본적 질적특성	• 목적적합성: 예측가치, 확인가치, 중요성 • 표현의 충실성: 완전성, 중립성, 오류 없는 서술
		보강적 질적특성	비교가능성, 검증가능성, 적시성, 이해가능성

↓

재무제표의 표시와 공시	⇒	보고실체와 재무제표의 요소와 인식 · 제거 재무제표 요소의 측정, 표시와 공시

↓

이익의 측정과 자본유지개념	⇒	명목재무자본유지, 불변구매력재무자본유지, 실물자본유지

Ⅱ | 일반목적재무보고의 목적

01 일반목적재무보고의 목적, 보고대상, 한계

(1) 일반목적재무보고의 목적

구분	내용
목적	현재 및 잠재적 투자자, 대여자 및 그 밖의 채권자(주요 정보이용자)가 기업에 자원을 제공하는 것에 대한 의사결정을 할 때 유용한 보고기업의 재무정보를 제공하는 것
의사결정의 핵심	기업의 수익(배당, 원금 및 이자의 지급, 시장가격의 상승)에 대한 기대
수익에 대한 기대의 평가 기준	① 미래 순현금유입의 금액, 시기 및 불확실성 ② 경영진의 수탁책임에 대한 평가
미래 순현금유입과 수탁책임의 평가를 위한 필요 정보	① 기업의 경제적 자원, 청구권 및 경제적 자원과 청구권 변동에 대한 정보 ② 경영진이 수탁책임을 얼마나 효율적이고 효과적으로 이행하였는지에 대한 정보

(2) 일반목적재무보고의 대상이 되는 주요 이용자

현재 및 잠재적 투자자, 대여자 및 그 밖의 채권자 대부분은 정보를 제공하도록 보고기업에 직접 요구할 수 없고, 그들이 필요로 하는 재무정보의 많은 부분을 일반목적재무보고에 의존해야만 한다. 따라서 그들이 일반목적재무보고서의 대상이 되는 주요 이용자이다.

그러나 일반목적재무보고서는 현재 및 잠재적 투자자, 대여자 및 그 밖의 채권자가 필요로 하는 모든 정보를 제공하지 않으며 제공할 수도 없다. 때문에 정보이용자들은 일반 경제적 상황 및 기대, 정치적 사건과 정치 풍토, 산업 및 기업 전망과 같은 다른 원천에서 입수한 관련 정보를 고려할 필요가 있다.

> ☆ **Self Study**
>
> 1. 보고기업의 경영진은 해당 기업에 대한 재무정보에 관심이 있지만 경영진은 그들이 필요로 하는 재무정보를 내부에서 구할 수 있기 때문에 일반목적재무보고서에 의존할 필요가 없다.
>
> 2. 감독당국이나 일반대중과 같은 기타 정보이용자들도 일반목적재무보고가 유용하다고 여길 수 있다. 그러나 일반목적재무보고는 이러한 기타 집단을 주요 정보이용자로 하지 않는다.

(3) 일반목적재무보고의 한계

일반목적재무보고는 보고기업의 가치를 보여주기 위해 고안된 것이 아니지만 현재 및 잠재적 투자자, 대여자 및 그 밖의 채권자가 보고기업의 가치를 추정하는 데 도움이 되는 정보를 제공한다.

주요 이용자들의 정보 수요 및 욕구는 다르고 상충되기도 하기 때문에 회계기준위원회는 회계기준을 제정할 때 주요 이용자가 최대 다수의 수요를 충족하는 정보를 제공하기 위해 노력할 것이다. 그러나 공통된 정보 수요에 초점을 맞춘다고 해서 보고기업으로 하여금 주요 이용자의 특정 일부에게 가장 유용한 추가 정보를 포함하지 못하게 하는 것은 아니다(Ex. 주주에게 가장 유용한 정보 중에 하나인 주당이익).

재무보고서는 정확한 서술보다는 상당 부분 추정, 판단 및 모형에 근거하며, 개념체계는 그 추정, 판단 및 모형의 기초가 되는 개념을 정한다. 이 개념은 회계기준위원회와 재무보고서의 작성자가 노력을 기울이는 목표이다.

일반목적 재무보고의 한계	정보이용자가 필요로 하는 모든 정보를 제공하지 않고, 그렇게 할 수도 없음
	보고기업의 가치에 관한 정보를 제공하지 않음(가치추정에 도움이 되는 정보 제공)
	재무보고서는 정확한 서술보다는 상당 부분 추정, 판단 및 모형에 근거함
	각 주요 이용자들의 정보 수요 및 욕구는 다르고 상충되기도 함

02 일반목적재무보고서가 제공하는 정보

구분			관련 재무제표
경제적 자원과 청구권에 관한 정보			재무상태표
경제적 자원과 청구권의 변동에 관한 정보	재무성과로 인한 변동	발생기준 회계를 반영	포괄손익계산서
		과거현금흐름을 반영	현금흐름표
	재무성과 이외로 인한 변동		현금흐름표와 자본변동표
경제적 자원 사용에 관한 정보			전체 재무제표

개념체계에서는 질적특성을 아래와 같이 근본적 질적특성과 보강적 질적특성으로 구분하고 있다.

포괄적 제약	재무정보의 원가 < 재무정보의 효익	
근본적 질적특성	목적적합성	표현충실성
	예측가치	완전한 서술
	확인가치	중립적 서술
	중요성	오류 없는 서술
보강적 질적특성	비교가능성, 검증가능성, 적시성, 이해가능성	

01 근본적 질적특성과 보강적 질적특성의 의의, 적용 절차 및 계층관계

(1) 근본적 질적특성의 의의와 적용 절차

① 근본적 질적특성의 의의
재무정보가 유용하기 위해서는 목적적합해야 하고 나타내고자 하는 바를 충실하게 표현해야 한다. 이를 근본적 질적특성이라고 하며 그 구성요소는 목적적합성과 표현의 충실성이다.

② 근본적 질적특성의 적용 절차
개념체계에서는 근본적 질적특성을 적용하기 위한 가장 효율적이고 효과적인 절차를 제시하고 있는데 일반적으로 아래와 같다.

1단계: 경제적 현상 식별	
2단계: 목적적합성 고려	반복
3단계: 표현의 충실성 고려	

(2) 보강적 질적특성의 의의와 적용 절차

① 보강적 질적특성의 의의
재무정보가 비교가능하고 검증가능하며 적시성이 있고 이해가능한 경우 재무정보의 유용성은 보강된다. 따라서 비교가능성, 검증가능성, 적시성 및 이해가능성은 목적적합성과 나타내고자 하는 바를 충실하게 표현하는 것 모두를 충족하는 정보의 유용성을 보강시키는 질적특성이다.
보강적 질적특성은 만일 어떤 두 가지 방법 모두 현상에 대하여 동일하게 목적적합한 정보이고 동일하게 충실한 표현을 제공하는 것이라면 이 두 가지 방법 가운데 어느 방법을 그 현상의 서술에 사용해야 할지 결정하는 데에 도움을 줄 수 있다.

② 보강적 질적특성의 적용 절차
보강적 질적특성을 적용하는 것은 어떤 규정된 순서를 따르지 않는 반복적인 과정이다. 때로는 하나의 보강적 질적특성이 다른 질적특성의 극대화를 위해 감소되어야 할 수도 있다.

(3) 근본적 질적특성과 보강적 질적특성의 계층관계

보강적 질적특성은 가능한 한 극대화되어야 한다. 그러나 보강적 질적특성은 정보가 목적적합하지 않거나 나타내고자 하는 바를 충실하게 표현하지 않으면, 개별적으로든 집단적으로든 그 정보를 유용하게 할 수 없다.

02 근본적 질적특성의 세부 항목

(1) 목적적합성

목적적합한 재무정보는 정보이용자의 의사결정에 차이가 나도록 할 수 있다. 정보는 일부 정보이용자가 이를 이용하지 않기로 선택하거나 다른 원천을 통하여 이미 이를 알고 있다고 할지라도 의사결정에 차이가 나도록 할 수 있다. 즉, 목적적합성은 정보이용자의 의사결정에 영향을 미쳐 차이가 발생할 수 있게 해주는 재무정보의 질적특성을 말한다. 재무정보가 목적적합성이 있는 정보가 되기 위해서는 예측가치와 확인가치를 가지고 있어야 하며 중요성이 고려되어야 한다.

① 예측가치와 확인가치

재무정보에 예측가치나 확인가치 또는 둘 다 있다면 그 재무정보는 의사결정에 차이가 나도록 할 수 있다. 예측가치는 기업실체의 미래 재무상태, 성과, 순현금흐름, 자본변동 등을 예측할 수 있는 능력을 말한다. 정보이용자들이 미래결과를 예측하는 과정에 재무정보가 사용될 수 있다면, 그 재무정보는 예측가치를 가진다. 여기서 유의할 점은 재무정보가 예측가치를 갖기 위해서는 그 자체가 예측치 또는 예상치일 필요는 없다는 것이다.

확인가치는 기업실체의 재무상태, 성과, 순현금흐름 또는 자본변동에 대한 정보이용자의 당초 기대치 또는 예측치를 확인 또는 수정함으로써 정보이용자의 의사결정에 영향을 미칠 수 있는 능력을 말한다. 즉, 재무정보가 과거 평가에 대해 피드백을 제공한다면 확인가치를 갖는다. (◐ 과거 평가를 확인하거나 변경시키는 것을 의미한다)

재무정보의 예측가치와 확인가치는 상호 연관되어 예측가치를 갖는 정보는 동시에 확인가치도 갖는 경우가 많다.

② 중요성

중요성은 기업마다 다를 수 있기 때문에 기업고유 중요성이라고 하며 인식을 위한 최소요건으로 부르고, 중요성에 대한 계량 임계치를 획일적으로 결정하거나 특정한 상황에서 무엇이 중요한지를 미리 결정할 수 없다.

개념체계에서 중요성을 목적적합성과 함께 설명하고 있지만, 목적적합성의 직접적인 속성으로 언급하고 있지는 않다. 그러므로 목적적합성의 직접적인 속성은 예측가치와 확인가치이고 중요성은 '기업의 특유한 측면의 목적적합성'이다.

[목적적합성]

구분	내용	비고
예측가치	미래 결과를 예측하기 위한 정보로서의 가치	자체가 예측치일 필요 ×
확인가치	과거 의사결정의 확인과 수정을 위한 정보로서의 가치	예측가치와 동시에 갖는 경우 많음
중요성	의사결정에 영향을 미칠 수 있는 정보로서의 가치	사전에 결정할 수 없음

(2) 표현충실성

재무보고서는 경제적 현상을 글과 숫자로 나타낸 것이다. 재무정보가 유용하기 위해서는 목적적합한 현상을 표현하는 것뿐만 아니라 나타내고자 하는 현상의 실질을 충실하게 표현해야 한다.

재무정보를 완벽하고 충실하게 표현하기 위해서는 다음과 같은 세 가지의 특성이 있어야 한다. 그 서술이 완전하고 중립적이며 오류가 없어야 한다는 것이다. 물론 완벽은 이루기 매우 어려우며 회계기준위원회의 목적은 가능한 한 이러한 특성을 극대화하는 것이다.

① 완전한 서술
완전한 서술은 필요한 기술과 설명을 포함하여 정보이용자가 서술되는 현상을 이해하는 데 필요한 모든 정보를 포함하는 것이다.

② 중립적 서술
중립적 서술은 재무정보의 선택이나 표시에 편의(Bias)가 없어야 한다는 것을 의미한다. 중립적 서술은 정보이용자가 재무정보를 유리하거나 불리하게 받아들일 가능성을 높이기 위해 편파적이거나, 편중되거나, 강조되거나, 경시되거나 그 밖의 방식으로 조작되지 않는다. 또한 중립적 정보는 목적이 없거나 행동에 대한 영향력이 없는 정보를 의미하지는 않는다. 오히려 목적적합한 재무정보는 정의상 정보이용자의 의사결정에 차이가 나도록 할 수 있는 정보이다.

✎ 신중성

- 중립성은 신중을 기함으로써 뒷받침된다. 신중성은 불확실한 상황에서 판단할 때 주의를 기울이는 것이다. 신중을 기한다는 것은 자산과 수익이 과대평가되지 않고 부채와 비용이 과소평가되지 않는 것을 의미한다. 마찬가지로, 신중을 기한다는 것은 자산이나 수익의 과소평가나 부채나 비용의 과대평가를 허용하지 않는다.
- 신중을 기하는 것이 비대칭의 필요성(Ex. 자산이나 수익을 인식하기 위해서는 부채나 비용을 인식할 때보다 더욱 설득력 있는 증거가 필요)을 내포하는 것은 아니다. 그러한 비대칭은 유용한 재무정보의 질적특성이 아니다. 그럼에도 불구하고, 나타내고자 하는 바를 충실하게 표현하는 가장 목적적합한 정보를 선택하려는 결정의 결과가 비대칭성이라면, 특정 회계기준에서 비대칭적인 요구사항을 포함할 수도 있다.

③ 오류 없는 서술
오류가 없다는 것은 현상의 기술에 오류나 누락이 없고, 보고 정보를 생산하는 데 사용되는 절차의 선택과 적용 시 절차상의 오류가 없음을 의미한다. 그러나 오류 없는 서술이 모든 면에서 정확하다는 것을 의미하지는 않는다.

[표현충실성]

구분	내용	비고
완전한 서술	정보이용자가 현상을 이해하는 데 필요한 모든 정보의 제공	
중립적 서술	정보의 선택이나 표시에 편의가 없는 재무정보의 제공	목적이 없거나 영향력이 없는 정보라는 의미 ×
오류 없는 서술	현상의 기술이나 절차상에 오류나 누락이 없는 정보의 제공	모든 면에서 정확하다는 의미 ×

03 보강적 질적특성의 세부 항목

(1) 비교가능성

비교가능성은 정보이용자가 항목 간의 유사점과 차이점을 식별하고 이해할 수 있게 하는 질적특성이다. 비교가능성과 관련하여 유의할 점은 아래와 같다.

---

① 비교가능성은 다른 질적특성과 달리 하나의 항목에 관련된 것이 아니다. 비교하려면 최소한 두 항목이 필요하다.

② 동일한 항목에 대해 동일한 방법을 적용하는 것을 의미하는 일관성은 비교가능성과 관련이 있지만 동일한 것은 아니다. 일관성은 비교가능성이라는 목표를 달성하게 해주는 수단이라고 볼 수 있다.

③ 비교가능성이 통일성을 뜻하는 것은 아니다. 정보가 비교가능하기 위해서는 비슷한 것은 비슷하게 보이고 다른 것은 다르게 보여야 한다.

④ 하나의 경제적 현상을 충실하게 표현하는 데 여러 방법이 있을 수 있으나 동일한 경제적 현상에 대해 대체적인 회계처리방법을 허용하면 비교가능성이 감소한다.

⑤ 근본적 질적특성을 충족하면 어느 정도의 비교가능성은 달성될 수 있을 것이다. 목적적합한 경제적 현상에 대한 표현충실성은 자연히 다른 보고기업의 유사한 목적적합한 경제적 현상에 대한 표현충실성과 어느 정도 비교가능성을 가져야 한다.

---

(2) 검증가능성

검증가능성은 정보이용자들이 정보가 나타내고자 하는 경제적 현상을 충실히 표현하는지를 확인하는 데 도움을 준다. 검증가능성은 합리적인 판단력이 있고 독립적인 서로 다른 관찰자가 어떤 서술이 충실한 표현이라는 데, 비록 반드시 완전히 일치하지는 못하더라도, 의견이 일치할 수 있다는 것을 의미한다. 계량화된 정보가 검증가능하기 위해서는 단일 점추정치여야 할 필요는 없다. 가능한 금액의 범위 및 관련된 확률도 검증될 수 있다.

(3) 적시성

적시성은 의사결정에 영향을 미칠 수 있도록 의사결정자가 정보를 적시에 이용가능하게 하는 것을 의미한다. 일반적으로 정보는 오래된 것일수록 유용성이 낮아진다. 그러나 일부 정보는 보고기간 말 후에도 오랫동안 적시성을 잃지 않을 수도 있다. 일부 정보이용자는 추세를 식별하고 평가할 필요가 있을 수 있기 때문이다.

(4) 이해가능성

이해가능성은 이용자가 정보를 쉽게 이해할 수 있어야 한다는 것으로, 정보를 명확하고 간결하게 분류하고, 특징짓고 표시하는 것은 정보를 쉽게 이해할 수 있게 한다. 일부 현상은 본질적으로 복잡하여 이해하기 쉽지 않다. 이해하기 어려운 현상에 대한 정보를 재무보고서에서 제외하면 재무보고서의 정보를 이해하기 쉽게 할 수 있으나 그 보고서는 불완전하여 잠재적으로 오도할 수 있다.

재무보고서는 사업활동과 경제활동에 대한 합리적인 지식이 있고, 부지런히 정보를 검토하고 분석하는 이용자들을 위해 작성된다. 때로는 박식하고 부지런한 이용자들도 복잡한 경제적 현상에 대한 정보를 이해하기 위해 자문가의 도움을 받는 것이 필요할 수 있다.

[보강적 질적특성]

구분	내용	비고
비교가능성	기업 간 비교가능성과 기간 간 비교가능성이 있는 정보의 제공	비교가능성은 목표, 일관성은 수단
검증가능성	나타난 현상에 대해 정보이용자가 검증할 수 있는 정보의 제공	단일의 점추정치여야 할 필요 ×, 가능한 금액의 범위 및 관련된 확률도 검증가능
적시성	의사결정에 영향을 미칠 수 있도록 적시성 있는 정보의 제공	시간이 경과해도 적시성을 잃지 않을 수 있음
이해가능성	합리적 지식이 있는 정보이용자가 쉽게 이해할 수 있는 정보의 제공	복잡하고 이해하기 어려운 이유로 제외 ×, 부지런히 정보를 검토, 분석하는 정보이용자를 위해 작성

04 유용한 재무보고에 대한 원가제약

원가는 재무보고로 제공될 수 있는 정보에 대한 포괄적인 제약요인이다. 재무정보의 보고에는 원가가 소요되고 해당 정보 보고의 효익이 그 원가를 정당화한다는 것이 중요한데, 이를 유용한 재무보고에 대한 원가제약이라고 한다. 여기서 주의해야 할 몇 가지 유형의 원가와 효익이 있다.

본질적인 주관성 때문에 재무정보의 특정 항목 보고의 원가 및 효익에 대한 평가는 개인마다 달라진다. 따라서 회계기준위원회는 단지 개별 보고기업과 관련된 것이 아닌, 재무보고 전반적으로 원가와 효익을 고려하려고 노력하고 있다. 그렇다고 원가와 효익의 평가가 모든 기업에 대하여 동일한 보고 요구사항을 정당화하는 것은 아니다.

구분	내용	비고
정의	재무정보의 효익 > 재무정보의 원가	정보이용자가 목적적합하다고 보는 모든 정보를 제공하는 것은 가능하지 않음
판단	회계기준위원회에서 판단	본질적인 주관성 때문에 개인마다 다름

Ⅳ | 보고실체

01 재무제표의 목적과 범위

재무제표는 재무제표 요소의 정의를 충족하는 보고기업의 경제적 자원과 보고기업에 대한 청구권 및 경제적 자원과 청구권의 변동에 관한 정보를 제공한다.

재무제표의 목적은 보고기업에 유입될 미래순현금흐름에 대한 전망과 보고기업의 경제적 자원에 대한 경영진의 수탁책임을 평가하는 데 유용한 보고기업의 자산, 부채, 자본, 수익 및 비용에 대한 재무정보를 재무제표 이용자들에게 제공하는 것이다. 이러한 정보는 다음을 통해 제공된다.

> 1. 자산, 부채 및 자본이 인식된 재무상태표(Statement of Financial Position)
> 2. 수익과 비용이 인식된 재무성과표(Statement of Financial Performance)
> 3. 다음에 관한 정보가 표시되고 공시된 다른 재무제표와 주석
>   1) 인식된 자산, 부채, 자본, 수익 및 비용(각각의 성격과 인식된 자산 및 부채에서 발생하는 위험에 대한 정보를 포함)
>   2) 인식되지 않은 자산 및 부채(각각의 성격과 인식되지 않은 자산과 부채에서 발생하는 위험에 대한 정보를 포함)
>   3) 현금흐름
>   4) 자본청구권 보유자의 출자와 자본청구권 보유자에 대한 분배
>   5) 표시되거나 공시된 금액을 추정하는 데 사용된 방법, 가정과 판단 및 그러한 방법, 가정과 판단의 변경

☆ Self Study

1. 재무보고를 위한 개념체계
   일반목적 재무제표의 종류 - 재무상태표, 재무성과표, 그 밖의 재무제표, 주석
2. 기준서 1001호 '재무제표의 표시'
   일반목적 재무제표의 종류 - 재무상태표, 포괄손익계산서, 자본변동표, 현금흐름표, 주석

02 보고기간(재무제표의 작성기간)

재무제표는 특정 기간인 보고기간에 대하여 작성되며, 보고기간 말과 보고기간 중에 존재했던 자산, 부채(미인식된 자산과 부채 포함) 및 자본과 보고기간 동안의 수익과 비용에 관한 정보를 제공한다.

재무제표 이용자들이 변화와 추세를 식별하고 평가하는 것을 돕기 위해, 재무제표는 최소한 직전 연도에 대한 비교정보를 제공한다. 다음에 모두 해당하는 경우에는 미래에 발생할 수 있는 거래 및 사건에 대한 정보(미래전망 정보)를 재무제표에 포함한다.

> ① 그 정보가 보고기간 말 현재 또는 보고기간 중 존재했던 기업의 자산, 부채(미인식 자산이나 부채 포함)나 자본 또는 보고기간의 수익이나 비용과 관련된 경우
> ② 재무제표 이용자들에게 유용한 경우

재무제표의 목적을 달성하기 위해 보고기간 후 발생한 거래 및 그 밖의 사건에 대한 정보를 제공할 필요가 있다면 재무제표에 그러한 정보를 포함한다.

03 재무제표에 채택된 관점

재무제표는 기업의 현재 및 잠재적 투자자, 대여자와 그 밖의 채권자 중 특정 집단의 관점이 아닌 보고기업 전체의 관점에서 거래 및 그 밖의 사건에 대한 정보를 제공한다.

04 보고기업

보고기업은 재무제표를 작성해야 하거나 작성하기로 선택한 기업이다. 보고기업은 단일의 실체이거나 어떤 실체의 일부일 수 있으며, 둘 이상의 실체로 구성될 수도 있다. 보고기업이 반드시 법적 실체일 필요는 없다. 보고기업별 재무제표는 다음과 같다.

> ① **연결재무제표(Consolidated Financial Statements):** 한 기업(지배기업)이 다른 기업(종속기업)을 지배하는 경우 지배기업과 종속기업으로 구성되는 보고기업의 재무제표
> ② **비연결재무제표(Unconsolidated Financial Statements):** 보고기업이 지배기업 단독인 경우의 재무제표
> ③ **결합재무제표(Combined Financial Statements):** 지배·종속관계로 모두 연결되어 있지는 않은 둘 이상 실체들로 구성되는 보고기업의 재무제표

05 재무제표 작성의 기본가정: 계속기업가정

재무제표는 일반적으로 보고기업이 계속기업(Going Concern)이며 예측 가능한 미래에 영업을 계속할 것이라는 가정하에 작성된다. 따라서 기업이 청산을 하거나 거래를 중단하려는 의도가 없으며, 그럴 필요도 없다고 가정한다. 만약 그러한 의도나 필요가 있다면 재무제표는 계속기업과는 다른 기준에 따라 작성될 필요가 있을 수 있으며, 이 경우 사용된 기준을 재무제표에 기술한다.

V | 재무제표의 요소

개념체계에 정의된 재무제표 요소는 경제적 자원, 청구권 및 경제적 자원과 청구권의 변동과 연계되어 있다.

🖉 재무제표의 요소 전체 구조

정의	① 자산	② 부채	③ 자본	④ 수익	⑤ 비용

⬇

인식	① 목적적합한 정보의 제공		② 충실한 표현을 제공	

⬇

측정	① 역사적 원가	② 현행가치		
		공정가치	자산: 사용가치 부채: 이행가치	현행원가

⬇

제거	① 자산의 제거 통제를 상실하였을 때		② 부채의 제거 현재의무를 더 이상 부담하지 않을 때	

⬇

표시와 공시	① 정보소통수단	② 목적과 원칙	③ 분류	④ 통합

01 자산

자산은 과거 사건의 결과로 기업이 통제하는 현재의 경제적 자원이다. 여기서 경제적 자원은 경제적 효익을 창출할 잠재력을 지닌 권리이다. 자산은 권리, 경제적 효익을 창출할 잠재력, 통제의 3가지 측면으로 구성된다.

(1) 자산의 요건 - 현재권리의 존재

경제적 효익을 창출할 잠재력을 지닌 권리는 다른 당사자의 의무에 해당하는 권리와 다른 당사자의 의무에 해당하지 않는 권리로 다양한 형태가 있다.

많은 권리들은 계약과 법률 또는 이와 유사한 수단에 의해 성립된다. 예를 들어, 기업은 물리적 대상을 보유하거나 리스함으로써 획득할 수 있고, 채무상품이나 지분상품을 소유하거나 등록된 특허권을 소유함으로써 권리를 획득할 수 있다. 그러나 기업은 그 밖의 방법으로도 권리를 획득할 수 있다.

현금을 수취할 권리와는 달리, 일부 재화나 용역은 제공받는 즉시 소비된다. 이러한 재화나 용역으로 창출된 경제적 효익을 얻을 권리는 기업이 재화나 용역을 소비하기 전까지 일시적으로 존재한다.

기업의 모든 권리가 그 기업의 자산이 되는 것은 아니다. 권리가 기업의 자산이 되기 위해서는, 해당 권리가 그 기업을 위해서 다른 모든 당사자들이 이용 가능한 경제적 효익을 초과하는 경제적 효익을 창출할 잠재력이 있고, 그 기업에 의해 통제되어야 한다. 기업은 기업 스스로부터 경제적 효익을 획득하는 권리를 가질 수는 없다.

원칙적으로 기업의 권리 각각은 별도의 자산이다. 그러나 회계목적상 관련되어 있는 여러 권리가 단일 자산인 단일 회계단위로 취급되는 경우가 많다. 많은 경우에 물리적 대상에 대한 법적 소유권에서 발생하는 권리의 집합은 단일 자산으로 회계처리한다. 개념적으로 경제적 자원은 물리적 대상이 아니라 권리의 집합이다. 그럼에도 불구하고, 권리의 집합을 물리적 대상으로 기술하는 것이 때로는 그 권리의 집합을 가장 간결하고 이해하기 쉬운 방식으로 충실하게 표현하는 방법이 된다.

경우에 따라 권리의 존재 여부가 불확실할 수 있다. 그러한 존재불확실성이 해결(Ex. 법원의 판결)될 때까지 기업은 권리를 보유하는지 불확실하고, 결과적으로 자산이 존재하는지도 불확실하다.

구분		내용
권리의 성격	법적 · 계약적 권리	계약 · 법률에 의해 권리가 발생
	기타의 권리	노하우의 획득이나 창작 or 실무관행 등으로 권리가 발생
재화나 용역을 제공받을 권리		해당 재화와 용역을 소비하기 전까지 일시적으로 권리가 존재
기업 스스로부터 경제적 효익을 획득할 권리		자기사채와 자기주식은 권리로 볼 수 없음
여러 권리가 있는 자산		회계목적상 단일 자산인 단일 회계단위로 간주 가능
권리의 존재 여부가 불확실		결과적으로 자산의 존재 여부가 불확실하게 됨

(2) 자산의 요건 - 경제적 효익을 창출할 잠재력

경제적 자원은 경제적 효익을 창출할 잠재력을 지닌 권리이다. 경제적 자원이 잠재력을 가지기 위해 권리가 경제적 효익을 창출할 것이라고 확신하거나 그 가능성이 높아야 하는 것은 아니다. 권리가 이미 존재하고, 적어도 하나의 상황에서 그 기업을 위해 다른 모든 당사자들이 이용 가능한 경제적 효익을 초과하는 경제적 효익을 창출할 필요가 있다.

경제적 효익을 창출할 가능성이 낮더라도 권리가 경제적 자원의 정의를 충족할 수 있고, 따라서 자산이 될 수 있다. 그럼에도 불구하고, 그러한 낮은 가능성은 자산의 인식 여부와 측정 방법의 결정을 포함하여, 자산과 관련하여 제공해야 할 정보와 그 정보를 제공하는 방법에 대한 결정에 영향을 미칠 수 있다.

경제적 자원의 가치가 미래경제적효익을 창출할 현재의 잠재력에서 도출되지만, 경제적 자원은 그 잠재력을 포함한 현재의 권리이며, 그 권리가 창출할 수 있는 미래경제적효익이 아니다.

지출의 발생과 자산의 취득은 밀접하게 관련되어 있으나 양자가 반드시 일치하는 것은 아니다. 따라서 기업이 지출한 경우 이는 미래경제적효익을 추구했다는 증거가 될 수는 있지만, 자산을 취득했다는 확정적인 증거는 될 수 없다. 마찬가지로 관련된 지출이 없더라도 특정 항목이 자산의 정의를 충족하는 것을 배제하지는 않는다. 예를 들어, 자산은 정부가 기업에게 무상으로 부여한 권리 또는 기업이 다른 당사자로부터 증여받은 권리를 포함할 수 있다.

구분		내용
경제적 자원의 개념		미래경제적효익을 창출할 잠재력을 지닌 현재의 권리
경제적 효익 창출가능성	가능성 높음	자산의 정의 충족 시 자산으로 인식함
	가능성 낮음	자산의 정의 충족하여도 자산으로 인식되지 않을 수 있음
지출의 발생과 자산의 취득		반드시 일치하는 것은 아님

(3) 자산의 요건 – 통제

통제는 경제적 자원을 기업에 결부시킨다. 통제의 존재 여부를 평가하는 것은 기업이 회계처리할 경제적 자원을 식별하는 데 도움이 된다. **기업은 경제적 자원의 사용을 지시하고 그로부터 유입될 수 있는 경제적 효익을 얻을 수 있는 현재의 능력이 있다면 그 경제적 자원을 통제한다.** 통제에는 다른 당사자가 경제적 자원의 사용을 지시하고 이로부터 유입될 수 있는 경제적 효익을 얻지 못하게 하는 현재의 능력이 포함된다. 따라서 일방의 당사자가 경제적 자원을 통제하면 다른 당사자는 그 자원을 통제하지 못한다.

① 통제 – 사용지시권

기업은 경제적 자원을 자신의 활동에 투입할 수 있는 권리가 있거나 다른 당사자가 경제적 자원을 그들의 활동에 투입하도록 허용할 권리가 있다면, 그 경제적 자원의 사용을 지시할 수 있는 현재의 능력이 있다. 경제적 자원의 통제는 일반적으로 법적 권리를 행사할 수 있는 능력에서 비롯된다.

② 통제 – 효익획득권

기업이 경제적 자원을 **통제하기 위해서는 해당 자원의 미래경제적효익이 다른 당사자가 아닌 그 기업에게 직접 또는 간접으로 유입되어야 한다.** 통제의 이러한 측면은 모든 상황에서 해당 자원이 경제적 효익을 창출할 것이라고 보장할 수 있음을 의미하지는 않는다. 그 대신, 자원이 경제적 효익을 창출한다면 기업은 직접 또는 간접으로 그 경제적 효익을 얻을 수 있음을 의미한다. **경제적 자원에 의해 창출되는 경제적 효익의 유의적 변동에 노출된다는 것은 기업이 해당 자원을 통제한다는 것을 나타낼 수도 있다.** 그러나 그것은 통제가 존재하는지에 대한 전반적인 평가에서 고려해야 할 하나의 요소일 뿐이다.

어떤 경우에는 한 당사자(본인)가 본인을 대신하고 본인을 위해 행동하도록 다른 당사자(대리인)를 고용한다. 예를 들어, 본인은 자신이 통제하는 재화를 판매하기 위해 대리인을 고용할 수 있다. **본인이 통제하는 경제적 자원을 대리인이 관리하고 있는 경우, 그 경제적 자원은 대리인의 자산이 아니다.** 또한 본인이 통제하는 경제적 자원을 제3자에게 이전할 의무가 대리인에게 있는 경우 이전될 경제적 자원은 대리인의 것이 아니라 본인의 경제적 자원이기 때문에 그 의무는 대리인의 부채가 아니다.

구분		내용
통제 여부에 대한 판단기준	사용지시권	경제적 자원의 사용지시 능력이 관련 기업에게만 있어야 함
	효익획득권	경제적 자원의 미래효익이 관련 기업에게만 유입되어야 함
대리인이 관리하는 경제적 자원		**본인이 통제하는 경우 해당 경제적 자원은 대리인의 자산이 아님**

02 부채

(1) 부채의 요건 - 현재의무의 존재

부채에 대한 첫 번째 조건은 기업에게 의무가 있다는 것이다. 의무란 기업이 회피할 수 있는 실제 능력이 없는 책무나 책임을 말한다. 의무는 항상 다른 당사자(또는 당사자들, 이하 같음)에게 이행해야 한다. 다른 당사자는 사람이나 또 다른 기업, 사람들 또는 기업들의 집단, 사회 전반이 될 수 있다. 의무를 이행할 대상인 당사자의 신원을 알 필요는 없다.

① 법적의무와 의제의무

많은 의무가 계약과 법률 또는 이와 유사한 수단에 의해 성립되며, 당사자가 채무자에게 법적으로 집행할 수 있도록 한다. 그러나 기업이 실무 관행과 공개한 경영방침, 특정 성명(서)과 상충되는 방식으로 행동할 실제 능력이 없는 경우, 기업의 그러한 실무 관행, 경영방침이나 성명(서)에서 의무가 발생할 수도 있다. 그러한 상황에서 발생하는 의무는 의제의무라고 불린다.

② 조건부의무

일부 상황에서 경제적 자원을 이전하는 기업의 책무나 책임은 기업 스스로 취할 수 있는 미래의 특정 행동을 조건으로 발생한다. 그러한 미래의 특정 행동에는 특정 사업을 운영하는 것과 미래의 특정 시점에 특정 시장에서 영업하는 것 또는 계약의 특정 옵션을 행사하는 것을 포함한다. 이러한 상황에서 기업은 그러한 행동을 회피할 수 있는 실제 능력이 없다면 의무가 있다. 기업이 그 기업을 청산하거나 거래를 중단하는 것으로만 이전을 회피할 수 있고 그 외에는 이전을 회피할 수 없다면, 기업의 재무제표를 계속기업 기준으로 작성하는 것이 적절하다는 결론은 그러한 이전을 회피할 수 있는 실제 능력이 없다는 결론도 내포하고 있다.

③ 존재 여부가 불확실한 의무

의무가 존재하는지 불확실한 경우가 있다. 그 존재의 불확실성이 해소될 때까지 기업이 보상을 요구하는 당사자에게 의무가 있는지와 결과적으로 부채가 존재하는지 여부가 불확실하다.

구분		내용
현재의무	법적의무	계약 또는 법률에 의해 의무가 발생
	의제의무	실무 관행, 경영방침이나 특정 성명서에서 의무가 발생
조건부의무		해당 상황을 회피할 수 있는 능력이 없다면 의무가 존재함
의무의 존재가 불확실한 경우		부채의 존재 여부가 불확실하게 됨

(2) 부채의 요건 - 경제적 자원의 이전

부채에 대한 두 번째 조건은 **경제적 자원을 이전하는 것이 의무**라는 것이다. 이 조건을 충족하기 위해 **의무에는 기업이 경제적 자원을 다른 당사자에게 이전해야 할 잠재력이 있어야 한다.** 그러한 잠재력이 존재하기 위해서는 기업이 경제적 자원의 이전을 요구받을 것이 확실하거나 그 가능성이 높아야 하는 것은 아니다. **경제적 자원의 이전가능성이 낮더라도 의무가 부채의 정의를 충족할 수 있다.**

경제적 자원을 수취할 권리가 있는 당사자에게 그 경제적 자원을 이전해야 할 의무를 이행하는 대신에, 기업이 다음과 같이 결정하는 경우가 있다. 이러한 상황에서 기업은 해당 의무를 이행, 이전 또는 대체할 때까지 경제적 자원을 이전할 의무가 있다.

---

① 의무를 면제받는 협상으로 의무를 이행

② 의무를 제3자에게 이전

③ 새로운 거래를 체결하여 경제적 자원을 이전할 의무를 다른 의무로 대체

구분		내용
경제적 자원의 이전		다른 당사자에게 경제적 자원을 이전하도록 요구받게 될 잠재력
경제적 자원의 이전가능성	높은 경우	부채의 정의를 충족하면 부채로 인식함
	낮은 경우	부채의 정의를 충족하지만 부채로 인식되지 않을 수 있음
의무의 면제, 이전, 대체		해당 시점까지는 경제적 자원의 이전의무가 존재

(3) 부채의 요건 – 과거사건의 결과로 의무 존재

부채에 대한 세 번째 조건은 의무가 과거사건의 결과로 존재하는 현재의무라는 것이다.

새로운 법률이 제정되면 그 법률의 적용으로 경제적 효익을 얻게 되거나 조치를 취한 결과로 기업이 이전하지 않아도 되었을 경제적 자원을 이전해야 하거나 이전하게 될 수도 있는 경우에만 현재의무가 발생한다. 법률제정 그 자체만으로는 기업에 현재의무를 부여하기에 충분하지 않다.

미래의 특정 시점까지 경제적 자원의 이전이 집행될 수 없더라도 현재의무는 존재할 수 있다.

만약 기업이 이전하지 않아도 되었을 경제적 자원을 이전하도록 요구받거나 요구받을 수 있게 하는 경제적 효익의 수취나 조치가 아직 없는 경우, 기업은 경제적 자원을 이전해야 하는 현재의무가 없다.

구분	내용
현재의무발생 과거사건	기업이 이미 경제적 효익을 얻었거나 조치를 취했으며 그 결과로 경제적 자원을 이전해야 하거나 하게 될 수 있는 경우
새로운 법률의 제정	법률제정으로 경제적 자원을 이전해야 하는 경우에만 현재의무 존재
실무관행, 경영방침 등	실무관행 등으로 경제적 자원을 이전해야 하는 경우에만 현재의무 존재
자원의 집행이 이연되는 상황	특정 시점까지 경제적 자원의 이전이 집행되지 않아도 현재의무 존재
경제적 효익의 수취가 없는 경우	의무발생 과거사건이 없으므로 현재의무가 존재하지 않음

03 자산과 부채에 대한 회계단위의 선택

(1) 회계단위의 선택

회계단위는 인식기준과 측정개념이 적용되는 권리나 권리의 집합, 의무나 의무의 집합 또는 권리와 의무의 집합이다. 인식기준과 측정개념이 자산이나 부채 그리고 관련 수익과 비용에 어떻게 적용될 것인지를 고려할 때, 그 자산이나 부채에 대해 회계단위가 선택된다. 어떤 경우에는 인식을 위한 회계단위와 측정을 위한 회계단위를 서로 다르게 선택하는 것이 적절할 수 있다.

일반적으로 자산, 부채, 수익과 비용의 인식 및 측정에 관련된 원가는 회계단위의 크기가 작아짐에 따라 증가한다. 권리와 의무 모두 동일한 원천에서 발생하는 경우가 있다. 예를 들어, 일부 계약은 각 당사자의 권리와 의무 모두를 성립시킨다. 그러한 권리와 의무가 상호의존적이고 분리될 수 없다면, 이는 단일한 불가분의 자산이나 부채를 구성하며 단일의 회계단위를 형성한다. 미이행계약이 그 예이다.

단일 회계단위로 권리와 의무의 집합과 의무를 처리하는 것은 자산과 부채를 상계하는 것과 다르다.

구분		내용
상호의존적 + 분리될 수 없는 경우		단일의 회계단위를 형성하여 단일의 자산, 부채로 식별
권리와 의무가 분리될 수 있는 경우	원칙	하나 이상의 자산과 부채로 식별
	예외	단일의 회계단위로 묶어 단일의 자산, 부채로 식별

(2) 미이행계약에 대한 회계단위 선택

미이행계약은 계약 당사자 모두가 자신의 의무를 전혀 수행하지 않았거나 계약 당사자 모두가 동일한 정도로 자신의 의무를 부분적으로 수행한 계약이나 그 계약의 일부를 말한다.

미이행계약은 경제적 자원을 교환할 권리와 의무가 결합되어 확정된다. 그러한 권리와 의무는 상호의존적이어서 분리될 수 없다. 따라서 결합된 권리와 의무는 단일 자산 또는 단일 부채를 구성한다. 교환조건이 현재 유리할 경우 기업은 자산을 보유한다. 교환조건이 현재 불리한 경우에는 부채를 보유한다. 그러한 자산이나 부채가 재무제표에 포함되는지 여부는 그 자산 또는 부채에 대해 선택된 인식기준과 측정기준 및 손실부담계약인지에 대한 검토(해당되는 경우)에 따라 달라진다.

당사자 일방이 계약상 의무를 이행하면 그 계약은 더 이상 미이행계약이 아니다. 보고기업이 계약에 따라 먼저 수행하는 것은 보고기업의 경제적 자원을 교환할 권리와 의무를 경제적 자원을 수취할 권리로 변경하는 사건이 되며 그 권리는 **자산**이다. 다른 당사자가 먼저 수행하는 것은 보고기업의 경제적 자원을 교환할 권리와 의무를 경제적 자원을 이전할 의무로 변경하는 사건이 되며 **그 의무는 부채**이다.

구분		내용
당사자 모두가 계약을 수행하지 않은 상태	교환조건이 유리	유리한 조건에 대한 자산을 보유
	교환조건이 불리	불리한 조건에 대한 부채를 보유
당사자 일방이 계약을 수행한 상태	보고기업이 먼저 수행	수취할 권리에 대한 자산을 보유
	다른 당사자가 먼저 수행	이전할 의무에 대한 부채를 보유

(3) 계약상 권리와 의무의 실질을 고려한 회계단위의 선택

계약조건은 계약 당사자인 기업의 권리와 의무를 창출한다. 그러한 권리와 의무를 충실하게 표현하기 위해서는 재무제표에 그 실질을 보고한다.

계약의 모든 조건(명시적 또는 암묵적)은 실질이 없지 않는 한 고려되어야 한다. 암묵적 조건의 예에는 법령에 의해 부과된 의무가 포함될 수 있으며 **실질이 없는 조건은 무시된다.**

04 자본의 정의와 특성

자본은 기업의 자산에서 모든 부채를 차감한 후의 잔여지분이다. 자본청구권은 기업의 자산에서 모든 부채를 차감한 후의 잔여지분에 대한 청구권이다.

05 수익과 비용의 정의와 특성

수익은 자산의 증가 또는 부채의 감소로서 자본의 증가를 가져오며, 자본청구권 보유자의 출자와 관련된 것을 제외한다. 비용은 자산의 감소 또는 부채의 증가로서 자본의 감소를 가져오며, 자본청구권 보유자에 대한 분배와 관련된 것을 제외한다.

VI | 재무제표 요소의 인식과 제거

01 재무제표 요소의 인식

인식은 자산, 부채, 자본, 수익 또는 비용과 같은 재무제표 요소 중 하나의 정의를 충족하는 항목을 재무상태표나 재무성과표에 포함하기 위하여 포착하는 과정이다. 인식은 그러한 재무제표 중 하나에 어떤 항목(단독으로 또는 다른 항목과 통합하여)을 명칭과 화폐금액으로 나타내고, 그 항목을 해당 재무제표의 하나 이상의 합계에 포함시키는 것과 관련된다. 자산, 부채 또는 자본이 재무상태표에 인식되는 금액을 장부금액이라고 한다.

거래나 그 밖의 사건에서 발생된 자산이나 부채의 최초 인식에 따라 수익과 관련 비용을 동시에 인식할 수 있다. 수익과 관련 비용의 동시 인식은 때때로 수익과 관련 원가의 대응을 나타낸다. '재무보고를 위한 개념체계'의 개념을 적용하면 자산과 부채의 변동을 인식할 때 이러한 대응이 나타난다. 그러나 원가와 수익의 대응은 개념체계의 목적이 아니다. 개념체계는 재무상태표에서 자산, 부채, 자본의 정의를 충족하지 않는 항목의 인식을 허용하지 않는다.

02 인식기준

자산, 부채 또는 자본의 정의를 충족하는 항목만이 재무상태표에 인식된다. 마찬가지로 수익이나 비용에 대한 정의를 충족하는 항목만이 재무성과표에 반영된다. 그러나 그러한 요소 중 하나의 정의를 충족하는 항목이라고 할지라도 항상 인식되는 것은 아니다.

자산이나 부채를 인식하고 이에 따른 결과로 수익, 비용 또는 자본변동을 인식하는 것이 재무제표 이용자들에게 다음과 같이 유용한 정보를 모두 제공하는 경우에만 자산이나 부채를 인식한다.

> ① **목적적합성**: 자산이나 부채에 대한 그리고 이에 따른 결과로 발생하는 수익, 비용 또는 자본변동에 대한 목적적합한 정보
> ② **표현충실성**: 자산이나 부채 그리고 이에 따른 결과로 발생하는 수익, 비용 또는 자본변동의 충실한 표현

한편, 질적특성의 제약요인인 원가는 다른 재무보고 결정을 제약하는 것처럼 인식에 대한 결정도 제약한다. 자산이나 부채를 인식할 때 원가가 발생한다. 재무제표 작성자는 자산이나 부채의 목적적합한 측정을 위해 원가를 부담한다. 재무제표 이용자들도 제공된 정보를 분석하고 해석하기 위해 원가를 부담한다. 재무제표 이용자들에게 제공되는 정보의 효익이 그 정보를 제공하고 사용하는 원가를 정당화할 수 있는 경우에 자산이나 부채를 인식한다. 어떤 경우에는 인식하기 위한 원가가 인식으로 인한 효익을 초과할 수 있다.

또한 자산이나 부채의 정의를 충족하는 항목이 인식되지 않더라도, 기업은 해당 항목에 대한 정보를 주석에 제공해야 할 수도 있다. 재무상태표와 재무성과표에서 제공하는 구조화된 요약에 그 항목이 포함되지 않은 것을 보완하기 위해 그러한 정보를 어떻게 충분히 보여줄 수 있는 지를 고려하는 것이 중요하다.

☆ Self Study

개념체계상 재무제표 요소의 인식요건
자산, 부채, 자본과 수익, 비용의 정의를 충족하는 항목이 목적적합한 정보를 제공하며 표현충실한 정보를 제공하고 인식 효익이 인식의 원가를 초과하는 경우에만 자산이나 부채를 인식한다. (≒ IFRS 인식기준)

---

03 제거기준

제거는 기업의 재무상태표에서 인식된 자산이나 부채의 전부 또는 일부를 삭제하는 것이다. 제거는 일반적으로 해당 항목이 더 이상 자산 또는 부채의 정의를 충족하지 못할 때 발생한다.

① 자산은 일반적으로 기업이 인식한 자산의 전부 또는 일부에 대한 통제를 상실하였을 때 제거한다.

② 부채는 일반적으로 기업이 인식한 부채의 전부 또는 일부에 대한 현재의무를 더 이상 부담하지 않을 때 제거한다.

☆ Self Study

한국채택국제회계기준상 자산·부채의 인식기준

1. 자산
   1) 자산으로부터 발생하는 미래경제적효익이 기업에 유입될 가능성이 높다.
   2) 자산의 원가를 신뢰성 있게 측정할 수 있다.

2. 부채
   1) 해당 의무를 이행하기 위하여 경제적 효익이 내재된 자원의 유출가능성이 높다.
   2) 해당 의무의 이행에 소요되는 금액을 신뢰성 있게 추정할 수 있다.

VII | 재무제표 요소의 측정

재무제표에 인식된 요소들은 화폐단위로 수량화되어 있다. 이를 위해 **측정기준**을 선택해야 한다. 측정기준은 측정대상 항목에 대해 식별된 속성이다. 유용한 재무정보의 질적특성과 원가제약을 고려함으로써 서로 다른 자산, 부채, 수익과 비용에 대해 서로 다른 측정기준을 선택하게 될 수 있을 것이다.

[측정기준의 종류]

구분	유입가치	유출가치
과거	역사적 원가	해당사항 없음[1]
현재	현행원가	공정가치
미래	해당사항 없음[1]	사용가치 및 이행가치

[1] 과거에 유출된 자산과 미래에 유입될 자산은 현재 기업실체의 자산이 아니므로 측정에 대한 기준을 구비할 필요가 없다.

01 측정기준 – 역사적 원가

역사적 원가 측정치는 적어도 부분적으로 **자산, 부채 및 관련 수익과 비용을 발생시키는 거래나 그 밖의 사건의 가격에서 도출된 정보를 사용하여 자산, 부채 및 관련 수익과 비용에 관한 화폐적 정보를 제공한다.** 현행가치와 달리 역사적 원가는 자산의 손상이나 손실부담에 따른 부채와 관련되는 변동을 제외하고는 가치의 변동을 반영하지 않는다.

자산을 취득하거나 창출할 때의 역사적 원가는 자산의 취득 또는 창출에 소요되는 원가의 가치로서, 자산을 취득 또는 창출하기 위하여 지급한 대가와 거래원가를 포함한다. 부채가 발생하거나 인수할 때의 역사적 원가는 발생시키거나 인수하면서 수취한 대가에서 거래원가를 차감한 가치이다.

시장 조건에 따른 거래가 아닌 사건으로 자산을 취득하거나 창출할 때 또는 부채를 발생시키거나 인수할 때, 원가를 식별할 수 없거나 그 원가가 자산이나 부채에 관한 목적적합한 정보를 제공하지 못할 수 있다. 이러한 경우 그 자산이나 부채의 현행가치가 최초 인식시점의 간주원가로 사용되며 그 간주원가는 역사적 원가로 후속측정할 때의 시작점으로 **사용**된다.

자산의 역사적 원가는 다음의 상황을 나타내기 위하여 필요하다면 시간의 경과에 따라 갱신되어야 한다.

> ① 자산을 구성하는 경제적 자원의 일부 또는 전부를 소비(감가상각 또는 상각)
>
> ② 자산의 일부 또는 전부를 소멸시키면서 받는 대금
>
> ③ 자산의 역사적 원가의 일부 또는 전부를 더 이상 회수할 수 없게 하는 사건(손상)의 영향
>
> ④ 자산의 금융요소를 반영하는 이자의 발생

또한, 부채의 역사적 원가는 다음을 반영하기 위하여 필요하다면 시간의 경과에 따라 갱신되어야 한다.

① 부채 중 일부 또는 전부의 이행(Ex. 부채의 일부 또는 전부를 소멸시키는 지급이나 재화를 인도할 의무의 이행)
② 부채의 이행에 필요한 경제적 자원을 이전해야 하는 의무의 가치를 증가(손실부담 한도까지)시키는 사건의 영향과 부채의 역사적 원가가 부채를 이행할 의무를 더 이상 충분히 반영하지 못한다면 그러한 부채는 손실부담 부채이다.
③ 부채의 금융요소를 반영하는 이자의 발생

역사적 원가 측정기준을 금융자산과 금융부채에 적용하는 한 가지 방법은 상각후원가로 측정하는 것이다.

02 측정기준 - 현행가치

현행가치 측정치는 측정일의 조건을 반영하기 위해 갱신된 정보를 사용하여 자산, 부채 및 관련 수익과 비용의 화폐적 정보를 제공한다. 역사적 원가와는 달리, 자산이나 부채의 현행가치는 자산이나 부채를 발생시킨 거래나 그 밖의 사건의 가격으로부터 부분적으로라도 도출되지 않는다. 이러한 현행가치의 측정기준은 공정가치와 자산의 사용가치 및 부채의 이행가치, 현행원가를 포함한다.

(1) 공정가치

공정가치(FV; Fair Value)는 측정일에 시장참여자 사이의 정상거래에서 자산을 매도할 때 받거나 부채를 이전할 때 지급하게 될 가격이다. 공정가치는 기업이 접근할 수 있는 시장의 참여자 관점을 반영한다. 시장참여자가 경제적으로 최선의 행동을 한다면 자산이나 부채의 가격을 결정할 때 사용할 가정과 동일한 가정을 사용하여 그 자산이나 부채를 측정한다.

공정가치는 자산을 취득할 때 발생한 거래원가로 인해 증가하지 않으며 부채를 발생시키거나 인수할 때 발생한 거래원가로 인해 감소하지 않는다. 또한 공정가치는 자산의 궁극적인 처분이나 부채의 이전 또는 결제에서 발생할 거래원가를 반영하지 않는다.

공정가치는 활성시장에서 관측되는 가격으로 직접 결정될 수 있다. 만약 공정가치가 활성시장에서 직접 관측되지 않는 경우에도 현금흐름기준 측정기법 등을 사용하여 간접적으로 결정된다.

(2) 자산의 사용가치 및 부채의 이행가치

사용가치는 기업이 자산의 사용과 궁극적인 처분으로 얻을 것으로 기대하는 현금흐름 또는 그 밖의 경제적 효익의 현재가치이다. 이행가치는 기업이 부채를 이행할 때 이전해야 하는 현금이나 그 밖의 경제적 자원의 현재가치이다. 이러한 현금이나 그 밖의 경제적 자원의 금액은 거래상대방에게 이전되는 금액뿐만 아니라 기업이 그 부채를 이행할 수 있도록 하기 위해 다른 당사자에게 이전할 것으로 기대하는 금액도 포함한다.

사용가치와 이행가치는 미래현금흐름에 기초하기 때문에 자산을 취득하거나 부채를 인수할 때 발생하는 거래원가는 포함하지 않는다. 그러나 사용가치와 이행가치에는 기업이 자산을 궁극적으로 처분하거나 부채를 이행할 때 발생할 것으로 기대되는 거래원가의 현재가치가 포함된다.

사용가치와 이행가치는 시장참여자의 관점보다는 기업 특유의 관점을 반영한다. 사용가치와 이행가치는 직접 관측될 수 없으며 현금흐름기준 측정기법으로 결정된다.

(3) 현행원가

자산의 현행원가(Current Cost)는 측정일 현재 동등한 자산의 원가로서 측정일에 지급할 대가와 그 날에 발생할 거래원가를 포함한다. 부채의 현행원가는 측정일 현재 동등한 부채에 대해 수취할 수 있는 대가에서 그 날 발생할 거래원가를 차감한다. 현행원가는 역사적 원가와 마찬가지로 유입가치이다. 이는 기업이 자산을 취득하거나 부채를 발생시킬 시장에서의 가격을 반영한다. 이런 이유로, 현행원가는 유출가치인 공정가치, 사용가치 또는 이행가치와 다르다. 그러나 현행원가는 역사적 원가와 달리 측정일의 조건을 반영한다.

[자산과 부채의 측정기준]

구분		자산	부채
역사적 원가		과거 지급 대가 + 발생한 거래원가	과거 수취한 대가 - 발생한 거래원가
현행가치	현행원가	측정일에 동등한 자산의 원가로서 지급할 대가 + 발생한 거래원가	측정일에 동등한 부채에 대해 수취할 대가 - 발생한 거래원가
	공정가치	측정일에 시장참여자 사이의 정상거래에서 자산 매도 시 수령할 가격	측정일에 시장참여자 사이의 정상거래에서 부채 이전 시 지급할 가격
	사용가치 (이행가치)	측정일에 자산의 사용과 처분으로 인해 유입될 기대현금흐름의 현재가치	측정일에 부채의 이행으로 인해 유출된 기대현금흐름의 현재가치

Ⅷ | 자본 및 자본유지개념

01 자본의 개념

자본개념은 재무적 개념과 실물적 개념으로 나눌 수 있다.

기업은 재무제표 이용자의 정보요구에 기초하여 적절한 자본개념을 선택하여야 한다. 따라서 재무제표의 이용자가 주로 명목상의 투하자본이나 투하자본의 구매력 유지에 관심이 있다면 재무적 개념의 자본을 채택하여야 한다. 그러나 이용자의 주된 관심이 기업의 조업능력 유지에 있다면 실물적 개념의 자본을 채택하여야 한다. 현재 대부분의 기업은 자본의 재무적 개념에 기초하여 재무제표를 작성한다.

[자본개념의 구조]

구분		정의
재무자본유지개념	명목화폐단위	투자된 화폐액
	불변구매력단위	투자된 구매력
실물자본유지개념		조업능력(생산능력)

02 자본유지개념의 종류

(1) 재무자본유지개념

재무자본유지개념을 사용하기 위해서는 당해 재무자본을 명목화폐단위 또는 불변구매력단위를 이용하여 측정할 수 있으며, 재무자본유지개념하에서 측정기준의 선택은 기업이 유지하려는 재무자본의 유형과 관련이 있다. 따라서 재무자본유지개념은 특정한 측정기준의 적용을 요구하지 않는다.

> ✎ **재무자본유지개념에서 이익**
>
> 기말화폐자본 – 기초화폐자본, 특정한 측정기준의 적용 요구하지 않음

(2) 실물자본유지개념

실물자본유지개념하에서 이익은 해당 기간 동안 소유주에게 배분하거나 소유주가 출연한 부분을 제외하고 기업의 기말 실물생산능력이나 조업능력, 또는 그러한 생산능력을 갖추기 위해 필요한 자원이나 기금이 기초 실물생산능력(실물자본)을 초과하는 경우에만 발생한다. 개념체계에서는 실물자본유지개념을 사용하기 위해서는 당해 실물자본을 현행원가기준에 따라 측정해야 한다고 규정하고 있다.

> ✎ **실물자본유지개념에서 이익**
>
> 기말실물자본 – 기초실물자본, 현행원가기준에 따라 측정

03 자본유지개념의 측정기준과 이익

각 자본유지개념하에서 가격변동의 영향은 다음과 같다.

✎ **자본유지접근법의 이익측정방법**

> 수익 - 비용 = 기말자본 - **기초자본(유지할 자본)** - 자본거래
> ① 화폐단위
> · Inf 반영 ×: **명목화폐자본유지**
> · Inf 반영 ○: **불변구매력화폐자본유지**
> ② 실물자본: **실물자본유지(Inf 반영 ×)**

(1) 명목화폐자본유지(명목화폐단위로 정의한 재무자본유지개념)

✎ **명목화폐자본유지 정리**

> ① 이익: 기말명목화폐자본 - 기초명목화폐자본
> ② 자산측정방법: 제한 없음
> ③ 가격변동효과: 이익에 포함
> ④ 계산구조

B/S			
현금 1st	기말현금		
		자본금 2nd	기초현금
		당기순이익 3rd	대차차액

(2) 불변구매력화폐자본유지(불변구매력 단위로 정의한 재무자본유지개념)

✎ **불변구매력화폐자본유지 정리**

> ① 이익: 기말불변구매력화폐자본 - 기초불변구매력화폐자본
> ② 자산측정방법: 제한 없음
> ③ 가격변동효과: 자본항목
> ④ 계산구조

B/S			
현금 1st	기말현금		
		자본금 2nd	기초현금
		자본유지 3rd	기초현금 × (1 + 물가상승률) - 기초현금
		당기순이익 4th	대차차액

(3) 실물자본유지(실물생산능력으로 정의한 실물자본유지개념)

✎ 실물자본유지 정리

① 이익: 기말실물생산능력 − 기초실물생산능력

② 자산측정방법: 현행원가

③ 가격변동효과: 자본항목

④ 계산구조

	B/S	
현금 1st	기말현금	
	자본금 2nd	기초현금
	자본유지 3rd 기초현금 × 기말가격/기초가격 − 기초현금	
	당기순이익 4th	대차차액

☆ Self Study

1. 재무제표 이용자가 주로 명목상의 투하자본이나 투하자본의 구매력 유지에 관심이 있다면 재무적 개념의 자본을 채택하여야 한다. 그러나 이용자의 주된 관심이 기업의 조업능력 유지에 있다면 실물적 개념의 자본을 사용하여야 한다.

2. 재무자본유지개념은 특정한 자산의 측정기준 적용을 요구하지 않는다. 재무자본유지개념하에서 측정기준의 선택은 기업이 유지하려는 재무자본의 유형과 관련이 있다.

3. 측정기준과 자본유지개념의 선택에 따라 재무제표의 작성에 사용되는 회계모형이 결정된다. 각각의 회계모형은 상이한 목적적합성과 신뢰성을 나타내며, 경영진은 다른 경우와 마찬가지로 목적적합성과 신뢰성 간에 균형을 추구하여야 한다.

4. 불변구매력단위 재무자본유지개념과 실물자본유지개념에서는 보유손익이 자본유지조정으로 처리될 수 있다. 명목화폐 재무자본유지개념에서는 보유손익은 모두 손익으로 처리한다.

5. 개념체계의 자본유지조정의 내용은 이론적인 것이며, 한국채택국제회계기준에서는 자산과 부채의 재평가 또는 재작성에 따른 순자산의 변동을 수익과 비용으로 처리한다. 다만, 이러한 수익과 비용은 당기손익이나 기타포괄손익으로 분류된다.

제 **3** 장

재무제표 표시와 공정가치

해커스 IFRS 정윤돈 재무회계 키 핸드북

회계사 · 세무사 · 경영지도사 단번에 합격! 해커스 경영아카데미
cpa.Hackers.com

Ⅰ | 재무제표의 목적과 전체 재무제표, 일반 사항, 재무제표의 식별

01 재무제표의 목적

재무제표는 기업의 재무상태와 재무성과를 체계적으로 표현한 보고서로 일반목적재무보고의 가장 대표적인 수단이다. 재무제표의 목적은 다양한 정보이용자의 경제적 의사결정에 유용한 기업의 재무상태, 재무성과와 재무상태 변동에 관한 정보를 제공하는 것이다.

02 전체 재무제표

전체 재무제표는 다음을 모두 포함하여야 한다. 또한, 아래의 재무제표 명칭이 아닌 다른 명칭을 사용할 수도 있다.

> ① 기말 재무상태표
> ② 기간 포괄손익계산서
> ③ 기간 자본변동표
> ④ 기간 현금흐름표
> ⑤ 주석(중요한 회계정책 정보와 그 밖의 설명 정보로 구성)
> ⑥ 전기에 관한 비교정보
> ⑦ 회계정책을 소급하여 적용하거나, 재무제표의 항목을 소급하여 재작성 또는 재분류하는 경우 전기 기초 재무상태표

☆ Self Study

1. 각각의 재무제표는 전체 재무제표에서 동등한 비중으로 표시한다. 또한 기업들은 기업회계기준서 제1001호 '재무제표 표시'에서 사용하는 재무제표의 명칭이 아닌 다른 명칭을 사용할 수 있다.

2. 전체 재무제표는 전기에 관한 비교정보를 포함한다(Ex. 당기와 전기의 비교식 공시). 다만, 회계정책의 변경이나 중요한 오류수정으로 전기 이전 재무제표를 소급 재작성하는 경우에는 재무상태표 3개(당기 말 재무상태표, 전기 말 재무상태표, 전기 초 재무상태표)를 작성하여야 한다.

3. 재무제표 이외의 보고서는 한국채택국제회계기준의 적용범위에 해당하지 않는다.

---

03 일반 사항

(1) 공정한 표시와 한국채택국제회계기준의 준수

한국채택국제회계기준에 따라 작성된 재무제표(필요에 따라 추가 공시한 경우 포함)는 공정하게 표시된 재무제표로 본다.

또한 한국채택국제회계기준을 준수하여 작성된 재무제표는 국제회계기준을 준수하여 작성된 재무제표임을 주석으로 공시할 수 있다.

재무제표가 한국채택국제회계기준의 요구사항을 모두 충족한 경우가 아니라면 한국채택국제회계기준을 준수하여 작성되었다고 기재하여서는 안 된다. 부적절한 회계정책은 이에 대하여 공시나 주석 또는 보충자료를 통해 설명하더라도 정당화될 수 없다.

구분	내용	비고
재무제표의 공정한 표시	한국채택국제회계기준을 준수함으로써 달성	부적절한 회계정책은 정당화될 수 없음

* 한국채택국제회계기준의 요구사항을 모두 충족한 경우에만 한국채택국제회계기준을 준수하여 작성하였다고 기재할 수 있음

(2) 재무제표 목적과의 상충

극히 드문 상황으로 한국채택국제회계기준의 요구사항을 준수하는 것이 오히려 '개념체계'에서 정하고 있는 재무제표의 목적과 상충되어 재무제표 이용자의 오해를 유발할 수 있는 경우에는 관련 감독체계가 이러한 요구사항으로부터의 일탈을 의무화하거나 금지하지 않는다면, 요구사항을 달리 적용하고, 일탈의 내용과 그로 인한 재무적 영향 등을 공시한다.

그러나 이와 같이 경영진이 한국채택국제회계기준의 요구사항을 준수하는 것이 오히려 '개념체계'에서 정하고 있는 재무제표의 목적과 상충될 수 있다고 결론을 내린 경우에도 관련 감독체계가 이러한 요구사항으로부터의 일탈을 의무화하거나 금지하는 경우에는 기업은 경영진이 결론을 내린 이유와 재무제표 각 항목에 대한 조정내용을 공시하여 오해를 유발할 수 있는 가능성을 최대한 줄여야 한다.

구분		적용
원칙		한국채택국제회계기준의 요구사항을 모두 적용
예외	일탈을 허용하는 경우	한국채택국제회계기준의 요구사항을 달리 적용 가능
	일탈을 허용하지 않는 경우	기준서의 요구사항을 준수, 관련 사항을 주석으로 추가 공시

☆ Self Study

1. 영업이익 산정에 포함된 항목 이외에도 기업의 고유 영업환경을 반영하는 그 밖의 수익 또는 비용항목은 영업이익에 추가하여 별도의 영업성과 측정치를 산정하여 조정영업이익으로 주석에 공시할 수 있다.

2. 수익과 비용의 어느 항목도 당기손익과 기타포괄손익을 표시하는 보고서 또는 주석에 특별손익 항목으로 표시할 수 없다.

(3) 계속기업

재무제표는 일반적으로 기업이 계속기업이며, 예상 가능한 기간 동안 영업을 계속할 것이라는 가정하에 작성된다. 경영진은 재무제표를 작성할 때 계속기업으로서의 존속가능성을 평가해야 한다. 경영진이 기업을 청산하거나 경영활동을 중단할 의도를 가지고 있지 않거나, 청산 또는 경영활동을 중단 외에 다른 현실적 대안이 없는 경우가 아니면 계속기업을 전제로 재무제표를 작성한다. 그러므로 계속기업으로서의 존속능력에 유의적인 의문이 제기될 수 있는 사건이나 상황과 관련된 중요한 불확실성을 알게 된 경우, 경영진은 그러한 불확실성을 공시하여야 한다. 재무제표가 계속기업의 기준하에 작성되지 않는 경우에는 그 사실과 함께 재무제표가 작성된 기준 및 그 기업을 계속기업으로 보지 않는 이유를 주석 공시하여야 한다. 계속기업의 가정이 적절한지의 여부를 평가할 때 경영진은 적어도 보고기간 말부터 향후 12개월 기간에 대하여 이용 가능한 모든 정보를 고려한다.

> **☆ Self Study**
>
> 기업이 상당기간 계속 사업이익을 보고하였고, 보고기간 말 현재 경영에 필요한 재무자원을 확보하고 있는 경우에는 자세한 분석이 없어도 계속기업을 전제로 한 회계처리가 적절하다는 결론을 내릴 수 있다.

(4) 발생기준 회계

기업은 현금흐름정보(현금흐름표)를 제외하고는 발생기준 회계를 사용하여 재무제표를 작성한다.

(5) 중요성과 통합표시

유사한 항목은 중요성 분류에 따라 재무제표에 구분하여 표시하며, 상이한 성격이나 기능을 가진 항목을 구분하여 표시한다. 단, 중요하지 않은 항목은 성격이나 기능이 유사한 항목과 통합하여 표시(Ex. 현금및현금성자산)할 수 있다.

성격이나 기능		재무제표 표시
상이한 항목		구분하여 표시
유사한 항목	중요한 경우	구분하여 표시
	중요하지 않는 경우	성격이나 기능이 유사한 항목과 통합하여 표시 가능

(6) 상계

한국채택국제회계기준에서 요구하거나 허용하지 않는 한 자산과 부채 그리고 수익과 비용은 상계하지 아니한다.

> **☆ Self Study**
>
> 재고자산에 대한 재고자산평가충당금과 매출채권에 대한 손실충당금과 같은 평가충당금을 차감하여 관련 자산을 순액으로 측정하는 것은 상계표시에 해당하지 아니한다. 재고자산평가충당금이나 손실충당금은 부채가 아니라 자산의 차감계정이므로 이를 해당 자산에서 차감표시하는 것은 자산과 부채의 상계가 아니기 때문이다.

동일 거래에서 발생하는 수익과 관련 비용의 상계표시가 거래나 그 밖의 사건의 실질을 반영한다면 그러한 거래의 결과는 상계하여 표시한다. 이러한 상계표시의 예를 들면 다음과 같다.

> ① 투자자산 및 영업용 자산을 포함한 비유동자산의 처분손익은 처분대금에서 그 자산의 장부금액과 관련 처분비용을 차감하여 표시한다.
> ② 기준서 제1037호 '충당부채, 우발부채 및 우발자산'에 따라 인식한 충당부채와 관련된 지출을 제3자와의 계약관계(Ex. 보증약정)에 따라 보전받는 경우, 당해 지출과 보전받는 금액은 상계하여 표시할 수 있다.
> ③ 외환손익 또는 단기매매금융상품에서 발생하는 손익과 같이 유사한 거래의 집합에서 발생하는 차익과 차손은 순액(≒ 상계)으로 표시한다. 그러나 그러한 차익과 차손이 중요한 경우에는 구분하여 표시한다.

Ex

1. 토지 장부금액 ₩200을 ₩250에 처분하면서 수수료 ₩10이 발생하였다.

차) 현금	240	대) 토지	200
		유형자산처분손익(상계)	40

2. 기업이 손해배상소송 관련하여 충당부채로 인식할 금액은 ₩200이며, 보험에 가입하여 ₩100을 보험회사로부터 수령할 것이 거의 확실하다.

차) 손해배상손실(N/I)	200	대) 손해배상충당부채	200
차) 대리변제자산	100	대) 손해배상손실(상계)	100
		or 충당부채관련수익	(N/I)

구분	내용
원칙	자산과 부채, 수익과 비용은 상계하지 않음 * 평가충당금의 순액측정은 상계 ×
상계표시하는 경우	① 비유동자산처분손익(처분비용도 상계, 강제사항) ② 충당부채와 관련된 지출을 제3자와의 계약 관계로 보전받는 금액(임의사항)
유사한 거래의 집합에서 발생하는 차익과 차손	외환손익 · 단기매매금융상품 관련 손익 순액(≒ 상계)표시 * 중요한 경우 구분하여 표시

(7) 보고빈도

전체 재무제표(비교정보를 포함)는 적어도 1년마다 작성한다. 보고기간 종료일을 변경하여 재무제표의 보고기간이 1년을 초과하거나 미달하는 경우 재무제표 해당 기간뿐만 아니라 다음의 사항을 추가로 공시한다.

> ① 보고기간이 1년을 초과하거나 미달하게 된 이유
> ② 재무제표에 표시된 금액이 완전하게 비교 가능하지 않다는 사실

(8) 비교정보

한국채택국제회계기준이 달리 허용하거나 요구하는 경우를 제외하고는 **당기 재무제표에 보고되는 모든 금액에** 대해 전기 비교정보를 표시한다. 당기 재무제표를 이해하는 데 목적적합하다면 **서술형 정보의 경우에도 비교정보를 포함한다.**

회계정책을 소급하여 적용하거나, 재무제표 항목을 소급하여 **재작성 또는 재분류**하고 이러한 소급적용, 소급재작성 또는 소급재분류가 전기 기초 재무상태표의 정보에 중요한 영향을 미치는 경우에는 **세 개의 재무상태표를** 표시한다. 이 경우 각 시점(당기 말, 전기 말, 전기 초)에 세 개의 재무상태표를 표시하되 **전기 기초의 개시 재무상태표에 관련된 주석을 표시할 필요는 없다.**

[비교 공시]

구분	재무상태표	다른 재무제표(주석 포함)
일반적인 경우	당기 말, 전기 말	당기, 전기
회계정책을 소급적용하거나 재무제표 항목을 소급하여 재작성하는 경우[1]	당기 말, 전기 말, 전기 초	당기, 전기

[1] 재무제표 항목의 표시나 분류를 변경하는 경우 비교금액도 재분류

(9) 표시의 계속성

재무제표 항목의 표시와 분류는 다음의 경우를 제외하고는 **매기 동일**하여야 한다.

> ① 사업내용의 유의적인 변화나 재무제표를 검토한 결과 다른 표시나 **분류방법이 더 적절한 것이 명백한 경우**
> ② 한국채택국제회계기준에서 표시방법의 변경을 요구하는 경우

01 재무상태표의 의의 및 재무상태표에 표시되는 정보

(1) 재무상태표의 의의

재무상태표는 특정 시점 현재 기업의 자산, 부채 및 자본의 잔액을 보고하는 재무제표이다.

(2) 재무상태표에 표시되는 정보

일정 시점에 기업의 경제적 자원과 보고기업에 대한 청구권에 관한 정보를 제공하는 재무상태표는 적어도 다음에 해당하는 금액을 나타내는 항목을 표시하도록 기준서에서 규정하고 있다.

기준서는 위의 항목들의 표시 순서나 형식을 규정하고 있지 않다. 위의 표시 항목들은 단순히 재무상태표에 구분표시를 하기 위해 성격이나 기능 면에서 명확하게 상이한 항목명을 제시하고 있을 뿐이다.

02 자산과 부채의 유동 · 비유동 구분

(1) 표시방법

유동 항목과 비유동 항목을 재무상태표에 표시하는 방법은 아래와 같으며 한국채택국제회계기준은 각 방법을 모두 인정하고 있다.

① 유동 · 비유동 항목 구분법

② 유동성 순서법

③ 혼합표시방법

☆ Self Study

1. 기업의 재무상태표에 유동자산과 비유동자산, 유동부채와 비유동부채로 구분하여 표시하는 경우, 이연법인세자산(부채)은 유동자산(부채)으로 분류하지 않는다.

2. 자산과 부채의 일부는 유동 · 비유동으로 구분하고, 나머지 유동성 순서에 따르는 표시방법은 일반적으로 연결재무제표를 작성하는 경우 나타날 수 있다.

3. **오답유형**: 재무상태표에 표시되는 자산과 부채는 반드시 유동자산과 비유동자산, 유동부채와 비유동부채로 구분하여 표시해야 한다. (×)

재무제표 표시와 공정가치 | 제3장 | 해커스 IFRS 정윤돈 재무회계 키 핸드북

(2) 유동자산과 비유동자산

보고기간 후 12개월 이내 또는 정상영업주기 이내에 실현되거나 판매하거나 소비할 의도가 있는 자산은 유동자산으로 분류하며, 그 밖의 모든 자산은 비유동자산으로 분류한다. 유동자산으로 분류하는 자산의 예는 다음과 같다.

> ① 기업의 정상영업주기 내에 실현될 것으로 예상하거나, 정상영업주기 내에 판매하거나 소비할 의도가 있다.
>
> ② 주로 단기매매목적으로 보유하고 있다.
>
> ③ 보고기간 후 12개월 이내에 실현될 것으로 예상된다.
>
> ④ 현금이나 현금성자산으로서, 교환이나 부채상환목적으로서의 사용에 대한 제한기간이 보고기간 후 12개월 이상이 아니다.

Additional Comment

유동·비유동을 판단하는 시점은 보고기간 말이며, 보고기간 말 현재 위의 4가지 요건을 충족하는지의 판단에 따라 분류한다. 그러나 유동자산은 보고기간 후 12개월 이내에 실현될 것으로 예상하지 않는 경우에도 재고자산과 매출채권과 같이 정상영업주기의 일부로서 판매, 소비 또는 실현되는 자산을 포함한다. 또한 유동자산은 주로 단기매매목적으로 보유하고 있는 자산(FVPL금융자산)과 비유동금융자산의 유동성 대체 부분을 포함한다.

(3) 유동부채와 비유동부채

보고기간 후 12개월 이내 또는 정상영업주기 이내에 결제되거나 혹은 정상영업주기 내에 결제될 것으로 예상되는 부채는 유동부채로 분류하며, 그 밖의 모든 부채는 비유동부채로 분류한다. 유동부채로 분류하는 부채의 예는 다음과 같다.

> ① 기업의 정상영업주기 내에 결제될 것으로 예상하고 있다.
>
> ② 주로 단기매매목적으로 보유하고 있다.
>
> ③ 보고기간 후 12개월 이내에 결제하기로 되어 있다.
>
> ④ 보고기간 말 현재 보고기간 후 적어도 12개월 이상 부채의 결제를 연기할 수 있는 권리를 가지고 있지 않다.

Additional Comment

매입채무 그리고 종업원 및 그 밖의 영업원가에 대한 미지급비용과 같은 유동부채는 기업의 정상영업주기 내에 사용되는 운전자본의 일부이기 때문에 이러한 항목은 보고기간 후 12개월을 초과하여 결제일이 도래한다 하더라도 유동부채로 분류한다. 기타의 유동부채는 정상영업주기 이내에 결제되지 않지만 보고기간 후 12개월 이내에 결제일이 도래하거나 주로 단기매매목적으로 보유한다.

☆ Self Study

보고기간 후 적어도 12개월 이상 부채의 결제를 연기할 수 있는 기업의 권리는 실질적이어야 하고, 보고기간 말 현재 존재해야 한다. 부채의 분류는 기업이 보고기간 후 적어도 12개월 이상 부채의 결제를 연기할 권리의 행사가능성에 영향을 받지 않는다. 부채가 비유동부채로 분류되는 기준을 충족한다면, 비록 경영진이 보고기간 후 12개월 이내에 부채의 결제를 의도하거나 예상하더라도, 또는 보고기간 말과 재무제표 발행승인일 사이에 부채를 결제하더라도 비유동부채로 분류한다.

(4) 유동부채와 비유동부채의 특수상황 구분

① 장기성 채무

원래의 결제기간이 12개월을 초과하는 경우에도 금융부채가 보고기간 후 12개월 이내에 결제일이 도래하면 이를 유동부채로 분류한다. 또는 보고기간 후 재무제표 발행승인일 전에 장기로 차환하는 약정 또는 지급기일을 장기로 재조정하는 약정이 체결된 경우에도 금융부채가 보고기간 후 12개월 이내에 결제일이 도래하면 이를 유동부채로 분류한다.

✎ **장기성 채무**

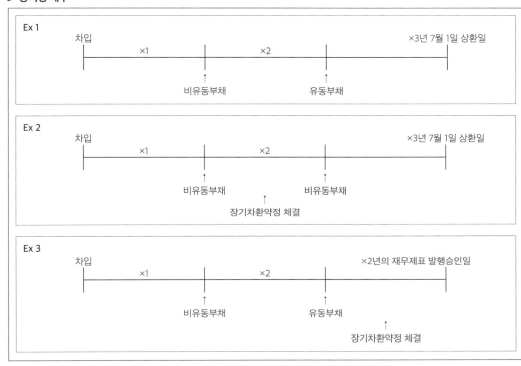

② 만기연장이 가능한 단기성 채무

기업이 보고기간 말 현재 기존의 대출계약조건에 따라 보고기간 후 적어도 12개월 이상 부채를 연장할 권리가 있다면, 보고기간 후 12개월 이내에 만기가 도래한다 하더라도 비유동부채로 분류한다. 만약 기업에 그러한 권리가 없다면, 차환가능성을 고려하지 않고 유동부채로 분류한다.

✐ **만기연장이 가능한 단기성 채무**

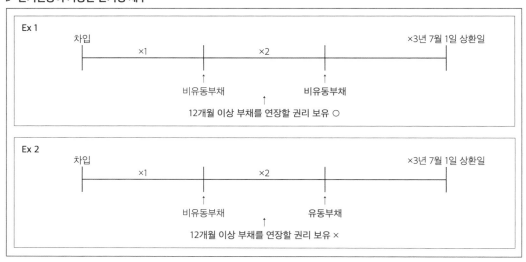

③ **즉시 상환 요구가 가능한 약정을 위반한 장기성 채무**

보고기간 말 이전에 장기차입약정을 위반했을 때, 대여자가 즉시 상환을 요구할 수 있는 채무라 하더라도 채권자가 보고기간 말 이전에 보고기간 후 적어도 12개월 이상의 유예기간을 주는 데 합의하여 그 유예기간 내에 기업이 위반사항을 해소할 수 있고, 또 그 유예기간 동안에는 채권자가 즉시 상환을 요구할 수 없다면, 그 부채는 비유동부채로 분류한다. 그러나 보고기간 후 재무제표 발행승인일 전에 채권자가 약정 위반을 이유로 상환을 요구하지 않기로 합의한 경우에는 그대로 유동부채로 분류한다.

✐ **즉시 상환 요구가 가능한 약정을 위반한 장기성 채무**

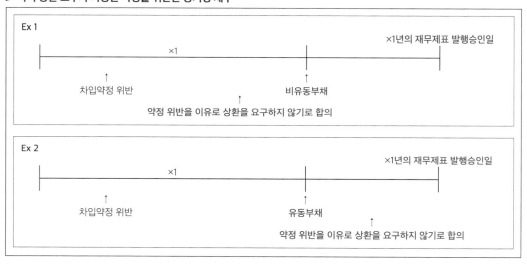

┌─☆ **Self Study**

유동부채와 비유동부채의 구분은 **보고기간 말(재무제표 발행승인일 아님)** 기준으로 한다. 이는 재무상태표일 이전에 발생한 사건이 재무상태표일 이후에 변경되면 재무제표를 수정하지만, 재무상태표일 이후에 새롭게 발생한 사건은 재무제표에 반영하지 않는다는 '보고기간후사건'의 기준서 내용과도 일치한다.

Ⅲ | 포괄손익계산서

01 포괄손익계산서의 의의와 표시되는 정보

(1) 포괄손익계산서의 의의

포괄손익계산서란 일정 기간 동안 발생한 모든 수익과 비용을 보고하는 재무제표이다.

(2) 포괄손익계산서에 표시되는 정보

① 당기순이익

한 회계기간에 인식되는 모든 수익과 비용 항목은 한국채택국제회계기준이 달리 정하지 않는 한 당기손익으로 인식한다. (수익과 비용의 정의를 만족하지만 당기손익에 반영되지 않는 항목은 기타포괄손익과 오류수정과 회계정책의 변경효과이다)

② 기타포괄손익

한국채택국제회계기준에서 요구하거나 허용하여 당기손익으로 인식하지 않은 수익과 비용 항목으로 모두 장기성 미실현보유이익 성격의 계정이다.

[수익과 비용의 분류]

구분	내용
수익과 비용	원칙적으로 당기손익으로 인식
당기손익으로 분류하지 않는 경우	① 오류수정과 회계정책의 변경효과 ② 기타포괄손익

③ 당기순손익과 기타포괄손익의 구분

총포괄손익은 당기순손익과 기타포괄손익(OCI; Other Comprehensive Income)으로 구분할 수 있다.

> (총)포괄손익 = 당기순손익 + 기타포괄손익의 변동(재분류조정 포함)

포괄손익계산서에는 당기순손익을 구성하는 수익과 비용을 먼저 표시하고, 그 아래에 기타포괄손익을 구성하는 수익과 비용을 표시한 후 당기순손익과 기타포괄손익의 합계를 총포괄손익으로 표시한다.

02 포괄손익계산서 표시방법 및 비용의 분류

(1) 포괄손익계산서의 표시방법

① 단일 보고와 별도 보고

한국채택국제회계기준에서는 포괄이익개념으로 손익을 접근하므로 당기순손익의 구성요소는 단일 포괄손익계산서의 일부로 표시하거나, 두 개의 손익계산서 중 별개의 손익계산서에 표시할 수 있다(선택 가능).

단일의 포괄손익계산서에 두 부분으로 나누어 표시할 경우 당기손익 부분을 먼저 표시하고 바로 이어서 기타포괄손익 부분을 함께 표시하고, 별개의 손익계산서에 표시할 경우 별개의 손익계산서는 포괄손익을 표시하는 보고서 바로 앞에 위치한다.

구분	내용	비고
단일의 포괄손익계산서	당기손익을 먼저 표시하고 기타포괄손익을 이어서 표시	
두 개의 포괄손익계산서(선택 가능)	① 별개의 손익계산서 ② 포괄손익계산서(당기순손익으로부터 시작)	별개의 손익계산서를 먼저 표시

② 기타포괄손익의 표시방법

기타포괄손익은 다른 한국채택국제회계기준서에서 요구하거나 허용하여 당기손익으로 인식하지 않은 수익과 비용 항목을 말하며 기타포괄손익 부분에 해당 기간의 금액을 표시하는 항목은 다음과 같다.

> ① 성격별로 분류하고 다른 한국채택국제회계기준에 따라 다음의 집단으로 묶은 기타포괄손익의 항목(②의 금액은 제외)
> · 후속적으로 당기손익으로 재분류되지 않는 항목
> · 특정 조건을 충족할 때에 후속적으로 당기손익으로 재분류되는 항목
> ② 지분법으로 회계처리하는 관계기업과 공동기업의 기타포괄손익에 대한 지분으로서 다른 한국채택국제회계기준에 따라 다음과 같이 구분되는 항목에 대한 지분
> · 후속적으로 당기손익으로 재분류되지 않는 항목
> · 특정 조건을 충족할 때에 후속적으로 당기손익으로 재분류되는 항목

기타포괄손익은 후속적으로 당기손익으로 재분류되지 않는 항목과 당기손익으로 재분류되는 항목으로 구분되며 이를 각각 포괄손익계산서에 표시한다(강제사항).

항목	강제 · 선택사항
재분류조정 가능 항목과 재분류조정 불가 항목 구분표시	강제사항

③ 기타포괄손익의 후속적 당기손익 재분류

재분류조정은 당기나 과거기간에 기타포괄손익으로 인식되었으나 당기손익으로 재분류된 금액을 말한다. 또한 다른 기준서들은 과거기간에 기타포괄손익으로 인식한 금액을 당기손익으로 재분류할지 여부와 그 시기에 대하여 규정하고 있는데 재분류를 재분류조정으로 규정하고 있다.

재분류조정은 포괄손익계산서나 주석에 표시할 수 있는데, 재분류조정을 주석에 표시하는 경우에는 관련 재분류조정을 반영한 후에 기타포괄손익의 항목을 표시한다. 기타포괄손익의 종류와 후속적으로 당기손익으로 재분류되는지의 여부를 요약하면 아래와 같다.

[후속적으로 당기손익으로 재분류되는 항목과 재분류되지 않는 항목 구분]

구분	내용	재분류 시기
재분류조정 ○	FVOCI금융자산(채무상품)에 대한 투자에서 발생한 손익	처분 시
	해외사업환산손익	해외사업장 매각 시
	파생상품평가손익(현금흐름 위험회피에서 위험회피대상이 비금융자산이나 비금융부채가 아닌 경우에 발생하는 평가손익 중 효과적인 부분)	예상거래가 당기손익 인식 시
	관계기업 및 공동기업의 재분류되는 지분법기타포괄손익	
재분류조정 ×	순확정급여부채(자산)의 재측정요소	해당사항 없음
	유형·무형자산의 재평가잉여금의 변동손익	
	FVOCI금융자산(지분상품)에 대한 투자에서 발생한 손익	
	FVPL금융부채(지정)의 신용위험 변동으로 인한 공정가치 변동손익	
	파생상품평가손익(현금흐름 위험회피에서 위험회피대상이 비금융자산이나 비금융부채인 경우)	
	관계기업 및 공동기업의 재분류되지 않는 지분법기타포괄손익	

④ 기타포괄손익의 항목과 관련한 법인세비용의 공시

포괄손익계산서에 기타포괄손익을 표시하는 경우 기타포괄손익의 구성요소와 관련된 법인세효과를 차감한 순액으로 표시하거나 기타포괄손익은 관련된 법인세효과 반영 전 금액으로 표시하고, 각 항목들에 관련된 법인세효과를 단일 금액으로 합산하여 표시할 수도 있다.

항목	강제·선택사항
세전 금액(법인세효과 별도 표시), 세후 금액 표시	선택사항

⑤ 영업이익의 구분표시

기업은 수익에서 매출원가 및 판매비와 관리비(물류원가 등을 포함)를 차감한 영업이익(또는 영업손실)을 포괄손익계산서에 구분하여 표시한다. 영업손익 산출에 포함된 주요항목과 그 금액을 포괄손익계산서의 본문에 표시할 수도 있고 주석으로 공시할 수도 있다.

항목	강제·선택사항
영업이익의 구분표시	강제사항

┌─☆ **Self Study**

1. 영업활동과 관련하여 비용이 감소함에 따라 발생하는 퇴직급여충당부채환입, 판매보증충당부채환입 및 손실충당금환입 등은 판매비와 관리비의 부(-)의 금액으로 한다.

2. 영업의 특수성을 고려할 필요가 있는 경우(Ex. 매출원가를 구분하기 어려운 경우)나 비용을 성격별로 분류하는 경우 영업수익에서 영업비용을 차감한 영업이익을 포괄손익계산서에 구분하여 표시할 수 있다.

당기손익 항목		내용
영업이익	매출원가 구분이 가능	매출액 - 매출원가 - 판매비와 관리비
	매출원가 구분이 불가능	영업수익 - 영업비용
당기순이익		영업이익 + 영업외수익 - 영업외비용 - 법인세비용

⑥ 계속영업이익과 중단영업이익

계속영업이익은 세전 금액과 법인세를 구분하여 표시하고 중단영업이익은 세후 금액으로 표시하여야 한다.

(2) 비용의 분류

① 성격별 분류방법

성격별 분류방법은 당기손익에 포함된 비용을 그 성격(Ex. 감가상각비, 원재료의 구입, 운송비, 종업원급여와 광고비)별로 통합하여 분류하는 것을 말한다. 비용을 기능별 분류로 배분할 필요가 없기 때문에 적용이 간단할 수 있으며 미래현금흐름을 예측하는 데 유용하다.

② 기능별 분류방법

기능별 분류방법은 비용을 매출원가, 그리고 물류원가와 관리활동원가 등과 같이 기능별로 분류하는 것을 말한다. 이 방법은 적어도 매출원가를 다른 비용과 분리하여 공시한다.

비용을 기능별로 분류하는 기업은 감가상각비, 기타 상각비와 종업원급여비용을 포함하여 비용의 성격에 대한 추가 정보를 주석에 공시하여야 한다.

─☆ Self Study

1. 비용의 성격에 대한 정보가 미래현금흐름을 예측하는 데 유용하기 때문에 비용을 기능별로 분류하는 경우에는 추가 공시가 필요하다.

2. 비용을 기능별로 분류하는 기업은 감가상각비, 기타 상각비와 종업원급여비용을 포함하여 비용의 성격에 대한 추가 정보를 주석 공시한다(비용을 성격별로 분류하는 기업은 비용의 기능에 대한 추가 정보를 공시하지 않는다).

Ⅳ | 공정가치

01 공정가치의 정의와 측정

(1) 정의

공정가치(FV; Fair Value)는 측정일에 **시장참여자** 사이의 **정상거래**에서 **자산을 매도하면서 수취하거나 부채를 이전하면서 지급하게 될 가격(유출가격)**을 말한다.

① 시장참여자

시장참여자는 다음의 특성을 모두 가진 주된 또는 가장 유리한 시장의 매입자와 매도자를 말한다.

> ① 서로 **독립적**이다.
> ② **합리적인 판단력**이 있다.
> ③ 자산이나 부채에 대한 **거래를 체결할 수** 있다.
> ④ 자산이나 부채에 대한 **거래를 체결할 의사**가 있다.

기업은 시장참여자가 경제적으로 최선의 행동을 한다는 가정하에 시장참여자가 자산이나 부채의 가격을 결정할 때 사용하는 가정에 근거하여 자산이나 부채의 공정가치를 측정하여야 한다. 그러나 그러한 사정을 위하여 특정 시장참여자를 식별할 필요는 없다.

☆ Self Study

공정가치는 시장에 근거한 측정치이므로 시장참여자의 위험에 대한 가정을 포함하여 측정된다. 그러므로 기업이 자산을 보유하는 의도나 부채를 결제 또는 이행하고자 하는 의도는 공정가치를 측정할 때 관련되지 않는다(즉, 공정가치는 시장에 근거한 측정치이며 기업 특유의 측정치가 아니다).

---

② 정상거래

정상거래란 측정일 이전에 일정 기간 동안 해당 자산이나 부채와 관련되는 거래를 위하여 통상적이고 관습적인 마케팅 활동을 할 수 있도록 시장에 노출되는 것을 가정하는 거래이다.

③ 정상거래에서 자산을 매도하면서 수취하거나 부채를 이전하면서 지급하게 될 가격

공정가치는 자산을 보유하거나 부채를 부담하는 시장참여자의 관점에서 측정일의 유출가격으로 자산이나 부채를 제거한다고 할 때의 가격이다. 또한 거래가격은 자산을 취득하면서 지급하거나 부채를 인수하면서 수취하는 가격으로 유입가격이라고 한다. 다른 기준서에서 최초에 자산이나 부채를 공정가치로 측정할 것을 요구하거나 허용하면서 거래가격이 공정가치와 다른 경우에는 해당 기준서에서 다르게 정하고 있지 않는 한 이로 인한 손익을 당기손익으로 인식한다.

Ex	금융자산의 취득			
차) 금융자산	취득 시 FV(유출가격)	대) 현금		유입가격
		취득이익		N/I

(2) 측정

공정가치 측정은 특정 자산이나 부채에 대한 것이다. 따라서 공정가치를 측정할 때에는 시장참여자의 측정일에 자산이나 부채의 가격을 결정할 때 대상이 되는 그 자산이나 부채의 특성으로 고려할 때 사항은 다음과 같다.

> ① 자산의 상태와 위치
> ② 자산의 매도나 사용에 제약이 있는 경우에 그러한 사항

또한, 공정가치로 측정하는 자산이나 부채는 다음 중 하나일 수 있다.

> ① 독립적인 자산이나 부채(Ex. 하나의 금융상품이나 하나의 비금융자산)
> ② 자산의 매도나 사용에 제약이 있는 경우에 그러한 사항(Ex. 현금창출단위나 사업)

☆ Self Study

공정가치의 정의는 자산과 부채에 중점을 둔다. 또한 공정가치 측정 기준서는 공정가치로 측정되는 자기지분상품에도 적용된다(Ex. 사업결합 대가로 발행되는 자기지분상품 or 출자전환으로 발행되는 자기지분상품).

[Ex. 사업결합 대가로 발행되는 자기지분상품]

차) 피취득자 자산(1st)	FV	대) 피취득자 부채(2nd)		FV
영업권	대차차액	자본		FV측정

[Ex. 출자전환으로 발행되는 자기지분상품]

차) 차입금	BV[1]	대) 자본		FV측정
		채무면제이익		N/I

[1] 장부금액(BV; Book Value)

---

① 거래가 이루어지는 시장

공정가치 측정은 자산을 매도하거나 부채를 이전하는 거래가 다음 중 어느 하나의 시장에서 이루어지는 것을 가정한다.

> • **1순위:** 자산이나 부채의 주된 시장(해당 자산이나 부채를 거래하는 규모가 가장 크고 빈도가 가장 많은 시장)
> • **2순위:** 자산이나 부채의 주된 시장이 없는 경우에는 가장 유리한 시장(거래원가나 운송원가를 고려했을 때, 자산을 매도할 때 받는 금액을 최대화하거나 부채를 이전할 때 지급하는 금액을 최소화하는 시장)

공정가치는 측정일 현재의 시장 상황에서 주된 또는 가장 유리한 시장에서의 정상거래에서 자산을 매도할 때 받거나 부채를 이전할 때 지급하게 될 가격(유출가격)이다. 이때, 그 가격은 직접 관측 가능한 시장이 존재하지 않는다면 다른 가치평가기법을 사용하여 추정할 수도 있다.

구분	내용	비고
관측 가능한 시장 존재 ○	1순위: 주된 시장	거래의 규모와 빈도가 가장 큰 시장
	2순위: 가장 유리한 시장	수취할 금액 - 거래원가 - 운송원가 고려하여 가장 유리한 시장 판단 (단, 공정가치 측정 시에는 운송원가만 차감)
관측 가능한 시장 존재 ×	가치평가기법 이용	시장접근법
		원가접근법
		이익접근법

1. 주된 시장이 없는 경우 가장 유리한 시장을 식별하기 위하여 생길 수 있는 모든 시장에 대한 광범위한 조사를 수행할 필요는 없으나 합리적으로 구할 수 있는 모든 정보를 고려한다. 이 경우 반증이 없는 한, 자산을 매도하거나 부채를 이전하기 위해 통상적으로 거래를 하는 시장을 주된 시장으로 간주한다.

2. 주된 시장이 있는 경우에는 다른 시장의 가격이 측정일에 잠재적으로 더 유리하더라도, 공정가치 측정치는 주된 시장의 가격을 나타내도록 한다. 동일한 자산이나 부채에 대한 주된(또는 가장 유리한) 시장은 기업별로 다를 수 있다. 따라서 주된(또는 가장 유리한) 시장은 기업의 관점에서 고려되며 이에 따라 다른 활동을 하는 기업 간의 차이는 허용된다.

3. 측정일에 그 시장을 접근할 수 있어야 하지만, 그 시장의 가격에 근거하여 공정가치를 측정하기 위해서 측정일에 특정 자산을 매도할 수 있거나 특정 부채를 이전할 수 있어야만 하는 것은 아니다.

4. 측정일에 자산의 매도나 부채의 이전에 대한 가격결정 정보를 제공할 수 있는 관측할 수 있는 시장이 없더라도, 자산을 보유하거나 부채를 부담하는 시장참여자의 관점을 고려한 거래가 측정일에 이루어질 것으로 가정하여 공정가치를 측정한다.

② 가격

자산이나 부채의 공정가치를 측정하기 위하여 사용하는 주된 시장의 가격은 거래원가를 조정하지 않는다.

운송원가는 현재의 위치에서 주된 시장으로 자산을 운송하는 데 발생하는 원가로 거래원가는 운송원가에 포함하지 않는다. 그러나 위치가 자산의 특성에 해당한다면 현재의 위치에서 주된 또는 가장 유리한 시장까지 자산을 운송하는 데 드는 원가가 있을 경우에 주된 또는 가장 유리한 시장에서의 가격을 그 원가만큼 조정한 가격이 공정가치이다.

[거래원가와 운송원가의 유리한 시장 판단 및 공정가치 측정 시 적용]

구분	가장 유리한 시장 판단 시 고려	공정가치 측정 시 조정	비고
거래원가	고려함	조정하지 않음	거래의 특성
운송원가	고려함	조정함	자산이나 부채의 특성

(3) 가치평가기법

① 가치평가기법의 종류

- **시장접근법**: 동일하거나 비교할 수 있는 자산, 부채, 사업과 같은 자산과 부채의 집합에 대한 시장 거래에서 생성된 가격이나 그 밖의 목적적합한 정보를 사용하는 가치평가기법
- **원가접근법**: 자산의 사용능력을 대체할 때 현재 필요한 금액을 반영하는 가치평가기법(≒ 현행대체원가)
- **이익접근법**: 미래 금액을 하나의 할인된 금액으로 전환하는 가치평가기법

공정가치 측정을 위해 사용하는 가치평가기법은 일관되게 적용한다. 그러나 가치평가기법이나 그 적용방법을 변경하는 것이 그 상황에서 공정가치를 똑같이 또는 더 잘 나타내는 측정치를 산출해낸다면 이러한 변경은 적절하다. 가치평가기법이나 그 적용방법이 바뀜에 따른 수정은 회계추정치의 변경으로 회계처리한다.

② 투입변수

투입변수는 자산이나 부채의 가격을 결정할 때 시장참여자가 사용할 가정을 말하며, 관측 가능하거나 관측 가능하지 않을 수 있다. 공정가치를 측정하기 위해 사용하는 가치평가기법은 관련된 관측할 수 있는 **투입변수(시장자료)를 최대한 사용**하고 **관측할 수 없는 투입변수(시장자료를 구할 수 없는 경우의 최선의 정보)를 최소한으로 사용**한다.

> • **관측할 수 있는 투입변수:** 실제사건이나 거래에 관해 공개적으로 구할 수 있는 정보와 같은 시장자료를 사용하여 개발하였으며 자산이나 부채의 가격을 결정할 때 시장참여자가 사용할 가정을 반영하는 투입변수
> • **관측할 수 없는 투입변수:** 시장자료를 구할 수 없는 경우에 자산이나 부채의 가격을 결정할 때 시장참여자가 사용할 가정에 대해 구할 수 있는 최선의 정보를 사용하여 개발된 투입변수

③ 공정가치 서열체계

공정가치 측정 및 관련 공시에서 일관성과 비교가능성을 높이기 위하여, 공정가치를 측정하기 위해 사용하는 가치평가기법의 투입변수를 3가지 수준으로 분류하는 공정가치 서열체계를 정한다. 즉, **공정가치를 측정하기 위하여 사용할 투입변수의 우선순위**를 말한다.

구분	투입변수
수준 1 투입변수	측정일에 동일한 자산이나 부채에 대한 접근 가능한 **활성 시장의 조정되지 않은 공시가격** (Ex. 거래소 시장, 딜러 시장, 중개 시장)
수준 2 투입변수	수준 1의 공시가격 이외에 자산이나 부채에 대해 **직접적으로 또는 간접적으로 관측 가능한 투입변수** (Ex. 보유하여 사용하고 있는 건물의 경우 비슷한 위치의 비교할 수 있는 건물과 관련된 관측할 수 있는 거래의 가격에서 도출한 배수에서 도출한 건물의 제곱미터당 가격)
수준 3 투입변수	자산이나 부채에 대한 **관측 가능하지 않은 투입변수** (Ex. 현금창출 단위의 경우 기업 자신의 자료를 사용하여 개발한 재무예측)

☆ Self Study

1. 관련 **투입변수의 사용 가능성**과 이들 투입변수의 상대적인 주관성은 적절한 가치평가기법을 선택하는 데에 영향을 미칠 수 있다.

2. 공정가치 서열체계는 가치평가기법에의 투입변수에 우선순위를 부여하는 것이지, 공정가치를 측정하기 위해 사용하는 가치평가기법에 우선순위를 부여하는 것은 아니다.

cpa.Hackers.com

제 **4** 장

재고자산

I | 재고자산의 정의 및 분류

01 재고자산의 정의

재고자산은 **통상적인 영업과정에서 판매를 위하여 보유** 중인 상품과 제품, **판매를 위하여 생산** 중인 재공품 및 **생산 중인 자산 및 생산이나 용역제공에 사용**될 원재료나 소모품을 말한다.

[한국채택국제회계기준에서 정의하고 있는 재고자산]

구성	해당 재고자산
통상적인 영업과정에서 판매를 위하여 보유 중인 자산	상품, 제품
통상적인 영업과정에서 판매를 위하여 생산 중인 자산	재공품, 반제품
생산이나 용역제공에 사용될 원재료나 소모품	원재료, 소모품

02 재고자산의 분류

자산은 그 보유목적에 따라 그 금액을 측정하여야 정보이용자에게 유용한 정보를 제공할 수 있다. 따라서 재고자산은 **기업의 주된 영업활동의 특성 및 성격에 따라 분류**하여야 한다.

[영업활동의 특성 및 성격에 따른 자산의 분류 예시]

영업활동의 특성 및 성격	자산의 분류
① 기업이 영업활동에 사용할 목적으로 건물을 보유	유형자산
② 시세차익 또는 임대수익을 얻을 목적으로 건물을 보유	투자부동산
③ 부동산판매기업이 통상적인 영업과정에서 판매를 위하여 건물을 보유	재고자산
④ 금융회사가 보유하고 있는 지분상품과 채무상품	재고자산
⑤ 금융회사가 아닌 기업이 보유하고 있는 지분상품과 채무상품	금융자산

Ⅱ | 재고자산의 취득원가 및 기말재고자산 조정

01 재고자산의 취득원가

재고자산의 취득원가는 매입가격의 정상적인 취득과정에서 불가피하게 발생한 부대비용을 가산한 금액이다. 이에 따라 한국채택국제회계기준 제1002호 '재고자산'에서 재고자산의 취득원가는 **매입원가, 전환원가** 및 재고자산을 현재의 장소에 현재의 상태로 이르게 하는 데 발생한 **기타원가 모두를 포함**하도록 규정하고 있다.

> **재고자산의 취득원가**: 매입원가 + 전환원가 + 기타원가

> **Additional Comment**
>
> 기타원가는 재고자산을 현재의 장소에 현재의 상태로 이르게 하는 데 발생한 범위 내에서만 취득원가에 포함된다. 예를 들어, **특정 고객을 위한 비제조 간접원가 또는 제품 디자인 원가는 재고자산의 원가에 포함**하는 것이 적절할 수 있다.

재고자산의 취득원가에 포함할 수 없으며 발생기간의 비용으로 인식하여야 하는 원가의 예는 다음과 같다.

> ① 재료원가, 노무원가 및 기타 제조원가 중 **비정상적으로 낭비된 부분**
>
> ② 후속 생산단계에 투입하기 전에 보관이 필요한 경우 이외의 보관원가
>
> ③ 재고자산을 현재의 장소에 현재의 상태로 이르게 하는 데 기여하지 않은 관리간접원가
>
> ④ 판매원가

(1) 상품매매기업

✐ **상품매매기업의 재고자산 매입원가**

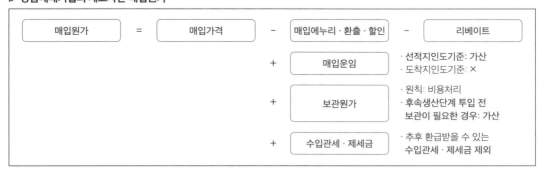

① 매입운임

구분	회계처리	취득원가에 가산(차감)
FOB선적지인도기준	구매자의 자산의 취득원가에 포함	가산
FOB도착지인도기준	판매자의 판매비(비용)로 인식	해당사항 없음

② 매입에누리와 환출, 매입할인, 리베이트

구분	회계처리		취득원가에 가산(차감)
매입에누리와 환출	차) 매입채무	대) 매입(에누리 · 환출)	차감
매입할인	차) 매입채무	대) 현금 　　　매입(할인)	차감
리베이트	차) 현금	대) 매입(리베이트)	차감

> ### ☆ Self Study
>
> 재무제표에 표시될 매출원가는 총매입액을 기준으로 하는 것이 아니라 기업에 순수하게 유출되는 순매입액을 기준으로 한다. 그러므로 문제의 자료에서 총매입액과 에누리, 환출, 할인 등을 제시하고 있다면 총매입액에서 에누리, 환출, 할인을 차감한 순매입액을 기준으로 풀이하여야 한다. 다만, 문제에서 매입채무의 기초, 기말잔액 및 매입채무 지급액을 제시한 후에 에누리, 환출, 할인을 추가 자료로 제시하였다면 매입채무에는 이미 해당 금액이 고려되어 있으므로 추가로 차감할 필요가 없다.
>
> | 매입채무 | | 당기매입 |
> |---|---|---|
> | 지급 | 기초 | = 현금매입 + 외상매입(순)[1] |
> | 기말 | 외상매입(순) | [1]에누리 · 환출 · 할인 고려됨 |
> | | | = 총매입 − 매입에누리 · 환출 · 할인 + 매입운임 |

③ 후불지급조건

재고자산을 후불지급조건으로 취득하는 경우 한국채택국제회계기준에서는 재고자산의 구입계약이 실질적으로 금융요소를 포함하고 있다면 해당 금융요소(Ex. 정상신용조건의 매입가격과 실제 지급액 간의 차이)는 금융이 이루어지는 기간 동안 이자비용으로 인식한다. 즉, 재고자산의 취득원가는 지급할 대가의 현재가치(공정가치)로 결정한다.

[취득일]			
차) 재고자산	정상신용조건의 매입가격	대) 매입채무	PV(실제 지급액)

[기말]			
차) 이자비용	N/I	대) 매입채무	××

[지급일]			
차) 이자비용	N/I	대) 매입채무	××
차) 매입채무	BV	대) 현금	명목금액

④ 차입원가

한국채택국제회계기준에서는 판매 가능한 상태에 이르게 하는 데 상당한 기간을 필요로 하는 재고자산의 경우 타인자본에서 발생하는 차입원가를 재고자산의 취득원가로 인식하도록 규정하고 있다.

구분	회계처리		취득원가에 가산(차감)
차입원가	차) 매입	대) 이자비용 등	가산

⑤ 보관원가

후속생산단계에 투입하기 전에 보관이 필요한 경우의 보관원가는 취득원가에 포함된다.

구분	회계처리		취득원가에 가산(차감)
상품 또는 제품	차) 보관비용	대) 현금	당기비용처리
원재료	차) 매입	대) 현금	가산

⑥ 관세 납부금 · 환급금

관세 납부금은 납부시점에 자산의 취득원가에 가산한다. 관세 환급금은 환급시점에 자산의 취득원가에 차감한다.

구분	회계처리		취득원가에 가산(차감)
관세 납부금	차) 매입	대) 현금	가산
관세 환급금	차) 현금	대) 매입	차감

02 기말재고자산의 배분

(1) 재고자산의 원가배분

상품매매기업의 판매 가능한 재고자산은 기초재고자산에 당기매입액을 합산한 금액으로 구성된다. 이때 판매 가능한 재고자산 중 기중판매된 부분에 해당하는 금액은 당기비용으로 인식되며, 보고기간 말까지 판매되지 않은 부분에 해당하는 금액은 기말 재무상태표에 재고자산으로 보고되는데 이러한 과정을 재고자산의 원가배분이라고 한다.

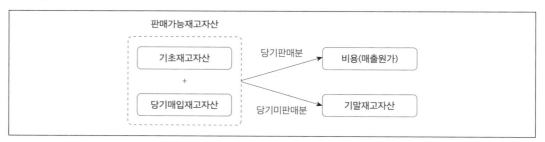

(2) 재고자산의 수량결정방법

① 계속기록법

계속기록법은 상품의 입고와 출고상황을 상품계정과 매출원가계정에 계속적으로 기록하는 방법이다. 즉, 당기 판매가능수량에서 당기에 실제로 판매된 수량을 차감하여 기말재고수량을 역산하는 방법이다.

기초재고수량 + 당기매입수량 – ① 당기판매수량(기록) = ② 기말재고수량(역산)

계속기록법을 적용하면 언제든지 특정 기간의 매출원가와 특정 시점의 재고자산 잔액을 파악할 수 있다는 장점이 있다. 계속기록법의 회계처리를 요약하면 다음과 같다.

매입	차) 재고자산	××	대) 매입채무	××
판매	차) 매출채권 차) 매출원가	×× 실제 판매분	대) 매출 대) 재고자산	×× ××
결산				
1) 매출원가	회계처리 없음			

> **Additional Comment**
>
> 계속기록법을 적용하면 재고자산을 판매할 때마다 보유 재고자산을 매출원가로 대체하기 때문에 재고자산 장부에는 기중의 증가, 감소 금액이 계속 기록된다. 따라서 특정 시점 현재 장부에 계상되어 있는 재고자산의 금액이 곧 그 시점의 재고자산 잔액이 되어 기말에 재고자산의 잔액을 구하기 위하여 별도의 회계처리를 수행할 필요가 없다는 장점이 있다. 그러나 도난, 분실 등의 사유로 감모수량이 발생한다면 재고자산의 장부상 수량과 실제 수량 간에 차이가 발생할 수 있다. 따라서 재고자산의 감모 여부를 파악하지 않고 장부상 재고자산을 재무상태표의 기말재고자산으로 결정하면 재고자산이 과대계상될 수 있다.

② 실지재고조사법

실지재고조사법은 상품의 입고 시에는 매입계정에 기록하고 출고 시에는 매출원가를 계속적으로 기록하지 않고, 결산일 현재 실사(= 재고자산의 수량을 일일이 세는 것)를 통하여 기말재고수량을 파악하여 한 번에 매출원가를 기록하는 방법이다. 즉, 당기판매가능수량에서 기말 실사를 통한 실제 수량을 차감하여 당기판매수량을 역산하는 방법이다.

> 기초재고수량 + 당기매입수량 - ① 기말재고수량(실사) = ② 당기판매수량(역산)

실지재고조사법을 사용하면 장부기록이 간편해지고 실제 존재하는 재고가 기말재고금액으로 계상되는 장점이 있다. 실지재고조사법의 회계처리를 요약하면 다음과 같다.

매입	차) 매입[1]	××		대) 매입채무	××
판매	차) 매출채권	××		대) 매출	××
결산					
1) 매출원가	차) 매출원가 재고자산(기말)	대차차액 3rd 실제 존재하는 재고		대) 재고자산(기초) 매입[1]	1st 2nd

[1] 매입계정을 자산으로 보아야 한다는 주장과 비용으로 보아야 한다는 주장도 있지만 핵심은 임시계정으로 기말에 모두 사라진다는 것이다.

Additional Comment

실지재고조사법을 사용하면 재고자산을 판매할 때마다 매출원가를 기록해야 하는 계속기록법의 번거로움을 피할 수 있다. 그러나 재고자산에 대하여 실사를 하지 않는 한 **특정 시점 현재 재고자산의 잔액과 매출원가를 파악할 수 없고**, 당기판매수량에 도난이나 파손으로 발생한 감모수량이 포함되는 문제점이 있다.

③ 혼합법(계속기록법과 실지재고조사법 동시 적용)

현재 우리나라에서는 소규모 기업을 제외하고는 대부분의 기업이 **계속기록법과 실지재고조사법을 병행**하여 사용하고, 계속기록법의 실제 판매수량과 실지재고조사법의 실제 기말재고수량을 사용하여 감모수량을 파악한다.

> 기초재고수량 + 당기매입수량 - ① 당기판매수량(기록) = ② 기말재고수량(실사) + 재고감모수량

✐ **혼합법 적용에 의한 재고자산수량 파악 과정**

☆ Self Study

1. 회계기간 중 재고자산의 입·출고수량을 계속 기록(계속기록법)하여 기말장부수량을 파악한 후, 기말실지수량(실지재고조사법)과 비교하여 차이를 감모수량으로 파악한다.

2. 계속기록법의 기말재고수량 - 감모수량 = 실지재고조사법의 기말재고수량

(3) 기말재고자산에 포함될 항목(기말재고자산 조정)

재무상태표에 표시할 기말재고자산의 수량은 회사 소유의 재고수량을 파악함으로써 결정할 수 있다. 여기서 회사 소유의 재고수량은 창고실사재고로만 구성되어 있지 않다. 특정 재고수량을 재무상태표의 재고자산에 포함할 것인지는 재고자산에 대한 통제권을 기업이 소유하고 있는지에 따라 결정된다. 기업이 특정 재고자산에 대한 통제권(= 실질소유권)을 보유하고 있다면 해당 재고자산은 회사 소유의 재고자산에 포함된다.

[재무상태표에 가산할 기말재고자산 조정]

구분(판단순서)	1st In 창고	➡	2nd My 재고	➡	창고실사재고자산에 가감
유형 1	○	➡	○	➡	조정사항 없음
유형 2	○	➡	×	➡	차감
유형 3	×	➡	○	➡	가산
유형 4	×	➡	×	➡	조정사항 없음

① 기말재고자산 조정의 회계처리

- 창고실사재고에 가산해야 하는 경우

창고실사재고에는 포함되어 있지 않으나 기업이 해당 재고자산의 통제권을 소유하고 있는 경우에는 해당 재고자산을 창고실사재고에 가산하여 재무상태표에 보고하여야 한다. 이 경우 회계처리는 회사가 해당 재고자산을 매입할 때 매입 회계처리를 한 경우와 하지 않은 경우의 차이가 발생할 수 있다.

✎ **매입 시 매입 회계처리를 수행한 경우 - 실지재고조사법 가정**

매입 시	차) 매입	A	대) 매입채무	A
기말	차) 매출원가 차) 재고자산(기말)	×× + A 창고실사재고	대) 재고자산(기초) 대) 매입	×× ×× + A
	⬇			
재고자산 조정	차) 재고자산(기말)	A	대) 매출원가	A

✎ **매입 시 매입 회계처리를 수행하지 않은 경우 - 실지재고조사법 가정**

매입 시	매입분 A에 대한 회계처리를 수행하지 않음			
기말	차) 매출원가 차) 재고자산(기말)	×× 창고실사재고	대) 재고자산(기초) 대) 매입	×× ××
	⬇			
재고자산 조정	차) 재고자산(기말)	A	대) 매입채무	A

• 창고실사재고에 차감해야 하는 경우

창고실사재고에는 포함되어 있으나 기업이 해당 재고자산의 통제권을 소유하고 있지 않은 경우에는 해당 재고자산을 창고실사재고에 차감하여 재무상태표에 보고하여야 한다. 이 경우 이미 해당 재고자산이 창고실사재고자산에 포함되어 있으므로 회사가 해당 재고자산의 매입 시 회계처리를 하였는지에 대한 여부는 고려할 필요가 없다.

✏️ 창고실사재고에서 차감해야 하는 경우 - 실지재고조사법 가정

재고자산 조정	차) 매출원가	××	대) 재고자산(기말)	××

② 미착상품

[FOB선적지인도조건과 FOB도착지인도조건에 따른 매입자와 판매자의 매입 및 수익 인식]

구분		×1년 말 현재 선적 후 이동 중	×1년 말 기말재고자산 조정 회계처리
FOB 선적지 인도조건	매입자	매입 ○(회계처리 수행)	차) 재고자산(기말) 대) 매출원가
		매입 ○(회계처리 미수행)	차) 재고자산(기말) 대) 매입채무
	판매자	판매 ○	회계처리 없음
FOB 도착지 인도조건	매입자	매입 ×	회계처리 없음
	판매자	판매 ×	차) 재고자산(기말) 대) 매출원가

[미착상품의 재고자산 조정 판단]

구분(운송 중)	1st In 창고	➡	2nd My 재고	➡	창고실사재고자산에 가감
선적지인도조건 - 구매자	×	➡	○	➡	기말재고 가산
선적지인도조건 - 판매자	×	➡	×	➡	조정사항 없음
도착지인도조건 - 구매자	×	➡	×	➡	조정사항 없음
도착지인도조건 - 판매자	×	➡	○	➡	기말재고 가산

(4) 시용판매

[시용판매 판매자의 수익 인식]

구분		수익 인식 여부	×1년 말 기말재고자산 조정 회계처리
시용판매 판매자	매입의사표시 ○	수익 인식 ○	회계처리 없음
	매입의사표시 ×	수익 인식 ×	차) 기말재고 대) 매출원가

Additional Comment

만약 판매자가 시송품을 매입자에게 인도하는 시점에 매출을 인식하는 회계처리를 수행하였다면 매입자가 기말 현재시점에 매입의사를 표시하지 않은 부분의 매출을 취소하는 회계처리를 수행하여야 한다.

매출 취소 회계처리	차) 매출	매입의사표시 ×부분	대) 매출채권	매입의사표시 ×부분

[시용판매의 재고자산 조정 판단]

구분	1st In 창고	⟳	2nd My 재고	⟳	창고실사재고자산에 가감
시송품(매입의사표시 ×)	×	⟳	○	⟳	기말재고 가산
시송품(매입의사표시 ○)	×	⟳	×	⟳	조정사항 없음

(5) 할부판매

[할부판매 판매자의 수익 인식]

구분		수익 인식 여부	×1년 말 기말재고자산 조정 회계처리
할부판매 판매자	통제권 이전	수익 인식 ○	회계처리 없음

> **Additional Comment**
>
> 할부판매는 판매자가 고객에게 자산에 대한 통제권을 이전하는 시점에 수익을 인식한다. **추후에 대금 회수가능성이 불확실해지는 경우 이미 인식한 수익금액을 조정하지 않고,** 대금의 회수불가능한 부분이나 더 이상 회수가능성이 높다고 볼 수 없는 부분을 **별도의 비용(손상차손)으로 인식한다.**
>
> | 추후 회수가능성 ↓ | 차) 손상차손 | 회수불가능한 부분 | 대) 손실충당금 | ×× |
> |---|---|---|---|---|

[할부판매의 재고자산 조정 판단]

구분	1st In 창고	⟳	2nd My 재고	⟳	창고실사재고자산에 가감
할부판매 판매자	×	⟳	×	⟳	조정사항 없음

(6) 위탁판매

[위탁판매 위탁자 · 수탁자의 수익 인식]

구분		미판매분 수익 인식 여부	×1년 말 기말재고자산 조정 회계처리
위탁자 통제권 보유 ○	위탁자	수익 인식 ×	차) 기말재고　　　대) 매출원가
	수탁자	수익 인식 ×	차) 매입채무　　　대) 기말재고
수탁자 통제권 보유 ○	위탁자	수익 인식 ○	회계처리 없음
	수탁자	수익 인식 ×	회계처리 없음

[위탁판매의 재고자산 조정 판단]

구분	1st In 창고	➡	2nd My 재고	➡	창고실사재고자산에 가감
위탁판매 미판매분 - 위탁자	×	➡	○	➡	기말재고 가산
위탁판매 미판매분 - 수탁자	○	➡	×	➡	기말재고 차감
위탁판매 판매분 - 위탁자	×	➡	×	➡	조정사항 없음
위탁판매 판매분 - 수탁자	×	➡	×	➡	조정사항 없음

(7) 반품권이 부여된 판매

반품권이 부여된 판매란 기업이 고객에게 제품에 대한 통제를 이전하고, 다양한 사유로 제품을 반품할 권리와 함께 환불, 공제, 교환을 조합하여 받을 권리를 고객에게 부여하는 판매를 말한다.

① 반품을 예상할 수 없는 경우

반품을 예상할 수 없다면 재고자산을 이전할 때 수익으로 인식하지 않는다. 그러므로 기업은 반품권과 관련된 불확실성이 해소되는 시점에 수익을 인식하고, 받은 대가를 전액 환불부채로 인식해야 한다. 또한 **반품을 예상할 수 없는 경우**에는 수익을 인식할 수 없고 관련 매출원가를 인식하지 아니하고 고객에게 제품을 이전할 때 고객에서 제품을 회수할 기업의 권리에 대해서는 반환재고회수권이라는 별도의 자산을 인식한다.

[판매]

차) 현금	①	대) 환불부채	①
차) 반환재고회수권	②	대) 재고자산	②

② 반품을 예상할 수 있는 경우

반품을 예상할 수 있다면 받았거나 또는 받을 금액 중 기업이 권리를 갖게 될 것으로 **예상하는** 부분의 수익과 관련 매출원가를 인식한다. 그러나 받았거나 또는 받을 금액 중 기업이 권리를 갖게 될 것으로 **예상하지 않는** 부분은 고객에게 제품을 이전할 때 수익으로 인식하지 않고, 환불부채로 인식한다.

[판매 - 반품률 A% 추정]

차) 현금	①	대) 매출	①
차) 매출	① × A%	대) 환불부채	① × A%
차) 매출원가	②	대) 재고자산	②
차) 반품비용	수선비 + 재고자산 가치 감소분	대) 매출원가	② × A%
반환재고회수권	대차차액		

> **Additional Comment**
>
> 한국채택국제회계기준에서는 반환재고회수권을 기말 재무상태표에 재고자산으로 포함하여 표시 여부는 규정하고 있지 않다. 다만, 수험 목적상으로 기말재고자산으로 인식하는 금액은 반품가능성의 예측가능 여부에 관계없이 항상 '0'으로 하는 것이 타당하다. 그러나 **반환재고회수권**이라는 계정은 별도의 자산으로 환불부채와 구분하여 표시하도록 규정하고 있다.

재고자산

제4장

해커스 IFRS 정윤돈 재무회계 키 핸드북

[반품권이 부여된 판매의 수익 인식]

구분		수익 인식 여부	×1년 말 기말재고자산 조정 회계처리
반품권이 부여된 판매	예상 ○	수익 인식 ○	회계처리 없음
	예상 ×	수익 인식 ×	회계처리 없음

[반품권이 부여된 판매의 재고자산 조정 판단]

구분	1st In 창고	➡	2nd My 재고	➡	창고실사재고자산에 가감
반품가능성 예상 ○					
1) 판매 예상 부분	×	➡	×	➡	조정사항 없음
2) 반품 예상 부분	×	➡	×	➡	조정사항 없음
반품가능성 예상 ×	×	➡	×	➡	조정사항 없음

(8) 저당상품

[저당상품의 재고자산 조정 판단]

구분	1st In 창고	➡	2nd My 재고	➡	창고실사재고자산에 가감
저당상품 - 창고에 보관 ○	○	➡	○	➡	조정사항 없음
저당상품 - 창고에 보관 ×	×	➡	○	➡	기말재고 가산

> **참고** 기타의 조정항목 - (구체적인 회계처리는 제14장 고객과의 계약에서 생기는 수익에서 다룸)
>
> | 구분 | 1st In 창고 | ➡ | 2nd My 재고 | ➡ | 창고실사재고자산에 가감 |
> |---|---|---|---|---|---|
> | 미인도청구판매(판매자)[1] | ○ | ➡ | × | ➡ | 기말재고자산에 차감 |
> | 인도결제 판매조건[2] | × | ➡ | ○ | ➡ | 기말재고자산에 가산 |
> | 대금 수령 후 재고완성[3] | ○ | ➡ | ○ | ➡ | 조정사항 없음 |
> | 재매입약정 판매[4] | × | ➡ | ○ | ➡ | 기말재고자산에 가산 |
>
> [1] 고객이 제품을 통제할 수 있는 경우
> [2] 인도 후 대금 미회수된 경우
> [3] 대금 수령 후 완성되었으나 미인도된 상태
> [4] 금융약정에 해당하는 경우

─☆ **Self Study**

1. 매출총이익률: 매출 × (1 - 매출총이익률) = 매출원가

2. 원가가산율: 매출 × 1/(1 + 원가가산율) = 매출원가

Ⅲ | 재고자산의 단위원가 결정방법

01 재고자산의 원가배분에 수량과 단가의 고려

재고자산의 판매가능재고자산을 결산일 현재 판매된 매출원가와 판매되지 않고 기업이 보유하는 기말재고자산의 원가로 배분하는 것을 원가의 배분이라고 한다. 재고자산의 원가배분을 하기 위해서는 판매된 부분과 판매되지 않고 보유하는 부분의 수량(Q)과 단가(P)를 결정하여야 한다.

재고자산				
기초재고	Q × P	매출원가	Q × P	① Q: 계속기록법, 실지재고조사법, 혼합법
당기매입	Q × P	기말재고	Q × P	회사장부수량 ≠ 실제창고수량
	◐ 원가의 배분			② P: 선입선출법, 평균법, 개별법, 후입선출법
				◐ 원가흐름의 가정

02 단위원가 결정(원가흐름의 가정)

당기 중에 재고자산을 여러 차례 매입할 경우 매입시점마다 재고자산의 단위당 취득원가가 동일하다면 판매된 재고자산의 취득원가(= 매출원가)는 쉽게 파악할 수 있다. 그러나 재고자산의 단위당 취득원가가 매입시점마다 상이하다면 얼마에 취득했던 재고자산이 판매되었는지 파악하는 것은 쉽지 않다. 따라서 재고자산의 실물흐름과 관계없이 원가흐름에 대한 가정을 선택하여야 한다.

Ex	원가흐름에 대한 가정의 필요성

재고자산				
기초	1개 @100	매출원가	2개 판매	◐ 단위당 취득원가 적용?
매입(4/1)	1개 @120			
매입(6/1)	1개 @160	기말	1개 보유	◐ 단위당 취득원가 적용?

03 단위원가 결정방법

재고자산을 매입하는 시점이 여러 번인 경우 판매된 매출원가와 판매되지 않은 기말재고자산에 단가를 어떻게 적용하느냐에 따라 기말재고자산, 매출원가, 당기순이익, 법인세지급액에 영향을 미치게 된다. 이 경우 원가흐름의 가정 개별법, 선입선출법, 후입선출법, 평균법의 단위원가 결정방법과 장·단점은 아래와 같다.

(1) 개별법

개별법은 식별되는 재고자산별로 특정한 원가를 부과하는 방법이다.

(2) 선입선출법

선입선출법은 먼저 매입 또는 생산한 재고자산이 먼저 판매되고 결과적으로 기말에 재고로 남아 있는 항목은 가장 최근에 매입 또는 생산된 항목이라고 가정한다.

◊ **선입선출법의 원가배분**

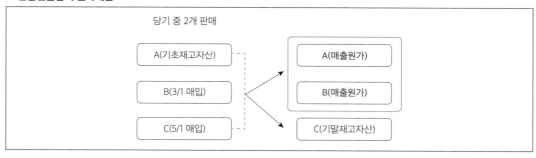

(3) 후입선출법

후입선출법은 가장 최근에 매입 또는 생산한 재고항목이 가장 먼저 판매된다고 원가흐름을 가정하는 방법이다. 그러나 후입선출법을 적용하면 재무상태표의 재고자산은 최근의 원가수준과 거의 관련 없는 금액으로 표시될 뿐만 아니라 재고자산이 과거의 낮은 취득원가로 계상되어 있을 때 의도적으로 당해 재고자산이 매출원가로 대체되도록 함으로써 이익조정의 수단으로 이용될 수 있다. 이러한 이유 때문에 한국채택국제회계기준은 후입선출법을 허용하지 않는다.

✎ **후입선출법의 원가배분**

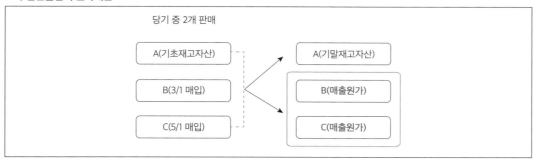

┌─☆ **Self Study**

1. 후입선출청산(LIFO청산)은 물가상승 시 특정 회계기간의 판매량이 급증하여 기말재고수량이 감소하면 오래된 재고의 원가가 매출원가를 구성하여 이익을 과대계상하게 되는 것을 말한다. 이로 인하여 그동안 적게 계상한 이익을 한꺼번에 모두 인식하여 과다한 법인세를 납부하게 된다.

2. 물가상승 시 후입선출청산을 회피하기 위해 불필요한 재고를 매입하거나, 이익을 증가시키기 위해 기말재고를 고갈시킴으로써 후입선출청산을 유도할 수 있어 불건전한 구매관습을 통해 당기순이익을 조작할 수 있다.

---

(4) 가중평균법

가중평균법은 기초재고자산과 회계기간 중에 매입 또는 생산된 재고자산의 원가를 가중평균하여 단위원가를 결정하는 방법이다.

✎ **가중평균법의 원가배분**

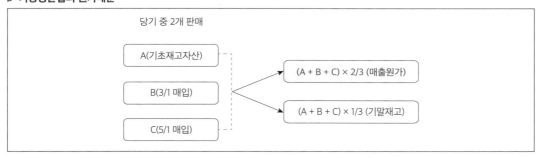

가중평균법을 적용할 경우, 기업이 실지재고조사법에 따라 장부기록을 한다면 월별 또는 분기별, 연말에 총평균법을 적용하겠지만, 계속기록법에 따라 장부기록을 한다면 판매할 때마다 재고자산의 단위당 취득원가를 파악하여 매출원가로 인식해야 하므로 **이동평균법**을 적용해야 할 것이다.

계속기록법과 실지재고조사법에 따른 가중평균법 계산

일자	적요	수량	단가
기초	기초재고	100개	₩A/개
3/1	매입	200개	₩B/개
5/1	매출	(200)개	
7/1	매입	200개	₩C/개
9/1	매출	(100)개	

○ 실지재고조사법하의 가중평균법(총평균법): 기말에 한 번 평균단위원가 계산
  ① 평균단가: (100개 × A + 200개 × B + 200개 × C)/500개 = 평균단위원가 총평균법
  ② 매출원가: 300개 × 평균단위원가 총평균법
    * 총평균법의 경우 매출 후 매입분도 매출원가 계상 시 고려된다.
○ 계속기록법하의 가중평균법(이동평균법): 매출이 발생할 때마다 평균단위원가 재계산
  ① 평균단가
    • 5/1 매출분: (100개 × A + 200개 × B)/300개 = 평균단위원가 5/1분
    • 9/1 매출분: (100개 × 평균단가원가 5/1분 + 200개 × C)/300개 = 평균단위원가 9/1분
  ② 매출원가: 200개 × 평균단위원가 5/1분 + 100개 × 평균단위원가 9/1분

개별법과 선입선출법은 계속기록법과 실지재고조사법 사용 시 결과가 일치하지만 후입선출법과 평균법은 계속기록법과 실지재고조사법 사용 시 결과가 일치하지 않는다.

(5) 원가흐름의 가정별 비교

[원가흐름의 가정별 재무제표 효과 분석 - 물가의 지속적 상승 및 재고수량 증가 가정]

기말재고자산		선입선출법 > 이동평균법 > 총평균법 > 후입선출법
매출원가		선입선출법 < 이동평균법 < 총평균법 < 후입선출법
당기순이익		선입선출법 > 이동평균법 > 총평균법 > 후입선출법
법인세비용(과세소득이 있는 경우)		선입선출법 > 이동평균법 > 총평균법 > 후입선출법
현금흐름	법인세효과 ×	선입선출법 = 이동평균법 = 총평균법 = 후입선출법
	법인세효과 ○	선입선출법 < 이동평균법 < 총평균법 < 후입선출법

☆ Self Study

1. 법인세가 있는 경우 법인세는 당기순이익에 비례하므로 당기순이익의 크기를 비교한 순서와 동일하며, 법인세가 클수록 기업의 현금흐름이 나빠지므로 현금흐름의 크기는 당기순이익의 크기순서의 반대가 된다.

2. 법인세가 없다고 가정하면 현금흐름의 크기는 재고자산 원가흐름의 가정에 관계없이 동일한 금액이다. 각 방법별로 판매가능재고자산을 매출원가와 기말재고로 배분하는 가정의 차이만 있을 뿐이지 실제 현금흐름(매출, 매입)과 원가배분과는 무관하다. 그러므로 법인세를 고려하지 않으면 현금흐름은 모두 동일하다.

I/S			재고자산		
매출원가	매출		판매가능	기초	매출원가(a)
			재고자산	당기매입(①)	기말재고(b)

Ⅳ | 재고자산의 감모손실과 평가손실

01 재고자산 감모손실

(1) 재고자산 감모손실의 정의와 인식

재고자산의 창고실제수량이 장부수량보다 적은 경우 차액을 재고자산 감모손실이라고 한다. 재고자산 감모손실은 아래의 그림과 같이 구할 수 있다.

🖉 재고자산의 감모손실 산식

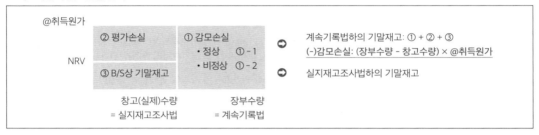

재고자산의 감모는 정상적인 경우(정상감모손실)와 비정상적인 경우(비정상감모손실)로 나눌 수 있다.

구분	정의	산식
정상적인 경우 = 정상감모손실	재고자산의 특성으로 인해 정상적인 영업활동에서 감소하는 것	(장부수량 - 창고수량) × @취득원가 × 정상감모비율
비정상적인 경우 = 비정상감모손실	영업활동과 관련 없이 특별한 사유로 인해 감소하는 것	(장부수량 - 창고수량) × @취득원가 × 비정상감모비율

(2) 재고자산 감모손실의 회계처리

재고자산 감모손실은 재고자산이 수익에 공헌하지 못하고 소멸된 부분이므로 **장부상 재고자산 금액을 감소**시키고 동 금액을 비용으로 인식하여야 한다. 한국채택국제회계기준에서는 모든 감모손실은 감모가 발생한 기간에 비용으로 인식하도록 규정하고 있다.

> **Additional Comment**
>
> 재고자산의 감모손실은 실제로 판매할 수 있는 재고자산이 존재하지 않으므로 충당금을 설정하는 방법을 사용할 수 없다.

∅ **재고자산 감모손실의 회계처리 - 정상감모는 매출원가에 포함 가정**

[계속기록법하의 감모손실]

차) 매출원가	정상감모	대) 재고자산	감모손실
기타비용(영업외비용)	비정상감모		

[실지재고조사법하의 감모손실]

차) 기타비용(영업외비용)	비정상감모	대) 매출원가	비정상감모

02 재고자산 평가손실과 저가법 적용

(1) 재고자산의 평가

재고자산의 회계처리는 취득원가에 기초하여 매출원가와 기말재고자산을 결정하는 과정을 중시하고 있다. 그러나 재고자산의 취득원가보다 순실현가능가치(NRV; Net Realizable Value)가 낮음에도 불구하고 재무상태표에 재고자산을 취득원가로 보고한다면 재고자산 금액이 과대표시되는 문제가 발생한다. 그러므로 재고자산은 취득원가와 순실현가능가치 중 낮은 금액으로 측정하여야 하는데 이를 저가법이라고 한다.

(2) 재고자산의 재무상태표 표시

재고자산의 순실현가능가치가 장부금액 이하로 하락하여 발생한 평가손실은 발생한 기간에 비용으로 인식한다. 비용으로 인식한 평가손실은 재고자산평가충당금의 과목으로 하여 재고자산의 차감계정으로 표시한다.

- 저가법에 의한 기말재고자산 장부금액(③) = Min[취득원가, 순실현가능가치] × 실제수량
- 저가법에 의한 기말재무상태표상 재고자산평가충당금(②) = 실제수량 × (취득원가 - NRV)

B/S		
재고자산	② + ③	
재고자산평가충당금	(-)②	
BV	③	

(3) 재고자산의 저가법 회계처리

재고자산을 순실현가능가치로 측정한 이후에는 매 보고기간 말에 순실현가능가치를 재평가한다. 재고자산의 감액을 초래했던 사유가 해소되거나 경제상황의 변동으로 순실현가능가치가 상승한 명백한 증거가 있는 경우에는 최초의 장부금액을 초과하지 않는 범위 내에서 평가손실을 환입한다. 순실현가능가치의 상승으로 인한 재고자산 평가손실의 환입은 환입이 발생한 기간의 비용으로 인식된 재고자산 금액의 차감액으로 인식한다.

✐ **저가법에 의한 재고자산 평가**

✐ **저가법 회계처리**

(4) 재고자산의 감모손실과 평가손실 적용에 따른 재무제표 효과

① 기말재고자산 산정 과정

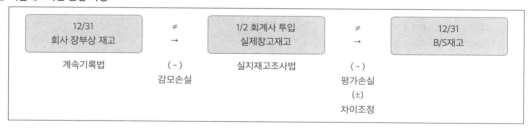

② 감모손실과 평가손실 적용에 따른 계산구조

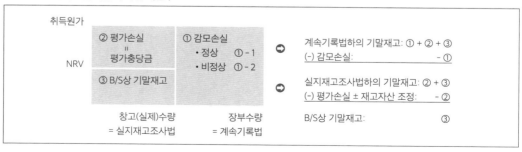

③ 재고자산의 T계정 구성항목 파악

재고자산			
기초	당기판매		→ 비용처리
매입	정상감모	① - 1	→ 비용처리
	평가손실	②	→ 비용처리
	비정상감모	① - 2	→ 비용처리
	기말재고	③	→ B/S상 기말재고

④ 재고자산의 감모손실과 평가손실 회계처리(정상감모손실과 평가손실 매출원가에 포함 가정)

• 계속기록법하의 회계처리

매입	차) 상품	××	대) 매입채무	××
판매	차) 매출채권 차) 매출원가	×× ××	대) 매출 대) 상품	×× ××
결산	➡ 결산직전시점 기말재고: ① + ② + ③			
1) 매출원가	회계처리 없음			
2) 감모손실	차) 매출원가(정상감모) 　　기타비용(비정상감모)	① - 1 ① - 2	대) 상품	①
3) 평가손실	차) 매출원가	②	대) 재고자산평가충당금	②

• 실지재고조사법하의 회계처리

매입	차) 매입	××	대) 매입채무	××
판매	차) 매출채권	××	대) 매출	××
결산				
1) 매출원가	차) 매출원가 　　재고자산(기말)	대차차액 3rd(② + ③)	대) 재고자산(기초) 　　당기매입	1st 2nd
2) 감모손실	차) 기타비용(비정상감모)	① - 2	대) 매출원가	① - 2
3) 평가손실	차) 매출원가	②	대) 재고자산평가충당금	②

⑤ 재고자산의 재무제표 표시

B/S		
재고자산	② + ③	
재고자산평가충당금	(-)②	
BV	③	

I/S	
매출원가	×× + (① - 1) + ②
기타비용	① - 2

⑥ 재고자산 T계정을 이용한 풀이 TOOL(순액법 풀이)

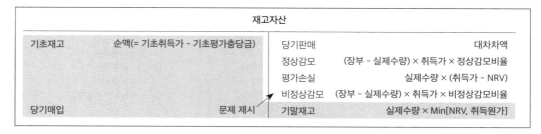

재고자산			
기초재고	순액(= 기초취득가 - 기초평가충당금)	당기판매	대차차액
		정상감모	(장부 - 실제수량) × 취득가 × 정상감모비율
		평가손실	실제수량 × (취득가 - NRV)
		비정상감모	(장부 - 실제수량) × 취득가 × 비정상감모비율
당기매입	문제 제시	기말재고	실제수량 × Min[NRV, 취득원가]

- 재고자산으로 인한 비용 합계: 기초재고 + 당기매입 - 기말재고(③)
- 매출원가(정상감모, 평가손실 포함 가정): 기초재고 + 당기매입 - 기말재고(③) - 비정상감모손실(① - 2)

(5) 순실현가능가치

순실현가능가치는 통상적인 영업과정에서 재고자산의 판매를 통해 실현할 것으로 기대하는 순매각금액을 말한다. 그러므로 순실현가능가치는 통상적인 영업과정의 예상판매가격에서 예상되는 추가 완성원가와 판매비용을 차감한 금액으로 측정된다.

> **Additional Comment**
>
> 공정가치는 측정일에 시장참여자 사이의 정상거래에서 자산을 매도할 때 받거나 부채를 이전할 때 지급하게 될 가격을 말한다. 순실현가능가치는 기업특유가치이지만 공정가치는 그렇지 않으므로 재고자산의 순실현가능가치는 순공정가치와 일치하지 않을 수도 있다.

완성될 제품이 원가 이상으로 판매될 것으로 예상되는 경우에는 그 생산에 투입하기 위해 보유하는 원재료 및 기타 소모품을 감액하지 아니한다. 그러나 원재료 가격이 하락하여 제품의 원가가 순실현가능가치를 초과할 것으로 예상된다면 해당 원재료를 순실현가능가치로 감액한다. 이 경우 **원재료의 현행대체원가는 순실현가능가치에 대한 최선의 측정치**가 될 수 있다.

[재고자산의 순실현가능가치와 저가법 적용 여부]

구분		순실현가능가치(NRV)	저가법 적용(취득원가 > NRV)
제품		예상판매가(≠ FV) - 예상판매비용	적용 ○
재공품		예상판매가(≠ FV) - 추가가공원가 - 예상판매비용	적용 ○[1]
원재료		현행대체원가	원칙: 적용 ×, 예외[2]
확정판매계약	계약이행	계약가격에 기초함	적용 ○
	계약초과수량	일반판매가격에 기초한 추정금액	적용 ○[3]

[1] 재공품은 완성될 제품의 저가법 적용 대상 여부와 관계없이 저가법 적용 대상이 되면 저가법 적용
[2] 원재료의 경우 완성될 제품이 원가 이상으로 판매되지 못하면(취득원가 > NRV) 저가법 적용 ○
[3] 제품이 확정판매계약으로 이행되는 부분과 계약초과수량분으로 나누어져 있다면 원재료의 저가법 적용 여부는 계약초과수량을 기초로 하여 산정한다.

1. 원재료 가격이 하락하고 제품의 원가가 순실현가능가치(현행대체원가)를 초과할 것으로 예상된다면 해당 원재료를 순실현가능가치(현행대체원가)로 감액한다.

   ➡ 원재료의 저가법 적용 조건: ①과 ②가 모두 만족할 때

   ① 제품: 취득원가 > 순실현가능가치

   ② 원재료: 취득원가 > 현행대체원가

2. 순실현가능가치를 추정할 때에는 재고자산으로부터 실현가능한 금액에 대하여 추정일 현재 사용가능한 가장 신뢰성 있는 증거에 기초하여야 한다. 또한 보고기간후사건이 보고기간 말 존재하는 상황에 대하여 확인하여 주는 경우에는, 그 사건과 직접 관련된 가격이나 원가의 변동을 고려하여 추정하여야 한다.

(6) 저가법의 적용

재고자산을 순실현가능가치로 감액하는 저가법은 항목별로 적용한다. 그러나 경우에 따라서는 서로 비슷하거나 관련된 항목들을 통합하여 적용하는 것(조별)이 적절할 수 있다. 그러나 재고자산의 분류나 특정 영업 부문에 속하는 모든 재고자산에 기초하여 저가법을 적용하는 것은 적절하지 않다.

Ex

구분	취득원가	NRV	항목별 기준	조별 기준	총계 기준
A	100	80	(-)20	(-)20	
B	100	100	0		
①	100	70	(-)30	0	
②	100	160	0		
계	400	410	(-)50	(-)20	0

1. 완제품 또는 특정 영업 부문에 속하는 모든 재고자산과 같은 분류에 기초하여 저가법을 적용하는 것은 적절하지 아니하다(= 총계 기준은 인정하지 않는다).

2. 보유하고 있는 재고자산의 순실현가능가치 총합계액이 취득원가 총합계액을 초과하더라도 재고자산 평가손실을 계상할 수 있다.

3. 조별 기준 적용 시 기말재고자산의 장부금액

   ➡ $Min[(\text{실제수량}_1 \times \text{취득원가}_1 + \text{실제수량}_2 \times \text{취득원가}_2), (\text{실제수량}_1 \times NRV_1 + \text{실제수량}_2 \times NRV_2)]$

V | 특수한 원가배분방법

01 매출총이익률법

매출총이익률법이란 과거의 매출총이익률을 이용하여 판매가능상품원가를 매출원가와 기말재고에 배분하는 방법으로 기준서에서 규정하는 재고자산 평가방법이 아니다. 그러나 매출총이익률법은 화재 등의 재난으로 인해 재고자산에 대한 기록을 이용할 수 없거나 실지재고조사를 하지 않고 중간결산을 하는 경우 등 회사의 필요에 의해 사용한다.

재고자산		
기초	④ 매출원가	← ③ 매출(순)
① 매입(순)	⑤ 기말	
② 판매가능상품원가		

(1) 당기매입(순): 총매입 - 매입에누리/환출/할인 + 매입운임 등 = 현금매입 ± 외상매입

매입채무		
지급	기초	◐ 당기매입(①) = 현금매입 + 외상매입(순)[1]
기말	외상매입(순)	[1] 에누리 · 환출 · 할인 고려됨

(2) 판매가능상품원가: 기초재고 + 당기매입

재고재산(×1)		재고재산(×2)		
기초재고 ××	매출원가 ××	기초재고 ?		◐ 매출 ××
	기말 ?	당기매입 ××		
×1년 재고자산평균보유기간: ××				

◐ 재고자산회전율: 매출원가/[(기초재고 + 기말재고)/2] = 360(1년 360일 가정)/재고자산 평균 보유기간

◐ 매출채권회전율: 매출/[(기초매출채권 + 기말매출채권)/2] = 360(1년 360일 가정)/매출채권 평균 회수기간

(3) 매출(순): 총매출 - 매출에누리/환입/할인 = 현금매출 ± 외상매출

매출채권		
기초	회수 · 손상확정	◐ 매출(②) = 현금매출 + 외상매출(순)[1]
외상매출(순)	기말	[1] 에누리 · 환입 · 할인 고려됨
		Cf 판매운임 ◐ 판매관리비(비용)로 처리

(4) 매출원가

⊃ 매출총이익률(a): 매출 × (1 − a) = 매출원가

⊃ 원가가산율 = 매출원가 대비 매출총이익률(b): 매출/(1 + b) = 매출원가

(5) 기말재고: 판매가능상품원가(②) − 매출원가(④)

(6) 화재발생 시 재고자산손실액: 기말재고 추정액 ⑤ − 운송 중 재고(선적지인도조건매입 + 도착지인도조건판매)
− 소실 후 남은 재고자산 Min[NRV, 취득원가]

02 소매재고법

소매재고법은 판매가를 기준으로 평가한 기말재고자산에 구입원가, 판매가 및 판매가변동액에 근거하여 산정한 원가율을 적용하여 기말재고자산의 원가를 결정하는 방법으로 **매출가격환원법**이라고도 한다.

소매재고법은 실제원가가 아닌 추정에 의한 원가결정방법이므로 평가한 결과가 실제 원가와 유사한 경우에 편의상 사용할 수 있다. 따라서 소매재고법은 이익률이 유사하고 품종 변화가 심한 다품종 상품을 취급하는 유통업에서 실무적으로 다른 원가측정방법을 사용할 수 없는 경우에 흔히 사용한다.

✎ 소매재고법의 계산구조

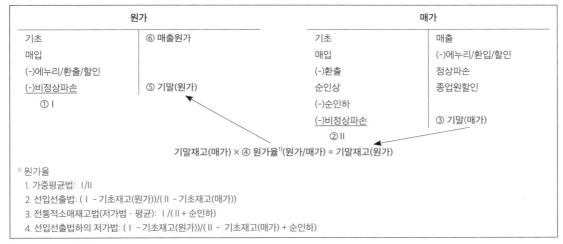

Ⅵ | 농림어업

01 의의

농림어업활동은 판매목적 또는 수확물이나 추가적인 생물자산으로의 전환목적으로 생물자산의 생물적 변환과 수확을 관리하는 활동을 말한다. 이러한 활동의 공통적인 특성은 다음과 같다.

① **변환할 수 있는 능력**: 살아있는 동물과 식물은 생물적 변환을 할 수 있는 능력이 있다.
② **변화의 관리**: 관리는 생물적 변환의 발생과정에 필요한 조건을 향상시키거나 적어도 유지시켜 생물적 변환을 용이하게 한다. 이러한 관리는 농림어업활동을 다른 활동과 구분하는 기준이 된다.
③ **변화의 측정**: 생물적 변환이나 수확으로 인해 발생한 질적변화나 양적변화는 일상적인 관리기능으로 측정되고 관찰된다.

02 인식과 측정

(1) 인식

생물자산과 수확물은 다음의 조건이 모두 충족되는 경우에 한하여 인식한다.

① **정의 충족**: 과거 사건의 결과로 자산을 통제한다.
② **효익의 가능성**: 자산과 관련된 미래경제적효익의 유입가능성이 높다.
③ **측정가능성**: 자산의 공정가치나 원가를 신뢰성 있게 측정할 수 있다.

생물자산은 살아있는 동물이나 식물을 말하며, 생산용 식물에서 자라는 생산물을 포함한다. 한편, 수확물은 생물자산에서 수확한 생산물을 말한다. 생산용 식물은 다음 모두에 해당하는 살아있는 식물을 말한다.

① 수확물을 생산하거나 공급하는 데 사용
② 한 회계기간을 초과하여 생산물을 생산할 것으로 예상
③ 수확물로 판매될 가능성이 희박(부수적인 폐물로 판매하는 경우는 제외)

다음의 경우에는 생산용 식물에 해당하지 아니한다.

① 수확물로 수확하기 위해 재배하는 식물(Ex. 목재로 사용하기 위해 재배하는 나무)
② 부수적인 폐물 판매가 아닌, 수확물로도 식물을 수확하고 판매할 가능성이 희박하지 않은 경우 수확물을 생산하기 위해 재배하는 식물(Ex. 과일과 목재를 모두 얻기 위해 재배하는 나무)
③ 한해살이 작물(Ex. 옥수수, 밀)

(2) 측정

[생물자산 등의 측정]

구분	최초 취득	후속측정	비고
생물자산 - 공정가치 측정가능	순공정가치	순공정가치	평가손익 O, 상각 ×
생물자산 - 공정가치 측정불가	취득원가	상각후원가 측정	감가상각, 손상차손 인식
수확시점의 수확물	순공정가치	재고자산(저가법)	취득 시 평가손익계상
수확 후 가공	재고자산	재고자산(저가법)	
생산용 식물	원가	원가 or 재평가모형 적용	유형자산으로 분류

03 정부보조금

동일하게 기업회계기준서 제1020호 '정부보조금의 회계처리와 정부지원의 공시'를 적용한다.

[농림어업 관련 정부보조금의 인식]

구분		정부보조금의 인식방법
순공정가치로 측정하는 생물자산	조건이 없는 경우	수취할 수 있게 되는 시점에 수익으로 인식
	조건이 있는 경우	관련 조건을 충족하는 시점에 수익으로 인식
상각후원가로 측정하는 생물자산		유형자산과 동일한 논리로 정부보조금을 인식

제 **5** 장

유형자산

해커스 IFRS 정윤돈 재무회계 키 핸드북

I | 유형자산의 의의

01 유형자산의 정의 및 특징

(1) 유형자산의 정의

유형자산은 기업이 재화나 용역의 생산이나 제공, 타인에 대한 임대 또는 관리활동에 사용할 목적으로 보유하는 물리적 형태가 있는 자산으로서 한 회계기간을 초과하여 사용할 것이 예상되는 자산으로 정의하고 있다.

(2) 유형자산의 특징

유형자산은 한 회계기간을 초과하여 사용할 것으로 예상되는 자산이다. 만약에 자산을 취득하였으나 사용기간이 한 회계기간을 초과하지 못한다면 중요성의 관점에서 발생기간의 비용으로 회계처리하는 것이 타당하다.

물리적 형태가 있는 자산이라고 해서 모두 유형자산으로 분류되는 것은 아니다. 물리적 형태가 있는 자산도 그 보유목적에 따라 여러 가지 자산으로 분류하여 재무제표에 표시하는데, 그 이유는 자산의 보유목적에 따라 미래 현금흐름의 창출에 기여하는 특성이 다르기 때문이다.

[자산의 보유목적에 따른 물리적 실체가 있는 자산의 분류]

자산의 보유목적	자산의 분류
재화나 용역의 생산이나 제공, 타인에 대한 임대 또는 관리활동에 사용할 목적으로 보유	유형자산
임대수익이나 시세차익 또는 두 가지 모두를 얻기 위하여 보유하는 부동산	투자부동산
영업활동과정에서 판매를 위하여 보유 중이거나 생산 중인 자산 또는 생산이나 용역제공에 사용될 원재료나 소모품	재고자산

02 유형자산의 분류

계정과목		내용
사용 중인 자산	토지(상각 ×)	대지, 임야 등 영업활동에 사용할 목적으로 취득한 자산
	건물(상각 ○)	건물, 냉난방, 전기, 통신 및 기타 건물부속설비
	구축물(상각 ○)	교량, 굴뚝, 저수지 등(토지, 건물 분류 불가)
	기계장치(상각 ○)	기계장치, 운송설비 및 기타의 부속설비
	기타자산(상각 ○)	위 항목 이외의 자산, 차량운반구, 리스계량자산 등
건설중인자산(상각 ×)		유형자산의 건설을 위한 재료비, 노무비, 경비 등

Ⅱ | 유형자산의 최초 인식과 측정

01 인식기준

유형자산을 인식하기 위해서는 다음의 인식기준을 모두 충족하여야 한다.

> ① 자산으로부터 발생하는 미래경제적효익이 기업에 유입될 가능성이 높다.
> ② 자산의 원가를 신뢰성 있게 측정할 수 있다.

최초원가든 후속원가(= 취득 후 사용과정에서 발생하는 원가)든 관계없이 발생한 원가가 유형자산의 인식기준을 모두 충족하면 유형자산으로 인식하고, 그렇지 못하면 발생시점에서 당기손익으로 인식한다.

✐ 유형자산의 재무제표 기재과정

Additional Comment

자산의 정의와 인식은 별개이다. 자산의 정의에 부합되는 자원을 자산으로 인식한다는 것은 그 자원을 화폐단위로 측정하고 특정 과목을 이용하여 장부에 기록하고 재무제표에 표시하는 것을 말한다. 어떤 자원이 자산의 정의에 부합하더라도 인식을 위한 기준을 충족하지 못한다면 자산으로 인식하지 못한다.

☆ Self Study

1. 유형자산 항목의 통합인식: 개별적으로 경미한 항목은 통합하여 인식기준을 적용한다.

2. 규제상 취득하는 자산의 인식: 안전 또는 환경상의 이유로 취득한 유형자산은 그 자체로는 직접적인 미래경제적효익을 얻을 수 없지만, 당해 유형자산을 취득하지 않았을 경우보다 관련 자산으로부터 미래경제적효익을 더 많이 얻을 수 있기 때문에 자산으로 인식할 수 있다.

계정과목	내용
개별적으로 경미한 항목	통합하여 유형자산 분류
안전 또는 환경상의 이유로 취득한 자산	자체적 효익 없어도 유형자산 분류

02 최초 인식 시 측정

유형자산 인식 시 측정은 아래의 그림과 같이 구분할 수 있다. 유형자산은 사용이 가능한 상태부터 수익을 창출할 수 있으므로 유형자산과 관련된 지출들도 사용이 가능한 시점 이후부터는 비용처리될 수 있다. 단, 유형자산의 취득과 직접적으로 관련이 없는 지출들은 그 즉시 비용처리된다.

⬦ 유형자산 측정의 구조

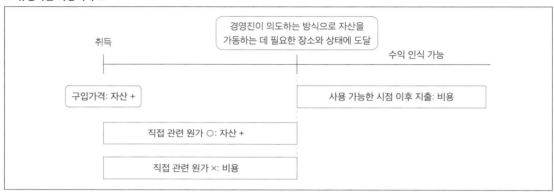

(1) 구입가격

재무제표에 인식하는 유형자산은 원가로 측정한다. 이때 원가란 자산을 취득하기 위하여 자산의 취득시점이나 건설시점에 지급한 현금 또는 현금성자산이나 제공한 기타 대가의 공정가치를 의미한다. 만약, 유형자산을 무상으로 취득한 경우에는 취득한 유형자산의 공정가치를 원가로 측정한다.

⬦ 유형자산의 최초 인식 시 측정

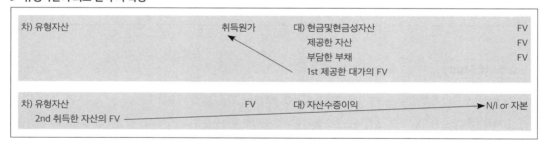

(2) 경영진이 의도하는 방식으로 자산을 가동하는 데 필요한 장소와 상태에 이르게 하는 데 직접 관련된 원가

경영진이 의도하는 방식으로 자산을 가동하는 데 필요한 장소와 상태에 이르게 하는 데 직접 관련되는 원가의 예는 아래와 같다. 이러한 원가는 자산의 취득원가에 포함한다.

① 유형자산 매입 또는 건설과 직접적으로 관련된 종업원급여

② 취득과 관련하여 전문가에게 지급하는 수수료

③ 최초의 운송 및 취급 관련 원가, 설치장소 준비원가, 설치원가 및 조립원가

④ 정상적으로 작동을 위해 시험하는 과정에서 발생하는 시험원가

☆ Self Study

경영진이 의도한 방식으로 유형자산을 가동할 수 있는 장소와 상태에 이르게 하는 동안에 재화(Ex. 자산이 정상적으로 작동되는지를 시험할 때 생산되는 시제품)가 생산될 수 있다. 그러한 재화를 판매하여 얻은 매각금액과 그 재화의 원가는 적용 가능한 기준서에 따라 당기손익으로 인식한다.

---

(3) 유형자산의 원가에 포함되지 않는 항목들(직접 관련된 원가 ✕)

정상적인 취득과정에서 불가피하게 발생한 부대비용이 아니거나 미래경제적효익이 기업에 유입될 가능성이 불분명한 원가는 유형자산의 원가에 포함해서는 안 된다. 이러한 유형자산의 원가가 아닌 예는 아래와 같다.

① 새로운 시설을 개설하는 데 소요되는 원가

② 새로운 상품과 서비스를 소개하는 데 소요되는 원가(Ex. 광고 및 판촉활동과 관련된 원가)

③ 새로운 지역 또는 고객층을 대상으로 영업을 하는 데 소요되는 원가(Ex. 직원 교육훈련비)

④ 관리 및 기타 일반간접원가

---

(4) 경영진이 의도하는 방식으로 자산을 가동할 수 있는 장소와 상태에 이른 후에 발생한 원가

유형자산이 경영진이 의도하는 방식으로 가동될 수 있는 장소와 상태에 이른 후에 발생한 원가는 더 이상 자산으로 인식하지 않는다. 따라서 유형자산을 사용하거나 이전하는 과정에서 발생하는 아래와 같은 원가는 유형자산의 장부금액에 포함하지 않는다.

① 유형자산이 경영진이 의도하는 방식으로 가동될 수 있으나 실제 사용되지 않고 있는 경우 또는 가동 수준이 완전조업도 수준에 미치지 못하는 경우에 발생하는 원가

② 유형자산과 관련된 산출물에 대한 수요가 형성되는 과정에서 발생하는 초기 가동손실

③ 기업의 영업 전부 또는 일부를 재배치하거나 재편성하는 과정에서 발생하는 원가

Ⅲ | 유형자산의 감가상각과 후속원가, 제거

01 감가상각의 본질

감가상각이란 당해 자산의 경제적 내용연수 동안 자산의 감가상각대상금액(= 취득원가 - 잔존가치)을 합리적이고 체계적인 방법으로 배분하여 당기비용으로 인식하는 과정을 말한다. 감가상각은 원가의 배분과정이지 자산의 평가과정이 아니다.

02 감가상각단위와 감가상각액의 회계처리

(1) 감가상각단위

① 유의적인 일부의 원가

유형자산을 구성하는 일부의 원가가 당해 유형자산의 전체원가와 비교하여 유의적이라면, 해당 유형자산을 감가상각할 때 그 부분은 별도로 구분하여 감가상각한다. 단, 일부의 원가가 당해 유형자산의 전체원가와 비교하여 유의적이지 않더라도 그 부분을 별도로 구분하여 감가상각할 수 있다.

유형자산의 일부를 별도로 구분하여 감가상각하는 경우에는 동일한 유형자산을 구성하고 있는 나머지 부분도 별도로 구분하여 감가상각한다. 나머지 부분은 개별적으로 유의적이지 않은 부분들로 구성된다.

② 토지의 원가에 대한 감가상각

토지의 원가에 해체, 제거 및 복구원가가 포함된 경우에는 그러한 원가를 관련 경제적 효익이 유입되는 기간에 감가상각한다. 따라서 토지의 내용연수가 한정될 수 있는데, 이 경우에는 관련 경제적 효익이 유입되는 형태를 반영하는 방법으로 토지를 감가상각한다.

(2) 감가상각액의 처리

각 기간의 감가상각액은 당기손익으로 인식한다. 그러나 유형자산에 내재된 미래경제적효익이 다른 자산을 생산하는 데 사용되는 경우도 있는데, 이러한 경우 유형자산의 감가상각액은 해당 자산의 원가의 일부가 된다.

> **Additional Comment**
>
> 예를 들어, 제품 생산에 사용되는 기계장치의 감가상각비는 제품 제조원가의 일부이므로 발생 시 제품의 장부금액에 포함시키고, 향후 동 제품이 판매될 때 비용(매출원가)으로 인식한다.
>
> | 감가상각비 발생 | 차) 감가상각비 | A | 대) 감가상각누계액 | A |
> |---|---|---|---|---|
> | 장부금액에 포함 | 차) 재고자산 | A | 대) 감가상각비 | A |
> | 제품 판매 | 차) 매출원가 | A | 대) 재고자산 | A |

03 감가상각의 기본요소

특정 회계연도의 감가상각비를 계산하기 위해서는 아래의 3가지 기본요소가 먼저 결정되어야 한다.

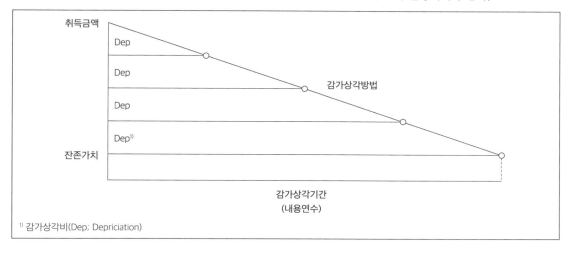

¹⁾ 감가상각비(Dep; Depriciation)

(1) 감가상각대상금액

감가상각대상금액이란 취득원가에서 잔존가치를 차감한 것으로 당해 자산을 수익획득과정에서 이용하는 기간 동안 인식할 총감가상각비를 의미한다. 유형자산의 감가상각대상금액은 내용연수에 걸쳐 체계적인 방법으로 배분된다.

> 감가상각대상금액(감가상각기준액) = 유형자산의 원가(취득원가) - 잔존가치

잔존가치는 자산이 이미 오래되어 내용연수 종료시점에 도달하였다는 가정하에 자산의 처분으로부터 현재 획득할 금액에서 추정 처분부대원가를 차감한 금액의 추정치를 말한다(잔존가치 = 내용연수 종료시점의 처분금액 − 처분부대원가).

─☆ **Self Study**

1. 잔존가치는 적어도 매 회계연도 말에 재검토하고 재검토의 결과 추정치가 종전의 추정치와 다르다면 그 차이는 회계추정치의 변경으로 회계처리한다.

2. 토지와 건물을 동시에 취득하는 경우에도 이들은 분리 가능한 자산이므로 별개의 자산으로 회계처리한다. 건물이 위치한 토지의 가치가 증가하더라도 건물의 감가상각대상금액에는 영향을 미치지 않는다.

(2) 내용연수

① 유형자산의 감가상각은 자산이 사용 가능한 때부터 시작한다. 즉, 경영진이 의도하는 방식으로 자산을 가동하는 데 필요한 장소와 상태에 이른 때부터 시작한다.

② 유형자산의 내용연수는 자산으로부터 기대되는 효용에 따라 결정되므로 내용연수는 일반적 상황에서의 경제적 내용연수보다 짧을 수 있다. 유사한 자산에 대한 기업의 경험에 비추어 해당 유형자산의 내용연수를 추정해야 한다.

③ 유형자산의 미래경제적효익은 주로 사용함으로써 소비하는 것이 일반적이다. 그러나 자산을 사용하지 않더라도 기술적 또는 상업적 진부화와 마모 또는 손상 등의 다른 요인으로 인하여 자산에서 얻을 것으로 예상하였던 경제적 효익이 감소될 수 있으므로 자산의 내용연수를 결정할 때에는 다른 요인들을 고려하여야 한다.

☆ Self Study

내용연수는 적어도 매 회계연도 말에 재검토하고 재검토의 결과 추정치가 종전의 추정치와 다르다면 그 차이는 회계추정치의 변경으로 회계처리한다.

(3) 감가상각방법

감가상각방법은 감가상각대상금액을 내용연수에 걸쳐 각 회계기간에 배분하는 방법을 말한다. 감가상각방법은 자산의 미래경제적효익이 소비되는 형태를 반영하여 결정하고, 예상 소비 형태가 달라지지 않는 한 매 회계기간에 일관성 있게 적용한다.

유형자산의 감가상각방법에는 아래와 같은 방법들이 있다.

① **균등상각법**: 정액법
② **체감상각법**: 연수합계법, 정률법, 이중체감법
③ **활동기준법**: 생산량비례법

☆ Self Study

1. 한국채택국제회계기준은 자산의 사용을 포함하는 활동에서 창출되는 수익에 기초한 감가상각방법을 인정하지 않는다. 그러한 활동으로 창출되는 수익은 일반적으로 자산의 경제적 효익의 소비 외 요소를 반영한다(Ex. 가격의 변동).

2. 감가상각방법에 따라 각 회계기간단위로 배분되는 감가상각액은 다르지만, 내용연수 동안 총감가상각액은 동일하다.

3. 감가상각방법은 적어도 매 회계연도 말에 재검토하고 재검토의 결과 추정치가 종전의 추정치와 다르다면 그 차이는 회계추정치의 변경으로 회계처리한다.

04 감가상각비의 계산

(1) 감가상각방법의 계산구조

감가상각의 각 방법별 계산구조는 아래와 같다.

상각방법	감가상각기준금액	상각률
정액법	취득원가 - 잔존가치	1/내용연수
연수합계법	취득원가 - 잔존가치	내용연수 역순/내용연수 합계
생산량비례법	취득원가 - 잔존가치	당기생산량/총생산가능량
정률법	기초장부금액 = 취득원가 - 기초감가상각누계액	별도의 상각률
이중체감법	기초장부금액 = 취득원가 - 기초감가상각누계액	2/내용연수

> **Additional Comment**
>
> 정률법과 이중체감법은 내용연수가 종료되는 회계연도에는 감가상각비를 계산한 이후의 장부금액이 잔존가치와 다르므로 잔존가치를 남겨두기 위하여 기초 장부금액에서 잔존가치를 차감한 금액을 감가상각비로 계상한다.

(2) 회계기간 중 취득한 유형자산의 감가상각비 계산과 월할상각

① 기중취득에 따른 월할상각의 계산방법

- 정액법, 정률법, 이중체감법으로 감가상각을 하는 경우 감가상각대상금액에 해당 연도의 상각기간에 따라 월수를 고려하여 감가상각비를 계상한다.
- 연수합계법의 경우 상각률이 매년 변동하므로 구입연도와 그 다음 연도까지의 1년 전체 감가상각비를 계산한 후에 월수에 따라 안분 후 감가상각비를 계상한다.

Ex 기중취득에 따른 월할상각

```
                    ×1                        ×2
    ├───────────────○──────────────┼──────────○──────────────┤
                  5/1 취득                    4/30
```

1. 방법별 ×1년의 감가상각비 계산식(단, 연수합계법은 내용연수 3년 가정)

구분	×1년 감가상각비 계상
정액법	(취득금액 - 잔존가치)/내용연수 × 8/12
정률법	(취득금액 - 기초감가상각누계액) × 상각률 × 8/12
이중체감법	(취득금액 - 기초감가상각누계액) × 2/내용연수 × 8/12
연수합계법	(취득금액 - 잔존가치) × 3/6 × 8/12

2. 방법별 ×2년의 감가상각비 계산식(단, 연수합계법은 내용연수 3년 가정)

구분	×2년 감가상각비 계상
정액법	(취득금액 - 잔존가치)/내용연수
정률법	(취득금액 - 기초감가상각누계액) × 상각률
이중체감법	(취득금액 - 기초감가상각누계액) × 2/내용연수
연수합계법	(취득금액 - 잔존가치) × 3/6 × 4/12 + (취득금액 - 잔존가치) × 2/6 × 8/12

② 정률법과 이중체감법의 기중취득에 따른 월할상각의 계산방법

정률법과 이중체감법은 1년분의 감가상각비를 계산한 후 월수에 비례하여 배분하는 방법을 사용하거나 취득한 이후의 보고 기간에는 월수에 비례하지 않고 기초장부금액에 상각률을 곱하여 계산하여도 동일한 금액으로 계산된다. 그러므로 정률법과 이중체감법은 취득한 회계연도에만 월할상각하고 다음 회계연도부터는 일반적인 방법을 적용해도 동일한 결과에 도달한다.

Ex 정률법과 이중체감법의 기중취득에 따른 월할상각

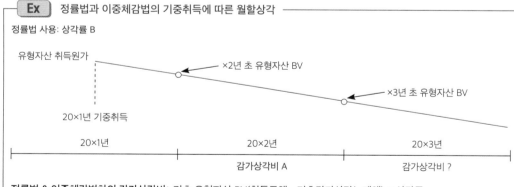

정률법 사용: 상각률 B

정률법 & 이중체감법하의 감가상각비: 기초 유형자산 BV(취득금액 - 기초감가상각누계액) × 상각률
① 1st ×2년 초 유형자산 BV(C): $C \times B = A$, C = 역산
② 2nd ×3년 감가상각비: $(C - A) \times B$

(3) 기타사항

① 감가상각의 개시와 중지

유형자산의 감가상각은 자산이 사용 가능한 때부터 시작한다. 이는 경영진이 의도하는 방식으로 자산을 가동하는 데 필요한 장소와 상태에 이른 때부터 시작한다. 감가상각은 자산이 매각예정자산으로 분류되는 날과 자산이 제거되는 날 중 이른 날에 중지한다.

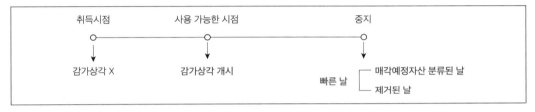

② 감가상각의 중단

유형자산이 가동되지 않거나 유휴상태가 되더라도, 감가상각이 완전히 이루어지기 전까지는 감가상각을 중단하지 않는다. 그러나 유형자산의 사용 정도에 따라 감가상각을 하는 경우에는 생산활동이 이루어지지 않을 때 감가상각액을 인식하지 않는다.

③ 잔존가치가 유형자산의 장부금액보다 큰 경우

유형자산의 잔존가치가 해당 자산의 장부금액과 같거나 큰 금액으로 증가하는 경우에는 자산의 잔존가치가 장부금액보다 작은 금액으로 감소될 때까지 유형자산의 감가상각액은 '0'이 된다. 더하여 유형자산의 공정가치가 장부금액을 초과하더라도 잔존가치가 장부금액을 초과하지 않는 한 감가상각액을 계속 인식한다.

🖉 **잔존가치 > 유형자산의 장부금액**

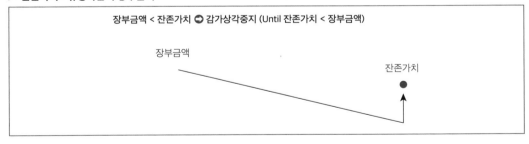

05 후속원가

✎ 유형자산 측정의 구조

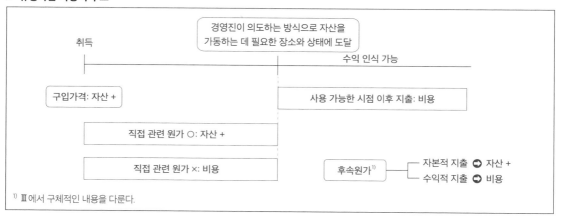

¹⁾ Ⅲ에서 구체적인 내용을 다룬다.

(1) 수익적 지출

인식요건	구분			비고
인식기준 ×	차) 수선유지비	××	대) 현금 등 ××	원상회복, 능력유지, 소액지출

(2) 자본적 지출

인식요건	구분			비고
인식기준 ○	차) 유형자산	××	대) 현금 등 ××	내용연수 증가, 미래제공서비스의 양 or 질 증가

(3) 자본적 지출과 감가상각

회계연도 중 유형자산에 자본적 지출이 발생한 경우에는 자본적 지출이 발생한 시점부터 해당 자산의 잔존내용 연수에 걸쳐 감가상각비를 계산한다. 또한 자본적 지출로 인하여 내용연수, 잔존가치의 증가가 생긴다면 이는 회계추정치의 변경으로 회계처리한다.

✐ **기중 자본적 지출(7/1) 발생 시 감가상각비 계산**

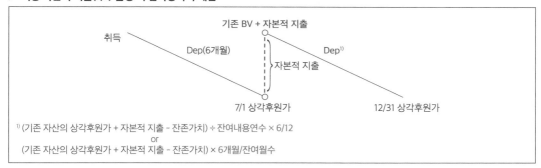

1) (기존 자산의 상각후원가 + 자본적 지출 − 잔존가치) ÷ 잔여내용연수 × 6/12
or
(기존 자산의 상각후원가 + 자본적 지출 − 잔존가치) × 6개월/잔여월수

┌─ ☆ **Self Study**

자본적 지출로 인하여 내용연수나 잔존가치가 변경된 경우에는 지출이 발생한 시점 현재 기존 자산의 장부금액에 자본적 지출을 가산한 금액을 새로운 취득원가로 보고 잔존내용연수 동안 감가상각한다.

06 유형자산의 제거

유형자산의 장부금액은 처분하는 때 또는 사용이나 처분을 통하여 미래경제적효익이 기대되지 않을 때 제거한다. 유형자산 항목의 일부에 대한 대체원가를 자산의 장부금액으로 인식하는 경우, 대체되는 부분이 별도로 분리되어 상각되었는지 여부와 관계없이 대체된 부분의 장부금액을 제거한다.

유형자산의 제거로 인해 발생하는 손익은 순매각금액과 장부금액의 차이로 결정하며, 유형자산처분손익의 과목으로 하여 당기손익으로 인식한다. 처분일에 매각금액이 수취되지 않는 경우 매각금액은 현금가격상당액[= PV(수취할 현금)]으로 인식하고, 명목금액과의 차이는 유효이자율을 적용하여 이자수익으로 인식한다.

(1) 회계연도 중에 유형자산을 처분하는 경우

유형자산의 장부금액은 유형자산의 원가에서 감가상각누계액과 손상차손누계액을 뺀 후의 금액이다. 만약, 회계연도 중에 유형자산을 처분하는 경우의 장부금액은 기중취득과 마찬가지로 기초부터 처분일까지의 감가상각비를 인식한 이후의 금액을 의미한다.

제거 시	차) 감가상각비(N/I)	1st	대) 감가상각누계액	××
	차) 현금	2nd	대) 유형자산	취득금액
	감가상각누계액	BV	유형자산처분이익(N/I)	3rd

Ⅳ | 유형별 자산의 원가

01 할부구입

유형자산의 원가는 인식시점의 현금가격상당액[= PV(CF)]이다. 만약 대금지급이 일반적인 신용기간을 초과하여 이연되는 경우, 현금가격상당액과 실제 총지급액과의 차액은 차입원가에 따라 자본화하지 않는 한 신용기간에 걸쳐 이자비용으로 인식한다.

02 토지의 구입과 토지와 건물의 일괄구입

(1) 토지의 구입

[토지의 원가]

토지의 취득원가(가산항목)	기타원가
• 취득세 등(재산세 제외)	• 재산세: 당기손익 처리
• 국공채 매입금액 – FV	• 토지 취득 후 일시운영수익: 당기손익 처리
• 내용연수가 영구적인 배수·조경비용	• 내부이익·비정상원가: 당기손익 처리
• 국가가 유지·관리하는 진입도로 포장비	• 토지굴착비용: 건물 취득원가 가산
• 취득 관련 차입원가	
• 토지정지비용	

*건물의 경우에 이전 소유자가 체납한 재산세 대납액은 건물의 원가에 포함되며, 차량운반구를 취득한 경우에는 이전 소유자의 체납한 자동차세 대납액도 차량운반구의 원가에 포함한다.

[배수공사비용, 조경관리비용, 진입도로공사비용, 상하수도공사비용의 회계처리]

토지 취득 이후 진입도로 개설, 도로포장, 조경공사 등 추가적 지출	회계처리
회사가 유지보수책임 ×(영구적 지출)	토지 취득원가에 가산(감가상각 ×)
회사가 유지보수책임 ○(반영구적 지출)	구축물로 계상(감가상각 ○)

(2) 건물의 건설

구분	외부위탁	자가건설
유형자산의 원가	건설계약금액 (장려금 포함, 지체상금 제외)	재료원가, 노무원가, 제조간접원가 (건물 신축을 위한 토지굴착비용 포함)
비고	① 건설기간 중의 건물신축업무에 전적으로 종사한 직원급여, 보험료, 차입원가 등은 원가에 포함 ② 자가건설에 따른 내부이익과 비정상원가는 포함하지 않음	

(3) 토지와 건물의 일괄구입

[토지와 건물의 일괄구입 시 유형별 원가]

구분		취득금액
취득 후 모두 사용		공정가치 비율로 안분
취득 후 기존건물 철거 후 신축	토지	일괄구입원가 + 철거비용 - 폐물 매각수익 + 토지정지비용 등
	신축건물	신축비용 + 토지굴착비용 등
기존건물 철거 후 신축		기존건물 장부금액 + 철거비용 - 폐물 매각수익: 당기손익 처리

Additional Comment

기존에 보유 중인 건물 철거 시 회계처리

차) 처분손실	N/I	대) 건물(기존건물)	최초 취득원가
감가상각누계액	BV		
차) 철거비용	N/I	대) 현금	철거 시 지출

03 자산 취득과 관련하여 불가피하게 취득하는 국공채

토지, 건물 등 부동산의 소유권을 등기하거나 자동차의 소유권을 등록하는 경우에는 정부에서 발행한 국공채를 의무적으로 구입하여야 한다. 국공채는 일반적으로 공정가치보다 비싼 금액인 액면금액으로 구입하는데, 그렇게 하는 경우에만 당해 유형자산의 소유권을 등기·등록할 수 있다.

국공채의 공정가치를 초과한 국공채의 구입가격은 유형자산의 취득과 관련하여 불가피하게 지출한 금액이므로 당해 자산의 원가에 포함시켜야 한다. 이때 국공채의 공정가치(FV)는 국공채의 미래현금흐름을 국공채 구입시점의 현행 시장이자율로 할인한 현재가치 금액(= PV(미래현금흐름) by 취득시점 시장이자율)이 된다.

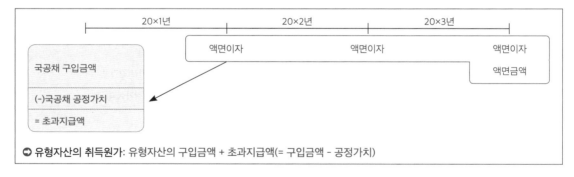

➡ **유형자산의 취득원가**: 유형자산의 구입금액 + 초과지급액(= 구입금액 - 공정가치)

한편 국공채의 공정가치는 금융자산으로 분류하여 회계처리하는데, 유형자산과 국공채의 구입 회계처리는 아래와 같다.

1. 회계처리(단, 금융자산을 AC금융자산으로 분류한 경우)

차) 유형자산	취득원가	대) 현금	구입금액
차) AC금융자산	2nd 취득시점 FV	대) 현금	1st 취득시점 현금지급액
유형자산	3rd 취득원가		

2. F/S효과(단, 금융자산을 AC금융자산으로 분류한 경우)

B/S			I/S
유형자산	A		N/I
AC금융자산 등	B		(−)감가상각비
			이자수익 = 기초 BV × 취득 R
			OCI

A. 유형자산 구입가 + 국공채 현금지급액 − 국공채 FV

B. PV(CF) by 취득 시 시장 R

04 교환 취득

교환거래란 하나 이상의 비화폐성 자산 또는 화폐성 자산과 비화폐성 자산이 결합된 대가와 교환하여 하나 이상의 유형자산을 취득하는 경우를 말한다. 교환거래로 인하여 취득한 비화폐성 자산의 취득원가는 상업적 실질 유무에 따라 달라진다.

(1) 교환거래에 상업적 실질이 있는 경우

① 제공한 자산의 공정가치가 보다 명확한 경우

[1st 처분손익]

차) 유형자산(신규취득자산)	제공한 자산 FV	대) 유형자산(기존보유자산)	BV
		처분손익	제공한 자산 FV − BV

[2nd 현금지급액 or 수령액]

차) 유형자산(신규취득자산)	현금지급액	대) 현금	××
차) 현금	××	대) 유형자산(신규취득자산)	현금수령액

② 취득한 자산의 공정가치가 보다 명확한 경우

[처분손익 & 현금지급액 or 현금수령액 동시 고려]

차) 유형자산(신규취득자산)	1st 취득한 자산 FV	대) 유형자산(기존보유자산)	2nd BV
현금	3rd 현금수령액	현금	3rd 현금지급액
		처분손익	대차차액

③ 제공한 자산과 취득한 자산의 공정가치를 모두 신뢰성 있게 측정할 수 없는 경우

차) 유형자산(신규취득자산)	제공한 자산 BV	대) 유형자산(기존보유자산)	BV
차) 유형자산(신규취득자산)	현금지급액	대) 현금	추가지급액
차) 현금	추가수령액	대) 유형자산(신규취득자산)	현금수령액

(2) 교환거래에 상업적 실질이 없는 경우

차) 유형자산(신규취득자산)	제공한 자산 BV	대) 유형자산(기존보유자산)	BV
차) 유형자산(신규취득자산)	현금지급액	대) 현금	추가지급액
차) 현금	추가수령액	대) 유형자산(신규취득자산)	현금수령액

[유형자산의 교환거래 정리]

구분		취득원가	처분손익
상업적 실질 ○	제공한 자산 FV가 명확	제공한 자산 FV + 현금지급 - 현금수령	제공한 자산 FV - BV
	취득한 자산 FV가 명확	취득한 자산 FV	취득한 자산 FV - BV - 현금지급 + 현금수령
	FV를 측정할 수 없는 경우	제공한 자산 BV + 현금지급 - 현금수령	-
상업적 실질 ×		제공한 자산 BV + 현금지급 - 현금수령	-

V | 복구원가와 정부보조금

01 복구원가

(1) 의의

기업은 유형자산을 해체, 제거하고 복구할 의무를 부담하는 경우가 많다. 복구원가란 이렇듯 유형자산의 경제적 사용이 종료된 후에 원상회복을 위하여 그 자산을 제거, 해체하거나 또는 부지를 복원하는 데 소요될 것으로 추정되는 비용을 말한다. 회사가 자산을 해체, 제거하거나 부지를 복구할 의무는 해당 유형자산을 취득한 시점 또는 해당 유형자산을 특정 기간 동안 재고자산 생산 이외의 목적으로 사용한 결과로서 발생한다.

유형자산의 최초 인식시점에 예상되는 자산의 복구원가가 다음의 충당부채의 인식요건을 충족한다면 복구충당부채로 인식하고 해당 금액을 유형자산의 원가에 가산한다.

> ① 과거사건의 결과로 현재의무(법적의무 or 의제의무)가 존재
> ② 당해 의무를 이행하기 위하여 경제적 효익이 내재된 자원의 유출가능성이 높음
> ③ 당해 의무의 이행에 소요되는 금액을 신뢰성 있게 추정할 수 있음

한편, 특정 기간 동안 재고자산을 생산하기 위해 유형자산을 사용한 결과로 동 기간에 발생한 그 유형자산을 해체, 제거하거나 부지를 복구할 의무의 원가에 대해서는 기업회계기준서 제1002호 '재고자산'을 적용하여 제조원가로 처리한다.

(2) 복구원가의 회계처리

복구원가는 복구충당부채로 인식한다. 복구충당부채는 예상되는 복구원가의 현재가치로 하며, 유효이자율법을 적용하여 기간 경과에 따라 증가시키고 해당 금액은 차입원가(이자비용)로 인식한다.

✎ **복구원가의 구조**

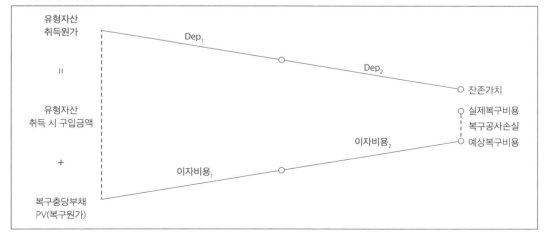

유형자산

제5장

해커스 IFRS 정윤돈 재무회계 1 핸드북

① 유형자산 취득 시

유형자산의 취득, 건설, 개발에 따른 내용연수 종료시점의 복구비용은 적정한 할인율로 할인한 현재가치를 복구충당부채로 계상하고 동 금액을 유형자산의 취득원가에 가산한다.

| 차) 유형자산 | ×× | 대) 현금 | ×× |
| | | 복구충당부채 | PV(복구원가) |

B/S			
유형자산	×× + PV(복구원가)	복구충당부채	PV(복구원가) at 취득

② 내용연수기간 중의 보고기간 말

내용연수기간 중의 보고기간 말 기초복구충당부채의 장부금액에 유효이자율법을 적용하여 이자금액을 이자비용(복구충당부채 전입액)으로 하여 당기비용으로 인식하고, 동 금액을 복구충당부채의 장부금액에 가산한다. 이때 사용하는 할인율은 복구충당부채를 인식할 때 현재가치 평가 시 사용한 할인율을 의미한다. 또한 해당 유형자산이 감가상각대상자산이라면 수익에 공헌한 미래경제적효익의 해당분을 감가상각한다.

| 차) 감가상각비 | N/I | 대) 감가상각누계액 | ×× |
| 차) 이자비용 | N/I | 대) 복구충당부채 | 전입액 |

B/S			
유형자산	×× + PV(복구원가)	복구충당부채	PV(복구원가)
(-)감가상각누계액	(-)××		
유형자산 BV	××		

I/S	
감가상각비	최초 취득원가에 근거
복구충당부채전입액	기초 PV(복구원가) × R

③ 실제복구원가 지출시점

유형자산의 내용연수 종료 시 실제 복구공사를 하는 경우, 실제로 발생한 복구원가와 복구충당부채의 장부금액을 상계하고 그 차액은 복구공사손실 또는 복구공사이익(복구공사손실환입)으로 하여 당해 연도의 손익으로 인식한다.

[실제로 발생한 원가 > 복구충당부채 장부금액]

| 차) 복구충당부채 | 예상복구원가 | 대) 현금 | 실제복구비용 |
| 복구공사손실 | N/I | | |

[실제로 발생한 원가 < 복구충당부채 장부금액]

| 차) 복구충당부채 | 예상복구원가 | 대) 현금 | 실제복구비용 |
| | | 복구공사이익 | N/I |

(3) 복구충당부채의 변경

유형자산의 취득시점에 인식한 복구충당부채의 금액은 내용연수 종료시점의 복구예상액을 추정한 것이므로 추후에 변경될 수 있다. 최초 인식시점에 추정한 복구충당부채의 금액은 다음과 같은 경우에 변동한다.

① 의무를 이행하기 위해 필요한 경제적 효익을 갖는 자원의 유출에 대한 추정치의 변경
② 시장에 기초한 현행 할인율의 변경

이러한 회계처리는 유형자산에 대해 원가모형을 적용하여 회계처리하는 경우와 재평가모형을 적용하는 경우에 따라 아래와 같이 처리한다.

① 원가모형

원가모형을 사용하는 유형자산은 복구충당부채가 변경되는 경우 당해 자산의 원가에 가감한다. 이때 자산의 원가가 증가한 경우에는 관련 자산의 새로운 장부금액이 회수 가능한지를 고려하여야 한다. 만약 회수가능성이 의심된다면, 회수가능액을 추정하여 자산손상 여부를 검토하고, 손상된 경우에는 손상차손으로 회계처리한다.

✐ 복구충당부채의 변동 - 원가모형 적용 시 구조 및 회계처리

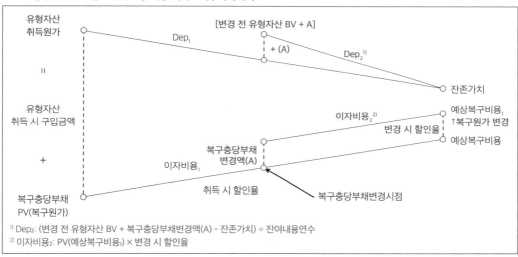

1) Dep_2: (변경 전 유형자산 BV + 복구충당부채변경액(A) - 잔존가치) ÷ 잔여내용연수
2) 이자비용$_2$: PV(예상복구비용$_1$) × 변경 시 할인율

구분		회계처리				
변경 시점	복구충당부채 증가	차) 유형자산	①	대) 복구충당부채	①
	복구충당부채 감소	차) 복구충당부채	①	대) 유형자산	①
결산일		차) 감가상각비	②	대) 감가상각누계액	②
		차) 복구충당부채전입액	③	대) 복구충당부채	③

- **복구충당부채 변경액**: PV(변경된 복구원가) by 변경 시 R_2 - PV(변경 전 복구원가) by 취득 시 R_1
- **변경 후 Dep**: (변경 전 유형자산 BV + 복구충당부채 변경액 - 잔존가치) ÷ 잔존내용연수(정액법 가정 시)
- **복구충당부채전입액**: PV(변경된 복구원가) by 변경 시 R_2 × 변경 시 R_2

부채의 변경 시 자산의 원가에서 차감되는 금액은 그 자산의 장부금액을 초과할 수 없다. 만약 부채의 감소가 자산의 장부금액을 초과한다면 그 초과액은 즉시 당기손익으로 인식한다.

| 차) 복구충당부채 | 변경액 | 대) 유형자산 | BV 한도 |
| | | 변경이익 | N/I |

② 재평가모형

재평가모형을 사용하는 유형자산은 당해 유형자산이 공정가치로 측정되어 있기 때문에 복구충당부채의 변동분을 유형자산의 장부금액에 가감할 수 없다. 따라서 재평가모형을 사용하는 유형자산에서 복구충당부채의 변경은 당해 유형자산에 대하여 이전에 인식한 재평가잉여금을 조정하여 회계처리한다.

✏ **복구충당부채의 변동 - 재평가모형 적용 시 회계처리**

① **복구충당부채의 감소**: 기타포괄손익으로 인식(이전에 당기손익으로 인식한 재평가손실에 해당하는 금액은 당기손익으로 인식)

② **복구충당부채의 증가**: 당기손익으로 인식(재평가잉여금의 잔액을 한도로 기타포괄손익으로 인식)

③ **복구충당부채 변경액**: PV(변경된 복구원가) by 변경 시 R_2 - PV(변경 전 복구원가) by 취득 시 R_1

	구분	회계처리			
변경 시점	복구충당 부채 증가	차) 재평가잉여금(OCI)	2nd BV	대) 복구충당부채	1st
		재평가손실(N/I)	대차차액		
	복구충당 부채 감소	차) 복구충당부채	1st	대) 재평가이익(N/I)	2nd BV
				재평가잉여금(OCI)	대차차액

1. 부채의 변경에서 발생하는 재평가잉여금의 변동은 별도로 인식하고 공시하여야 한다.

2. 자산이 조정된 감가상각대상금액은 그 내용연수 동안 상각한다. 그러므로 일단 당해 자산의 내용연수가 종료되면, 관련 부채의 모든 후속적인 변경은 발생 즉시 당기손익으로 인식한다. 이러한 회계처리는 원가모형과 재평가모형에 모두 적용한다.

3. 할인액 상각은 발생 시 금융원가로 당기손익에 인식하지만 적격자산원가의 일부로 자본화되지는 않는다.

02 정부보조금

(1) 정부보조금의 의의

정부보조금은 기업의 영업활동과 관련하여 과거나 미래에 일정한 조건을 충족하였거나 충족할 경우 기업에게 자원을 이전하는 형식의 정부 지원을 말한다.

(2) 정부보조금의 인식방법

정부보조금에 부수되는 조건의 준수와 보조금 수취에 대한 합리적인 확신이 있을 경우에만 정부보조금을 인식한다. 보조금의 수취 자체가 보조금에 부수되는 조건이 이행되었거나 이행될 것이라는 결정적인 증거를 제공하지는 않는다.

보조금을 수취하는 방법은 보조금에 적용되는 회계처리방법에 영향을 미치지 않는다. 따라서 보조금을 현금으로 수취하는지 또는 정부에 대한 부채를 감소시키는지에 관계없이 동일한 방법으로 회계처리한다.

정부의 상환면제가능대출은 당해 기업 대출의 상환면제조건을 충족할 것이라는 합리적인 확신이 있을 때 정부보조금으로 처리한다.

(3) 정부보조금 회계처리방법의 이론적 접근법

정부보조금의 회계처리방법에는 아래의 두 가지 접근방법이 있다.

> ① **자본접근법**: 정부보조금을 당기손익 이외의 항목으로 인식
> ② **수익접근법**: 정부보조금을 하나 이상의 회계기간에 걸쳐 당기손익으로 인식

한국채택국제회계기준에서는 정부보조금을 수익접근법에 따라 회계처리하도록 규정하고 있다. 따라서 자산 관련 보조금이든 수익 관련 보조금이든 관계없이 이를 수익으로 인식하여야 한다.

(4) 수익접근법에 따른 정부보조금의 수익인식방법

구분	수익인식방법
관련 원가와 대응되는 정부보조금	정부보조금으로 보전하려는 관련 원가를 비용으로 인식하는 기간에 걸쳐 체계적인 기준에 따라 당기순손익으로 인식
이미 발생한 비용이나 손실에 대한 보전 또는 향후의 관련 원가가 없는 정부보조금	정부보조금을 수취할 권리가 발생하는 기간에 당기순손익으로 인식

수익접근법에 의한 정부보조금의 회계처리와 표시는 자산 관련 보조금과 수익 관련 보조금으로 구분하여 회계처리한다. 각 표시방법을 요약하면 아래와 같다.

✎ 정부보조금의 표시 - 자산 관련 보조금과 수익 관련 보조금의 구분

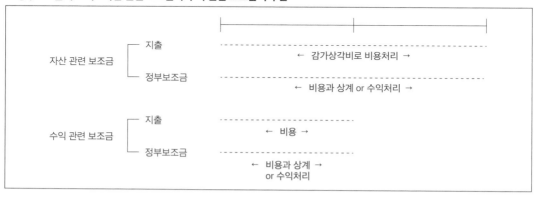

(5) 수익 관련 보조금

구분		수익 인식 회계처리
수익 관련 보조금	수익인식법	별도의 계정이나 기타 수익으로 표시
	비용차감법	관련 비용을 보조금에서 차감

Ex 수익인식법의 회계처리

[정부보조금 수령 시]

차) 현금	10,000	대) 이연정부보조금수익(부채)	10,000

[기타 수익 인식 시]

차) 이연정부보조금수익(부채)	10,000	대) 정부보조금수익	10,000

> **Ex** 비용차감법의 회계처리
>
> **[정부보조금 수령 시]**
>
> | 차) 현금 | 10,000 | 대) 정부보조금 | 10,000 |
>
> **[관련 비용 지출 시]**
>
> | 차) 정부보조금 | 10,000 | 대) 관련 비용 | 10,000 |

(6) 자산 관련 보조금

자산 관련 보조금이란 정부 지원의 요건을 충족하는 기업이 장기성 자산을 매입, 건설하거나 다른 방법으로 취득하여야 하는 일차적 조건이 있는 정부보조금을 말한다. 자산 관련 보조금은 부수조건으로 해당 자산의 유형이나 위치 또는 자산의 취득기간이나 보유기간을 제한할 수 있다. 이와 관련된 한국채택국제회계기준의 내용은 아래와 같다.

자산 관련 보조금의 회계처리방법으로 자산차감법과 이연수익법을 모두 인정하며, 두 가지 방법 중 하나를 선택할 수 있다.

> ① **자산차감법**: 자산차감법은 자산의 장부금액을 계산할 때 보조금을 차감하는 방법을 말한다. 보조금은 감가상각자산의 내용연수에 걸쳐 감가상각비를 감소시키는 방식으로 당기순손익을 인식한다.
> ② **이연수익법**: 이연수익법은 보조금을 이연수익(부채)으로 인식하여 자산의 내용연수에 걸쳐 체계적인 기준으로 당기순손익에 인식하는 방법을 말한다.

구분		수익 인식 회계처리
자산 관련 보조금	자산차감법	내용연수에 걸쳐 감가상각비와 상계
	이연수익법	내용연수에 걸쳐 체계적인 기준으로 수익 인식

① 자산차감법과 이연수익법의 회계처리 비교

- **정부보조금 수령 및 자산의 취득시점**

구분	자산차감법				이연수익법			
수령	차) 현금	B	대) 정부보조금	B	차) 현금	B	대) 이연수익	B
취득	차) 유형자산	A	대) 현금	A	차) 유형자산	A	대) 현금	A
F/S	B/S				B/S			
	유형자산	A			유형자산	A	이연수익	B
	정부보조금	(-)B						
	BV	A - B						

> ─☆ **Self Study**
>
> 자산차감법과 이연수익법은 재무제표에 미치는 영향은 동일하나 이연수익법은 별도의 부채가 계상되어 실무적으로 자산차감법을 선호한다.

유형자산

제5장

해커스 IFRS 정윤돈 재무회계 키 핸드북

• 내용연수기간 중의 결산일

구분	자산차감법				이연수익법			
기말	차) 감가상각비	I	대) 상각누계액	××	차) 감가상각비	I	대) 상각누계액	××
	차) 정부보조금	××	대) 감가상각비	II	차) 이연수익	××	대) 보조금수익	II
F/S	**B/S** 유형자산 A / 정부보조금 (-)(B - 상계액) / 감가상각누계액 (-)××				**B/S** 유형자산 A / 상각누계액 (-)×× / 이연수익 (-)(B - 상계액)			
	I/S 감가상각비 I - II				**I/S** 감가상각비 I / 보조금수익 II			

자산 관련 보조금은 매 보고기간 말 자산차감법에서는 감가상각비와 상계하고, 이연수익법에서는 체계적인 기준으로 당기에 수익으로 인식한다. 이때, 매 보고기간 말 감가상각비와 상계하거나 수익으로 인식할 금액은 다음과 같다.

> 감가상각비와 상계하거나 수익으로 인식할 금액: 감가상각비 × 정부보조금 ÷ (취득원가 – 잔존가치)

☆ Self Study

유형자산을 정액법이나 연수합계법으로 감가상각하는 경우에는 정부보조금을 내용연수에 걸쳐 정액법이나 연수합계법으로 상각해도 동일한 결과에 도달한다.

[Ex. 정액법 사용 시]
➡ (취득원가 – 잔존가치)/내용연수 × 정부보조금/(취득원가 – 잔존가치) = 정부보조금/내용연수

• 처분일

구분	자산차감법				이연수익법			
처분	차) 현금 ①	처분가	대) 유형자산 ②	A	차) 현금 ①	처분가	대) 유형자산 ②	A
	감가상각누계액 ③ BV		처분손익 대차차액		감가상각누계액 ③ BV		처분손익 대차차액	
	정부보조금 ④	BV			차) 이연수익	BV	대) 보조금수익	BV

자산 관련 보조금이 있는 자산의 처분이 발생하였을 때, 자산차감법에서는 정부보조금의 잔액을 모두 제거하여 자산의 처분손익에 가감하며, 이연수익법에서는 이연정부보조금수익의 잔액을 일시에 정부보조금수익으로 인식한다.

☆ Self Study

유형자산의 제거 시에 유형자산의 장부금액은 유형자산의 원가에서 감가상각누계액, 손상차손누계액 및 정부보조금 (자산차감법의 경우)을 차감한 잔액을 말한다.

자산차감법, 이연수익법의 비교와 자산차감법의 간편법

Ex. A사는 20×1년 초에 정부로부터 설비 구입에 필요한 자금으로 ₩20을 보조받아 내용연수 5년, 잔존가치가 ₩0인 기계장치를 ₩100에 취득하였다. A회사는 기계장치가 사용목적에 적합하지 않아 20×2년 말에 ₩70에 매각하였다. A회사의 결산일은 매년 12월 31일이며, 감가상각방법은 정액법이다.

동 사례에 대하여 자산차감법과 이연수익법을 사용할 때를 도식화하면 아래와 같다.

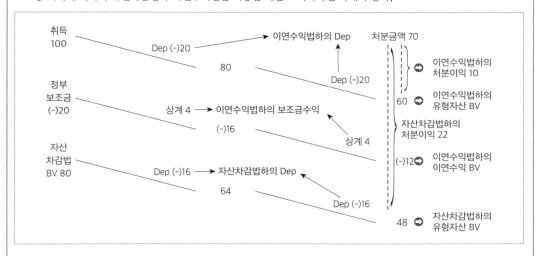

상계되는 정부보조금은 감가상각비 × [정부보조금/감가상각대상금액(취득금액 - 잔존가치)]이며 매기 말 유형자산의 장부금액의 변동을 표로 나타내면 아래와 같이 구성된다.

구분	×1년 초	상각	×1년 말
취득금액	100		100
상각누계액	-	(-)20	(-)20
정부보조금	(-)20	4	(-)16
장부금액	80	(-)16	64

⊙ 정부보조금 차감 후 순장부금액(BV): 취득금액 - 정부보조금

⊙ I/S상 감가상각비: (정부보조금 차감 후 BV - 잔존가치) × 상각률

⊙ I/S상 처분손익: 처분금액 - (정부보조금 차감 후 BV - 상각누계액)

위와 같이 정액법이나 연수합계법을 사용하여 감가상각하는 경우에는 유형자산에서 정부보조금을 차감한 순장부금액을 기준으로 감가상각비와 처분손익을 계산하여도 결론은 동일하다. 그러나 정률법이나 이중체감법을 사용하는 경우에는 동 방법을 사용하여서는 안 된다.

• 정부보조금의 상환

구분	자산차감법			이연수익법		
상환	차) 정부보조금 ②	BV	대) 현금 ① 현금상환액	차) 이연수익 ②	BV	대) 현금 ① 현금상환액
	감가상각비 대차차액			상환손실 대차차액		

정부보조금의 사용요건 등을 충족하지 못하여 상환의무가 발생하게 된 정부보조금은 회계추정치의 변경으로 회계처리한다. 즉, 과거의 정부보조금과 관련된 회계처리는 수정하지 않고 상환의무가 발생하게 된 이후에만 영향을 미치도록 회계처리한다. 자산 관련 보조금을 상환하는 경우에는 상환금액만큼 자산의 장부금액을 증가시키거나 이연수익에서 차감하여 기록한다. 이때 정부보조금이 없었다면 현재까지 당기손익으로 인식했어야 하는 추가 감가상각누계액은 즉시 당기손익으로 인식한다.

> **Additional Comment**
>
> 자산 관련 정부보조금의 상환의무가 발생하면 자산의 손상가능성이 있는지를 고려할 필요가 있다. 또한, 수익 관련 보조금은 정부보조금 상환금액과 정부보조금과 관련하여 인식된 미상각 이연계정(정부보조금 중 아직 수익으로 인식하지 못한 금액)과 우선 상계하고 초과액은 즉시 당기손익으로 인식한다.

> **☆ Self Study**
>
> 기준서 제1020호 '정부보조금의 회계처리와 정부지원의 공시'에서는 자산 관련 정부보조금의 상환 시 자산차감법을 사용하여 회계처리하는 경우 현재까지 당기손익으로 인식했어야 하는 추가 감가상각누계액은 당기손익으로 인식하도록 하고 있을 뿐 감가상각비로 처리하라고 규정하고 있지는 않다. 그러므로 해당 부분은 당기손익으로 인식한다는 것만 명확히 기억하는 것이 중요하다.

[자산 관련 정부보조금 자산차감법과 이연수익법의 정리]

구분	자산차감법	이연수익법
정부보조금 표시	자산의 차감계정으로 표시	별도의 부채로 표시(이연수익)
유형자산 BV	취득원가 - 감가상각누계액 - 정부보조금	취득원가 - 감가상각누계액
후속측정	자산의 내용연수 동안 감가상각비와 상계	자산의 내용연수 동안 별도의 수익으로 인식
유형자산 처분손익	처분가 - (취득원가 - 감가상각누계액 - 정부보조금)	처분가 - (취득원가 - 감가상각누계액) * 이연수익은 별도의 수익으로 인식
정부보조금 상환	감가상각비 처리(N/I) (= 상환액 - 상환 대상 정부보조금 BV)	상환손실 처리(N/I) (= 상환액 - 상환 대상 이연수익 BV)

(7) 시장이자율보다 낮은 이자율의 정부대여금

시장이자율보다 낮은 이자율을 지급하는 조건으로 정부로부터 자금을 차입하는 경우 당해 정부대여금의 효익은 정부보조금으로 처리한다. 그 정부대여금은 한국채택국제회계기준 제1109호 '금융상품'에 따라 대여일의 공정가치(= PV(CF) by 대여일의 시장 R)로 인식하고 측정한다. 이 경우 정부대여금의 효익은 대여일의 공정가치인 최초 장부금액과 수취한 대가의 차이에 해당하며, 이 차액은 정부보조금으로 인식한다.

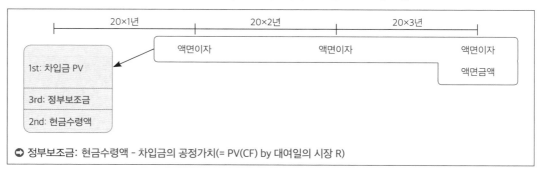

◐ 정부보조금: 현금수령액 - 차입금의 공정가치(= PV(CF) by 대여일의 시장 R)

✐ 회계처리와 F/S분석(자산차감법 - 정액법 사용 가정)

1. 회계처리

구분	회계처리			
차입 시 (낮은 이자율)	차) 현금	수령액	대) 차입금 　　정부보조금	PV 현금수령액 - PV
취득 시	차) 유형자산	취득원가	대) 현금	취득자산 FV
기말 ① 상각 　　② 보조금 상계 　　③ 이자비용	차) 감가상각비 차) 정부보조금 차) 이자비용	×× ×× 기초 BV × R	대) 감가상각누계액 대) 감가상각비 대) 차입금	×× ×× ××

2. F/S분석

1) 최초 차입 & 취득 시

B/S

유형자산		차입금	PV(CF)
(-)정부보조금	현금수령액 - PV(CF)		
유형자산 BV	××		

2) 결산일

B/S

유형자산		차입금	PV(잔여 CF)
(-)정부보조금	(현금수령액 - PV(CF)) - Dep상계액		
(-)감가상각누계액	(-)××		
유형자산 BV	××		

I/S

감가상각비	(제공한 대가 FV - 정부보조금 - 잔존가치)/내용연수
이자비용	기초 차입금 BV × R

Ⅵ | 재평가모형

01 재평가모형의 의의

(1) 재평가모형의 선택과 의의

한국채택국제회계기준에서는 기업이 원가모형과 재평가모형 중 하나를 회계정책으로 선택하여 유형자산 유형별로 동일하게 적용하도록 규정하고 있다. 유형자산을 취득한 후 공정가치의 변동을 인식하지 않는 것을 원가모형이라고 하고 유형자산을 최초 인식한 후에 공정가치를 신뢰성 있게 측정할 수 있는 유형자산에 대하여 재평가일의 공정가치로 측정하는 것을 재평가모형이라고 한다.

> **Additional Comment**
>
> 원가모형과 재평가모형 중 어떤 측정모형을 적용하는지는 회계정책의 선택에 해당한다. 기업이 최초로 재평가모형을 적용하는 경우와 이후 측정모형을 변경하는 경우의 회계처리는 아래와 같다.
>
> | 구분 | 회계처리 |
> |---|---|
> | 재평가모형의 최초 적용 | 회계정책 변경을 적용하지 않고, 재평가모형의 최초 적용연도의 유형자산 장부금액을 공정가치로 수정한다.
➋ 비교 표시되는 과거기간의 재무제표를 소급하여 재작성하지 않는다. |
> | 재평가모형에서 원가모형으로 변경
(이후 다시 재평가모형으로 변경 포함) | 회계정책의 변경에 해당되므로 기준서 제1008호를 적용하여 비교 표시되는 과거기간의 재무제표를 소급하여 재작성한다. |

(2) 재평가의 빈도와 범위

구분	내용	비고
재평가 빈도	주기적으로 재평가(장부금액과 공정가치가 중요하게 차이나는 경우)	매 보고기간 말마다 재평가 ×
재평가 범위	유형자산의 유형 전체를 재평가	일부만 재평가 ×

02 비상각자산의 재평가 회계처리

(1) 최초 재평가 시 평가증(공정가치 > 장부금액)

유형자산에 대하여 최초 재평가모형을 적용할 때 장부금액을 증가시킬 경우에는 증가액인 재평가잉여금을 기타포괄손익으로 인식한다. 또한 이후에 장부금액을 감소시킬 경우에는 전기 이전에 인식한 재평가잉여금을 우선 감소시키고, 초과액이 있으면 재평가손실(당기손익)을 인식한다.

최초 재평가 시 구분	최초 재평가 시 회계처리	이후 재평가 시 회계처리
최초 재평가 시 평가증	재평가잉여금(OCI) 인식	① 평가증의 경우: 재평가잉여금 인식 ② 평가감의 경우: 전기 이전 인식 재평가잉여금을 우선 감소시키고, 초과액이 있으면 재평가손실 인식

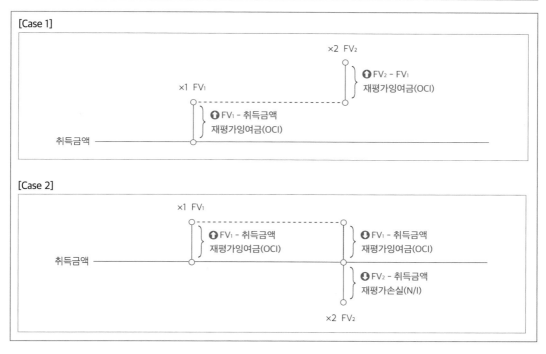

(2) 최초 재평가 시 평가감(공정가치 < 장부금액)

유형자산에 대하여 최초 재평가모형을 적용할 때 공정가치가 장부금액보다 낮아지는 경우에는 감소액을 재평가손실(당기손익)로 인식한다. 이후에 장부금액을 증가시킬 경우에는 전기 이전에 인식한 재평가손실만큼 재평가이익(당기손익)을 인식하고, 초과액이 있으면 재평가잉여금(기타포괄손익)을 인식한다.

최초 재평가 시 구분	최초 재평가 시 회계처리	이후 재평가 시 회계처리
최초 재평가 시 평가감	재평가손실(N/I) 인식	① 평가감의 경우: 재평가손실 인식 ② 평가증의 경우: 전기 이전 인식 재평가손실만큼 재평가이익(N/I)을 인식하고, 초과액이 있으면 재평가잉여금 인식

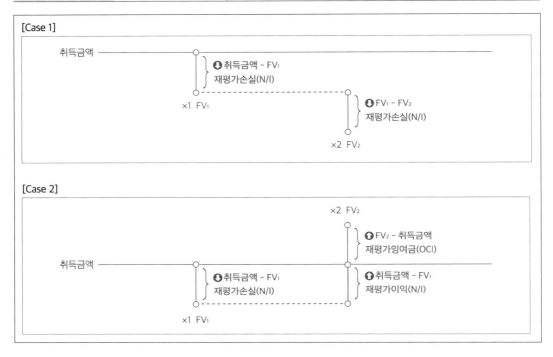

(3) 재평가모형을 적용하는 비상각자산의 제거

재평가모형을 사용하는 유형자산의 장부금액도 원가모형을 적용하는 경우와 동일하게 처분하는 때 또는 사용이나 처분을 통하여 미래경제적효익이 기대되지 않을 때 제거한다. 유형자산의 제거로 발생하는 손익은 원가모형의 경우와 마찬가지로 순매각금액과 장부금액의 차이로 결정하며, 당기손익으로 인식한다.

유형자산의 재평가와 관련하여 자본항목으로 보고한 재평가잉여금이 있는 경우 동 금액은 이익잉여금으로 대체할 수 있다. 처분시점에 재평가잉여금을 이익잉여금으로 대체하는 규정도 임의 규정이므로 대체하지 않을 수도 있다.

✎ **비상각자산 재평가와 처분 구조**

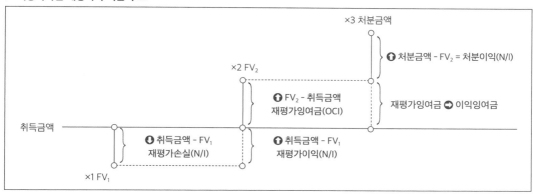

┌─☆ **Self Study**

유형자산 처분 시 재평가잉여금을 이익잉여금으로 대체하는 회계처리는 **자본총계(총포괄손익, OCI)에 영향을 미치지 않**는다. 재평가잉여금을 이익잉여금으로 대체하는 것은 자본 내에서 자본계정 간의 변동으로 순자산의 변동은 없기 때문에 포괄손익계산서에는 표시하지 않는다.

03 상각자산의 재평가 회계처리

(1) 상각자산의 재평가 회계처리방법론

건물이나 기계장치와 같은 감가상각자산에 대해서 재평가모형을 적용할 경우에도 기본적으로 토지에 대한 재평가모형의 적용과 다르지 않다. 다만 이미 인식한 감가상각누계액을 두 가지 방법 중 하나를 적용하여 수정한다.

① 비례수정법

비례수정법은 자산 장부금액의 재평가와 일치하는 방식으로 자산의 총장부금액(감가상각누계액을 차감하기 전 금액, 즉 취득원가)을 조정하는 방법이다.

✎ 비례수정법 적용 시 재평가 후 재무상태표와 회계처리

B/S			
유형자산	역산		
(-)감가상각누계액[1]	(-)직접계산(A)		
상각후원가(BV)	기말 FV		
		재평가잉여금	××

[1] 감가상각누계액(A): (기말 FV − 잔존가치) ÷ 잔여내용연수 × 경과기간

차) 유형자산	××	대) 감가상각누계액	××
		재평가잉여금	FV − 재평가 전 BV

─☆ Self Study

재평가 시에 비례수정법을 사용하는 경우, 재평가 전에 잔존가치, 내용연수 또는 감가상각방법이 재추정된 경우 총장부금액의 변동과 같은 비율로 감가상각누계액을 수정하여 적용하게 되면, 각 회계연도별로 취득금액과 감가상각누계액의 비율이 일치하지 않게 되는 문제점이 있다. 그러므로 재평가 후의 감가상각누계액은 아래와 같은 산식으로 계산하는 것이 논리적으로 옳다.

➲ 감가상각누계액(A): (기말 FV − 잔존가치) ÷ 잔여내용연수 × 경과기간

② 누계액제거법

누계액제거법은 총장부금액에서 기존의 감가상각누계액을 전부 제거하여 자산의 순장부금액이 재평가금액이 되도록 하는 방법이다.

✎ 누계액제거법 적용 시 재평가 후 재무상태표와 회계처리

B/S			
유형자산	기말 FV		
		재평가잉여금	××

차) 감가상각누계액(1st)	BV	대) 재평가잉여금(2nd)	FV − 재평가 전 BV
유형자산(3rd)	대차차액		

[재평가모형 회계처리의 방법론]

구분		내용
회계 처리	비례수정법	• 감가상각누계액과 총장부금액을 비례적으로 수정하는 방법 • 재평가 후 감가상각누계액: (기말 FV − 잔존가치) ÷ 잔존내용연수 × 경과내용연수
	누계액 제거법	• 기존 감가상각누계액을 제거하여 자산의 순장부금액이 재평가금액이 되도록 수정하는 방법 • 재평가 후 감가상각누계액: 0

(2) 상각자산 재평가의 후속적용

① 재평가 이후의 감가상각

감가상각비는 기초시점의 유형자산 장부금액, 즉 전기 말 재평가금액을 기초로 하여 잔존내용연수에 걸쳐 선택한 감가상각방법을 적용하여 측정한다.

> 재평가 이후 회계연도의 Dep = (전기 말 FV − 잔존가치) ÷ 기초 현재시점의 잔여내용연수

② 재평가잉여금의 후속처리

유형자산의 재평가와 관련하여 자본항목으로 계상된 재평가잉여금은 당해 자산을 사용함에 따라 일부 금액을 이익잉여금으로 대체할 수 있다. 이러한 재평가잉여금의 이익잉여금 대체는 임의조항으로 선택사항이지 반드시 대체할 필요는 없다.

재평가잉여금을 이익잉여금으로 대체하는 정책을 채택하는 경우 대체되는 금액은 재평가된 금액에 근거한 감가상각액과 최초원가에 근거한 감가상각액의 차이가 된다.

> 이익잉여금으로 대체될 재평가잉여금 = 재평가된 금액에 기초한 Dep − 최초원가에 기초한 Dep

재평가잉여금 중 이익잉여금으로 대체한 금액은 포괄손익계산서의 당기손익이나 기타포괄손익에 표시되지 않으며 자본변동표에만 표시된다. 그 이유는 재평가잉여금을 이익잉여금으로 대체하는 것은 자본의 구성내역의 변동만 있을 뿐이지 자본총계에는 영향을 미치지 않기 때문에 재평가잉여금을 당기손익이나 기타포괄손익으로 인식하게 되면 총포괄이익이 왜곡 표시된다.

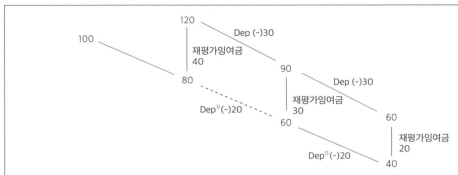

* 재평취득시점 내용연수 5년, 잔존가치 0, 정액법 사용

1) 재평가하지 않을 때 Dep

1. 재평가를 수행하지 않는 경우

    1) 매년 감가상각비: 20

    2) 유형자산이 이익잉여금에 미치는 영향: (-)20

2. 재평가를 수행하는 경우

    1) 매년 감가상각비: 30

    2) 이익잉여금에 미치는 영향: (-)30

    3) 재평가잉여금을 이익잉여금으로 대체하는 금액: 30 - 20 = 10 or 40 ÷ 4년 = 10

    4) 재평가잉여금을 이익잉여금으로 대체 시 유형자산이 이익잉여금에 미치는 영향: (30) + 10 = (-)20

☆ Self Study

1. 재평가잉여금을 이익잉여금으로 대체하는 금액은 유형자산을 정액법으로 감가상각하는 경우에 재평가잉여금을 잔존내용연수에 걸쳐 정액법으로 상각한 금액과 일치한다. 또한 이 경우 잔존가치가 있는 경우에도 이익잉여금으로 대체할 재평가잉여금은 동일하게 계산된다.

2. 사용하는 동안 재평가잉여금을 이익잉여금(미처분이익잉여금)으로 대체하는지 여부에 따라 당기순이익은 달라진다. 그러나 총포괄이익(= 순자산 변동금액)은 차이가 없다.

③ 재평가 이후 연도의 재평가

• 재평가잉여금을 인식한 이후 재평가손실이 발생하는 경우

재평가잉여금을 인식한 이후의 재평가에서 재평가손실이 발생하는 경우에는 아래와 같이 재평가손실을 인식한다.

> 1st 전기 재평가잉여금 해당분: 기타포괄손익으로 인식
>
> 2nd 초과분: 재평가손실로 당기손익에 반영

기업이 재평가잉여금을 당해 유형자산의 사용에 따라 이익잉여금으로 대체한 경우에는 전기 재평가잉여금 중 감가상각 차이에 해당하는 금액을 제외한 금액이 재평가손실과 상계된다. 그러나 기업이 재평가잉여금을 이익잉여금으로 대체하지 않는 경우에는 전기 재평가잉여금이 재평가손실과 상계된다.

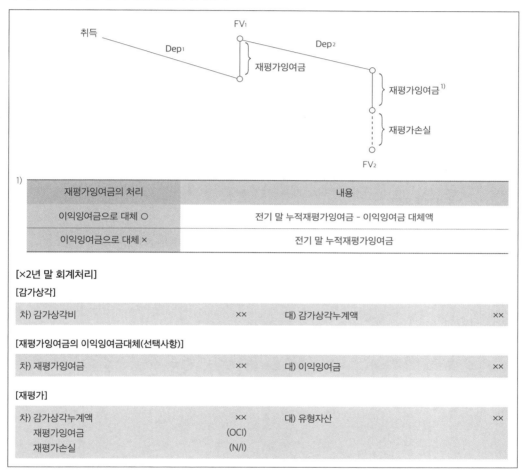

재평가잉여금의 처리	내용
이익잉여금으로 대체 ○	전기 말 누적재평가잉여금 - 이익잉여금 대체액
이익잉여금으로 대체 ×	전기 말 누적재평가잉여금

[×2년 말 회계처리]

[감가상각]

차) 감가상각비	××	대) 감가상각누계액	××

[재평가잉여금의 이익잉여금대체(선택사항)]

차) 재평가잉여금	××	대) 이익잉여금	××

[재평가]

차) 감가상각누계액	××	대) 유형자산	××
재평가잉여금	(OCI)		
재평가손실	(N/I)		

- **재평가손실을 인식한 이후 재평가이익이 발생하는 경우**

  재평가손실을 인식한 이후의 재평가에서 재평가이익이 발생하는 경우에는 아래와 같이 재평가이익을 인식한다.

> 1st 전기 재평가손실 해당분: 당기손익으로 인식
>
> 2nd 초과분: 재평가잉여금으로 기타포괄손익에 반영

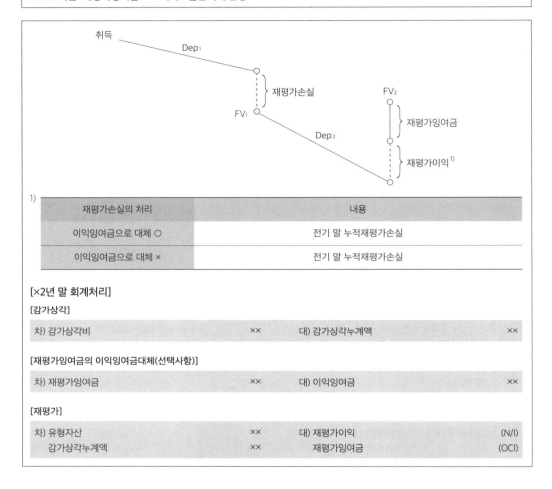

1)

재평가손실의 처리	내용
이익잉여금으로 대체 ○	전기 말 누적재평가손실
이익잉여금으로 대체 ×	전기 말 누적재평가손실

[×2년 말 회계처리]

[감가상각]

차) 감가상각비	××	대) 감가상각누계액	××

[재평가잉여금의 이익잉여금대체(선택사항)]

차) 재평가잉여금	××	대) 이익잉여금	××

[재평가]

차) 유형자산	××	대) 재평가이익	(N/I)
감가상각누계액	××	재평가잉여금	(OCI)

(3) 재평가모형을 적용하는 상각자산의 제거

재평가모형을 사용하는 유형자산의 장부금액도 원가모형을 적용하는 경우와 동일하게 처분하는 때 또는 사용이나 처분을 통하여 미래경제적효익이 기대되지 않을 때 제거한다. 유형자산의 제거로 발생하는 손익은 원가모형의 경우와 마찬가지로 순매각금액과 장부금액의 차이로 결정하며, 당기손익으로 인식한다. 유형자산의 재평가와 관련하여 자본항목으로 보고한 재평가잉여금이 있는 경우 동 금액은 이익잉여금으로 대체할 수 있다. 처분시점에 재평가잉여금을 이익잉여금으로 대체하는 규정도 임의 규정이므로 대체하지 않을 수도 있다.

✐ 상각자산 재평가와 처분 구조

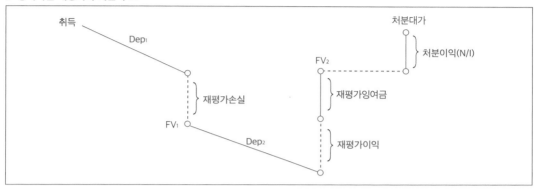

⌐☆ **Self Study**

한국채택국제회계기준에서는 재평가잉여금을 이익잉여금으로 대체하도록 하고 있을 뿐 재평가손실을 이익잉여금으로 대체하는지 여부에 대해서는 규정하고 있지 않다. 현재 다수의 견해는 재평가손실의 감가상각 차이는 한국채택국제회계기준에 규정되어 있지 않으므로 고려하지 않아야 한다는 것이다. 그러므로 평가감 후 평가증이 발생하는 경우에는 유형자산 사용 중 재평가잉여금을 이익잉여금으로 대체하는 경우와 대체하지 않는 경우의 답이 동일하다.

Ⅶ | 유형자산의 손상

01 손상의 의의와 적용범위, 인식과정

(1) 손상의 의의

투자자를 보호하기 위하여 재무상태표에 표시되는 자산은 장부금액을 회수가능액보다 더 큰 금액으로 표시할 수 없다. 만약 자산의 장부금액이 자산을 매각하거나 사용하여 회수될 금액을 초과하면, 자산의 장부금액은 그 자산의 회수가능액보다 더 큰 금액으로 표시된 것이며, 회수가능액을 초과하는 금액을 손상차손으로 인식해야 하는데 이를 자산손상이라고 말한다.

(2) 손상의 적용범위

손상의 회계처리는 별도로 제정된 기준서 제1036호 '자산손상'을 적용한다. 기준서 제1036호는 유형자산을 포함한 대부분의 자산에 적용하는데, 다음의 자산에는 적용하지 않는다.

> ① 재고자산
> ② 기준서 제1115호 '고객과의 계약에서 생기는 수익'에 따라 인식한 계약자산과 자산으로 인식한 계약원가(계약체결 증분원가 및 계약이행원가)
> ③ 이연법인세자산
> ④ 종업원급여에서 생기는 자산
> ⑤ 기준서 제1109호를 적용하는 금융자산
> ⑥ 공정가치로 측정한 투자부동산
> ⑦ 순공정가치로 측정하는 생물자산
> ⑧ 매각예정비유동자산

> ---☆ **Self Study**
>
> 재고자산은 기준서 제1002호에 따라 저가법을 적용하여 평가손실을 인식하고, 공정가치로 측정하는 투자부동산, 순공정가치로 측정하는 생물자산 및 매각예정비유동자산은 해당 기준서에 따라 보고기간 말에 공정가치 변동을 당기손익으로 인식하므로 제1036호에 따른 손상차손을 인식하지 않는다.

(3) 손상차손의 인식과정

손상차손을 인식하기 위해서는 손상징후를 검토한 결과 손상징후가 존재하는 경우 회수가능액을 추정한다. 그러므로 유형자산은 반드시 손상징후를 검토하여야 한다. 손상검사는 연차 회계기간 중 어느 때라도 할 수 있으며 매년 같은 시기에 실시한다. 단, 일부자산은 손상징후를 검토하지 않고 곧바로 회수가능액을 추정하는 자산도 있다(Ex. 내용연수가 비한정인 무형자산, 아직 사용할 수 없는 무형자산 및 사업결합으로 취득한 영업권).

02 원가모형의 손상

(1) 회수가능액

회수가능액은 순공정가치와 사용가치 중 큰 금액을 말한다.

회수가능액 = MAX ── 순공정가치 = 공정가치 - 처분부대원가
            └── 사용가치: 자산에서 얻을 것으로 예상되는 미래 CF의 PV

(2) 손상차손의 인식

유형자산의 회수가능액이 장부금액에 못 미치는 경우에 자산의 장부금액을 회수가능액으로 감액하고 해당 감소액은 손상차손으로 인식한다. 손상차손은 곧바로 당기손익으로 인식하며, 손상차손누계액의 계정으로 하여 유형자산의 차감계정으로 표시한다.

⬗ 손상차손의 회계처리 및 F/S분석

| 차) 감가상각비 | ×× | 대) 감가상각누계액 | ×× |
| 차) 유형자산손상차손 | ×× | 대) 손상차손누계액 | ×× |

	B/S		
유형자산	제공한 대가 FV		
(-)감가상각누계액	(-)역산		
(-)손상차손누계액	(-)(손상 전 BV - 회수가능액)		
유형자산 BV	회수가능액		

	I/S		
감가상각비			(제공한 대가 FV - 잔존가치)/내용연수
손상차손			손상 전 BV - 회수가능액

유형자산

제5장

해커스 IFRS 정윤돈 재무회계 키 핸드북

(3) 손상차손 인식 이후의 감가상각비

손상차손 인식 이후 회수가능액은 새로운 취득원가로 보아 잔존가치를 차감한 금액을 자산의 잔여내용연수에 걸쳐 체계적인 방법으로 감가상각비를 인식한다.

(4) 손상차손환입

보고일마다 과거기간에 인식한 손상차손이 더는 존재하지 않거나 감소되었을 수 있는 징후가 있는지를 검토하고, 그러한 징후가 있는 경우에는 해당 자산의 회수가능액을 추정한다. 회수가능액이 장부금액을 초과하는 경우 자산의 장부금액은 회수가능액으로 증액하고 손상차손환입의 계정으로 하여 당기손익으로 인식한다. 이때 증액된 장부금액은 과거에 손상차손을 인식하기 전에 장부금액의 감가상각 후 남은 잔액을 초과할 수 없다. 즉 손상차손을 인식한 유형자산의 회수가능액이 장부금액을 초과하는 경우에는 손상차손을 인식하지 않았을 경우의 장부금액을 한도로 당기이익(유형자산손상차손환입)으로 처리한다.

✎ 손상차손환입의 회계처리 및 F/S분석

| 차) 감가상각비 | ×× | 대) 감가상각누계액 | ×× |
| 차) 손상차손누계액 | ×× | 대) 손상차손환입(N/I) | ×× |

B/S			
유형자산	제공한 대가 FV		
(-)감가상각누계액	(-)역산		
(-)손상차손누계액	손상차손(누적) - 손상차손환입(누적)		
유형자산 BV	Min[손상되지 않았을 경우 BV, 회수가능]		

I/S	
감가상각비	(손상 후 BV - 잔존가치)/잔여내용연수
손상차손환입	Min[손상되지 않았을 경우 BV, 회수가능] - 손상 후 BV

> **Additional Comment**
>
> 유형자산의 원가모형의 경우, 손상차손환입은 과거에 손상차손을 인식하기 전 장부금액의 감가상각 또는 상각 후 잔액(즉, 손상차손을 인식하지 않았다면 계상되었을 장부금액)을 초과할 수 없다. 그 이유는 손상차손을 인식하지 않았다면 계상되었을 장부금액을 초과하여 손상차손환입을 인식하면 당해 자산에 대해서 원가모형을 적용하지 않고 마치 재평가모형과 같이 평가이익을 인식한 결과가 되기 때문이다.

✎ 유형자산의 손상차손의 전체구조

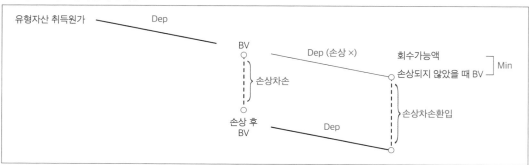

(5) 손상에 대한 보상

손상, 손실 또는 포기된 유형자산에 대해 제3자로부터 보상금을 받는 경우가 있다. 이 경우 보상금은 수취할 권리가 발생하는 시점에 당기손익으로 반영한다.

03 재평가모형의 손상

유형자산 재평가모형의 경우 실무적으로 손상이 발생하는 경우가 드물다. 그러므로 손상 여부를 먼저 판단하고 회수가능액이 하락하면 손상차손을 인식하고 회수가능액이 회복하면 손상차손환입을 인식한다.

(1) 손상 여부의 검토

재평가모형을 적용하는 유형자산의 공정가치와 순공정가치 사이의 유일한 차이는 자산의 처분에 소요되는 직접증분원가이다. 처분부대원가가 무시해도 될 정도인 경우 재평가자산의 회수가능액은 재평가금액에 가깝거나 이보다 많다. 이 경우 재평가 규정을 적용한 후라면 재평가된 자산이 손상되었을 것 같지 않으므로 회수가능액을 추정할 필요가 없다.

처분부대원가가 무시할 수 없는 정도인 경우 재평가된 자산의 순공정가치는 당연히 그 자산의 공정가치보다 적다. 따라서 자산의 사용가치가 재평가금액보다 적다면 재평가된 자산은 손상된 것이다.

> ─☆ **Self Study**
>
> 1. 처분부대원가가 미미한 경우에는 공정가치와 순공정가치의 차이가 크지 않기 때문에, 사용가치 측정금액과 상관없이 손상되었을 가능성이 적다.
>
> 2. 처분부대원가가 미미하지 않은 경우에는 재평가된 자산의 처분부대원가를 차감한 순공정가치는 항상 그 자산의 공정가치보다 작다. 이 경우에는 해당 자산의 사용가치가 재평가금액보다 작다면 재평가된 자산은 손상된 것이다.

(2) 회수가능액의 하락

재평가모형을 적용하는 유형자산의 회수가능액이 재평가모형을 적용한 재평가금액에 미달하는 경우 장부금액을 회수가능액으로 감액하고 손상차손을 인식한다. 이 경우 손상차손은 재평가감소액으로 보아 해당 자산에서 생긴 재평가잉여금에 해당하는 금액까지 기타포괄손익으로 인식하며, 초과하는 금액은 당기손익으로 인식한다.

✎ 손상차손을 인식하는 경우

1st: 과년도에 기타포괄손익으로 인식한 재평가잉여금 우선 감소
2nd: 초과액이 있다면 당기손익으로 인식

(3) 회수가능액의 회복

손상된 재평가모형을 적용하는 유형자산의 회수가능액이 회복되면 회복액 중 해당 자산의 손상차손을 과거에 당기손익으로 인식한 부분까지는 손상차손환입의 계정으로 하여 당기손익으로 처리하고, 초과하는 금액은 기타포괄손익으로 인식하고 재평가잉여금을 증액한다.

손상차손환입을 인식하는 경우

1st: 과년도에 손상차손을 당기손익으로 인식한 금액이 있다면 그 금액만큼 손상차손환입을 당기손익으로 인식

2nd: 초과액이 있다면 재평가잉여금의 증가로 인식

☆ Self Study

재평가모형을 적용하는 유형자산은 손상차손환입 시 당기손익으로 인식한 손상차손금액을 한도로 한다. 이는 사실상 재평가모형 적용 유형자산에 대해서 손상차손환입을 인식할 때 한도액을 고려하지 않는 것이다.

비상각자산의 재평가모형 적용 시 손상과 환입 구조와 회계처리

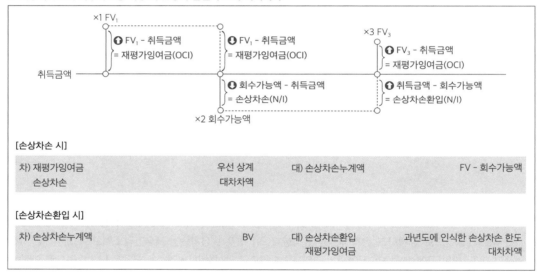

[손상차손 시]

차) 재평가잉여금	우선 상계	대) 손상차손누계액	FV - 회수가능액
손상차손	대차차액		

[손상차손환입 시]

차) 손상차손누계액	BV	대) 손상차손환입	과년도에 인식한 손상차손 한도
		재평가잉여금	대차차액

✎ 상각자산의 재평가모형 적용 시 손상과 환입 구조와 회계처리

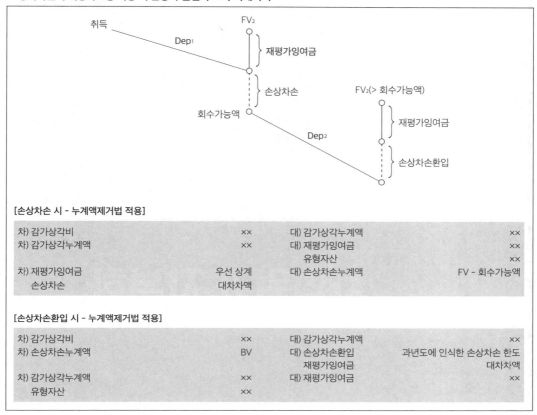

[손상차손 시 - 누계액제거법 적용]

차) 감가상각비	××	대) 감가상각누계액	××
차) 감가상각누계액	××	대) 재평가잉여금	××
		유형자산	××
차) 재평가잉여금	우선 상계	대) 손상차손누계액	FV − 회수가능액
손상차손	대차차액		

[손상차손환입 시 - 누계액제거법 적용]

차) 감가상각비	××	대) 감가상각누계액	××
차) 손상차손누계액	BV	대) 손상차손환입	과년도에 인식한 손상차손 한도
		재평가잉여금	대차차액
차) 감가상각누계액	××	대) 재평가잉여금	××
유형자산	××		

Additional Comment

손상차손을 인식하는 경우에는 자산의 재평가를 먼저 인식하고 손상차손을 나중에 인식한다. 재평가를 먼저 인식한 후의 재평가금액보다 회수가능액이 적을 경우 손상차손을 순차적으로 인식하기 때문이다. 반대로 손상차손환입을 인식하는 경우에는 손상차손환입을 먼저 인식한 후에 자산의 재평가를 나중에 인식한다.

구분	1st	2nd	3rd
손상차손인식	감가상각	재평가	회수가능액 측정(재평가잉여금과 우선 상계한 후 잔액을 손상차손으로 인식)
손상차손환입	감가상각	손상차손환입(당기손익으로 인식한 손상차손금액을 한도로 손상차손환입 인식)	공정가치 측정(손상된 금액이 모두 회복된 경우 공정가치 변동분을 재평가잉여금으로 인식)

유형자산

제5장

해커스 IFRS 정윤돈 재무회계 키 핸드북

제 **6** 장

차입원가 자본화

해커스 IFRS 정윤돈 재무회계 키 핸드북

I ｜ 차입원가의 기초

01 차입원가 및 차입원가 자본화

차입원가는 자금의 차입과 관련하여 발생하는 이자 및 기타원가를 말한다. 따라서 차입원가는 이자비용 과목의 당기비용으로 인식하는 것이 일반적이다. 그러나 의도된 용도로 사용하거나 판매 가능한 상태에 이르게 하는 데 상당한 기간을 필요로 하는 적격자산의 취득, 건설 또는 생산과 직접 관련된 차입원가는 당해 자산 원가의 일부로 인식되는데 이를 차입원가 자본화라 한다.

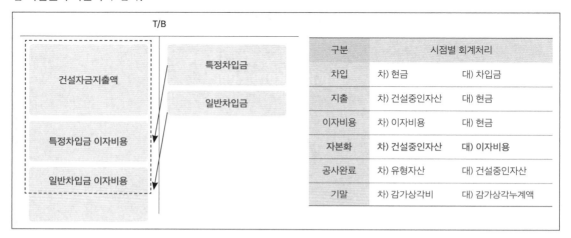

구분	시점별 회계처리	
차입	차) 현금	대) 차입금
지출	차) 건설중인자산	대) 현금
이자비용	차) 이자비용	대) 현금
자본화	차) 건설중인자산	대) 이자비용
공사완료	차) 유형자산	대) 건설중인자산
기말	차) 감가상각비	대) 감가상각누계액

☆ Self Study

1. 차입원가 자본화는 의도된 용도로 사용하거나 판매 가능한 상태에 이르게 하는 데 상당한 기간을 필요로 하는 자산인 적격자산의 취득기간 중에 발생한 차입원가 중에서 일정 금액을 자산의 원가로 인식하는 것을 말한다. 한국채택국제회계기준에서는 일정한 요건을 만족하는 적격자산의 취득, 건설 또는 제조와 직접 관련된 차입원가는 당해 자산 원가의 일부로 자본화하도록 규정하고 있다(강제사항).
2. 차입원가: 이자비용 + 기타원가(외화차입금과 관련된 외환차이 중 이자원가의 조정 부분)

02 적격자산

적격자산은 의도된 용도로 사용하거나 판매 가능한 상태에 이르게 하는 데 상당한 기간을 필요로 하는 자산을 말한다. 적격자산에는 다음과 같은 자산들이 포함된다.

① 재고자산	② 제조설비자산	③ 전력생산설비	④ 무형자산	⑤ 투자부동산	⑥ 생산용 식물

여기서 주의할 점은 금융자산이나 생물자산과 같이 최초 인식시점에 공정가치나 순공정가치로 측정되는 자산은 적격자산에 해당하지 아니한다. 또한, 단기간 내에 제조되거나 다른 방법으로 생산되는 재고자산은 적격자산에 해당하지 아니한다. 취득시점에 의도된 용도로 사용할 수 있거나 판매 가능한 상태에 있는 자산인 경우에도 적격자산에 해당하지 아니한다.

구분	내용
정의	의도된 용도로 사용 가능하거나 판매 가능한 상태에 이르게 하는 데 상당한 기간을 필요로 하는 자산을 의미한다.
적격자산 해당 ×	① 금융자산이나 생물자산 또는 단기간 내에 생산되거나 제조되는 재고자산 ② 취득시점에 의도한 용도로 사용할 수 있거나 판매 가능한 상태에 있는 자산

03 자본화대상 차입원가

구분	내용
정의	당해 적격자산과 관련된 지출이 없었더라면 부담하지 않았을 차입원가
자본화대상 차입원가 가능	① 유효이자율법에 의한 이자비용 ② 금융리스 관련 금융비용(금융리스부채 이자비용) ③ 외화차입금과 관련되는 외환차이 중 이자원가의 조정으로 볼 수 있는 부분
자본화대상 차입원가 불가	복구충당부채전입액

04 자본화기간

✎ 자본화기간의 예시

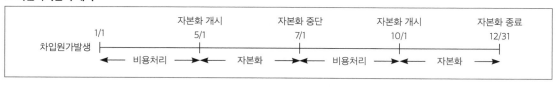

(1) 자본화 개시

차입원가는 자본화 개시일부터 적격자산 원가의 일부로 자본화한다. 자본화 개시일은 **최초로 다음 조건을 모두 충족시킨 날**이다.

> ① 적격자산에 대하여 지출하고 있다.
>
> ② 차입원가를 발생시키고 있다.
>
> ③ 적격자산을 의도된 용도로 사용하거나 판매 가능한 상태에 이르게 하는 데 필요한 활동을 수행하고 있다.

Additional Comment

기업이 건설회사와 본사 사옥을 건설하는 계약을 체결하고 20×1년 2월 1일부터 건설하기 시작하였다. 또한 기업은 동 본사 사옥 건설을 위하여 금융기관에서 20×1년 3월 1일에 차입하여 동 일자부터 차입원가를 발생시키고 있다. 이 경우, 기업이 건설계약에 따른 계약금을 20×1년 5월 1일에 최초로 지출하였다고 하면 자본화 개시일은 위의 3가지 조건이 모두 만족되는 20×1년 5월 1일이 된다.

적격자산을 의도된 용도로 사용하거나 판매 가능한 상태에 이르게 하는 데 필요한 활동은 당해 자산의 물리적인 제작뿐 아니라 그 이전단계에서 이루어진 기술 및 관리상의 활동을 포함한다.

자산의 상태에 변화를 가져오는 생산 또는 개발이 이루어지지 아니하는 상황에서 단지 당해 자산의 보유는 필요한 활동으로 보지 않는다.

구분	내용	비고
자본화 개시시점 요건	① 적격자산에 대한 지출 ② 차입원가를 발생 ③ 적격자산을 의도된 용도로 사용하거나 판매 가능한 상태에 이르게 하는 데 필요한 활동을 수행하고 있음	모두 충족해야 자본화 개시시점으로 봄
추가사항	물리적인 제작뿐만 아니라 그 이전단계에서 이루어진 기술 및 관리상의 활동도 포함	자산을 단순 보유하는 활동 제외

(2) 자본화 중단

적격자산에 대한 적극적인 개발활동을 중단한 기간에는 차입원가의 자본화를 중단한다.

그러나 상당한 기술 및 관리활동을 진행하고 있는 기간에는 차입원가의 자본화를 중단하지 않는다. 또한 자산을 의도된 용도로 사용하거나 판매 가능한 상태에 이르기 위한 과정에 있어 일시적인 지연이 필수적인 경우에는 차입원가의 자본화를 중단하지 않는다.

구분	자본화 중단 여부
적극적인 개발활동을 중단한 기간	자본화 중단 ○
① 상당한 기술 및 관리활동을 진행하고 있는 기간 ② 일시적인 지연이 필수적인 경우	자본화 중단 ×

(3) 자본화 종료

적격자산은 의도된 용도로 사용하거나 판매 가능한 상태에 이르게 하는 데 필요한 거의 모든 활동이 완료된 시점에 차입원가의 자본화를 종료한다.

구분	내용
자본화 종료시점	의도된 용도로 사용하거나 판매 가능한 상태에 이르게 하는 데 필요한 거의 모든 활동이 완료된 시점
주의사항	① 물리적 완성 + 일상적인 건설 관련 후속 관리 업무 등 진행: 자본화 종료 ② 일부 완성된 부분 사용 가능: 해당 자본화를 종료 ③ 일부 완성된 부분 사용 불가능: 전체가 완성될 때까지 자본화 지속

(4) 토지의 자본화기간

건물을 건설할 목적으로 토지를 취득하는 경우 토지의 취득이 개시되어 토지 취득이 완료되는 시점까지의 차입원가를 토지의 취득원가로 자본화한다. 토지 취득 이후에 발생한 토지와 관련한 차입원가는 건물의 취득이 완료될 때까지 건물의 취득원가로 계상한다.

✎ **토지와 건물의 자본화기간 구조**

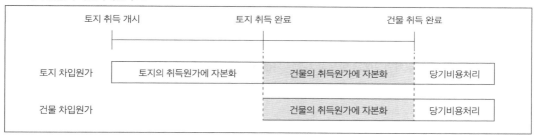

01 차입원가 자본화의 계산을 위한 이해

자본화할 차입원가의 계산을 위해서는 적격자산에 대한 지출액을 어떠한 자금으로 사용하였는지 구분하고, 사용된 자금에서 발생한 차입원가를 산정하는 방법을 이용한다. 적격자산에 사용된 자금은 당해 적격자산과 직접적으로 관련되어 있는 자금과 간접적으로 관련되어 있는 자금으로 구분되며, 적격자산에 대한 지출액은 직접적으로 관련된 자금을 먼저 사용하고 간접적으로 관련된 자금을 나중에 사용하였다고 가정한다. 적격자산에 대한 지출액에 사용된 자금들과 그 순서는 다음과 같다.

> 1st 정부보조금과 건설계약대금 수령액
> 2nd 특정차입금: 적격자산과 직접 관련된 차입금
> 3rd 일반차입금: 적격자산의 지출에 사용되었을 가능성이 있는 차입금
> 4th 자기자본

특정차입금과 일반차입금에서는 차입원가가 발생하지만 정부보조금과 건설계약대금 수령액과 자기자본에서는 차입원가가 발생하지 않는다. 그러므로 자본화할 차입원가는 적격자산에 대한 지출액 중 특정차입금과 일반차입금으로 지출한 금액을 계산하고 동 차입금에서 발생한 차입원가를 산정하는 방법으로 산정된다.

⌀ 차입원가 자본화의 구조

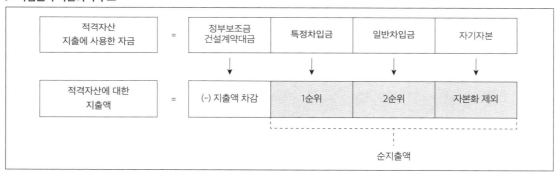

─☆ Self Study

한국채택국제회계기준은 실제 발생한 차입원가만 자본화하도록 규정하고, 자본의 실제원가 또는 내재원가는 '차입원가' 기준서의 적용범위에 해당되지 않는다고 규정하고 있다. 그 이유는 자기자본에 대한 기회비용 성격을 갖는 자본비용에 대한 신뢰성 있는 측정이 어렵기 때문이다. 즉, 자금조달방법에 따라 취득원가가 달라지는 문제가 발생할 수 있기 때문이다.

02 차입원가 자본화의 계산구조

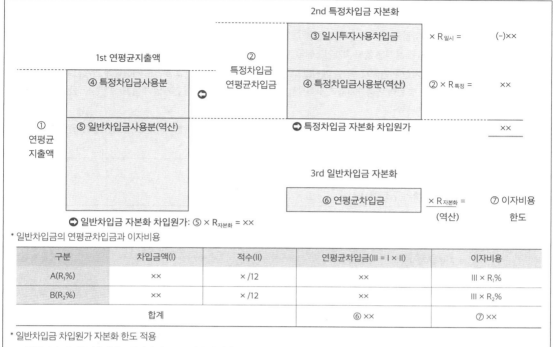

* 일반차입금의 연평균차입금과 이자비용

구분	차입금액(I)	적수(II)	연평균차입금(III = I × II)	이자비용
A(R_1%)	××	× /12	××	III × R_1%
B(R_2%)	××	× /12	××	III × R_2%
합계			⑥ ××	⑦ ××

* 일반차입금 차입원가 자본화 한도 적용
  • (적격자산 연평균지출액 ① - 특정차입금으로 사용한 연평균 지출액 ④) > 일반차입금 연평균지출액 ⑥: 한도 적용 ○
  • (적격자산 연평균지출액 ① - 특정차입금으로 사용한 연평균 지출액 ④) < 일반차입금 연평균지출액 ⑥: 한도 적용 ×

03 1단계: 적격자산의 연평균지출액

(1) 공사기간

당기 중에 공사가 완료된 경우에는 그 기간까지만 평균지출액 계산에 포함한다. 여기서 평균지출액이란 보고기간 동안의 누적지출액에 대한 평균을 의미한다.

(2) 차입원가를 부담하지 않는 지출액

정부보조금과 건설 등의 진행에 따라 수취하는 금액, 유상증자 및 기타 내부 조달자금은 적격자산의 평균지출액에서 차감한다.

(3) 자본화 중단기간

자본화 중단기간이 존재하면 평균지출액 산정 시 해당 기간은 제외한다.

(4) 두 회계기간에 걸쳐 있는 자본화 차입원가

① 둘째 회계연도의 특정차입금 자본화 차입원가는 자본화기간 동안 발생한 차입원가를 직접 계산하므로 첫 회계연도와 동일하게 계산한다.

② 둘째 회계연도의 일반차입금 자본화원가를 계산할 때 적격자산 연평균지출액에는 첫 회계연도의 지출액도 포함하여야 한다. 첫 회계연도에 지출된 금액은 둘째 회계연도에도 계속해서 차입원가를 발생시키기 때문이다.

③ 둘째 회계연도의 적격자산 연평균지출액을 계산할 때 첫 회계연도 지출액은 첫 회계연도 지출일에 관계없이 둘째 회계연도 기초에 지출한 것으로 보아 연평균지출액을 계산한다. 첫 회계연도 지출일에 관계없이 둘째 회계연도에는 기초부터 차입원가를 발생시키기 때문이다.

④ 첫 회계연도 말에 자본화한 차입원가를 둘째 회계연도 연평균지출액 계산 시 포함 여부는 기준에서 명확하게 규정하고 있지 않아 문제의 제시에 따라야 한다.

∅ 적격자산의 연평균지출액의 구조 예시

1) ×1년 연평균지출액: (100 × 6개월 - 20 × 6개월) ÷ 12개월 = 40

2) ×2년 연평균지출액: (×1년 자본화한 차입원가 20)
- 전기 자본화한 차입원가 포함: [(100 - 20 + 20) × 12개월 + 100 × 6개월] ÷ 12개월 = 150
- 전기 자본화한 차입원가 미포함: [(100 - 20) × 12개월 + 100 × 6개월] ÷ 12개월 = 130

[적격자산의 연평균지출액 산식 정리]

단계	산식	비고
1단계: 적격자산 연평균지출액	지출액 × 기간(지출일 ~ 자본화 종료일)/12 - 정부보조금 등 수령 × 기간(지출일 ~ 자본화 종료일)/12	➡ 기간: 공사가 완료된 경우 완료일까지 ➡ 당기 이전 지출액: 기초에 지출된 것으로 가정 ➡ 당기 이전 지출액에 이미 자본화된 차입원가 포함 가능

04 2단계: 특정차입금과 관련된 차입원가

(1) 특정차입금으로 사용한 연평균지출액

적격자산에 대한 연평균지출액 중 일반차입금으로 사용한 금액을 계산하기 위해서 먼저 특정차입금으로 사용한 금액을 계산한다. 적격자산에 대한 지출액이 연평균으로 계산되어지므로 특정차입금으로 사용한 금액은 자본화기간 중 특정차입금의 연평균차입액으로 계산하면 된다.

여기서 특정차입금의 연평균차입액은 자본화기간 동안의 특정차입금의 연평균차입액에서 동 기간 중 일시투자에 지출된 연평균차입액을 차감하여 산정한다.

(2) 특정차입금으로 자본화할 차입원가

특정차입금에 대한 차입원가는 자본화기간 동안 특정차입금으로부터 발생한 차입원가에서 자본화기간 동안 특정차입금으로 조달된 자금의 일시적 운용에서 생긴 일시투자수익을 차감하여 자본화한다.

⌀ **특정차입금과 관련된 차입원가 예시**

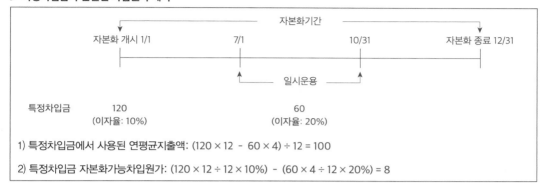

1) 특정차입금에서 사용된 연평균지출액: (120 × 12 − 60 × 4) ÷ 12 = 100
2) 특정차입금 자본화가능차입원가: (120 × 12 ÷ 12 × 10%) − (60 × 4 ÷ 12 × 20%) = 8

[특정차입금과 관련된 차입원가 정리]

단계	산식	비고
2단계: 특정차입금 차입원가의 자본화	① 특정차입금에서 사용한 연평균 지출액: 특정차입금차입액 × 자본화기간/12 − 일시투자액 × 일시투자기간/12 ② 자본화할 특정차입금의 차입원가: 특정차입금차입액 × 자본화기간/12 × 차입 R − 일시투자액 × 일시투자기간/12 × 일시투자 R	⊃ 특정차입금 자본화기간은 차입금 상환일과 자본화 종료일 중 빠른 날에 종료 ⊃ 자본화 개시시점 이전, 자본화 중단기간에 발생한 차입원가는 자본화하지 않음

─☆ **Self Study**

특정차입금 관련하여 기준서 문장에서는 '회계기간 동안 발생한 차입원가를 자본화한다'고 되어 있지만 실제 계산문제에서는 특정차입금 자본화 차입원가는 자본화기간 동안 발생한 차입원가를 기준으로 한다. 다만, 서술형 문제에서는 기준서 문장대로 보기에 나와 있다면 맞는 문장이다.

05 3단계: 일반차입금과 관련된 차입원가

일반차입금은 상이한 이자율을 갖는 다양한 차입금으로 구성되어 있어서 어느 차입금을 사용하였다고 가정하는지에 따라 자본화할 차입원가 금액이 달라진다. 이러한 문제점들을 극복하기 위하여 일반차입금과 관련된 차입원가는 일반차입금들을 평균적으로 사용하였다고 가정한다. 그러므로 일반차입금과 관련하여 자본화할 차입원가는 적격자산에 대한 지출액에 자본화이자율을 곱하는 방식으로 계산한다.

(1) 일반차입금의 자본화이자율(일반차입금의 연평균이자율)

자본화이자율은 회계기간에 존재하는 기업의 모든 차입금에서 발생한 차입원가를 가중평균하여 산정한다. 그러나 어떤 적격자산을 의도된 용도로 사용 또는 판매 가능하게 하는 데 필요한 대부분의 활동이 완료되기 전까지는, 그 적격자산을 취득하기 위해 특정 목적으로 차입한 자금에서 생기는 차입원가를 자본화이자율 산정에서 제외한다.

✐ **일반차입금의 자본화이자율**

$$\text{자본화이자율} = \frac{\text{해당 회계기간 동안 발생한 일반차입금 총차입원가}}{\text{회계기간 동안 일반차입금의 연평균차입금}}$$

Ex 일반차입금의 자본화이자율

일반차입금	차입액	적수	이자율	연평균차입금	차입원가
A	100	12月	10%	100	10
B	200	6月	20%	100	20
합계				200	30

➲ 일반차입금 자본화이자율: 30/200 = 15%

➲ 일반차입금 한도: 30(해당 회계기간에 발생한 일반차입금 차입원가)

단, 일반차입금의 경우 당해 적격자산의 자본화 개시가 회계기간 중에 시작되거나 회계기간 중 완료되는 경우 혹은 자본화 중단기간이 있는 경우라고 하더라도 아직 일반차입금이 상환되지 않았다면 자본화이자율을 회계기간 12개월 전체를 기준으로 산정해야 한다. 이는 자본화기간에 발생한 차입원가만을 자본화하는 특정차입금과 상이한 부분이다.

Additional Comment

국제회계기준위원회는 한국채택국제회계기준 기준서 제1023호 '차입원가'의 문구 중 '자본화이자율은 회계기간에 존재하는 기업의 모든 차입금에서 발생한 차입원가를 가중평균하여 산정한다'에 '모든 차입금'이라는 표현을 추가하였다. 여기서 모든 차입금은 특정차입금까지 포함하여 계산한다는 의미가 아니라 특정 적격자산에 사용된 특정차입금도 해당 적격자산이 완성된 이후 다른 적격자산에서는 일반차입금에 해당한다는 의미이다. 그러므로 회계기간 중에 자본화가 종료되었으나 아직 미상환된 특정차입금은 회계기간 종료시점까지 일반차입금으로 본다.

✐ **연평균지출액과 특정차입금, 일반차입금의 적용 기간 비교**

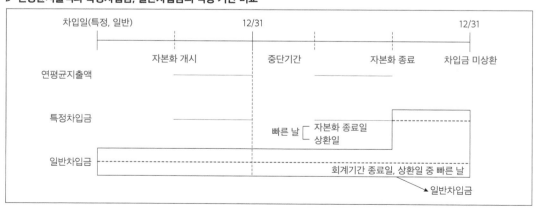

(2) 일반차입금으로 자본화할 차입원가

일반차입금은 자본화이자율을 이용하여 자본화할 차입원가를 산정하기 때문에 자본화할 차입원가가 실제 발생한 차입원가를 초과할 수도 있다. 차입원가는 실제 발생한 차입원가만 자본화하여야 하므로, 일반차입금과 관련하여 회계기간 동안 자본화할 차입원가는 자본화이자율 산정에 포함된 차입금으로부터 회계기간 동안 실제 발생한 차입원가를 초과할 수 없다. 또한 이 경우 일반차입금에서 사용되었다고 가정되는 연평균지출액이 실제 연평균 일반차입액을 초과하는 부분이 있다면 이는 자기자본에서 사용된 부분으로 본다.

연평균지출액(A)

=

| B | ➡ 특정차입금에서 사용된 연평균지출액(B) |

+

일반차입금 사용 가정
| C | ➡ 실제 연평균일반차입액(C) |
| A – B – C | ➡ 자기자본 지출액 |

또한 일반차입금의 경우 종류와 수가 많기 때문에 일시적 운용으로부터 획득한 일시운용수익도 자본화할 차입원가에서 차감하지 않는다.

자본화 차입원가 = Min[①, ②]
① (연평균지출액 – 특정차입금에서 사용된 연평균지출액) × 자본화이자율
② 해당 회계기간에 발생한 일반차입금 차입원가

☆ Self Study

1. 일반차입금에 대한 자본화이자율 및 차입원가 자본화 한도는 자본화 종료일과 상관없이 실제 회계기간 중 발생한 일반차입금 차입원가를 기준으로 산정한다.

2. 일반차입금은 일시투자수익이 있더라도 차입원가에서 차감하지 않는다.

참고 차입원가 자본화의 재무제표 효과

B/S

| 건설중인자산 | 누적(지출액 + 차입원가 자본화) | 차입금 | PV(CF) |

I/S

| 이자비용 | | | 당기 발생 이자비용 – 당기 자본화 이자비용 |

*현금흐름표상 이자비용으로 인한 현금유출액
➡ 포괄손익계산서상 이자비용 + 자본화된 차입원가 + 관련 자산부채 증감

Ⅲ | 차입원가의 기타사항

01 차입원가의 자본화 논쟁

차입원가 자본화 논쟁은 자산의 취득과 관련하여 발생한 이자비용 등 차입원가 회계처리방법에 관한 것이다. 이러한 논쟁은 다음 3가지로 분류할 수 있다.

구분	내용
자본화하지 않는 방법	타인자본에서 발생한 차입원가도 당기비용으로 처리
타인자본차입원가만 자본화	타인자본에서 발생한 차입원가만 자본화(국제회계기준)
모든 자본의 원가를 자본화	타인자본에서 발생한 차입원가와 자기자본의 기회비용을 자본화

한국채택국제회계기준에서도 자본(부채로 분류되지 않는 우선주자본금 포함)의 실제원가 또는 내재원가는 '차입원가' 기준서의 적용범위에 해당되지 아니한다고 규정하고 있다. 따라서 주주에 대한 배당금이나 자기자본에 대한 기회이익은 자본화하지 않는다.

02 외화차입금과 관련된 외환 차이 중 자본화대상 차입원가

한국채택국제회계기준은 외화차입금과 관련된 외환 차이 중 차입원가의 조정으로 볼 수 있는 부분을 명확하게 규정하고 있지 않다. 다만, 차입원가의 조정으로 볼 수 있는 부분은 유사한 원화차입금의 이자비용 범위 내 금액으로 하는 것이 타당할 것이다.

- **이자비용**: 전액 자본화함
- **환율변동이익**: 자본화하는 이자비용에서 차감
- **환율변동손실**: 유사한 원화차입금의 이자비용까지만 자본화

Ex

구분	이자비용	환율변동손익	유사한 원화차입금 이자	자본화
사례 1	(-)100	(-)20	(-)110	(100) + (10) = (-)110
사례 2	(-)100	(-)20	(-)130	(100) + (20) = (-)120
사례 3	(-)100	(-)20	(-)90	(100) + 0 = (-)100
사례 4	(-)100	20	(-)120	(100) + 20 = (-)80

03 기타사항

적격자산의 장부금액 또는 예상 최종원가는 회수가능액 또는 순실현가능가치를 초과하는 경우 다른 한국채택국제회계기준의 규정에 따라 **자산손상을 기록**한다. 또한 경우에 따라 당해 한국채택국제회계기준서의 규정에 따라 기록된 **자산손상금액을 환입**한다.

제 **7** 장

기타의 자산

I | 투자부동산

01 투자부동산의 정의와 분류

(1) 투자부동산의 정의

투자부동산은 임대수익이나 시세차익 또는 두 가지 모두를 얻기 위하여 소유자가 보유하거나 리스이용자가 사용권자산으로 보유하고 있는 부동산(토지, 건물)을 말한다.

> ☆ **Self Study**
>
> 1. 기업은 리스계약을 통해서 일정 기간 동안 부동산을 사용할 수 있는 권리를 갖기도 하는데, 이를 사용권자산으로 인식한다. 만약에 **사용권자산으로 인식한 부동산을 임대목적으로 사용한다면 이것도 투자부동산**이다.
>
> 2. 종업원이 사용하고 있는 부동산은 종업원이 **시장가격으로 임차료를 지급하고 있는지 여부와 관계없이 자가사용부동산으로 분류**한다.

(2) 투자부동산의 분류

재화나 용역의 생산 또는 제공이나 관리목적에 사용하거나, 통상적인 영업과정에서 판매하는 자산은 투자부동산에서 제외한다.

구분	계정 분류
장기시세차익을 얻기 위하여 보유하고 있는 토지	투자부동산
장래 사용목적을 결정하지 못한 채로 보유하고 있는 토지	
직접 소유하고 운용리스로 제공하는 건물 또는 보유하는 건물에 관련되고 운용리스로 제공하는 사용권자산	
운용리스로 제공하기 위하여 보유하고 있는 미사용 건물	
미래에 투자부동산으로 사용하기 위하여 건설 또는 개발 중인 부동산	
통상적인 영업과정에서 판매하거나 이를 위해 건설 또는 개발 중인 부동산	재고자산
자가사용부동산	유형자산
처분 예정인 자가사용부동산	매각예정비유동자산
금융리스로 제공한 부동산	인식 ×(= 처분)

(3) 투자부동산의 분류에 대한 추가상황

① 부동산 중 일부분은 임대수익 or 시세차익, 나머지는 자가사용목적으로 보유하는 경우

구분	내용
일부만 투자부동산으로 분리매각 가능한 경우	투자부동산과 자가사용부동산을 각각 분리하여 인식
일부만 투자부동산으로 분리매각 불가한 경우	재화생산, 용역제공 또는 관리활동에 사용하는 부분이 경미한 경우에만 투자부동산으로 분류

② 부수적인 용역을 제공하는 경우

구분	내용
제공하는 부수용역이 경미한 경우	투자부동산으로 분류
제공하는 부수용역이 유의적인 경우	자가사용부동산으로 분류

02 투자부동산의 최초 인식과 최초측정 및 후속원가

유형자산과 동일하다.

03 투자부동산의 후속측정

한국채택국제회계기준에서는 투자부동산을 최초로 인식한 후 당해 자산에 대해서 공정가치모형과 원가모형 중 하나를 선택하여 모든 투자부동산에 적용하도록 규정하고 있다.

원가모형과 공정가치모형 간의 선택은 회계정책의 변경에 해당하며, 기준서 제1008호 '회계정책, 회계추정치 변경과 오류'에 따르면 회계정책의 변경으로 재무상태, 재무성과 또는 현금흐름에 미치는 영향에 대해 신뢰성이 있으며 더 목적적합한 정보를 제공하는 경우에만 자발적인 회계정책의 변경을 허용한다.

[투자부동산 후속측정 시 원가모형과의 공정가치모형 비교]

구분	원가모형	공정가치모형
감가상각	○	×
기말평가	× (FV 주석 공시)	○ (평가손익 N/I반영)
손상차손	인식함	인식하지 않음

(1) 공정가치모형

① 공정가치의 신뢰성 있는 측정이 가능한 경우

✎ **투자부동산에 대해 공정가치모형 적용 시 후속측정 구조**

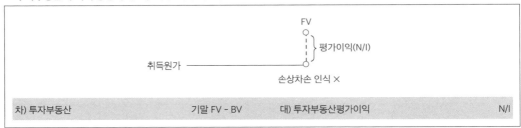

차) 투자부동산	기말 FV - BV	대) 투자부동산평가이익	N/I

② 공정가치의 신뢰성 있는 측정이 어려운 경우

기업은 투자부동산의 공정가치를 계속 신뢰성 있게 측정할 수 있다고 추정한다. 그러나 예외적인 경우 처음으로 취득한 투자부동산의 공정가치를 계속 신뢰성 있게 측정하기가 어려울 것이라는 명백한 증거가 있을 수 있다. 이 경우에는 예외적으로 원가로 측정한다.

건설 중인 투자부동산의 공정가치가 신뢰성 있게 측정될 수 있다는 가정은 오직 최초 인식시점에만 반박될 수 있다. 따라서 건설 중인 투자부동산을 공정가치로 측정한 기업은 완성된 투자부동산의 공정가치를 신뢰성 있게 측정할 수 없다고 결론지을 수 없다.

공정가치모형을 선택하였는데, 예외적으로 공정가치의 신뢰성 있는 측정이 어려워 하나의 투자부동산에 원가모형을 적용하더라도 그 밖의 모든 투자부동산은 공정가치모형을 적용한다.

투자부동산을 공정가치로 측정해온 경우라면 비교할만한 시장의 거래가 줄어들거나 시장가격 정보를 쉽게 얻을 수 없게 되더라도, 당해 부동산을 처분하거나 자가사용부동산으로 대체하거나, 통상적인 영업과정에서 판매하기 위하여 개발을 시작하기 전까지는 계속하여 공정가치로 측정한다.

(2) 원가모형

✎ **투자부동산에 대해 원가모형 적용 시 후속측정 구조**

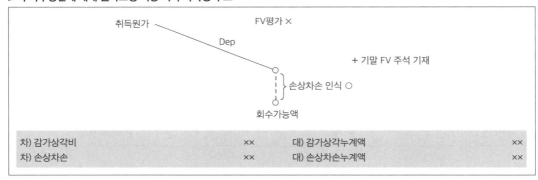

차) 감가상각비	××	대) 감가상각누계액	××
차) 손상차손	××	대) 손상차손누계액	××

☆ Self Study

공정가치를 신뢰성 있게 측정할 수 없는 경우에 한해 투자부동산의 잔존가치를 '0'으로 가정하고 원가모형을 적용하는 것이다. 일반적인 원가모형의 경우에는 잔존가치를 '0'으로 가정하지 않는다.

(3) 재평가모형과 공정가치모형의 비교

유형자산에 대하여 재평가모형을 최초 적용할 경우에는 기준서 제1008호에 따른 소급법을 적용하지 않고 예외적으로 전진법을 적용한다. 이에 반해 투자부동산에 대해서 공정가치모형을 최초 적용할 경우에는 기준서 제1008호에 따라 소급법을 적용하여 비교 표시되는 과거기간의 재무제표를 재작성해야 한다.

유형자산에 대한 재평가모형과 투자부동산에 대한 공정가치모형의 차이를 비교하면 다음과 같다.

[유형자산에 대한 재평가모형과 투자부동산에 대한 공정가치모형의 비교]

구분	유형자산 재평가모형	투자부동산 공정가치모형
측정대상	당해 자산이 포함되는 유형자산의 분류 전체에 대해 적용	일부 예외를 제외하고, 모든 투자부동산에 대해 적용
평가 주기	공정가치 변동의 정도를 고려하여 재평가	매 보고기간 말에 공정가치 평가
공정가치 변동액의 회계처리	① 평가증: 기타포괄손익 ② 평가감: 당기손익	당기손익
감가상각 여부	재평가된 금액에 기초하여 다음 연도 감가상각비 인식	감가상각비 인식하지 않음
손상차손 여부	처분부대원가가 미미하지 않은 경우 손상차손 인식	손상차손 인식하지 않음

04 투자부동산의 제거

유형자산의 제거와 동일하다.

05 투자부동산의 계정대체

(1) 투자부동산의 용도 변경에 따른 계정대체

구분	분류 변경
투자부동산의 자가사용 개시 or 자가사용을 목적으로 개발 시작	투자부동산 ➡ 유형자산
통상적인 영업과정에서 판매하기 위한 개발 시작	투자부동산 ➡ 재고자산
자가사용의 종료	유형자산 ➡ 투자부동산
판매목적자산을 제3자에 대한 운용리스 제공의 약정	재고자산 ➡ 투자부동산

☆ Self Study

1. 투자부동산을 개발하지 않고 처분하려는 경우에는 제거될 때까지 투자부동산으로 분류하고, 재고자산으로 대체하지 않는다.

2. 투자부동산을 재개발하여 미래에도 투자부동산으로 사용하고자 하는 경우에도 재개발 기간 동안 계속 투자부동산으로 분류하며 자가사용부동산으로 대체하지 않는다.

(2) 투자부동산의 계정대체 회계처리

[계정대체의 분류기준 및 기준별 효과]

구분	유형	회계처리
투자부동산 원가모형 적용	투자부동산 ↔ 유형 · 재고자산	장부금액 승계, N/I영향 없음
투자부동산 공정가치모형 적용	투자부동산 ↔ 재고자산	공정가치 승계, N/I반영
	투자부동산 → 유형자산	공정가치 승계, N/I반영
	유형자산 → 투자부동산	재평가 후 대체 1) 평가이익(재평가잉여금 OCI) 2) 평가손실(재평가손실 N/I)

① 투자부동산을 원가모형으로 평가하는 경우

투자부동산을 원가모형으로 평가하는 경우 투자부동산, 자가사용부동산, 재고자산 간에 계정대체 시 재분류 전 자산의 장부금액을 승계하며, 재분류시점의 당기손익에 영향을 미치지 않는다.

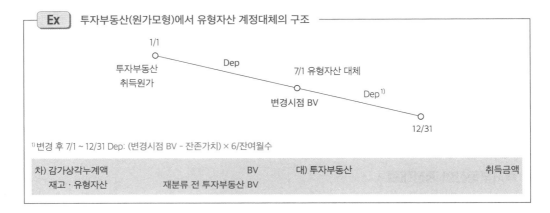

② 투자부동산을 공정가치모형으로 평가하는 경우

• **투자부동산(공정가치모형) ↔ 재고자산**

- **투자부동산(공정가치모형) → 재고자산**

사용목적 변경시점의 투자부동산의 공정가치를 재고자산의 최초 인식 원가로 간주하여 사용목적 변경시점에 투자부동산에 대한 평가손익을 당기손익으로 인식하는 회계처리를 함께 해야 한다.

차) 재고자산	투자부동산 FV	대) 투자부동산	BV
		투자부동산평가이익(N/I)	FV - BV

- **재고자산 → 투자부동산(공정가치모형)**

재고자산을 공정가치로 평가하는 투자부동산으로 대체하는 경우, 재고자산의 장부금액과 대체시점의 공정가치의 차액은 당기손익으로 인식한다. 따라서 재고자산을 공정가치로 평가하는 투자부동산으로 대체하는 회계처리는 재고자산을 매각하는 경우의 회계처리와 일관성이 있다.

차) 투자부동산	재고자산 FV	대) 재고자산	BV
		재고자산처분이익(N/I)	FV - BV

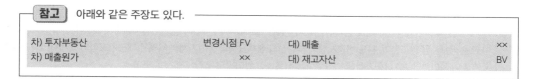

참고 아래와 같은 주장도 있다.

차) 투자부동산	변경시점 FV	대) 매출	××
차) 매출원가	××	대) 재고자산	BV

• **투자부동산(공정가치모형) → 유형자산**

- **투자부동산(공정가치모형) → 유형자산(원가모형)**

사용목적 변경시점의 투자부동산의 공정가치를 유형자산의 최초 인식 원가로 간주하여 사용목적 변경시점에 투자부동산에 대한 평가손익을 당기손익으로 인식하는 회계처리를 함께 해야 한다.

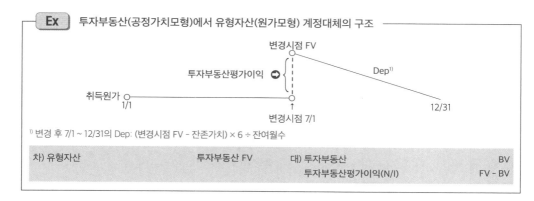

Ex 투자부동산(공정가치모형)에서 유형자산(원가모형) 계정대체의 구조

1) 변경 후 7/1 ~ 12/31의 Dep: (변경시점 FV − 잔존가치) × 6 ÷ 잔여월수

차) 유형자산	투자부동산 FV	대) 투자부동산	BV
		투자부동산평가이익(N/I)	FV − BV

- **투자부동산(공정가치모형) → 유형자산(재평가모형)**

사용목적 변경시점의 투자부동산의 공정가치를 유형자산의 최초 인식 원가로 간주하여 사용목적 변경시점에 투자부동산에 대한 평가손익을 당기손익으로 인식하는 회계처리를 함께 해야 한다. 계정대체시점 이후 유형자산은 기말시점에 공정가치를 측정하여 재평가손익을 인식한다.

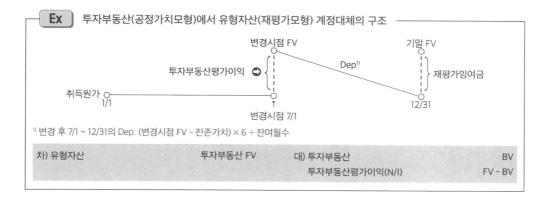

Ex 투자부동산(공정가치모형)에서 유형자산(재평가모형) 계정대체의 구조

1) 변경 후 7/1 ~ 12/31의 Dep: (변경시점 FV − 잔존가치) × 6 ÷ 잔여월수

차) 유형자산	투자부동산 FV	대) 투자부동산	BV
		투자부동산평가이익(N/I)	FV − BV

- 유형자산 → 투자부동산(공정가치모형)

자가사용부동산을 공정가치로 평가하는 투자부동산으로 대체하는 경우, 용도 변경시점까지 그 부동산을 감가상각하고, 발생한 손상차손을 인식한다. 용도 변경시점에 부동산의 장부금액과 공정가치의 차액은 재평가모형의 회계처리와 동일한 방법으로 회계처리한다. (◑ 유형자산에 원가모형을 적용하여 왔더라도 동일하게 적용한다)

> ─☆ **Self Study**─
>
> 후속적으로 투자부동산을 처분할 때에 **자본에 포함된 재평가잉여금은 이익잉여금으로 대체**할 수 있다.

- 유형자산(원가모형) → 투자부동산(공정가치모형)

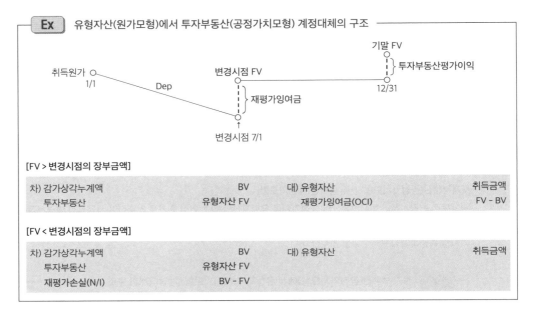

Ex 유형자산(원가모형)에서 투자부동산(공정가치모형) 계정대체의 구조

[FV > 변경시점의 장부금액]

차) 감가상각누계액	BV	대) 유형자산	취득금액
투자부동산	유형자산 FV	재평가잉여금(OCI)	FV − BV

[FV < 변경시점의 장부금액]

차) 감가상각누계액	BV	대) 유형자산	취득금액
투자부동산	유형자산 FV		
재평가손실(N/I)	BV − FV		

- 유형자산(재평가모형) → 투자부동산(공정가치모형)

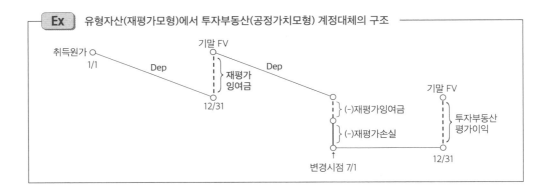

Ex 유형자산(재평가모형)에서 투자부동산(공정가치모형) 계정대체의 구조

01 무형자산의 정의, 식별 및 최초 인식

(1) 무형자산의 정의

무형자산은 물리적 실체는 없지만 식별할 수 있는 비화폐성 자산을 말한다. 무형자산의 정의를 충족하지 않는다면 그것을 취득하거나 내부적으로 창출하기 위하여 발생한 지출은 발생시점에 비용으로 인식한다. 무형자산의 정의를 충족시키기 위해서는 다음의 요건을 모두 충족시켜야 한다.

① 식별가능성	② 통제	③ 미래경제적효익

> **Additional Comment**
>
> 무형자산은 물리적 실체가 존재하지 않으므로 물리적 실체가 존재하는 자산과 동일한 기준을 적용하여 자산을 인식하는 것은 곤란하다. 따라서 기준서에서는 무형자산을 인식하기 위해 인식요건을 판단하기 전에 무형자산으로 정의할 수 있는 세 가지 조건을 충족하는지 판단하도록 요구하고 있다.
>
> | ① 원칙: | 차) 비용 | ×× | 대) 현금 | 물리적 실체가 없는 것에 대한 지출 |
> |---|---|---|---|---|
> | ② 예외: | 무형자산 | ×× | | |
>
> ● 정의 충족 + 엄격한 자산 인식요건 충족 시

① 식별가능성

식별가능성	① 자산의 분리가능성: 기업의 의도와는 무관하게 기업에서 분리하거나 분할할 수 있고, 개별적으로 또는 관련된 계약, 식별가능한 자산이나 부채와 함께 매각, 이전, 라이선스, 임대, 교환할 수 있다.
	or
	② 자산이 계약상 권리 또는 기타 법적 권리로부터 발생: 이 경우 그러한 권리가 이전가능한지 여부 또는 기업이나 기타 권리와 의무에서 분리가능한지 여부는 고려하지 아니한다.

② 통제

기초가 되는 자원에서 유입되는 미래경제적효익을 확보할 수 있고 그 효익에 대한 제3자의 접근을 제한할 수 있다면 기업이 자산을 통제하고 있는 것이다. 무형자산의 미래경제적효익에 대한 통제능력은 일반적으로 법원에서 강제할 수 있는 법적 권리에서 나오지만 다른 방법으로도 미래경제적효익을 통제할 수 있기 때문에 권리의 법적 집행가능성이 통제의 필요조건은 아니다.

> **☆ Self Study**
>
> 고객관계를 보호할 법적 권리가 없는 경우에 동일하거나 유사한 비계약적 고객관계를 교환하는 거래(사업결합 과정에서 발생한 것이 아닌)가 발생한 경우 이는 고객관계로부터 기대되는 미래경제적효익을 통제할 수 있다는 증거를 제공하므로 이러한 고객관계는 무형자산의 정의를 충족한다. 예를 들어, A사가 B사로부터 B사의 고객목록을 대가를 지급하고 취득하였으며, B사는 이후 그 고객에 대한 접근을 할 수 없다면 A사의 관점에서 볼 때 그 고객목록은 분리 가능하며, 고객에 대한 B사의 접근이 제한되므로 이는 A사가 미래경제적효익을 통제할 수 있다는 증거가 된다.

③ 미래경제적효익

무형자산의 미래경제적효익은 제품의 매출, 용역수익, 원가절감 또는 자산의 사용에 따른 기타 효익의 형태로 발생할 수 있다.

[무형자산의 정의 정리]

구분	내용
식별가능성 (분리가능성 or 계약상 권리 또는 기타 법적 권리)	계약상·법적 권리가 이전가능한지 여부 또는 기업이 기타 권리와 의무에서 분리 가능한지 여부는 동시에 고려하지 않는다.
통제(제3자의 접근을 제한)	통제의 일반적인 능력은 법적 권리에서 나오나, 권리의 법적 집행가능성이 통제의 필요조건은 아니다.
미래경제적효익의 존재	미래경제적효익은 제품의 매출, 용역수익, 원가절감 또는 자산의 사용에 따른 기타 효익의 형태로 발생할 수 있다.

☆ **Self Study**

무형자산으로 정의될 수 있는 3가지 조건을 충족한다고 해서 무조건 무형자산으로 인식할 수 있는 것은 아니다.

(2) 무형자산의 식별

구분	개별 식별
1) 유형자산 + 무형자산	무형자산 필수 ×: 유형자산과 무형자산 분류
	무형자산 필수 ○: 전체를 유형자산으로 분류
2) 연구개발활동으로 만들어진 물리적 형체(시제품)의 자산	무형자산으로 분류

(3) 무형자산의 인식

① 인식기준

어떤 항목을 무형자산으로 인식하기 위해서는 무형자산의 정의를 충족하면서 다음의 인식기준을 모두 충족해야 한다.

1st 무형자산의 정의 충족	2nd 무형자산의 인식요건
① 식별가능성 ② 통제 ③ 미래경제적효익의 존재	① 자산에서 발생하는 미래경제적효익이 기업에 유입될 가능성이 높음 ② 자산의 원가를 신뢰성 있게 측정할 수 있음

② 최초측정

무형자산의 최초 인식금액은 유형자산의 경우와 동일하다.

• **내부적으로 창출한 영업권**

영업권은 사업결합과정에서 취득·인수하는 피취득자의 순자산 공정가치를 초과하여 대가를 지급할 경우에만 인식한다. 그러므로 내부적으로 창출한 영업권은 무형자산으로 인식하지 않는다. 그 이유는 내부적으로 창출한 영업권은 취득원가를 신뢰성 있게 측정할 수 없고, 기업이 통제하고 있는 식별가능한 자원이 아니기 때문이다.

- 내부적으로 창출한 브랜드 등

구분	최초 인식	취득 or 완성 후의 지출
내부적으로 창출한 브랜드, 고객 목록 등	당기비용으로 인식	당기비용으로 인식
외부에서 구입한 브랜드, 고객 목록 등	무형자산으로 인식	

- 정부보조에 의한 취득

정부보조로 무형자산을 무상이나 낮은 대가로 취득할 수 있다. 이 경우, 정부보조로 무형자산을 취득하는 경우 무형자산과 정부보조금 모두를 최초에 공정가치로 인식할 수 있다. 최초에 자산을 공정가치로 인식하지 않기로 선택하는 경우에는, 자산을 명목상 금액과 의도한 용도로 사용할 수 있도록 준비하는 데 직접 관련되는 지출을 합한 금액으로 인식한다.

02 무형자산의 후속측정

(1) 무형자산 후속측정의 의의

무형자산은 유형자산과 동일하게 회계정책으로 원가모형이나 재평가모형을 선택할 수 있다. 재평가모형을 적용하는 경우에는 같은 분류의 기타 모든 자산과 그에 대한 활성시장이 없는 경우를 제외하고는 동일한 방법을 적용하여 회계처리한다.

> **Additional Comment**
>
> 무형자산에 재평가모형을 적용하기 위해서는 동 무형자산에 대한 활성시장이 존재하는 경우에만 가능하다. 우리나라에서는 무형자산의 활성시장이 존재하는 경우가 거의 없으므로 무형자산에 대해서 재평가모형을 적용하는 경우는 찾기 어려울 것으로 보인다.

(2) 원가모형

① 내용연수의 구분

무형자산도 유형자산처럼 내용연수 동안 상각을 한다. 그러나 일부 무형자산은 내용연수가 얼마나 되는지 추정하기 어렵다. 그러므로 무형자산을 상각하기 위해서는 우선 무형자산의 내용연수가 유한한지 또는 비한정인지 평가할 필요가 있다. 관련된 모든 요소의 분석에 근거하여, 그 자산이 순현금유입을 창출할 것으로 기대되는 기간에 대하여 예측 가능한 제한이 없다면, 무형자산의 내용연수가 비한정인 것으로 본다.

> **Additional Comment**
>
> 무형자산의 내용연수가 유한한 경우에는 내용연수 동안 상각을 하지만, 무형자산의 내용연수가 비한정인 경우에는 상각을 하지 않는다. 이때 '비한정'이라는 용어는 '무한'을 의미하지는 않는다. 그 이유는 무형자산의 내용연수를 추정하는 시점에서 여러 가지 요인을 종합적으로 고려하여 볼 때 미래경제적효익의 지속연수를 결정하지 못할 뿐이지 미래경제적효익이 무한히 지속될 것으로 보는 것은 아니기 때문이다.

② 내용연수가 유한한 무형자산의 상각

• 내용연수

무형자산의 내용연수가 유한하다면 자산의 내용연수기간이나 내용연수를 구성하는 생산량 및 이와 유사한 단위를 평가하여 내용연수를 결정한다.

계약상 또는 기타 법적 권리가 갱신 가능한 한정된 기간 동안 부여된다면, 유의적인 원가 없이 기업에 의해 갱신될 것이 명백한 경우에만 그 갱신기간을 무형자산의 내용연수에 포함한다.

이러한 무형자산의 내용연수는 경제적 요인과 법적 요인의 영향을 받는다. 경제적 요인은 자산의 미래경제적효익이 획득되는 기간을 결정하고, 법적 요인은 기업이 그 효익에 대한 접근을 통제할 수 있는 기간을 제한한다. 이때 내용연수는 경제적 내용연수와 법적 내용연수 중에서 짧은 기간으로 한다.

• 잔존가치

내용연수가 유한한 무형자산의 잔존가치는 다음 중 하나에 해당하는 경우를 제외하고는 '0'으로 한다.

> ① 내용연수 종료시점에 제3자가 자산을 구입하기로 한 약정이 있다.
> ② 무형자산의 활성거래 시장이 존재하고 그 활성거래 시장에 기초하여 잔존가치를 결정할 수 있으며, 그러한 활성거래 시장이 내용연수 종료시점에 존재할 가능성이 높다.

무형자산의 잔존가치는 해당 자산의 장부금액과 같거나 큰 금액으로 증가할 수도 있다. 이 경우에는 자산의 잔존가치 이후에 장부금액보다 작은 금액으로 감소될 때까지는 무형자산의 상각액은 '0'이 된다.

• 상각방법

내용연수가 유한한 무형자산의 상각대상금액은 내용연수 동안 체계적인 방법으로 배분하여야 한다. 무형자산의 상각방법은 자산의 경제적 효익이 소비될 것으로 예상되는 형태를 반영한 방법이어야 하며, 이러한 상각방법에는 정액법, 체감잔액법과 생산량비례법이 있다(➡ 모든 방법 선택 가능).

상각방법은 자산이 갖는 예상되는 미래경제적효익의 소비 형태에 기초하여 선택하고, 예상되는 미래경제적효익의 소비 형태가 달라지지 않는다면 매 회계기간에 일관성 있게 적용한다. 다만, 그 형태를 신뢰성 있게 결정할 수 없는 경우에는 정액법을 사용한다.

무형자산 사용을 포함하는 활동에서 창출되는 수익에 기초한 상각방법은 반증할 수 없는 한 적절하지 않다고 간주한다. 그러나 다음 중 어느 하나에 해당하는 경우에는 수익에 기초한 상각방법을 제한적으로 허용한다.

> ① 무형자산이 수익의 측정치로 표시되는 경우
> ② 수익과 무형자산의 경제적 효익 소비 간에 밀접하게 상관관계가 있음을 제시할 수 있는 경우

Additional Comment

어떠한 경우에는 창출된 수익이 상각의 적절한 기준이 될 수 있다. 예를 들어, 기업이 금광에서 금을 탐사하고 채굴할 수 있는 권리를 취득할 경우 그 계약의 만료가 특정기간이나 채굴된 금의 양에 기초하지 않고, 채굴에서 발생하는 총누적수익에 기초할 수 있다. 이와 같은 경우 창출된 고정 총수익금액이 그 계약에 명시된다면 창출된 수익이 무형자산 상각의 적절한 기준이 될 수도 있다.

상각액은 다른 자산이 장부금액에 포함하도록 허용하거나 요구하는 경우를 제외하고는 당기손익으로 인식한다. 즉, 제조과정에서 사용된 무형자산의 상각과 같이 다른 자산의 생산에 소모되는 경우에는 재고자산 등 다른 자산의 장부금액에 포함시킨다.

- **상각의 개시와 중지**

    내용연수가 유한한 무형자산의 상각은 당해 무형자산이 사용가능한 때부터(즉, 자산을 경영자가 의도하는 방식으로 운영할 수 있는 위치와 상태에 이르렀을 때부터) 시작한다.

    무형자산의 상각은 매각예정비유동자산으로 분류되는 날과 자산이 재무상태표에서 제거되는 날 중 이른 날에 중지한다. 또한 무형자산은 그 자산을 사용하지 않을 때에도 상각을 중지하지 않는다. 다만, 완전히 상각한 경우에는 상각을 중지한다.

- **상각기간과 상각방법, 잔존가치의 검토**

    무형자산의 상각기간과 상각방법 그리고 잔존가치는 적어도 매 회계연도 말에 검토한다. 검토 결과 상각기간, 상각방법 및 잔존가치를 변경하는 경우에는 회계추정치의 변경으로 보고 전진적으로 회계처리한다. 즉, 변경연도부터 변경된 추정치를 이용하여 무형자산 상각비를 계산한다.

③ **내용연수가 비한정인 무형자산**

내용연수가 비한정인 무형자산은 상각을 하지 않는다. 대신 매년 또는 무형자산의 손상을 시사하는 징후가 있을 때 회수가능액과 장부금액을 비교하여 손상검사를 수행하여야 한다.

기업은 매 회계기간에 내용연수가 비한정이라는 평가가 정당한지 검토하여야 한다. 사건과 상황이 그러한 평가를 정당화하지 않는 경우에는 비한정 내용연수를 유한 내용연수로 변경해야 하며, 이 경우 회계추정치의 변경으로 회계처리한다. 이와 같이 비한정 내용연수를 유한 내용연수로 재추정하는 것은 그 자산의 손상을 시사하는 하나의 징후가 된다. 따라서 손상검사를 하고 장부금액이 회수가능액을 초과하면 손상차손을 인식한다.

─☆ Self Study

다음의 경우에는 자산손상을 시사하는 징후가 있는지에 관계없이 회수가능금액을 추정하고 손상검사를 한다. (● 매년 그리고 손상을 시사하는 징후가 있을 때 손상검사를 한다)

① 내용연수가 비한정인 무형자산
② 아직 사용할 수 없는 무형자산(Ex. 사용 가능한 상태가 안 된 개발비)
③ 사업결합으로 취득한 영업권
④ 매각예정비유동자산

[무형자산의 상각 정리]

구분		내용
내용 연수	유한	상각 ○, 내용연수: Min[법적 내용연수, 경제적 내용연수], 손상징후가 있는 경우 손상검사를 수행
	비한정(≠ 무한)	상각 ×, 매년 그리고 손상징후가 있을 때 손상검사를 수행
상각방법		경제적효익이 소비되는 형태를 신뢰성 있게 결정할 수 없는 경우에는 정액법 사용 (요건 충족 시, 예외적으로 수익에 기초한 상각방법 적용 가능)
잔존가치		예외사항을 제외하고는 '0'으로 한다.
후속측정		원가모형, 재평가모형 중 선택 가능(같은 분류 내의 무형자산 항목들 동시에 재평가)

(3) 재평가모형

최초 인식 후에 재평가모형을 적용하는 무형자산은 재평가일의 공정가치에서 이후의 상각누계액과 손상차손누계액을 차감한 재평가금액을 장부금액으로 한다. 재평가 목적상 공정가치는 활성시장을 기초로 하여 측정한다. 재평가모형을 적용하는 경우 다음 사항은 허용하지 않는다. 그 이외의 회계처리는 유형자산의 재평가와 동일하다.

① 이전에 자산으로 인식하지 않은 무형자산의 재평가
② 원가가 아닌 금액으로 무형자산을 최초로 인식

(4) 손상

무형자산은 매 보고기간 말마다 자산손상 징후가 있는지를 검토하고 그러한 징후가 있다면 해당 자산의 회수가능액을 추정한다. 그러나 다음의 경우에는 **자산손상 징후가 있는지에 관계없이 회수가능액과 장부금액을 비교하여 손상검사를 한다.**

① 내용연수가 비한정인 무형자산이나 아직 사용할 수 없는 무형자산은 일 년에 한 번 손상검사를 한다.
② 사업결합으로 취득한 영업권은 일 년에 한 번 손상검사를 한다.

> ☆ **Self Study**
>
> 1. 손상검사를 매년 같은 시기에 수행한다면 연차 회계기간 중 어느 때에라도 할 수 있다. 서로 다른 무형자산은 각기 다른 시점에 손상검사를 할 수 있다. 다만, 해당 회계연도 중에 이러한 무형자산을 처음 인식한 경우에는 해당 회계연도 말 전에 손상검사를 한다.
> 2. 무형자산의 손상은 유형자산의 손상과 동일하다.

(5) 제거

무형자산은 다음의 각 경우에 재무상태표에서 제거하고, 제거로 인하여 발생하는 손익은 당해 자산을 제거할 때 당기손익으로 인식한다.

① 처분하는 때
② 사용이나 처분으로부터 미래경제적효익이 기대되지 않을 때

> ☆ **Self Study**
>
> 무형자산의 제거는 유형자산의 제거와 동일하다.

03 내부적으로 창출한 무형자산

내부적으로 창출한 무형자산의 경우에는 다음과 같은 이유로 자산의 인식기준에 부합하는지 평가하기 쉽지가 않다.

> ① 기대 미래경제적효익을 창출할 식별가능한 자산의 존재 유무와 시점 파악이 어렵다.
>
> ② 자산의 취득원가를 신뢰성 있게 결정하는 것이 어렵다.

그러므로 한국채택국제회계기준 기준서 제1038호는 내부적으로 창출한 무형자산은 무형자산의 인식과 최초측정에 대한 일반 규정과 함께 추가적인 지침을 고려하여 내부적으로 창출한 무형자산을 회계처리하도록 규정하고 있다.

(1) 연구단계와 개발단계의 구분

내부적으로 창출한 무형자산이 인식기준을 충족하는지를 평가하기 위하여 무형자산의 창출과정을 연구단계와 개발단계로 구분해야 한다.

연구활동과 개발활동의 예는 다음과 같다.

✎ 연구활동의 예

> ① 새로운 지식을 얻고자 하는 활동
>
> ② 연구결과나 기타 지식을 탐색, 평가, 최종 선택, 응용하는 활동
>
> ③ 재료, 장치, 제품, 공정, 시스템, 용역 등에 대한 여러 가지 대체안을 탐색하는 활동
>
> ④ 새롭거나 개선된 재료, 장치, 제품, 공정, 시스템이나 용역에 대한 여러 가지 대체안을 제안, 설계, 평가, 최종 선택하는 활동

✎ 개발활동의 예

> ① 생산이나 사용 전의 시제품과 모형을 설계, 제작, 시험하는 활동
>
> ② 새로운 기술과 관련된 공구, 금형, 주형 등을 설계하는 활동
>
> ③ 상업적 생산 목적으로 실현가능한 경제적 규모가 아닌 시험공장을 설계, 건설, 가동하는 활동
>
> ④ 신규 또는 개선된 재료, 장치, 제품, 공정, 시스템이나 용역에 대하여 최종적으로 선정된 안을 설계, 제작, 시험하는 활동

☆ Self Study

무형자산을 창출하기 위한 내부 프로젝트를 연구단계와 개발단계로 구분할 수 없는 경우에 그 프로젝트에서 발생한 지출은 모두 연구단계에서 발생한 것으로 본다.

(2) 내부적으로 창출한 무형자산의 회계처리

내부 프로젝트의 연구단계에서는 미래경제적효익을 창출할 무형자산이 존재한다는 것을 제시할 수 없다. 따라서 내부 프로젝트의 연구단계에서 발생한 지출은 발생시점에 비용으로 인식한다.

개발단계는 연구단계보다 훨씬 더 진전되어 있는 상태이기 때문에 어떤 경우에는 내부 프로젝트의 개발단계에서 무형자산을 식별할 수 있으며, 그 무형자산이 미래경제적효익을 창출할 것임을 제시할 수 있다. 그러므로 다음 사항을 모두 제시할 수 있는 경우에만 무형자산(개발비)을 인식하고 그 이외의 경우에는 발생한 기간의 비용(경상개발비)으로 인식한다.

① 무형자산을 사용하거나 판매하기 위해 그 자산을 완성할 수 있는 기술적 실현가능성

② 무형자산을 완성하여 사용하거나 판매하려는 기업의 의도

③ 무형자산을 사용하거나 판매할 수 있는 기업의 능력

④ 무형자산이 미래경제적효익을 창출하는 방법, 그 중에서도 특히 무형자산의 산출물이나 무형자산 자체를 거래하는 시장이 존재함을 제시할 수 있거나 또는 무형자산을 내부적으로 사용할 것이라면 그 유용성을 제시할 수 있다.

⑤ 무형자산의 개발을 완료하고 그것을 판매하거나 사용하는 데 필요한 기술적, 재정적 자원 등의 입수가능성

⑥ 개발과정에서 발생한 무형자산 관련 지출을 신뢰성 있게 측정할 수 있는 기업의 능력

🖉 내부적으로 창출한 무형자산의 구조

─☆ **Self Study**

개발단계에서 발생한 지출이 위의 인식기준을 충족하면 개발비의 과목으로 무형자산으로 인식하고 위의 인식기준을 충족하지 못하면 경상개발비의 과목으로 당기비용으로 인식한다.

(3) 내부적으로 창출한 무형자산의 원가

이미 무형자산의 인식기준을 충족하지 못하여 비용으로 인식한 지출은 그 이후에 무형자산의 원가로 인식할 수 없다.

연구와 개발활동의 목적은 지식의 개발에 있다. 그러므로 이러한 활동의 결과 시제품과 같은 물리적 형체가 있는 자산이 만들어지더라도, 그 자산의 물리적 요소는 무형자산 요소에 부수적인 것으로 본다(◑ 무형자산으로 본다). 더하여 개발활동의 결과 산업재산권을 취득한 경우에는 산업재산권의 취득을 위하여 직접 지출된 금액만을 산업재산권의 원가로 인식한다. 따라서 개발비 미상각잔액은 산업재산권으로 대체할 수 없다.

─☆ Self Study

내부적으로 창출된 무형자산의 취득원가는 무형자산의 인식기준이 모두 충족된 이후에 발생한 지출만을 포함한다. 따라서 과거 보고기간의 재무제표나 중간재무제표에서 비용으로 인식한 지출은 그 이후의 기간에 무형자산 취득원가의 일부로 인식할 수 없다.

Ⅲ | 탐사평가자산과 박토원가 및 웹사이트원가

01 탐사평가자산

구분	내용
최초 인식	원가로 측정(유형자산 or 무형자산으로 분류)
분류	성격에 따라 유형자산이나 무형자산으로 분류하여 일관되게 적용
후속측정	① 원가모형이나 재평가모형 선택 가능 ② 장부금액 > 회수가능액: 손상 검토
기술적 실현가능성과 상업화가능성 제시할 수 있는 시점	① 더 이상 탐사평가자산으로 분류하지 않고 유형자산이나 무형자산으로 재분류 ② 재분류하기 전에 손상을 검토하여 손상차손을 인식함

02 박토원가

(1) 박토원가의 의의

구분	내용
박토원가의 성격	노천광산의 경우 광상에 접근하기 위해서 광산폐석의 제거가 필요한데, 폐석의 제거활동을 박토라고 한다.
개발단계	광상은 지표면에 노출되어 있지 않기 때문에 개발단계에서 표토층을 제거해야 한다. 발생한 박토원가는 광산의 개발 및 건설 관련 자산의 일부로 자본화한다.
생산단계	두 가지 효익(당기에 광석을 채취하는 것과 미래기간에 광체에 대한 접근을 개선하는 것)을 얻을 수 있어 박토원가를 발생시킬 수 있다.

(2) 박토원가의 인식

구분	내용
박토원가의 인식기준	인식요건을 모두 충족하는 경우 박토활동에서 발생한 효익이 광석에 대한 접근을 개선하는 정도까지 박토활동원가를 박토활동자산으로 인식하고, 비유동자산으로 분류한다.

> **참고** 웹사이트원가
>
> | 구분 | | 내용 |
> |---|---|---|
> | 계획단계 | | 연구단계로 보아 발생시점에 비용으로 처리 |
> | 개발
단계 | 수익 창출을 할 수 있는 경우 | 무형자산(개발비)으로 처리 |
> | | 판매촉진과 광고를 위한 경우 | 발생시점에 비용(경상개발비)처리 |
> | 운영단계 | | 무형자산의 인식요건을 충족시키지 못하면 발생시점에 비용처리 |

01 매각예정비유동자산

(1) 매각예정의 의의

기업이 사용하던 비유동자산 또는 처분자산집단의 장부금액을 계속사용이 아닌 매각거래를 통하여 주로 회수할 것이라면 이를 매각예정비유동자산으로 분류한다.

(2) 매각예정의 분류

특정 비유동자산(또는 처분자산집단)을 매각예정으로 분류하면 이후 재무상태표의 표시나 관련 손익의 인식방법이 통상적인 비유동자산과 다르기 때문에 매각예정 분류조건의 충족 여부를 정확하게 판단해야 한다. 매각예정으로 분류하기 위해서는 다음의 조건을 충족해야 한다.

> 당해 비유동자산(또는 처분자산집단)이 현재의 상태에서 통상적이고 관습적인 거래조건만으로 즉시 매각 가능해야 하며, 매각될 가능성이 매우 높아야 한다.

여기서 통상적이고 관습적인 거래조건만으로 즉시 매각 가능하여야 하며 매각될 가능성이 매우 높아야 한다는 의미는 다음과 같다.

> 매각될 가능성이 매우 높으려면 다음의 조건을 모두 충족하여야 한다.
> ① 적절한 지위의 경영진이 자산(또는 처분자산집단)의 매각계획을 확약하고, 매수자를 물색하고 매각계획을 이행하기 위한 적극적인 업무 진행을 이미 시작하여야 한다.
> ② 당해 자산(또는 처분자산집단)의 현행 공정가치에 비추어 볼 때 합리적인 가격 수준으로 적극적으로 매각을 추진하여야 한다.
> ③ 분류시점에서 1년 이내에 매각완료요건이 충족될 것으로 예상되며, 계획을 이행하기 위하여 필요한 조치로 보아 그 계획이 유의적으로 변경되거나 철회될 가능성이 낮아야 한다.
> ④ 매각될 가능성이 매우 높은지에 대한 평가의 일환으로 주주의 승인(그러한 승인이 요구되는 국가의 경우)가능성이 고려되어야 한다.

기준서 제1001호에 따라 재무상태표의 자산을 유동자산과 비유동자산으로 구분 표시하는 경우에 **비유동자산이 매각예정분류기준을 충족하지 못하면 유동자산으로 재분류할 수 없다.** 또한 통상적으로 비유동자산으로 분류되는 자산을 매각만을 목적으로 취득한 경우라 하더라도 매각예정분류기준을 충족하지 못하면 유동자산으로 분류할 수 없다.

한편, 폐기될 비유동자산(또는 처분자산집단)은 해당 장부금액이 원칙적으로 계속 사용함으로써 회수되기 때문에 매각예정으로 분류할 수 없다. 그 이유는 폐기될 비유동자산은 원칙적으로 계속 사용함으로써 장부금액을 회수하기 때문이다. 폐기될 비유동자산(또는 처분자산집단)에는 경제적 내용연수가 끝날 때까지 사용될 비유동자산(또는 처분자산집단)과 매각되지 않고 폐쇄될 비유동자산(또는 처분자산집단)이 포함된다.

[매각예정의 분류 정리]

구분	내용	비고
기준	즉시 매각 가능하여야 하며, 매각될 가능성이 매우 높은 경우	매각될 가능성이 매우 높다는 것은 발생하지 않을 가능성보다 발생할 가능성이 유의적으로 더 높은 경우임
처분목적으로 취득	취득시점에 매각예정비유동자산으로 분류 가능	
폐기될 유동자산	매각예정비유동자산으로 분류 불가	일시적 사용중단의 경우에는 폐기될 자산으로 처리 불가

─☆ **Self Study**

1. 매각예정 분류기준이 보고기간 후에 충족된 경우 당해 비유동자산(또는 처분자산집단)은 보고기간 후 발행되는 당해 재무제표에서 매각예정으로 분류할 수 없다. 그러나 보고기간 후 공표될 재무제표의 승인 이전에 충족된다면 그 내용을 주석으로 공시한다.

2. 사건이나 상황에 따라서는 매각을 완료하는 데 소요되는 기간이 연장되어 1년을 초과할 수도 있다(매각계획을 확약한다는 충분한 증거 존재 시).

3. 교환거래로 매각되는 경우 상업적 실질이 존재하는 교환거래의 경우에는 매각예정비유동자산으로 분류할 수 있으나 상업적 실질이 존재하지 않는 교환거래의 경우에는 매각예정비유동자산으로 분류하지 않는다.

(3) 매각예정비유동자산의 측정

① 매각예정비유동자산의 측정기준

자산(또는 처분자산집단)을 매각예정으로 최초 분류하기 직전에 해당 자산(또는 처분자산집단 내의 모든 자산과 부채)의 장부금액은 적용 가능한 한국채택국제회계기준서에 따라 측정한다. 매각예정으로 분류된 비유동자산(또는 처분자산집단)은 순공정가치와 장부금액 중 작은 금액으로 측정한다. 한편, 신규로 취득한 자산(또는 처분자산집단)이 매각예정분류기준을 충족한다면 최초 인식시점에 순공정가치와 매각예정으로 분류되지 않았을 경우의 장부금액(Ex. 원가) 중 작은 금액으로 측정한다. 1년 이후에 매각될 것으로 예상된다면 매각부대원가는 현재가치로 측정한다. 기간 경과에 따라 발생하는 매각부대원가 현재가치의 증가분은 금융원가로 당기손익으로 회계처리한다.

② 매각예정비유동자산의 손상

매각예정으로 최초 분류하는 시점에서 자산(또는 처분자산집단)의 장부금액이 순공정가치를 초과하면 그 차이를 손상차손으로 인식한다. 순공정가치의 측정은 매각예정으로 최초 분류되는 시점뿐만 아니라 향후 보고기간 말에도 이루어져야 한다. 따라서 후속적인 순공정가치의 하락을 손상차손으로 인식한다.

비유동자산(또는 처분자산집단)이 매각예정으로 분류된 이후 순공정가치가 증가하는 경우 기준서 제1036호 '자산손상'에 따라 과거에 인식했던 손상차손누계액을 한도로 손상차손환입을 당기이익으로 인식한다. 단, 이 경우 과년도에 영업권에 대해서 인식했던 손상차손을 환입하지 않는다.

③ 매각예정비유동자산의 상각

매각예정으로 분류된 자산에 대해서는 감가상각을 하지 않는다. 그러나 매각예정으로 분류된 처분자산집단의 부채와 관련된 이자와 기타 비용은 계속해서 인식한다.

✎ **매각예정비유동자산 측정의 구조**

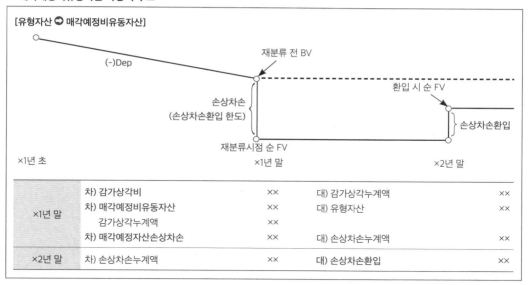

[매각예정비유동자산의 측정 정리]

구분	내용	비고
측정	Min[순공정가치, 장부금액]	1년 이후 매각이 예상된다면 매각부대원가는 PV로 측정
후속측정	감가상각하지 않음, 매기 말 손상차손 검토	부채와 관련된 이자비용, 기타비용은 계속해서 인식
순공정가치의 증가	손상차손환입을 인식	과거에 인식한 손상차손누계액을 한도로 함

(4) 매각계획의 변경

매각예정으로 분류되던 자산(또는 처분자산집단)이 매각예정 분류기준을 더 이상 충족할 수 없는 경우 그 자산(또는 처분자산집단)은 매각예정으로 분류할 수 없다. 더 이상 매각예정으로 분류할 수 없거나 매각예정으로 분류된 처분자산집단에 포함될 수 없는 비유동자산(또는 처분자산집단)은 다음 중 작은 금액으로 측정한다.

> ① 당해 자산(또는 처분자산집단)을 매각예정으로 분류하기 전 장부금액에 감가상각, 상각 또는 재평가 등 매각예정으로 분류하지 않았더라면 인식하였을 조정사항을 반영한 금액
> ② 매각하지 않기로 결정한 날의 회수가능액

더 이상 매각예정으로 분류할 수 없는 비유동자산의 장부금액에 반영하는 조정금액은 매각예정 분류기준이 더 이상 충족되지 않는 기간의 계속영업손익에 포함한다.

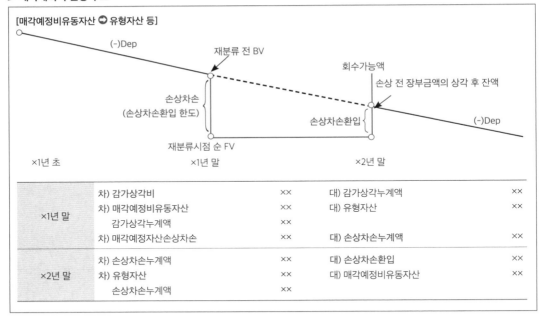

∅ 매각계획의 변경 구조

구분	차변		대변	
×1년 말	차) 감가상각비	××	대) 감가상각누계액	××
	차) 매각예정비유동자산	××	대) 유형자산	××
	감가상각누계액	××		
	차) 매각예정자산손상차손	××	대) 손상차손누계액	××
×2년 말	차) 손상차손누계액	××	대) 손상차손환입	××
	차) 유형자산	××	대) 매각예정비유동자산	××
	손상차손누계액	××		

(5) 매각예정비유동자산의 재무상태표 표시

매각예정으로 분류된 비유동자산은 다른 자산과 별도로 재무상태표에 표시한다. 매각예정으로 분류된 처분자산집단에 포함되는 자산이나 부채는 다른 자산이나 부채와 별도로 재무상태표에 표시한다. 해당 자산과 부채는 상계하여 단일 금액으로 표시할 수 없고 매각예정으로 분류된 비유동자산(또는 처분자산집단)과 관련하여 기타포괄손익으로 인식한 손익누계액은 별도로 표시한다.

과거 재무상태표에 매각예정으로 분류된 비유동자산 또는 처분자산집단에 포함된 자산과 부채의 금액은 최근 재무상태의 분류를 반영하기 위하여 재분류하거나 재작성하지 않는다. 즉, 당기에 자산 또는 처분자산집단이 매각예정으로 분류되어 당기 말 재무상태표에 구분 표시하더라도 비교 표시되는 전기재무상태표는 매각예정의 분류를 일치시키기 위해 소급 재수정을 하지 않는다.

구분	내용	비고
재무상태표 공시	다른 자산과 별도로 구분 표시	관련 부채와 상계 불가하며, 추후 매각계획을 변경한 경우에도 재분류하지 않음
관련 기타포괄손익누계액	별도로 구분 표시	-

02 중단영업

(1) 중단영업의 의의

이미 처분되었거나 매각예정으로 분류되면서 다음 중 하나에 해당하는 기업의 구분단위를 중단영업이라 한다.

> ① 별도의 주요 사업계열이나 영업지역이다.
>
> ② 별도의 주요 사업계열이나 영업지역을 처분하려는 단일 계획의 일부이다.
>
> ③ 매각만을 목적으로 취득한 종속기업이다.

위의 사항 중 하나에 해당하지 못하면 중단영업이 될 수 없으므로 계속영업으로 표시한다. 예를 들어, 주요 사업을 구성하지 않는 특정 모델의 제품을 더 이상 생산하지 않을 경우에는 중단영업으로 분류되지 못한다. 폐기될 비유동자산은 매각예정으로 분류할 수 없으나, 위의 사항 중 하나에 해당하면 중단영업으로 구분한다. 즉 중단영업에 포함되어 있는 자산은 매각예정비유동자산에 해당하나, 매각예정비유동자산이 반드시 중단영업에 해당하는 것은 아니다.

(2) 중단영업의 재무제표 표시

중단영업에 해당하는 경우에는 다음의 합계를 포괄손익계산서에 단일 금액으로 표시하고, 표시된 최종기간의 보고기간 말까지 모든 중단영업과 관련된 공시사항이 표시될 수 있도록 과거 재무제표에 중단영업을 다시 표시한다.

> ① 세후 중단영업손익
>
> ② 중단영업에 포함된 자산이나 처분자산집단을 순공정가치로 측정하거나 처분함에 따른 세후 손익

기업의 구분단위를 매각예정으로 더 이상 분류할 수 없는 경우 중단영업으로 표시하였던 당해 구분단위의 영업성과를 비교 표시되는 모든 회계기간에 재분류하여 계속영업손익에 포함하고 과거 기간에 해당하는 금액이 재분류되었음을 주석으로 기재한다.

구분	내용	비고
중단영업손익	관련 세후 손익을 중단영업손익으로 표시	과거 재무제표에도 중단영업손익을 표시
매각계획을 변경한 경우	관련 손익을 계속영업손익에 포함	중단영업으로 표시했던 당해 구분단위의 영업성과를 비교 표시되는 모든 회계기간에 재분류하여 계속영업손익에 포함

☆ Self Study

매각예정비유동자산이 중단영업에 해당되지 않으면 관련 손상차손(환입)은 계속영업손익에 포함되나, 매각예정비유동자산이 중단영업의 정의를 충족하면 매각예정비유동자산의 손상차손(환입)도 중단영업손익에 포함한다. 그리고 중단영업의 영업활동, 투자활동 및 재무활동으로부터 발생한 순현금흐름은 주석이나 재무제표 본문에 표시한다.

제 **8** 장

금융부채

해커스 IFRS 정윤돈 재무회계 키 핸드북

I 금융부채의 정의와 분류

01 금융상품

금융상품은 거래당사자 어느 한쪽에게는 금융자산이 생기게 하고 동시에 거래상대방에게 금융부채나 지분상품이 생기게 하는 모든 계약을 말한다. 그러므로 금융상품의 보유자는 금융상품을 금융자산으로 인식하며, 금융상품의 발행자는 거래의 실질에 따라 금융부채와 지분상품으로 분류하여 인식한다.

✐ **금융상품의 구조**

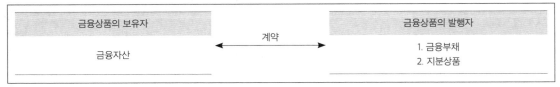

금융상품의 보유자		금융상품의 발행자
	계약	
금융자산	◀──────▶	1. 금융부채 2. 지분상품

금융부채와 지분상품을 정의하면 다음과 같다.

> **1. 금융부채**
> 　1) 다음 중 하나에 해당하는 계약상 의무
> 　　① 거래상대방에게 현금 등 금융자산을 인도하기로 한 계약상 의무
> 　　② 잠재적으로 불리한 조건으로 거래상대방과 금융자산이나 금융부채를 교환하기로 한 계약상 의무
> 　2) 기업자산의 지분상품(= 자기지분상품)으로 결제되거나 결제될 수 있는 다음 중 하나의 계약
> 　　① 인도할 자기지분상품의 수량이 변동 가능한 비파생상품
> 　　② 확정 수량의 자기지분상품의 수량에 대하여 확정금액의 현금 등 금융자산을 교환하여 결제하는 방법이 아닌 방법으로 결제되거나 결제될 수 있는 파생상품
> **2. 지분상품**
> 　기업의 자산에서 모든 부채를 차감한 후의 잔여지분을 나타내는 모든 계약

☆ **Self Study**

금융부채의 정의는 금융자산의 정의와 대칭적 관계를 갖고 있다.

(1) 금융부채의 정의와 계약상 의무

부채를 금융부채로 분류하기 위해서는 관련 의무가 계약에 기초하여 발생하여야 하고, 의무의 이행에는 현금 등 금융자산을 인도하여야 한다.

⌀ 금융부채 분류기준

① 현금 등 금융자산을 인도

② 관련 의무가 계약에 기초하여 발생

Additional Comment

계약에 의하지 않은 부채나 자산은 금융부채나 금융자산이 아니다. 그러므로 과세 당국에 납부할 당기법인세부채나 기준서 제1037호 '충당부채, 우발부채, 우발자산'에서 정의한 의제의무도 계약에서 발생한 것이 아니므로 금융부채가 아니다. 또한 계약에 기초하더라도 현금 등 금융자산을 인도할 의무이어야 금융부채로 분류한다. 선수수익, 선수금과 대부분의 품질보증의무와 같은 항목은 현금 등 금융자산을 인도할 의무가 아니라 재화나 용역을 인도해야 할 의무이기 때문에 금융부채에 해당되지 않는다.

① 현금을 인도하기로 한 계약상 의무

기업이 과거에 대가를 수령하고, 이로 인해 미래에 현금을 인도해야 하는 계약상 의무는 금융부채이다(Ex. 매입채무, 지급어음, 차입금과 사채).

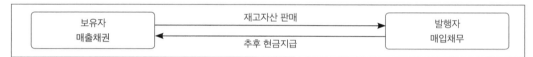

② 현금이 아닌 금융자산을 인도하기로 한 계약상 의무

기업이 과거에 대가를 수령하였고, 이로 인해 미래에 인도할 경제적 효익이 현금 이외의 금융자산인 경우에도 금융부채로 분류한다(Ex. 현금이 아닌 국채를 지급할 계약상 의무가 발행자에게 있는 국채지급어음).

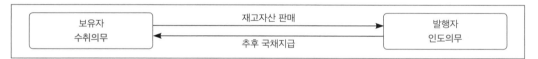

③ 현금 등 금융자산을 인도하기로 한 조건부 계약상 의무

미래의 계약상 의무는 확정적일 수도 있지만, 미래사건의 발생 여부를 조건으로 하는 조건부 계약일 수도 있다(Ex. 금융보증은 채무자가 채무를 불이행하는 경우에 보증인인 채권자에게 현금을 지급할 계약상 의무).

④ 잠재적으로 불리한 조건으로 금융자산이나 금융부채를 교환하기로 한 계약상 의무

잠재적으로 유리하거나 불리한 조건으로 금융자산이나 금융부채를 교환하기로 한 계약상 권리 또는 의무는 일반적으로 파생금융상품거래에서 발생한다. 예로, 미리 정해진 행사가격으로 금융상품을 교환하는 풋옵션이나 콜옵션은 해당 금융상품의 공정가치 변동에 따른 잠재적 이익을 획득할 권리를 옵션보유자에게 부여한다. 반면, 옵션발행자에게는 잠재적으로 불리한 조건으로 금융자산이나 금융부채를 교환하는 계약상 의무를 부여한다. 이처럼 옵션의 경우는 거래당사자 일방(즉, 보유자)에게는 잠재적으로 유리한 조건의 교환 권리를, 다른 일방(즉, 발행자)에게는 잠재적으로 불리한 조건의 교환의무를 부여한다. 반면, 옵션을 제외한 대부분의 파생금융상품(통화선도, 주가선물, 금리스왑 등)은 '잠재적으로 유리한 조건으로 교환할 권리'와 '잠재적으로 불리한 조건으로 교환할 의무'를 거래당사자 쌍방에게 동시에 부여한다. 그 이유는 교환조건이 최초 계약시점에 결정되므로, 이후 기초자산의 가격 변동에 따라 최초 계약조건이 유리해질 수도, 불리해질 수도 있기 때문이다.

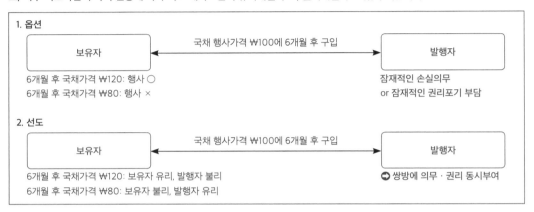

(2) 자기지분상품으로 결제되는 계약

① 자기지분상품으로 결제되는 계약의 의의

기업이 자기지분상품으로 결제되는 계약을 체결하는 경우도 있다. 예를 들어, A사가 재화나 용역을 제공받고 1개월 후에 A사 주식 100주를 인도하기로 하는 계약을 체결하거나, A사가 재화나 용역을 제공하고 1개월 후에 ₩100,000에 상당하는 A사 주식을 수취하는 계약을 체결할 수 있는데, 이러한 계약을 자기지분상품으로 결제되는 계약이라고 한다.

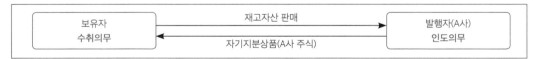

② 자기지분상품으로 결제되는 계약의 분류

기업이 자기지분상품으로 결제되는 계약을 체결하는 경우에는 해당 계약의 조건에 따라 금융부채나 자본으로 분류한다. 예로, 회사가 채권을 발행하면서 이자지급일에 자기지분상품으로 이자를 갚거나 혹은 만기에 자기지분상품으로 채권을 상환하는 조건을 부가하는 경우가 그러하다. 이때 발행회사는 현금 또는 자기지분상품 중 택일하여 이자나 채권을 상환할 수 있도록 선택권을 보유할 수도 있을 것이다. 이러한 선택권이 없는 전자의 경우가 자기지분상품으로 결제될 비파생계약이라면, 선택권이 있는 후자는 자기지분상품으로 결제될 수 있는 파생계약에 해당한다.

⌀ 자기지분상품으로 결제되는 계약의 비파생계약과 파생계약 구분

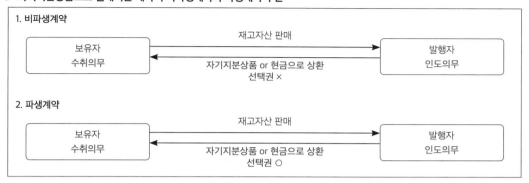

자기지분상품으로 결제되거나 결제될 수 있는 계약에 있어서 유의할 점은, 단순히 자기지분상품을 인도해야 한다면 무조건 금융부채로 분류하는 것이 아니라 계약의 조건에 따라 금융부채 또는 지분상품의 증가로 분류한다. 또한 자기지분상품으로 결제되는 계약에서 자기지분상품을 수취한다면 무조건 금융자산으로 분류되는 것이 아니라 계약의 조건에 따라 금융자산 또는 지분상품의 감소로 분류한다.

③ 자기지분상품으로 결제되는 비파생계약

인도(수취)할 자기지분상품의 수량이 변동 가능한 비파생계약은 금융부채(금융자산)로 분류한다. 예를 들어, 어떤 기업이 결제일에 ₩1,000의 공정가치에 해당하는 자기지분상품을 수취 또는 인도할 계약을 체결하였다면, 결제일에 수취 또는 인도할 자기지분상품의 수량은 확정되지 않고 변동한다. 이처럼 결제될 자기지분상품의 수량이 변동적인 계약은 비록 자기지분상품을 인도 또는 수취하게 되더라도 지분상품(자본)이 아니라 금융부채 또는 금융자산이 된다. 그 이유는 이러한 계약이 자본에 대한 특정 지분의 권리와 의무를 나타내기보다는 특정 금액에 대한 권리와 의무를 나타내기 때문이다.

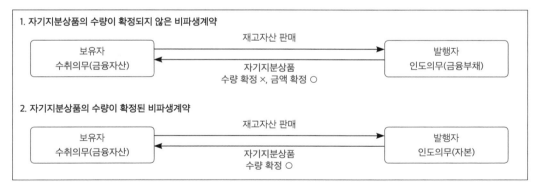

비파생상품으로서 기업이 결제를 위하여 인도해야 할 자기지분상품의 수량이 확정되어 있는 계약은 지분상품으로 분류하고, 인도해야 할 자기지분상품의 수량이 변동 가능한 계약은 금융부채로 분류한다.

④ 자기지분상품으로 결제되는 파생계약

자기지분상품으로 결제되는 파생상품에 적용되는 분류기준은 '확정 대 확정의 요건'으로 정리할 수 있다. 즉, 확정수량의 자기지분상품에 대해 확정금액의 대가가 교환되는 파생계약을 제외한 모든 '자기지분상품 결제 파생상품'은 금융자산(자기지분상품을 수취하는 경우)이거나 금융부채이다. (자기지분상품을 인도하는 경우) 역으로 확정수량의 자기지분상품에 대해 확정금액의 대가가 교환되는 파생계약만 지분상품(자본)으로 분류될 수 있다.

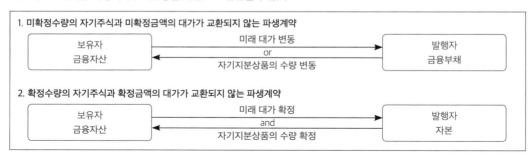

1. 미확정수량의 자기주식과 미확정금액의 대가가 교환되지 않는 파생계약

| 보유자
금융자산 | 미래 대가 변동
or
자기지분상품의 수량 변동 | 발행자
금융부채 |

2. 확정수량의 자기주식과 확정금액의 대가가 교환되지 않는 파생계약

| 보유자
금융자산 | 미래 대가 확정
and
자기지분상품의 수량 확정 | 발행자
자본 |

자기지분상품으로 결제되는 계약		인도하는 자기지분상품	수취하는 자기지분상품
비파생상품	자기지분상품의 수량 확정 ○	지분상품(자본)	지분상품의 감소
	자기지분상품의 수량 확정 ×	금융부채	금융자산
파생상품	수량 확정 ○ + 대가 확정 ○	지분상품(자본)	지분상품의 감소
	그 외	금융부채	금융자산

02 금융부채의 분류

① 상각후원가 측정 금융부채(AC금융부채)	금융부채 재분류 ×
② 상각후원가로 측정하지 않고 별도의 후속측정기준을 적용하는 금융부채 • 당기손익 - 공정가치 측정 금융부채(FVPL금융부채) • 금융자산의 양도가 제거조건을 충족하지 못하거나 지속적 관여 접근법이 적용되는 경우 생기는 금융부채 • 금융보증계약 • 시장이자율보다 낮은 이자율로 대출하기로 한 약정 • 기준서 제1103호 '사업결합'을 적용하는 사업결합에서 취득자가 인식하는 조건부 대가	

Ⅱ │ 상각후원가 측정 금융부채

금융부채는 당기손익 − 공정가치 측정 금융부채로 분류되지 않는 경우 상각후원가로 측정한다. 상각후원가 측정 금융부채에는 매입채무, 차입금, 사채 등이 있다. 이 중 1년 이내에 지급할 것으로 예상되는 매입채무 등은 유의적인 금융요소를 포함하지 않다고 볼 수 있으므로 거래가격으로 측정할 수 있다.

01 사채의 의의와 최초 인식

(1) 사채의 의의

사채란 주식회사가 자금을 조달하기 위하여 유가증권을 발행하여 불특정 다수로부터 자금을 차입하는 정형화된 부채를 말하며 회사채라고도 한다. 사채는 발행회사의 입장에서 상각후원가로 측정하는 가장 대표적인 금융부채이다.

사채의 기본요소는 사채 관련 현금흐름을 나타내는 것으로 다음과 같다.

✐ **사채의 기본요소**

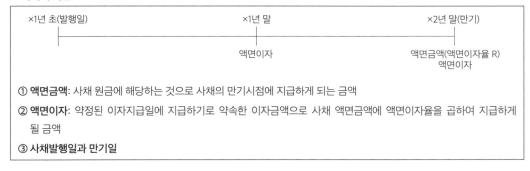

① **액면금액**: 사채 원금에 해당하는 것으로 사채의 만기시점에 지급하게 되는 금액
② **액면이자**: 약정된 이자지급일에 지급하기로 약속한 이자금액으로 사채 액면금액에 액면이자율을 곱하여 지급하게 될 금액
③ **사채발행일과 만기일**

(2) 사채의 최초 인식

금융부채는 최초 인식 시 공정가치로 측정한다. 사채는 발행 시에 액면금액과 액면이자, 발행일 및 만기, 시장이자율이 결정되어 있으므로 최초 인식시점의 미래현금유출액을 발행일의 시장이자율을 이용하여 산정한 현재가치가 발행일의 공정가치와 일치한다.

✐ **사채 최초 인식일의 공정가치**

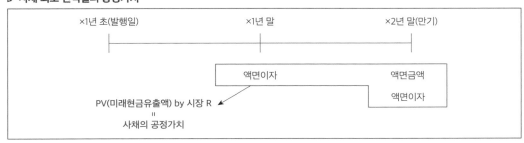

사채발행일의 시장이자율은 당해 사채에 대하여 투자자들이 요구하는 수익률로 기준금리에 신용위험을 가산하여 결정된다.

> 시장이자율(채권수익률) = 기준금리(LIBOR금리 등) + 신용위험(위험프리미엄)

기업들은 자신들의 신용위험을 산정하기 위하여 신용평가기관에 사채의 신용등급평가를 의뢰한다. 각 신용등급에 따라 해당 기업의 신용위험이 다르게 결정된다. 동일한 일자에 동일한 조건의 사채를 발행하는 경우에는 어느 기업이든지 모두 동일한 기준금리를 부담하지만 신용위험이 기업마다 다르므로 시장이자율은 기업에 따라 다르게 결정된다. 따라서 동일한 일자에 동일한 조건으로 사채를 발행하는 경우에도 발행하는 기업의 사채 신용등급에 따라 사채의 발행금액이 다르게 결정된다.

☆ Self Study

사채의 발행금액은 사채의 미래현금흐름을 현재의 시장이자율로 할인한 현재가치금액으로 한다는 것이다. 즉, 사채의 발행금액은 사채의 미래현금흐름에 시장이자율에 해당하는 현재가치계수를 곱한 금액으로 계산된다. 현재가치계수는 이자율이 증가할수록 감소하므로, 시장이자율이 증가하면 사채의 발행금액인 현재가치는 감소하게 된다.

02 사채의 발행유형별 회계처리

(1) 사채의 발행유형

사채의 발행금액은 액면이자율과 시장이자율의 관계에 의하여 결정된다. 시장이자율과 액면이자율에 따른 사채의 발행유형은 다음과 같다.

[액면이자율과 시장이자율의 관계에 따른 사채의 발행유형]

구분	이자율 간의 관계	액면금액과 발행금액의 관계
액면발행	시장이자율 = 액면이자율	발행금액 = 액면금액
할인발행	시장이자율 > 액면이자율	발행금액 < 액면금액
할증발행	시장이자율 < 액면이자율	발행금액 > 액면금액

(2) 액면발행

사채의 액면이자율과 시장이자율이 같다면 사채는 액면금액으로 발행된다. 이를 액면발행이라고 한다. 사채를 액면발행하게 되면 매기 말 인식하는 이자비용은 액면이자와 동일하고 사채의 장부금액은 발행시점에 액면금액으로 발행되어 매기 말 변동하지 않는다.

✎ 사채 액면발행의 구조, 회계처리 및 재무제표 효과

1. 액면발행의 구조

2. 회계처리

[발행 시]

차) 현금	발행금액	대) 사채	액면금액

[매 보고기간 말]

차) 이자비용	액면이자	대) 현금	지급액

[만기상환 시]

차) 사채	액면금액	대) 현금	만기상환액

3. 재무제표 효과

1) 발행일의 재무상태표 = 매 보고기간 말 재무상태표

B/S

	사채	액면금액

2) 매 보고기간 포괄손익계산서

I/S

이자비용	액면금액 × 액면이자율

(3) 할인발행

① 사채 할인발행 시 발행일의 회계처리

사채의 액면이자율이 시장이자율보다 낮다면 사채는 할인금액으로 발행될 것이며, 이를 할인발행이라고 한다. 사채는 일반적으로 정보이용자에게 유용한 정보를 제공하기 위하여 사채 계정을 액면금액으로 기록하며, **액면금액과 발행금액의 차액은 사채할인발행차금 계정으로 처리**하는 것이 일반적이다. **사채할인발행차금은 사채의 차감 계정으로 사채에서 차감하는 형식으로 표시**한다. 사채에서 사채할인발행차금을 차감한 금액을 사채의 장부금액이라고 한다.

> **Additional Comment**
>
> 사채할인발행차금은 재무상태표를 작성할 때 사채 계정에서 차감(표시)한다. 한국채택국제회계기준에서는 사채할인발행차금의 사용에 대해서 명시적 언급이 없기 때문에 사채할인발행차금 계정을 사용하지 않고 사채를 순액으로 계상할 수도 있다. 단, 사채할인발행차금의 잔액이나 사채할인발행차금의 상각액을 묻는 문제가 아니라면 사채할인발행차금을 사용한 **총액법 회계처리**와 사채할인발행차금을 사용하지 않는 **순액법 회계처리**의 사채의 장부금액이나 이자비용이 일치한다.

✎ 사채 할인발행 시 구조, 발행일의 회계처리 및 재무제표 효과

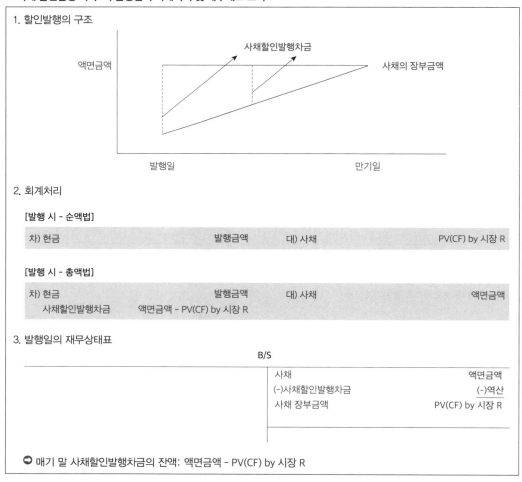

1. 할인발행의 구조

2. 회계처리

[발행 시 - 순액법]

차) 현금	발행금액	대) 사채	PV(CF) by 시장 R

[발행 시 - 총액법]

차) 현금	발행금액	대) 사채	액면금액
사채할인발행차금	액면금액 - PV(CF) by 시장 R		

3. 발행일의 재무상태표

B/S

		사채	액면금액
		(-)사채할인발행차금	(-)역산
		사채 장부금액	PV(CF) by 시장 R

➡ 매기 말 사채할인발행차금의 잔액: 액면금액 - PV(CF) by 시장 R

② 사채 할인발행 시 매 보고기간 말의 회계처리

사채할인발행차금은 액면이자를 시장이자율보다 적게 지급함에 따른 대가를 투자자에게 미리 지급한 금액으로 이자와 동일한 성격이다. 사채할인발행차금은 사채상환기간에 걸쳐 유효이자율법에 따라 상각하여 이자비용에 가산한다.

Additional Comment

유효이자율법은 금융부채의 상각후원가를 계산하고 관련 기간에 이자비용을 당기손익으로 인식하고 배분하는 방법이다. 즉, 유효이자율을 이용하여 유효이자(= 기초장부금액 × 시장이자율(or 유효이자율))를 이자비용으로 인식하고, 유효이자와 액면이자의 차이를 사채의 장부금액에 가감하는 방법이다. 사채 할인발행하에서 유효이자는 매기 말 사채의 기초장부금액이 증가하면서 매기 증가하게 된다.

☆ Self Study

유효이자율은 금융부채의 기대존속기간에 추정 미래현금지급액의 현재가치를 금융부채의 상각후원가와 정확히 일치시키는 이자율을 말한다. 유효이자율은 거래원가를 차감한 사채의 발행금액과 사채 미래현금흐름의 현재가치를 일치시키는 이자율로 사채발행 시에 거래원가가 없다면 시장이자율과 유효이자율은 동일하다.

유효이자율법에서는 직전 이자지급일의 장부금액에 유효이자율을 곱한 유효이자를 이자비용으로 인식하고, 액면이자와의 차액은 사채할인발행차금 상각액으로 인식한다. 또한 순액법으로 회계처리하는 경우에는 동 금액만큼 사채의 장부금액을 증가시킨다. 그러므로 매 보고기간 말 유효이자율법에 따라 인식한 이자비용에 포함되는 사채할인발행차금의 상각액은 사채의 장부금액 변동액과 일치한다.

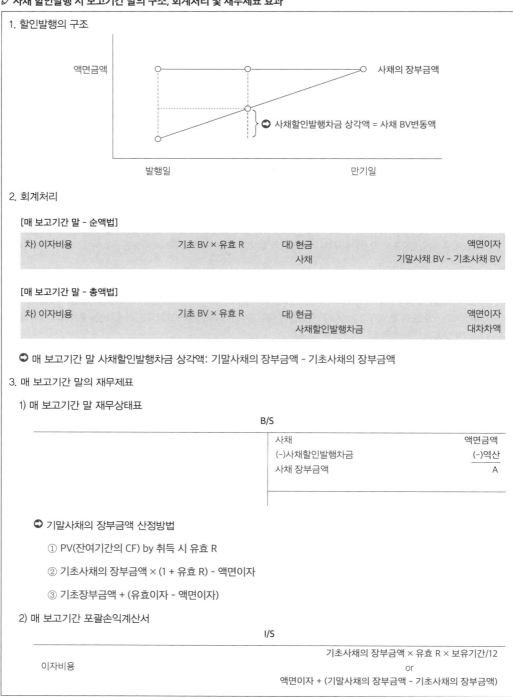

✎ **사채 할인발행 시 보고기간 말의 구조, 회계처리 및 재무제표 효과**

1. 할인발행의 구조

액면금액 ──────────○───────────○ 사채의 장부금액

사채할인발행차금 상각액 = 사채 BV변동액

발행일 　　　　　　　　　　　　　　　만기일

2. 회계처리

[매 보고기간 말 - 순액법]

| 차) 이자비용 | 기초 BV × 유효 R | 대) 현금 | 액면이자 |
| | | 사채 | 기말사채 BV - 기초사채 BV |

[매 보고기간 말 - 총액법]

| 차) 이자비용 | 기초 BV × 유효 R | 대) 현금 | 액면이자 |
| | | 사채할인발행차금 | 대차차액 |

➡ 매 보고기간 말 사채할인발행차금 상각액: 기말사채의 장부금액 - 기초사채의 장부금액

3. 매 보고기간 말의 재무제표

1) 매 보고기간 말 재무상태표

B/S

사채	액면금액
(-)사채할인발행차금	(-)역산
사채 장부금액	A

➡ 기말사채의 장부금액 산정방법

① PV(잔여기간의 CF) by 취득 시 유효 R

② 기초사채의 장부금액 × (1 + 유효 R) - 액면이자

③ 기초장부금액 + (유효이자 - 액면이자)

2) 매 보고기간 포괄손익계산서

I/S

이자비용	기초사채의 장부금액 × 유효 R × 보유기간/12 or 액면이자 + (기말사채의 장부금액 - 기초사채의 장부금액)

사채의 상환기간 동안 사채의 발행금액보다 더 지급하는 금액은 성격적으로 모두 이자에 해당하므로 사채의 발행자가 상환기간 동안에 인식할 총이자비용은 액면이자의 합계액과 사채할인발행차금의 합이나 사채 미래현금흐름의 합계액 - 사채의 발행금액(현재가치)으로 계산된다.

✏️ 사채 할인발행 시 상환기간 동안 인식할 총이자비용

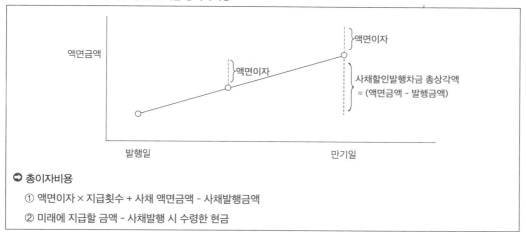

● 총이자비용

① 액면이자 × 지급횟수 + 사채 액면금액 − 사채발행금액

② 미래에 지급할 금액 − 사채발행 시 수령한 현금

③ 사채를 할인발행한 경우의 만기상환 시 회계처리

사채의 기간 동안 매 보고기간 말 유효이자율법에 따라 사채할인발행차금을 상각하면 만기시점에는 사채할인발행차금은 모두 상각되어 잔액이 '0'이 된다. 순액법의 경우 매 보고기간 말에 유효이자율법에 따라 사채의 장부금액이 증가하여 만기시점에는 사채의 장부금액이 액면금액과 동일해진다. 그러므로 만기시점에 상환 시 회계처리는 액면발행과 동일하다.

(4) 할증발행

① 사채 할증발행 시 발행일의 회계처리

사채의 액면이자율이 시장이자율보다 높다면 사채는 할증금액으로 발행될 것이며, 이를 할증발행이라고 한다. 사채는 일반적으로 정보이용자에게 유용한 정보를 제공하기 위하여 사채 계정을 액면금액으로 기록하며, 액면금액과 발행금액의 차액은 사채할증발행차금 계정으로 처리하는 것이 일반적이다. 사채할증발행차금은 사채의 가산 계정으로 사채에 가산하는 형식으로 표시한다. 사채에서 사채할증발행차금을 가산한 금액을 사채의 장부금액이라고 한다.

Additional Comment

사채할증발행차금은 재무상태표를 작성할 때 사채 계정에서 가산(표시)한다. 한국채택국제회계기준에서는 사채할증발행차금의 사용에 대해서 명시적 언급이 없기 때문에 사채할증발행차금 계정을 사용하지 않고 사채를 순액으로 계상할 수도 있다. 단, 사채할증발행차금의 잔액이나 사채할증발행차금의 상각액을 묻는 문제가 아니라면 사채할증발행차금을 사용한 총액법 회계처리와 사채할증발행차금을 사용하지 않는 순액법 회계처리의 사채의 장부금액이나 이자비용이 일치한다.

✎ 사채 할증발행 시 구조, 발행일의 회계처리 및 재무제표 효과

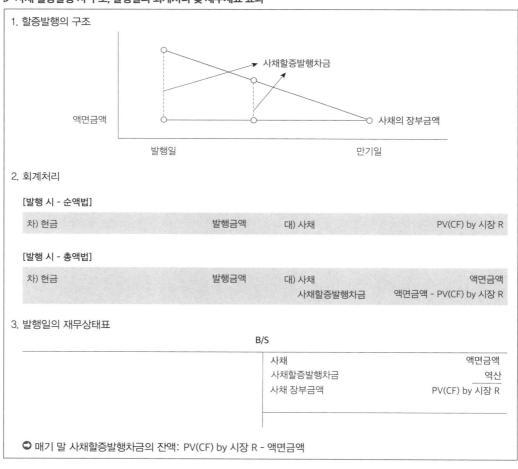

1. 할증발행의 구조

2. 회계처리

[발행 시 - 순액법]

차) 현금	발행금액	대) 사채	PV(CF) by 시장 R

[발행 시 - 총액법]

차) 현금	발행금액	대) 사채	액면금액
		사채할증발행차금	액면금액 - PV(CF) by 시장 R

3. 발행일의 재무상태표

B/S

		사채	액면금액
		사채할증발행차금	역산
		사채 장부금액	PV(CF) by 시장 R

➲ 매기 말 사채할증발행차금의 잔액: PV(CF) by 시장 R - 액면금액

② 사채 할증발행 시 매 보고기간 말의 회계처리

사채할증발행차금은 액면이자를 시장이자율보다 크게 지급함에 따른 대가를 투자자에게 미리 수령한 금액으로 이자와 동일한 성격이다. 사채할증발행차금은 사채상환기간에 걸쳐 유효이자율법에 따라 상각하여 이자비용에 차감한다.

유효이자율법에서는 직전 이자지급일의 장부금액에 유효이자율을 곱한 유효이자를 이자비용으로 인식하고, 액면이자와의 차액은 사채할증발행차금 상각액으로 인식한다. 또한 순액법으로 회계처리하는 경우에는 동 금액만큼 사채의 장부금액을 감소시킨다. 그러므로 매 보고기간 말 유효이자율법에 따라 인식한 이자비용에 고려되는 사채할증발행차금의 상각액은 사채의 장부금액 변동액과 일치한다.

✎ **사채 할증발행 시 보고기간 말의 구조, 회계처리 및 재무제표 효과**

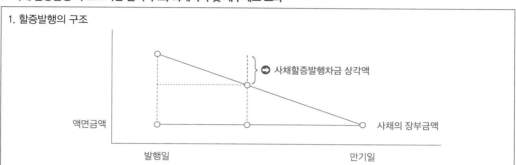

1. 할증발행의 구조

2. 회계처리

[매 보고기간 말 - 순액법]

차) 이자비용	기초 BV × 유효 R	대) 현금	액면이자
사채	기초사채 BV - 기말사채 BV		

[매 보고기간 말 - 총액법]

차) 이자비용	기초 BV × 유효 R	대) 현금	액면이자
사채할증발행차금	대차차액		

➡ 매 보고기간 말 사채할증발행차금 상각액: 기초사채의 장부금액 - 기말사채의 장부금액

3. 매 보고기간 말의 재무제표

1) 매 보고기간 말 재무상태표

B/S

		사채	액면금액
		사채할증발행차금	역산
		사채 장부금액	A

➡ 기말사채의 장부금액 산정방법

① PV(잔여기간의 CF) by 취득 시 유효 R

② 기초사채의 장부금액 × (1 + 유효 R) - 액면이자

③ 기초 장부금액 + (유효이자 - 액면이자)

2) 매 보고기간 포괄손익계산서

I/S

	기초사채의 장부금액 × 유효 R × 보유기간/12
이자비용	or
	액면이자 + (기말사채의 장부금액 - 기초사채의 장부금액)

사채의 상환기간 동안 사채의 발행금액보다 더 지급하는 금액은 성격적으로 모두 이자에 해당하므로 사채의 발행자가 상환기간 동안에 인식할 총이자비용은 액면이자의 합계액과 사채할증발행차금의 차감이나 사채 미래현금흐름의 합계액 – 사채의 발행금액(현재가치)으로 계산된다.

✏ **사채 할증발행 시 상환기간 동안 인식할 총이자비용**

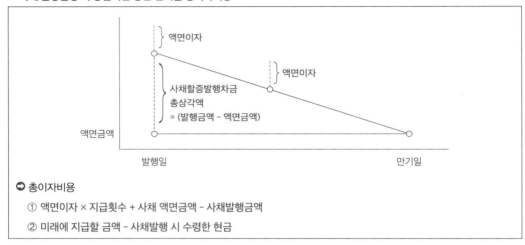

⟳ 총이자비용
① 액면이자 × 지급횟수 + 사채 액면금액 – 사채발행금액
② 미래에 지급할 금액 – 사채발행 시 수령한 현금

③ **사채를 할증발행한 경우의 만기상환 시 회계처리**

사채의 기간 동안 매 보고기간 말 유효이자율법에 따라 사채할증발행차금을 상각하면 만기시점에는 사채할증발행차금은 모두 상각되어 잔액이 'O'이 된다. 순액법의 경우 매 보고기간 말에 유효이자율법에 따라 사채의 장부금액이 감소하여 만기시점에는 사채의 장부금액이 액면금액과 동일해진다. 그러므로 만기시점에 상환 시 회계처리는 액면발행과 동일하다.

☆ Self Study

정액법과 유효이자율법의 비교

사채가 할인 또는 할증발행되는 경우 사채할인(할증)발행차금을 정액법으로 상각할 수도 있다. 정액법은 사채할인(할증)발행차금을 사채의 상환기간 동안 균등하게 상각하는 것이다. 따라서 사채의 상환기간 동안 이자비용이 균등하게 인식된다. 국제회계기준에서는 이자비용은 유효이자율법으로 인식하도록 규정하고 있으므로 사채할인(할증)발행차금을 정액법으로 상각하는 방법은 인정하지 않는다.

구분	정액법		유효이자율법	
	할인발행 시	할증발행 시	할인발행 시	할증발행 시
이자비용	일정	일정	증가	감소
표시이자	일정	일정	일정	일정
사채발행차금 상각액	일정	일정	증가	증가
사채장부금액	증가	감소	증가	감소

03 거래원가와 시장이자율 및 유효이자율

상각후원가 측정 금융부채는 최초 인식 시에 공정가치로 측정하고 거래원가는 해당 공정가치에서 차감한다. 그러므로 거래원가가 발생한 경우 사채의 발행금액은 사채의 미래현금흐름을 시장이자율로 할인한 현재가치 금액에 거래원가를 차감한 금액이 된다.

> **사채의 발행금액:** PV(CF) by 시장이자율 - 거래원가

여기서 추가되는 개념이 유효이자율이다. 유효이자율은 거래원가를 차감한 사채의 발행금액과 사채 미래현금흐름의 현재가치를 일치시키는 이자율이다. 그러므로 거래원가가 존재한다면 사채발행으로 인하여 순수하게 유입된 금액 (= 사채발행금액 - 거래원가)과 사채 미래현금흐름의 현재가치를 일치시키는 유효이자율을 다시 산정하여야 한다.

> **사채의 발행금액:** PV(CF) by 유효이자율

이에 따라 거래원가가 없다면 사채의 발행 시 시장이자율과 유효이자율은 일치하지만 거래원가가 있다면 사채의 발행 시 시장이자율과 유효이자율이 일치하지 않는다.

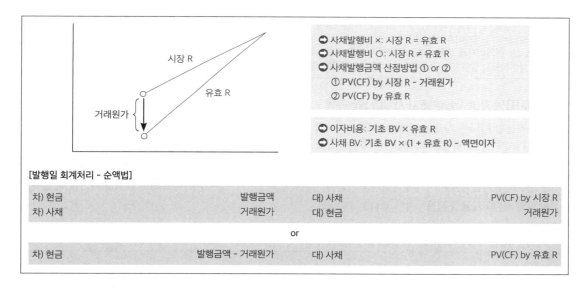

[발행일 회계처리 - 순액법]

차) 현금	발행금액	대) 사채	PV(CF) by 시장 R
차) 사채	거래원가	대) 현금	거래원가

or

차) 현금	발행금액 - 거래원가	대) 사채	PV(CF) by 유효 R

04 이자지급일 사이의 사채발행

(1) 이자지급일 사이 사채발행의 이해

사채와 같은 채무상품의 발행자는 이자지급일 현재의 채무상품 보유자에게 이자지급기간에 발생한 이자를 모두 지급한다. 이는 채무상품의 보유자는 자신의 보유기간에 관계없이 이자지급일에 이자계산기간의 전체 이자를 모두 수취하는 것을 말한다.

> **Additional Comment**
>
> 매년 12월 31일에 이자를 지급하는 조건으로 20×1년 초에 발행된 채무상품을 투자자가 12월 1일에 취득하여 12월 말까지 보유하면 투자자는 그 채무상품을 1개월만 보유하였더라도 12월 말에 12개월분 이자를 모두 받는다.

채무상품의 발행자는 이자지급일 현재 채무상품 보유자에게 이자계산기간의 모든 이자를 지급하기 때문에 이자지급일 사이에 채무상품을 매매할 경우 최종 이자지급일부터 중도 매매일까지 발생한 이자(= 경과이자)만큼 가산한 금액으로 매매대가가 결정된다.

> **Additional Comment**
>
> 이자지급기간이 1월 1일부터 12월 31일인 사채를 4월 1일에 발행(= 투자자가 이 시점에서 사채를 취득)하였다면, 발행자는 3개월분의 경과이자만큼 대가를 더 받는다. 그 이유는 발행자는 사채발행일로부터 9개월이 경과된 12월 말에 미리 받은 3개월분 경과이자를 포함하여 12개월 이자를 투자자에게 지급하게 되는데 이때 발행자가 미리 받은 3개월분의 이자 때문에 실질적으로 발행자는 결국 9개월분 이자만 지급한 셈이 된다.

(2) 이자지급일 사이 사채발행 시 사채의 발행금액

이자지급일 사이에 사채를 발행하는 경우 사채발행으로 인한 현금수령액은 발행일 현재 사채의 미래현금흐름을 실제발행일의 시장이자율로 할인한 현재가치가 된다. 이 금액은 명목상 발행일의 발행금액을 미래가치로 환산하는 방법을 사용하여 계산한다. 따라서 실제발행일의 현금수령액은 명목상 발행일의 발행금액에 명목상 발행일부터 실제발행일 사이의 실질이자를 가산한 금액이 된다. 여기서 주의할 점은 모든 금액을 계산할 때 실제발행일의 시장이자율을 사용하여야 한다는 것이다.

✎ **이자지급일 사이의 사채발행 시 사채발행금액 결정 구조**

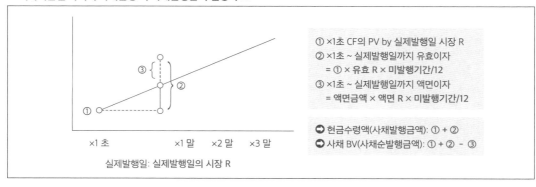

① ×1초 CF의 PV by 실제발행일 시장 R
② ×1초 ~ 실제발행일까지 유효이자
   = ① × 유효 R × 미발행기간/12
③ ×1초 ~ 실제발행일까지 액면이자
   = 액면금액 × 액면 R × 미발행기간/12

➡ 현금수령액(사채발행금액): ① + ②
➡ 사채 BV(사채순발행금액): ① + ② − ③

실제발행일: 실제발행일의 시장 R

(3) 이자지급일 사이 사채발행 시 발행일의 회계처리(할인발행 가정)

사채발행으로 수령한 현금과 사채발행금액과의 차이는 명목상 발행일과 실제발행일 사이에 발생한 경과이자에 해당된다. 경과이자는 별도로 구분하여 미지급이자로 인식하며, 이자지급일에 표시이자를 지급할 때 동 지급액과 상계한다.

[순액법]			
차) 현금(사채발행금액)	① + ②	대) 사채(사채순발행금액)	① + ② - ③
		미지급이자	③

[총액법]			
차) 현금	① + ②	대) 사채	액면금액
사채할인발행차금	액면금액 - (① + ② - ③)	미지급이자	③

B/S			
현금	① + ②	사채	액면금액
		(-)사채할인발행차금	(-)역산
		사채 BV	① + ② - ③
		미지급이자	③

(4) 이자지급일 사이 사채발행 시 보고기간 말의 회계처리(할인발행 가정)

실제발행일부터 이자지급일까지의 이자비용은 동 기간의 표시이자에 사채할인발행차금상각액을 가산한 금액이 된다. 이자지급일 사이에 사채를 발행한 경우 사채할인발행차금상각액은 명목상 발행일에 사채를 발행하였다고 가정하고 1년치 상각액을 계산한 후 실제발행일부터 이자지급일까지의 기간에 해당하는 금액을 계산하는 방법을 사용하여 상각한다.

[순액법]			
차) 이자비용 (N/I)	기초 BV ① × R × 보유기간/12	대) 현금	액면이자
미지급이자	③	사채	대차차액

[총액법]			
차) 이자비용 (N/I)	기초 BV ① × R × 보유기간/12	대) 현금	액면이자
미지급이자	③	사채할인발행차금	대차차액

B/S			
		사채	액면금액
		(-)사채할인발행차금	(-)역산
		사채 BV	PV(잔여 CF) by 유효 R

I/S	
이자비용	기초 BV ① × R × 보유기간/12

1. 사채의 기중발행 시, 발행한 회계연도의 이자비용 산정 시에 실제발행일 장부금액이 아닌 1월 1일 발행을 가정한 현금 흐름의 현재가치(①)를 기준으로 이자비용을 산정한다.

2. 사채의 기중발행은 발행한 회계연도의 기말 미지급이자 회계처리 이후에는 기초발행과 동일하게 이자비용과 장부 금액을 산정한다.

05 사채의 상환

(1) 사채상환손익의 발생 이유

사채를 만기일 이전에 상환하는 경우 사채의 상환금액은 장부금액과 일치하지 않게 되므로 상환에 따른 손익이 발생하게 된다. 사채의 상환금액은 상환일 현재 사채의 시장가치로 사채상환손익은 사채의 시장가치와 장부금 액의 차액으로 계산된다. 사채의 상환금액은 사채의 미래현금흐름을 상환일 현재의 시장이자율로 할인한 현재가 치금액이며 사채의 장부금액은 상환일 현재 사채의 미래현금흐름을 사채 발행 시의 시장이자율(또는 유효이자율) 로 할인한 현재가치금액이다. 즉, 사채의 상환금액과 장부금액은 미래현금흐름을 현재가치로 평가할 때 적용하 는 이자율만 다를 뿐 다른 모든 부분이 동일하다.

① **사채의 상환금액**: PV(상환시점의 잔여 CF) by 상환시점의 시장이자율
② **사채의 장부금액**: PV(상환시점의 잔여 CF) by 발행시점의 유효이자율

✎ **사채상환손익의 발생 구조**

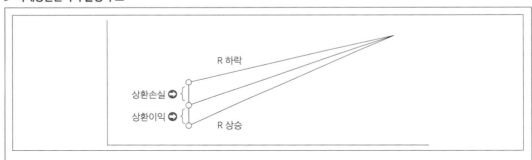

➡ 사채상환손익이 발생하는 이유는 사채발행(취득)일 이후에 시장이자율이 변동하기 때문이다.

① 발행(취득) 시 시장(유효)이자율 < 상환(처분) 시 시장이자율: 상환이익
② 발행(취득) 시 시장(유효)이자율 > 상환(처분) 시 시장이자율: 상환손실

(2) 이자지급일 사이의 조기상환 시 사채의 상환손익

사채를 이자지급일 사이에 상환하는 경우 사채의 장부금액은 직전 이자지급일의 사채장부금액에 직전 이자지급일로부터 상환일까지의 사채발행차금상각액을 가감한 금액이다. 또한, 사채상환으로 유출된 현금에는 직전 이자지급일로부터 실제상환일까지의 경과이자가 포함되어 있으므로 사채의 상환 시 기준이 되는 금액은 직전 이자지급일부터 상환일까지의 경과이자를 포함한 금액이다.

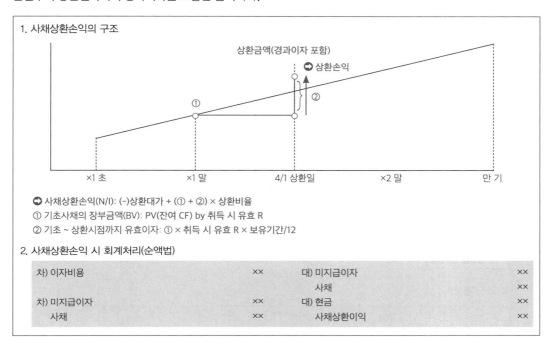

1. 사채상환손익의 구조

➡ 사채상환손익(N/I): (-)상환대가 + (① + ②) × 상환비율
① 기초사채의 장부금액(BV): PV(잔여 CF) by 취득 시 유효 R
② 기초 ~ 상환시점까지 유효이자: ① × 취득 시 유효 R × 보유기간/12

2. 사채상환손익 시 회계처리(순액법)

차) 이자비용	××	대) 미지급이자	××
		사채	××
차) 미지급이자	××	대) 현금	××
사채	××	사채상환이익	××

(3) 이자지급일 사이의 일부 조기상환 시 사채의 이자비용

이자지급일 사이의 일부 조기상환 시 사채의 이자비용은 아래와 같이 상환된 부분과 미상환된 부분으로 나누어 계상한다. 이때 상환된 부분은 기초시점부터 상환일까지 사채보유기간 동안 발생한 이자비용에 상환비율을 고려하여 이자비용을 계산하고, 미상환된 부분은 기초시점부터 기말시점까지 발생한 이자비용에 미상환비율을 고려하여 이자비용을 계산한다.

① **상환된 사채에서 발생하는 이자비용**: 기초 BV × 유효 R × 상환비율 × 보유기간/12
② **미상환된 사채에서 발생하는 이자비용**: 기초 BV × 유효 R × (1 - 상환비율) × 12/12

✏ **이자지급일 사이의 일부 조기상환 시 사채의 이자비용 계산**

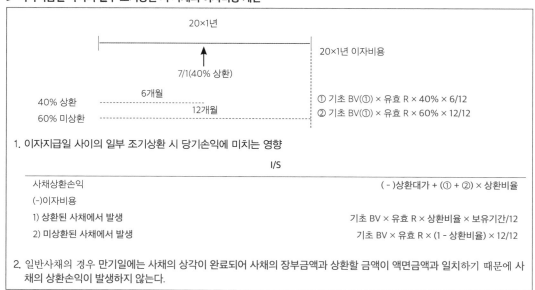

1. 이자지급일 사이의 일부 조기상환 시 당기손익에 미치는 영향

I/S

사채상환손익	(-)상환대가 + (① + ②) × 상환비율
(-)이자비용	
1) 상환된 사채에서 발생	기초 BV × 유효 R × 상환비율 × 보유기간/12
2) 미상환된 사채에서 발생	기초 BV × 유효 R × (1 - 상환비율) × 12/12

2. 일반사채의 경우 만기일에는 사채의 상각이 완료되어 사채의 장부금액과 상환할 금액이 액면금액과 일치하기 때문에 사채의 상환손익이 발생하지 않는다.

☆ **Self Study**

주요 산식 정리

구분	산식
기초발행 시 발행금액	PV(CF) by 시장 R - 사채발행비 or PV(CF) by 유효 R
이자지급일 사이 발행 시 현금수령액 = 사채발행금액	① + ②
이자지급일 사이 발행 시 순발행금액	① + ② - ③
B/S상 사채할인발행차금 잔액	사채액면금액 - 사채의 BV
사채할인발행차금 상각액 = 사채 상각액	기말사채의 BV - 기초사채의 BV
이자비용(이자지급일 사이 발행 포함)	① × 유효 R × 당기 보유기간/12
총이자비용	(액면금액 + ∑액면이자) - (① + ②)
사채상환손익	(-)상환대가 + (① + ②) × 상환비율
사채상환 회계연도 이자비용	• 미상환분: ① × 유효 R × 12/12 × (1 - 상환비율) • 상환분: ① × 유효 R × 당기보유기간/12 × 상환비율

① 사채기초발행 가정 시 발행금액 or 사채의 기초 BV

② 미발행기간의 유효이자: ①×유효 R×당기 미발행기간/12

③ 미발행기간의 미수이자(액면이자): 액면금액×액면 R×당기 미발행기간/12

06 사채의 기타사항

(1) 연속상환사채

연속상환사채란 만기일이 하나로 고정되어 일시에 전액이 상환되는 것이 아니라 여러 번에 걸쳐 연속적으로 분할상환되는 사채를 말한다. 즉, 사채와 관련된 **현금흐름이 원금 중 일부와 액면이자로 구성**되어 있다.

연속상환사채의 경우에도 직전 이자지급일의 장부금액에 유효이자율을 곱한 실질이자에서 표시이자를 차감하여 사채발행차금 상각액을 계산한다. 다만, 장부금액의 변동이 사채발행차금의 상각뿐만 아니라 액면금액의 상환으로도 이루어진다는 점에서 일반사채와 다르다.

(2) 자기사채

[자기사채의 회계처리 정리]

구분	내용
자기사채의 취득	사채의 상환과 동일 ➡ 사채상환손익 발생
자기사채의 소각	별도의 회계처리 없음
자기사채의 취득 후 재발행	사채의 발행과 동일, 재발행시점의 시장이자율로 발행금액 산정 및 이자비용 계상

(3) 이자지급일과 보고기간 말이 다른 경우

회계기간 중 사채를 발행하게 되면 이자지급일이 보고기간 말과 달라지게 된다. 보고기간 말에는 이자비용을 인식하여야 하므로 발행일 또는 직전 이자지급일부터 보고기간 말까지 발생한 실질이자를 이자비용, 경과이자는 미지급이자로 인식한다.

구분	내용
이자지급일과 결산일의 불일치	사채의 이자지급일을 기준으로 유효이자를 산정

Ex 20×1년 4월 1일 발행, 매년 3월 31일 이자지급 - 순액 기재

20×1. 12. 31.	차) 이자비용	기초 BV_1 × R × 보유기간(9개월)/12	대) 미지급이자 사채	액면이자 × 보유기간(9개월)/12 대차차액
20×2. 3. 31.	차) 미지급이자 이자비용	액면이자 × 보유기간(9개월)/12 기초 BV_1 × R × 보유기간(3개월)/12	대) 현금 사채	액면이자 대차차액
20×2. 12. 31.	차) 이자비용	기초 BV_2 × R × 보유기간(9개월)/12	대) 미지급이자 사채	액면이자 × 보유기간(9개월)/12 대차차액

(4) 이자지급을 연 단위로 하지 않는 경우

사채의 표시이자를 1년 단위가 아니라 월 단위, 6개월 단위 등으로 지급하는 경우도 있다. 이러한 경우에는 사채의 발행금액을 계산할 때 현금흐름이 가장 짧은 기간의 시장이자율을 사용한다.

✎ **1년에 이자를 6개월에 한 번씩 지급하는 경우**

구분		내용		
표시이자를 연 n회 지급하는 경우		• 적용이자율: R × 이자지급기간/12 • 적용만기: 만기 × 12/이자지급기간		
20×1. 6. 30.	차) 이자비용	기초 BV × R	대) 현금	액면이자
			사채할인발행차금	대차차액
20×1. 12. 31.	차) 이자비용	[기초 BV × (1 + R) - 액면이자] × R	대) 현금	액면이자
			사채할인발행차금	대차차액

─☆ **Self Study**

1년에 2회 액면이자를 지급하는 경우 이자지급기간 1회를 6개월로 하므로 기중상환 시 발생한 이자비용은 보유기간에 6개월을 기준으로 하여 산정하여야 한다.

07 금융부채의 조건변경

(1) 의의

금융부채의 조건변경이란 금융부채의 계약상 현금흐름(원금과 이자)과 만기를 변경하여 기존의 금융부채를 새로운 금융부채로 변경하는 것을 말한다.

(2) 실질적 조건변경의 판단

구분	내용
정의	금융부채의 조건변경이란 이자율 완화, 만기연장 등의 방법으로 조건을 변경하거나 채무자가 부담할 원금 및 기발생이자를 감면해 주는 것
실질적 조건변경의 판단조건	(조정 전 금융부채의 현재가치 - 조정 후 채무의 현금흐름(수수료 포함)의 현재가치) ≥ 조정 전 채무의 현재가치 × 10% * 최초의 유효이자율을 할인율로 적용

─☆ **Self Study**

새로운 조건에 따른 현금흐름에 포함한 수수료는 차입자와 대여자 사이에 지급하거나 받은 수수료 순액만 포함한다.

(3) 실질적 조건의 변경에 해당하는 경우

채권자와 채무자가 실질적으로 다른 조건으로 계약조건이 변경된 경우에는 기존 금융부채를 제거하고 새로운 금융부채를 인식한다. 이때 새로운 금융부채의 할인율은 조건변경시점의 유효이자율(시장이자율)을 사용하는 것이 합리적이다. 즉, 새로운 금융부채는 미래현금흐름을 조건변경시점의 유효이자율로 할인한 공정가치가 된다. 새로운 조건에 따른 현금흐름에는 지급한 수수료에서 수취한 수수료를 차감한 수수료순액이 포함된다. 채무상품의 교환이나 계약조건의 변경을 금융부채의 소멸로 회계처리한다면, 발생한 원가나 수수료는 금융부채의 소멸에 따른 손익의 일부로 인식한다.

1. 실질적 조건의 변경에 해당하는 경우 정리

구분	내용
사채상환손익	기존금융부채의 장부금액 - 새로운 금융부채의 공정가치(조건변경시점의 유효이자율) - 수수료
거래원가	금융부채 소멸에 따른 손익의 일부로 인식

2. 조건의 변경 시 회계처리

차) 금융부채(구)	BV	대) 금융부채(신)	PV(변경된 CF) by 변경 시 R
		조건변경이익(N/I) or 사채상환이익	대차차액
차) 조건변경이익	××	대) 현금	거래원가

(4) 실질적 조건의 변경에 해당하지 않는 경우

실질적 조건변경에 해당하지 않는다면 기존 금융부채를 제거하지 않는다. 따라서 변경된 미래현금흐름을 최초 유효이자율로 할인한 현재가치를 새로운 상각후원가로 재계산한다. 이러한 조정금액은 당기손익으로 인식한다. 또한, 채무상품의 교환이나 계약조건의 변경을 금융부채의 소멸로 회계처리하지 아니하면, 발생한 원가나 수수료는 부채의 장부금액에서 조정하며, 변경된 부채의 잔여기간 동안에 상각한다.

1. 실질적 조건의 변경에 해당하지 않는 경우 정리

구분	내용
조건변경이익	기존금융부채의 장부금액 - PV(변경된 현금흐름) by 최초의 유효이자율
거래원가	금융부채의 장부금액에서 조정 ➡ 별도의 유효이자율 산정

2. 조건의 변경 시 회계처리

차) 금융부채	××	대) 조건변경이익(N/I)	BV - PV(변경된 CF) by 최초 R
차) 금융부채	××	대) 현금	거래원가

☆ Self Study

실질적 조건변경에 해당하지 않는 경우, 최초 유효이자율을 사용하지만 거래원가가 존재하는 경우 장부금액에 조정되며 별도의 이자율을 사용하여야 한다.

Ⅲ | 상각후원가로 후속측정하지 않는 금융부채

01 당기손익 – 공정가치 측정 금융부채(FVPL금융부채)

(1) 당기손익 – 공정가치 측정 금융부채의 의의

당기손익 – 공정가치 측정 금융부채는 다음 중 하나의 조건을 충족하는 금융부채이다.

> ① 단기매매항목의 정의를 충족한다.
> ② 최초 인식시점에 당기손익 – 공정가치 측정 항목으로 지정한다.

(2) 당기손익 – 공정가치 측정 금융부채의 최초 인식

차) 현금	발행금액	대) FVPL금융부채	FV
		금융부채발행이익	N/I
차) 수수료비용	N/I	대) 현금	거래원가

(3) 당기손익 – 공정가치 측정 금융부채의 후속측정

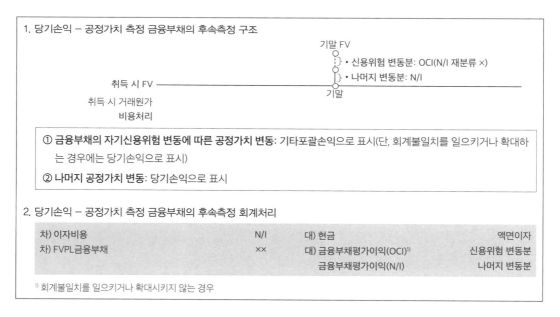

1. 당기손익 – 공정가치 측정 금융부채의 후속측정 구조

- 기말 FV
  - 신용위험 변동분: OCI(N/I 재분류 ×)
  - 나머지 변동분: N/I
- 취득 시 FV
- 취득 시 거래원가 비용처리

> ① 금융부채의 자기신용위험 변동에 따른 공정가치 변동: 기타포괄손익으로 표시(단, 회계불일치를 일으키거나 확대하는 경우에는 당기손익으로 표시)
> ② 나머지 공정가치 변동: 당기손익으로 표시

2. 당기손익 – 공정가치 측정 금융부채의 후속측정 회계처리

차) 이자비용	N/I	대) 현금	액면이자
차) FVPL금융부채	××	대) 금융부채평가이익(OCI)[1]	신용위험 변동분
		금융부채평가이익(N/I)	나머지 변동분

[1] 회계불일치를 일으키거나 확대시키지 않는 경우

신용위험은 당사자 중 어느 한 편이 의무를 이행하지 않아 상대방에게 재무손실을 입힐 위험을 말한다. 공정가치의 변동 중 이러한 신용위험 변동으로 인한 변동은 기타포괄손익으로 표시한다. 기타포괄손익으로 표시한 금액은 후속적으로 당기손익으로 이전하지 않는다. 부채의 공정가치 변동금액 중 시장위험을 일으키는 시장상황의 변동으로 인한 공정가치 변동분은 기준금리의 변동과 관련된 변동을 의미한다.

FVPL금융부채와 상각후원가 측정 금융부채(AC금융부채)의 비교

구분	FVPL금융부채	AC금융부채
최초 인식	최초 인식 시 FV	최초 인식 시 FV
발행 시 거래원가	당기비용처리 차) 수수료비용(N/I)　　　대) 현금	최초 인식하는 FV에서 차감 차) 금융부채(B/S)　　　대) 현금
후속측정	① 공정가치로 측정 　• 신용위험 변동분: 기타포괄손익(재분류 ×) 　• 나머지 변동분: 당기손익 ② 회계불일치를 일으키거나 확대하는 경우 N/I처리	유효이자율법 적용하여 상각후원가 측정
제거	지급대가 - 장부금액	지급대가 - 장부금액

02 금융자산의 양도가 제거조건을 충족하지 못하여 인식한 금융부채

양도자가 양도자산의 소유에 따른 위험과 보상의 대부분을 보유하고 있기 때문에 양도자산을 제거하지 않는다면, 그 양도자산 전체를 계속 인식하며 수취한 대가는 금융부채로 인식한다. 이는 담보부 차입과 실질이 동일하다. 양도자는 후속기간에 양도자산(실제로는 양도자의 장부에 계속 인식하고 있음)에서 생기는 모든 수익과 금융부채에서 생기는 모든 비용을 인식한다.

03 지속적 관여 접근법 적용 시 인식하는 금융부채

양도자가 양도자산의 소유에 따른 위험과 보상의 대부분을 보유하지도 않고 이전하지도 않을 경우, 양도자가 양도자산을 통제하고 있다면 그 양도자산에 지속적으로 관여하는 정도까지 그 양도자산을 계속 인식한다. 이때 지속적 관여 정도는 양도자산의 가치 변동에 양도자가 노출되는 정도를 말한다. 지속적으로 관여하는 정도까지 양도자산을 계속 인식하는 경우에 관련 부채도 함께 인식한다. 이는 지속적으로 관여하는 정도까지는 금융자산의 매각으로 볼 수 없으므로 이와 관련하여 수취한 대가를 담보 차입으로 보고 부채를 인식하는 것으로 이해하면 될 것이다.

04 금융보증계약

금융·보증계약은 채무상품의 최초 계약조건이나 변경된 계약조건에 따라 지급기일에 특정 채무자가 지급하지 못하여 보유자가 입은 손실을 보상하기 위해 발행자가 특정 금액을 지급하여야 하는 계약을 말한다. 금융·보증계약은 보증, 신용장, 신용위험이전계약이나 보험계약 등 다양한 법적 형식으로 나타날 수 있다.

구분	측정
최초 인식	FV, 반증이 없는 한 수취 대가와 동일하고 보증기간에 걸쳐 수익 인식
후속측정	Max[손실충당금, 최초 인식금액 – 인식한 이익누계액]

금융·보증계약도 최초 인식시점에 공정가치로 인식한다. 금융·보증계약이 독립된 당사자 사이의 거래에서 특수 관계가 없는 자에게 발행된다면, 해당 계약의 최초 공정가치는 반증이 없는 한 수취한 대가와 같을 것이다.

금융·보증계약의 발행자는 채무자에게 신용보강을 하기 위한 보증용역을 제공한 것이므로 최초 인식시점의 공정가치를 보증기간에 걸쳐 수익으로 인식한다. 따라서 금융·보증계약과 관련하여 보고기간 말에 부채로 인식할 금액은 최초 인식금액에서 수익으로 인식한 누계액을 차감한 금액이 된다.

발행자는 후속적으로 다음 중 큰 금액으로 금융·보증계약을 측정한다.

> ① **예상손실**: 기준서 제1109호 '금융상품'의 손상규정에 따라 기대신용손실로 산정한 손실충당금
> ② **미인식이익**: 최초 인식금액에서 기준서 제1115호 '고객과의 계약에서 생기는 수익'에 따라 인식한 이익누계액을 차감한 금액

05 시장이자율보다 낮은 이자율로 대출하기로 한 약정에 의한 금융부채

미래에 특정 채무자와 시장이자율보다 낮은 이자율로 대출하기로 한 약정을 체결한 경우, 대부분 해당 약정의 체결시점에 현금대가를 수취하지 않기 때문에 해당 약정에 따라 생기는 부채를 재무상태표에 인식하지 않을 수 있다. 따라서 이러한 대출약정의 경우 대출약정의 보유자는 발생한 금융부채를 최초 인식 시 공정가치로 인식하며, 후속적으로 해당 금융부채를 다음 중 큰 금액으로 측정한다.

> ① **예상손실**: 기준서 제1109호 '금융상품'의 손상규정에 따라 기대신용손실로 산정한 손실충당금
> ② **미인식이익**: 최초 인식금액에서 기준서 제1115호 '고객과의 계약에서 생기는 수익'에 따라 인식한 이익누계액을 차감한 금액

06 사업결합에서 취득자가 인식하는 조건부 대가

조건부 대가는 합병 등 사업결합의 과정에서 특정 미래사건이 일어나거나 특정 조건이 충족되는 경우에, 피취득자에 대한 지배력과 교환된 부분으로 피취득자의 이전 소유주에게 자산이나 지분을 추가적으로 이전하여야 하는 취득자의 의무를 말한다. 금융부채로 분류되는 조건부 대가는 최초 인식과 후속측정을 모두 공정가치로 측정하고 당기손익으로 인식한다.

cpa.Hackers.com

제 **9** 장

충당부채와 기타 공시

해커스 IFRS 정윤돈 재무회계 키 핸드북

I | 충당부채의 의의와 인식, 측정

01 충당부채의 의의

충당부채는 지출하는 시기 또는 금액이 불확실한 부채를 말한다.

일반적으로 모든 충당부채는 결제에 필요한 지출의 시기 또는 금액이 불확실하므로 우발적이라고 할 수 있다. 그러나 기업이 전적으로 통제할 수 없는 하나 이상의 불확실한 미래사건의 발생 여부로만 부채나 자산의 존재 여부를 확인할 수 있는데 이를 확인할 수 없어 재무제표에 부채나 자산으로 인식하지 않는 경우에 우발부채, 우발자산이라는 용어를 사용한다.

> **☆ Self Study**
>
> 1. 충당부채는 결제에 필요한 미래 지출의 시기 또는 금액에 불확실성이 있다는 점에서 매입채무나 미지급비용 등의 부채와 구별된다. 미지급비용도 지급 시기나 금액의 추정이 필요한 경우가 있지만 일반적으로 충당부채보다는 불확실성이 훨씬 작다.
>
> 2. 충당부채는 현재의무이고 이를 이행하기 위하여 경제적 효익이 있는 자원을 유출할 가능성이 높으며 해당 금액을 신뢰성 있게 추정할 수 있으므로 부채로 인식한다. 충당부채는 반드시 재무제표에 부채로 인식한다. 그러나 우발부채나 우발자산은 재무제표에 자산이나 부채로 인식하지 않는다.

02 충당부채의 인식과 우발부채, 우발자산

(1) 충당부채의 인식요건

충당부채는 다음의 요건을 모두 충족하는 경우에 인식한다.

> ① 과거사건의 결과로 현재의무가 존재한다.
> ② 해당 의무를 이행하기 위하여 경제적 효익이 내재된 자원의 유출가능성이 높다.
> ③ 해당 의무의 이행에 소요되는 금액을 신뢰성 있게 추정할 수 있다.

위의 요건을 충족하지 못하여 충당부채로 인식할 수 없는 의무를 우발부채라고 한다.

[충당부채와 우발부채]

자원의 유출가능성	금액의 신뢰성 있는 추정가능성	
	추정가능	추정불가능(극히 드묾)
높음(50% 초과)	① 현재의무: 충당부채로 인식하고 공시 ② 잠재적 의무: 우발부채로 주석 공시	우발부채로 주석 공시
높지 않음	우발부채로 주석 공시	우발부채로 주석 공시
아주 낮음	공시하지 않음	

① 현재의무

현재의무 ① or ②로 성립	① 법적의무: 명시적 또는 암묵적 조건에 따른 계약, 법률 및 그 밖의 법적 효력에서 생기는 의무
	② 의제의무: 과거의 실무관행, 발표된 경영방침 또는 구체적이고 유효한 약속 등을 통해 기업이 특정 책임을 부담하겠다는 것을 상대방에게 표명하여, 상대방이 당해 책임을 이행할 것이라는 정당한 기대를 가지게 되는 경우

드물지만 현재의무가 있는지 분명하지 않은 경우가 있다. 이 경우에는 사용할 수 있는 증거를 모두 고려하여 보고기간 말에 현재의무가 존재할 가능성이 존재하지 않을 가능성보다 높으면 과거사건이 현재의무를 생기게 한 것으로 본다.

☆ Self Study

1. 의무는 의무의 이행대상이 되는 상대방이 존재하여야 한다. 그러나 의무의 상대방이 불특정 일반대중이 될 수도 있다(즉, 현재의무가 성립되기 위해서 의무의 상대방이 누구인지 반드시 알아야 하는 것은 아니다). 의무에는 반드시 상대방에 대한 확약이 포함되므로, 경영진이나 이사회의 결정이 보고기간 말이 되기 전에 충분히 구체적인 방법으로 전달되어 기업이 자신의 책임을 이행할 것이라는 정당한 기대를 상대방에게 갖도록 해야만 해당 결정이 의제의무를 생기게 하는 것으로 본다.

2. 고려해야 할 증거에는 보고기간후사건이 제공하는 추가적인 증거도 포함된다.

② 과거사건

현재의무를 생기게 하는 과거사건을 의무발생사건이라고 한다. 의무발생사건이 되기 위해서는 당해 사건으로부터 발생된 의무를 이행하는 것 외에는 실질적인 대안이 없어야 한다.

- **복구의무**

기업의 미래 행위(미래 사업 행위)와 관계없이 존재하는 과거사건에서 생긴 의무만을 충당부채로 인식한다.

어떤 사건은 발생 당시에는 현재의무를 생기게 하지 않지만 나중에 의무를 생기게 할 수 있다. 법률이 제정·개정되면서 의무가 생기거나 기업의 행위에 따라 나중에 의제의무가 생기는 경우가 있기 때문이다. 입법 예고된 법률의 세부사항이 아직 확정되지 않은 경우에는 해당 법안대로 제정될 것이 거의 확실한 때에만 의무가 생긴 것으로 본다.

복구의무와 충당부채 예시

- **설치의무**

  사업적 압력이나 법률 규정 때문에 공장에 특정 정화장치를 설치하는 지출을 계획하고 있거나 그런 지출이 필요한 경우에는 공장 운영방식을 바꾸는 등의 미래 행위로 미래의 지출을 회피할 수 있으므로 미래에 지출을 해야 하는 현재의무는 없다. 그러므로 이러한 경우 충당부채로 인식하지 않는다.

설치의무와 충당부채 예시

- **수선비**

  유형자산을 정기적으로 수선해야 하는 경우 미래에 발생할 수선비에 대해 현재시점에서 비용을 인식하면서 수선충당부채로 인식할 수 없다.

☆ **Self Study**

미래에 발생할 수선원가(수선유지비)는 법률적인 요구가 있든 없든 충당부채가 아니다.

---

③ **경제적 효익이 있는 자원의 유출가능성**

부채로 인식하기 위해서는 현재의무가 존재해야 할 뿐만 아니라 당해 의무가 이행을 위하여 경제적 효익을 갖는 자원의 유출가능성이 높아야 한다(특정 사건이 일어날 가능성이 일어나지 않을 가능성보다 높은 경우). 현재의무의 존재가능성이 높지 않은 경우에는 우발부채로 공시한다. 다만, 해당 의무를 이행하기 위하여 경제적 효익이 있는 자원을 유출할 가능성이 희박한 경우에는 공시하지 않는다.

제품보증 또는 이와 유사한 계약 등 다수의 유사한 의무가 있는 경우 의무이행에 필요한 자원의 유출가능성은 당해 유사한 의무 전체를 고려하여 결정한다.

④ **신뢰성 있는 추정**

추정치의 사용은 재무제표 작성에 반드시 필요하며 재무제표의 신뢰성을 떨어뜨리지 않는다. 극히 드문 경우로 신뢰성 있는 금액의 추정을 할 수 없을 때에는 부채로 인식하지 않고 우발부채로 공시한다.

(2) 우발부채

우발부채는 재무제표에 인식하지 아니한다. 의무를 이행하기 위하여 경제적 효익이 있는 자원을 유출할 가능성이 희박하지 않다면 우발부채로 주석에 공시한다.

우발부채는 처음에 예상하지 못한 상황에 따라 변할 수 있으므로, 경제적 효익이 있는 자원의 유출가능성이 높아졌는지를 판단하기 위하여 우발부채를 지속적으로 평가한다. 과거에 우발부채로 처리하였더라도 미래경제적 효익의 유출가능성이 높아진 경우에는 신뢰성 있게 추정할 수 없는 극히 드문 경우를 제외하고는 그러한 가능성 변화가 생긴 기간의 재무제표에 충당부채로 인식한다.

(3) 우발자산

우발자산은 과거사건으로 생겼으나, 기업이 전적으로 통제할 수는 없는 하나 이상의 불확실한 미래사건의 발생 여부로만 그 존재 유무를 확인할 수 있는 잠재적 자산을 말한다.

기업이 제기하였으나 그 결과가 불확실한 소송을 예로 들 수 있다.

우발자산은 미래에 전혀 실현되지 않을 수도 있는 수익을 인식하는 결과를 가져올 수 있기 때문에 재무제표에 인식하지 아니한다. 그러나 우발부채와 마찬가지로 상황의 변화가 적절하게 재무제표에 반영될 수 있도록 우발자산을 지속적으로 평가하여 상황 변화로 수익의 실현이 거의 확실하다면 관련 자산은 우발자산이 아니므로 해당 자산을 재무제표에 인식하는 것이 타당하다.

자원의 유입가능성	금액의 신뢰성 있는 추정	
	추정 가능	추정 불가능
거의 확실	재무상태표에 자산으로 인식	우발자산으로 주석 공시
높지만 거의 확실하지 않음	우발자산으로 주석 공시	우발자산으로 주석 공시
높지 않음	공시하지 않음	

☆ Self Study

1. 예상이익의 경우 발생가능성이 높지만 확실하지 않은 경우 우발자산으로 주석 공시, 거의 확실한 경우는 자산으로 인식한다.

2. 극히 드문 경우지만 요구하는 모든 사항이나 일부 사항을 공시하는 것이 해당 충당부채, 우발부채, 우발자산과 관련하여 진행 중인 상대방과의 분쟁에 현저하게 불리한 영향을 미칠 것으로 예상되는 경우에는 그에 관한 공시를 생략할 수 있다. 다만, 해당 분쟁의 전반적인 특성과 공시를 생략한 사실 및 사유는 공시한다.

03 충당부채의 측정

(1) 최선의 추정치

충당부채로 인식하는 금액은 현재의무를 보고기간 말에 이행하기 위하여 필요한 지출에 대한 최선의 추정치여야 한다.

충당부채로 인식하여야 하는 금액과 관련된 불확실성은 상황에 따라 판단한다. 다수의 항목과 관련되는 충당부채를 측정하는 경우에 해당 의무는 가능한 모든 결과에 관련된 확률을 가중평균하여 추정한다. 이러한 통계적 추정방법을 기댓값이라고 한다. 가능한 결과가 연속적인 범위에 분포하고 각각의 발생확률이 같을 경우에는 해당 범위의 중간값을 사용한다.

하나의 의무를 측정하는 경우에는 가능성이 가장 높은 단일의 결과가 해당 부채에 대한 최선의 추정치가 될 수 있다. 그러나 그러한 경우에도 그 밖의 가능한 결과들을 고려한다. 만약 그 밖의 가능한 결과들이 가능성이 가장 높은 결과보다 대부분 높거나 낮다면 최선의 추정치도 높거나 낮은 금액일 것이다.

✏ **불확실성과 관련하여 충당부채로 인식하여야 하는 금액**

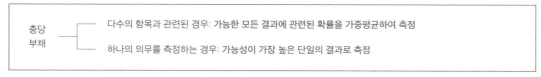

충당부채 ── 다수의 항목과 관련된 경우: 가능한 모든 결과에 관련된 확률을 가중평균하여 측정

충당부채 ── 하나의 의무를 측정하는 경우: 가능성이 가장 높은 단일의 결과로 측정

─☆ **Self Study**

충당부채의 법인세효과와 그 변동은 한국채택국제회계기준 제1021호 '법인세'에 따라 회계처리하므로 충당부채는 세전 금액으로 측정한다.

(2) 위험과 불확실성

불확실성을 이유로 과도한 충당부채를 계상하거나, 부채를 고의적으로 과대표시하는 것은 정당화될 수 없다.

(3) 현재가치

충당부채는 미래의 예상되는 지출이므로 화폐의 시간가치가 중요할 수 있다. 이러한 경우 충당부채는 예상되는 지출액의 현재가치로 평가한다. 현재가치 평가 시 적용할 할인율은 부채의 특유한 위험과 화폐의 시간가치에 대한 현행 시장의 평가를 반영한 세전이자율이다. 이 할인율에는 미래현금흐름을 추정할 때 고려된 위험을 반영하지 않는다.

충당부채를 현재가치로 평가하는 경우 충당부채의 장부금액을 기간 경과에 따라 증가시키고, 해당 증가금액은 차입원가(= 이자비용)로 인식한다.

(4) 미래사건

현재의무를 이행하기 위하여 필요한 지출 금액에 영향을 미치는 미래사건이 일어날 것이라는 충분하고 객관적인 증거가 있는 경우에는 그 미래사건을 고려하여 충당부채 금액을 추정한다.

새로운 법률의 제정이 거의 확실하다는 충분하고 객관적인 증거가 존재할 때 해당 법률의 영향을 고려하여 충당부채를 측정한다. 일반적으로 새로운 법률이 제정되기 전까지는 충분하고 객관적인 증거가 존재하지 않는다.

(5) 예상되는 자산 처분

예상되는 자산 처분이 충당부채를 생기게 한 사건과 밀접하게 관련되었더라도 예상되는 자산 처분이익은 충당부채를 측정하는 데 고려하지 않는다. 예상되는 자산 처분이익은 해당 자산과 관련된 회계처리를 다루는 한국채택국제회계기준에 규정하는 시점에 인식한다.

(6) 미래 예상 영업손실

미래의 예상 영업손실은 충당부채로 인식하지 않는다. 그러나 미래에 영업손실이 예상되는 경우에는 영업과 관련된 자산이 손상되었을 가능성이 있으므로 기업회계기준 제1036호 '자산손상'에 따라 손상검사를 수행한다.

04 충당부채의 사용과 변동 및 변제

(1) 충당부채의 사용과 변동

구분	내용	비고
사용	최초 인식과 관련된 지출에만 사용	
변동	보고기간 말 최선의 추정치를 반영하여 조정	현재가치 평가 시 유효이자율법 적용, 할인율의 변동분도 반영

(2) 충당부채의 변제

충당부채를 결제하기 위하여 필요한 지출액의 일부나 전부를 제3자가 변제할 것으로 예상되는 경우에는 기업이 의무를 이행한다면 변제를 받을 것이 거의 확실하게 되는 때에만 변제금액을 별도의 자산으로 인식한다. 다만, 자산으로 인식하는 금액은 관련 충당부채 금액을 초과할 수 없다. 그러나 충당부채와 관련하여 포괄손익계산서에 인식한 비용은 제3자의 변제와 관련하여 인식한 수익과 상계표시를 할 수 있다.

차) 손해배상손실	××	대) 손해배상충당부채	××
차) 대리변제자산	관련 충당부채 초과 금지	대) 손해배상손실 or 충당부채 관련 수익	××

┌─ **참고** ─ 제3자와 연대하여 의무를 지는 경우 ─────

어떤 의무에 대하여 제3자와 연대하여 의무를 지는 경우에는 이행할 전체 의무 중 제3자가 이행할 것으로 예상되는 부분을 우발부채로 처리한다. 신뢰성 있게 추정할 수 없는 극히 드문 경우를 제외하고는 해당 의무 중에서 경제적 효익이 있는 자원의 유출가능성이 높은 부분에 대해서 충당부채로 인식한다.

구분	내용	비고
연대보증의무	① 회사가 이행할 부분 + 제3자가 이행 못하는 부분: 충당부채 ② 제3자가 이행할 부분: 우발부채	자원의 유출가능성이 높지 않은 경우 금융보증부채로 보증기간에 걸쳐 수익 인식

Ⅱ | 충당부채 인식과 측정기준의 적용

01 손실부담계약

손실부담계약이란 계약상의 의무이행에서 발생하는 회피불가능한 원가가 그 계약에 의하여 받을 것으로 기대되는 경제적 효익을 초과하는 계약을 말한다. 만약 기업이 손실부담계약을 체결하고 있는 경우에는 관련된 현재의무를 충당부채로 인식하고 측정해야 한다.

손실부담계약을 충당부채로 인식하고 측정할 경우에 회피불가능 원가는 계약을 해지하기 위한 최소순원가로 다음과 같이 측정한다.

> **손실부담계약의 충당부채 인식액:** Min[A, B]
>
> A. 계약 이행 시의 손실: 계약을 이행하기 위하여 필요한 원가
>
> B. 계약 불이행 시의 손실: 계약을 이행하지 못하였을 때 지급하여야 할 보상금이나 위약금

한편, 손실부담계약에 대한 충당부채를 인식하기 전에 해당 손실부담계약을 이행하기 위하여 사용하는 자산에서 생긴 손상차손을 먼저 인식한다.

02 구조조정

(1) 구조조정의 정의

구조조정이란 경영진의 계획과 통제에 따라 사업의 범위 또는 사업수행방식을 중요하게 변화시키는 일련의 절차를 말한다.

(2) 구조조정의 인식

구조조정과 관련된 충당부채는 인식기준을 모두 충족하는 경우에만 인식한다. 구조조정에 대한 의제의무는 다음의 요건을 모두 충족하는 경우에만 생긴다.

> ① 계획의 공표: 구조조정에 대한 공식적, 구체적 계획에 의하여 주요 내용을 확인할 수 있다.
>
> ② 정당한 기대: 기업이 구조조정계획의 이행에 착수하였거나 구조조정의 주요 내용을 공표함으로써 구조조정의 영향을 받을 당사자가 기업이 구조조정을 이행할 것이라고 정당한 기대를 가져야 한다.

(3) 구조조정의 측정

구조조정충당부채로 인식할 수 있는 지출은 구조조정 과정에서 생기는 직접비용만을 포함해야 하며 다음의 요건을 모두 충족해야 한다.

> ① 구조조정과 관련하여 필수적으로 발생하는 지출
>
> ② 기업의 계속적인 활동과 관련 없는 지출

03 제품보증충당부채

제품보증이란 제품의 판매와 용역의 제공 후 제품의 결함이 있을 경우에 그것을 보증하여 수선이나 교환해주겠다는 구매자와 판매자 사이의 계약을 말한다. 이러한 제품보증으로 인하여 미래에 보증청구를 위한 자원의 유출가능성이 높으며, 자원의 유출금액에 대해 신뢰성 있는 추정이 가능하다면 제품보증충당부채를 인식해야 한다. 이러한 제품보증은 보증이라는 용역과 결합하여 나타나는 회계처리이므로 〈제14장 고객과의 계약에서 생기는 수익〉에서 자세히 다루도록 한다.

Ⅲ | 보고기간후사건

01 의의

보고기간후사건은 보고기간 말과 재무제표 발행승인일 사이에 발생한 유리하거나 불리한 사건을 말한다.

✎ 보고기간후사건

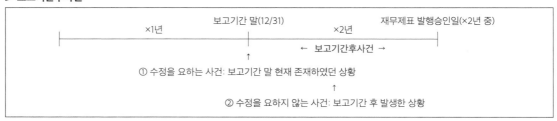

보고기간후사건은 수정을 요하는 보고기간후사건과 수정을 요하지 않는 보고기간후사건 두 가지 유형으로 분류된다.

구분	내용
수정을 요하는 보고기간후사건	보고기간 말에 존재하였던 상황에 대해 증거를 제공
수정을 요하지 않는 보고기간후사건	보고기간 후에 발생한 상황을 나타내는 사건

재무제표를 발행하기 위한 승인과정은 경영조직, 법적 요구사항, 재무제표를 작성하고 완성하기 위한 절차 등 여러 가지 요건에 따라 다르다. 재무제표 발행승인일은 다음과 같다.

① 재무제표를 발행한 이후에 주주에게 승인을 받기 위하여 제출하는 경우: 재무제표를 발행한 날
② 경영진이 별도의 감독이사회(비집행이사만으로 구성)의 승인을 얻기 위하여 재무제표를 발행하는 경우: 경영진이 감독이사회에 재무제표를 제출하기 위하여 승인한 날

─☆ Self Study

1. 보고기간후사건은 이익이나 선별된 재무정보를 공표한 후에 발생하였더라도, 재무제표 발행승인일까지 발생한 모든 사건을 포함한다.

2. 재무제표 발행승인일 후에 발생한 사건의 영향은 재무제표에 반영하지 않으므로 재무제표 발행승인일의 공시는 이용자에게 중요한 정보가 된다. 따라서 기업은 재무제표의 발행승인일과 승인자를 공시한다. 재무제표 발행 후에 기업의 소유주 등이 재무제표를 수정할 권한이 있다면 그 사실을 공시한다.

02 수정을 요하는 보고기간후사건

수정을 요하는 보고기간후사건은 이를 반영하기 위하여 재무제표에 이미 인식한 금액은 수정하고, 재무제표에 인식하지 않은 항목은 새로 인식해야 한다. 수정을 요하는 보고기간후사건의 예는 다음과 같다.

① 보고기간 말에 존재하였던 현재의무가 보고기간 후에 소송사건의 확정에 의해 확인되는 경우
② 보고기간 말에 이미 자산손상이 발생되었음을 나타내는 정보를 보고기간 후에 입수하는 경우나 이미 손상차손을 인식한 자산에 대하여 손상차손금액의 수정이 필요한 정보를 보고기간 후에 입수한 경우
  • 보고기간 후의 매출처 파산은 보고기간 말에 고객의 신용이 손상되었음을 확인해준다.
  • 보고기간 후의 재고자산 판매는 보고기간 말의 순실현가능가치에 대한 증거를 제공할 수 있다.
③ 보고기간 말 이전에 구입한 자산의 취득원가나 매각한 자산의 대가를 보고기간 후에 결정하는 경우
④ 보고기간 말 이전 사건의 결과로서 보고기간 말에 종업원에게 지급해야 할 법적의무나 의제의무가 있는 이익분배나 상여금지급금액을 보고기간 후에 확정하는 경우
⑤ 재무제표가 부정확하다는 것을 보여주는 부정이나 오류를 발견한 경우

03 수정을 요하지 않는 보고기간후사건

수정을 요하지 않는 보고기간후사건은 재무제표에 인식된 금액을 수정하지 아니한다. 이러한 사건의 예로는 보고기간 말과 재무제표 발행승인일 사이의 투자자산의 공정가치 하락을 들 수 있다. 공정가치의 하락은 일반적으로 보고기간 말의 상황과 관련된 것이 아니라 보고기간 후에 발생한 상황이 반영된 것이므로 재무제표에 인식된 금액을 수정하지 아니한다.

보고기간 후에 지분상품 보유자에 대해 배당을 선언한 경우, 그 배당금을 보고기간 말의 부채로 인식하지 아니한다. 보고기간 후부터 재무제표 발행승인일 전 사이에 배당을 선언한 경우, 보고기간 말에 어떠한 의무도 존재하지 않으므로 보고기간 말에 부채로 인식하지 아니한다.

기업은 수정을 요하지 않는 보고기간후사건으로 중요한 것은 그 범주별로 사건의 성격과 사건의 재무적 영향에 대한 추정치 또는 그러한 추정을 할 수 없는 경우에 이에 대한 설명을 공시한다.

[보고기간후사건의 구조]

구분	보고기간 종료일 (×1년 말)	재무제표 발행승인일 (×2년 2월)	재무제표 수정 (×1년 F/S)
수정을 요하는 사건	존재	추가적인 증거	수정 ○
수정을 요하지 않는 사건	미존재	추가 발생한 상황	수정 ×

Ⅳ | 중간재무보고

01 의의

중간재무보고는 한 회계기간을 몇 개의 기간으로 나누어 하는 재무보고를 말한다. 적시성과 재무제표 작성비용의 관점에서 또한 이미 보고된 정보와의 중복을 방지하기 위하여 중간재무보고서에는 연차재무제표에 비하여 적은 정보를 공시할 수 있다. 기업회계기준서 제1034호 '중간재무보고'에 따르면 중간재무보고서의 최소 내용은 요약 재무제표와 선별적 주석을 포함하는 것으로 본다.

> ☆ **Self Study**
>
> 1. 중간기간은 한 회계기간보다 짧은 회계기간을 말하며, 3개월 단위의 중간기간을 분기, 6개월 단위의 중간기간을 반기라고 한다(상장기업의 경우 최소한 반기기준으로 중간재무보고를 하고, 중간기간 종료 후 60일 이내에 중간재무보고를 하도록 권장한다).
> 2. 중간재무보고서는 직전의 전체 연차재무제표를 갱신하는 정보를 제공하기 위하여 작성한 것으로 본다. 따라서 중간재무보고서는 새로운 활동, 사건과 환경에 중점을 두며 이미 보고된 정보를 반복하지 않는다.

02 형식과 내용

직전 연차재무보고서를 연결기준으로 작성하였다면 중간재무보고서도 연결기준으로 작성해야 한다. 지배기업의 별도재무제표는 직전 연차연결재무제표와 일관되거나 비교가능한 재무제표가 아니다. 연차재무보고서에 연결재무제표 외에 추가적으로 지배기업의 별도재무제표가 포함되어 있더라도, 중간재무보고서에 지배기업의 별도재무제표를 포함하는 것을 요구하거나 금지하지 않는다.

> ☆ **Self Study**
>
> 1. 중간재무보고서의 이용자는 해당 기업의 직전 연차재무보고서도 이용할 수 있을 것이다. 따라서 직전 연차재무보고서에 이미 보고된 정보에 대한 갱신사항이 상대적으로 경미하다면 중간재무보고서에 주석으로 보고할 필요는 없다.
> 2. 직전 연차보고기간 말 후에 발생한 사건이나 거래가 재무상태와 경영성과의 변동을 이해하는 데 유의적인 경우에 중간재무보고서는 직전 연차보고기간의 재무제표에 포함되어 있는 관련 정보에 대하여 설명하고 갱신하여야 한다.
> 3. 중간재무보고서를 작성할 때 인식, 측정, 분류 및 공시와 관련된 중요성의 판단은 해당 중간기간의 재무자료에 근거하여 이루어져야 한다. 중요성을 평가하는 과정에서 중간기간의 측정은 연차재무자료의 측정에 비하여 추정에 의존하는 정도가 크다는 점을 고려하여야 한다.

03 중간재무제표가 제시되어야 하는 기간

중간재무보고서는 중간기간 또는 누적기간을 대상으로 작성하는 재무보고서이다. 이때 누적기간은 회계기간 개시일부터 당해 중간기간의 종료일까지의 기간이다.

> ① 당해 중간보고기간 말과 직전 연차보고기간 말을 비교하는 형식으로 작성한 재무상태표
> ② 당해 중간기간과 당해 회계연도 누적기간을 직전 회계연도의 동일기간과 비교하는 형식으로 작성한 포괄손익계산서
> ③ 당해 회계연도 누적기간을 직전 회계연도의 동일기간과 비교하는 형식으로 작성한 자본변동표
> ④ 당해 회계연도 누적기간을 직전 회계연도의 동일기간과 비교하는 형식으로 작성한 현금흐름표

[12월 말 결산법인의 반기재무보고 - 분기별로 중간재무보고서를 발표하는 기업]

구분	당기	전기
재무상태표	20×1년 6월 30일 현재	20×0년 12월 31일 현재
포괄손익계산서	20×1년 4월 1일 ~ 20×1년 6월 30일 20×1년 1월 1일 ~ 20×1년 6월 30일	20×0년 4월 1일 ~ 20×0년 6월 30일 20×0년 1월 1일 ~ 20×0년 6월 30일
자본변동표 현금흐름표	20×1년 1월 1일 ~ 20×1년 6월 30일	20×0년 1월 1일 ~ 20×0년 6월 30일

* 반기별로 중간재무보고서를 발표하는 기업의 경우에는 반기재무보고서 중 포괄손익계산서에 직전 3개월(4월 1일 ~ 6월 30일)의 중간기간을 표시하지 않는다.

04 인식과 측정

(1) 연차기준과 동일한 회계정책

중간재무제표는 연차재무제표에 적용하는 회계정책과 동일한 회계정책을 적용하여 작성한다. 연차재무제표의 결과는 보고빈도(연차보고, 반기보고, 분기보고)에 따라 달라지지 않아야 한다. 이러한 목적을 달성하기 위하여 중간재무보고를 위한 측정은 당해 회계연도 누적기간을 기준으로 하여야 한다. 이는 중간기간이 회계연도의 부분이라는 사실을 인정하고 있는 것이다.

(2) 계절적, 주기적 또는 일시적인 수익

계절적, 주기적 또는 일시적으로 발생하는 수익은 연차보고기간 말에 미리 예측하여 인식하거나 이연하는 것이 적절하지 않은 경우, 중간보고기간 말에도 미리 예측하여 인식하거나 이연하여서는 안 된다.

(3) 연중 고르지 않게 발생하는 원가

연중 고르지 않게 발생하는 원가는 연차보고기간 말에 미리 비용으로 예측하여 인식하거나 이연하는 것이 타당한 방법으로 인정되는 경우에 한하여 중간재무보고서에서도 동일하게 처리된다.

(4) 추정치의 사용

중간재무보고서 작성을 위한 측정 절차는 측정 결과가 신뢰성이 있으며 기업의 재무상태와 경영성과를 이해하는 데 적합한 모든 중요한 재무정보가 적절히 공시되었다는 것을 보장할 수 있도록 설계한다. 연차기준과 중간기준의 측정 모두 합리적인 추정에 근거하지만 일반적으로 중간기준의 측정은 연차기준의 측정보다 추정을 더 많이 사용한다.

☆ **Self Study**

1. 중간기간의 법인세비용은 기대 총연간이익에 적용될 수 있는 법인세율, 즉 추정평균연간유효법인세율을 중간기간의 세전이익에 적용하여 계산한다. 세무상 결손금의 소급공제 혜택은 관련 세무상 결손금이 발생한 중간기간에 반영한다.

2. 중간보고기간 말 현재 자산의 정의를 충족하지는 못하지만 그 후에 정의를 충족할 가능성이 있다는 이유로 또는 중간기간의 이익을 유연화하기 위하여 자산으로 계상할 수 없다.

cpa.Hackers.com

제 **10** 장

자본

해커스 IFRS 정윤돈 재무회계 키 핸드북

회계사 · 세무사 · 경영지도사 단번에 합격! 해커스 경영아카데미
cpa.Hackers.com

I | 자본의 의의와 분류

01 자본의 의의와 측정

(1) 자본의 의의

자본은 기업의 경제적 자원 중 주주들에게 귀속되는 지분을 말한다.

> 자산 - 부채 = 자본(주주지분, 소유지분, 잔여지분, 자기자본)

(2) 자본의 측정

'재무보고를 위한 개념체계'에 따르면 자본은 별도로 측정할 수 없으며, 자산과 부채를 측정한 결과 그 차액으로만 계산된다. 즉, 자산에서 부채를 차감한 잔여지분으로 독립적으로 측정할 수 없으며, 평가의 대상이 아니다.

> **─☆ Self Study**
>
> 자본은 평가의 대상이 아니다(인식과 측정기준은 구비되어 있지 않다). 그러므로 최초 인식일 이후 매기 말 공정가치 변동에 대한 후속측정을 하지 않는다.

02 자본의 분류

자본은 자산과 부채가 증감하게 된 원인별로 구분하여 재무상태표에 표시된다. 자산과 부채가 증감하게 된 원인이 되는 거래는 자본거래와 손익거래로 구분된다.

> ① **자본거래**: 현재 또는 잠재적 주주와의 거래
> ② **손익거래**: 자본거래 이외의 모든 거래

✎ **자본거래와 손익거래 구조**

재무상태표		포괄손익계산서
자산	부채	수익
	자본	(-)비용
	자본거래(주주와의 거래)	
	손익거래 - 이익잉여금	당기순이익(N/I)
	- 기타포괄손익누계액(OCI)	기타포괄손익(OCI변동)
		총포괄손익

(1) 자본거래

자본거래의 결과는 당기손익에 반영되어서는 안 되며, 자본거래의 결과로 발생한 이익과 손실은 거래별로 서로 상계한 이후의 잔액만을 표시한다. 상계한 후의 잔액이 대변잔액이면 자본에 가산하여 표시하고, 차변잔액이면 자본에 차감하여 표시한다.

한국채택국제회계기준 기준서 제1001호 '재무제표 표시'에서는 자본을 납입자본, 이익잉여금 및 기타자본구성요소로 분류하도록 하고 있다. 따라서 자본거래의 결과는 납입자본이나 기타자본구성요소로 분류되어야 하는데, 한국채택국제회계기준의 규정은 강제 규정이 아니므로 기업들이 스스로 판단하여 분류를 변경하여 표시할 수도 있다.

[자본의 분류]

거래의 구분	한국채택국제회계기준	일반기업회계기준
자본거래	납입자본	자본금
		자본잉여금
손익거래	기타자본요소	자본조정
		기타포괄손익누계액
	이익잉여금	이익잉여금

또한, 자본거래의 결과에는 손익이 발생하지 않고 부(-)의 자본이 발생하는 경우(Ex. 자기자본)도 있다. 이 경우, 부(−)의 자본은 자본에서 차감하여 표시하고 납입자본이나 기타자본구성요소로 적절하게 구분하여 표시한다. 자본거래의 결과로 증가하는 자본은 주주들에게 배당할 수 없으며, 자본전입이나 결손보전 이외의 목적에는 사용할 수 없다.

(2) 손익거래

손익거래의 결과는 원칙적으로 모두 당기손익이 포함되어야 한다. 그러나 손익거래의 결과이지만 정책적인 목표나 기타의 이유로 인하여 당기손익에 포함시키기 어려운 경우에는 포괄손익계산서의 기타포괄손익으로 하여 총포괄이익에 포함시킨다.

기타포괄손익은 총포괄손익에 포함한 직후 누적금액을 재무상태표의 자본항목으로 구분하여 보고하는데 후속적으로 당기손익으로 재분류되거나 다른 자본항목으로 대체될 수 있다. 누적금액이 자본항목으로 보고되는 기타포괄손익은 기타자본구성요소에 포함시킨다.

재무상태표에 당기순이익의 누적액을 이익잉여금으로 보고하며, 당기순손실의 누적액을 결손금으로 보고한다. 이익잉여금과 결손금은 재무상태표에 동시에 표시되는 것이 아니라 누적이익인 경우에는 이익잉여금으로, 누적손실인 경우에는 결손금으로 표시한다.

Ⅱ | 자본금

01 자본금의 의의

기업이 발행하는 주식 1주의 금액이 정관에 정해져 있는 주식을 액면주식이라고 하고, 1주의 금액이 정해져 있지 않는 주식을 무액면주식이라고 한다. 자본금은 발행주식이 액면주식인지 아니면 무액면주식인지에 따라 다르게 결정된다.

액면주식의 자본금은 발행주식수에 액면금액을 곱한 금액을 말한다. 우리나라 상법은 회사의 정관에 규정이 있는 경우 무액면주식의 발행을 허용하고 있다.

> **Additional Comment**
>
> 주식회사는 설립과 동시에 회사가 발행할 주식의 총수와 액면주식을 발행하는 경우 1주의 금액(액면금액) 및 회사의 설립 시에 발행하는 주식의 총수를 정관에 기재하여야 한다. 이때 발행할 수 있는 주식의 총수를 수권주식수라고 한다. 수권주식수는 회사가 발행할 수 있는 주식의 총수일 뿐, 실제로 발행된 주식 수를 의미하는 것은 아니다.

02 주식의 종류

(1) 보통주

보통주는 기본적인 소유권을 나타내는 주식으로, 기업의 최종위험을 부담하는 잔여지분의 성격을 갖는 주식을 말한다. 한 가지 종류의 주식만을 발행하는 경우 당해 주식은 모두 보통주가 된다. 기업이 발행한 보통주를 보유하고 있는 자를 보통주주라고 하는데, 보통주주는 기본적으로 의결권과 신주인수권을 가진다.

(2) 우선주

기업이 여러 종류의 주식을 발행한 경우 보통주와 구분되는 다른 종류의 주식을 우선주라고 한다. 우선주에는 일반적으로 보통주에 기본적으로 내재되어 있는 의결권과 신주인수권이 제한된다. 이에 따라 우선주주가 보통주주에 비해 우선적 권리를 가지는 것이 일반적이다. 우선주에 대한 논의는 Ⅴ에서 보도록 한다.

Ⅲ | 자본거래

01 자본금의 증가거래(증자)

기업의 자본금을 증가시키는 절차를 증자라고 한다.

(1) 유상증자 – 현금출자

기업이 사업에 필요한 자금을 주식의 발행으로 조달할 경우 현재의 주주 또는 제3자로부터 현금을 납입받고 신주를 발행 · 교부한다. 이 경우 자본금은 기업이 유지해야 할 최소한의 자본을 말하며, 재무상태표에 보고될 자본금은 실제로 발행된 주식의 액면총액을 말한다. 그러나 주식의 발행금액은 일반적으로 액면금액과 일치하지 않는다. 발행주식이 액면주식일 경우 발행금액과 액면금액의 일치 여부에 따라 액면발행, 할증발행 또는 할인발행으로 구분된다. 이를 정리하면 다음과 같다.

> ① **액면발행**: 발행금액 = 액면금액
>
> ② **할증발행**: 발행금액 > 액면금액
>
> ③ **할인발행**: 발행금액 < 액면금액

주식의 발행금액이 액면금액을 초과하는 경우 그 금액을 주식발행초과금의 과목으로 하여 자본항목으로 표시하고, 주식의 발행금액이 액면금액을 미달하는 경우 동 금액은 주식할인발행차금의 과목으로 하여 부(-)의 자본항목으로 표시한다.

주식발행금액 > 액면금액	발행금액 – 액면금액 = 주식발행초과금(자본잉여금)
주식발행금액 < 액면금액	액면금액 – 발행금액 = 주식할인발행차금(자본조정)

주식발행초과금과 주식할인발행차금은 발생 순서와 관계없이 서로 우선 상계한다. 주식할인발행차금은 주주총회에서 이익잉여금의 처분으로 상각할 수 있다.

유상증자 시에는 신주발행수수료, 주권인쇄비, 인지세 등 거래원가가 발생하는데, 이러한 거래원가 중 해당 자본거래가 없었다면 회피할 수 있고 해당 자본거래에 직접 관련하여 생긴 증분원가는 자본에서 차감하여 회계처리한다. 유상증자 시 발생하는 거래원가를 신주발행비라고 하는데, 신주발행비는 주식의 발행으로 납입되는 현금액을 감소시키므로 주식의 발행금액에서 차감한다.

✎ 유상증자 - 현금출자의 회계처리

[할증발행]			
차) 현금	발행금액	대) 자본금	액면금액 × 발행주식 수
		주식발행초과금[1]	대차차액
차) 주식발행초과금	××	대) 현금	신주발행비 등
[할인발행]			
차) 현금	발행금액	대) 자본금	액면금액 × 발행주식 수
주식할인발행차금[1]	대차차액		
차) 주식할인발행차금	××	대) 현금	신주발행비 등

[1] 주식발행초과금과 주식할인발행차금은 서로 우선 상계

─☆ **Self Study**

1. 무액면주식을 발행하는 경우에는 이사회에서 자본금으로 계상하기로 한 금액의 총액을 자본금으로 하며, 이때 자본금으로 계상할 금액은 주식의 발행금액 중 2분의 1 이상의 금액으로 한다.

2. 상법상 법정자본금은 주주총회의 결의 등 상법상 자본절차를 밟지 않는 한 자본금을 감소시킬 수 없다. 따라서 자본금계정은 발행주식수에 액면금액을 곱한 금액으로 한다(할인발행의 경우도 동일).

3. 중도에 거래를 포기한 자본거래의 원가는 비용으로 인식한다.

(2) 유상증자 - 현물출자

주식을 발행하는 회사는 현금을 납입받는 것이 일반적이지만 현금 이외의 자산(다른 회사의 주식이나 부동산 등)을 납입받는 경우도 있는데, 이를 현물출자라고 한다. 즉, 현물출자는 신주발행의 대가로 현금이 납입되는 것이 아니라 유형자산 등의 비화폐성 자산이 납입되는 것을 말한다.

주식을 발행하는 회사의 입장에서 현금을 납입받든 현금 이외의 자산을 납입받든 관계없이 회사의 순자산은 실질적으로 증가하므로 현물출자도 유상증자에 해당한다.

현물출자의 경우, 자본을 직접 측정할 수 없으므로 현물출자자산의 공정가치를 주식의 발행금액으로 한다. 다만, 주식의 공정가치가 현물출자자산의 공정가치보다 더 신뢰성 있게 측정할 수 있는 경우에는 주식의 공정가치를 주식의 발행금액으로 한다.

[현물출자의 구조]

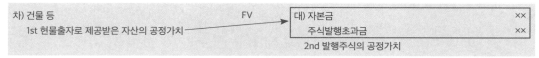

(3) 출자전환

금융부채는 일반적으로 현금으로 상환하지만 채권자와 채무자의 채권·채무 재조정을 통해 금융부채를 주식으로 전환하여 소멸되기도 하는데, 이를 출자전환이라고 한다. 즉, 출자전환은 채무자와 채권자가 금융부채의 조건을 재협상한 결과, 채무자가 채권자에게 지분상품을 발행하여 금융부채의 전부 또는 일부를 소멸시키는 것을 말한다. 이러한 출자전환을 통하여 발행된 지분상품은 금융부채가 소멸된 날에 최초로 인식하고 측정한다.

금융부채의 소멸을 위해 채권자에게 발행한 지분상품은 금융부채의 소멸을 위하여 지급한 대가로 본다. 따라서 금융부채의 전부 또는 일부를 소멸시키기 위하여 채권자에게 발행한 지분상품을 최초 인식할 때, 해당 지분상품의 공정가치를 신뢰성 있게 측정할 수 있다면 해당 지분상품의 공정가치로 측정한다. 이때 금융부채의 장부금액과 지분상품의 공정가치의 차액은 당기손익으로 인식한다.

만약, 발행된 지분상품의 공정가치를 신뢰성 있게 측정할 수 없다면 소멸된 금융부채의 공정가치로 지분상품을 측정한다.

[출자전환의 구조]

차) 금융부채	BV	대) 자본금	원칙: 발행주식의 FV
	예외: 금융부채 FV	주식발행초과금	
		채무조정이익	N/I

> ─☆ **Self Study**
>
> 출자전환으로 발행한 지분상품의 공정가치는 출자전환의 합의일이 아닌 출자전환으로 인한 금융부채의 소멸일의 공정가치를 기준으로 한다.

(4) 청약발행

회사를 처음 설립하여 주식을 발행하거나 또는 상장을 통하여 추가적인 신주를 발행할 경우 청약에 의한 신주발행이 주로 이용된다. 여기서 청약이란 주식을 구입할 의사가 있는 투자자가 발행금액 중 일부를 증거금으로 납입하고, 잔금은 미래의 일정 시점에 납입할 것을 약속하는 것을 말한다.

주식청약 시 투자자가 증거금으로 납입한 금액만 신주청약증거금(자본조정)으로 인식하고 자본으로 표시한다. 잔금납입일이 되어 청약이 이행되는 경우 신주청약증거금과 잔금납입액은 주식의 발행금액으로 처리한다.

> ① **청약일**: 투자자로부터 주식청약서와 신주청약증거금을 수령하고 자본조정으로 인식
> ② **주식발행일**: 청약증거금을 제외한 나머지 금액을 전액 납입받고 주식발행

한편, 잔금납입일에 청약이 이행되지 않는 경우 신주청약증거금은 청약미이행 규정에 따라 처리한다. 청약이 이행되지 않은 신주청약증거금은 다음과 같이 처리할 수 있다.

> ① 증거금을 몰수하는 경우: 몰수한 금액은 자본거래의 결과로 자본항목으로 처리
> ② 증거금으로 납입한 금액만큼 신주를 발행·교부: 신주청약증거금을 신주의 발행금액으로 처리
> ③ 증거금을 반환하는 경우: 반환할 금액은 현금지급의무가 있어 반환 시까지 부채로 인식

◊ **청약발행의 구조 예시 및 회계처리**

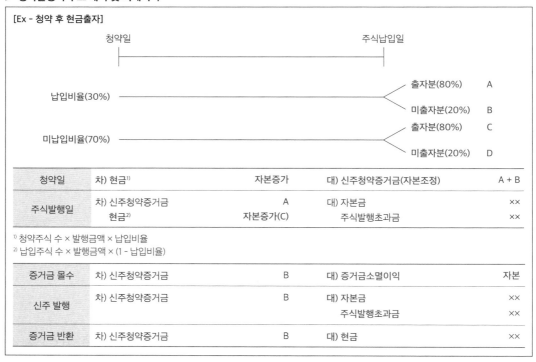

청약일	차) 현금[1]	자본증가	대) 신주청약증거금(자본조정)	A + B
주식발행일	차) 신주청약증거금 현금[2]	A 자본증가(C)	대) 자본금 주식발행초과금	×× ××

[1] 청약주식 수 × 발행금액 × 납입비율
[2] 납입주식 수 × 발행금액 × (1 − 납입비율)

증거금 몰수	차) 신주청약증거금	B	대) 증거금소멸이익	자본
신주 발행	차) 신주청약증거금	B	대) 자본금 주식발행초과금	×× ××
증거금 반환	차) 신주청약증거금	B	대) 현금	××

(5) 무상증자

상법에서는 주주총회 또는 이사회의 결의에 의하여 자본잉여금 또는 이익잉여금 중 법정적립금의 전부 또는 일부를 자본금으로 전입(액면배당만 가능)하고, 그 전입액에 대해서는 신주를 발행하여 주주에게 무상으로 교부할 수 있도록 하고 있는데 이를 무상증자라고 한다.

차) 자본잉여금 or 법정적립금(이익준비금)	××	대) 자본금	××

유상증자는 주식발행으로 현금이 유입되기 때문에 실질적으로 순자산이 증가하지만, 무상증자는 자본잉여금 또는 이익잉여금 중 법정적립금이 자본금으로 대체되는 것이므로 순자산의 변동(= 자본총계) 없이 발행주식수만 증가할 뿐이다.

┌─☆ **Self Study**─┐

무상증자를 할 경우 주주는 보유 주식수가 증가하지만 주식의 주당 가치는 하락하므로 주주의 부는 변동되지 않는다. 그러므로 주주는 무상증자로 주식을 수령하더라도 아무런 회계처리를 하지 않으며, 보유 주식의 단가를 하향조정하는 비망기록만 하면 된다.

02 자본금의 감소거래(감자)

기업의 자본금을 감소시키는 절차를 감자라고 한다.

(1) 유상감자

유상감자는 기존의 주주들에게 현금 등의 대가를 지급하고 해당 주주들로부터 주식을 반환받아 소각하는 것을 말한다. 주식을 소각하는 경우에는 현금이 유출되어 자본총계가 감소하게 되므로 실질적 감자라고 한다. 기업이 신주를 발행하였을 때 자본금이 증가하였던 것처럼, 발행되었던 주식을 다시 매입하여 소각하는 경우 기업의 자본금은 감소하게 된다. 이때 지급한 현금 등의 대가와 감소된 자본금의 차액이 생길 수도 있는데, 지급한 현금 등의 대가가 더 많다면 감자차손이 발생하고 감소된 자본금이 더 많다면 감자차익이 발생한다.

감자대가 < 주식의 액면금액	주식의 액면금액 – 감자대가 = 감자차익(자본잉여금)
감자대가 > 주식의 액면금액	감자대가 – 주식의 액면금액 = 감자차손(자본조정)

유상감자의 대가가 액면금액에 미달하는 경우 동 미달액은 감자차익의 과목으로 하여 자본잉여금으로 분류한다. 유상감자의 대가가 액면금액을 초과하는 경우 동 초과액은 감자차손의 과목으로 하여 자본조정으로 분류한다. 감자차익과 감자차손은 발생 순서에 관계없이 서로 우선 상계한다. 감자차손은 주주총회에서 이익잉여금의 처분으로 상각할 수 있다.

[감자대가 < 액면금액]			
차) 자본금	액면금액	대) 현금	감자대가
		감자차익[1]	대차차액
[감자대가 > 액면금액]			
차) 자본금	액면금액	대) 현금	감자대가
감자차손[1]	대차차액		

[1] 감자차익과 감자차손은 서로 우선 상계

☆ Self Study

한국채택국제회계기준에서는 감자차손익을 계산하는 방법에 대해 별도로 규정하지 않고 있다. 그럼에도 불구하고 감자 시 감자 관련 손익을 주식의 액면금액과 비교하여 계산하는 이유는 우리나라 상법상 자본잉여금은 결손보전과 자본금 전입을 제외하고는 처분하지 못하도록 규정하고 있기 때문이다. 다만, 실제 문제에서는 감자에 대하여 최초 발행금액에서 차감하는지 액면금액에서 차감하는지를 명확히 명시하고 있다.

(2) 무상감자

무상감자는 주주들에게 대가를 지급하지 않고 주당 액면금액을 감액시키거나 주식수를 일정 비율로 감소시키는 것을 말한다. 무상감자는 현금유출도 없고 자본이 감소하지도 않으므로 형식적 감자라고 한다.

차) 자본금	××	대) 이월결손금	××
		감자차익	××

일반적으로 무상감자는 누적결손금이 커지는 경우 결손보전 등의 목적으로 감자대가의 지급 없이 무상으로 주식을 상환하여 소각시키는 자본거래로 자본금을 감소시키지만 자본 총액은 변하지 않는다. 무상감자의 경우 감자대가가 없으므로 감자차익만 발생하고, 감자차손은 발생하지 않는다. 감자차손이 발생하려면, 감소되는 자본금보다 보전할 결손금이 더 많아야 하는데, 이는 보전되지 않은 결손금을 보유하는 상태에서 자본거래손익을 발생시키는 결과가 된다. 자본거래손실은 주주총회의 결의를 통하여 미처분이익잉여금이 상계될 부분인데, 아직 결손금이 남아있는 회사에 미처분이익잉여금이란 있을 수 없다. 그러므로 결손보전의 과정에서 감자차손이 발생하는 회계처리는 적절하지 않다.

☆ Self Study

증자와 감자거래의 재무제표 효과 비교

구분		자본금	자본총계
증자거래	유상증자	증가	증가
	무상증자	증가	변동 없음
감자거래	유상감자	감소	감소
	무상감자	감소	변동 없음

---

03 자기주식

(1) 자기주식의 의의

자기주식이란 주식회사가 이미 발행한 자기지분상품을 소각하거나 추후에 재발행할 목적으로 재취득한 것을 말한다. 기업회계기준서 제1032호 '금융상품: 표시'에서는 기업이 자기지분상품을 재취득하는 경우에 이러한 지분상품을 자본에서 차감한다고 규정하고 있다. 그러므로 자기지분상품을 매입, 매도, 발행, 소각하는 경우의 손익은 당기손익으로 인식하지 않는다.

☆ Self Study

1. 자기주식은 자산이 아닌 **자본의 차감계정**으로 본다. 그 이유는 자기주식을 자산으로 보는 견해는 자기가 자신의 소유주가 된다는 것이므로 논리적으로 타당하지 않고, 자기주식은 의결권, 배당청구권 등 주주의 기본적인 권리가 제한되어 있어 보유로 인한 효익을 얻을 수 없기 때문이다. 그러므로 자기주식의 취득은 불입자본의 환급일 뿐이며, 취득 시 유통주식수가 감소하므로 미발행주식이 증가한 것과 동일하다고 본다.

2. 기업이나 연결실체 내의 다른 기업이 이러한 자기주식을 취득하여 보유할 수 있다. 이 경우 지급하거나 수취한 대가는 자본으로 직접 인식한다.

---

(2) 자기주식의 회계처리

① 자기주식의 취득

기업이 자기지분상품인 자기주식을 유상으로 취득하는 경우 취득원가로 기록하고, 유통 중인 주식이 아님을 공시하기 위해 자본의 차감항목으로 하여 재무상태표에 공시(자본조정)한다.

차) 자기주식	자본조정(자본의 차감)	대) 현금	취득원가

② 자기주식의 처분

기업이 보유한 자기주식을 외부로 처분할 시 처분금액이 장부금액을 초과하는 경우 초과액은 자기주식처분이익의 과목으로 하여 자본잉여금으로 처리한다. 만일 처분금액이 장부금액에 미달하는 경우에는 미달액은 자기주식처분손실의 과목으로 하여 부(-)의 자본으로 분류하고 자본조정으로 처리한다.

처분대가 > 취득금액	처분대가 - 취득금액 = 자기주식처분이익(자본잉여금)
처분대가 < 취득금액	취득금액 - 처분대가 = 자기주식처분손실(자본조정)

자기주식처분이익과 자기주식처분손실은 발생 순서에 관계없이 서로 우선 상계한다. 자기주식처분손실은 주주총회에서 이익잉여금의 처분으로 상각할 수 있다.

[처분대가 > 취득금액]

차) 현금	처분대가	대) 자기주식	취득금액
		자기주식처분이익[1]	대차차액

[처분대가 < 취득금액]

차) 현금	처분대가	대) 자기주식	취득금액
자기주식처분손실[1]	대차차액		

[1] 자기주식처분이익과 자기주식처분손실은 서로 우선 상계

③ 자기주식의 소각

기업이 취득한 자기주식을 소각시키는 자본거래를 말한다. 이는 결과적으로 자본을 감소시키는 감자거래이므로 소각되는 주식의 자본금을 감소시키고, 감소되는 자본금과 자기주식의 취득원가를 비교하여 자본금 감소액이 더 많은 경우에는 감자차익의 과목으로 하여 자본잉여금으로 처리하고 자본금 감소금액이 더 적은 경우에는 감자차손의 과목으로 하여 자본조정으로 처리한다.

자본금 감소액 > 취득원가	자본금 감소액 - 취득원가 = 감자차익(자본잉여금)
자본금 감소액 < 취득원가	취득원가 - 자본금 감소액 = 감자차손(자본조정)

감자차익과 감자차손은 발생 순서에 관계없이 서로 우선 상계한다. 감자차손은 주주총회에서 이익잉여금의 처분으로 상각할 수 있다. 또한 자기주식의 소각을 통하여 자본의 구성내역만 변동할 뿐이지 **자본총계에 미치는 영향은 없다.**

[취득금액 < 액면금액]				
차) 자본금	액면금액	대) 자기주식		취득금액
		감자차익[1]		대차차액

[취득금액 > 액면금액]				
차) 자본금	액면금액	대) 자기주식		취득금액
감자차손[1]	대차차액			

[1] 감자차익과 감자차손은 서로 우선 상계

④ 주주로부터 자기주식의 무상취득

자기주식을 주주로부터 무상으로 증여받은 경우에는 회계처리가 없는 것이 타당하다. 그러므로 무상으로 증여받은 경우에는 별도의 회계처리 없이 비망기록한다.

Additional Comment

주주로부터 무상으로 증여받은 자기주식을 회계처리하지 않고 비망기록하는 이유는 다음과 같다. 자기주식은 자산이 아니라 자본의 차감항목이다. 이로 인해 자기주식을 계상하면 자본이 감소함과 동시에 자기주식수증이익으로 자본이 증가하여 자본총계에는 영향이 없으므로 회계처리의 실익이 없기 때문이다. 또한 '재무보고를 위한 개념체계'에 따르면 자본은 자산에서 부채를 측정한 결과 그 차액으로만 계산되므로 자산과 부채의 변동이 없는 자기주식의 무상증여는 회계처리가 필요하지 않다.

☆ Self Study

주주로부터 자기주식을 무상으로 취득한 경우 회계처리는 하지 않지만 이로 인해 보유 중인 자기주식의 주식수가 변경되어 자기주식의 평균 취득원가에도 영향을 미친다.

참고 자본거래유형과 자본거래손익 정리

구분		손실(-)		이익(+)
자본거래	증자거래	주식할인발행차금	우선	주식발행초과금
	감자거래	감자차손	↔	감자차익
	자기주식	자기주식처분손실	상계	자기주식처분이익
수익거래(N/I)		결손금	↔	이익잉여금

자본거래손익들은 발생 순서에 관계없이 해당 손익과 서로 우선 상계하고 미상계된 잔액은 이후 이익잉여금의 처분으로 상계하여 보전한다.

Ⅳ | 손익거래

01 이익잉여금의 의의와 종류

(1) 이익잉여금의 의의

이익잉여금은 회사의 정상적인 영업활동, 자산의 처분 및 기타의 손익거래에서 발생한 이익을 원천으로 하여 회사 내에 유보되어 있는 잉여금을 말한다. 즉, 재무상태표의 이익잉여금은 누적된 당기순이익에서 배당으로 사외유출되거나 자본의 다른 항목으로 대체된 금액을 차감한 후의 잔액을 의미한다.

> 이익잉여금 = Σ[(수익 - 비용) - 배당(사외유출) ± 자본전입 · 이입]

* 회사 설립시점부터 이익잉여금 계산시점까지를 나타낸다.

(2) 이익잉여금의 종류

이익잉여금	법정적립금(이익준비금)	영구적으로 현금배당 불가
	임의적립금	일시적으로 현금배당 불가
	미처분이익잉여금	즉시 현금배당 가능

① 법정적립금과 이익준비금

법정적립금은 법률에 따라 기업의 이익 중 일부를 적립한 것으로서, 이익준비금이 대표적인 항목이다. 이익준비금은 우리나라의 상법에 따라 기업이 자본금의 1/2에 달할 때까지 매기 결산 시 주식배당을 제외한 이익배당액(현금배당과 현물배당)의 1/10 이상을 적립한 금액이다. 이익준비금을 적립하는 이유는 회사가 가득한 이익을 주주들이 모두 배당으로 가져가는 것을 막기 위해서 이익으로 배당하려는 금액의 10% 이상을 회사 내에 유보하도록 하는 것이다.

② 임의적립금

임의적립금은 정관이나 주주총회 결의에 의하여 이익잉여금 중 사내에 유보한 이익잉여금을 말한다. 임의적립금은 적립목적이나 금액 등을 기업이 재량적으로 결정할 수 있다.

③ 미처분이익잉여금

회사가 창출한 당기순이익 중 배당, 자본조정항목의 상각 또는 다른 이익잉여금 계정으로 대체되지 않고 남아 있는 이익잉여금을 말한다. 즉, 기업의 미처분이익잉여금은 기업이 유보시킨 당기순이익 중에서 아직 배당되지 않거나 적립금으로 적립되지 않거나 자본조정과 상각되지 않아 배당의 재원 또는 추가적인 적립금의 적립재원이 될 수 있는 금액을 말한다.

> 미처분이익잉여금 = Σ[당기순손익 + 임의적립금 이입 - 이익잉여금 처분(배당, 적립 등)]

02 이익잉여금의 변동

[미처분이익잉여금의 변동 원인]

감소	증가
① 당기순손실	① 당기순이익
② 배당(사외유출)	② 자본전입(자본에서 대체: 감자 등)
③ 자본전입(자본으로 대체: 무상증자 등)	③ 임의적립금의 이입
④ 법정적립금과 임의적립금의 적립	
⑤ 자본조정항목 이익잉여금의 처분	

* 전기손익수정 또는 회계정책변경누적효과로 인하여 이익잉여금이 증감할 수 있다.

* 자산에 대한 재평가잉여금은 이익잉여금에 대체될 수 있다.

* 확정급여제도의 재측정요소는 기타포괄손익에 반영되지만 발생한 기간에 이익잉여금으로 대체할 수 있다.

* 주식할인발행차금의 상각, 자기주식처분손실 및 감자차손 등은 결손에 준하여 이익잉여금의 처분으로 처리할 수 있다.

(1) 당기순손익의 대체

✎ 당기순손익의 이익잉여금 대체 회계처리

[당기순이익 대체]

차) 집합손익   N/I   대) 미처분이익잉여금   ××

[당기순손실 대체]

차) 미처분이익잉여금   ××   대) 집합손익   N/I

(2) 기타포괄손익누계액의 대체

✎ 기타포괄손익누계액의 이익잉여금 대체 회계처리

[기타포괄이익누계액 대체]

차) 기타포괄손익누계액(Ex. 재평가잉여금)   ××   대) 미처분이익잉여금   ××

[기타포괄손실누계액 대체]

차) 미처분이익잉여금   ××   대) 기타포괄손실누계액(Ex. 금융자산평가손실)   N/I

(3) 배당

① 배당의 정의

배당은 기업의 경영활동의 결과를 통해 창출한 이익을 주주들에게 배분하는 것으로 자기자본에 대한 이자라고 할 수 있다. 배당은 현금으로 지급되는 것이 일반적이지만 경우에 따라서는 주식 등 다른 형태로 지급되기도 한다.

② 배당 관련 일자의 정의

배당의 회계처리에 있어서 배당기준일, 배당결의일, 배당지급일은 중요한 의미를 갖는다.

• 배당기준일

특정일 현재 주주명부에 기재된 주주들에게 배당을 받을 권리가 있다고 할 때 그 특정일이 배당기준일이다. 배당기준일 현재 주주라면 배당을 받을 권리가 있으며, 그 다음 날에 주주가 된 사람은 배당을 받을 권리가 없다. 일반적으로 연 1회 배당을 지급할 때 배당기준일은 결산일이다.

• 배당결의일

배당지급에 대한 결의는 주주총회 결의사항이다. 따라서 배당결의일은 주주총회 결의일이며, 주주총회 결의일에 비로소 회사는 배당금을 지급해야 할 의무가 발생한다.

• 배당지급일

배당을 결의했다고 해서 즉시 배당금이 지급되는 것은 아니다. 배당금은 상법에 따라 배당결의일로부터 1개월 내에 지급되며, 이 날이 배당지급일이다.

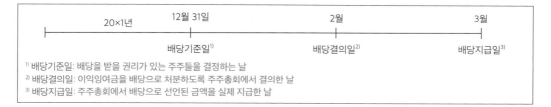

¹⁾ 배당기준일: 배당을 받을 권리가 있는 주주들을 결정하는 날
²⁾ 배당결의일: 이익잉여금을 배당으로 처분하도록 주주총회에서 결의한 날
³⁾ 배당지급일: 주주총회에서 배당으로 선언된 금액을 실제 지급한 날

Additional Comment

배당기산일은 배당금 계산의 시초가 되는 날을 말한다. 구주의 경우에는 사업연도 초일이 배당기산일이다. 기중에 유상신주를 발행한 경우 배당기산일은 납입기일의 다음 날이 된다. 그러나 회사가 정관에 기재함으로써 유상신주의 배당기산일도 구주처럼 사업연도 초일로 할 수 있다. 단, 이와 같은 경우 상장주식이라면 구주와 유상신주는 별개로 거래되지 않고 하나의 종목으로 통합되어 단일 시가로 거래된다.

☆ **Self Study**

배당가능이익의 계산: 이익잉여금 중 배당으로 처분할 수 있는 금액은 배당가능이익을 한도로 한다. 이때 상법에 따르면 이익배당액(주식배당 제외) 중 10% 이상을 이익준비금으로 적립해야 하므로 주주에게 배당할 수 있는 최대금액은 다음과 같이 계산된다.

○ 배당 최대금액: (미처분이익잉여금 + 임의적립금 이입액 − 기타 법정적립금 적립액 − 기타 이익잉여금 처분액) ÷ 1.1

③ 현금배당

현금배당은 배당금을 현금으로 지급하는 것으로 실질적인 채무는 배당선언일에 발생한다. 회사는 배당선언일에 미지급배당금으로 처리하고, 실제 배당금을 현금지급하는 시점에 현금지급액과 상계한다. 기업이 현금배당을 하게 되면, **미처분이익잉여금의 감소**와 함께 자본총계가 감소하게 된다.

[현금배당의 회계처리]

배당기준일	회계처리 없음			
배당결의일	차) 미처분이익잉여금	1.1 A	대) 미지급배당금(유동부채)	A
			이익준비금	0.1A
배당지급일	차) 미지급배당금	××	대) 현금	××

─☆ **Self Study**

1. 배당 시에 회사가 자기주식을 보유하고 있다면 미발행주식설에 입각하여 발행주식수에서 회사가 보유한 자기주식수를 차감한 주식수를 기준으로 배당을 지급한다.

2. 미지급배당금은 주주에게 지급할 확정된 금액이고, 보통 12개월(상법상은 1개월 이내) 이내 지급하여야 하기 때문에 유동부채로 분류한다.

④ 현물배당

현물배당은 비현금자산(상품, 유가증권, 기타 현금 이외의 자산)으로 배당하는 것을 말하며, 비현금자산을 받거나 현금을 받을 수 있는 선택권을 주주에게 부여할 수도 있다. 배당을 지급해야 하는 부채는 그 배당이 적절하게 승인되고 더 이상 기업에게 재량이 없는 시점에 인식된다.

Additional Comment

현물배당은 현금배당을 실시하면 회사가 일시적인 유동성 위기를 겪을 수 있으므로 회사가 보유한 상품, 금융상품 등으로 배당을 지급하게 되면 주주에게 배당이 원활해지는 장점이 있어 최근에 상법에 도입한 규정이다.

현물배당에 대해서 상법이나 기준서는 회계처리를 언급하고 있지 않다. 현물배당에 대한 회계처리는 장부금액법과 공정가치법이 있다. 두 방법의 내용은 다음과 같다.

① **장부금액법**: 현물배당으로 분배되는 자산의 장부금액만큼 배당을 지급한 것으로 회계처리
② **공정가치법**: 현물배당으로 분배되는 자산의 공정가치만큼 배당을 지급한 것으로 회계처리

다수의 의견으로는 장부금액보다 공정가치법이 더 타당한 것으로 보고 있다. 예를 들어, 장부금액이 ₩1,000이고 공정가치가 ₩2,000인 자산을 주주에게 배당한 경우 주주에게 귀속된 이익은 ₩2,000이므로 기업이 배당한 금액도 ₩2,000으로 회계처리하는 것이 타당하다. 그러나 현물배당을 장부금액으로 회계처리하든 공정가치법으로 회계처리하든 배당 후 회사의 자본에 미치는 영향은 동일하다.

장부금액법	차) 미처분이익잉여금	1,000	대) 배당되는 자산	1,000
공정가치법	차) 미처분이익잉여금	2,000	대) 배당되는 자산	1,000
			비현금자산처분이익	1,000

그러나 현금배당뿐만 아니라 현물배당에 대해서도 배당액의 1/10 이상을 이익준비금으로 적립해야 한다. 그러므로 현물배당을 장부금액과 공정가치법 중 어떤 방법을 적용하는가에 따라 이익준비금의 적립금액이 다를 수 있다.

현물배당 시 공정가치법에 따른 회계처리를 적용하였을 때 세부적인 내용은 다음과 같다.

① 소유주에게 배당으로 비현금자산을 분배해야 하는 부채는 분배될 자산의 공정가치로 측정한다. 비현금자산을 받거나 현금을 받을 수 있는 선택권을 기업이 소유주에게 부여한다면, 기업은 각 대안의 공정가치와 소유주가 각 대안을 선택할 확률을 고려하여 미지급배당을 추정한다.

② 각 보고기간 말과 결제일에 기업은 미지급배당의 장부금액을 검토(공정가치로 측정)하고 조정하며, 이 경우 미지급배당의 장부금액 변동분은 분배금액에 대한 조정으로 자본으로 인식한다. 이때 장부금액을 검토한다는 것은 공정가치로 측정한다는 것을 의미한다.

③ 기업이 미지급배당을 결제할 때 분배된 자산의 장부금액과 미지급배당의 장부금액이 다르다면 동 차액은 당기손익으로 인식한다.

[현물배당의 회계처리 - 공정가치법(이익준비금 적립 고려 ×)]

배당결의일	차) 미처분이익잉여금	××	대) 미지급배당금	××
보고기간 말 및 결제일의 공정가치 측정	차) 미처분이익잉여금	××	대) 미지급배당금	변동분
배당지급일	차) 미지급배당금	××	대) 비현금자산	××
			비현금자산처분이익	N/I

[현물배당의 회계처리 - 공정가치법(이익준비금 적립 고려 ○)]

배당결의일	차) 비현금자산	FV - BV	대) 비현금자산처분이익	N/I
	차) 미처분이익잉여금	1.1FV	대) 미지급배당금	FV
			이익준비금	0.1FV
배당지급일	차) 미지급배당금	FV	대) 비현금자산	FV

⑤ 주식배당

주식배당은 회사가 주식을 신규로 발행하여 주주들에게 배당하는 것을 말한다. 기업이 주식배당을 하게 되면, 현금배당과 같이 미처분이익잉여금이 감소하지만 자본총액은 감소하지 않는다는 특징이 있다.

주식배당의 회계처리에는 다음과 같은 방법이 있다.

① 액면금액법: 주식배당 시 주식의 액면금액만큼의 이익잉여금을 자본금으로 대체시키는 방법
② 공정가치법: 배당되는 주식배당을 결의시점의 주식 공정가치만큼 이익잉여금을 자본금과 자본잉여금으로 대체시키는 방법

우리나라 상법에서는 주식배당을 액면금액법으로 회계처리하도록 하였다. 주식배당은 배당선언일에 회계처리하고, 미교부주식배당금의 과목으로 하여 자본조정으로 처리한다. 해당 미교부주식배당금은 실제 주식을 발행·교부하는 시점에 자본금으로 대체한다.

[주식배당(액면금액법)의 회계처리]

배당기준일	회계처리 없음			
배당결의일	차) 미처분이익잉여금	A	대) 미교부주식배당금(자본조정)	A
배당지급일	차) 미교부주식배당금	A	대) 자본금	A

⑥ 중간배당

연 1회의 결산기를 정한 회사는 정관에 정한 경우 영업연도 중 1회에 한하여 이사회의 결의로 일정한 날을 정하여 그 날의 주주에 대하여 배당을 할 수 있는데, 이러한 배당을 중간배당이라고 한다. 중간배당은 현금배당이나 현물배당만이 가능하고 이사회의 결의로 배당한다는 점에서 정기주주총회에서 결의되어 지급되는 연차배당과는 다르다.

중간배당도 이익배당이므로 이익준비금을 적립하여야 한다. 따라서 정기주주총회에서 이익준비금을 적립할 금액은 중간배당액과 정기주주총회에서 결의될 연차배당액의 합계액을 기준으로 계산하여야 한다.

중간배당의 이사회 결의 시	차) 미처분이익잉여금	A	대) 미지급배당금	A
중간배당 지급 시	차) 미지급배당금	A	대) 현금	A
해당 연도 주주총회 결의 시 중간배당에 대한 이익준비금 적립	차) 미처분이익잉여금	0.1A	대) 이익준비금	0.1A

⑦ 청산배당

회사가 이익잉여금잔액을 초과하여 배당을 하는 경우가 있다. 이는 납입자본의 일부를 배당으로 지급하는 것으로 청산배당이라고 한다. 청산배당은 이익의 배당이 아니라 주주가 납입한 투자액의 반환으로 보아 청산배당에 해당하는 금액은 자본잉여금계정에서 차감한다.

⑧ 주식분할과 주식병합

주식분할은 하나의 주식을 여러 개의 주식으로 분할하는 것이고 주식병합은 여러 개의 주식을 하나의 주식으로 병합하는 것을 말한다. 주식분할과 주식병합은 자본구성내역에 변동이 없기 때문에 회계처리하지 않는다.

참고 무상증자, 주식배당, 주식분할, 주식병합의 비교

구분	무상증자	주식배당	주식분할	주식병합
발행주식수	증가	증가	증가	감소
주당액면금액	불변	불변	감소	증가
자본금총액	증가	증가	불변	불변
자본잉여금	감소 가능	불변	불변	불변
이익잉여금	감소 가능	감소	불변	불변

(4) 법정적립금, 임의적립금의 적립과 이입

① 법정적립금과 이익준비금

법정적립금은 법률에 따라 기업의 이익 중 일부를 적립한 것으로서, 이익준비금이 대표적인 항목이다. 이익준비금은 우리나라의 상법에 따라 기업이 자본금의 1/2에 달할 때까지 매기 결산 시 주식배당을 제외한 이익배당액(현금배당과 현물배당)의 1/10 이상을 적립한 금액이다. 단, 상법에서는 이익준비금으로 적립할 금액의 최저한도만을 규정한 것이므로 이익배당이 없는 경우에도 이익준비금은 적립 가능하다.

이익준비금의 최소적립액 = Min[이익배당가능액 × 10%, 자본금 × 1/2 − 이익준비금 기적립분]

[법정적립금의 적립]			
차) 미처분이익잉여금	××	대) 이익준비금	××

[법정적립금을 재원으로 한 결손보전]			
차) 이익준비금	××	대) 미처분이익잉여금	××

* 이익준비금의 적립은 주주총회에서 결정되며, 주주총회일에 회계처리한다.

② 임의적립금

임의적립금은 정관이나 주주총회 결의에 의하여 이익잉여금 중 사내에 유보한 이익잉여금을 말한다. 임의적립금은 적립목적이나 금액 등을 기업이 재량적으로 결정할 수 있다.

임의적립금의 적립목적이 달성되었다면, 차기 이후의 주주총회에 해당 임의적립금을 다시 미처분이익잉여금으로 환원시킨 후 다른 목적의 임의적립금을 적립하거나 배당으로 사외유출할 수도 있다. 이렇게 임의적립금을 미처분이익잉여금으로 환원하는 것을 임의적립금의 이입이라고 한다.

[임의적립금의 적립]			
차) 미처분이익잉여금	××	대) 임의적립금	××

[임의적립금의 이입]			
차) 임의적립금	××	대) 미처분이익잉여금	××

* 임의적립금의 적립은 주주총회에서 결정되며, 주주총회일에 회계처리한다.

(5) 자본거래손실의 상각

주식할인발행차금, 감자차손 및 자기주식처분손실 등과 같이 자본거래손실은 회사와 주주와의 거래를 통해 회사가 손실을 입은 것이기 때문에 주주의 입장에서 본다면 회사로부터 이익을 배분받은 것으로 볼 수 있다. 그러므로 자본거래손실은 주주에 대한 배당으로 해석할 수도 있다. 그러나 우리나라의 경우 이익잉여금의 처분권한이 주주총회에 있으므로 이를 배당으로 회계처리하지 않고, 자본조정으로 처리한 후 주주총회의 결의를 통하여 미처분이익잉여금과 상계하도록 하고 있다.

[자본거래손실 상각]			
차) 미처분이익잉여금	××	대) 주식할인발행차금 등	××

* 자본거래손실 상각의 회계처리는 주주총회일에 수행한다.

(6) 결손금의 처리

영업활동의 결과 당기순손실이 발생할 수도 있다. 이때 회사는 당기순손실을 포함한 결손금을 다른 잉여금과 상계하여 제거할 수도 있고 차기로 이월시킬 수도 있다. 여기서 결손금(전기이월미처분결손금 포함)의 처리란 결손금을 이익잉여금(법정적립금과 임의적립금) 또는 자본잉여금과 상계하여 장부에서 제거하는 것이며 이를 결손보전이라고도 한다. 결손금은 자본금과 상계할 수도 있는데, 이를 무상감자라고 한다.

결손금의 처리도 주주총회의 승인을 받아야 하기 때문에 당기 말 재무상태표에는 처리하기 전의 결손금이 표시되며, 결손금처리에 대한 회계처리는 주주총회일에 이루어진다.

[결산일 마감분개]			
차) 미처리결손금	××	대) 집합손익	××
[주주총회일의 결손금처리]			
차) 법정적립금	××	대) 미처리결손금	××
임의적립금	××		
자본잉여금	××		

* 결손금처리의 회계처리는 주주총회일에 수행한다.

> **참고** 자본거래가 자본에 미치는 영향

1. 자본거래가 자본총계에 미치는 영향 분류

구분	세부 항목	자본총계에 미치는 영향
자본의 증감	주주와의 거래로 자산 · 부채의 증감 ➔ 현금 유출 · 유입 및 자산 · 부채의 변동	○
	당기순손익(N/I)	
	기타포괄손익(OCI)	
자본구성내역의 변동	무상증자/감자, 주식배당/분할/병합	×
	이익준비금 적립	
	자본거래손실 상계	
	임의적립금 적립, 이입	

2. 자본총계에 미치는 영향 풀이 TOOL

자본의 변동(1 + 2)	=	1. 자본거래	+ 현금유입 - 현금유출 or 자산 · 부채 증감
(= 기말자본 - 기초자본)		+	
		2. 손익거래(① + ②)	① N/I
		(= 총포괄손익)	② OCI변동

3. 거래별 자본총계에 미치는 효과

구분		자본총계 영향	금액
자본거래	유상증자	+	발행금액
	유상감자	-	감자대가
	자기주식취득	-	취득금액
	자기주식재발행	+	재발행금액
	자기주식소각	변동 없음	
	이익배당	-	현금배당액
	무상증자/주식배당/주식분할/주식병합	변동 없음	
기타거래	복합금융상품 발행	+	자본요소
	전환권/신주인수권/주식선택권 행사	+	권리 행사 시 현금 유입액
	이익준비금/임의적립금 적립	변동 없음	
총포괄이익		+	총포괄이익

03 이익잉여금의 처분시기와 회계처리, 이익잉여금처분계산서

(1) 이익잉여금의 처분시기

이익잉여금 처분에 따른 회계처리시기는 주주총회 결의일이다.

(2) 이익잉여금의 처분 회계처리

① 주주총회 이후 결산일까지의 회계기간 동안 미처분이익잉여금의 변동내역(A ➡ B)

미처분이익잉여금은 전기에서 처분되지 않고 당기로 이월된 전기이월미처분이익잉여금에 중간배당액을 차감하고 당기순이익을 가산하여 산출한다. 이때 재평가잉여금 중 사용기간 동안 이익잉여금으로 대체한 금액도 미처분이익잉여금에 가산한다.

미처분이익잉여금을 계산하는 내용은 보고기간 말에 회계처리하고, 보고기간 말 현재 재무상태표의 자본에는 미처분이익잉여금으로 보고된다.

✎ **결산일의 미처분이익잉여금 계산구조 및 회계처리**

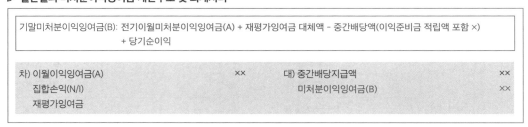

기말미처분이익잉여금(B): 전기이월미처분이익잉여금(A) + 재평가잉여금 대체액 − 중간배당액(이익준비금 적립액 포함 ×)
+ 당기순이익

차) 이월이익잉여금(A)	××	대) 중간배당지급액	××
집합손익(N/I)		미처분이익잉여금(B)	××
재평가잉여금			

┌─☆ **Self Study**

미처분이익잉여금은 재무상태표상 미처분이익잉여금과 일치하여야 한다. 이는 임의적립금이입액과 이익잉여금처분액에 대한 회계처리는 보고기간 말이 아닌 차기에 개최되는 주주총회에서 승인한 시점에 이루어지기 때문이다.

② 결산일 이후 주주총회일 직후까지의 회계기간 동안 미처분이익잉여금의 변동내역(B ➡ C)

적립목적이 달성된 임의적립금은 처분 이전의 상태로 환원하여 다시 처분할 수 있다. 임의적립금을 처분 이전의 상태로 환원하는 것을 임의적립금의 이입이라고 하는데, 임의적립금을 이입하는 회계처리는 정기주주총회일에 하여야 한다.

보고기간 말의 미처분이익잉여금과 임의적립금이입액의 합계액은 처분 가능한 이익잉여금이 된다. 처분 가능한 이익잉여금은 관련 법령 및 정관에서 정한 순서에 따라 적절한 방법으로 처분한다.

미처분이익잉여금은 다음과 같은 순서로 처분하고, 남은 잔액은 차기로 이월된다. 미처분이익잉여금을 처분하는 회계처리도 정기주주총회일에 하여야 한다.

- **이익준비금 적립액**
- **이익잉여금처분에 의한 상각액**: 주식할인발행차금 상각액, 자기주식처분손실, 감자차손
- **배당금**: 현금배당, 주식배당
- **임의적립금 적립액**

✎ **주주총회일 직후의 미처분이익잉여금 계산구조 및 회계처리**

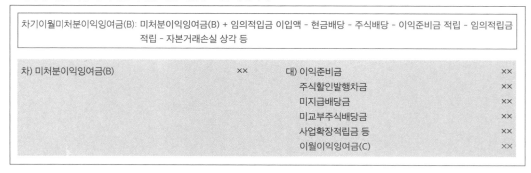

차기이월미처분이익잉여금(B): 미처분이익잉여금(B) + 임의적립금 이입액 − 현금배당 − 주식배당 − 이익준비금 적립 − 임의적립금
적립 − 자본거래손실 상각 등

차) 미처분이익잉여금(B)	××	대) 이익준비금	××
		주식할인발행차금	××
		미지급배당금	××
		미교부주식배당금	××
		사업확장적립금 등	××
		이월이익잉여금(C)	××

(3) 이익잉여금처분계산서

한국채택국제회계기준 적용 전에는 이익잉여금의 처분이나 결손금의 처리내역을 보여주는 이익잉여금처분계산서 또는 결손금처리계산서를 재무제표에 공시하였으나, 국제회계기준서에는 동 재무제표를 기본 재무제표에 포함시키고 있지 않다.

[이익잉여금처분계산서 양식 및 효과 분석]

		미처분 이익잉여금	이익잉여금 변동액	자본총계 변동액
I. 미처분이익잉여금(B)	← 당기 말 B/S상 미처분이익잉여금			
전기이월(미처분)이익잉여금(A)				
회계정책변경누적효과				
전기오류수정				
- 중간배당액		감소	감소	감소
+ 재평가잉여금의 이익잉여금 대체		증가	증가	변동 없음
+ 당기순이익		증가	증가	증가
II. 임의적립금 이입액				
+ 사업확장적립금 등의 이입	↑	증가	변동 없음	변동 없음
III. 이익잉여금 처분액	다음 회계연도의 정기주주총회일에 회계처리			
- 이익준비금 적립		감소	변동 없음	변동 없음
- 주식할인발행차금 등 상각액		감소	감소	변동 없음
- 현금배당	↓	감소	감소	감소
- 주식배당		감소	감소	변동 없음
- 임의적립금 적립		감소	변동 없음	변동 없음
IV. 차기이월(미처분)이익잉여금(C)	← 다음 기의 이월액			

04 기타포괄손익누계액

한국채택국제회계기준에서는 재무성과의 측정과 관련된 재무제표의 요소로서 수익과 비용을 정의하고 있으며 수익과 비용이 집계되면 기업의 총포괄손익이 결정된다. 기업의 총포괄손익은 당기손익과 기타포괄손익으로 구분된다.

V | 우선주

01 이익배당우선주

배당에 관한 우선권이 부여된 우선주에는 누적적 우선주와 참가적 우선주가 있다.

(1) 누적적 우선주와 비누적적 우선주

① 누적적 우선주

누적적 우선주는 특정 회계연도에 사전에 정해진 최소배당률에 미달하여 배당금을 지급한 경우, 지급하지 못한 배당금을 이후 회계연도에 우선적으로 지급하여야 하는 의무가 있는 우선주를 말한다.

② 비누적적 우선주

비누적적 우선주는 특정 회계연도에 사전에 정해진 최소배당률에 미달하여 배당금을 지급한 경우, 지급하지 못한 배당금을 이후 회계연도에 우선적으로 지급해야 하는 의무가 없는 우선주를 말한다.

(2) 참가적 우선주와 비참가적 우선주

① 참가적 우선주

참가적 우선주는 사전에 약정된 일정 배당률을 우선적으로 수령하고 지급한 후 보통주가 우선주 배당률과 동일한 금액을 배당받는 경우, 동 금액을 초과하여 배당금으로 처분된 금액에 대하여 이익배당에 참여할 권리가 부여된 우선주를 말한다. 이러한 우선주는 일정 부분의 우선배당을 받고 잔여이익이 있는 경우에 추가적 배당에 보통주와 동일한 자격으로 참가할 수 있는 완전참가적 우선주와 일정 부분의 배당참여만 허용하고 그 이상에 대해서는 참가할 수 없는 부분참가적 우선주가 있다. 즉, 완전참가적 우선주는 배당률에 제한이 없으나 부분참가적 우선주는 최대배당률이 정해져 있다. 만약, 누적적·비참가적 우선주인 경우에는 과거 회계연도에 지급하지 못한 누적배당금을 먼저 계산하고 동 금액을 차감한 이후의 배당선언액을 배분하여야 한다.

② 비참가적 우선주

약정된 배당을 받은 후에 잔여이익에 대해서 참가할 수 없는 우선주를 말한다.

[이익배당우선주 풀이법 - 누적적·부분참가적 우선주]

구분	우선주	보통주
누적분	① 우선주자본금 × 최소배당률 × 배당금을 수령 못한 누적연수	-
당기분	② 우선주자본금 × 최소배당률	③ 보통주자본금 × 최소배당률
잔여분	④ 우선주잔여분: Min[A, B] A: 우선주자본금 × (부분참가적비율 - 최소배당률) B: 잔여배당 × 우선주자본금/(우선주자본금 + 보통주자본금)	배당가능액 - (① + ② + ③ + ④)
합계	⑤ 우선주배당액	보통주배당액 = 배당가능액 - ⑤

현금배당가능액: 배당가능 미처분이익잉여금 ÷ (1 + 10%)

차) 이익잉여금	1.1 A	대) 미지급배당금	A
		이익준비금	0.1 A

* 배당가능이익은 이익배당가능액에서 상법상 이익준비금(현금배당액의 10%, 자본금의 1/2에 달할 때까지)를 차감한 금액이다.

02 상환우선주

(1) 금융부채 및 자본의 분류 여부

금융상품은 법적 형식이 아니라 실질에 따라 재무상태표에 분류하여야 한다. 일반적으로 실질과 법적 형식이 일치하지만 반드시 그런 것은 아니다. 어떤 금융상품은 지분상품(자본)의 법적 형식을 가지고 있지만 실질적으로는 금융부채에 해당되는 경우가 있고, 그 반대의 경우도 있다. 이러한 금융상품에 대표적인 예가 상환우선주이다.

상환우선주는 미리 약정한 가격으로 상환할 수 있는 선택권을 갖고 있는 우선주를 말한다. 상환우선주는 계약의 실질에 따라 발행자가 계약상의 의무 부담 여부에 따라 금융부채와 자본으로 구분한다. 상환우선주는 다음 중 하나에 해당하는 경우 계약상의 의무를 포함하고 있으므로 금융부채로 분류한다.

① 발행자에 상환의무(확정되었거나 결정 가능한 미래의 시점에 확정되었거나 결정 가능한 금액을 상환)가 있는 경우
② 보유자가 상환청구권(특정일이나 그 이후 확정되었거나 결정 가능한 금액의 상환)을 보유하고 있는 경우

(2) 금융부채로 분류되는 상환우선주

한국채택국제회계기준은 우선주의 보유자가 상환을 청구할 수 있거나, 발행자가 계약상 의무가 있는 상환우선주는 금융부채로 분류하도록 규정하고 있다. 금융부채로 분류되는 상환우선주는 배당의 지급 여부에 따라 달리 회계처리한다.

① 누적적 상환우선주

금융부채로 분류되는 상환우선주 중 배당을 반드시 지급하여야 하는 누적적 상환우선주는 배당금이 지급되지 않는 경우 상환 금액에 가산되므로 만기상환액과 배당금이 모두 부채에 해당한다. 따라서 누적적 상환우선주의 발행일에 발행금액 전체를 부채로 인식하는데, 발행금액은 만기에 상환할 금액과 배당금 전체의 현재가치가 된다. 금융부채로 분류되는 상환우선주는 유효이자율법을 적용하여 상각하여 이자비용의 과목으로 당기손익으로 인식한다. 이에 따라 누적적 상환우선주는 배당금을 지급하는 경우 이자비용으로 인식한다.

✐ **누적적 상환우선주의 구조, 분류기준 및 회계처리**

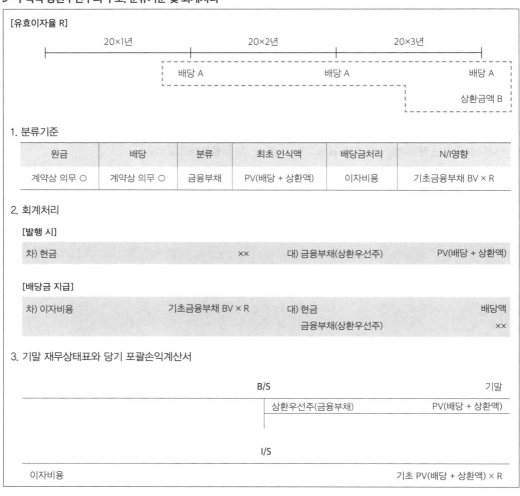

② 비누적적 상환우선주

금융부채로 분류되는 상환우선주 중 배당이 상환 전까지 발행자의 재량에 따라 지급되는 비누적적 우선주는 상환금액의 현재가치에 상당하는 부채요소를 가지고 있는 복합금융상품에 해당한다. 따라서 비누적적 상환우선주의 발행금액에서 상환금액의 현재가치에 해당하는 부채요소를 차감한 금액은 자본으로 분류한다.

금융부채로 분류되는 상환우선주는 유효이자율법을 적용해서 상각하여 이자비용의 과목으로 하여 당기손익으로 인식한다. 그러나 배당금을 지급하는 경우 당해 배당금은 자본요소와 관련되므로 이익잉여금의 감소로 인식하며, 당기손익으로 처리하지 않는다. 이 경우 상환우선주의 발행 시 자본항목으로 분류된 금액은 계속 자본항목으로 분류한다.

✍ 비누적적 상환우선주의 구조, 분류기준 및 회계처리

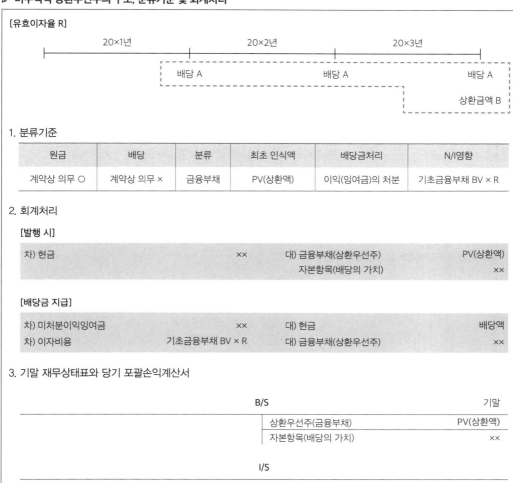

[유효이자율 R]

	20×1년	20×2년	20×3년
		배당 A	배당 A	배당 A
				상환금액 B

1. 분류기준

원금	배당	분류	최초 인식액	배당금처리	N/I영향
계약상 의무 ○	계약상 의무 ×	금융부채	PV(상환액)	이익(잉여금)의 처분	기초금융부채 BV × R

2. 회계처리

[발행 시]

차) 현금	××	대) 금융부채(상환우선주)	PV(상환액)
		자본항목(배당의 가치)	××

[배당금 지급]

차) 미처분이익잉여금	××	대) 현금	배당액
차) 이자비용	기초금융부채 BV × R	대) 금융부채(상환우선주)	××

3. 기말 재무상태표와 당기 포괄손익계산서

B/S		기말
	상환우선주(금융부채)	PV(상환액)
	자본항목(배당의 가치)	××

I/S	
이자비용	기초 PV(상환액) × R

(3) 지분상품(자본)으로 분류하는 상환우선주

상환우선주라 하더라도 현금으로 상환할 권리가 발행자에게 있는 경우에는 금융자산을 이전할 계약상 의무가 없으므로 자본으로 분류해야 한다. 또한 배당금을 지급하는 경우에도 이익의 처분으로 회계처리한다.

✏ **지분상품으로 분류되는 상환우선주의 분류기준 및 회계처리**

1. 분류기준

원금	배당	분류	최초 인식액	배당금처리	N/I영향
계약상 의무 ×	계약상 의무 ×	자본	발행금액	이익(잉여금)의 처분	해당사항 없음

2. 회계처리

[발행 시]

차) 현금	××	대) 우선주자본금	××
		주식발행초과금	××

[배당 시]

차) 미처분이익잉여금	××	대) 현금	배당액

[상환 시]

차) 미처분이익잉여금[1]	상환액	대) 현금	××

[1] 상환우선주를 상환할 때는 미처분이익잉여금이 감소한다(상법 제345조).

3. 기말 재무상태표와 당기 포괄손익계산서

	B/S	기말
	우선주자본금	××
	주식발행초과금	××

I/S
해당사항 없음

Ⅵ | 자본변동표

01 자본변동표의 의의

자본변동표는 한 회계기간 동안 발생한 자본(소유지분)의 변동을 표시하는 재무보고서이며, 자본을 구성하고 있는 **납입자본**(자본과 자본잉여금)**과 이익잉여금, 기타자본요소**(자본조정항목과 기타포괄손익누계액)**의 변동**에 대한 포괄적인 정보를 제공한다.

한국채택국제회계기준에 의하면 자본변동표의 본문에 표시해야 할 항목은 다음과 같다.

> ① 지배기업의 소유주와 비지배지분에게 각각 귀속되는 금액으로 구분하여 표시한 해당 기간의 총포괄손익
>
> ② 자본의 각 구성요소별로 회계변경 및 오류수정에 따라 인식된 소급적용이나 소급재작성의 영향
>
> ③ 자본의 각 구성요소별로 다음의 각 항목에 따른 변동액을 구분하여 표시한, 기초시점과 기말시점의 장부금액 조정내역
>
>   a. 당기순손익
>
>   b. 기타포괄손익의 각 항목
>
>   c. 소유주에 의한 출자와 소유주에 대한 배분을 구분하여 표시한, 소유주로서의 자격을 행사하는 소유주와의 거래

─☆ Self Study

한국채택국제회계기준이 자본의 다른 구성요소의 소급수정을 요구하는 경우를 제외하고는 소급법을 적용한 수정과 재작성은 자본의 변동은 아니지만 이익잉여금 기초 잔액의 수정을 초래한다. 이러한 수정사항은 과거의 각 기간과 당해 기간의 기초에 대하여 공시한다.

제 11 장

금융자산(Ⅰ)

해커스 IFRS 정윤돈 재무회계 키 핸드북

Ⅰ | 금융자산 일반

01 금융자산의 의의 및 분류 시 판단기준

(1) 금융자산의 의의

금융상품은 거래당사자 어느 한쪽(금융상품 보유자)에게는 금융자산이 생기게 하고 동시에 거래상대방(금융상품 발행자)에게 금융부채나 지분상품을 발생시키는 모든 계약을 말한다.

[금융상품]

금융자산				지분상품 및 금융부채

① 현금
　금융상품

② 다른 기업의 지분상품	←	계약	→	① 지분상품
③ 계약상 권리(채무상품)	←	계약	→	② 금융부채
④ 자기지분상품 관련 계약	←	계약	→	③ 금융부채(자기지분상품 관련 계약)

금융자산은 계약에 의해 현금이나 다른 금융자산을 수취할 권리를 말한다. 금융자산으로 보는 사례는 아래와 같다.

> ① **현금**: 유동성이 가장 높으며 교환의 매개수단 중에서 가장 대표적인 자산이다.
>
> ② 다른 기업의 지분상품: 기업의 자산에서 모든 부채를 차감한 후의 잔여지분을 나타내는 모든 계약
>
> ③ **다음 중 어느 하나에 해당하는 계약상 권리**
> - 거래상대방에게서 현금 등 금융자산을 수취할 계약상 권리
> - 잠재적으로 유리한 조건으로 거래상대방과 금융자산이나 금융부채를 교환하기로 한 계약상 권리
>
> ④ 자기지분상품으로 결제하거나 결제할 수 있는 **다음 중 하나의 계약**
> - 수취할 자기지분상품의 수량이 변동 가능한 비파생상품
> - 확정 수량의 자기지분상품을 확정 금액의 현금 등 금융자산과 교환하여 결제하는 방법 외의 방법으로 결제하거나 결제할 수 있는 파생상품

(2) 금융자산의 분류 시 판단기준

금융자산은 다음 두 가지 사항 모두에 근거하여 후속적으로 상각후원가, 기타포괄손익 – 공정가치, 당기손익 – 공정가치로 측정되도록 분류한다.

> ① 금융자산의 계약상 현금흐름 특성(원리금의 지급 여부)
> ② 금융자산관리를 위한 사업모형(보유목적)

① 금융자산의 계약상 현금흐름 특성

금융자산을 분류하기 위해서는 해당 금융자산의 계약상 현금흐름이 특정일에 원금과 원금잔액에 대한 이자지급(이하 '원리금지급')만으로 구성되어 있는지를 판단하여야 한다.

- **원리금만으로 구성**: 원금과 원금잔액에 대한 이자지급만으로 구성된 계약상 현금흐름
- **원리금 이외로 구성**: 원리금 지급만으로 구성되지 않은 기타의 계약상 현금흐름

☆ Self Study

1. 계약상 현금흐름 특성은 SPPI요건(= 특정일에 원금과 원금잔액에 대한 이자지급만으로 이루어진 현금흐름이 발생함)을 의미한다. 예를 들어 구조화채권은 원금과 이자를 투자자의 필요에 맞추어, 기초변수(Ex. 금리, 주가, 환율 등)와 연동되도록 설계된 채권(Ex. 금리연계채권)을 말하는데, 구조화채권의 현금흐름은 내재된 파생요소로 인해 SPPI요건이 충족되지 못한다. 또한 계약상 원리금을 지급하기도 하지만, 주가상승에 따른 추가적인 투자수익의 발생가능성을 제공하는 전환사채와 같은 상품도 SPPI요건을 충족하지 못할 것이다.

2. 계약상 현금흐름이 원리금의 지급만으로 구성되는지는 금융자산의 표시통화(= 재무제표를 표시할 때 사용하는 통화)로 평가한다.

3. 원리금 지급만으로 구성되는 계약상 현금흐름은 기본대여계약과 일관된다. 기본대여계약과 관련 없는 계약상 현금흐름의 위험이나 변동성에 노출시키는 계약조건은 원리금 지급만으로 구성되는 계약상 현금흐름이 생기지 않는다.

> **참고** 금융자산의 성격에 따른 분류

기업이 보유하고 있는 금융자산은 해당 금융자산의 성격에 따라 투자지분상품과 투자채무상품으로 분류할 수 있다.

1. **투자지분상품**: 투자지분상품은 다른 회사의 순자산에 대한 소유권을 나타내는 지분상품인 주식에 대한 투자와 일정 금액으로 소유지분을 취득할 수 있는 권리를 나타내는 지분상품인 지분옵션에 대한 투자를 말한다. 투자자는 지분상품의 보유기간 중 피투자회사로부터 수령하는 배당과 투자지분상품의 매각 시 시세차익을 통해서 투자원금과 투자이익을 회수한다.

2. **투자채무상품**: 투자채무상품은 다른 회사에 대하여 금전을 청구할 수 있는 권리를 표시하는 상품에 대한 투자를 말한다. 투자자는 채무상품의 보유기간 중에 피투자회사로부터 수령하는 이자와 투자채무상품의 매각 시의 시세차익을 통해서 투자원금과 투자이익을 회수한다.

② 금융자산의 보유목적에 따른 분류(사업모형)

- **계약상 현금흐름을 수취하기 위해 자산을 보유하는 것이 목적인 사업모형**

  이러한 형태의 사업모형에서는 기업의 금융자산 보유의도를 해당 금융자산의 계약상 현금흐름을 수취하기 위한 목적을 이루기 위한 것으로 본다.

  사업모형의 목적인 계약상 현금흐름을 수취하기 위해 금융자산을 보유하는 것이더라도 그러한 모든 금융상품을 만기까지 보유할 필요는 없다. 따라서 금융자산의 매도가 일어나거나 미래에 일어날 것으로 예상되는 경우에도 사업모형은 계약상 현금흐름을 수취하기 위해 금융자산을 보유하는 것일 수 있다.

- **계약상 현금흐름의 수취와 금융자산의 매도 둘 다를 통해 목적을 이루는 사업모형**

  이러한 형태의 사업모형에서는 기업의 금융자산 보유의도를 해당 금융자산의 계약상 현금흐름 수취와 금융자산의 매도 둘 다를 통해 목적을 이루기 위한 것으로 본다. 주요 경영진은 계약상 현금흐름의 수취와 금융자산의 매도 둘 다가 사업모형의 목적을 이루는 데 필수적이라고 결정한다.

  계약상 현금흐름을 수취하기 위해 금융자산을 보유하는 것이 목적인 사업모형과 비교하여 이러한 사업모형에서는 대체로 더 빈번하게 더 많은 금액을 매도할 것이다. 이러한 사업모형의 목적을 이루기 위해서는 금융자산의 매도가 부수적이 아니라 필수적이기 때문이다.

• 그 밖의 사업모형

금융자산의 매도를 통해 현금흐름을 실현할 목적인 사업모형, 공정가치 기준으로 관리하고 그 성과를 평가하는 금융자산의 포트폴리오, 단기매매의 정의를 충족하는 금융자산 포트폴리오 등이 있다.

사업모형	내용
계약상 현금흐름의 수취	만기까지 보유할 필요 ×
계약상 현금흐름의 수취 + 금융자산의 매도	금융자산의 매도가 필수적 ○
그 밖의 사업모형	금융자산의 매도를 통해 현금흐름 실현
	공정가치 기준으로 관리하는 성과를 평가
	단기매매의 정의를 충족

☆ **Self Study**

1. 사업모형에 대한 판단은 주장이 아닌 실질평가(Factual Assessment)를 통해 이루어지며, 기업이 수행하는 업무를 통해 관측 가능하여야 한다. 또한 사업모형은 개별 상품에 대한 경영진의 의도와는 무관하므로 금융상품별 분류접근법이 아니며 더 높은 수준으로 통합하여 결정하여야 한다. 그러나 하나의 기업은 금융상품을 관리하는 둘 이상의 사업모형을 가질 수 있다. 따라서 분류가 보고실체(기업전체) 수준에서 결정될 필요는 없다.

2. 사업모형은 특정 사업 목적을 이루기 위해 금융자산의 집합을 함께 관리하는 방식을 반영하는 수준에서 결정한다.

3. 계약상 현금흐름의 수취와 금융자산의 매도 둘 다를 통해 목적을 이루는 사업모형은 계약상 현금흐름 수취와 금융 자산의 매도 둘 다가 사업모형의 목적을 이루는 데에 필수적이기 때문에 이러한 사업모형에서 일어나야만 하는 매도 의 빈도나 금액에 대한 기준은 없다.

02 금융자산의 분류 및 후속측정

구분	계약상 현금흐름의 특성	사업모형	금융자산의 계정분류
투자 채무상품	원리금으로만 구성	현금흐름 수취목적	상각후원가 측정 금융자산 (AC금융자산)
		현금흐름 수취 + 매도목적	기타포괄손익 - 공정가치 측정 금융자산 (FVOCI금융자산)
	원리금 이외로 구성	기타의 목적	당기손익 - 공정가치 측정 금융자산 (FVPL금융자산)
	선택권(최초 인식시점 선택 가능 → 이후 취소 불가) ① 회계불일치를 제거하거나 유의적으로 줄이기 위한 경우		당기손익 - 공정가치 측정 금융자산 (FVPL금융자산)
투자 지분상품	원리금 이외로 구성	기타의 목적	당기손익 - 공정가치 측정 금융자산 (FVPL금융자산)
	선택권(최초 인식시점 선택 가능 → 이후 취소 불가) ① 단기매매항목 × ② 사업결합에서 취득자가 인식하는 조건부 대가 ×		기타포괄손익 - 공정가치 측정 금융자산 (FVOCI금융자산)

(1) 상각후원가 측정 금융자산(AC금융자산): 다음 두 가지 조건을 모두 충족하는 경우

① 계약상 현금흐름을 수취하기 위해 보유하는 것이 목적인 사업모형하에서 금융자산을 보유한다.

② 금융자산의 계약조건에 따라 특정일에 원리금 지급만으로 구성되어 있는 현금흐름이 발생한다.

(2) 기타포괄손익 - 공정가치 측정 금융자산(FVOCI금융자산): 다음 두 가지 조건을 모두 충족하는 경우

① 계약상 현금흐름의 수취와 금융자산의 매도 둘 다를 통해 목적을 이루는 사업모형하에서 금융자산을 보유한다.

② 금융자산의 계약 조건에 따라 특정일에 원리금 지급만으로 구성되어 있는 현금흐름이 발생한다.

(3) 당기손익 - 공정가치 측정 금융자산(FVPL금융자산): 상각후원가 측정 금융자산이나 기타포괄손익 - 공정가치 측정 금융자산으로 분류되지 않는 경우(Ex. 단기매매항목, 공정가치 기준으로 관리하고 그 성과를 평가하는 금융자산의 포트폴리오)

(4) 예외사항

① FVOCI금융자산(지분상품)

지분상품은 SPPI를 충족하지 못하므로 FVPL금융자산으로 분류된다. 그런데 당해 지분상품을 장기간 보유하면서 공정가치 변동을 당기손익으로 인식하면, 당기순이익의 변동성이 증가할 뿐만 아니라 당기순이익이 기업의 성과를 제대로 보여주지 못할 수 있다. 그러므로 이러한 문제를 해소하기 위해서 기업은 단기매매목적도 아니고 조건부 대가도 아닌 지분상품을 FVOCI금융자산으로 분류되도록 선택할 수 있다. 이러한 선택은 최초 인식시점에만 가능하며, 이후에 취소할 수 없다.

② FVPL금융자산(채무상품)

AC금융자산(채무상품) 또는 FVOCI금융자산(채무상품)으로 분류될 항목을 FVPL금융자산으로 지정할 수 있다. 단, FVPL항목으로의 지정은 회계불일치를 제거하거나 유의적으로 줄이는 경우에 한하여 가능하다.

FVPL로 측정되지 않는 금융자산과 금융부채를 모두 FVPL항목으로 지정하면 회계불일치를 제거하거나 또는 유의적으로 감소시킬 수 있기 때문에 보다 목적적합한 정보를 제공할 수 있다. 이러한 지정은 **최초 인식시점에서만 가능**하며, 한번 지정하면 이를 취소할 수 없다.

✎ **금융자산의 성격별 분류**

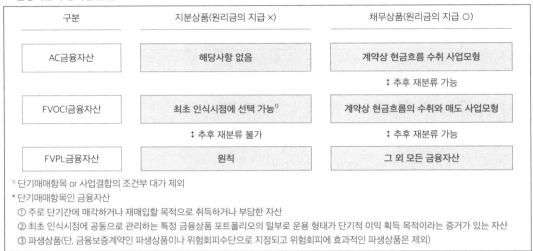

구분	지분상품(원리금의 지급 ×)	채무상품(원리금의 지급 ○)
AC금융자산	해당사항 없음	계약상 현금흐름 수취 사업모형
		↕ 추후 재분류 가능
FVOCI금융자산	최초 인식시점에 선택 가능[1]	계약상 현금흐름의 수취와 매도 사업모형
	↕ 추후 재분류 불가	↕ 추후 재분류 가능
FVPL금융자산	원칙	그 외 모든 금융자산

[1] 단기매매항목 or 사업결합의 조건부 대가 제외

* 단기매매항목인 금융자산
① 주로 단기간에 매각하거나 재매입할 목적으로 취득하거나 부담한 자산
② 최초 인식시점에 공동으로 관리하는 특정 금융상품 포트폴리오의 일부로 운용 형태가 단기적 이익 획득 목적이라는 증거가 있는 자산
③ 파생상품(단, 금융보증계약인 파생상품이나 위험회피수단으로 지정되고 위험회피에 효과적인 파생상품은 제외)

03 금융자산의 최초 인식 및 제거

(1) 인식

금융자산은 금융상품의 계약 당사자가 되는 때에만 재무상태표에 인식한다. 다만, 정형화된 매입의 경우에는 매입일이나 결제일에 인식한다.

(2) 측정

금융자산은 최초 인식시점에 공정가치로 측정한다. 최초 인식시점의 공정가치는 일반적으로 제공한 대가의 공정가치인 거래가격이지만 거래가격과 다르다면 최초 인식시점에 그 차이를 당기손익으로 인식한다.

차) AC · FVPL · FVOCI금융자산	최초 인식시점 FV	대) 현금 등	거래가격
		취득이익	N/I

[금융자산의 최초 측정과 거래원가]

구분	FVPL금융자산	FVOCI금융자산	AC금융자산
최초 측정	최초 인식시점 공정가치		
거래원가	당기비용(N/I)	공정가치에 가산	공정가치에 가산

금융자산의 취득과 직접 관련하여 발생하는 거래원가는 최초 인식하는 공정가치에 가산한다. 다만, 당기손익 - 공정가치 측정 금융자산(FVPL금융자산)의 취득과 직접 관련되는 거래원가는 발생 즉시 당기비용으로 인식한다.

[금융자산별 거래원가에 대한 회계처리]

| 차) AC · FVOCI금융자산 | 거래원가(공정가치 가산) | 대) 현금 등 | ×× |
| 차) 비용(FVPL금융자산) | 거래원가(N/I) | 대) 현금 등 | ×× |

─☆ **Self Study**

최초 인식시점에 매출채권이 유의적인 금융요소를 포함하지 않는 경우에는 거래가격으로 측정한다.

(3) 정형화된 매매거래

정형화된 매입·매도 거래는 관련 시장의 규정이나 관행에 의하여 일반적으로 설정된 기간 내에 당해 금융상품을 인도하는 계약조건에 따라 금융자산을 매입하거나 매도하는 것을 말한다. 정형화된 매매거래는 매매일과 결제일 사이에 거래가격을 고정시키는 거래이며 파생상품의 정의를 충족하지만 계약기간이 짧기 때문에 파생상품으로 인식하지 아니한다. 정형화된 매매거래의 경우에는 금융자산을 매매일 인식방법이나 결제일 인식방법 중 하나를 선택하여 인식할 수 있다.

① **매매일 인식방법**: 매매일에 수취할 자산과 그 자산에 대하여 지급할 부채를 인식하는 것
② **결제일 인식방법**: 자산을 인수하는 날에 자산을 인식하는 것

결제일 인식방법을 적용하는 경우에는 매매일과 결제일 사이에 이미 취득한 자산에 대한 회계처리와 동일한 방법으로 수취할 금융자산의 공정가치에 대한 모든 변동을 회계처리한다. 따라서 매매일과 결제일 사이의 공정가치 변동은 아래와 같이 처리한다.

① **FVPL금융자산으로 분류하는 경우**: 당기손익(N/I)으로 인식

| 차) FVPL금융자산 | 결제일 FV | 대) 현금 등 | 매매일 FV |
| | | 금융자산평가이익 | 공정가치 변동(N/I) |

② **FVOCI금융자산으로 분류하는 경우**: 기타포괄손익(OCI)으로 인식

| 차) FVOCI금융자산 | 결제일 FV | 대) 현금 등 | 매매일 FV |
| | | 금융자산평가이익 | 공정가치 변동(OCI) |

③ **AC금융자산으로 분류하는 경우**: 인식하지 않음

| 차) AC금융자산 | 매매일 FV | 대) 현금 등 | 매매일 FV |

[정형화된 매매거래]

구분		최초 인식시점
일반 매입		계약 당사자가 되는 때
정형화된 매입	매매일 인식방법	매매일
	결제일 인식방법	결제일

매매일과 결제일 인식방법은 선택 가능(동일 범주 금융자산 매도 · 매입에 일관성 있게 적용)하나, 결제일 인식방법의 경우 매매일과 결제일 사이의 공정가치 변동은 각 자산별로 처리

◐ FVPL금융자산: N/I로 인식

◐ FVOCI금융자산: OCI로 인식

◐ AC금융자산: 매매일의 FV인식(FV 변동분 인식 ×)

(4) 제거

금융자산의 제거는 이미 인식한 금융자산을 재무상태표에서 삭제하는 것을 말하며, 금융자산의 인식에 대응되는 개념이다. 금융자산은 다음 중 하나에 해당하는 경우에만 제거한다.

① 금융자산의 현금흐름에 대한 계약상 권리가 소멸한 경우
② 금융자산을 양도하며 그 양도가 제거의 조건을 충족하는 경우

☆ **Self Study**

금융자산 전체나 일부의 회수를 합리적으로 예상할 수 없는 경우에는 해당 금융자산의 총장부금액을 직접 줄이는데, 이를 제각이라고 한다. 제각은 금융자산을 제거하는 사건으로 본다.

01 투자지분상품의 분류 및 특성

구분	FVPL금융자산(원칙)	FVOCI금융자산[1]
최초 인식 시 측정	취득시점의 FV	취득시점의 FV
취득에 직접 관련된 거래원가	당기비용처리	최초 인식하는 FV에 가산
후속측정	FV측정, 평가손익 N/I처리	FV측정, 평가손익 OCI처리
재분류	불가	불가
처분손익	인식 ○	재분류조정 허용 × 처분 시 거래원가가 있다면 처분손실 발생
손상	인식 ×	인식 ×
N/I영향	≠	
OCI영향	≠	
총포괄손익 영향	=	

[1] 지분상품에 대한 투자로 단기매매항목이 아니고 사업결합에서 취득자가 인식하는 조건부 대가가 아닌 지분상품을 FVOCI금융자산으로 분류할 수 있다. 그러나 이러한 선택은 이후에 취소할 수 없다.

02 FVPL금융자산(지분상품)의 분류 및 측정

(1) 최초 인식

FVPL금융자산(지분상품)은 금융상품의 계약 당사자가 되는 때에 재무상태표에 인식하며, 최초 인식시점의 공정가치로 측정한다. 취득에 직접 관련된 거래원가(중개수수료 등)는 당기비용으로 처리한다.

차) FVPL금융자산	최초 인식시점 FV	대) 현금	××
수수료비용(N/I)	거래원가		

(2) 보유에 따른 손익

① 현금배당

지분상품의 발행회사는 회계연도 중 획득한 이익을 배당의 형태로 주주들에게 배분한다. 현금배당은 지분상품의 발행회사가 배당을 선언하는 경우 배당수익의 과목으로 하여 당기손익에 반영하고, 동 금액을 미수배당금으로 인식한다. 배당금은 지분상품의 보유기간에 관계없이 수령할 금액 전액을 배당수익으로 인식한다.

[현금배당의 회계처리]

배당기준일	회계처리 없음		
배당선언일	차) 미수배당금	××	대) 배당수익	N/I
배당수령일	차) 현금	××	대) 미수배당금	××

② 무상증자 · 주식배당

지분상품의 발행회사가 무상증자나 주식배당을 실시하여 신주를 취득하는 경우 투자회사는 자산의 증가로 보지 않는다. 따라서 무상증자나 주식배당으로 취득하는 신주의 취득금액은 당해 무상증자 등의 권리락이 실시되는 시점에서 신주와 구주의 종류에 관계없이 주식 수 비례에 따라 구주의 장부금액을 안분하여 산정(주식 수 증가로 주당 평균단가 변동)한다.

> **Ex** 무상증자 or 주식배당
>
> | 일자 | 구분 | 주식수 | × 주당 장부금액 | = BV |
> |------|------|--------|------------------|------|
> | 1/1 | 기초 주식 | 100주 | @110 | 11,000 |
> | 7/1 | 무상증자 | 10주 | - | - |
> | 7/1 | 증자 후 | 110주 | @100(역산) | 11,000 |
>
> 무상증자 · 주식배당은 투자자 입장에서 회계처리가 없어 장부금액은 변동하지 않으나 주식수가 증가하여 1주당 장부금액이 변경된다.

(3) 기말평가 및 처분

① 기말평가

FVPL금융자산은 보고기간 말의 공정가치로 평가하고 장부금액과의 차액은 금융자산평가손익으로 하여 당기손익으로 처리한다. 이 경우 FVPL금융자산의 장부금액은 전기 이전에 취득한 경우에는 전기 말 공정가치를, 당기에 취득한 경우에는 원가를 말한다. 단, 보고기간 말의 공정가치에는 거래원가를 차감하지 아니한다.

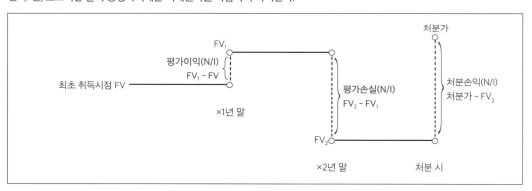

[공정가치 > 장부금액]

차) FVPL금융자산	기말 FV - BV	대) FVPL금융자산평가이익	N/I

[공정가치 < 장부금액]

차) FVPL금융자산평가손실	N/I	대) FVPL금융자산	BV - 기말 FV

⌀ **기말 B/S**

B/S			
FVPL금융자산	기말 FV		

② 처분

FVPL금융자산을 처분하는 경우 처분금액과 장부금액과의 차액은 금융자산처분손익으로 하여 당기손익으로 인식한다. 이 경우 장부금액은 당기에 취득한 경우에는 취득원가를, 전기 이전에 취득한 경우에는 전기 말 공정가치를 말한다. 이때 FVPL금융자산의 처분과 직접 관련하여 발생하는 거래원가는 처분금액에서 차감하여 금융자산처분손익에 반영한다.

차) 현금	처분금액 - 거래원가	대) FVPL금융자산	BV
		금융자산처분이익	N/I

[FVPL금융자산 - 각 시점별 정리]

구분	FVPL금융자산(지분상품)
취득거래원가	발생 즉시 당기비용으로 처리
기말평가	금융자산평가손익(N/I) = 당기 말 FV - 금융자산 BV
처분거래원가	처분과 직접 관련하여 발생한 거래원가는 처분금액에서 차감
처분손익	순처분금액(= 처분금액 - 거래원가) - 전기 말 BV
현금배당	배당선언일에 배당수익으로 당기손익에 반영
무상증자와 주식배당	순자산에 미치는 영향 ×, 주식수의 변동으로 평균단가 변동
손상차손	공정가치로 평가하여 평가손익을 당기손익에 반영하므로 손상대상 ×
재분류	지분상품이나 파생상품은 재분류가 불가능

⌀ **FVPL금융자산 - F/S효과 정리**

B/S		
FVPL금융자산	기말 FV	

I/S	
취득 시 수수료	당기비용처리
취득손익	취득 시 FV - 취득 시 거래가격
기말 평가손익	기말 FV - BV(이동평균법 이용)
현금 배당수익	××
처분손익	(매각대금 - 매각수수료) - BV(이동평균법 이용)

03 FVOCI금융자산(지분상품)의 분류 및 측정

(1) 최초 인식

FVOCI금융자산(지분상품)은 금융상품의 계약 당사자가 되는 때에 재무상태표에 인식하며, **최초 인식시점의 공정가치로 측정한다.** 취득에 직접 관련된 거래원가(중개수수료 등)는 최초 인식하는 공정가치에 가산한다.

차) FVOCI금융자산	최초 인식시점 FV + 거래원가	대) 현금	××

(2) 기말평가 및 처분

① 기말평가

FVOCI금융자산(지분상품)은 보고기간 말의 공정가치로 측정하여 재무상태표에 보고한다. 이때 지분상품의 공정가치와 장부금액의 차액은 FVOCI평가손익으로 하여 기타포괄손익(OCI)으로 인식한다.

기타포괄손익(OCI)으로 인식한 FVOCI금융자산평가손익의 누계액은 재무상태표의 자본항목으로 표시하며, 후속적으로 당기손익으로 이전되지 않는다. 다만, 자본 내에서 누적손익(이익잉여금)을 이전할 수는 있다.

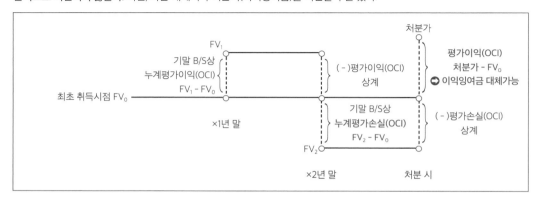

[평가이익이 발생한 경우]

차) FVOCI금융자산	기말 FV − BV	대) FVOCI금융자산평가이익	OCI

* 기초에 평가손실이 있는 경우 평가손실 우선 상계

[평가손실이 발생한 경우]

차) FVOCI금융자산평가손실	OCI	대) FVOCI금융자산	BV − 기말 FV

* 기초에 평가이익이 있는 경우 평가이익 우선 상계

✎ 기말 B/S와 당기 I/S

B/S			
FVOCI금융자산	기말 FV		
		FVOCI금융자산평가손익	기말 FV − 취득 FV
* 최초 취득 시 FV = 기말FV − B/S상 OCI누계액			
I/S			
N/I영향: 배당수익			
OCI변동: 기말 B/S상 OCI누계액 − 기초 B/S상 OCI누계액			

② 처분

FVOCI금융자산(지분상품)은 처분하는 경우 처분 시의 공정가치(처분금액)로 먼저 평가하고 동 평가손익은 기타포괄손익으로 처리한다. 기타포괄손익으로 처리한 FVOCI금융자산평가손익누계액은 다른 자본계정으로 대체할 수는 있으나 당기손익으로 재분류할 수는 없다. 그러므로 FVOCI금융자산(지분상품)은 처분하는 경우에도 처분손익을 인식하지 않는다(단, 처분 시 거래원가가 존재하면 처분손실은 인식한다).

차) FVOCI금융자산	처분 시 FV – BV	대) FVOCI금융자산평가이익(OCI)	처분 시 FV – BV
차) 현금	처분 시 FV – 처분비용	대) FVOCI금융자산	처분 시 FV
처분손실	N/I		

한편, FVOCI금융자산(지분증권)의 경우에는 기업이 '이익잉여금으로 대체'를 선택하지 않는 한, 보유 중에 발생한 지분증권평가손익은 해당 증권이 처분된 후에도 장부에 남게 된다.

차) FVOCI금융자산평가이익(OCI)	B/S누계액	대) 미처분이익잉여금	××

☆ Self Study

1. FVPL금융자산은 제거일에 재측정하지 않고 처분하는 회계처리를 한다. FVPL금융자산의 공정가치 변동에 따른 평가손익은 당기손익으로 인식하기 때문에 제거일에 공정가치로 재측정 후 처분하는 회계처리와 제거일에 공정가치로 재측정하지 않고 처분하는 회계처리는 당기손익에 미치는 효과가 동일하다.

2. FVOCI금융자산으로 분류한 지분상품의 공정가치 변동에 따른 평가손익은 기타포괄손익으로 인식하기 때문에 반드시 제거일에 공정가치로 재측정 후 처분하는 회계처리를 하여야 한다. 처분 시 거래원가가 없다면 FVOCI금융자산으로 분류한 투자지분상품의 처분손익은 없다.

[FVOCI금융자산(지분상품) - 각 시점별 정리]

구분	FVOCI금융자산(지분상품)
취득거래원가	최초 취득 시 FV에 가산
기말평가	금융자산평가손익(OCI) = 당기 말 FV – 금융자산 BV
처분거래원가	처분과 직접 관련하여 발생한 거래원가는 처분금액에서 차감
처분손익	처분 시 거래원가가 없다면 발생하지 않는다.
현금배당	배당선언일에 배당수익으로 당기손익에 반영
무상증자와 주식배당	순자산에 미치는 영향 ×, 주식 수의 변동으로 평균단가 변동
손상차손	지분상품은 손상대상 ×
재분류	지분상품이나 파생상품은 재분류 불가능

✎ FVOCI금융자산(지분상품) - F/S효과 정리

B/S			
FVOCI금융자산	기말 FV		
		FVOCI금융자산평가손익	기말 FV - 취득 FV
I/S			

N/I영향: 현금 배당수익
OCI변동: FVOCI금융자산평가손익 = 기말 B/S상 OCI누계액 - 기초 B/S상 OCI누계액

─☆ **Self Study**

지분상품의 분류별 손익비교

구분	FVPL금융자산(지분상품)	FVOCI금융자산(지분상품)
당기손익에 영향		
① 평가손익	FV - BV	-
② 처분손익	처분금액 - BV	-
기타포괄손익에 영향		
① 평가손익	-	FV - BV
② 처분 시 평가손익	-	처분금액 - BV

➥ 지분상품의 경우 FVPL금융자산과 FVOCI금융자산의 총포괄손익에 미치는 영향은 동일하다.

FVOCI금융자산과 FVPL금융자산 중 지분상품은 동일 거래에 대하여 당기손익에 미치는 영향은 다를 수 있지만 총포괄손익에 미치는 영향은 동일하다. 이는 총포괄손익은 결국 자산의 변동을 나타내기 때문에 기말에 FV평가를 하는 FVOCI금융자산과 FVPL금융자산은 그 값이 같아지기 때문이다.

01 투자채무상품의 분류 및 특성

구분	AC금융자산	FVOCI금융자산	FVPL금융자산
사업모형	계약상 CF수취	계약상 CF수취 + 매도	기타의 목적
최초 인식 시 측정	취득시점의 FV	취득시점의 FV	취득시점의 FV
취득에 직접 관련된 거래원가	최초 인식하는 FV에 가산	최초 인식하는 FV에 가산	당기비용처리
후속측정 - 상각	상각 ○ - 유효이자율법	상각 ○ - 유효이자율법	상각 × - 액면이자율법
후속측정 - FV평가	FV측정 ×	FV측정, 평가손익 OCI처리	FV측정, 평가손익 N/I처리
재분류	허용	허용	허용
처분손익	인식 ○	인식 ○(재분류조정 ○)	인식 ○
손상	인식 ○	인식 ○	인식 ×
N/I영향	=		≠
OCI영향	≠		
총포괄손익 영향	≠	=	

* 채무상품 중 서로 다른 기준에 따라 자산이나 부채를 측정하거나 그에 따른 손익을 인식하는 경우에 발생하는 측정이나 인식의 불일치(회계불일치)를 제거하거나 유의적으로 줄이기 위한 경우, 금융자산의 최초 인식시점에 AC금융자산이나 FVOCI금융자산으로 분류될 채무상품을 FVPL금융자산으로 분류할 수 있다. 다만, 이러한 선택은 이후에 취소할 수 없다.

02 FVPL금융자산(채무상품)의 인식 및 측정

(1) 최초 인식

FVPL금융자산(채무상품)은 금융상품의 계약 당사자가 되는 때에 재무상태표에 인식하며, 최초 인식시점의 공정가치로 측정한다. 취득에 직접 관련된 거래원가(중개수수료 등)는 당기비용처리한다. 다만, 채무상품을 이자지급일 사이에 취득하는 경우 채무상품의 구입금액에는 직전 이자지급일부터 취득일까지의 경과이자가 포함되어 있으므로 채무상품의 구입금액 중 직전 소유자의 보유기간에 대한 경과이자는 미수이자의 과목으로 별도로 구분하여 자산을 인식하고 FVPL금융자산의 원가에서 제외한다.

차) FVPL금융자산	대차차액	대) 현금	최초 인식시점 채무상품 FV
미수이자	직전 이자지급일 ~ 취득일 경과이자		
차) 수수료비용(N/I)	거래원가	대) 현금	××

(2) 보유에 따른 손익

① 이자수익

채무상품 보유기간 중에 수령하는 표시이자는 투자회사의 보유기간에 해당하는 금액만 이자수익으로 인식한다.

[기말 이자수익 인식]

차) 미수이자	××	대) 이자수익(N/I)	액면금액 × 액면 R × 보유기간/12

---☆ **Self Study**

채무상품의 보유기간 중 발생하는 이자수익은 유효이자율법에 의하여 인식하는 것이 원칙이지만 FVPL(채무상품)의 경우 중요성 측면에서 유효이자가 아닌 표시이자만을 이자수익으로 인식할 수 있다.

(3) 기말평가 및 처분

① 기말평가

FVPL금융자산(채무상품)은 보고기간 말의 공정가치로 평가하고 장부금액과의 차액은 금융자산평가손익으로 하여 당기손익으로 처리한다. 한편, 이자지급일과 보고기간 말이 다른 채무상품의 경우 공정가치와 장부금액의 차이를 계상할 경우 모두 직전 이자지급일부터 보고기간 말까지의 경과이자를 제외하고 계산하여야 한다.

[공정가치 > 장부금액]

차) FVPL금융자산	기말 FV - BV	대) FVPL금융자산평가이익	N/I

*직전 이자지급일부터 보고기간 말까지의 경과이자를 제외한 공정가치와 장부금액

[공정가치 < 장부금액]

차) FVPL금융자산평가손실	N/I	대) FVPL금융자산	BV - 기말 FV

*직전 이자지급일부터 보고기간 말까지의 경과이자를 제외한 공정가치와 장부금액

✐ 기말 B/S와 당기 I/S

B/S		
FVPL금융자산	기말 FV	
미수이자	액면금액 × 액면 R × 경과기간/12	
I/S		
N/I영향: 이자수익 = 액면금액 × 액면 R × 보유기간/12		
평가손익 = 기말 FV(미수이자 제외) - BV(미수이자 제외)		
OCI변동: -		

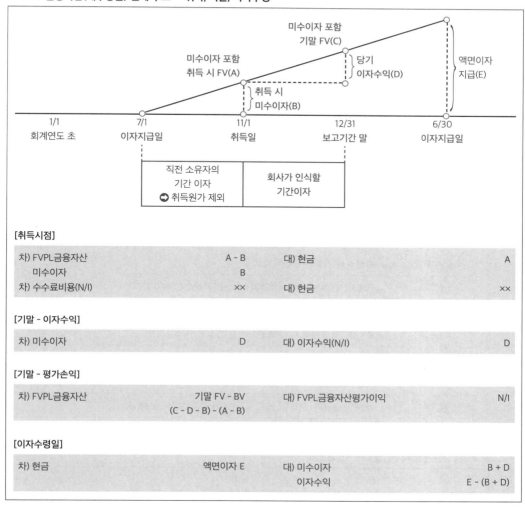

FVPL금융자산(채무상품) 전체 구조 - 취득, 기말, 이자수령

[취득시점]

차) FVPL금융자산	A – B	대) 현금	A
미수이자	B		
차) 수수료비용(N/I)	××	대) 현금	××

[기말 - 이자수익]

차) 미수이자	D	대) 이자수익(N/I)	D

[기말 - 평가손익]

차) FVPL금융자산	기말 FV – BV	대) FVPL금융자산평가이익	N/I
	(C – D – B) – (A – B)		

[이자수령일]

차) 현금	액면이자 E	대) 미수이자	B + D
		이자수익	E – (B + D)

② 처분

FVPL금융자산(채무상품)을 처분하는 경우 처분금액과 장부금액과의 차액은 금융자산처분손익으로 하여 당기손익으로 인식한다. 채무상품을 이자지급일 사이에 처분하는 경우 채무상품의 처분금액 중에는 직전 이자지급일부터 처분일까지의 경과이자가 포함되어 있으므로 동 금액을 처분금액과는 별도로 하여 이자수익을 인식한다.

차) 미수이자 ①	직전 이자지급일 ~ 처분일 경과이자	대) 이자수익	N/I
차) 현금	처분금액 – 거래원가	대) FVPL금융자산	BV
		미수이자	①
		금융자산처분이익	대차차액

FVPL금융자산 처분 시 처분금액에는 기간경과분의 미수이자가 고려되어 있다.

1. 평가손익 계상 시 기말 공정가치에 미수이자가 포함되어 있다면 장부금액도 미수이자를 포함하여 평가손익을 계상하든지, 기말 공정가치에서 미수이자를 제외하고 평가손익을 계상한다.
2. 당기손익인식금융자산은 유효이자율법 적용의 실익이 없기 때문에 액면이자로 이자수익을 인식한다.

[FVPL금융자산(채무상품) – 각 시점별 정리]

구분	FVPL금융자산(채무상품)
취득거래원가	발생 즉시 당기비용으로 처리
기말평가	금융자산평가손익(N/I) = 당기 말 FV – 금융자산 BV, 미수이자 제외
처분거래원가	처분과 직접 관련하여 발생한 거래원가는 처분금액에서 차감
처분손익	순처분금액 (처분금액 – 거래원가) – (전기 말 BV + 미수이자)
이자수익	액면이자율법 사용: 액면금액 × 액면 R × 보유기간/12
손상차손	공정가치로 평가하여 평가손익을 당기손익에 반영하므로 손상대상 ×
재분류	재분류가능(FVPL금융자산으로 취득시점에 지정한 경우 재분류 불가)

✐ **FVPL금융자산(채무상품) – F/S효과 정리**

B/S		
FVPL금융자산	기말 FV	

I/S

N/I영향: 이자수익 = 액면금액 × 액면 R × 보유기간/12
          평가손익 = 기말 FV(미수이자 제외) – BV(미수이자 제외)
OCI변동: –

03 AC금융자산(채무상품)의 분류 및 측정

(1) 최초 인식

AC금융자산(채무상품)은 금융상품의 계약 당사자가 되는 때에 재무상태표에 인식하며, 최초 인식시점의 공정 가치로 측정한다. 취득에 직접 관련된 거래원가(중개수수료 등)는 최초 인식하는 공정가치에 가산한다.

| 차) AC금융자산 | 최초 인식시점 채무상품 FV | 대) 현금 | ×× |
| 차) AC금융자산 | 거래원가 | 대) 현금 | 거래원가 |

다만, 채무상품을 이자지급일 사이에 취득하는 경우 채무상품의 구입금액에는 직전 이자지급일부터 취득일까지의 경과이자가 포함되어 있으므로 채무상품의 구입금액 중 직전 소유자의 보유기간에 대한 경과이자는 미수이자의 과목으로 별도로 구분하여 자산을 인식하고 AC금융자산의 원가에서 제외한다.

✍ **AC금융자산 최초 인식**

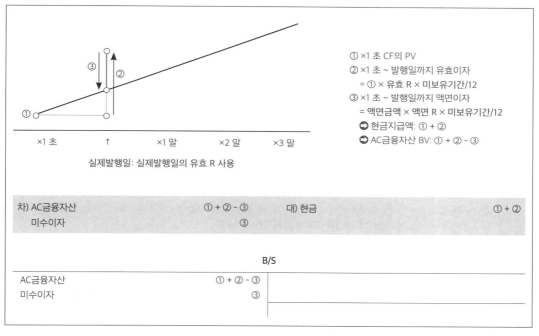

① ×1 초 CF의 PV
② ×1 초 ~ 발행일까지 유효이자
 = ① × 유효 R × 미보유기간/12
③ ×1 초 ~ 발행일까지 액면이자
 = 액면금액 × 액면 R × 미보유기간/12
➡ 현금지급액: ① + ②
➡ AC금융자산 BV: ① + ② - ③

×1 초　　　↑　　　×1 말　　　×2 말　　　×3 말

실제발행일: 실제발행일의 유효 R 사용

| 차) AC금융자산 | ① + ② - ③ | 대) 현금 | ① + ② |
| 미수이자 | ③ | | |

B/S

| AC금융자산 | ① + ② - ③ | |
| 미수이자 | ③ | |

(2) 보유에 따른 손익

① 이자수익

채무상품은 계약상 현금흐름인 원리금을 수취하는 상품으로 이자수익을 인식하여야 하는데, 이자수익은 유효이자율법으로 계산한다. 유효이자율법으로 계산하는 이자수익은 신용이 손상되지 않은 경우 금융자산의 총장부금액에 유효이자율을 적용하여 계산한다.

✎ **기말 이자수익 인식 - 기초 취득**

차) 현금	액면이자	대) 이자수익(N/I)	기초 총장부금액 × 유효 R
AC금융자산	대차차액		

✎ **기말 이자수익 인식 - 이자지급일 사이에 취득**

차) 현금	액면이자	대) 이자수익(N/I) 기초 총장부금액 ① × 유효 R × 보유기간/12
AC금융자산	대차차액	미수이자 ③

B/S		
AC금융자산	기초 총장부금액 ① × (1 + R) − 액면이자 = PV(잔여 CF) by 취득 시 R	

I/S	
이자수익: 기초 총장부금액 ① × 유효 R × 보유기간/12	

┌─ ☆ **Self Study** ─┐

1. **유효이자율**: 금융자산이나 금융부채의 기대존속기간에 추정 미래현금지급액이나 수취액의 현재가치를 금융자산의 총장부금액이나 금융부채의 상각후원가와 정확히 일치시키는 이자율

2. **유효이자율법**: 금융자산이나 금융부채의 상각후원가를 계산하고 관련 기간에 이자수익이나 이자비용을 당기손익으로 인식하고 배분하는 방법

3. **총장부금액과 상각후원가의 구분**
   • **총장부금액**: 금융자산의 손실충당금을 차감하기 전의 상각후원가 ➡ PV(계약상 현금흐름) by 유효 R
   • **상각후원가**: 총장부금액 − 손실충당금

(3) 기말 평가 및 처분

① 기말 평가

AC금융자산(채무상품)은 계약상 현금흐름을 수취하기 위해 보유하는 것이 목적인 사업모형하에서 보유하는 금융자산이므로 보고기간 말의 공정가치로 측정하지 않는다.

② 처분

AC금융자산은 만기일 이전에 처분하는 경우 처분금액과 총장부금액(기대신용손실모형을 적용하지 않는 경우)의 차액을 금융자산처분손익으로 하여 당기손익으로 인식한다.

✐ 기말 처분

차) 현금	처분금액	대) AC금융자산 총장부금액 [PV(계약상 잔여현금흐름) by 유효 R]
		금융자산처분손익 대차차액

채무상품을 이자지급일 사이에 처분하는 경우 채무상품의 처분금액 중에는 직전 이자지급일부터 처분일까지의 경과이자가 포함되어 있으므로 동 금액을 처분금액과는 별도로 하여 이자수익을 인식한다.

✐ 이자지급일 사이의 처분

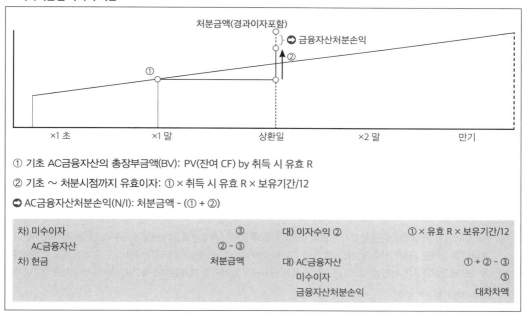

① 기초 AC금융자산의 총장부금액(BV): PV(잔여 CF) by 취득 시 유효 R

② 기초 ~ 처분시점까지 유효이자: ① × 취득 시 유효 R × 보유기간/12

➡ AC금융자산처분손익(N/I): 처분금액 - (① + ②)

차) 미수이자	③	대) 이자수익 ②	① × 유효 R × 보유기간/12
AC금융자산	② - ③		
차) 현금	처분금액	대) AC금융자산	① + ② - ③
		미수이자	③
		금융자산처분손익	대차차액

─☆ Self Study

만약 문제에서 **AC금융자산의 전체를 처분**하고 이로 인한 당기손익에 미치는 영향을 묻는다면, 아래와 같이 쉽게 계산할 수 있다.

➡ N/I에 미치는 영향: 자산의 변동 = 처분 시 처분금액 - 기초 AC금융자산

04 FVOCI금융자산(채무상품)의 분류 및 측정

(1) 최초 인식

FVOCI금융자산(채무상품)은 금융상품의 계약 당사자가 되는 때에 재무상태표에 인식하며, 최초 인식시점의 공정가치로 측정한다. 취득에 직접 관련된 거래원가(중개수수료 등)는 최초 인식하는 공정가치에 가산한다.

| 차) FVOCI금융자산 | 최초 인식시점 채무상품 FV | 대) 현금 | ×× |
| 차) FVOCI금융자산 | 거래원가 | 대) 현금 | 거래원가 |

(2) 보유에 따른 손익

① 이자수익

채무상품은 계약상 현금흐름인 원리금을 수취하는 상품으로 이자수익을 인식하여야 하는데, 이자수익은 유효이자율법으로 계산한다. 유효이자율법으로 계산하는 이자수익은 신용이 손상되지 않은 경우 금융자산의 총장부금액에 유효이자율을 적용하여 계산한다.

| 차) 현금 | 액면이자 | 대) 이자수익(N/I) | 기초 총장부금액 × 유효 R |
| FVOCI금융자산 | 대차차액 | | |

> ☆ **Self Study**
>
> 1. FVOCI금융자산의 경우 유효이자율법에 따라 이자수익을 먼저 인식한 후에 평가손익을 인식한다.
>
> 2. FVOCI금융자산으로 분류되는 채무상품의 이자수익 인식 시 기준이 되는 금액은 공정가치 평가를 반영한 장부금액이 아니라 총장부금액이다.

(3) 기말 평가 및 처분

① 기말 평가

FVOCI금융자산(채무상품)은 보고기간 말의 공정가치로 측정하여 재무상태표에 보고한다. FVOCI금융자산의 공정가치와 총장부금액의 차액은 금융자산평가손익으로 하여 기타포괄손익으로 보고한다. 기타포괄손익으로 인식한 금융자산평가손익의 누계액은 재무상태표의 자본항목으로 표시하고, 해당 금융자산을 제거할 때 재분류조정으로 자본에서 당기손익으로 재분류한다.

[평가이익이 발생한 경우]

| 차) FVOCI금융자산 | 기말 FV - BV | 대) FVOCI금융자산평가이익 | OCI |

*기초에 평가손실이 있는 경우 평가손실 우선 상계

[평가손실이 발생한 경우]

| 차) FVOCI금융자산평가손실 | OCI | 대) FVOCI금융자산 | BV - 기말 FV |

*기초에 평가이익이 있는 경우 평가이익 우선 상계

✍ **기말 B/S와 당기 I/S**

B/S			
FVOCI금융자산	기말 FV		
		FVOCI금융자산평가손익	기말 FV - 기말 총장부금액

* 기말 총장부금액 = 기말 FV - B/S상 OCI누계액

I/S	
N/I영향: 이자수익 = 기초 총장부금액(= PV(잔여 CF) by 유효 R) × 유효 R	
OCI변동: 기말 B/S상 OCI누계액 - 기초 B/S상 OCI누계액	

② **처분**

FVOCI금융자산(채무상품)은 만기일 이전에 처분하는 경우 처분금액과 총장부금액의 차액은 금융자산처분손익으로 하여 당기손익에 반영한다. 이때 공정가치 평가로 인하여 자본항목으로 인식된 금융자산평가손익누계액은 당해 채무상품을 처분하는 시점에 금융자산처분손익(N/I)으로 재분류한다.

FVOCI금융자산(채무상품)을 처분하는 경우에는 처분금액으로 평가를 먼저 하여 금융자산평가손익을 인식하고, 추후에 처분에 관한 회계처리를 한다. 이때 인식한 금융자산평가손익은 기타포괄손익으로 인식하여 자본항목으로 처리한 후 재분류조정을 통하여 당기손익으로 대체한다.

[1단계 - 평가]

차) FVOCI금융자산	처분금액 - BV	대) FVOCI금융자산평가손익	처분금액 - BV

[2단계 - 처분]

차) 현금	처분금액	대) FVOCI금융자산	처분금액

[3단계 - 재분류조정]

차) FVOCI금융자산평가손익	처분금액 - 총장부금액	대) 금융자산처분이익	N/I

☆ Self Study

1. 지분상품의 경우에는 평가손익누계액을 당기손익으로 재분류하지 않음

2. FVOCI처분손익(기대손실모형 적용 ×): 처분금액 - 처분시점 총장부금액

Additional Comment

채무상품의 경우 AC금융자산과 FVOCI금융자산 중 어느 것으로 분류하든 당기순이익에 미치는 영향은 동일해야 한다는 데 근거하여 기타포괄손익을 후속적으로 당기순이익에 재분류하도록 허용하고 있다.

05 금융자산의 손상

(1) 기대손실모형

금융자산은 AC금융자산과 FVOCI금융자산(FVOCI금융자산 – 지분상품은 제외)의 경우에만 손상차손을 인식한다. 기업회계기준서 제1109호 '금융상품'에서는 신용이 손상되지 않은 경우에도 기대신용손실을 추정하여 인식하는 데, 이러한 모형을 기대손실모형이라고 한다.

> ─☆ **Self Study**
>
> 1. 지분상품은 계약상 현금흐름 특성이 없으므로 손상을 인식하지 않는다.
> 2. 신용위험은 채무증권발행자가 '계약상 현금흐름의 지급을 계약조건에 따라 적정하게 이행하지 못할 위험'으로 정의한 것이다.

① 신용손실과 기대신용손실

- **신용손실**

  신용손실은 계약에 따라 지급받기로 한 모든 계약상 현금흐름과 수취할 것으로 예상하는 모든 계약상 현금흐름의 차이(모든 현금 부족액)를 최초 유효이자율(또는 취득 시 신용이 손상되어 있는 금융자산은 신용조정 유효이자율)로 할인한 금액을 말한다.

  > 신용손실 = PV(① = 계약상 현금흐름 – 수취할 것으로 예상되는 현금흐름) by R(②)
  > ① 모든 현금 부족액
  > ② 최초의 유효이자율(취득 시 손상되어 있는 금융자산은 신용조정 유효이자율 사용)

- **기대신용손실**

  기대신용손실은 개별 채무불이행 발생 위험으로 가중평균한 신용손실을 말한다.

② 유효이자율과 신용조정 유효이자율

- **유효이자율**

  유효이자율은 금융자산의 추정 미래현금 수취액의 현재가치를 금융자산의 총장부금액과 정확히 일치시키는 이자율을 말한다. 유효이자율을 계산할 때 해당 금융상품의 모든 계약조건을 고려하여 기대현금흐름을 추정하지만 기대신용손실은 고려하지 아니한다.

  한국채택국제회계기준 제1119호 '금융상품'에서는 금융자산의 총장부금액과 상각후원가를 각각 아래와 같이 정의하고 있다.

  > ① **금융자산의 총장부금액**: 손실충당금을 조정하기 전 금융자산의 상각후원가
  > ② **금융자산의 상각후원가**: 최초 인식시점에 측정한 금융자산에서 상환된 원금을 차감하고, 최초 인식금액과 만기금액의 차액에 유효이자율법을 적용하여 계산한 상각누계액을 가감한 금액에서 손실충당금을 조정한 금액

- **신용조정 유효이자율**

  기업은 취득 시 신용이 손상되어 있는 채무증권을 크게 할인된 가격으로 취득하는데, 그 이유는 이미 발생한 손상이 가격에 반영되어 있기 때문이다. 따라서 취득 시 신용이 손상되어 있는 채무증권의 취득시점 공정가치는 손상을 반영한 금액인 상각후원가이다.

📎 **유효이자율과 총장부금액, 상각후원가의 구조**

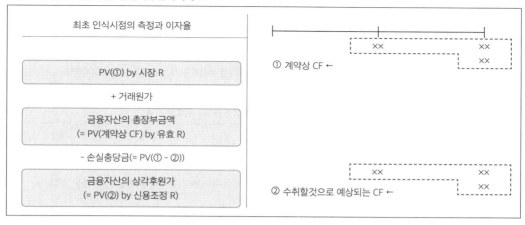

최초 인식시점의 측정과 이자율	
PV(①) by 시장 R	① 계약상 CF ←
+ 거래원가	
금융자산의 총장부금액 (= PV(계약상 CF) by 유효 R)	
- 손실충당금(= PV(① - ②))	
금융자산의 상각후원가 (= PV(②) by 신용조정 R)	② 수취할것으로 예상되는 CF ←

(2) 일반적 접근법

① 신용이 손상되지 않은 경우

금융자산은 신용이 손상되지는 않았지만 신용위험이 발생한 금융자산과 신용이 손상된 금융자산으로 구분하여 기대신용손실을 추정하고 이를 손실충당금으로 인식하도록 규정하고 있다.

• 신용위험이 유의적으로 증가하지 않은 경우

보고기간 말에 12개월 기대신용손실에 해당하는 금액으로 손실충당금을 측정하고, 이를 손상차손으로 당기손익 인식한다. 여기서 12개월 기대신용손실은 전체기간 신용손실에 보고기간 말 후 12개월 이내의 채무불이행 발생확률을 적용하여 계산한 금액이다.

• 신용위험이 유의적으로 증가한 경우

최초 인식 후에 전체기간 기대신용손실에 해당하는 금액으로 손실충당금을 측정하고, 이를 손상차손으로 당기손익 인식한다. 여기서 전체기간 기대신용손실은 전체기간 신용손실에 보고기간 말 후 전체기간의 채무불이행 발생확률을 적용하여 계산한 금액이다.

[기대신용손실의 인식]

구분		내용
신용이 손상되지 않은 경우	신용위험 유의적으로 증가 ×	• 12개월 기대신용손실을 손실충당금으로 인식 • 전체기간 신용손실 추정액 × 12개월 이내 채무불이행 발생확률
	신용위험 유의적으로 증가 ○	• 전체기간 기대신용손실을 손실충당금으로 인식[1] • 전체기간신용손실 추정액 × 전체기간 채무불이행 발생확률
신용이 손상된 경우		전체기간 기대신용손실을 손실충당금으로 인식
취득 시 신용이 손상된 경우		전체기간 기대신용손실을 손실충당금으로 인식

[1] 연체일수가 30일을 초과하는 경우 신용위험이 유의적으로 증가한 것으로 간주함(반증 가능)

② 신용이 손상된 경우

금융자산이 후속적으로 신용이 손상된 경우에는 전체기간 기대신용손실을 손상차손으로 인식한다.

(3) AC금융자산의 손상

① 의의

신용이 손상된 경우에는 상각후원가(= 총장부금액 - 손실충당금)에 유효이자율을 적용하여 이자수익을 계산한다. 신용손상의 시기에 따라 이자수익은 다음과 같이 계산한다.

> ① 취득 시 신용이 손상되어 있는 경우 이자수익: 최초 인식시점 상각후원가 × 신용조정 유효이자율
>
> ② 후속적으로 신용이 손상된 경우 이자수익: 후속 보고기간 상각후원가 × 유효이자율
>
> ③ 신용이 손상되지 않은 경우 이자수익: 후속 보고기간 총장부금액 × 유효이자율

② 신용이 손상되지 않은 경우 기말 평가

AC금융자산은 신용이 손상되지 않은 경우에도 기대신용손실을 측정하여 손실충당금을 인식하는 기대손실모형을 적용한다. 손실충당금으로 인식할 금액은 신용위험이 유의적으로 증가하였는지 여부에 따라 아래와 같이 회계처리한다.

[신용위험이 유의적으로 증가하지 않은 경우]

차) 금융자산손상차손	N/I	대) 손실충당금	12개월 기대신용손실 적용

[신용위험이 유의적으로 증가한 경우]

차) 현금	N/I	대) 손실충당금	전체기간 기대신용손실 적용

금융자산손상차손은 당기손익으로 처리하고 전기 이전에 인식한 손실충당금이 있는 경우에는 당기 말 손실충당금의 차액을 손상차손(환입)으로 인식한다.

최초 인식 후에 신용위험이 보고기간 말 현재 유의적으로 증가하였다면, 전체기간 기대신용손실로 손상을 측정하되, 실제로 신용은 아직 손상되지 않았다면 이자수익은 유효이자율을 총장부금액에 적용하여 인식한다.

✎ 기대손실모형 적용 - 신용이 손상되지 않은 경우

B/S			
AC금융자산	총장부금액		
(-)손실충당금	(-)××		
	상각후원가		

I/S

N/I영향: 이자수익 = 기초 총장부금액 × 유효 R × 보유기간/12
　　　　손상차손 = 기말 B/S상 손실충당금 - 기초 B/S상 손실충당금
OCI변동: -

─☆ Self Study

AC금융자산은 계약상 원리금의 회수만을 목적으로 하는 사업모형에서 보유하고 있는 금융자산으로 보고기간 말의 공정가치는 회수가능하지 않고 실제로 회수하는 금액과도 관련성이 없는 기회손익을 반영하는 것이므로 AC금융자산은 보고기간 말의 공정가치를 평가하지 않는다.

③ 신용이 손상되지 않은 경우 처분

AC금융자산은 기대손실모형을 사용하여 손실충당금을 인식하여야 하므로 처분시점의 장부금액은 총장부금액에서 손실충당금을 차감한 금액이다.

차) 현금	처분금액	대) AC금융자산	총장부금액
손실충당금	BV	금융자산처분손익	대차차액

➲ 금융자산처분손실: 처분금액 - (총장부금액 - 손실충당금) = 처분금액 - [PV(잔여 CF) by 유효 R - 손실충당금]

④ 신용이 손상된 경우 - 손상 발생

AC금융자산의 신용이 손상된 경우에는 기대신용손실을 계산하여 손상차손을 인식하여야 한다. 보고기간 말에 신용이 손상된 금융자산(취득 시 신용이 손상되어 있는 금융자산은 제외)의 기대신용손실은 해당 자산의 총장부금액과 추정미래현금흐름을 최초 유효이자율로 할인한 현재가치(= 회수가능액)의 차이로 측정한다.

> **신용이 손상된 경우 손상차손:** (1) - (2) - (3)
>
> (1) 총장부금액: PV(기존 CF) by 최초 유효 R
>
> (2) 회수가능액: PV(추정 CF) by 최초 유효 R
>
> (3) 손실충당금 BV: 신용이 손상되기 전에 인식한 기대신용손실 누계액

손상 회계를 수행한 후의 채무증권의 상각후원가는 "총장부금액에서 손실충당금을 차감한 금액"이다.

✎ AC금융자산의 신용손상

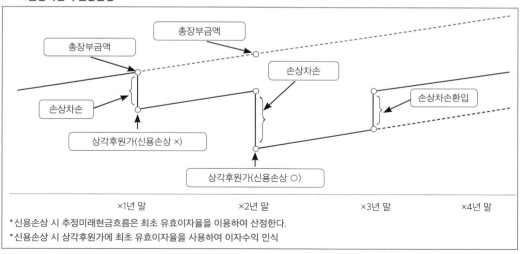

* 신용손상 시 추정미래현금흐름은 최초 유효이자율을 이용하여 산정한다.
* 신용손상 시 상각후원가에 최초 유효이자율을 사용하여 이자수익 인식

[신용손상 시 회계처리]

차) 손상차손	N/I	대) 손실충당금	(1) - (2) - (3)

✐ **신용손상 발생 시 F/S분석**

	B/S		손상 전
AC금융자산	총장부금액 × (1 + 최초 유효 R) - 액면이자		
(-)손실충당금	(-)기대신용손실		
	손상 전 상각후원가		

	B/S		손상 후
AC금융자산	총장부금액 × (1 + 최초 유효 R) - 액면이자		
(-)손실충당금	(-)역산		
	손상 후 상각후원가[1]		

[1] 손상 후 상각후원가: PV(손상 후 CF) by 취득 시 유효 R

I/S	
N/I영향: 이자수익 = 기초 총장부금액 × 유효 R × 보유기간/12	
손상차손 = 손상 후 상각후원가 - 손상 전 상각후원가	
OCI변동: -	

보유기간 말 현재 신용이 이미 손상된 경우는 '최초 인식 후에 신용위험이 유의적으로 증가한' 경우의 부분집합이므로 전체기간 기대신용손실로 손상을 측정한다. 다만, 이자수익은 유효이자율을 상각후원가에 적용한다. 여기서 상각후원가란 총장부금액에서 손실충당금을 차감한 금액을 가리킨다. 따라서 어떤 금융자산을 보유하는 중에 실제로 신용이 손상되면 해당 증권의 후속기간 이자수익은 신용손상이 발생하지 않았을 경우에 비하여 적게 인식된다.

손상이 발생한 채무증권은 손상 발생을 확인한 다음 보고기간부터 전체기간 기대신용손실로 손실충당금을 인식하고, 최초 인식 시 사용한 유효이자율로 이자수익을 인식한다. 그러나 손상이 발생하였으므로, 총장부금액에서 손실충당금을 차감한 상각후원가에 유효이자율을 적용하여 이자수익을 인식하도록 함으로써, 투자액 중 손상된 부분으로부터의 이자수익의 인식을 허용하지 않는다.

⑤ **신용이 손상된 경우 - 손상차손환입 발생**

AC금융자산은 신용이 손상된 이후 회계기간에 기대신용손실이 감소한 경우에는 동 변동액을 금융자산손상차손환입으로 인식하고 당기손익에 반영한다.

> **금융자산의 손상차손환입:** (1) - (2)
>
> (1) 환입 전 상각후원가: PV(추정 CF) by 최초 유효 R
>
> (2) 환입 후 상각후원가: 상각후원가(신용손상 시 상각후원가에 최초 유효이자율을 이용한 유효이자율법 적용)

[손상차손환입 시 회계처리]

차) 손실충당금	(1) - (2)	대) 손상차손환입	N/I

⌀ 손상차손환입 시 F/S분석

B/S		환입 전
AC금융자산	역산	
(-)손실충당금	(-)전기 말 BV	
	환입 전 상각후원가[1]	

[1] 환입 전 상각후원가: 기초 상각후원가 × (1 + 유효 R) - 현금수령액

B/S		환입 후
AC금융자산	환입 전 BV	
(-)손실충당금	(-)역산	
	환입 후 상각후원가[2]	

[2] 환입 후 상각후원가: PV(환입 후 CF) by 취득 시 유효 R

I/S	
N/I영향: 이자수익 = 기초상각후원가 × 유효 R × 보유기간/12	
손상차손환입 = 환입 후 상각후원가 - 환입 전 상각후원가	
OCI변동: -	

[AC금융자산(채무상품) - 각 시점별 정리]

구분	AC금융자산(채무상품)
취득거래원가	최초원가에 가산
기말평가	해당사항 없음
처분거래원가	처분과 직접 관련하여 발생한 거래원가는 처분금액에서 차감
처분손익	(처분금액 - 거래원가) - (총장부금액 - 기대신용손실)
이자수익	기초 총장부금액 × 유효 R × 보유기간/12
손상차손	손상 후 상각후원가 - 손상 전 상각후원가
손상환입	환입 후 상각후원가 - 환입 전 상각후원가
재분류	재분류가능

⌀ AC금융자산(채무상품) - F/S효과 정리

B/S		
AC금융자산	총장부금액	
(-)손실충당금	(-)××	
	상각후원가	

I/S	
N/I영향: 이자수익 = 기초 총장부금액 × 유효 R × 보유기간/12	
손상차손, 손상차손환입	
OCI변동: -	

(4) FVOCI금융자산(채무상품)의 손상

① 신용이 손상되지 않은 경우 기말평가

FVOCI금융자산(채무상품)은 신용이 손상되지 않은 경우에도 기대신용손실을 측정하여 손실충당금을 인식하는 기대손실모형을 적용한다. 그러나 FVOCI금융자산(채무상품)의 경우 손실충당금은 기타포괄손익에서 인식하고 재무상태표에서 금융자산의 장부금액을 줄이지 않는다. 그러므로 포괄손익계산서에 기타포괄손익으로 보고될 금융자산평가손익은 당기 발생 금융자산평가손익에서 손실충당금 변동분을 가감한 금액이 된다.

FVOCI금융자산(채무상품)은 손상차손을 인식하기 전에 공정가치 변동손익을 기타포괄손익으로 인식한다. 그 이후 기타포괄손익 중 신용위험으로 인한 손상차손 효과는 당기손익으로 대체한다. 또한, 신용위험발생으로 인한 손상의 경우 손상차손 인식 후 이자수익은 손상 전 상각후원가인 총장부금액에 유효이자율을 적용한다.

✎ FVOCI금융자산(채무상품) 기말 회계처리

[1st - 이자수익]

차) 현금	액면이자	대) 이자수익	기초 총장부금액 × 유효 R
FVOCI금융자산	대차차액		

[2nd - 공정가치 평가]

차) 금융자산평가손실	OCI	대) FVOCI금융자산	××

[3rd - 손상차손]

차) 손상차손	××	대) 금융자산평가손실	B/S상 손실충당금 OCI변동액

[2nd와 3rd의 회계처리는 아래와 같이 쉽게 정리할 수도 있다]

차) 손상차손 ①	손상 전 BV - 회수가능액	대) 금융자산평가손익(OCI) ②	B/S상 변동액
		FVOCI금융자산 ③	대차차액

FVOCI금융자산(채무증권)의 손상 회계에서는 공정가치 측정에서 인식한 기타포괄손익항목인 평가손익의 일정 부분을 당기손익항목인 손상차손 또는 손상차손환입으로 재분류하는 것이다.

✎ 기대손실모형 적용 - 신용이 손상되지 않은 경우

B/S			
FVOCI금융자산	기말 FV		
		OCI(FV평가)	기말 FV - 기말 총장부금액
		OCI(손실충당금)	기말 기대신용손실누계액

I/S

N/I영향: 이자수익 = 기초 총장부금액 × 유효 R × 보유기간/12
　　　　손상차손 = 기말 B/S상 기대신용손실누계액 - 기초 B/S상 기대신용손실 누계액
OCI변동: 기말 B/S상 OCI누계액 - 기초 B/S상 OCI누계액

② 신용이 손상되지 않은 경우 처분

FVOCI금융자산(채무상품)을 처분하는 경우에는 처분금액으로 먼저 평가하여 금융자산평가손익을 인식하고, 추후에 처분에 관한 회계처리를 한다. FVOCI금융자산(채무상품)의 처분 시 총장부금액에 기대신용손실을 차감한 금액이 된다. 그러므로 FVOCI금융자산의 처분손익은 AC금융자산의 처분손익과 동일한 금액이 된다.

[1단계 - 평가]

차) FVOCI금융자산	처분금액 - BV	대) FVOCI금융자산평가손익	처분금액 - BV

[2단계 - 처분]

차) 현금	처분금액	대) FVOCI금융자산	처분금액

[3단계 - 재분류조정]

차) FVOCI금융자산평가손익	처분금액 - 장부금액	대) 금융자산처분이익	N/I

③ 신용이 손상된 경우 - 손상 발생

FVOCI금융자산(채무상품)의 신용이 손상된 경우에는 기대신용손실을 계산하여 손상차손을 인식하여야 한다. FVOCI금융자산(채무상품)의 기대신용손실은 상각후원가 측정 금융자산과 동일한 방법으로 계산한다. 이때 기타포괄손익누계액으로 인식된 금융자산평가손익은 처분 시의 경우와 마찬가지로 당기손익으로 재분류한다.

신용이 손상된 경우 손상차손: (1) - (2) - (3)

(1) 총장부금액: PV(기존 CF) by 최초 유효 R

(2) PV(추정 CF) by 최초 유효 R

(3) 기대신용손실: 신용이 손상되기 전에 인식한 기대신용손실

FVOCI금융자산(채무상품)은 손상차손을 인식하기 전에 공정가치 변동을 기타포괄손익으로 인식한다. 이후 기타포괄손익 중 신용의 손상으로 인한 손상차손 효과는 당기손익으로 대체한다. 한편, 신용위험으로 인한 손상과 다르게 신용손상으로 인한 손상의 경우 손상차손인식 이후 이자수익은 손상 후 상각후원가인 순장부금액에 유효이자율을 적용하여야 한다.

⟢ **신용손상 시 회계처리**

[1st - 이자수익]

차) 현금	액면이자	대) 이자수익	기초 총장부금액 × 유효 R
FVOCI금융자산	대차차액		

[2nd - 신용의 손상]

차) 손상차손	N/I	대) FVOCI금융자산	손상 전 BV - 회수가능액

[3rd - OCI재분류조정]

차) 금융자산평가이익(OCI)	B/S상 OCI누계액	대) 금융자산평가손실	N/I

[4th - FV평가]

차) 금융자산평가이익(OCI)	××	대) 금융자산평가손실	××

[2nd와 4th의 회계처리는 아래와 같이 쉽게 정리할 수 있다]

차) 손상차손	손상 전 BV - 회수가능액	대) 금융자산평가이익(OCI)	B/S상 변동액
		FVOCI금융자산	대차차액

⟢ **기대신용손실모형 적용 - 신용이 손상된 경우**

	B/S		손상 전
FVOCI금융자산	기말 FV		
		평가이익(평가)	기말 FV - 총장부금액
		평가이익(손실충당금)	기말 기대신용손실

➡ 손상 전 상각후원가: 기말 FV - 평가이익(평가 + 손실충당금)

	B/S		손상 후
FVOCI금융자산	기말 FV		
		평가손익(FV)	기말 FV - 손상 후 상각후원가

➡ 손상 후 상각후원가: PV(손상 후 CF) by 취득 시 유효 R

I/S

N/I영향: 이자수익 = 기초 총장부금액 × 유효 R × 보유기간/12
　　　　손상차손 = 손상 전 상각후원가 - 손상 후 상각후원가
OCI변동: 금융자산평가이익 = 기말 B/S상 OCI - 기초 B/S상 OCI

④ **신용이 손상된 경우 - 손상차손환입 발생**

　FVOCI금융자산(채무상품)은 신용이 손상된 이후 회계기간에 기대신용손실이 감소한 경우에는 동 변동액을 금융자산손상차손 환입으로 인식하고 당기손익에 반영한다.

> **금융자산의 손상차손환입**: (1) - (2)
>
> (1) 환입 후 상각후원가: PV(추정 CF) by 최초 유효 R
>
> (2) 환입 전 상각후원가: 상각후원가(신용손상 시 상각후원가에 최초 유효이자율을 이용한 유효이자율법 적용)

[손상차손환입 시 회계처리]

| 차) FVOCI금융자산 | 대차차액 | 대) 손상차손환입 | N/I |
| | | 금융자산평가이익 | OCI |

✎ 손상차손환입 시 F/S분석

B/S		환입 전
FVOCI금융자산	기말 FV	
	평가손익(FV)	기말 FV - 환입 전 상각후원가[1]

[1] 환입 전 상각후원가: 기초 상각후원가 × (1 + 유효 R) - 현금수령액

B/S		환입 후
FVOCI금융자산	기말 FV	
	평가손익(FV)	기말 FV - 환입 후 상각후원가[2]

[2] 환입 후 상각후원가: PV(환입 후 CF) by 취득 시 유효 R

I/S

N/I영향: 이자수익 = 기초 상각후원가 × 유효 R × 보유기간/12
　　　　손상차손환입 = 환입 후 상각후원가 - 환입 전 상각후원가
OCI변동: 금융자산평가이익 = 기말 B/S상 OCI - 기초 B/S상 OCI

[FVOCI금융자산(채무상품) - 각 시점별 정리]

구분	FVOCI금융자산(채무상품)
취득거래원가	최초 취득원가에 가산
기말평가	공정가치 평가
처분거래원가	처분과 직접 관련하여 발생한 거래원가는 처분금액에서 차감
처분손익	(처분금액 - 거래원가) - (총장부금액 - 기대손실액)
이자수익	기초 총장부금액 × 유효 R × 보유기간/12
손상차손	손상차손 적용
손상환입	손상차손환입 인식
재분류	재분류 가능

✎ FVOCI금융자산(채무상품) - F/S효과 정리

B/S		
FVOCI금융자산	기말 FV	
	OCI(FV평가)	FV - 기말 총장부금액
	OCI(기대신용손실)	기대신용손실

I/S

N/I영향: 이자수익 = 기초 총장부금액 × 유효 R × 보유기간/12
　　　　손상차손, 손상차손환입
OCI변동: 기말 B/S상 OCI - 기초 B/S상 OCI

Ⅳ | 금융자산의 기타사항

01 금융자산의 재분류

금융자산은 관리를 위한 사업모형을 변경하는 경우에만 영향받는 모든 금융자산을 재분류한다. 금융자산의 재분류는 사업모형을 변경하는 경우에만 가능하므로 사업모형이 없는 지분상품이나 파생상품은 재분류가 불가능하다.

금융자산을 재분류하는 경우 재분류일은 금융자산의 재분류를 초래하는 사업모형의 변경 후 첫 번째 보고기간의 첫 번째 날을 의미하며, 재분류는 재분류일부터 전진적으로 적용한다.

(1) AC금융자산에서 다른 범주로의 재분류

① AC금융자산에서 FVPL금융자산으로의 변경

금융자산을 AC금융자산에서 FVPL금융자산으로 재분류하는 경우 재분류일의 공정가치로 측정한다. 재분류 전 상각후원가와 공정가치의 차이는 당기손익으로 인식한다.

B/S(재분류 전)		
AC금융자산	재분류일 총장부금액	
(-)손실충당금	(-)재분류일 기대신용손실	
	상각후원가	

B/S(재분류 후)		
FVPL금융자산	재분류일 FV	

[재분류일 회계처리]

차) FVPL금융자산	재분류일 FV	대) AC금융자산	재분류일 총장부금액
손실충당금	재분류일 기대신용손실	재분류손익(N/I)	대차차액

② AC금융자산에서 FVOCI금융자산으로의 변경

금융자산을 AC금융자산에서 FVOCI금융자산으로 재분류하는 경우 재분류일의 공정가치로 측정하고 금융자산의 재분류 전 상각후원가와 공정가치의 차이는 기타포괄손익으로 인식한다. 이 경우, 유효이자율이나 기대신용손실 측정치는 조정되지 않는다. 그러나 총장부금액에 대한 조정으로 인식된 손실충당금은 제거하는 대신에 재분류일 기대신용손실을 기타포괄손익으로 인식한다.

B/S(재분류 전)			
AC금융자산	재분류일 총장부금액		
(-)손실충당금	(-)××		
	상각후원가		

B/S(재분류 후)			
FVOCI금융자산	재분류일 FV		
		OCI(FV평가)	재분류일 FV - 총장부금액
		OCI(손상)	기대신용손실

[재분류일 회계처리]

차) FVOCI금융자산	재분류일 FV	대) AC금융자산	재분류일 총장부금액
		금융자산평가이익(OCI)	재분류일 FV - 총장부금액
차) 손실충당금	재분류일 기대신용손실	대) 금융자산평가이익(OCI)	××

(2) FVOCI금융자산에서 다른 범주로의 재분류

① FVOCI금융자산에서 FVPL금융자산으로의 변경

금융자산을 FVOCI금융자산에서 FVPL금융자산으로 분류하는 경우 계속 공정가치로 측정한다. 그러므로 재분류일의 공정가치와 장부금액의 차이는 없다. 재분류일 현재 FVOCI금융자산의 공정가치 평가로 인한 OCI누계액은 재분류일에 재분류조정으로 당기손익으로 재분류한다.

B/S(재분류 전)			
FVOCI금융자산	재분류일 FV		
		OCI(FV평가)	재분류일 FV - 총장부금액
		OCI(손상)	기대신용손실

B/S(재분류 후)			
FVPL금융자산	재분류일 FV		

[재분류일 회계처리]

차) FVPL금융자산	재분류일 FV	대) FVOCI금융자산	재분류일 FV
금융자산평가이익	재분류일 B/S상 OCI	재분류손익(N/I)	대차차액

② FVOCI금융자산에서 AC금융자산으로의 변경

금융자산을 FVOCI금융자산에서 AC금융자산으로 재분류하는 경우 재분류일의 공정가치로 측정한다. 재분류 전에 인식한 OCI누계액은 자본에서 제거하고 재분류일의 금융자산 공정가치에서 조정한다. 한편, 유효이자율이나 기대신용손실 측정치는 조정하지 않는다. 그러나 기타포괄손익으로 조정한 손실충당금은 재분류일부터 금융자산의 총장부금액에 대한 조정으로 인식한다.

B/S(재분류 전)			
FVOCI금융자산	재분류일 FV		
		OCI(FV평가)	재분류일 FV - 총장부금액
		OCI(손상)	기대신용손실

B/S(재분류 후)			
AC금융자산	재분류일 총장부금액		
(-)손실충당금	(-)기대신용손실		
	상각후원가		

[재분류일 회계처리]

차) AC금융자산	재분류일 총장부금액	대) FVOCI금융자산	재분류일 FV
금융자산평가이익	재분류일 FV - 총장부금액		
차) 금융자산평가이익	재분류일 기대신용손실	대) 손실충당금	××

(3) FVPL금융자산에서 다른 범주로의 재분류

① FVPL금융자산에서 AC금융자산으로의 변경

금융자산을 FVPL금융자산에서 AC금융자산으로 재분류하는 경우 재분류일의 공정가치가 새로운 총장부금액이 되며, 재분류일을 AC금융자산의 최초 인식일로 본다. 그러므로 유효이자율은 재분류일의 공정가치(= 새로운 총장부금액)와 추정미래현금흐름의 현재가치를 일치시키는 이자율로 재분류일의 현행 시장이자율과 동일하다.

재분류일 현재 재분류 직전 FVPL금융자산은 공정가치로 측정되어 있으므로 재분류금액인 공정가치와 장부금액은 차이가 없다.

B/S(재분류 전)		
FVPL금융자산	재분류일 FV	

B/S(재분류 후)		
AC금융자산	재분류일 FV = 새로운 총장부금액	← PV(추정 미래 CF) by 재분류일 시장 R
(-)손실충당금	(-)기대신용손실	
	상각후원가	

[재분류일 회계처리]

차) AC금융자산	재분류일 FV	대) FVPL금융자산	재분류일 FV
차) 손상차손	재분류일 기대신용손실	대) 손실충당금	××

② FVPL금융자산에서 FVOCI금융자산으로의 변경

금융자산을 FVPL금융자산에서 FVOCI금융자산으로 재분류하는 경우 계속 공정가치로 측정한다. 이 경우 재분류일의 공정가치가 새로운 총장부금액이 되며, 재분류일을 FVOCI금융자산의 최초 인식일로 본다. 그러므로 유효이자율은 재분류일의 공정가치(= 새로운 총장부금액)와 추정미래현금흐름의 현재가치를 일치시키는 이자율로 재분류일의 현행 시장이자율과 동일하다.

재분류일 현재 재분류 직전 FVPL금융자산은 공정가치로 측정되어 있으므로 재분류금액인 공정가치와 장부금액은 차이가 없다.

B/S(재분류 전)		
FVPL금융자산	재분류일 FV	

B/S(재분류 후)		
FVPL금융자산	재분류일 FV = 새로운 총장부금액	← PV(추정 미래 CF) by 재분류일 시장 R
		OCI(FV평가)
		OCI(손상) 기대신용손실

[재분류일 회계처리]

차) FVOCI금융자산	재분류일 FV	대) FVOCI금융자산	재분류일 FV
차) 손상차손	재분류일 기대신용손실	대) 금융자산평가이익	××

02 계약상 현금흐름의 변경

금융자산의 계약상 현금흐름이 재협상되거나 변경되는 경우가 발생할 수 있다. 금융자산의 계약상 현금흐름의 변경은 금융자산 제거조건의 충족 여부(제12장)에 따라 다르게 회계처리한다.

(1) 계약상 현금흐름이 변경되더라도 금융자산이 제거되지 않는 경우

금융자산의 계약상 현금흐름이 변경되더라도 금융자산이 제거되지 않는 경우에는 변경된 금융자산을 기존 금융자산의 연속으로 본다. 따라서 변경일에 금융자산의 총장부금액을 재계산하고, 총장부금액의 변동액을 변경손익으로 하여 당기순이익에 반영한다.

금융자산의 계약상 현금흐름이 재협상되거나 변경되었으나 그 금융자산이 제거되지 아니하는 경우에는 해당 금융자산의 총장부금액을 재계산하고 변경손익을 당기손익으로 인식한다. 해당 금융자산의 총장부금액은 재협상되거나 변경된 계약상 현금흐름을 해당 금융자산의 최초 유효이자율로 할인한 현재가치로 재계산한다. 발생한 거래원가는 금융자산의 장부금액에 반영하여 해당 금융자산의 남은 존속기간 동안 상각한다.

(2) 계약상 현금흐름이 변경되어 금융자산이 제거되는 경우

일부 상황에서 금융자산의 계약상 현금흐름이 재협상되거나 변경되어 당해 금융자산이 제거조건을 충족할 수 있다. 이러한 경우에는 기존의 금융자산을 제거하고, 후속적으로 변경된 금융자산을 새로운 금융자산으로 인식한다.

새로운 금융자산은 새로운 조건에 따라 변경된 현금흐름을 변경일의 현행이자율로 할인한 공정가치로 최초 측정한다. 다만, 기준서에 해당 경우에 대한 명시적 언급이 없어 제거되는 기존의 금융자산과 조건변경에 따라 새로 인식하는 금융자산의 차이는 당기손익으로 인식하는 것으로 할 것이다.

제 **12** 장

금융자산(Ⅱ)

해커스 IFRS 정윤돈 재무회계 키 핸드북

Ⅰ | 현금및현금성자산과 은행계정조정

01 현금및현금성자산

(1) 현금

현금은 유동성이 가장 높으며 교환의 매개수단 중에서 가장 대표적인 자산이다. 회계적인 측면에서 현금이란 통화뿐만 아니라 통화와 언제든지 교환할 수 있는 통화대용증권까지 포함되며, 보유현금뿐만 아니라 요구불예금도 포함하는 개념이다.

(2) 현금성자산

현금성자산이란 유동성이 매우 높은 단기투자자산으로, 확정된 금액이 현금으로 전환이 용이하고 가치변동의 위험이 경미한 자산이다. 이때 단기란 일반적으로 3개월 이내를 의미하므로 투자자산은 취득일로부터 만기일 또는 상환일이 3개월 이내인 경우에만 현금성자산으로 분류된다.

⟋ 현금성자산 예시

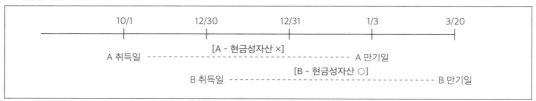

> ─☆ **Self Study**
>
> 1. 현금성자산은 만기일이나 상환일이 있어야 하므로 지분상품은 현금성자산에서 제외한다. 다만, 상환일이 정해져 있고 취득일부터 상환일까지의 기간이 단기인 상환우선주는 현금성자산에 포함한다.
>
> 2. 현금성자산의 예는 아래와 같다.
>   ① 취득 당시 만기가 3개월 이내에 도래하는 단기채무상품
>   ② 취득 당시 상환기일이 3개월 이내에 도래하는 상환우선주
>   ③ 취득 당시 3개월 이내의 환매조건인 환매채

통화	지폐와 동전
통화대용 증권	타인발행당좌수표, 자기앞수표, 송금수표, 우편환증서, 만기가 된 공·사채이자표, 배당금지급통지표, 국세환급통지서 등
요구불예금	당좌예금, 보통예금 등
현금성자산	유동성이 매우 높은 단기 투자자산으로, 확정된 금액의 현금으로 전환이 용이하고 가치변동의 위험이 중요하지 않은 자산(투자자산은 취득일로부터 만기일 또는 상환일이 3개월 이내)

● 현금 분류 시 주의할 항목

1. 선일자수표: 수취채권으로 분류

2. 우표, 수입인지: 선급비용으로 분류

3. 당좌차월과 당좌예금: 상계 불가(동일 은행 가능)

4. 당좌개설보증금: 비유동자산으로 분류

5. 교환, 상환 목적 사용이 제한된 요구불예금: 현금및현금성자산으로 분류 불가하나 사용제한 기간에 따라 유동자산, 비유동자산 분류

● 정기예금 · 정기적금 · 환매채 · 양도성예금증서 등

1. 취득일로부터 3개월 이내 만기: 현금성자산

2. 보고기간 말부터 1년 이내 만기: 유동자산

3. 보고기간 말부터 1년 이후 만기: 비유동자산

● 상환일이 정해져 있고 취득일부터 상환일까지의 기간이 3개월 이내인 우선주: 현금성자산

02 은행계정조정

(1) 은행계정조정표

일정 시점에서 회사 측의 당좌예금원장잔액과 은행 측의 당좌예금잔액이 회사나 은행 측 착오 또는 기록시점의 불일치로 차이가 발생할 수 있기 때문에 이들 양자 간의 차이를 조사하여 수정하여야 하는데, 이때 작성하는 표를 은행계정조정표라고 한다.

은행계정조정표				
구분	회사			은행
수정 전 잔액	××	≠		××
은행미기입예금	-			입금(+)
은행수수료	출금(-)			-
미결제수표	-			출금(-)
미통지입금	입금(+)			-
부도수표	출금(-)			-
은행오류	-			입금 · 출금(±)
회사오류	입금 · 출금(±)			-
직원 횡령액	출금(-)			-
수정 후 잔액	××	=		××

① 은행 측 원인

• 미기입예금

회사가 현금을 은행에 입금하고 회계처리하였으나, 은행에서 다음 날 입금처리한 경우이다. 이 경우 회사 측은 잔액이 올바른 것이므로 은행 측 잔액에 동 금액을 가산한다.

- **미결제수표**

  회사가 당좌수표를 발행하고 당좌예금계정에서 차감처리하였으나, 은행에는 수표가 제시되지 않아 은행이 당좌예금계정에서 차감하지 못한 경우이다. 이 경우에는 회사 측 잔액이 올바른 것이므로 은행 측 잔액에서 동 금액을 차감한다.

② **회사 측 원인**

- **미통지입금**

  거래처에서 외상대금을 회사의 당좌예금에 입금하였거나, 은행이 회사가 추심의뢰한 어음대금을 입금하였으나 회사가 이를 알지 못한 경우로, 은행 측 잔액이 올바른 것이므로 회사 측 잔액에 동 금액을 가산한다.

(2) 4위식 은행계정조정표(현금검증표)

특정 시점의 당좌예금 잔액뿐만 아니라 특정 기간 동안의 당좌예금 입금내역과 출금내역까지 확인하는 은행계정조정표를 4위식 은행계정조정표(현금검증표)라고 한다.

4위식 은행계정조정표(현금검증표)					
구분		기초잔액	기중입금	기중출금	기말잔액
수정 전 잔액		××	××	××	××
입금 차이	가산항목	××	(-)××		
			××		××
	차감항목	(-)××		××	
			(-)××		(-)××
출금 차이	가산항목	××		××	
				(-)××	××
	차감항목	(-)××		(-)××	
				××	(-)××
수정 후 잔액		××	××	××	××

Ⅱ | 수취채권의 손상

01 수취채권의 손상

손상이란 기업이 미래에 현금을 요구할 수 있는 권리인 수취채권(매출채권, 미수금 등)의 명목금액 중 회수되지 않은 금액을 말한다.

수취채권이 회수가 불가능하게 되면 기업은 이를 비용(손상차손)으로 인식하고 자산을 감소시킨다. 수취채권 중 매출채권의 손상차손은 판매비와 관리비로 처리하고, 미수금 등 기타채권의 손상차손은 영업외비용으로 처리한다.

02 손상의 회계처리

(1) 직접차감법과 충당금설정법

손상의 회계처리방법에는 손상차손으로 인식하는 시점에 따라 직접차감법과 충당금설정법이 있다.

① 직접차감법

직접차감법은 매출채권의 손상이 확정된 시점에 손상차손을 인식하고 매출채권을 감소시키는 방법이다.

> **Ex**
>
> 20×1년 말 매출채권 ₩100,000이며, 이 중 20×2년에 ₩3,000의 손상이 확정되었다.
>
> [20×2년 손상확정 시]
>
> | 차) 손상차손 | 3,000 | 대) 매출채권 | 3,000 |
> |---|---|---|---|

② 충당금설정법

매출채권		손실충당금	
기초	회수	③ 손상확정(C)	① 기초
			② 손상채권의 회수
	손상확정(C)	④ 기말(A) D × 손실률	⑤ 설정(환입)(N/I)(B)
외상매출	기말(D)		

B/S		I/S	
매출채권(D)		④ 설정(환입)(N/I)(B)	
(-)손실충당금(A)			
BV			

➡ 기말 B/S상 매출채권 BV: 기말 매출채권(D) - 기말 손실충당금(A: D × 손실률)
➡ N/I영향: 기초 손실충당금 - 손상확정 + 채권회수 - 기말 손실충당금

제12장

해커스 IFRS 정윤돈 재무회계 기초핸드북

• 손실충당금의 설정 및 손상확정

충당금설정법은 보고기간 말 매출채권의 기대신용손실을 추정하여 손상차손으로 인식하고, 이를 손실충당금으로 설정하는 방법이다. 손실충당금은 자산의 차감계정으로 재무제표상 매출채권에서 차감하는 형식으로 표시된다.

차기에 매출채권에서 손상이 확정되면 매출채권을 감소시키고 손실충당금과 상계하고, 손실충당금보다 손상이 더 많이 확정되면 추가로 손상차손으로 처리하며, 손실충당금보다 손상이 더 적게 확정되면 차기 손실충당금을 설정할 때 이를 반영한다.

B/S			
매출채권	××		
(-)손실충당금	(-)기대신용손실		
	BV		

[보고기간 말]

차) 손상차손	××	대) 손실충당금	××

[손상확정 시]

차) 손실충당금	BV	대) 매출채권	손상확정액
손상차손	대차차액		

☆ **Self Study**

충당금설정법은 직접차감법과 비교하여 아래와 같은 장점 때문에 IFRS는 손상의 회계처리로 충당금설정법을 사용한다.

1. 합리적인 수익 · 비용 대응이 가능하다.
2. 매출채권의 재무상태표금액을 회수 가능한 금액으로 평가하여 보다 유용한 정보를 제공한다.

• 손실충당금의 환입

보고기간 말 매출채권에 대한 기대신용손실을 추정한 후, 수정 전 손실충당금과 비교하여 차액을 손상차손과 손실충당금으로 처리한다.

[기말 기대신용손실(④) > 손실충당금 잔액(① + ② - ③)]

차) 손상차손	××	대) 손실충당금	××

[기말 기대신용손실(④) < 손실충당금 잔액(① + ② - ③)]

차) 손실충당금	××	대) 손실충당금환입	××

손실충당금			
당기 손상 확정	③	기초 손실충당금	①
		손상채권의 회수	②
기말 손상	④ 기말 매출채권 × 설정률	손상차손(손실충당금환입)	대차차액

- **손상상각채권의 회수**

  손상상각채권을 회수하는 경우 아래와 같이 회계처리한다.

차) 현금	××	대) 손실충당금	××

(2) 손상추정 방법

수취채권은 채무상품이므로 기대손실모형을 적용하여 기대신용손실을 손실충당금으로 설정하고 당기손익으로 처리하여야 한다. 기대신용손실은 신용위험의 유의적인 증가 여부에 따라 12개월 기대신용손실 또는 전체기간 기대신용손실을 각각 손실충당금으로 측정하여야 한다.

기대신용손실로 측정할 때 수취채권을 인식한 시점부터 경과된 기간 또는 연체기간을 기준으로 몇 개의 집단으로 나누어 각 집단별로 다른 손실예상률을 곱하여 계산할 수 있는데, 이러한 방법을 연령분석법이라고 한다.

✎ 연령분석법

구분	총장부금액		손실률		손실예상액
30일 이내	××	×	A%	=	××
30일 초과 60일 이내	××	×	B%	=	××
60일 초과 90일 이내	××	×	C%	=	××
90일 초과 120일 이내	××	×	D%	=	××
120일 초과	××	×	E%	=	××
	××				기대신용손실

Ⅲ | 금융자산의 제거

금융자산의 양도란 금융자산의 보유자가 금융자산의 현금흐름을 수취할 권리 등을 거래상대방에게 이전하는 것을 말한다. 또한 금융자산의 제거란 인식의 반대개념으로 이미 인식된 금융자산을 재무상태표에서 삭제하는 것을 말한다. 금융자산의 양도와 관련하여 유의할 점은 양도하였다는 사실 자체가 제거를 충족시키는 것이 아니라 제거조건을 충족한 양도의 경우에만 금융자산을 제거한다는 것이다.

양도: 현금흐름 수취 권리 이전 ≠ 제거: 재무상태표에서 삭제				
제거 ○	차) 현금	××	대) 수취채권	××
제거 ×	차) 현금	××	대) 차입금	××

[cf] 제거조건이 충족된 양도의 경우에만 금융자산을 재무상태표에서 삭제한다.

01 금융자산의 제거 여부와 제거 여부의 판단

금융자산의 제거는 이미 인식된 금융자산을 재무상태표에서 삭제하는 것으로 다음 중 하나에 해당하는 경우에만 제거한다.

① 금융자산의 현금흐름에 대한 계약상 권리가 소멸하는 경우
② 금융자산을 아래와 같은 방법으로 양도하고 그 양도가 제거의 조건을 충족하는 경우
  • 금융자산의 현금흐름을 수취할 계약상 권리를 양도한 경우
  • 금융자산의 현금흐름을 수취할 계약상 권리를 보유하고 있으나, 해당 현금흐름을 하나 이상의 거래상대방(최종 수취인)에게 지급할 계약상 의무를 부담하는 경우

금융자산 제거의 회계처리는 아래와 같이 분류한다.

구분			회계처리
현금흐름에 대한 계약상 권리 소멸			제거
현금흐름에 대한 계약상 권리의 양도	위험과 보상의 대부분 이전		제거, 양도 시 부담하는 권리와 의무를 자산·부채로 인식
	위험과 보상의 대부분 보유		계속 인식하고 양도 시 대가로 받은 금액 부채로 인식
	보유도 이전도 아닌 경우	통제권 상실	제거, 양도 시 부담하는 권리와 의무를 자산·부채로 인식
		통제권 보유	금융자산에 지속적 관여하는 정도까지 금융자산 계속 인식

여기서 통제의 상실과 보유 여부는 양수자가 그 자산을 매도할 수 있는 능력을 가지고 있는지에 따라 결정한다. 즉, 양수자가 자산 전체를 독립된 제3자에게 매도할 수 있는 실질적 능력을 가지고 있으며 양도에 추가 제약을 할 필요 없이 그 능력을 일방적으로 행사할 수 있다면 통제를 상실한 것이다.

☆ Self Study

1. 위험과 보상의 대부분이 이전되는 경우

   1) 금융자산을 아무런 조건 없이 매도한 경우

   2) 양도자가 매도한 금융자산을 재매입시점의 공정가치로 재매입할 수 있는 권리를 보유

   3) 양도자가 콜옵션 보유 or 양수자가 풋옵션을 보유하고 있지만, 깊은 외가격상태이기 때문에 만기 이전에 내가격상태가 될 가능성 ↓

2. 위험과 보상의 대부분을 보유하는 경우

   1) 양도자가 매도 후에 미리 정한 가격 or 매도가격에 양도자에게 금전을 대여하였더라면 그 대가로 받았을 이자수익을 더한 금액으로 양도자산을 재매입하는 거래의 경우

   2) 유가증권대여계약을 체결한 경우

   3) 시장위험을 다시 양도자에게 이전하는 총수익스왑과 함께 금융자산을 매도한 경우

   4) 양도자가 콜옵션 보유 or 양수자가 풋옵션을 보유하고 있지만, 깊은 내가격상태이기 때문에 만기 이전에 외가격상태가 될 가능성 ↓

   5) 양도자가 양수자에게 발생가능성이 높은 손상의 보상을 보증하면서 단기 수취채권을 매도한 경우

3. 양도자산을 계속 인식하는 경우 해당 양도자산과 관련 부채는 상계하지 않고 각각의 양도자산과 관련 부채에서 발생하는 수익과 비용도 상계하지 않는다.

---

02 제거조건을 충족하는 양도

금융자산 전체가 제거조건을 충족하는 양도로 금융자산을 양도하고, 해당 양도자산의 관리용역을 제공하기로 하고 수수료를 그 대가로 지급받기로 한 경우, 관리용역제공계약과 관련하여 자산이나 부채를 인식한다.

[제거조건을 충족한 경우]

차) 현금	수취한 대가	대) 금융자산	BV
금융자산처분손실	N/I		

[제거조건을 충족하고 관리용역을 제공하는 경우: 관리용역 수수료 = 관리용역 대가]

차) 현금	수취한 대가	대) 금융자산	BV
금융자산처분손실	N/I		
차) 관리용역자산	××	대) 관리용역부채	관리용역제공의 적절한 대가(FV)

1. 관리용역의 제공으로 수령할 금액이 용역제공의 적절한 대가(공정가치)와 일치하지 않는 경우

   1) 관리용역 수수료 < 관리용역 대가: 용역제공의무에 따른 부채를 공정가치로 인식

   [양도 시]

차) 현금	수취한 대가	대) 금융자산	BV
관리용역자산	관리 용역 수수료	관리용역부채	관리용역제공의 적절한 대가(FV)
금융자산처분손실	N/I		

   [기말]

차) 관리용역부채	관리용역기간에 따라 안분	대) 관리용역수익	N/I

   2) 관리용역 수수료 > 관리용역 대가: 양도하기 전 금융자산 전체의 장부금액 중 상대적 공정가치를 기준에 따라 배분된 금액을 기준으로 용역제공 권리에 따른 자산을 인식한다.

   [양도 시]

차) 현금	수취한 대가	대) 금융자산	BV
관리용역자산[1]	××	관리용역부채	관리용역제공의 적절한 대가(FV)
금융자산처분손실	N/I		

   [1] 양도자산의 BV × 관리용역 수수료/(관리용역 수수료 + 금융자산양도로 수령한 금액)

   [기말]

차) 관리용역부채	관리용역기간에 따라 안분	대) 관리용역수익	N/I

2. 양도의 결과로 금융자산 전체가 제거되지만 새로운 금융자산을 취득하거나 새로운 금융부채나 관리용역부채를 부담한다면, 새로운 금융자산, 금융부채 또는 관리용역부채는 공정가치로 인식한다.

03 제거조건을 충족하지 못한 양도

제거조건을 충족하지 못한 양도는 양도자가 양도한 금융자산에 대해서 소유에 따른 위험과 보상의 대부분을 보유하고 있는 형태의 양도이다. 따라서 양도자산 전체를 계속하여 인식하며 수취한 대가를 금융부채로 인식한다.

양도자산을 계속 인식하는 경우 양도자산과 관련부채는 상계하지 않고, 양도자산과 관련부채에서 발생하는 어떤 수익과 어떤 비용도 상계하지 않는다.

04 지속적관여자산에 대한 회계처리

구분	사유	회계처리
모든 금융자산	채무불이행에 대한 보증	• 양도자산: 양도자산의 장부금액과 보증금액 중 작은 금액으로 측정하고 필요 시 손상차손 인식 • 관련부채: 보증금액과 보증의 공정가치 • 보증의 공정가치: 시간의 경과에 따라 상각하여 당기손익에 반영
상각후 원가 측정 금융자산	콜옵션 또는 풋옵션의 존재	• 양도자산: 계속하여 상각후원가로 측정 • 관련부채: 원가(양도에서 수취한 대가)로 측정하되, 원가와 옵션만기일의 양도자산의 상각후원가의 차이를 유효이자율법으로 상각한 상각후원가로 측정하고 상각액은 당기손익에 반영

공정가치 측정 금융자산	콜옵션의 존재	• 양도자산: 계속하여 공정가치로 측정
		• 관련부채
		  - 내가격상태인 경우 옵션의 행사가격에서 옵션의 시간가치를 차감하여 측정
		  - 외가격상태인 경우 양도자산의 공정가치에서 옵션의 시간가치를 차감하여 측정
		  * 자산과 관련부채의 순장부금액 = 콜옵션의 공정가치

	풋옵션의 존재	• 양도자산: 공정가치와 옵션의 행사가격 중 작은 금액으로 측정 • 관련부채: 옵션의 행사가격에 옵션의 시간가치를 가산하여 측정 * 자산과 관련부채의 순장부금액 = 풋옵션의 공정가치

	콜옵션과 풋옵션이 함께 존재	• 양도자산: 계속하여 공정가치로 측정
		• 관련부채
		  - 콜옵션이 내가격상태인 경우 옵션의 행사가격과 풋옵션의 공정가치 합계액에서 콜옵션의 시간가치를 차감하여 측정
		  - 콜옵션이 외가격상태인 경우 양도자산의 공정가치와 풋옵션의 공정가치 합계액에서 콜옵션의 시간가치를 차감하여 측정
		    * 자산과 관련부채의 순장부금액 = 콜옵션과 풋옵션의 공정가치

(1) 양도자산에 대한 지속적관여

양도자가 양도자산의 소유에 따른 위험과 보상의 대부분을 이전하지도 않고, 보유하지도 않으며(즉, 일부만 보유) 양도자가 양도자산을 통제하고 있다면, 그 양도자산에 대하여 지속적으로 관여하는 정도까지 그 양도자산을 계속하여 인식한다.

양도자가 양도자산에 대한 보증을 제공하는 형태로 지속적관여가 이루어지는 경우 지속적관여자산으로 인식할 금액은 아래와 같고, 양도자가 지속적관여의 정도까지 자산을 계속 인식하는 경우 관련부채도 함께 인식한다.

I.	차) 현금	금융자산 FV	대) 대여금	지속적관여 ×		
			대여금	지속적관여 ○		
			처분이익(N/I)	FV - BV		

						B/S
II.	차) 현금	현금 - 금융자산 FV	대) 관련부채(지급보증)	××	➡	지속적관여자산 | 관련부채
	지속적관여자산	××	관련부채	Min[BV, 보증금액]		

① 금융자산처분손익(N/I): 금융자산 FV - 금융자산 BV

② 관련부채(지급보증): 현금 - FV, 매기 말: 차) 관련부채 ××   대) 이자수익 ××

③ **지속적관여자산**: Min[양도자산 BV, 보증금액]

④ 관련부채: 지속적관여자산 + 지급보증

(2) 상각후원가 측정 금융자산에 대한 지속적관여

풋옵션을 조건으로 양도한 금융자산은 해당 금융자산을 제거해서는 안 되고 지속적관여자산으로 처리해야 한다. 따라서 금융자산은 계속하여 수취채권으로 회계처리하고, 관련 지속관여부채를 인식한다. 지속관여부채로 기록한 금액과 옵션의 만기에 예정되는 양도자산의 상각후원가의 차이를 유효이자율법으로 상각하여 당기손익에 반영한다.

05 받을어음의 할인

어음의 할인이란 거래처로부터 받을어음을 만기일 전에 금융기관에 이전하고 조기에 현금을 수령하는 것이다. 어음상의 채권은 확정채권이므로 외상매출금의 팩토링과는 달리 매출할인 등의 금액을 유보할 필요가 없다. 따라서 어음할인으로 인한 현금수령액은 어음의 만기가치에서 할인료를 차감한 잔액이 된다.

✎ 받을어음의 할인 전체구조

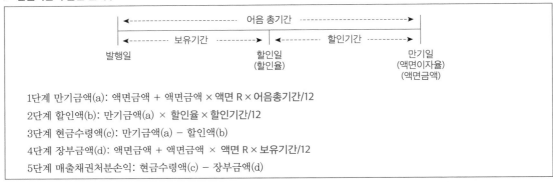

금융자산의 제거요건을 만족하는 거래인 경우에는 받을어음(매출채권)의 장부금액과 수령한 현금의 차이를 매출채권처분손실로 인식한다. 만약, 제거요건을 충족하지 못한다면 현금수령액을 단기차입금의 차입으로 인식하고, 매출채권처분손실은 이자비용처리한다.

구분	제거요건 충족 ○			제거요건 충족 ×		
할인 시	차) 현금 　　매출채권처분손실	(c) (c − d)	대) 매출채권　　　　(액면) 　　이자수익 (보유기간이자)	차) 현금 　　이자비용	(c) (c − d)	대) 단기차입금　　　(액면) 　　이자수익 (보유기간이자)
만기 시	회계처리 없음			차) 단기차입금		대) 매출채권

cpa.Hackers.com

복합금융상품

I | 복합금융상품의 의의 및 종류

01 복합금융상품의 의의

복합금융상품은 형식적으로는 하나의 금융상품이지만 실질적으로는 둘 이상의 금융상품을 복합하여 만들어진 신종금융상품으로 부채요소와 자본요소를 모두 가지고 있는 금융상품이다. 복합금융상품은 일반적으로 금융부채에 지분상품으로 전환할 수 있는 옵션이 결합된 형태로 발행된다.

↪ 복합금융상품의 발행(부채요소 + 자본요소)

복합금융상품의 발행자는 복합금융상품의 발행시점에 금융부채를 발생시키는 부채요소와 발행자의 지분상품으로 전환할 수 있는 옵션을 보유자에게 부여하는 자본요소를 별도로 분리하여 인식한다.

02 복합금융상품의 종류

복합금융상품에는 전환사채와 신주인수권부사채가 있다.

(1) 전환사채

유가증권의 소유자가 일정한 조건하에 **보통주로의 전환권을 행사할 수 있는 사채**를 말한다. 전환사채는 보통주 전환권이 행사되어 **전환사채가 전환되면 사채가 소멸**하고 채권자로서의 지위가 소멸한다.

(2) 신주인수권부사채

유가증권의 소유자가 일정한 조건하에 신주인수권을 행사하여 **보통주 발행을 청구할 수 있는 권리가 부여된 사채**를 말한다. 신주인수권을 청구하여도 사채가 소멸하지 않아 채권자로서의 지위를 유지한다는 점에서 전환사채와 다르다.

[전환사채와 신주인수권부사채의 비교]

구분	부채요소		자본요소	↪	전환·행사 후
전환사채	일반사채	+	보통주 전환권	전환	보통주
신주인수권부사채	일반사채	+	보통주 인수권	행사	일반사채 + 보통주

Ⅱ | 전환사채

01 전환사채의 발행조건

전환사채(CB; Convertible Bond)는 당해 사채의 보유자가 일정한 조건하에 전환권을 행사하면 사채 자체가 보통주로 전환되는 사채를 말한다. 그러므로 전환권을 행사하게 되면 전환사채의 발행자는 사채의 원금과 잔여 상환기간 동안의 이자를 지급할 의무가 소멸하게 된다.

(1) 상환할증금지급조건

전환사채에 부여되어 있는 전환권은 가치를 가지는데, 이를 전환권의 가치라고 한다. 전환사채는 전환권의 가치가 부여되어 있기 때문에 그 대가로 전환사채의 표시이자율은 전환권이 없는 일반사채의 표시이자율보다 낮은 것이 일반적이다. 전환사채는 일반사채보다 낮은 표시이자를 지급하므로, 전환권이 행사되지 않는 경우 보유자의 수익률이 일반사채의 수익률보다 낮게 되므로 전환사채를 취득하지 않으려고 할 것이다. 전환사채 발행자의 주식이 전환사채의 이러한 낮은 수익률을 보상할 정도로 매력적이지 않다면, 보유자가 전환권을 행사하지 않는 경우 발행자는 표시이자 이외의 추가적인 보상을 하여야 한다.

추가적인 보상은 일반적으로 전환사채의 만기일에 액면금액에 일정 금액을 추가하여 지급하는 형태로 이루어진다. 이때 전환사채의 만기일에 액면금액에 추가하여 지급하는 금액을 상환할증금이라고 하며, 이러한 전환사채의 발행조건을 상환할증금지급조건이라고 한다.

(2) 액면상환조건

전환사채의 낮은 수익률을 충분히 보상할 정도로 전환사채 발행자의 주식이 매력적이라면, 보유자는 발행자가 어떠한 추가적인 보상을 하지 않는다고 하더라도 당해 전환사채를 취득하게 된다. 이렇게 전환권을 행사하지 않는 경우도 전환사채의 만기일에 액면금액만 지급하는 전환사채의 발행조건을 액면상환조건이라고 한다.

☆ Self Study

1. 상환할증금지급조건 전환사채의 미래현금흐름: 액면금액 + 액면이자 + 상환할증금

2. 액면상환조건 전환사채의 미래현금흐름: 액면금액 + 액면이자

02 전환사채의 현금흐름 분석

(1) 상환할증금

발행자가 전환권을 행사하지 않는 보유자에게 보장해 주는 만기수익률을 보장수익률이라고 한다. 보장수익률은 전환사채의 발행금액과 관계없이 전환사채의 액면금액과 상환할증금을 포함한 전환사채 미래현금흐름의 현재가치를 일치시키는 할인율을 말한다.

> 액면금액 = PV(액면금액 + 액면(표시)이자 + 상환할증금) by 보장수익률

보장수익률이 표시이자율과 동일한 경우에는 발행자가 보유자에게 표시이자율만을 보장한 것이므로 만기일에 액면금액만을 상환한다. 그러나 보장수익률이 표시이자율보다 높은 경우에는 발행자가 표시이자율보다 높은 수익률을 보장한 것이므로 발행자는 전환사채의 상환기간에 걸쳐 보장수익률로 계산한 이자와 표시이자의 차액을 만기일에 액면금액에 상환할증금의 형태로 가산하여 상환하여야 한다. 즉, 상환할증금은 전환사채의 소유자가 만기까지 전환권을 행사하지 못하고, 만기에 현금으로 상환받는 경우 사채발행회사가 소유자에게 일정 수준의 수익률(보장수익률)을 보장하기 위하여 액면금액에 추가하여 지급하기로 약정한 금액으로 미지급표시이자의 미래가치 개념이다.

✏ 상환할증금의 계산 논리

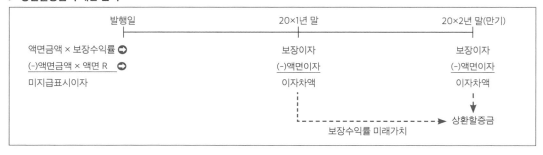

상환할증금은 보장수익률과 표시이자율의 차이에 해당하는 이자를 만기일에 일시 지급한 금액이다. 따라서 상환할증금은 표시이자율에 의한 미래현금흐름과 보장수익률에 의한 미래현금흐름의 차액을 보장수익률로 계산한 미래가치금액이 된다. 전환사채를 할인발행하거나 할증발행한 경우에도 상환할증금의 계산방법은 동일하다. 즉, 상환할증금은 전환사채의 발행금액과는 무관하게 결정된다.

✏ 상환할증금 계산 산식

> 상환할증금 = [전환사채 액면금액 × (보장수익률 − 액면이자율)] × 연금미래가치계수[1]
>
> = 전환사채 액면금액 × 상환할증률[2]
>
> [1] 보장수익률을 적용
> [2] 상환할증률 = 상환할증금 ÷ 전환사채 액면금액

(2) 전환권의 가치

최초 인식시점에서 부채요소의 공정가치는 계약상 정해진 미래현금흐름을 당해 금융상품과 동일한 조건 및 유사한 신용상태를 가지며 실질적으로 동일한 현금흐름을 제공하지만 전환권이 없는 채무상품에 적용되는 그 시점의 시장이자율로 할인한 현재가치이다.

전환사채의 최초 장부금액을 부채요소와 자본요소에 배분하는 경우 자본요소는 전환사채 전체의 공정가치, 즉 전환사채의 최초 발행금액에서 부채요소에 해당하는 금액을 차감한 잔액으로 계산한다. 최초 인식시점에서 부채요소와 자본요소에 배분된 금액의 합계는 항상 전환사채 전체의 공정가치와 동일해야 하므로 최초 인식시점에는 어떠한 손익도 발생하지 않는다.

✎ **전환권의 가치 산정**

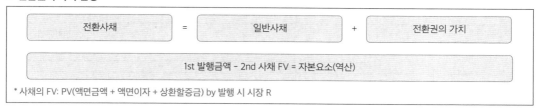

✎ **전환사채의 현금흐름 분석**

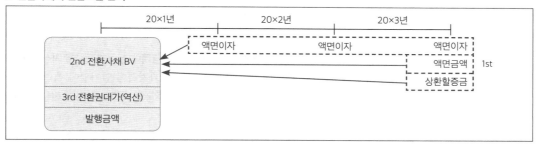

03 전환사채의 액면발행

(1) 전환사채의 발행

전환사채의 발행금액 중 전환권의 가치에 해당하는 금액은 전환권대가의 과목으로 하여 자본항목으로 분류하고 후속적으로 전환권을 행사할 가능성이 변동하는 경우에도 부채요소와 자본요소의 분류를 수정하지 않는다. 전환 권대가는 자본거래에서 발생한 임시계정 성격이므로 자본조정으로 분류한다.

✎ **전환사채의 발행과 장부금액의 변동**

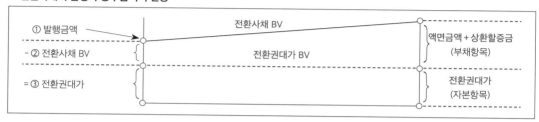

┌─ ☆ **Self Study** ┐

전환권을 행사할 가능성이 변동하는 경우에도 전환상품의 부채요소와 자본요소로 분류된 금액을 후속적으로 재측정하 지 않는다(매기 말 전환권대가의 BV 변동 ×, 추가적인 회계처리 없음).

상환할증금지급조건인 경우 전환사채 발행자는 만기일에 전환사채의 액면금액에 상환할증금을 가산하여 상환한 다. 전환사채 발행자는 전환사채 보유자가 전환권을 행사하지 않는다는 가정하에 만기일에 액면금액에 추가 하여 지급하는 상환할증금을 부채로 인식한다. 상환할증금은 사채상환할증금의 과목으로 하여 전환사채의 가산 계정으로 표시한다.

전환사채의 발행일에는 상환할증금과 전환권대가의 합계금액을 전환권조정으로 인식한다. 전환권조정은 전환 사채의 차감계정으로 표시하고 전환사채의 상환기간에 걸쳐 유효이자율법으로 상각하여 이자비용으로 인식한다.

① **전환사채의 발행 시 회계처리 및 F/S효과(순액법)**

차) 현금	1st 발행금액	대) 전환사채 ①	2nd PV(액면금액 + 액면이자 + 상환할증금)
		전환권대가 ②	대차차액

재무상태표		
전환사채		①
전환권대가(자본조정)		②

② 전환사채의 발행 시 회계처리 및 F/S효과(총액법)

차) 현금	1st 발행금액	대) 전환사채	2nd 액면금액
전환권조정	2nd (액면금액 + 상환할증금 - ①)	상환할증금	2nd 만기상환액
① 전환사채 BV		전환권대가 ②	대차차액

재무상태표

전환사채	액면금액
상환할증금	+ 만기상환액
(-)전환권조정	- 역산
전환사채 BV	①
전환권대가(자본조정)	②

☆ **Self Study**

전환권조정은 사채할인발행차금과 동일하게 부채의 차감계정이며, 전환권대가와는 아무런 관계가 없다.

❖ 전환사채 액면금액 + 상환할증금(만기상환액) - 전환권조정 = 일반사채 PV

---

(2) 전환사채의 전환 전 이자비용 인식과 만기상환

① 전환사채의 전환 전 이자비용

전환사채의 이자비용은 전환사채의 기초 장부금액에 유효이자율을 곱하여 계산한다. 이자비용으로 인식한 금액과 표시이자의 차액은 액면발행의 경우 전환권조정 상각액으로 처리한다.

✎ **이자비용의 회계처리**

[순액법 회계처리]

차) 이자비용	1st 기초 BV × 유효 R	대) 현금	2nd 액면이자
		전환사채	대차차액

[총액법 회계처리]

차) 이자비용	1st 기초 BV × 유효 R	대) 현금	2nd 액면이자
		전환권조정	대차차액

☆ **Self Study**

1. 전환사채는 매기 말 발행금액부터 액면금액 + 상환할증금까지 상각되어 간다(매기 말 일반사채의 BV변동 ○).

2. 이자비용: 기초 전환사채 BV[= PV(액면금액 + 표시이자 + 상환할증금)] × 발행 시 유효 R

3. 전환사채발행 후 부채 요소는 FVPL금융부채로 분류될 수 없기 때문에 유효이자율을 적용하여 상각후원가로 측정한다.

② 전환사채의 만기상환

전환사채의 만기 시에는 전환권조정은 전액이 상각되었으므로 전환사채의 장부금액은 액면금액에 상환할증금을 가산한 금액이 된다. 전환사채의 만기상환액은 장부금액과 일치하기에 상환으로 인한 손익은 발생하지 않는다. 또한, 전환권이 미행사된 분에 대한 전환권대가는 다른 자본항목으로 대체할 수 있다.

✎ 만기상환의 회계처리

[순액법 회계처리]

| 차) 전환사채 | 액면금액 + 상환할증금 만기지급액 | 대) 현금 | ×× |
| 차) 전환권대가 | 발행 시 전환권대가 | 대) 전환권대가소멸이익 | 자본항목 |

[총액법 회계처리]

차) 전환사채	액면금액	대) 현금	××
상환할증금	상환할증금 만기지급액		
차) 전환권대가	발행 시 전환권대가	대) 전환권대가소멸이익	자본항목

(3) 전환권 행사

전환권 행사 시 발행되는 주식의 발행금액은 전환권을 행사한 부분에 해당하는 전환권대가와 전환사채 장부금액의 합계금액으로 한다. 장부금액 대체만 이루어지므로 전환에 따른 당기손익으로 인식할 전환손익은 없다. 최초 인식 시 전환권대가로 인식한 자본항목은 주식발행초과금으로 대체하여 주식의 발행금액에 가산한다.

✎ 전환권 행사(A% 전환 가정 시)의 회계처리 및 F/S효과

① 순액법 회계처리(일부 전환 가정)

| 차) 전환사채 | 전환일의 BV × 전환비율 | 대) 자본금 | 행사 주식 수[1] × 액면금액 |
| 전환권대가 | 발행 시 BV × 전환비율 | 주식발행초과금 | 대차차액 |

[1] 행사 주식 수: 전환권이 행사된 전환사채의 금액 ÷ 전환가격

② 총액법 회계처리(일부 전환 가정)

차) 전환사채	전환사채 액면금액 × 전환비율	대) 전환권조정	BV × 전환비율
상환할증금	만기지급액 × 전환비율	자본금	행사 주식 수[1] × 액면금액
전환권대가	발행 시 BV × 전환비율	주식발행초과금	대차차액

[1] 행사 주식 수: 전환권이 행사된 전환사채의 금액 ÷ 전환가격

③ 전환 전 재무상태표와 전환 후 재무상태표(전액 전환 가정)

	전환 전 B/S			전환 후 B/S	
	전환사채				
	상환할증금	전환	➡		
	(-)전환권조정				
	BV				
	전환권대가			자본금	
				주식발행초과금	

1. 전환 시 자본총계에 미치는 영향: 전환시점의 전환사채 BV × 전환비율

2. 전환 시 주식발행초과금 증가액: 회계처리 이용하여 풀이

3. 전환사채의 일부 전환 시에는 반드시 100% 가정하여 회계처리 후 전환비율을 곱하여 원하는 계정의 금액을 산정한다.

(4) 전환권 행사 이후의 이자비용 인식 및 만기상환 시 현금상환액(일부 전환 가정 시)

전환권을 행사하는 경우 전환사채의 장부금액 즉, 전환사채 미래현금흐름의 현재가치를 주식의 발행금액으로 대체한다. 따라서 전환권을 행사한 직후 전환권을 행사하지 않은 부분에 해당되는 전환사채의 장부금액도 전환사채 잔여 미래현금흐름의 현재가치가 된다.

전환권을 행사한 이후에도 전환사채의 발행자는 미전환된 부분에 대하여 유효이자율법을 계속 적용하여 이자비용을 인식한다. 이자비용은 전환권을 행사한 이후 전환사채의 장부금액에 유효이자율을 곱하여 계산한다. 그러나 이자비용은 전환권을 행사하지 않았다고 가정하여 이자비용을 계산한 후 미전환비율을 곱하여 계산할 수도 있다.

전환사채의 만기일이 되면 전환권조정은 전액 상각되었으므로 전환사채의 장부금액은 액면금액에 상환할증금을 가산한 금액에 미전환비율만큼 된다. 전환사채의 만기상환액은 장부금액과 일치하므로 일부 전환 후에도 전환사채의 상환으로 인한 손익은 발생하지 않는다. 이때 전환권 미행사분에 해당하는 전환권대가는 다른 자본항목으로 대체할 수 있다.

✎ **전환권 일부 행사(A%) 후의 현금흐름의 변동 및 이자비용 인식과 만기상환액**

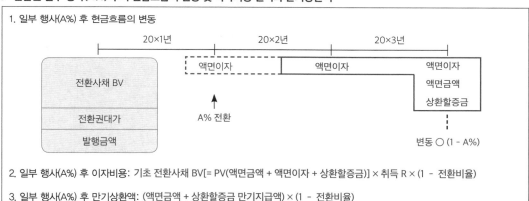

04 전환사채의 할인발행

(1) 전환사채의 할인발행 시 회계처리

전환사채가 할인발행되는 경우 액면금액과 발행금액의 차액은 사채할인발행차금의 과목으로 처리한다. 사채할인발행차금은 전환사채에 차감하는 형식으로 표시하며, 전환사채의 상환기간에 걸쳐 유효이자율법으로 상각하고 동 상각액은 이자비용에 가산한다.

✐ **전환사채의 할인발행 시 현금흐름과 회계처리, F/S효과**

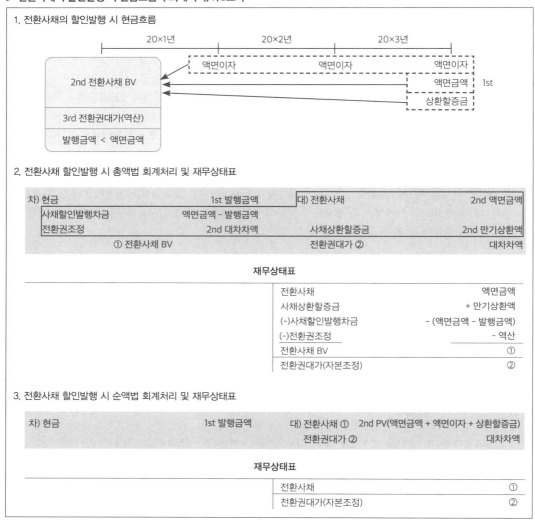

(2) 전환사채의 할인발행 후 이자비용 회계처리

할인발행의 경우 액면발행의 경우와 같이 전환사채의 이자비용은 전환사채의 기초 장부금액에 유효이자율을 곱하여 계산한다. 여기서 장부금액이란 액면금액에 사채상환할증금을 더하고 전환권조정과 사채할인발행차금을 차감한 금액 또는 액면금액과 액면이자, 상환할증금으로 구성된 전환사채의 잔여현금흐름을 발행시점의 유효이자율을 사용하여 현재가치로 평가한 금액을 말한다. 전환사채를 할인발행하는 경우에는 이자비용으로 인식한 금액에서 표시이자를 차감하여 총상각액을 먼저 계산하고, 이 총상각액을 사채발행차금 상각액과 전환권조정 상각액의 금액비율로 안분한다.

✎ 전환사채 할인발행의 기말 이자비용 회계처리

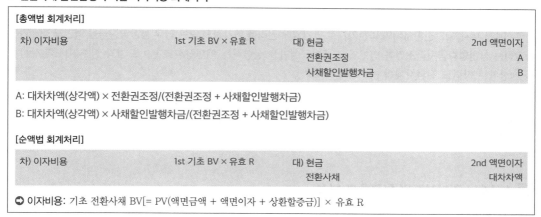

[총액법 회계처리]

차) 이자비용	1st 기초 BV × 유효 R	대) 현금	2nd 액면이자
		전환권조정	A
		사채할인발행차금	B

A: 대차차액(상각액) × 전환권조정/(전환권조정 + 사채할인발행차금)
B: 대차차액(상각액) × 사채할인발행차금/(전환권조정 + 사채할인발행차금)

[순액법 회계처리]

차) 이자비용	1st 기초 BV × 유효 R	대) 현금	2nd 액면이자
		전환사채	대차차액

➡ 이자비용: 기초 전환사채 BV[= PV(액면금액 + 액면이자 + 상환할증금)] × 유효 R

☆ Self Study

전환사채할인발행의 경우도 총액법과 순액법이 재무제표에 미치는 효과가 동일하기 때문에 기말 이자비용의 회계처리를 묻는 문제가 아니라면, 순액법으로 풀이하면 액면발행을 묻는 문제와 모든 것이 동일해진다.

Ⅲ | 신주인수권부사채

01 신주인수권부사채의 발행조건

신주인수권부사채(BW; Bonds with Stock Warrant)란 사채권자에게 사채발행 후 일정 기간(행사기간) 내에 정해진 가격(행사가격)으로 사채발행회사에게 신주발행을 청구할 수 있는 권리(신주인수권)를 부여한 사채로서 복합금융상품에 해당한다.

신주인수권부사채도 전환사채와 마찬가지로 만기일에 권리를 행사하지 않는 경우 상환할증금을 액면금액에 가산하여 상환하는 상환할증금지급조건과 만기일에 액면금액만을 상환하는 액면상환조건으로 각각 발행된다(● 상환할증금을 계산하는 방법도 전환사채의 경우와 동일하다).

① **상환할증금지급조건**: 신주인수권을 행사하지 않는 경우 만기일에 상환할증금을 액면금액에 가산하여 상환하는 조건
② **액면상환조건**: 신주인수권의 행사 여부에 관계없이 만기일에 액면금액만을 상환하는 조건

02 신주인수권부사채의 현금흐름 분석

(1) 상환할증금

✏ **상환할증금 계산 산식**

$$상환할증금 = [신주인수권부사채\ 액면금액 \times (보장수익률 - 액면이자율)] \times 연금미래가치계수^{1)}$$

$$= 신주인수권부사채\ 액면금액 \times 상환할증률^{2)}$$

[1] 보장수익률을 적용
[2] 상환할증률 = 상환할증금 ÷ 신주인수권부사채 액면금액

─☆ **Self Study**

전환사채와 신주인수권부사채의 상환할증금 계산방법은 동일하다.

(2) 신주인수권의 가치

✏ **신주인수권의 가치 산정**

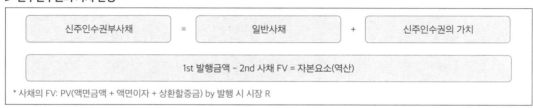

| 신주인수권부사채 | = | 일반사채 | + | 신주인수권의 가치 |

1st 발행금액 - 2nd 사채 FV = 자본요소(역산)

* 사채의 FV: PV(액면금액 + 액면이자 + 상환할증금) by 발행 시 시장 R

✎ **신주인수권부사채의 현금흐름 분석**

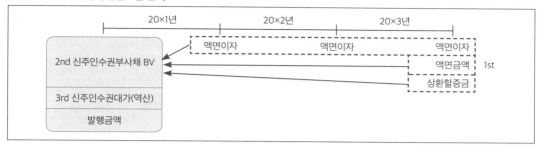

┌─☆ **Self Study**

신주인수권대가를 계산하는 방법은 전환사채의 전환권대가를 계산하는 방법과 동일하다.

03 신주인수권부사채의 액면발행

(1) 신주인수권부사채의 발행

신주인수권부사채의 발행금액은 부채요소에 해당하는 일반사채의 가치와 자본요소에 해당하는 신주인수권의 가치로 구분된다. 이 중 신주인수권의 가치에 해당하는 금액은 신주인수권에 대한 대가가 납입된 것이므로 신주인수권대가의 과목으로 하여 자본항목(자본조정)으로 분류하고 권리 행사 시 주식발행초과금으로 대체할 수 있다. 또한, 후속적으로 신주인수권을 행사할 가능성이 변동하는 경우에도 부채요소와 자본요소의 분류를 수정하지 않는다.

상환할증금지급조건이 있는 경우 신주인수권부사채 발행자는 만기일에 신주인수권부사채의 액면금액에 상환할증금을 가산하여 상환한다. 신주인수권부사채도 전환사채와 동일하게 보유자가 신주인수권을 행사하지 않는다고 가정하고, 만기일에 액면금액에 추가하여 지급하는 **상환할증금을 부채로 인식**한다.

신주인수권부사채의 발행일에는 **상환할증금과 신주인수권대가의 합계금액을 신주인수권조정으로 인식**한다. 신주인수권조정은 신주인수권부사채의 차감계정으로 표시하고 신주인수권부사채의 상환기간에 걸쳐 유효이자율법으로 상각하여 이자비용으로 인식한다.

✎ **신주인수권부사채의 발행과 장부금액의 변동**

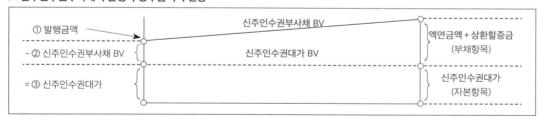

신주인수권부사채의 발행 시 회계처리는 편의에 따라 아래와 같이 순액법과 총액법으로 나눌 수 있고 순액법과 총액법의 F/S효과는 모두 동일하다.

① 신주인수권부사채의 발행 시 회계처리 및 F/S효과(순액법)

| 차) 현금 | 1st 발행금액 | 대) 신주인수권부사채 ① | 2nd PV(액면금액 + 액면이자 + 상환할증금) |
| | | 신주인수권대가 ② | 대차차액 |

	재무상태표	
	신주인수권부사채	①
	신주인수권대가(자본조정)	②

② 전환사채의 발행 시 회계처리 및 F/S효과(총액법)

차) 현금	1st 발행금액	대) 신주인수권부사채	2nd 액면금액
신주인수권조정	2nd (액면금액 + 상환할증금 - ①)	사채상환할증금	2nd 만기상환액
① 신주인수권부사채 BV		신주인수권대가 ②	대차차액

	재무상태표	
	신주인수권부사채	액면금액
	상환할증금	+ 만기상환액
	(-)신주인수권조정	- 역산
	신주인수권부사채 BV	①
	신주인수권대가(자본조정)	②

─☆ **Self Study**

신주인수권부사채 발행의 회계처리와 F/S효과는 동일한 조건의 전환사채와 동일하다.

(2) 신주인수권부사채의 신주인수권 행사 전 이자비용 인식과 만기상환

① 신주인수권부사채의 신주인수권 행사 전 이자비용

신주인수권부사채의 이자비용은 신주인수권부사채의 기초 장부금액에 유효이자율을 곱하여 계산한다. 이자비용으로 인식한 금액과 표시이자의 차액은 액면발행의 경우 신주인수권조정 상각액으로 처리한다.

✎ **이자비용의 회계처리**

[순액법 회계처리]

| 차) 이자비용 | 1st 기초 BV × 유효 R | 대) 현금 | 2nd 액면이자 |
| | | 신주인수권부사채 | 대차차액 |

[총액법 회계처리]

| 차) 이자비용 | 1st 기초 BV × 유효 R | 대) 현금 | 2nd 액면이자 |
| | | 신주인수권조정 | 대차차액 |

신주인수권부사채 이자비용의 회계처리와 F/S효과는 동일한 조건의 전환사채와 동일하다.

② 신주인수권부사채의 만기상환

신주인수권부사채의 만기 시에는 신주인수권조정은 전액이 상각되었으므로 신주인수권부사채의 장부금액은 액면금액에 상환할증금을 가산한 금액이 된다. 신주인수권부사채의 만기상환액은 장부금액과 일치하기에 상환으로 인한 손익은 발생하지 않는다. 또한, 신주인수권이 미행사된 부분에 대한 신주인수권대가는 다른 자본항목으로 대체할 수 있다.

✐ 만기상환의 회계처리

[순액법 회계처리]			
차) 신주인수권부사채	액면금액 + 상환할증금 만기지급액	대) 현금	××
차) 신주인수권대가	발행 시 전환권대가	대) 신주인수권대가소멸이익	자본항목

[총액법 회계처리]			
차) 신주인수권부사채	액면금액	대) 현금	××
사채상환할증금	상환할증금 만기지급액		
차) 신주인수권대가	발행 시 전환권대가	대) 신주인수권대가소멸이익	자본항목

(3) 신주인수권 행사

신주인수권을 행사하는 경우 주식의 발행금액은 권리 행사 시에 납입되는 금액(행사가격)과 신주인수권대가 중 권리 행사분에 해당하는 금액의 합계금액으로 한다. 다만, 상환할증금지급조건이 있는 경우에는 상환할증금 중 권리 행사분에 해당하는 금액을 납입금액에 가산한다. 이때 상환할증금은 관련된 미상각 신주인수권조정을 차감한 후의 금액(= 상환할증금의 행사시점 현재가치)을 말한다. 그러므로 신주인수권의 행사로 발행되는 주식의 발행금액은 현금납입액과 신주인수권대가 및 현재 상환할증금의 현재가치를 합산한 금액이 된다.

✐ 신주인수권의 행사 시 주식의 발행금액

1. **상환할증금지급조건 ×**: 납입되는 금액(행사가격) + 신주인수권대가
2. **상환할증금지급조건 ○**: 납입되는 금액(행사가격) + 신주인수권대가 + PV(상환할증금)

> **Additional Comment**
>
> 상환할증금지급조건 신주인수권부사채의 경우 신주인수권이 행사되면 만기에 상환할증금을 지급할 필요가 없으므로 신주인수권의 행사시점에 상환할증금의 현재가치를 주식의 발행금액에 포함하여야 하는 것이다.

✏ 신주인수권 행사(A% 행사 가정 시)의 회계처리 및 F/S효과

① 순액법 회계처리

차) 현금	행사 주식 수 × 행사가격	대) 자본금	행사 주식 수[1] × 액면금액
신주인수권부사채	PV(상환할증금) × 행사비율		
신주인수권대가	발행 시 BV × 행사비율	주식발행초과금	대차차액

[1] 행사 주식 수: 신주인수권 행사 시 납입할 현금 ÷ 행사가격

② 총액법 회계처리

차) 현금	행사 주식 수 × 행사가격	대) 신주인수권조정	상환할증금관련 × 행사비율
사채상환할증금	만기지급액 × 행사비율	자본금	행사 주식 수[1] × 액면금액
신주인수권대가	발행 시 BV × 행사비율	주식발행초과금	대차차액

[1] 행사 주식 수: 신주인수권 행사 시 납입할 현금 ÷ 행사가격

③ 행사 전 재무상태표와 행사 후 재무상태표(전액 행사 가정)

행사 전 B/S				행사 후 B/S	
	신주인수권부사채			현금	신주인수권부사채
	상환할증금				-
	(-)신주인수권부사채	행사 ➡			(-)신주인수권조정
	BV				BV
	신주인수권대가				자본금
					주식발행초과금

(4) 신주인수권 행사 이후의 이자비용 인식 및 만기상환 시 현금상환액(일부 행사 가정 시)

신주인수권을 행사한 이후에도 신주인수권부사채의 발행자는 유효이자율법을 계속 적용하여 이자비용을 인식한다. 이자비용은 신주인수권을 행사한 이후 신주인수권부사채의 장부금액에 유효이자율을 곱하여 계산한다. 신주인수권부사채의 만기일이 되면 신주인수권조정은 전액이 상각되었으므로 신주인수권부사채의 장부금액은 액면금액에 권리를 행사하지 않은 부분에 대한 상환할증금을 가산한 금액이 된다.

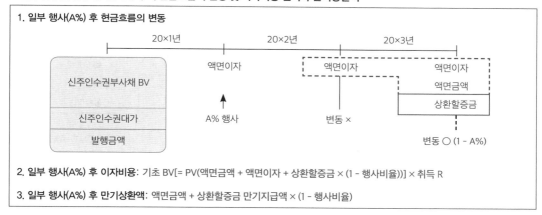

✐ 신주인수권 일부 행사(A%) 후의 현금흐름의 변동 및 이자비용 인식과 만기상환액

1. 일부 행사(A%) 후 현금흐름의 변동

2. 일부 행사(A%) 후 이자비용: 기초 BV[= PV(액면금액 + 액면이자 + 상환할증금 × (1 - 행사비율))] × 취득 R

3. 일부 행사(A%) 후 만기상환액: 액면금액 + 상환할증금 만기지급액 × (1 - 행사비율)

04 전환사채와 신주인수권부사채의 비교

신주인수권부사채는 복합금융상품이므로 부채요소와 자본요소의 계산 및 회계처리방법이 전환사채와 유사하지만 행사방법과 그 이후 이자비용 계산 및 만기상환액에는 큰 차이가 존재한다. 전환사채는 전환권이 행사되면 사채가 보통주로 전환되어 사채가 소멸되지만 신주인수권부사채는 신주인수권을 행사하면 보유자가 신주인수권의 행사가격만큼 현금을 납입하여 보통주를 교부받으므로 사채가 존속되는 특징이 있다.

전환사채와 신주인수권부사채의 차이점은 다음과 같다.

구분		전환사채	신주인수권부사채
권리 행사시점의 현금납입 여부		현금유입 ×	현금유입 ○
만기상환액	권리 행사	상환금액 ×	액면금액 상환
	권리 미행사	액면금액 + 상환할증금	액면금액 + 상환할증금

✐ **전환사채와 신주인수권부사채의 전환권과, 신주인수권을 A% 행사 시 비교**

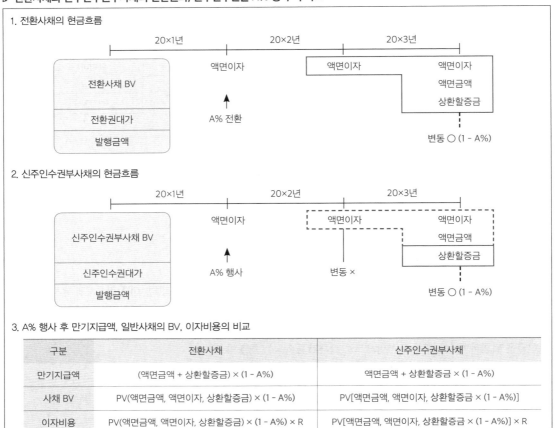

1. 전환사채의 현금흐름

2. 신주인수권부사채의 현금흐름

3. A% 행사 후 만기지급액, 일반사채의 BV, 이자비용의 비교

구분	전환사채	신주인수권부사채
만기지급액	(액면금액 + 상환할증금) × (1 - A%)	액면금액 + 상환할증금 × (1 - A%)
사채 BV	PV(액면금액, 액면이자, 상환할증금) × (1 - A%)	PV[액면금액, 액면이자, 상환할증금 × (1 - A%)]
이자비용	PV(액면금액, 액면이자, 상환할증금) × (1 - A%) × R	PV[액면금액, 액면이자, 상환할증금 × (1 - A%)] × R

01 전환사채의 조건변경

전환사채 조건변경이란 발행자가 전환사채의 조기전환을 유도하기 위하여 좀 더 유리한 전환조건을 제시하거나 특정 시점 이전의 전환에 대해서 추가적인 대가를 지급하는 등의 방법으로 전환사채의 조건을 변경하는 것을 말한다. 전환사채의 조건변경으로 전환사채의 보유자가 추가적으로 수취하게 될 대가의 공정가치는 전환사채의 발행자 입장에서는 손실에 해당한다. 이러한 조건변경으로 인한 손실은 조건이 변경되는 시점에 당기손익으로 인식한다.

[현금 추가지급 - 조건변경일]

차) 조건변경손실	N/I영향	대) 현금	추가지급액

➡ 조건변경으로 인한 전환사채 전환 시 N/I영향: 추가 현금지급액

[주식 추가지급 - 조건변경일]

차) 조건변경손실	N/I영향	대) 미교부주식(자본)	추가지급주식 수 × 변경 시 FV

➡ 조건변경으로 인한 전환사채 전환 시 N/I영향: A - B

  A. 변경된 조건하에서 전환으로 인하여 보유자가 수취하는 대가의 공정가치
  B. 원래의 조건하에서 전환으로 인하여 보유자가 수취하였을 대가의 공정가치

02 전환사채의 재매입

전환사채의 재매입이란 전환사채를 만기일 이전에 취득하는 것으로 조기상환에 해당한다. 전환사채의 재매입을 위하여 지급한 대가와 거래원가는 당해 거래 발생시점의 부채요소와 자본요소로 배분한다. 먼저 전환사채의 재매입을 위하여 지급한 대가를 부채요소와 자본요소로 구분하고, 거래원가는 부채요소와 자본요소의 비율에 따라 배분한다.

현금상환액	• 사채상환액(FV): PV (잔여 CF) by 상환시점 시장 R • 자본상환액: 현금상환액 - 사채상환액

전환사채의 재매입대가를 부채요소와 자본요소로 배분한 결과 발생되는 손익은 아래와 같이 회계처리한다. 부채요소와 관련된 손익은 전환사채상환손실로 당기손익으로 처리하고, 자본요소와 관련된 손익은 전환권재매입손실로 자본항목으로 처리한다.

1st 부채요소	차) 전환사채 　　사채상환손실(N/I)	BV 대차차액	대) 현금	1st 사채상환액(FV)
2nd 자본요소	차) 전환권대가 　　전환권재매입손실(자본)	BV 대차차액	대) 현금	2nd 현금상환액 - 사채상환액

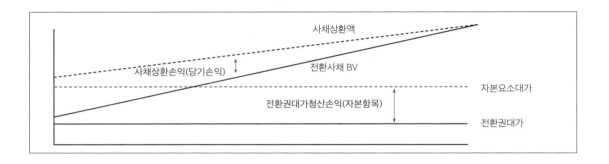

┌─ ☆ **Self Study**

1. 전환사채 조기상환 시 N/I영향: − PV(잔여 CF) by 상환 시 시장 R + PV(잔여 CF) by 취득 시 R

2. 조기상환 시 부채요소에 배분될 거래원가 − 2차

   ➡ 거래원가 × 재매입일 부채요소 FV/재매입일 (부채 + 자본)요소 FV

03 거래원가

전환사채의 발행과 관련하여 사채와 마찬가지로 사채발행비 등의 거래원가가 발생한다. 이 경우 거래원가는 전환사채의 발행 시 부채요소와 자본요소에 비례적으로 배분한다.

| 차) 현금 | ×× | 대) 전환사채 | A |
| | | 전환권대가 | B |

| 차) 전환사채 | 거래원가 × A/(A + B) | 대) 현금 | 거래원가 |
| 전환권대가 | 대차차액 | | |

┌─ ☆ **Self Study**

전환사채의 발행 시 발생한 거래비용은 발행금액에서 차감하고, 재매입 시에 발생한 거래비용은 상환금액에서 가산한다. 다만, 거래시점의 부채와 자본요소의 공정가치 비율에 따라 안분 후 각각의 요소별 금액에 가감하여야 한다.

구분	배부기준	회계처리
발행	발행 시 요소별 FV비율	각 요소별 발행금액에서 차감
재매입	재매입 시 요소별 FV비율	각 요소별 재매입금액에 가산

04 전환사채의 회계연도 중 전환권 행사

전환권이 회계연도 중에 행사된 경우에는 실제 권리가 행사된 날에 주주로서의 권리를 획득하게 되므로, **권리 행사일 현재의 전환사채의 장부금액을 주식의 발행금액으로 인식하여야 한다.**

✎ 전환사채의 회계연도 중 전환권 행사 구조

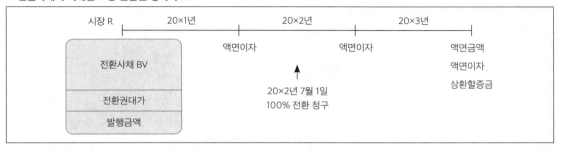

✎ 기중전환 시 회계처리

차) 이자비용 ②	기초 BV(①) × R × 보유기간/12	대) 미지급이자 ③	액면이자 × 보유기간/12
		전환사채 ② - ③	대차차액
차) 전환사채	① + ② - ③	대) 자본금	행사 주식 수 × 액면금액
전환권대가	발행 시 BV	주식발행초과금	대차차액
차) 미지급이자	③	대) 현금	××

제 **14** 장

고객과의 계약에서
생기는 수익

Ⅰ ｜ 수익의 의의

01 수익의 정의

기준서 제1115호에서는 수익을 자산의 유입 또는 가치 증가나 부채의 감소 형태로 자본의 증가를 가져오는 특정 회계기간에 생긴 경제적 효익의 증가로서, 지분참여자의 출연(Ex. 유상증자 등)과 관련된 것은 제외하는 것으로 정의하고 있다. 즉, **지분출자와 같은 지분참여자와의 자본거래를 제외한 모든 거래에서 발생한 자본(순자산)의 증가를 수익으로 본다.**

02 수익의 구분

광의의 수익(income)은 수익(revenue)와 차익(gains)로 구분하는데, 한국회계기준원은 revenue와 income을 모두 '수익'으로 번역하였기 때문에 우리말로 수익이라고 할 때 이것의 의미가 혼란스러울 수 있다.

광의의 수익(income)은 **자산의 유입 또는 가치 증가나 부채의 감소 형태로 자본의 증가를 가져오는 특정 회계기간에 생긴 경제적 효익의 증가**로 정의된다.

수익(revenue)은 **기업의 통상적인 활동에서 생기는 것**으로 매출액, 수수료수익, 이자수익, 배당수익, 로열티수익 등 여러 가지 종류가 있다.

차익(gains)은 **통상적인 활동 이외의 활동에서 발생한 것**으로 광의의 수익(income)에서 수익(revenue)를 제외한 자본의 증가로 이해하면 될 것이다.

구분		정의
광의의 수익 (income)	수익(revenue)	통상적인 활동의 거래로 지속적으로 발생
	차익(gains)	비통상적인 활동 및 기타의 거래로 일시적으로 발생

03 전통적인 수익인식방법

전통적으로 회계에서는 수익의 가득과정이 완료되고(가득기준), 실현 또는 실현가능할 때(실현조건) 수익을 인식하는 실현주의에 따라 수익을 인식하였다.

[실현주의에 따른 수익인식]

수익인식 원칙: 실현주의 ➡ 1 + 2 모두 만족 시 수익인식	1. 가득기준(의무이행): 수익은 가득과정이 완료
	2. 실현기준(권리의 측정): 수익은 실현되었거나 실현가능

⬦ 전통적 수익인식방법의 구조

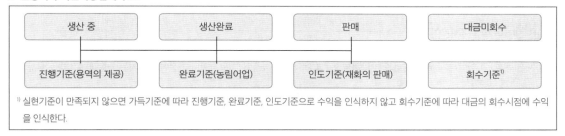

1) 실현기준이 만족되지 않으면 가득기준에 따라 진행기준, 완료기준, 인도기준으로 수익을 인식하지 않고 회수기준에 따라 대금의 회수시점에 수익을 인식한다.

Additional Comment

최근 거래의 형태를 보면 하나의 계약에 재화의 판매와 용역의 제공이 섞여 있을 수도 있고, 재화만을 판매하더라도 인도시점이나 판매대가의 변동과 관련하여 다양한 조건이 부가되는 경우도 있어 전통적인 수익인식방법으로는 수익인식의 명확한 회계처리가 이루어지지 못하는 경우가 많다. 또한 기준서 제1018호 이외의 수익과 관련하여 제정된 여러 기준서 및 해석서 간에 일관성이 없는 문제도 다수 제기되었다. 이에 **경제적으로 유사한 거래에 대해서 동일한 회계처리가 이루어지고, 복잡한 거래에도 적용할 수 있도록 하기 위하여** 기준서 제1115호 '고객과의 계약에서 생기는 수익'이 제정되었다.

Ⅱ | 고객과의 계약에서 생기는 수익

01 기준서 제1115호 '고객과의 계약에서 생기는 수익'의 적용

기업회계기준서 제1115호 '고객과의 계약에서 생기는 수익'에서는 계약 상대방이 고객인 경우에만 그 계약에 대하여 해당 기준서를 적용한다. 고객이란 기업의 통상적인 활동의 산출물인 재화나 용역을 대가와 교환하여 획득하기로 기업과 계약한 당사자를 말한다. 만약 계약 당사자가 여기에 해당하지 않는다면 수익이 발생하더라도 기준서 제1115호를 적용하지 않는다.

> **Additional Comment**
>
> 예를 들어 계약 상대방이 기업의 통상적인 활동의 산출물을 취득하기 위해서가 아니라 어떤 활동이나 과정(Ex.협업약정에 따른 자산 개발)에 참여하기 위해 기업과 계약하였고, 그 계약 당사자들이 그 활동이나 과정에서 생기는 위험과 효익을 공유한다면, 그 계약 상대방은 고객이 아니다.

고객이나 잠재적 고객에게 판매를 쉽게 하기 위해 행하는 같은 사업 영역에 있는 기업 사이의 비화폐성 교환에 대해서도 기준서 제1115호를 적용하지 않는다.

> **Additional Comment**
>
> 두 정유사가 서로 다른 특정 지역에 있는 고객의 수요를 적시에 충족하기 위해, 두 정유사끼리 유류를 교환하기로 합의한 계약은 고객과의 계약이 아니므로 적용하지 않는다.

02 고객과의 계약에서 생기는 수익의 인식 5단계

고객과의 계약에서 생기는 수익을 인식할 때는 다음의 단계를 거쳐야 한다.

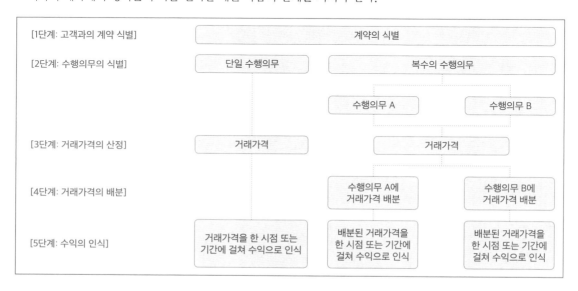

03 표시

계약 당사자 중 어느 한 편이 계약을 수행했을 때, 기업의 수행 정도와 고객의 지급과의 관계에 따라 그 계약을 계약자산이나 계약부채로 재무상태표에 표시한다. 고객이 대가를 지급하기 전이나 지급기일 전에 기업이 고객에게 재화나 용역의 이전을 수행할 경우 기업은 계약자산을 인식한다. 이에 반해, 대가를 받을 무조건적인 권리는 수취채권으로 구분하여 표시한다.

> ① **계약자산**: 고객에게 이전한 재화나 용역에 대하여 대가를 받을 기업의 권리로 그 권리에 시간의 경과 외의 조건이 있는 자산
> ② **계약부채**: 고객에게 이미 받은 대가 또는 지급기일이 된 대가에 상응하여 고객에게 재화나 용역을 이전하여야 하는 기업의 의무
> ③ **수취채권**: 고객에게 대가를 받을 기업의 무조건적인 권리

기업이 고객에게 재화나 용역을 이전하기 전에 고객이 대가를 지급하거나 기업이 대가를 받을 무조건적인 권리를 갖고 있는 경우에는 지급받은 때나 지급받기로 한 때 중 이른 시기에 그 계약을 계약부채로 표시한다. 또한, 고객이 대가를 지급하기 전이나 지급기일 전에 기업이 고객에게 재화나 용역의 이전을 수행하는 경우에는 계약자산으로 표시한다. 단, 수취채권으로 표시한 금액은 제외한다.

[계약자산과 계약부채, 수취채권의 회계처리]

수행의무 이행 ○	현금 수령 ○		차) 현금	대) 계약수익
	현금 수령 ×	무조건적 권리 ×	차) 계약자산	대) 계약수익
		무조건적 권리 ○	차) 수취채권	대) 계약수익
수행의무 이행 ×	현금 수령 ○		차) 현금	대) 계약부채
	현금 수령 ×	무조건적 권리 ×	회계처리 없음	
		무조건적 권리 ○	차) 수취채권	대) 계약부채

☆ **Self Study**

'무조건적 권리 × ➡ 무조건적 권리 ○'로 변경 시 회계처리

차) 수취채권	××	대) 계약자산	××

Ⅲ | Step 1: 계약의 식별

01 계약의 정의 및 존재

(1) 계약의 정의

계약은 둘 이상의 당사자 사이에 집행 가능한 권리와 의무가 생기게 하는 합의이다. 계약상 권리와 의무의 집행 가능성은 법률적인 문제이다. 계약은 서면으로, 구두로, 기업의 사업관행에 따라 암묵적으로 체결할 수 있다.

(2) 계약의 존재

계약의 각 당사자가 전혀 수행되지 않은 계약에 대해 상대방에게 보상하지 않고 종료할 수 있는 일방적이고 집행 가능한 권리를 갖는다면, 그 계약은 존재하지 않는다고 본다. 다음의 기준을 모두 충족한다면, 계약은 전혀 수행되지 않은 것이다.

> ① 기업이 약속한 재화나 용역을 아직 고객에게 이전하지 않았다.
> ② 기업이 약속한 재화나 용역에 대하여 어떠한 대가도 아직 받지 않았고 아직 받을 권리도 없다.

02 계약의 식별 요건 및 계약인지 여부의 판단

(1) 계약의 식별 요건

기업회계기준서 제1115호 '고객과의 계약에서 생기는 수익'에 따르면 다음 기준을 모두 충족하는 때에만 고객과의 계약은 식별가능하고 고객과의 계약으로 회계처리한다.

> ① 계약 당사자들이 계약을 승인하고 각자의 의무를 수행하기로 확약한다.
> ② 이전할 재화나 용역에 관련된 각 당사자의 권리를 식별할 수 있다.
> ③ 이전할 재화나 용역의 지급조건을 식별할 수 있다.
> ④ 계약에 상업적 실질이 있다.
> ⑤ 고객에게 이전할 재화나 용역에 대하여 받을 권리를 갖게 될 대가의 회수가능성이 높다.

(2) 계약인지 여부의 판단

고객과의 계약이 계약 개시시점에 계약에 해당하는지에 대한 식별기준을 충족하는 경우에는 사실과 상황에 유의적인 변동 징후가 없는 한 이러한 기준들을 재검토하지 않는다. 예를 들어 고객의 대가 지급 능력에 유의적인 징후가 존재한다면 위의 기준을 재검토해야 한다. 만일 고객과의 계약이 식별기준을 충족하지 못한다면, 나중에 충족되는지를 식별하기 위해 그 계약을 지속적으로 검토한다.

계약 개시시점에 식별기준 충족 여부	내용
식별기준을 충족	유의적인 변동 징후가 없다면 재검토하지 않음
식별기준을 미충족	충족하는지 여부를 지속적으로 검토

고객과의 계약이 식별기준을 충족하지 못하지만 고객에게 대가를 받은 경우에는 고객에게서 받은 대가는 수익으로 인식하기 전까지 부채로 인식하며, 이렇게 인식된 부채는 계약과 관련된 사실 및 상황에 따라, 재화나 용역을 미래에 이전하거나 받은 대가를 환불해야 하는 의무를 나타낸다. 이 모든 경우에 그 부채는 고객에게서 받은 대가로 측정하고 다음 사건 중 어느 하나가 일어난 경우에만 받은 대가를 수익으로 인식한다.

① 고객에게 재화나 용역을 이전해야 하는 의무가 남아있지 않고, 고객이 약속한 대가를 모두(또는 대부분) 받았으며 그 대가는 환불되지 않는다.
② 계약이 종료되었다고 고객에게서 받은 대가는 환불되지 않는다.

✎ **계약의 식별 전체 구조**

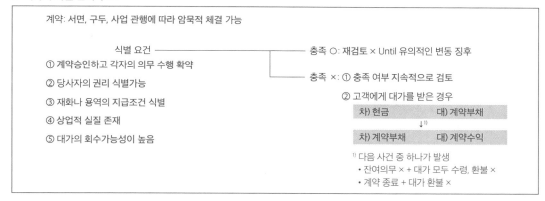

03 계약변경

(1) 계약변경의 의의

계약변경이란 계약 당사자들이 승인한 계약범위나 계약가격(또는 둘 다)의 변경을 의미하며, 주문변경, 공사변경, 수정이라고도 한다.

(2) 계약변경의 회계처리

계약변경의 회계처리를 요약하면 다음과 같다.

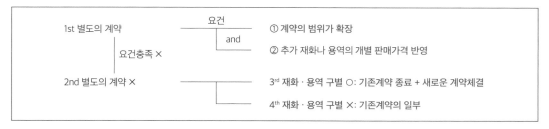

① **별도의 계약에 해당**

별도의 계약에 해당하기 위해서는 다음의 두 가지 조건을 모두 충족하여야 한다.

> - 구별되는 약속한 재화나 용역이 추가되어 계약의 범위가 확장된다.
> - 계약가격이 추가로 약속한 재화나 용역의 개별 판매가격에 특정 계약 상황을 반영하여 적절히 조정한 대가만큼 상승한 다(≒ 개별 판매가격을 반영한다).

계약변경에 따라 추가로 약속한 재화나 용역이 구별되고, 재화나 용역의 가격이 개별 판매가격을 반영하여 적절히 조정되었다면 이는 별도로 계약을 체결한 것이나 다름이 없다. 따라서 기존 계약대로 회계처리하고, 변경된 계약은 새로운 계약으로 보고 별도로 회계처리한다.

② **별도의 계약에 해당하지 않는 경우**

계약변경이 별도 계약이 아니라면, 나머지 재화·용역이 그 이전에 이전한 재화·용역과 구별되는지에 따라 다음과 같이 회계처리한다.

> ⊙ **나머지 재화나 용역이 이전한 재화나 용역과 구별되는 경우**: 계약변경은 기존 계약을 종료하고 새로운 계약을 체결하는 것처럼 회계처리한다. 이때 나머지 수행의무에 배분하는 대가는 다음 항목의 합계이다.
> - 고객이 약속한 대가(고객에게 이미 받은 대가 포함) 중 거래가격 추정치에는 포함되었으나 아직 수익으로 인식되지 않은 금액
> - 계약변경의 일부로 약속한 대가
> ⊙ **나머지 재화나 용역이 구별되지 않아서 계약변경일에 부분적으로 이행된 단일 수행의무의 일부를 구성하는 경우**: 계약 변경은 기존 계약의 일부인 것처럼 회계처리한다. 계약변경이 거래가격과 수행의무의 진행률에 미치는 영향은 계약변경일에 수익을 조정(수익의 증액이나 감액)하여 인식한다.
> ⊙ **나머지 재화나 용역이 ⊙과 ⊙의 경우로 결합된 경우**: 변경된 계약에서 이행되지 아니한 수행의무(일부 미이행 포함)에 미치는 계약변경의 영향을 목적에 맞는 방법으로 회계처리한다.

Ex 계약변경의 사례

1. 별도의 계약

2. 별도의 계약 × + 재화나 용역의 구분 ○ : 기존 계약 종료 + 새로운 계약 체결

1) (50개 × @80 + 30개 × @40) ÷ 80개 = @65

3. 별도의 계약 × + 재화나 용역의 구분 × : 기존 계약의 일부

Ⅳ | Step 2: 수행의무의 식별

01 수행의무의 의의

수행의무란 고객과의 계약에서 재화나 용역을 이전하기로 한 약속을 말한다.
기업은 계약시점에 고객과의 계약에서 약속한 재화나 용역을 검토하여 고객에게 다음 중 어느 하나를 이전하기로 한 각 약속을 하나의 수행의무로 식별한다.

> ① 구별되는 재화나 용역(또는 재화나 용역의 묶음)
> ② 실질적으로 서로 같고 고객에게 이전하는 방식도 같은 일련의 구별되는 재화나 용역

02 수행의무의 적용 시 주의사항

일반적으로 고객과의 계약에는 기업이 고객에게 이전하기로 약속한 재화나 용역을 분명히 기재한다. 그러나 고객과의 계약에서 식별되는 수행의무는 계약에 분명히 기재한 재화나 용역에만 한정되지 않을 수도 있다. 이는 계약 체결일에 기업의 사업관행, 공개한 경영방침, 특정 서명서에서 암시되는 약속을 기업이 재화나 용역을 고객에게 이전할 것이라는 정당한 기대를 하도록 한다면, 이러한 약속도 고객과의 계약에 포함될 수 있기 때문이다.
계약을 이행하기 위해 수행하여야 하지만 고객에게 재화나 용역을 이전하는 활동이 아니라면 그 활동은 수행의무에 포함되지 않는다. 예를 들어 용역 제공자는 계약을 준비하기 위해 다양한 관리 업무를 수행할 필요가 있을 수 있다. 관리 업무를 수행하더라도, 그 업무를 수행함에 따라 고객에게 용역이 이전되지는 않기 때문에 그 준비 활동은 수행의무가 아니다.

03 구별되는 재화나 용역을 이전하기로 한 약속

계약 개시시점에 고객에게 약속한 재화나 용역을 구별하여 이를 하나의 수행의무로 식별한다. 하나의 계약에 하나의 수행의무가 포함될 수 있지만, 하나의 계약에 여러 수행의무가 포함될 수도 있다. 또한, 하나의 수행의무가 재화나 용역의 이전으로만 각각 구성되어 있을 수 있지만, 재화와 용역의 이전이 결합하여 구성되어 있을 수도 있다.
고객에게 약속한 재화나 용역이 구별되어야 그 재화나 용역이 비로소 수행의무가 되고, 이후 각 수행의무별로 수익을 인식할 수 있다. 따라서 고객에게 약속한 재화나 용역이 구별되는지 뿐만 아니라 계약 내에 재화나 용역을 이전하기로 한 약속이 여러 개일 경우 각각의 약속이 계약상 구별되는지에 대해서 논의할 필요가 있다.
다음 기준을 모두 충족한다면 고객에게 약속한 재화나 용역은 구별되는 것이다.

> ① 고객이 재화나 용역 그 자체에서 효익을 얻거나 고객이 쉽게 구할 수 있는 다른 자원과 함께하여 그 재화나 용역에서 효익을 얻을 수 있다.
> ② 고객에게 재화나 용역을 이전하기로 하는 약속을 계약 내의 다른 약속과 별도로 식별해 낼 수 있다.

약속한 재화나 용역이 구별되지 않는다면, 구별되는 재화나 용역의 묶음을 식별할 수 있을 때까지 그 재화나 용역을 약속한 다른 재화나 용역과 결합한다. 경우에 따라서는 그렇게 함으로써 기업이 계약에서 약속한 재화나 용역 모두를 단일 수행의무로 회계처리하는 결과를 가져올 것이다.

고객에게 재화나 용역을 이전하기로 하는 약속이 별도로 식별되는지를 파악할 때, 그 목적은 계약상 그 약속의 성격이 각 재화나 용역을 개별적으로 이전하는 것인지, 아니면 약속된 재화나 용역을 투입한 결합 품목(들)을 이전하는 것인지를 판단하는 것이다. 고객에게 재화나 용역을 이전하기로 하는 둘 이상의 약속을 별도로 식별해 낼 수 없음을 나타내는 요소에는 다음이 포함되지만, 이에 한정되지는 않는다.

1. 기업은 해당 재화나 용역과 그 계약에서 약속한 다른 재화나 용역을 통합하는(이 통합으로 고객이 계약한 결합산출물 (들)에 해당하는 재화나 용역의 묶음이 됨) 유의적인 용역을 제공한다. 다시 말해서, 기업은 고객이 특정한 결합산출물(들) 을 생산하거나 인도하기 위한 투입물로서 그 재화나 용역을 사용하고 있지 않다. 결합산출물(들)은 둘 이상의 단계, 구성요 소, 단위를 포함할 수 있다.

2. 하나 이상의 해당 재화나 용역은 그 계약에서 약속한 하나 이상의 다른 재화나 용역을 유의적으로 변형 또는 고객 맞춤 화하거나, 계약에서 약속한 하나 이상의 다른 재화나 용역에 의해 변형 또는 고객 맞춤화된다.

3. 해당 재화나 용역은 상호의존도나 상호관련성이 매우 높다. 다시 말해서 각 재화나 용역은 그 계약에서 하나 이상의 다른 재화나 용역에 의해 유의적으로 영향을 받는다. 예를 들면 어떤 경우에는 기업이 각 재화나 용역을 별개로 이전하여 그 약속을 이행할 수 없을 것이기 때문에 둘 이상의 재화나 용역은 서로 유의적으로 영향을 주고 받는다.

04 일련의 구별되는 재화나 용역을 이전하기로 한 약속(≒시리즈로 이전하기로 한 약속)

기업이 일정 기간에 같은 재화나 용역을 연속적으로 제공(Ex. 청소용역 제공 등)하는 경우 회계처리의 단순화를 위하여 이를 단일 수행의무로 식별하도록 규정하고 있다. 즉, 일련의 구별되는 재화나 용역이 기간에 걸쳐 이행하는 수행의무의 기준을 충족하고 같은 방법을 사용하여 진행률을 측정한다면, 여러 개의 수행의무로 보지 않고 단일 수행의무로 본다. 그리고 단일 수행의무를 기간에 걸쳐 이행하는 것으로 보기 때문에 기간에 걸쳐 수익을 인식한다.

V | Step 3: 거래가격의 산정

01 거래가격의 정의

거래가격은 고객에게 약속한 재화나 용역을 이전하고 그 대가로 기업이 받을 권리를 갖게 될 것으로 예상하는 금액이며, 제3자를 대신해서 회수한 금액(Ex. 판매세)은 제외한다.

02 변동대가

계약에서 약속한 대가는 고정금액, 변동금액 또는 둘 다를 포함할 수 있다. 계약에서 약속한 대가에 변동금액이 포함된 경우에 고객에게 약속한 재화나 용역을 이전하고 그 대가로 받을 권리를 갖게 될 금액을 추정해야 한다. 대가는 할인, 리베이트, 환불, 공제, 가격할인, 장려금, 성과보너스, 위약금이나 그 밖의 비슷한 항목 때문에 변동될 수 있다.

(1) 변동대가의 추정방법

기업이 대가를 받을 권리가 미래사건의 발생 여부에 달려있는 경우에도 약속한 대가는 변동될 수 있다. 변동대가는 다음 중에서 기업이 받을 권리를 갖게 될 대가를 더 잘 예측할 것으로 예상하는 방법을 사용하여 추정한다.

> ① **기댓값**: 기댓값은 가능한 대가의 범위에 있는 모든 금액에 각 확률을 곱한(probability - weighted) 금액의 합이다. 기업의 특성이 비슷한 계약이 많은 경우에 기댓값은 변동대가(금액)의 적절한 추정치일 수 있다.
> ② **가능성이 가장 높은 금액**: 가능성이 가장 높은 금액은 가능한 대가의 범위에서 가능성이 가장 높은 단일 금액(계약에서 가능성이 가장 높은 단일 결과치)이다. 계약에서 가능한 결과치가 두 가지뿐일 경우(Ex. 기업이 성과보너스를 획득하거나 획득하지 못하는 경우)에는 가능성이 가장 높은 금액이 변동대가의 적절한 추정치가 될 수 있다.

(2) 변동대가 추정치의 제약

추정한 변동대가 전부를 거래가격에 포함시키는 것은 아니다. 왜냐하면 추정한 변동대가 중 유의한 금액이 미래에 달라질 수 있기 때문이다. 그러므로 변동대가와 관련된 불확실성이 나중에 해소될 때, 이미 인식한 누적 수익 금액 중 유의적인 부분을 되돌리지 않을 가능성이 매우 높은 정도까지만 추정된 변동대가의 일부나 전부를 거래가격에 포함하도록 하는데, 이를 변동대가 추정치의 제약이라고 한다.

(3) 변동대가의 재검토

각 보고기간 말의 상황과 보고기간의 상황 변동을 충실하게 표현하기 위하여 보고기간 말마다 추정 거래가격을 새로 수정한다. 거래가격의 후속변동은 계약 개시시점과 같은 기준으로 계약상 수행의무에 배분한다.

(4) 변동대가의 추정이 불가능한 경우

종전의 수익 기준서에서는 거래가격을 신뢰성 있게 추정할 수 있어야 수익을 인식하도록 규정하였다. 따라서 변동대가의 불확실성이 매우 높은 경우에는 거래가격을 신뢰성 있게 추정할 수 없게 되므로 전체 수익을 인식할 수 없었다. 이에 반해 기준서 제1115호는 변동대가의 추정치를 제약하는데, 이는 수익의 인식을 배제하는 것이 아니라 인식할 수익금액의 한도를 정한다는 점에서 차이가 있다.

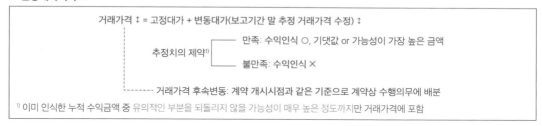

> ✎ **변동대가의 구조**
>
> 거래가격 ↕ = 고정대가 + 변동대가(보고기간 말 추정 거래가격 수정) ↕
>
> 추정치의 제약[1] ── 만족: 수익인식 ○, 기댓값 or 가능성이 가장 높은 금액
> ── 불만족: 수익인식 ×
>
> ------ 거래가격 후속변동: 계약 개시시점과 같은 기준으로 계약상 수행의무에 배분
>
> [1] 이미 인식한 누적 수익금액 중 유의적인 부분을 되돌리지 않을 가능성이 매우 높은 정도까지만 거래가격에 포함

(5) 환불부채

고객에게 받은 대가의 일부나 전부를 고객에게 환불할 것으로 예상하는 경우에는 환불부채를 인식한다. 환불부채는 기업이 받았거나 받을 대가 중에서 권리를 갖게 될 것으로 예상하지 않는 금액이므로 거래가격에서 차감한다. 환불부채는 보고기간 말마다 상황의 변동을 반영하여 새로 수정한다.

| 차) 현금 | 거래가격 | 대) 계약수익 | 대차차액 |
| | | 환불부채(매기 말 재검토) | 환불예상액 |

03 비현금 대가

고객이 현금 외의 형태로 대가를 약속한 계약의 경우에 거래가격을 산정하기 위하여 비현금 대가를 공정가치로 측정한다. 비현금 대가의 공정가치를 합리적으로 추정할 수 없는 경우에는, 그 대가와 교환하여 고객에게 약속한 재화나 용역의 개별 판매가격을 참조하여 간접적으로 그 대가를 측정한다.

04 계약에 있는 유의적인 금융요소

(1) 원칙

거래가격을 산정할 때, 계약 당사자들 간에 명시적으로나 암묵적으로 합의한 지급시기 때문에 고객에게 재화나 용역을 이전하면서 유의적인 금융 효익이 고객이나 기업에 제공되는 경우에는 화폐의 시간가치가 미치는 영향을 반영하여 약속된 대가를 조정한다. 그 상황에서 계약은 유의적인 금융요소를 포함한다.

유의적인 금융요소를 반영하여 약속한 대가를 조정하는 목적은 약속한 재화나 용역을 고객에게 이전할 때 그 고객이 그 재화나 용역 대금을 현금으로 결제하였다면 지급하였을 가격을 반영하는 금액, 즉 현금판매가격으로 수익을 인식하기 위해서이다.

(2) 금융요소가 유의적인지의 판단

계약에 금융요소가 포함되는지와 그 금융요소가 계약에 유의적인지를 평가할 때에는 다음 두 가지를 포함한 모든 관련 사실과 상황을 고려한다.

① 약속한 재화나 용역에 대하여 약속한 대가와 현금판매가격에 차이가 있다면, 그 차이

② 다음 두 가지의 결합효과
  • 기업이 고객에게 약속한 재화나 용역을 이전하는 시점과 고객이 재화나 용역에 대한 대가를 지급하는 시점 사이의 예상 기간
  • 관련 시장에서의 일반적인 이자율

(3) 유의적인 금융요소가 없는 경우

고객과의 계약에 다음의 요인 중 어느 하나라도 존재한다면 유의적인 금융요소는 없을 것이다.

① 고객이 재화나 용역의 대가를 선급하였고 그 재화나 용역의 이전시점은 고객의 재량에 따른다.

② 고객이 약속한 대가 중 상당한 금액이 변동될 수 있으며 그 대가의 금액과 시기는 고객이나 기업이 실질적으로 통제할 수 없는 미래사건의 발생 여부에 따라 달라진다(대가가 판매기준 로열티인 경우).

③ 약속한 대가와 재화나 용역의 현금판매가격 간의 차이가 고객이나 기업에 대한 금융제공 외의 이유로 생기며, 그 금액 차이는 그 차이가 나는 이유에 따라 달라진다. 예를 들면 지급조건을 이용하여 계약상 의무의 일부나 전부를 적절히 완료하지 못하는 계약 상대방에게서 기업이나 고객을 보호할 수 있다.

☆ Self Study

계약을 개시할 때 기업이 고객에게 약속한 재화나 용역을 이전하는 시점과 고객이 그에 대한 대가를 지급하는 시점 간의 기간이 1년 이내일 것이라고 예상한다면 유의적인 금융요소의 영향을 반영하여 약속한 대가를 조정하지 않는 실무적 간편법을 사용할 수 있다.

(4) 할인율

유의적인 금융요소를 반영하여 약속한 대가를 조정할 때에는 계약 개시시점에 기업과 고객이 별도 금융거래를 한다면 반영하게 될 할인율을 사용한다. 이 할인율은 고객이나 기업이 제공하는 담보나 보증(계약에 따라 이전하는 자산을 포함)뿐만 아니라 계약에 따라 금융을 제공받는 당사자의 신용 특성도 반영할 것이다. 기업이 고객에게 재화나 용역을 이전할 때 고객이 그 재화나 용역의 대가를 현금으로 결제한다면 지급할 가격으로 약속한 대가의 명목금액을 할인하는 이자율을 식별하여 그 할인율로 산정할 수 있다. 계약 개시 후에는 이자율이나 그 밖의 상황이 달라져도 그 할인율을 새로 수정하지 않는다.

포괄손익계산서에는 금융효과(이자수익)를 고객과의 계약에서 생기는 수익과 구분하여 표시한다.

(5) 계약에 포함된 유의적인 금융요소

① 할부판매

할부판매는 재화를 고객에게 이전하고 거래가격은 미래의 일정 기간에 걸쳐 회수하는 형태의 판매를 말한다. 고객에게 재화를 이전하는 시점과 대가를 지급하는 시점까지의 기간이 1년 이내일 것으로 예상하는 단기할부판매는 유의적인 금융요소가 포함되어 있지 않으므로 약속한 대가를 조정하지 않는다(= 간편법 사용). 따라서 대가가 장기간에 걸쳐서 지급되는 장기할부판매만 현재가치로 평가한 금액을 수익으로 인식하고 유의적인 금융요소는 이자수익으로 구분하여 인식한다.

② 선수금에 포함된 유의적인 금융요소

할부판매와는 달리 대가를 먼저 수취하고 재화를 나중에 고객에게 이전하는 경우에는 대가의 수취시점과 재화의 이전시점 사이의 기간이 1년 이상인 장기라면 유의적인 금융요소가 포함된 것이다. 유의적인 금융요소는 거래가격에서 조정하여야 한다. 기업은 먼저 고객과의 계약을 체결하고 대가를 수취한 시점에 계약부채로 인식한다. 계약부채는 재화를 이전하는 시점까지 유효이자율법을 적용하고 이자비용을 인식하고 장부금액에 가산한다. 유효이자율법을 적용한 계약부채는 재화의 이전시점에 수익으로 인식한다.

✎ 선수금에 포함된 유의적인 금융요소 회계처리

[대가의 수령시점]			
차) 현금	××	대) 계약부채	A
[이자비용의 인식]			
차) 이자비용	A × 할인율 R	대) 계약부채	B
[재화의 이전시점]			
차) 계약부채	A + B	대) 수익	A + B

05 고객에게 지급할 대가

(1) 고객이 기업에게 이전하는 재화나 용역의 대가가 아닌 경우

기업이 고객에게 현금 등의 대가를 별도로 지급하는 경우가 있다. 고객에게 지급한 대가는 고객에게 제공한 재화나 용역의 할인 또는 환불의 형태이거나, 고객에게 제공받을 재화나 용역의 대가를 지급하는 형태, 혹은 두 형태가 통합된 형태일 수 있다. 고객에게 지급할 대가가 고객에게서 제공받을 재화나 용역에 대한 대가가 아닌 경우 거래가격인 수익에서 차감하여 회계처리한다.

(2) 고객이 기업에게 이전하는 재화나 용역의 대가인 경우

기업이 고객에게 지급할 대가가 고객에게서 받은 구별되는 재화나 용역에 대한 지급이라면 그에 대한 회계처리는 아래와 같다.

> ① 원칙: 다른 공급자에게 구매한 경우와 같은 방법으로 처리
> ② 재화나 용역의 공정가치를 초과: 초과액을 거래가격에서 차감
> ③ 재화나 용역의 공정가치를 추정 불가능: 전액을 거래가격에서 차감

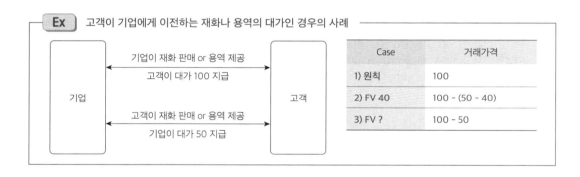

Ex 고객이 기업에게 이전하는 재화나 용역의 대가인 경우의 사례

Case	거래가격
1) 원칙	100
2) FV 40	100 - (50 - 40)
3) FV ?	100 - 50

VI | Step 4: 거래가격의 배분

거래가격을 배분하는 목적은 기업이 고객에게 약속한 재화나 용역을 이전하고 그 대가로 받을 권리를 갖게 될 금액을 나타내는 금액으로 각 수행의무(또는 구별되는 재화나 용역)에 거래가격을 배분하는 것이다.

> **Additional Comment**
>
> Step 2에서 수행의무가 하나로 식별되었다면 Step 3에서 산정한 거래가격을 단일 수행의무의 거래가격으로 보면 된다. 그러나 Step 2에서 여러 개의 수행의무가 식별되었다면 Step 3에서 결정된 거래가격을 각 수행의무에 적절하게 배분해야 한다.

01 개별 판매가격에 기초한 배분

여러 개의 수행의무가 식별된 경우 거래가격을 식별된 각 수행의무에 배분해야 하는데, 이때 각 수행의무의 **상대적 개별 판매가격을 기준**으로 한다.

> **Additional Comment**
>
> 개별 판매가격이란 기업이 고객에게 약속한 재화나 용역을 별도로 판매할 경우의 가격을 말한다. 개별 판매가격에 대한 최선의 증거는 기업이 비슷한 상황에서 비슷한 고객에게 별도로 재화나 용역을 판매할 때 그 재화나 용역의 관측 가능한 가격이다. 재화나 용역의 계약상 표시가격이나 정가는 그 재화나 용역의 개별 판매가격일 수 있지만, 개별 판매가격으로 간주되어서는 안 된다.

거래가격을 상대적 개별 판매가격에 기초하여 각 수행의무에 배분하기 위하여 **계약 개시시점에 계약상 각 수행의무의 대상인 구별되는 재화나 용역의 개별 판매가격을 산정하고 이 개별 판매가격에 비례하여 거래가격을 배분**한다. 개별 판매가격을 직접 관측할 수 없다면 개별 판매가격을 추정한다. 재화나 용역의 개별 판매가격을 적절하게 추정하는 방법에는 다음이 포함되지만 이에 한정되지는 않는다.

① **시장평가 조정 접근법**: 기업이 재화나 용역을 판매하는 시장을 평가하여 그 시장에서 고객이 그 재화나 용역에 대해 지급하려는 가격을 추정

② **예상원가 이윤 가산 접근법**: 수행의무를 이행하기 위한 예상원가를 예측하고 여기에 그 재화나 용역에 대한 적절한 이윤을 더하여 추정

③ **잔여접근법**: 재화나 용역의 개별 판매가격은 총 거래가격에서 계약에서 약속한 그 밖의 재화나 용역의 관측 가능한 개별 판매가격의 합계를 차감하여 추정

✎ **거래가격의 배분 구조**

```
┌── 직접 관측 가능 ○  ➡  개별 판매가격(at 계약 개시시점)에 비례하여 거래가격 배분
└── 직접 관측 가능 ×  ➡  개별 판매가격 추정(at 계약 개시시점)하여 거래가격 배분
                        • 시장평가조정접근법: 재화 · 용역을 판매하는 시장에서 지급하려는 가격
                        • 예상원가 이윤 가산법: 예상원가 + 적절한 이윤
                        • 잔여접근법: 총 거래가격 - 관측 가능한 개별 판매가격 합계액
```

02 할인액의 배분

계약에서 약속한 재화나 용역의 개별 판매가격 합계가 계약에서 약속한 대가를 초과하면 고객은 재화나 용역의 묶음을 구매하면서 할인을 받은 것이다.

할인액 배분의 초점은 할인액을 모두 수행의무에 비례하여 배분하는가, 아니면 일부 수행의무에 배분하는가에 있다. 할인액은 다음과 같이 배분한다.

> ① **할인액이 계약상 모든 수행의무와 관련된 경우**: 할인액을 계약상 모든 수행의무에 비례하여 배분
> ② **할인액이 계약상 일부 수행의무에 관련된 경우**: 할인액을 계약상 일부 수행의무에만 배분

그러나 다음 기준을 모두 충족하면, 할인액 전체를 계약상 하나 이상이나 전부는 아닌 일부 수행의무들에만 배분한다. 또한 이 경우, 잔여접근법을 사용하여 재화나 용역의 개별 판매가격을 추정하기 전에 그 할인액을 배분한다(○ 잔여접근법은 개별 판매가격을 추정하는 방법이지, 거래가격을 배분하는 방법이 아니다).

> ① 기업이 계약상 각각 구별되는 재화나 용역을 보통 따로 판매한다.
> ② 또 기업은 ①의 재화나 용역 중 일부를 묶고 그 묶음 내의 재화나 용역의 개별 판매가격보다 할인하여 그 묶음을 보통 따로 판매한다.
> ③ ②에서 기술한 재화나 용역의 각 묶음의 할인액이 계약의 할인액과 실질적으로 같고, 각 묶음의 재화나 용역을 분석하면 계약의 전체 할인액이 귀속되는 수행의무(들)에 대한 관측 가능한 증거를 제공한다.

03 변동대가의 배분

거래가격의 변동대가가 포함되어 있는 경우 변동대가를 계약의 모든 수행의무에 배분하는 것이 적절한지, 아니면 일부의 수행의무에만 배분하는 것이 적절한지 판단해야 한다.

계약에서 약속한 변동대가는 계약 전체에 기인할 수 있고 계약의 특정 부분에 기인할 수도 있다. 아래의 모든 기준을 모두 충족하면, 변동대가를 전부 하나의 수행의무에 배분하거나 단일 수행의무의 일부를 구성하는 구별되는 재화나 용역에 배분한다.

> ① 수행의무를 이행하거나 구별되는 재화나 용역을 이전하는 기업의 노력과 변동 지급조건이 명백하게 관련되어 있다.
> ② 계약상 모든 수행의무와 지급조건을 고려할 때, 변동대가를 전부 그 수행의무나 구별되는 재화 또는 용역에 배분하는 것이 거래가격 배분의 목적에 맞는다.

04 거래가격의 변동

거래가격의 후속변동은 계약 개시시점과 같은 기준(➡ 계약 개시시점에 정한 개별 판매가격 기준)으로 계약상 수행의무에 배분한다. 따라서 계약을 개시한 후의 개별 판매가격의 변동을 반영하기 위해서 거래가격을 다시 배분하지는 않는다. 이행된 수행의무에 배분되는 금액은 거래가격이 변동되는 기간에 수익으로 인식하거나 수익에서 차감한다.

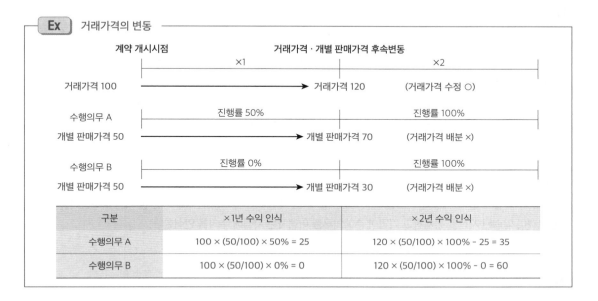

구분	×1년 수익 인식	×2년 수익 인식
수행의무 A	100 × (50/100) × 50% = 25	120 × (50/100) × 100% − 25 = 35
수행의무 B	100 × (50/100) × 0% = 0	120 × (50/100) × 100% − 0 = 60

☆ Self Study

거래가격의 변동이 계약변경의 결과로 생기는 경우에는 계약변경의 회계처리를 적용한다.

Ⅶ | Step 5: 수익의 인식

01 수행의무의 이행(자산에 대한 통제의 이전)

고객에게 약속한 재화나 용역, 즉 자산을 이전하여 수행의무를 이행할 때 또는 기간에 걸쳐 이행하는 대로 수익을 인식한다. 수행의무는 기업이 고객에게 약속한 재화나 용역, 즉 자산을 이전함으로써 이행된다. 자산은 고객이 그 자산을 통제할 때 또는 기간에 걸쳐 통제하게 되는 대로 이전된다.

자산에 대한 통제란 자산을 사용하도록 지시하고 자산의 나머지 효익의 대부분을 획득할 수 있는 능력을 말한다. 통제에는 다른 기업이 자산의 사용을 지시하고 그 자산에서 효익을 획득하지 못하게 하는 능력이 포함된다.

02 한 시점에 이행되는 수행의무

수행의무가 기간에 걸쳐 이행되지 않는다면, 그 수행의무는 한 시점에 이행되는 것이다. 한 시점에 해당하는 수행의무는 고객이 약속된 자산을 통제하고 기업이 수행의무를 이행하는 시점에 수익을 인식한다.

03 기간에 걸쳐 이행되는 수행의무

다음 기준 중 어느 하나를 충족하면, 기업은 재화나 용역에 대한 통제를 기간에 걸쳐 이전하므로, 기간에 걸쳐 수행의무를 이행하는 것이고 기간에 걸쳐 수익을 인식한다.

① 고객은 기업이 수행하는 대로 기업의 수행에서 제공하는 효익을 동시에 얻고 소비한다.

② 기업은 수행하여 만들어지거나 가치가 높아지는 대로 고객이 통제하는 자산을 기업이 만들거나 그 자산 가치를 높인다.

③ 기업은 수행하여 만든 자산이 기업 자체에는 대체 용도가 없고, 지금까지 수행을 완료한 부분에 대해 집행 가능한 지급청구권이 기업에 있다.

Ⅷ | 계약원가

01 계약체결 증분원가

계약체결 증분원가는 고객과 계약을 체결하기 위해 들인 원가로서 계약을 체결하지 않았다면 들지 않았을 원가로 판매수수료가 대표적인 예이다. 고객과의 계약체결 증분원가가 회수될 것으로 예상된다면 이를 자산으로 인식한다. 계약체결 증분원가를 자산으로 인식하더라도 상각기간이 1년 이하라면 그 계약체결 증분원가는 발생시점에 비용으로 인식하는 실무적 간편법을 쓸 수 있다.

계약체결 여부와 무관하게 드는 계약체결원가는 계약체결 여부와 관계없이 고객에게 그 원가를 명백히 청구할 수 있는 경우가 아니라면 발생시점에 비용으로 인식한다.

02 계약이행원가

계약이행원가란 계약체결 후 그 계약을 이행하는 데 드는 원가를 말한다. 고객과의 계약을 이행할 때 드는 원가가 다른 기준서의 적용범위(Ex. 재고자산, 유형자산, 무형자산 기준서 등)에 포함된다면 그 다른 기준서를 적용하여 회계처리한다. 그러나 계약이행원가가 다른 기준서의 적용범위에 포함되지 않고, 다음의 기준을 모두 충족하면 자산으로 인식한다.

> ① 원가가 계약이나 구체적으로 식별할 수 있는 예상계약에 직접 관련된다.
> ② 원가가 미래의 수행의무를 이행할 때 사용할 기업의 자원을 창출하거나 가치를 높인다.
> ③ 원가는 회수될 것으로 예상된다.

그러나 위의 조건을 만족하지 못하는 다음의 원가는 발생시점에 비용으로 인식한다.

> ① 일반관리원가
> ② 계약을 이행하는 과정에서 낭비된 재료원가, 노무원가, 그 밖의 자원의 원가로서 계약가격에 반영되지 않은 원가
> ③ 이미 이행한 계약상 수행의무와 관련된 원가
> ④ 이행하지 않은 수행의무와 관련된 원가인지 이미 이행한 수행의무와 관련된 원가인지 구별할 수 없는 원가

03 상각과 손상

계약체결 증분원가와 계약이행원가 중 자산인식요건을 충족하여 자산으로 인식된 원가는 그 자산과 관련된 재화나 용역을 고객에게 이전하는 방식과 일치하는 체계적 기준으로 상각한다. 만약, 그 자산과 관련된 재화나 용역을 고객에게 이전할 것으로 예상하는 시기에 유의적인 변동이 있는 경우에 이를 반영하여 상각 방식을 수정한다. 이러한 변경은 한국채택국제회계기준 기준서 제1008호 '회계정책, 회계추정치 변경과 오류'에 따라 회계추정치의 변경으로 회계처리한다.

계약체결 증분원가와 계약이행원가 중 자산인식요건을 충족하여 자산의 장부금액이 ①에서 ②를 뺀 금액을 초과하는 정도까지 손상차손을 당기손익으로 인식한다.

> ① 그 자산과 관련된 재화나 용역의 대가로 기업이 받을 것으로 예상하는 나머지 금액
> ② 그 재화나 용역의 제공에 직접 관련되는 원가로서 아직 비용으로 인식하지 않은 원가

손상 상황이 사라졌거나 개선된 경우에는 과거에 인식한 손상차손의 일부나 전부를 환입하여 당기손익으로 인식한다. 증액된 자산의 장부금액은 과거에 손상차손을 인식하지 않았다면 산정되었을 금액을 초과해서는 안 된다.

✎ 상각과 손상의 구조

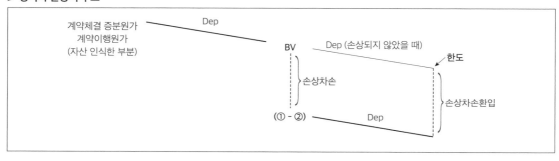

Ⅸ | 거래형태별 수익인식 적용사례

01 본인과 대리인

(1) 본인과 대리인의 고려사항

기업이 고객에게 재화나 용역을 제공하는 데에 다른 당사자가 관여할 수 있다. 이 경우 기업이 고객에게 재화나 용역을 제공하기로 한 약속이 정해진, 재화나 용역 자체를 제공하는 수행의무(➡ 기업이 본인)인지, 아니면 다른 당사자가 고객에게 재화나 용역을 제공하도록 기업이 주선하는 것(➡ 기업이 대리인)인지를 판단하여야 한다.

(2) 본인과 대리인의 구분 및 수익인식

기업이 본인이라면 이전되는 재화나 용역과 교환하여 받을 권리를 갖게 될 것으로 예상하는 대가의 총액을 수익으로 인식하는 반면, 기업이 대리인이라면 다른 당사자와 고객 간의 거래를 주선하는 대가로 받을 보수나 수수료(순액)를 수익으로 인식한다.

기업이 본인인지, 아니면 대리인인지 판단하는 데 핵심 요소는 고객에게 재화나 용역을 이전하기 전에 기업이 그 정해진 재화나 용역을 통제하는지의 여부에 달려있다. 만약에 기업이 고객에게 재화나 용역을 이전하기 전에 통제할 수 있다면 본인이고, 통제할 수 없다면 대리인이다.

✎ 본인과 대리인의 구조

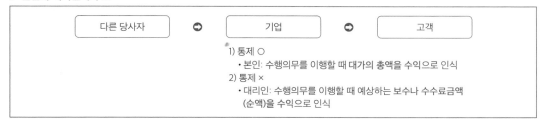

(3) 위탁약정과 위탁판매

최종 고객에게 판매하기 위해 기업이 제품을 다른 당사자(중개인이나 유통업자)에게 인도하는 경우, 그 다른 당사자가 그 시점에 제품을 통제하게 되었는지를 평가한다. 만약에 그 다른 당사자가 그 제품을 통제한다면 이는 일반적인 판매에 해당되지만, 다른 당사자가 그 제품을 통제하지 못하는 경우에는 다른 당사자에게 인도한 제품을 위탁약정에 따라 보유하는 것이다. 따라서 인도된 제품이 위탁물로 보유된다면 제품을 다른 당사자에게 인도할 때 수익을 인식하지 않는다. 이러한 위탁약정의 대표적인 예로 위탁판매를 들 수 있다.

① 위탁판매 시 위탁자의 회계처리

• 적송품 적송 시 회계처리

위탁자는 제품 등을 수탁자에게 발송하고 적송품으로 대체하여 관리한다. 위탁자가 수탁자에게 적송품을 발송하는 경우에는 운임이 발생하는데, 이를 적송운임이라고 한다. 적송운임은 적송품을 판매 가능한 상태로 만들기 위하여 발생한 지출이므로 적송품의 원가로 처리한다.

| 차) 적송품 | ×× | 대) 재고자산 | ×× |
| | | 현금 | 적송운임 |

- **적송품 판매 시 회계처리**
위탁자는 고객에게 제품 등의 통제를 이전하는 시점인 수탁자가 제3자에게 적송품을 판매하는 시점에 수익을 인식한다. 위탁자가 위탁판매로 수령하게 되는 금액은 판매금액에서 수탁수수료, 판매운임 등을 차감한 잔액이 된다.

차) 수취채권	수탁자로부터 수령액	대) 매출	판매된 총액
판매비	위탁수수료		
차) 매출원가	××	대) 적송품	××

- **수탁자로부터 수취채권 수령 시**

| 차) 현금 | ×× | 대) 수취채권 | ×× |

② 위탁판매 시 수탁자의 회계처리
- **수탁품 수령 시 회계처리**
위탁자가 보낸 상품은 수탁자의 소유가 아니기 때문에 회계처리를 하지 않는다.

- **수탁품 판매 시**
수탁품의 판매대금은 위탁자에 대한 예수금이므로 수탁수수료를 제외한 금액을 수탁판매계정으로 기록한다.

| 차) 현금 | ×× | 대) 수탁판매(예수금) | ×× |
| | | 수수료수익 | ×× |

- **송금 시**
수탁품의 판매대금에서 수탁수수료를 차감한 금액을 위탁자에게 송금할 때 수탁판매계정을 현금으로 대체한다. 따라서 수탁자의 수행의무는 대리인으로서 재화나 용역의 제공을 주선하는 것이므로 제3자에게 제품의 통제를 이전하는 시점에 수탁수수료(순액)를 수익으로 인식한다.

| 차) 수탁판매(예수금) | ×× | 대) 현금 | ×× |

✏ **위탁판매의 구조**

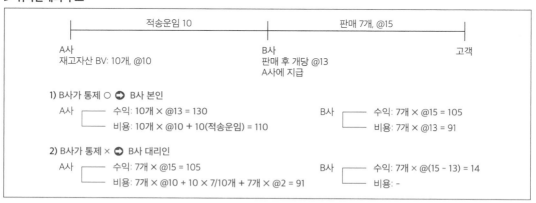

02 고객이 행사하지 아니할 권리

(1) 의의

기업이 고객으로부터 환불하지 않는 선수금을 수령하고, 나중에 재화나 용역을 이전하는 의무를 부담하는 경우가 있다. 예를 들어 고객으로부터 선수금을 수령하고 상품권이나 선불전화카드를 부여하면 그 시점에 계약부채를 인식한다. 그리고 재화나 용역을 이전할 때(수행의무를 이행할 때) 수익을 인식한다.

그런데 고객이 자신의 계약상 권리를 모두 행사하지 않을 수 있으며, 그 행사되지 않은 권리를 흔히 미행사 부분이라고 부른다. 이 미행사 부분은 기업이 받을 권리를 갖게 될 것으로 예상되는지 여부에 따라 회계처리해야 한다.

> ① 기업이 계약부채 중 미행사된 금액을 받을 권리를 갖게 될 것으로 예상되는 경우: 고객이 권리를 행사하는 방식에 따라 예상되는 미행사 금액을 수익으로 인식한다.
>
> ② 기업이 미행사 금액을 받을 권리를 갖게 될 것으로 예상되지 않는 경우: 고객이 그 남은 권리를 행사할 가능성이 희박해질 때 예상되는 미행사 금액을 수익으로 인식한다.

(2) 상품권

상품권을 발행한 기업이 수행할 의무는 상품권을 구매한 고객에게 상품에 대한 통제를 이전하는 것이다. 따라서 상품에 대한 통제를 이전하는 시점에 수익을 인식하여야 한다.

① 상품권 판매 시 회계처리

상품권 발행회사는 상품권을 발행하여 현금을 받는 시점에 상품권의 액면금액을 계약부채의 과목으로 하여 부채로 인식한다. 만약 상품권을 할인 발행하는 경우에는 상품권의 액면금액과 수령한 현금의 차액을 상품권할인액의 과목으로 인식하고 계약부채의 차감계정으로 재무상태표에 공시한다.

차) 현금	현금수령액	대) 계약부채	액면금액
상품권할인액	대차차액		

② 상품권 회수 시 회계처리

상품권 발행회사는 상품을 고객에게 인도하는 시점에 수행의무를 이행하는 것이므로 상품권의 액면금액은 수익으로 인식하고 상품권할인액은 매출에누리로 처리하여 수익에서 차감한다. 또한 상품권의 액면금액과 상품 판매가격과의 차액은 현금으로 수수하고 관련 회계처리는 아래와 같다.

[고객에게 현금을 지급한 경우]			
차) 계약부채	액면금액	대) 매출	판매가격
		현금(지급액)	××
차) 매출에누리	××	대) 상품권할인액	××
[고객으로부터 현금을 수령한 경우]			
차) 계약부채	액면금액	대) 매출	××
현금	××		
차) 매출에누리	××	대) 상품권할인액	××

03 환불되지 않는 수수료

어떤 계약에서는 기업은 환불되지 않는 선수수수료를 계약 개시시점이나 그와 가까운 시기에 고객에게 부과한다. 많은 경우에 환불되지 않는 선수수수료가 계약 개시시점이나 그와 가까운 시기에 기업이 계약을 이행하기 위하여 착수해야 하는 활동에 관련되더라도, 그 활동으로 고객에게 약속한 재화나 용역이 이전되지는 않는다. 오히려 선수수수료는 미래 재화나 용역에 대한 선수금이므로, 그 미래 재화나 용역을 제공할 때 수익으로 인식한다.

04 미인도청구약정

미인도청구약정이란 기업이 고객에게 제품의 대가를 청구하지만 미래 한 시점에 고객에게 이전할 때까지 기업이 제품을 물리적으로 점유하는 계약을 말한다. 미인도청구약정의 경우 고객이 언제 제품을 통제하게 되는지를 파악하여 기업이 그 제품을 이전하는 수행의무를 언제 이행하였는지를 판단하여 수익을 인식하여야 한다.

Additional Comment

고객이 제품을 보관할 수 있는 공간이 부족하거나, 생산 일정이 지연되어 기업에 이러한 계약의 체결을 요청할 수 있다.

미인도청구약정의 경우 고객이 언제 제품을 통제하게 되는지 파악하여 수익을 인식한다. 일부 계약에서는 계약 조건에 따라 제품이 고객의 사업장에 인도되거나 제품이 선적될 때에 통제가 이전되나, 일부 계약에서는 기업이 제품을 물리적으로 점유하고 있더라도 고객이 제품을 통제할 수 있다. 이 경우 다음 기준을 모두 충족하여야 한다.

---
① 미인도청구약정의 이유가 실질적이어야 한다(Ex. 고객이 그 약정을 요구하였다).
② 제품은 고객의 소유물로 구분하여 식별되어야 한다.
③ 고객에게 제품을 물리적으로 이전할 준비가 현재 되어 있어야 한다.
④ 기업이 제품을 사용할 능력을 가질 수 없거나 다른 고객에게 이를 넘길 능력을 가질 수 없다.

제품의 미인도청구 판매를 수익으로 인식하는 경우 나머지 수행의무(Ex. 보관용역)가 있어 거래가격의 일부를 보관용역에 배분해야 하는지를 고려한다.

☆ **Self Study**

미인도청구약정 – 기업이 물리적으로 점유하고 있는 제품을 고객이 통제하는 경우

1. 고객이 그 제품을 물리적으로 점유하는 권리를 행사하지 않기로 결정하였더라도 수익을 인식한다.

2. 나머지 수행의무(Ex. 보관용역)가 있어 거래가격의 일부를 배분해야 하는지를 고려한다.

---

05 보증

(1) 보증의 의의와 유형

보증은 고객이 보증을 별도로 구매할 수 있는 선택권을 가지고 있는지 여부에 따라 달라진다. 고객이 보증에 대하여 별도로 가격을 정하거나 협상하여 보증을 별도로 구매할 수 있는 선택권이 있다면, 그 보증은 구별되는 용역이다. 기업이 계약에서 기술한 기능성이 있는 제품에 더하여 고객에게 용역을 제공하기로 약속한 것이기 때문이다. 이러한 상황에서는 약속한 보증을 수행의무로 회계처리하고, 그 수행의무에 거래가격의 일부를 배분한다.

고객에게 보증을 별도로 구매할 수 있는 선택권이 없는 경우에는 보증을 확신 유형의 보증과 용역 유형의 보증으로 구분할 수 있다. 확신 유형의 보증과 용역 유형의 보증에 대한 설명은 다음과 같다.

> ① 확신 유형의 보증: 관련 제품이 합의된 규격에 부합하므로 당사자들이 의도한 대로 작동할 것이라는 확신을 고객에게 주는 보증
> ② 용역 유형의 보증: 관련 제품이 합의된 규격에 부합한다는 확신에 더하여 고객에게 용역을 제공하는 보증

확신 유형의 보증은 수행의무가 아니므로 기준서 제1037호 '충당부채, 우발부채, 우발자산'에 따라 충당부채로 회계처리하는 반면, 용역 유형의 보증은 수행의무에 해당되므로 거래가격을 배분한다.

[보증 유형의 판단 구조]

1st 구매선택권 ○	보증은 구별되는 용역이므로 약속한 보증은 수행의무이며, 거래가격의 일부를 배분

⊕

2nd 구매선택권 ×	3rd 확신 유형의 보증: 수행의무가 아니므로 충당부채를 인식 4th 용역 유형: 수행의무이므로 거래가격의 일부를 배분

☆ Self Study

보증이 합의된 규격에 제품이 부합한다는 확신에 더하여 고객에게 용역을 제공하는 것인지를 평가할 때, 다음과 같은 요소를 고려한다.

1. 법률에서 보증을 요구하는지 여부: 법률에 따라 기업이 보증을 제공하여야 한다면 그 법률의 존재는 약속한 보증이 수행의무가 아님을 나타낸다.

2. 보증기간: 보증기간이 길수록, 약속한 보증이 수행의무일 가능성이 높다.

3. 기업이 수행하기로 약속한 업무의 특성: 제품이 합의된 규격에 부합한다는 확신을 주기 위해 기업이 정해진 업무를 수행할 필요가 있다면 그 업무는 수행의무를 생기게 할 것 같지는 않다.

(2) 보증의 유형별 회계처리

① 고객에게 보증을 별도로 구매할 수 있는 선택권이 있는 경우

고객에게 보증을 별도로 구매할 수 있는 선택권이 있다면 기업은 고객에게 보증을 대가로 획득하고 보증이라는 용역을 판매한 것이다. 따라서 제품의 인도와 보증은 모두 수행의무이며, 거래가격의 일부를 보증에 배분하여야 한다. 제품의 인도는 한 시점에 이행하는 수행의무이므로 인도시점에 수익을 인식하고 보증은 기간에 걸쳐 이행하는 수행의무이므로 기간에 걸쳐 수익을 인식한다.

✎ 고객에게 보증을 별도로 구매할 수 있는 선택권이 있는 경우의 회계처리 예시

차) 현금	120	대) 매출	100
		계약부채	20
차) 매출원가	××	대) 재고자산	××
차) 보증비용[1]	××	대) 보증충당부채	××

무상 A/S기간 | 추가보증기간 구매선택권 구입

재화 100 판매
구매선택권 20 판매

[1] 무상 A/S기간에 예상 지출: 충당부채

② 고객에게 보증을 별도로 구매할 수 있는 선택권이 없는 경우

고객에게 보증을 별도로 구매할 수 있는 선택권이 없는 경우에는 확신유형의 보증이라면, 이 보증을 기준서 제1037호 '충당부채, 우발부채, 우발자산'에 따라 회계처리한다. 만약 용역의 보증이라면 제품의 인도와 보증은 별도의 수행의무이므로 거래가격의 일부를 보증에 배분하여야 한다.

✎ 고객에게 보증을 별도로 구매할 수 있는 선택권이 없는 경우 - 확신 유형의 보증 회계처리 예시

차) 현금	100	대) 매출	100
차) 매출원가	××	대) 재고자산	××
차) 보증비용	××	대) 보증충당부채	××

무상 A/S기간 확신 유형의 보증

재화 100 판매

✎ 고객에게 보증을 별도로 구매할 수 있는 선택권이 없는 경우 - 용역 유형의 보증 회계처리 예시

차) 현금	100	대) 매출[1]	83
		계약부채	17
차) 매출원가	××	대) 재고자산	××
차) 보증비용[2]	××	대) 보증충당부채	××

무상 A/S기간 확신 유형의 보증 | 추가무상 A/S기간 용역 유형의 보증

재화 100 판매
용역 유형의 보증 개별 판매가격 20

[1] 100 × 100 ÷ (100 + 20) = 83
[2] 확신 유형 보증의 예상 지출: 충당부채

06 반품권이 부여된 판매

일부 계약에서는 기업이 고객에게 제품에 대한 통제를 이전하고, 다양한 이유(Ex. 제품불만족)로 제품을 반품할 권리를 고객에게 부여하기도 한다. 반품권이 있는 판매에서 수익금액을 산정할 때 변동대가의 인식 및 측정원칙을 사용한다.

반품권이 있는 제품과 환불 대상이 되는 제공한 일부 용역의 이전을 회계처리하기 위하여, 다음 사항을 모두 인식하며, 반품기간에 언제라도 반품을 받기로 하는 기업의 약속은 환불할 의무에 더하여 수행의무로 회계처리하지 않는다.

① 기업이 받을 권리를 갖게 될 것으로 예상하는 대가를 이전하는 제품에 대한 수익으로 인식(➡ 반품이 예상되는 제품에 대해서는 수익을 인식하지 않음)

② 환불부채 인식

③ 환불부채를 결제할 때 고객에게 제품을 회수할 기업의 권리에 대하여 자산과 이에 상응하는 매출원가 조정을 인식

반품권이 있는 판매의 경우에는 반품을 예상할 수 없는 경우와 반품을 예상할 수 있는 경우로 구분하여 회계처리한다.

(1) 반품을 예상할 수 없는 경우

반품을 예상할 수 없다면 제품을 이전할 때 수익으로 인식하지 않는다. 그 이유는 이미 인식한 누적수익금액 중 유의적인 부분을 되돌리지 않을 가능성이 매우 높다고 결론을 내릴 수 없기 때문이다. 따라서 이 경우에는 반품권과 관련된 불확실성이 해소되는 시점에 수익을 인식하고 기업은 받은 대가를 전액 환불부채로 인식해야 한다. 또한, 반품을 예상할 수 없는 경우에는 수익을 인식할 수 없으므로 관련 매출원가를 인식하지 아니하고 고객에게 제품을 이전할 때 고객에게 제품을 회수할 기업의 권리에 대해서 반환재고회수권의 계정으로 하여 별도의 자산으로 인식한다.

차) 현금	현금수령액	대) 환불부채	현금수령액
차) 반환재고회수권	BV	대) 재고자산	BV

(2) 반품을 예상할 수 있는 경우

받았거나 또는 받을 금액 중 기업이 권리를 갖게 될 것으로 예상하는 부분은 수익을 인식하고 관련 매출원가를 인식한다. 반면에 받았거나 또는 받을 금액 중 기업이 권리를 갖게 될 것으로 예상하지 않는 부분은 고객에게 제품을 이전할 때 수익으로 인식하지 않고, 환불부채로 인식한다.

환불부채를 결제할 때 고객에게 제품을 회수할 기업의 권리에 대해 인식하는 자산은 처음 측정할 때 제품의 이전 장부금액에서 그 제품 회수에 예상되는 원가와 반품된 제품이 기업에 주는 가치의 잠재적인 감소를 포함하여 차감한다.

추후에 실제로 반품이 되는 경우에 기업은 환불부채 중 반품된 부분을 제외한 나머지 부분을 수익으로 인식한다. 수익으로 인식된 반환재고회수권은 매출원가로 인식하여 대응시킨다. 한편, 반품된 부분은 환불부채와 현금을 각각 차감한 후 재고자산을 증가시키고 반환재고회수권 및 반품 회수에 예상되는 비용과 차이가 발생하는 경우 추가적으로 대차차액을 반품비용으로 인식한다.

[판매 시]

차) 현금	①	대) 매출	①
차) 매출	① × A%	대) 환불부채	① × A%
차) 매출원가	②	대) 재고자산	②
차) 반품비용	예상비용 + 가치감소분	대) 매출원가	② × A%
반환재고회수권	대차차액		

[반품 시]

차) 환불부채	BV	대) 현금	반품액
매출	③ 대차차액		
차) 재고자산	FV	대) 반환재고회수권	BV
반품비용	대차차액	현금	반품비발생액
		매출원가	③ × 매출원가율

07 재매입약정

재매입약정은 자산을 판매하고, 그 자산을 다시 사기로 약속하거나 다시 살 수 있는 선택권을 갖는 계약이다. 재매입약정은 일반적으로 다음의 3가지 형태로 나타난다.

> ① **선도계약**: 자산을 다시 사야 하는 기업의 의무
> ② **콜옵션계약**: 자산을 다시 살 수 있는 기업의 권리
> ③ **풋옵션계약**: 고객이 요청하면 자산을 다시 사야 하는 기업의 의무

(1) 선도나 콜옵션

기업이 자산을 판매하였는데, 기업이 그 자산을 다시 사야 하는 의무가 있거나 그 자산을 다시 살 수 있는 권리가 있다면, 고객은 당해 자산을 통제하지 못한다. 즉, 기업이 선도나 콜옵션을 가지고 있다면, 고객은 자산을 통제하지 못한다.

선도나 콜옵션의 재매입약정은 다음과 같이 회계처리한다.

구분		내용
선도 또는 콜옵션	판매가격 > 재매입약정	리스계약
	판매가격 ≤ 재매입약정	금융약정

위의 선도, 콜옵션에서 재매입약정이 금융약정이라면, 기업은 자산을 계속 인식하고 고객에게 받은 대가는 금융부채로 인식한다. 고객에게서 받은 대가와 고객에게 지급해야 하는 대가의 차이를 이자비용으로 인식한다. 만약 위의 재매입약정이 콜옵션이라면 콜옵션이 행사되지 않은 채 소멸된다면 부채를 제거하고 수익을 인식한다.

(2) 풋옵션

고객이 풋옵션이 있는 경우에는 계약 개시시점에 고객이 그 권리를 행사할 경제적 유인이 유의적인지를 고려한다. 고객이 그 권리를 행사하면 사실상 고객이 일정 기간 특정 자산의 사용권에 대한 대가를 기업에 지급하는 결과가 된다. 따라서 고객이 그 권리를 행사할 경제적 유인이 유의적이라면, 이 약정을 기준서 제1017호 '리스'에 따라 리스로 회계처리한다. 고객이 자산의 원래 판매가격보다 낮은 가격으로 권리를 행사할 경제적 유인이 유의적이지 않다면, 이 약정을 반품권이 있는 제품의 판매처럼 회계처리한다.

자산을 다시 사는 가격이 원래 판매가격 이상이고, 자산의 예상 시장가치보다 높다면 그 계약은 금융약정으로 회계처리한다. 자산을 다시 사는 가격이 원래 판매가격 이상이고 자산의 예상 시장가치 이하이며, 고객이 자산의 권리를 행사할 경제적 유인이 유의적이지 않다면, 이 약정을 반품권이 있는 제품의 판매처럼 회계처리한다. 이를 정리하면 다음과 같다.

구분		내용
풋옵션	판매가격 > 재매입약정	고객이 권리를 행사할 유인이 유의적임: 리스계약
		고객이 권리를 행사할 유인이 유의적이지 않음: 반품권이 있는 판매
	판매가격 ≤ 재매입약정	재매입가격 > 예상 시장가치: 금융약정
		재매입가격 ≤ 예상 시장가치 & 고객이 권리를 행사할 유인이 유의적이지 않은 경우: 반품권이 있는 판매

위의 풋옵션에서 재매입약정이 금융약정이라면, 기업은 자산을 계속 인식하고 고객에게서 받은 대가는 금융부채로 인식한다. 고객에게서 받은 대가와 고객에게 지급해야 하는 대가의 차이를 이자비용으로 인식한다. 만약 풋옵션이 행사되지 않은 채 소멸된다면 부채를 제거하고 수익을 인식한다.

─☆ Self Study

재매입약정을 금융약정, 리스, 반품권이 있는 판매로 구분하는 것은 아래와 같이 정리할 수 있다.

1. 기업 손해(재매입대가 > 판매가격) + 행사 가능성 유의적임(재매입대가 > 재매입시점 예상 시장가격): 금융약정

2. 기업 이익(재매입대가 < 판매가격) + 행사 가능성 유의적임(재매입대가 > 재매입시점 예상 시장가격): 리스거래

3. 행사 가능성 유의적이지 않음: 반품권이 있는 판매

---

(3) 재매입약정이 금융약정에 해당하는 경우

① 기업이 자산을 원래 판매가격 이상의 금액으로 다시 살 수 있거나, ② 다시 사야 하는 경우 또는 ③ 자산의 재매입가격이 원래 판매가격 이상이고, 자산의 예상 시장가치보다 높은 경우에는 금융약정으로 회계처리한다. 재매입약정이 금융약정이라면, 기업은 자산을 계속 인식하고 고객에게 받은 대가는 금융부채로 인식한다. 고객에게 받은 대가와 고객에게 지급해야 하는 대가의 차이를 이자비용으로 인식한다.

[판매일]			
차) 현금	고객에게 받은 대가	대) 단기차입금	A
[기말 or 재매입시점]			
차) 이자비용	고객에게 지급할 대가 B - A	대) 미지급이자	B - A
* 판매일과 재매입시점 사이에 결산일이 있으면 기간 배분하여 이자비용 인식			
[재매입할 시점]			
차) 단기차입금	A	대) 현금	B
미지급이자	B - A		

만일 옵션이 행사되지 않은 채 소멸된다면 부채를 제거하고 수익을 인식한다. 이때 미지급이자로 인식한 금액도 같이 수익으로 인식하여야 한다.

[판매일]			
차) 현금	고객에게 받은 대가	대) 단기차입금	A
[기말 or 재매입시점]			
차) 이자비용	고객에게 지급할 대가 B - A	대) 미지급이자	B - A
* 판매일과 재매입시점 사이에 결산일이 있으면 기간 배분하여 이자비용 인식			
[재매입할 시점]			
차) 단기차입금	A	대) 매출	B
미지급이자	B - A		
차) 매출원가	××	대) 재고자산	××

(4) 재매입약정이 리스에 해당하는 경우

① 기업이 자산을 원래 판매가격보다 낮은 금액으로 다시 살 수 있거나, ② 다시 사야 하는 경우 또는 ③ 고객이 요청하면 기업이 원래 판매가격보다 낮은 가격으로 자산을 다시 사야 하는 의무(풋옵션)가 있는데, 계약 개시시점에 고객이 그 권리를 행사할 유인이 유의적인 경우, 계약이 판매후리스 거래의 일부가 아니라면 기준서 제1116호에 따라 리스로 회계처리한다.

재매입약정이 리스계약이라면, 기업은 자산을 계속 인식하고 고객에게 받은 대가 중 추후 재매입약정액에 해당하는 부분은 리스보증금으로 인식한다. 고객에게 받은 대가와 고객에게 지급해야 하는 대가의 차익을 선수리스료로 인식한 후 추후 기간경과에 따라 리스료수익으로 인식한다.

[판매일]			
차) 현금	고객에게 받은 대가	대) 리스보증금	재매입약정액
		선수리스료	대차차액
[기말 or 재매입시점]			
차) 선수리스료	기간경과분	대) 리스료수익	N/I
* 판매일과 재매입시점 사이에 결산일이 있으면 기간 배분하여 리스료수익 인식			
[재매입할 시점]			
차) 리스보증금	재매입약정액	대) 현금	재매입약정액
차) 선수리스료	잔여분	대) 리스료수익	잔여분

만일 옵션이 행사되지 않은 채 소멸된다면 부채를 제거하고 수익을 인식한다. 이때 선수리스료로 인식한 금액도 같이 수익으로 인식하는 것이 합리적으로 추정된다.

[판매일]			
차) 현금	고객에게 받은 대가	대) 리스보증금	재매입약정액
		선수리스료	대차차액
[기말 or 재매입시점]			
차) 선수리스료	기간경과분	대) 리스료수익	N/I
* 판매일과 재매입시점 사이에 결산일이 있으면 기간 배분하여 리스료수익 인식			
[재매입할 시점]			
차) 리스보증금	재매입약정액	대) 매출	N/I
선수리스료	잔여분		
차) 매출원가	××	대) 재고자산	××

08 라이선싱

라이선스는 기업의 지적재산에 대한 고객의 권리를 정하는 것을 말한다. 지적재산에 대한 라이선스에는 소프트웨어, 기술, 영화, 음악, 그 밖의 형태의 미디어와 오락물, 프랜차이즈, 특허권, 상표권과 저작권 등에 라이선스가 포함될 수 있으나 이것에 한정되지는 않는다.

(1) 수행의무의 식별

고객에게 라이선스를 부여하는 약속에 더하여, 고객에게 다른 재화나 용역을 이전하기로 약속할 수 있다. 예를 들어 신기술 특허권에 대한 라이선스를 이전하면서 관련 제조용역도 이전하기로 약속할 수 있다. 이 경우 라이선스를 부여하는 약속이 그 밖에 약속한 재화나 용역과 계약에서 구별되는지 여부에 따라 라이선스의 회계처리는 달라진다.

> ① 라이선스를 부여하는 약속이 그 밖에 약속한 재화나 용역과 계약에서 구별되지 않는 경우
> ❍ 라이선스를 부여하는 약속과 그 밖에 약속한 재화나 용역을 함께 단일 수행의무로 회계처리한다.
> ② 라이선스를 부여하는 약속이 그 밖에 약속한 재화나 용역과 계약에서 구별되는 경우
> ❍ 라이선스가 고객에게 한 시점에 이전(지적재산 사용권)되는지 아니면 기간에 걸쳐 이전(지적재산 접근권)되는지를 판단하여 별도의 수행의무로 회계처리한다.

반면에 다른 유형의 계약과 마찬가지로, 고객과의 계약에 그 밖의 약속한 재화나 용역에 추가하여 별도의 라이선스를 부여하는 약속이 포함된다면, 해당 계약에서 각각의 수행의무를 식별한 후 개별적으로 수익을 인식해야 한다. 라이선스를 부여하는 약속이 그 밖에 약속한 재화나 용역과 구별되고, 라이선스를 부여하는 약속이 별도의 수행의무라면 라이선스에 대한 수익인식을 별도로 수행해야 한다. 이 경우 수익인식시기를 결정하기 위해서는 해당 라이선스가 고객에게 기간에 걸쳐 이전되는 라이선스 접근권인지, 해당 라이선스가 고객에게 한 시점에 이전되는 라이선스 사용권인지를 판단해야 한다.

(2) 수익인식: 지적재산 사용권

라이선스사용권은 라이선스를 부여하는 시점에 존재하는 기업의 지적재산을 사용할 권리를 말한다. 라이선스를 부여하는 약속이 지적재산에 대한 사용권에 해당한다면 라이선스 제공자의 수행의무는 한 시점에 이행되는 것이므로 사용권을 이전한 시점에 수익으로 인식한다.

✎ 지적재산 사용권의 수익인식

계약 개시시점	×1(사용권 이전)	×2	종료
거래가격 100 사용권	수익 인식액: 100	수익 인식액: 0	

> **☆ Self Study**
>
> 라이선스에 대한 수익은 고객이 라이선스를 사용하여 효익을 얻을 수 있는 기간이 시작되기 전에는 인식할 수 없다. 예를 들어 소프트웨어의 라이선스 사용기간은 7월 1일에 시작되는데, 고객이 소프트웨어를 사용할 수 있게 하는 접속번호를 8월 1일에 제공했다면 8월 1일 전에 수익을 인식할 수 없다.

(3) 수익인식: 지적재산 접근권

라이선스를 부여하는 약속이 계약에서 그 밖에 약속한 재화나 용역과 구별되는 경우에는 별도의 수행의무로 회계처리해야 한다. 이때 기간에 걸쳐 수행의무가 이전된다면, 라이선스 기간 전체에 걸쳐 존재하는 기업의 지적재산에 접근할 권리에 해당하고 이를 지적재산 접근권이라고 한다. 다음의 기준을 모두 충족한다면, 라이선스를 부여하는 기업의 약속의 성격은 기업의 지적재산에 접근권을 제공하는 것이다.

> ① 고객이 권리를 갖는 지적재산에 유의적으로 영향을 미치는 활동을 기업이 할 것을 계약에서 요구하거나 고객이 합리적으로 예상한다.
> ② 라이선스로 부여한 권리 때문에 고객은 식별되는 기업 활동의 긍정적 또는 부정적 영향에 직접 노출된다.
> ③ 그 활동이 행해짐에 따라 재화나 용역을 고객에게 이전하는 결과를 가져오지 않는다.

라이선스를 부여하는 약속이 지적재산에 대한 접근권에 해당한다면 라이선스 제공자의 수행의무는 해당 기간에 걸쳐 이행되는 것이므로 라이선스 기간에 걸쳐 수익으로 인식한다.

✏ **지적재산 접근권의 수익인식**

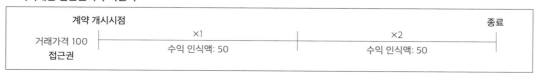

(4) 판매기준 로열티와 사용기준 로열티

판매기준 또는 사용기준 로열티는 접근권이기 때문에 기간에 걸쳐 수익을 인식해야 하지만, 인식할 수익금액의 **변동성이 높다는 불확실성 때문에 수익인식의 예외를 적용한다.** 즉, 대가가 고객의 후속 판매나 사용에 기초하는 지적재산의 라이선스에 대해서는 불확실성이 해소될 때까지(고객이 나중에 판매하거나 사용할 때까지) 기업은 변동금액에 대한 수익을 인식하지 않는다. 따라서 **판매기준 또는 사용기준 로열티의 수익은 다음 중 나중의 사건이 일어날 때(또는 일어나는 대로) 인식한다.**

> ① 고객이 관련된 후속적인 판매를 하거나 라이선스를 사용
> ② 판매기준 또는 사용기준 로열티의 일부나 전부가 배분된 수행의무를 이행(또는 일부 이행)함

단, 위의 요구사항은 그 로열티가 다음 중 어느 하나에 해당하는 경우에 적용한다.

> ① 지적재산의 라이선스에만 관련된다.
> ② 지적재산의 라이선스가 로열티가 관련되는 지배적인 항목이다.

09 프랜차이즈

프랜차이즈는 기업이 일정한 지역에서 자기 상품을 독점적으로 판매할 수 있는 권리를 가맹점에게 주고, 각종 경영지도 등의 용역을 제공하고 그에 대한 대가로 수수료를 수수하는 방식의 판매를 말한다. 프랜차이즈 거래의 경우 가맹점과의 계약에 따라 재화나 용역을 제공하면서, 별도의 라이선스를 부여하는 약속이 포함되어 있으므로, 해당 계약에서 각각의 수행의무를 식별한 후 개별적으로 수익을 인식해야 한다. 즉, 재화나 용역은 가맹점에게 이전되는 시점에 수익을 인식하며, 라이선스는 해당 라이선스가 접근권인지 사용권인지에 따라 구분하여 수익을 인식한다.

(1) 창업지원용역의 제공

창업지원용역은 기업이 가맹점에게 프랜차이즈 창업과 관련하여 가맹점입지선정, 종업원교육, 자금조달, 광고에 대한 지원들을 말한다. 창업지원용역에 대한 대가는 기업이 제공해야 하는 모든 창업지원용역과 관련된 의무사항의 대부분이 실질적으로 이행되는 시점에 수익으로 인식한다. 한편, 창업지원용역 대가를 회수하는 데 유의적인 불확실성이 존재하는 경우에는 현금수취 시점에 수익을 인식한다.

구분		수익 인식 시기
창업지원용역	원칙	대부분의 창업지원용역이 이행완료된 시점
	회수의 유의적인 불확실성	현금회수시점

(2) 설비 및 재화의 제공

가맹점에게 제공하는 설비 및 재화는 해당 자산을 이전하고 가맹점이 통제하게 된 시점에 해당 자산의 공정가치에 기초한 금액을 수익으로 인식한다. 다만, 계약에 따라 제3자에게 판매하는 가격보다 저렴한 가격 또는 적정 판매이익이 보장되지 않는 가격으로 설비 등을 제공하는 경우에는 창업지원용역 수수료의 일부를 이연하여 설비 및 재화의 제공에 따른 수익으로 인식한다.

구분		수익 인식 시기
설비 등 제공	원칙	해당 자산을 인도하거나 소유권을 이전하는 시점에 인식
	적정이익 미달	창업지원용역 수수료의 일부를 이연한 후 설비 등의 대가로 간주

(3) 라이선스의 부여

기업은 지속적으로 프랜차이즈 본사로서 소비자의 선호 변화를 분석하고 프랜차이즈 상호를 지원하기 위해 제품 개선, 가격 전략, 마케팅 캠페인과 운영의 효율화 등의 활동을 수행한다. 그러나 이 활동은 고객에게 직접 재화나 용역을 이전하는 것은 아니며, 라이선스를 부여하는 약속의 일부이다. 운영 관련 라이선스는 성격상 지적재산에 대한 접근권에 해당하므로 프랜차이즈 기간에 걸쳐 수익으로 인식해야 한다. 다만, 별도로 수취하는 라이선스 수수료가 해당 라이선스의 원가를 회수하고 적정이익을 보장하는 데 충분하지 못한 경우에는 창업지원용역 수수료의 일부를 이연하여 라이선스의 수익으로 인식한다.

구분		수익 인식 시기
라이선스 부여	원칙	라이선스 기간에 걸쳐 인식
	적정이익 미달	창업지원용역 수수료의 일부를 이연한 후 운영지원용역대가로 간주

🔟 재화나 용역의 교환

재화나 용역을 교환하는 경우에는 교환되는 재화나 용역의 성격이나 가치가 유사한지 여부에 따라 수익으로 인식할지 여부가 결정된다.

재화나 용역 간의 교환 또는 스왑	성격과 가치 유사	수익을 발생시키는 거래 ×	-
	성격과 가치 상이	수익을 발생시키는 거래 ○	원칙: 수취한 재화나 용역의 FV 예외: 제공한 재화나 용역의 FV

(1) 성격과 가치가 유사한 재화나 용역의 교환이나 스왑거래

계약에 상업적 실질이 없으므로 고객과의 계약으로 회계처리할 수 없다.

차) 재고자산(수취) ③	대차차액	대) 재고자산(제공) ①	BV
		현금 ②	지급액

(2) 성격과 가치가 상이한 재화나 용역의 교환이나 스왑거래

계약에 상업적 실질이 있으므로 고객과의 계약으로 회계처리하고 수익을 인식한다. 이때 수익은 교환으로 받은 재화나 용역의 공정가치로 측정하되 현금이나 현금성자산이 이전되면 이를 반영하여 조정한다.

[원칙: 수취한 재화나 용역의 FV]

차) 재고자산(수취) ①	수취한 재화·용역 FV	대) 매출 ③	대차차액
		현금 ②	지급액
차) 매출원가	BV	대) 재고자산(제공)	BV

[예외: 제공한 재화나 용역의 FV]

차) 재고자산(수취) ③	대차차액	대) 매출 ①	제공한 재화·용역 FV
		현금 ②	지급액
차) 매출원가	BV	대) 재고자산(제공)	BV

> **참고** 유형자산의 교환 취득

1. 상업적 실질 × or FV 합리적 추정 불가

차) 유형자산(수취) ③	대차차액	대) 유형자산(제공) ①	BV
		현금 ②	지급액

2. 상업적 실질 ○

1) 제공한 자산의 FV가 보다 명확(회계처리 2개)

차) 유형자산(수취) ①	제공한 자산 FV	대) 유형자산(제공) ②	BV
		유형자산처분이익 ③	FV - BV
차) 유형자산(수취)	지급액	대) 현금	지급액

2) 수취한 자산의 FV가 보다 명확(회계처리 1개)

차) 유형자산(수취) ①	수취한 자산 FV	대) 유형자산(제공) ②	BV
		현금 ③	지급액
		유형자산처분이익 ④	대차차액

⑪ 추가 재화나 용역에 대한 고객의 선택권

무료나 할인된 가격으로 추가 재화나 용역을 취득할 수 있는 고객의 선택권은 그 형태(Ex. 판매 인센티브, 고객보상 점수, 계약갱신 선택권, 미래의 재화나 용역에 대한 그 밖의 할인)가 다양하다. 계약에서 추가 재화나 용역을 취득할 수 있는 선택권을 고객에게 부여하고, 그 선택권이 계약을 체결하지 않았으면 받을 수 없는 중요한 권리를 고객에게 제공하는 경우에만 그 선택권은 계약에서 수행의무를 생기게 한다.

선택권이 고객에게 중요한 권리를 제공한다면, 고객은 사실상 미래 재화나 용역의 대가를 기업에 미리 지급한 것이다. 따라서 기업은 이전하는 재화나 용역과 추가로 부여한 선택권의 상대적 개별 판매가격에 기초하여 거래가격을 배분한다. 그리고 선택권에 배분된 거래가격은 미래에 재화나 용역이 이전되거나 선택권이 만료될 때 수익으로 인식한다.

> **☆ Self Study**
>
> 1. 기업은 이전하는 재화나 용역과 고객 선택권의 개별 판매가격은 직접 관측한다. 그러나 개별 판매가격을 직접 관측할 수 없다면 이를 추정한다. 그 추정에는 고객이 선택권을 행사할 때 받을 할인을 반영하되, 고객이 선택권을 행사하지 않고도 받을 수 있는 할인액과 선택권이 행사될 가능성을 모두 조정한다.
>
> 2. 할인권의 추정 개별 판매가격: 추가 제품 구입가격 × 증분할인율 × 할인권행사가능성

12 검사 및 설치조건부 판매

검사조건부의 판매에서는 고객의 자산인수를 수락하는 것은 고객이 자산을 통제하게 됨을 의미한다. 이유는 고객의 인수 조항에서는 재화나 용역이 합의한 규격에 부합하지 않는 경우에 고객의 계약 취소를 허용하거나 기업의 개선 조치를 요구할 수 있기 때문이다.

(1) 재화나 용역이 합의한 규격에 따른 것인지를 객관적으로 판단할 수 있는 경우

고객의 인수수락은 고객이 재화나 용역을 언제 통제하게 되는지 판단하는 데에 영향을 미치지 않는 형식적인 것이다. 따라서 고객의 인수수락 여부와 상관없이 재화나 용역이 이전된 시점에서 수익을 인식한다.

(2) 재화나 용역이 합의한 규격에 따른 것인지를 객관적으로 판단할 수 없는 경우

고객이 인수할 때까지는 고객이 통제하고 있다고 볼 수 없다. 이 경우 고객이 인수수락을 한 시점에 수익을 인식한다.

(3) 재화의 판매에 설치용역을 함께 제공한 경우

기업이 고객에게 재화를 판매하고 함께 설치용역을 제공하기로 하는 경우 재화의 판매와 설치용역을 각각의 수행의무로 식별할 수 있다면, 별도의 의무로 보아 각각 수익을 인식한다. 하지만 이를 구별할 수 없는 경우에는 하나의 수행의무로 보아 수익을 인식한다.

13 출판물 및 이와 유사한 품목의 구독

출판물 등에 대하여 구독료를 미리 받은 경우에 구독료 수령시점에서 수익을 인식하지 않는다. 그 금액이 매 기간 비슷한 품목을 구독신청에 의해 판매하는 경우에는 구독기간에 걸쳐 정액기준으로 수익을 인식한다. 그러나 구독신청에 의해 판매하는 품목의 금액이 기간별로 다른 경우에는 발송된 품목의 판매금액이 구독신청을 받은 모든 품목의 추정 총판매금액에서 차지하는 비율에 따라 가중평균하여 수익을 인식한다.

14 인도결제판매

인도결제판매는 인도가 완료되고 판매자나 판매자의 대리인이 현금을 수취할 때 수익을 인식한다.

15 완납인도 예약판매

완납인도 예약판매란 구매자가 최종 할부금을 지급한 경우에만 재화가 인도되는 판매를 말한다. 이러한 판매는 재화를 인도하는 시점에만 수익을 인식한다. 그러나 경험상 대부분의 그러한 판매가 성사되었다고 보이는 경우, 재화를 보유하고 있고, 재화가 식별되며, 구매자에게 인도할 준비가 되어 있다면 유의적인 금액의 예치금이 수령되었을 때 수익을 인식할 수 있다.

16 재고가 없는 재화의 판매

현재 재고가 없는 재화를 인도하기 전에 미리 판매대금의 전부 또는 일부를 수취하는 주문의 경우 고객에게 재화를 인도한 시점에 수익을 인식한다.

17 광고수수료

광고매체수수료는 광고 또는 상업방송이 대중에게 전달될 때 인식하고, 광고제작수수료는 광고제작의 진행률에 따라 인식한다.

18 입장료와 수강료

예술공연, 축하연, 기타 특별공연 등에서 발생하는 입장료수익은 행사가 개최되는 시점에 인식한다. 하나의 입장권으로 여러 행사에 참여할 수 있는 경우의 입장료수익은 각각의 행사를 위한 용역의 수행된 정도가 반영된 기준에 따라 각 행사에 배분하여 인식한다. 수강료수익은 강의기간에 걸쳐 수익으로 인식한다.

19 보험대리수수료

보험대리수수료는 보험대리인이 추가로 용역을 제공할 필요가 없는 경우에 보험대리인은 대리인이 받았거나 받을 수수료를 해당 보험의 효과적인 개시일 또는 갱신일에 수익으로 인식한다. 그러나 대리인이 보험계약기간에 추가로 용역을 제공할 가능성이 높은 경우에는 수수료의 일부 또는 전부를 이연하여 보험계약기간에 걸쳐 수익으로 인식한다.

20 주문형 소프트웨어의 개발 수수료

주문개발하는 소프트웨어의 대가로 수취하는 수수료는 진행기준에 따라 수익을 인식한다. 이때 진행률은 소프트웨어의 개발과 소프트웨어의 인도 후 제공하는 지원용역을 모두 포함하여 결정한다.

21 환불되지 않는 선수수수료: 입회비와 가입비

어떤 계약에서는 기업은 환불되지 않는 선수수수료를 계약 개시시점이나 그와 가까운 시기에 고객에게 부과한다. 헬스클럽 회원계약 가입수수료, 통신계약의 가입수수료, 일부 용역계약 준비수수료, 일부 공급계약의 개시수수료가 이에 해당한다. 이러한 계약에서 수행의무를 식별하기 위해 수수료가 약속한 재화나 용역의 이전에 관련되는지를 판단한다. 많은 경우에 환불되지 않는 선수수수료가 계약 개시시점이나 그와 가까운 시기에 기업이 계약을 이행하기 위하여 착수해야 하는 활동에 관련되더라도, 그 활동으로 고객에게 약속한 재화나 용역이 이전되지는 않는다. 이런 경우 선수수수료는 미래 재화나 용역에 대한 선수금이므로, 그 미래 재화나 용역을 제공할 때 수익으로 인식한다.

X | 고객충성제도

01 의의

고객충성제도는 재화나 용역을 구매하는 고객에게 인센티브를 제공하기 위하여 사용하는 제도를 말한다. 고객이 재화나 용역을 구매하면, 기업은 고객보상점수(≒ 포인트)를 부여하고, 고객은 부여받은 보상점수를 사용하여 재화나 용역을 무상 또는 할인 구매하는 방법으로 보상을 받을 수 있다.

보상점수는 보상점수를 부여한 매출거래와 별도의 식별가능한 수행의무로 보아 회계처리해야 한다. 계약 개시시점에 계약상 각 수행의무의 대상인 구별되는 재화나 용역의 제공과 보상점수의 개별 판매가격을 산정하고 이 개별 판매가격에 비례하여 거래가격을 배분하여야 한다.

$$\text{보상점수에 배분될 대가} = \text{거래가격} \times \frac{\text{보상점수의 개별 판매가격}}{\text{재화나 용역의 개별 판매가격} + \text{보상점수의 개별 판매가격}}$$

고객충성제도의 회계처리는 기업이 직접 보상을 제공하는 경우와 제3자가 보상을 제공하는 경우에 따라 회계처리가 구분된다.

02 기업이 직접 보상을 제공하는 경우

기업이 직접 보상을 제공하는 경우 보상점수에 배분된 거래가격은 계약부채로 하여 부채로 인식한다.

계약부채로 인식한 금액은 보상점수가 회수되고 보상을 제공할 의무를 이행할 때 보상점수에 배분된 대가를 수익으로 인식한다. 수익으로 인식할 금액은 회수될 것으로 기대되는 총 보상점수에서 보상과 교환되어 회수된 보상점수의 상대적 크기에 기초하여야 한다.

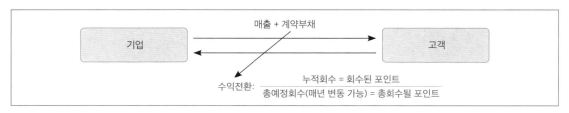

구분	수익인식방법	
	인식 시기	측정방법
기업이 직접 보상	보상을 제공할 때	보상점수의 사용비율에 따라 수익 인식

문제풀이 TOOL

[1st 부여된 보상점수(계약부채) 계상]

거래가격 × 보상점수의 개별 판매가격/(재화 · 용역의 개별 판매가격 + 보상점수의 개별 판매가격)

[2nd 부여된 보상점수(선수수익) 연도별 배분]

구분	보상점수 배분액	누적회수(회수된)	총예상회수(회수될)	누적수익	당기수익(N/I)
×1년 말	a	b	c	① = a × b/c	①
×2년 말	a	d	e	② = a × d/e	② − ①

[회계처리]

매출 시	차) 현금	××	대) 매출	××
			계약부채	××
매년 말	차) 계약부채	××	대) 보상점수수익[1]	××

[1] 보상점수배분액 × 회수된 포인트(누적)/총 회수될 포인트 − 전기까지 인식한 누적수익

03 제3자가 보상을 제공하는 경우

제3자가 보상을 제공한다면 보상점수에 배분되는 대가를 기업이 자기의 계산으로 회수하고 있는지 아니면 제3자를 대신하여 회수하고 있는지를 판단하여야 한다. 제3자가 보상을 제공하는 경우에는 다음과 같이 수익을 인식한다.

구분		수익인식방법	
		인식 시기	측정방법
제3자가 보상을 제공하는 경우	제3자를 대신하여 대가를 회수	제3자가 보상을 제공할 의무를 지고 그것에 대한 대가를 받을 권리를 가지게 될 때	보상점수에 배분된 대가와 제3자에게 지급할 금액의 차액을 수익으로 인식(순액인식)
	자기 계산으로 대가 회수	보상과 관련하여 의무를 이행한 때	보상점수에 배분되는 총대가를 수익으로 인식 (총액인식)

(1) 제3자를 대신하여 대가를 회수하는 경우(순액)

제3자가 보상을 제공할 의무를 지고 그것에 대한 대가를 받을 권리를 가지게 될 때 보상점수에 배분되는 대가와 제3자가 제공한 보상에 대해 기업이 지급할 금액 간의 차액을 수익으로 인식한다.

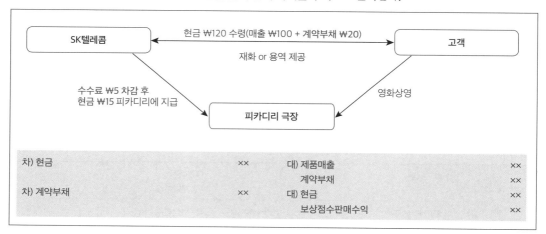

(2) 자기계산으로 대가를 회수하는 경우(총액)

보상점수에 배분되는 총대가로 수익을 측정하고 보상과 관련하여 의무를 이행한 때 수익을 인식한다.

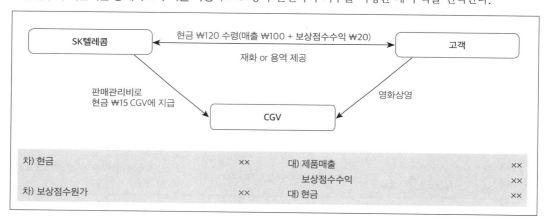

cpa.Hackers.com

제 **15** 장

건설계약

Ⅰ | 건설계약 일반

01 건설계약의 의의

건설계약이란 교량, 건물, 댐, 파이프라인, 도로, 정제시설, 기계장치, 선박 또는 터널과 같은 자산을 건설하기 위하여 구체적으로 협의된 계약을 의미한다. 즉, 단일 자산의 건설이나 설계, 기술 및 기능 또는 그 최종 목적이나 용도에 있어서 밀접하게 상호 연관되거나 상호 의존적인 복수 자산의 건설을 위해 구체적으로 협의된 계약을 말한다.

건설계약에 따라서 건설공사가 수행되는 가장 대표적인 것은 도급공사이다. 도급공사에서 시공사는 건설공사의 완성을 약정하고, 시행사가 그 결과에 대하여 대가의 지급을 약정한다.

건설업	분양공사: 시행사 = 시공사	◐ 재화의 판매: 인도기준
	도급공사: 시행사 ≠ 시공사	◐ 용역의 제공: 진행기준

건설계약은 계약금액의 결정방식에 따라 정액계약과 원가보상계약으로 분류된다. 어떤 건설계약은 정액계약과 원가보상계약의 성격을 모두 가질 수 있다.

정액계약	계약금액을 정액으로 하거나 산출물 단위당 가격을 정액으로 하는 건설계약으로 경우에 따라서 물가 연동조항을 포함한다.
원가보상계약	원가의 일정 비율이나 정액의 수수료를 원가에 가산하여 보상받는 건설계약으로 이 경우 원가는 당사자 간에 인정되는 계약서에 정의된 원가를 의미한다.

02 계약수익

(1) 계약수익

계약수익은 건설사업자인 시공사가 발주자인 시행사로부터 지급받을 총공사계약금액을 말하며 수령하였거나 수령할 대가의 공정가치로 측정한다. 이 경우 수령하였거나 수령할 대가의 공정가치는 지급받을 공사계약금액에 근거하며, 다음의 항목으로 구성된다.

측정	구성
수령하였거나 수령할 대가의 FV	• 최초에 합의된 계약금액 • 공사변경, 보상금 및 장려금에 따라 추가되는 금액

(2) 계약의 변경

기업은 거래당사자들이 계약의 범위 또는 가격을 승인했을 때 계약변경을 회계처리한다. 만약 거래당사자들이 범위의 변경을 승인했으나 해당하는 변경가격을 결정하지 못한 경우 기업은 가격변동을 변동가능대가와 같이 추정하여야 한다.

① 다음을 충족할 때 계약변경은 별도의 계약으로 회계처리한다.

> • 계약변경으로 별도의 이행의무에 해당하는 구별된 재화나 용역이 추가되고,
> • 기업은 추가된 재화나 용역의 독립판매가격을 반영한 대가에 대한 권리를 갖는 경우

② 별도의 계약으로 간주되지 않는 계약변경은 다음 둘 중 하나의 방법으로 회계처리한다.

> • 변경계약에 따른 재화나 용역이 변경 전에 이전된 것과 구별되면 전진적으로 수정한다. 기존 계약의 잔존 대가는 변경계약에 따른 대가와 합산하여 새로운 거래가격을 결정하고 잔존 이행의무에 배분한다.
> • 잔존 재화나 용역이 구별되지 않고 부분적으로 충족된 하나의 이행의무의 일부라면 누적효과를 즉시 인식하여 조정한다.

(3) 거래가격의 결정

① 포상금 · 장려금

포상금 · 장려금은 변동가능대가로 회계처리한다. 포상금 · 장려금은 기대가치 또는 최선의 추정치 중 기업이 수취할 것으로 기대되는 금액을 보다 적절히 예측하는 방법으로 계약수익에 포함된다. 이들 금액은 누적 수익금액이 유의적으로 감소하지 않을 가능성이 매우 높은 경우에 한하여 거래가격에 포함된다.

② 고객이 제공한 자재

계약의 충족을 돕기 위하여 고객으로부터 제공받은 재화나 용역(자재, 장비 또는 인력)의 가치는 기업이 제공된 재화나 용역을 통제한다면 비현금 대가로서 수익으로 인식한다. 비현금 대가는 공정가치로 측정하고, 공정가치를 합리적으로 추정할 수 없는 경우에만 이전되는 재화나 용역의 판매가격을 참조하여 측정한다.

③ 보상금

보상금은 변동가능대가로 회계처리한다. 보상금은 기대가치 또는 최선의 추정치 중 기업이 수취할 것으로 기대되는 금액을 보다 적절히 예측하는 방법으로 계약수익에 포함된다. 이들 금액은 보상금과 관련된 불확실성이 후속적으로 해결되었을 때 누적 수익금액이 유의적으로 감소하지 않을 가능성이 매우 높은 경우에 한하여 거래가격에 포함된다.

(4) 복수의 이행의무에 대한 회계처리

기업은 계약 내의 약속된 재화나 용역을 평가하여 각 고객에게 이전하기로 한 각 약속을 다음 둘 중 하나의 이행의무로 식별하여야 한다.

① 구별된 재화나 용역(또는 그 묶음)

② 일련의 구별된 동종 재화나 용역으로서 다음 두 요건을 모두 충족하는 경우

> • 연속하여 이전되는 각각의 구별된 재화나 용역은 일정 기간에 걸쳐 충족되는 이행의무임
> • 각각의 구별된 재화나 용역에 대한 이행의무를 충족하는 기업의 진행률 측정에 동일한 방법을 사용함
> * 다음 두 가지 요건을 모두 충족하는 재화나 용역은 구별된다.
>   - 고객은 재화나 용역 그 자체로부터 또는 쉽게 이용 가능한 다른 자원을 수반하여 효익을 얻을 수 있음
>   - 재화나 용역이 계약 내의 다른 약속으로부터 식별됨
>   구별되지 않는, 즉 별도의 이행의무가 아닌 재화나 용역은 기업이 구별된 재화나 용역의 묶음을 식별할 때까지 다른 재화나 용역과 병합되어야 한다.

(5) 거래가격의 배분

거래가격(및 그 추정치의 후속적인 변동)은 각 이행의무의 상대적인 독립판매가격을 기준으로 배분된다. 독립판매가격의 최선의 증거는 재화나 용역이 별도로 판매될 때의 관측 가능한 가격이다.

03 계약원가

계약원가는 계약체결일로부터 최종완료일까지의 기간에 당해 계약에 귀속될 수 있는 총원가를 말한다. 계약원가는 다음 세 가지로 구성된다.

(1) 특정 계약에 직접 관련된 원가

① 현장인력 노무원가, 직접재료원가, 계약에 사용된 생산설비와 건설장비의 감가상각비, 운반에 소요되는 원가, 임차원가, 예상하자보수원가를 포함한 복구 및 보증공사의 추정원가 및 제3자의 보상금 청구 등

② 특정 공사에만 사용할 목적으로 구입한 원재료, 생산설비 및 건설장비를 계약원가에 산입한 경우에는 공사가 완료된 후에 처분하여 받은 대가를 계약원가에서 차감한다.

(2) 특정 공사에 배분할 수 있는 공통원가

① 보험료, 직접 관련되지 않은 설계와 기술지원원가, 기타 건설 간접원가

② 공통원가는 체계적이고 합리적인 방법에 따라 배분(정상조업도 수준에 기초)되며, 비슷한 성격의 원가는 동일하게 적용한다.

(3) 계약조건에 따라 발주자에게 청구할 수 있는 기타원가

계약조건에 따라 보상받을 수 있는 일부 일반관리원가와 연구개발원가 등

☆ Self Study

1. 계약직접원가는 계약수익에 포함되지 않은 부수적 이익(Ex. 잉여자재를 판매하거나 계약 종료시점에 생산설비와 건설장비를 처분하여 발생하는 이익)만큼 차감될 수 있다.

2. 계약공통원가는 체계적이고 합리적인 방법에 따라 배분, 유사한 성격의 모든 원가에 일관되게 적용한다. 이러한 원가 배분은 건설활동의 정상조업도 수준에 기초한다.

3. 계약에 보상이 명시되지 않은 일반관리원가, 판매원가, 연구개발원가 및 특정 계약에 사용하지 않는 유휴 생산설비나 건설장비의 감가상각비와 같이 계약활동에 귀속될 수 없거나 특정 계약에 배분할 수 없는 원가는 계약원가에서 제외한다.

충족된 이행의무와 관련된 모든 원가와 비효율에 따른 원가(계약 충족을 위해 투입된 비정상적인 자재, 근로 기타원가)는 발생시점에 비용으로 인식한다. 계약을 획득하지 않았다면 발생하지 않았을 계약획득 관련 증분원가는 회수될 것으로 예상된다면 자산으로 인식한다. 자산으로 인식했을 때 상각기간이 1년 이하인 경우에는 실무적인 방편으로 발생시점에 비용으로 인식할 수 있다.

계약획득 여부와 무관하게 발생하였을 계약획득 관련 원가(Ex. 입찰 관련 비용)는 발생시점에 비용으로 인식한다. 단, 계약획득과 무관하게 고객에게 청구할 수 있는 경우에는 그러하지 않는다.

계약을 이행하기 위한 직접원가는 다른 기준서(재고자산, 무형자산, 유형자산 등)의 적용범위에 포함될 경우 해당 지침에 따라 회계처리한다.

04 진행률

건설계약은 기업이 수행하여 만든 자산이 기업 자체에는 대체 용도가 없고, 지금까지 수행을 완료한 부분에 대해 집행 가능한 지급청구권이 기업에 있는 경우 기간에 걸쳐 이행하는 수행의무이므로 진행률을 측정하여 기간에 걸쳐 수익을 인식한다. 그러나 수행의무의 진행률을 합리적으로 측정할 수 없는 경우에는 수행의무의 산출물을 합리적으로 측정할 수 있을 때까지 발생원가의 범위에서만 수익을 인식한다.

구분	수익인식방법	계약수익의 인식금액
진행률을 합리적으로 추정 ○	진행기준	계약수익 × 진행률
진행률을 합리적으로 추정 ×	회수기준	발생원가의 범위 내

계약의 진행률은 계약의 성격에 따라 다음과 같은 방법 등으로 측정할 수 있다.

구분		계약진행률의 산정공식
투입가치비율	원가법	실제 누적계약원가 ÷ 추정 총계약원가
	투하노력법	실제 투하노력량 ÷ 추정 총투하노력량
산출가치비율	완성단위법	실제 완성작업량 ÷ 추정 총계약작업량
	완성가치법	실제 완성작업가치 ÷ 추정 총계약작업가치

진행률을 원가기준으로 결정하는 경우 누적발생계약원가에는 수행한 공사를 반영하는 계약원가만 포함한다. 따라서 공사를 수행하기 위해 투입하였으나 예상 밖으로 낭비된 원가나 비효율에서 생긴 원가는 계약의 진행정도를 나타내지 못한다면 누적발생계약원가에서 제외한다.

$$누적진행률 = \frac{누적발생원가}{추정\ 총계약원가} = \frac{전기누적발생원가\ +\ 당기발생원가}{당기누적발생원가\ +\ 추가예정원가}$$

진행기준에 따라 계약수익은 특정 진행률까지 발생한 계약원가에 대응되어, 그 결과로 진행률에 비례하여 계약수익, 계약비용 및 계약이익이 보고된다.

☆ Self Study

진행률 산정과 관련하여 고려할 사항들은 아래와 같다.

1. 발주자에게 수령한 기성금과 선수금은 흔히 수행한 공사의 정도를 반영하지 못하므로 진행률 산정 시 제외한다.

2. 진행률을 원가기준법으로 결정하는 경우 수행한 공사를 반영하는 계약원가만 누적발생계약원가에 포함한다. 따라서 아래의 원가는 진행률 산정 시 제외한다.

   1) 현장에서 인도되었거나 계약상 사용을 위해 준비되었지만 아직 계약공사를 위해 설치, 사용 또는 적용이 되지 않은 재료의 원가와 같은 계약상 미래 활동과 관련된 원가(단, 재료가 계약을 위해 별도로 제작된 경우는 진행률 산정 시 반영)

   2) 하도급계약에 따라 수행될 공사에 대해 하도급자에게 선급한 금액

   3) 공사를 수행하기 위해 투입하였으나 예상 밖으로 낭비된 원가나 비효율에서 생긴 원가는 계약의 진행정도를 나타내지 못한다면 누적발생계약원가에서 제외하는 것이 합리적임

Ⅱ | 건설계약의 회계처리

01 계약수익의 인식

건설계약은 건설계약의 결과를 신뢰성 있게 추정할 수 있을 때 진행기준에 따라 계약수익을 인식한다. 진행기준은 매 회계기간마다 누적기준에 따라 계약수익과 계약원가의 현행 추정치를 기초로 적용한다. 그러므로 계약수익이나 계약원가의 추정치 변경 효과나 계약 결과의 추정치 변경 효과는 이루어진 회계기간과 그 후 기간의 당기손익으로 인식되는 수익과 비용의 금액 결정에 사용한다.

02 건설계약의 재무제표 공시

B/S				I/S			
계약자산	××	계약부채	××	계약원가	××	계약수익	××
수취채권	××						

* 누적수익 > 누적수취채권 증가액: 계약자산 = 누적수익 - 누적수취채권 증가액
* 누적수익 < 누적수취채권 증가액: 계약부채 = 누적수취채권 증가액 - 누적수익
* 계약수익: 계약원가 + 계약손익

현행 건설계약 지침은 수익을 인식했지만 청구하지 않았을 때 미청구채권(미청구공사)을 기록하도록 요구한다. 미청구채권은 고객에게 거래명세서가 제출되었을 때 청구채권으로 이전한다. 건설회사는 고객이 대금을 지급하기 전에 용역을 제공했을 때 회사의 이행에 따른 대금에 대한 권리의 성격에 따라 계약자산 또는 채권을 기록한다.

건설회사가 대금지급에 대한 권리를 갖고 있을 때, 계약자산에서 공사미수금(채권)으로의 이전은 거래명세서 시점과 일치하지 않을 수 있다. 재무상태표에 인식하는 청구액을 초과하는 원가 및 원가를 초과하는 청구는 계약자산과 계약부채로 인식되어야 한다.

03 건설계약의 회계처리 및 산식 정리

(1) 계약원가 발생과 기말 공사손익 인식

건설계약을 착공하게 되면 재료원가, 노무원가 등의 계약직접원가와 계약공통원가가 발생한다. 계약직접원가와 체계적·합리적인 방법으로 배분한 계약공통원가 발생액은 미성공사로 인식한다.

진행기준은 건설계약금액을 진행률에 따라 각 회계기간에 배분한 금액을 수익으로 인식한다. 건설계약의 진행률은 누적진행률이고 건설계약금액은 공사변경 등의 사유로 변경될 수 있으므로 당기계약수익은 당기 말 건설계약금액에 당기 진행률을 곱한 당기누적계약수익에서 전기 말까지 인식한 전기누적계약수익을 차감하여 산출한다. 계약원가는 관련된 계약수익에 대응되는 금액이 인식되어야 한다. 그러므로 계약원가로 인식할 금액은 추정총계약원가를 진행률에 따라 각 회계기간에 배분한 금액이 된다. 진행률을 원가기준으로 산정하는 경우 추정총계약원가에 진행률을 곱한 금액은 누적발생계약원가와 동일한 금액이 되므로 당기에 계약원가로 인식할 금액은 당기발생계약원가와 동일하다.

진행기준에서는 건설계약금액을 진행기준에 따라 계약수익으로 인식하듯이 추정총계약원가도 진행률에 따라 계약원가로 인식한다. 그러므로 계약이익은 총계약이익을 진행률에 따라 배분한 금액과 일치한다.

원가투입 시	차) 미성공사	A	대) 현금	A
기말결산 시	차) 계약자산 차) 계약원가	B A	대) 계약수익 대) 미성공사	B A
누적수익	계약원가(누적) + 계약손익(누적) = 계약수익(누적) = 총계약금액 × 누적진행률			
계약손익	• (총계약수익 × 누적진행률) – (총계약원가 × 누적진행률) – 전기까지 인식한 누적손익 • (총계약수익 – 총계약원가) × 누적진행률 – 전기까지 인식한 누적손익			

(2) 계약대금의 청구와 수령

시공사는 공사기간 중에 시행사에게 건설계약대금을 청구하게 된다. 건설계약대금의 청구를 통하여 회수가 가능하게 된 금액은 수취채권으로 차변에 인식하고 대변에 계약자산으로 인식한 금액과 상계하여 잔액을 계약자산으로 표시하고 부족분은 계약부채로 표기한다. 수취채권은 시공사가 시행사로부터 수령할 채권으로 자산으로 분류한다.

시공사가 시행사에게 건설계약대금을 청구하면 건설계약대금을 수령하게 된다. 시공사는 시행사로부터 수령한 건설계약대금을 수취채권과 상계한다.

대금청구 시 (누적계약수익 < 누적수취채권증가액)	차) 수취채권	××	대) 계약자산 계약부채	전기분 ××
대금회수 시	차) 현금	××	대) 수취채권	××
수취채권	누적수취채권증가액 – 누적현금회수액			

(3) 공사 완공

건설계약과 관련된 공사가 완공되면 현금과 수취채권 장부금액은 건설계약금액과 일치하게 된다. 그러므로 공사가 완공되는 시점에 현금과 수취채권을 서로 상계하여 재무상태표에서 제거한다.

공사 완공 시	차) 현금	××	대) 수취채권	××

─☆ Self Study

총계약원가에 대한 추정치가 변경되면 발주자와 협의하여 도급금액을 변경하는 경우가 있다. 이와 같이 계약원가나 도급금액이 변경될 경우, K-IFRS는 이러한 변경을 회계추정치의 변경으로 보아 그 변경으로 인한 효과를 당기와 당기 이후의 기간에 반영하도록 규정하고 있다.

Ⅲ | 건설계약 특수상황

01 손실이 예상되는 건설계약

전체공사에서 계약이익이 예상될 때는 진행기준에 따라 수익을 인식하고 그에 대응하여 비용을 인식한다. 그러나 전체공사에서 계약손실이 예상될 때(= 총계약원가가 총계약수익을 초과할 가능성이 높은 경우)에는 향후 예상되는 손실을 즉시 비용으로 인식한다. 이러한 처리는 진행기준을 적용하는 경우에도 손실이 예상되는 경우에는 이를 이연하지 않고 조기에 손실을 인식하여 보다 보수적인 회계처리를 하기 위한 것이다.

✎ 계산 TOOL

	20×1년	20×2년	20×3년
당기계약손익	1st A	3rd B(역산)	5th C(역산)
20×2년 누적계약손익	2nd 총계약수익 - 20×2년 추정 총계약원가 = A + B		
20×3년 누적계약손익			4th 총계약수익 - 20×3년 총계약원가 = A + B + C

계약손실이 예상되는 경우 계약손익
- ➡ (총계약수익 - 추정 총계약원가) × 누적진행률 - 전기누적공사손익 + (총계약수익 - 추정 총계약원가) × (1 - 누적진행률)
- ➡ (총계약수익 - 추정 총계약원가) × 100% - 전기누적공사손익
  - $\underbrace{\text{A + B}}$ $\underbrace{\text{A}}$

예상되는 손실에 대한 회계처리는 아래와 같다.

[예상손실 인식 회계처리 1안]

예상손실 인식 회계기간	차) 손실부담계약손실	××	대) 손실부담계약충당부채	××
예상손실 환입 회계기간	차) 손실부담계약충당부채	××	대) 손실부담계약손실환입	××

[예상손실 인식 회계처리 2안]

예상손실 인식 회계기간	차) 예상손실	××	대) 미성공사	××
예상손실 환입 회계기간	차) 미성공사	××	대) 예상손실환입	××

특정 회계연도에 계약손실이 발생하였지만 전체공사에서 이익이 예상되는 경우에는 손실예상액을 조기에 인식할 필요가 없다. 이는 전기까지 이익을 계상한 상황에서 추정 총계약원가가 급격히 증가하여 그동안 인식한 계약이익 중 일부를 감소시켜야 하는 경우에 해당하며 이때는 미래 예상손실액을 조기 인식하지 않고 해당 회계연도분 손실만을 인식한다.

☆ **Self Study**

건설계약의 손실 인식

계약체결 후 공사 착수 이전	즉시 예상손실 인식
건설 중 추정 총예정원가 > 총계약수익	예상손실액을 전액 당기비용 인식
공사 전체 이익 예상, 특정 연도 계약손실 발생	당기 발생손익만 반영

02 진행기준을 적용할 수 없는 경우

진행률을 합리적으로 측정할 수 없거나 건설계약대금의 회수가 불확실한 경우에는 계약수익은 발생원가의 범위 내에서만 인식하고 계약원가는 발생한 기간의 비용으로 인식한다. 따라서 계약의 결과를 신뢰성 있게 추정할 수 없는 경우에는 이익은 인식하지 않고 손실만 인식한다.

진행률 측정가능 여부		수익 인식액	비용 인식액
합리적 측정 ○		건설계약금액 × 진행률	추정 총계약원가 × 진행률
합리적 측정 ×	발생한 계약원가의 회수가능성 높은 경우	Min[누적발생가, 회수가능액]	당기발생원가
	발생한 계약원가의 회수가능성 높지 않은 경우	인식하지 않음	당기발생원가

진행률을 합리적으로 측정할 수 없는 경우에는 발생한 계약원가 범위 내에서 회수가능성이 높은 금액만을 수익으로 인식하고, 계약원가는 발생한 기간의 비용으로 인식한다.

추후에 계약의 결과를 신뢰성 있게 추정할 수 없게 한 불확실성이 해소되는 경우에는 당해 건설계약과 관련된 수익과 비용은 다시 진행기준에 따라 인식한다.

☆ **Self Study**

1. 이미 계약수익으로 인식한 금액에 대해서는 추후에 회수가능성이 불확실해지는 경우에는 이미 인식한 수익금액을 조정하지 않는다. 이 경우 회수불가능한 금액이나 더 이상 회수가능성이 높다고 볼 수 없는 금액을 별도의 비용(손상차손)으로 인식한다.

2. 당기 비용으로 인식하는 금액은 손상차손에 해당되므로 손실충당금으로 인식하여야 한다. 손실충당금은 계약자산의 차감계정으로 표시한다.

03 원가기준 이외의 진행률을 사용하는 경우

계약의 진행률은 원가기준 이외에도 수행한 공사의 측량이나 계약 공사의 물리적 완성비율에 따라 산정할 수 있다. 진행률은 다른 기준에 따라 산정하는 경우에도 계약수익은 건설계약금액에 진행률을 곱하여 계산하며, 계약원가는 추정 총계약원가에 진행률을 곱하여 계산한다. 따라서 당기 계약원가로 인식할 금액은 원가기준과는 달리 당기에 발생한 계약원가 금액이 아니다.

> ☆ **Self Study**
>
> 계약자산(부채)의 경우 회계처리방법론에 따라 그 금액이 달라지므로 별도로 논하지 않는다.

04 건설계약의 병합과 분할

건설계약의 회계처리는 일반적으로 건설계약별로 적용한다. 그러나 경우에 따라서 계약의 실질을 반영하기 위하여 단일 계약에 대해 개별적으로 식별가능한 구성단위별로 진행기준을 분할하여 적용하거나, 복수의 계약을 하나의 계약으로 보아 진행기준을 병합하여 적용해야 할 필요가 있다.

(1) 건설계약의 병합

복수의 계약을 하나의 계약으로 보아 전체에 대해 진행기준을 적용하는 것

(2) 건설계약의 분할

단일 계약을 개별적으로 식별가능한 구성단위별로 구분하여 진행기준을 적용하는 것

05 특수한 계약원가

계약원가는 계약체결일로부터 계약의 최종적 완료일까지의 기간 동안 당해 건설계약에 귀속될 수 있는 원가를 포함한다. 대부분의 계약원가는 건설기간 중에 발생하지만 경우에 따라서는 건설계약 체결 전이나 공사가 완료된 후에 발생하기도 한다.

✎ **공사의 진행과정과 원가의 발생**

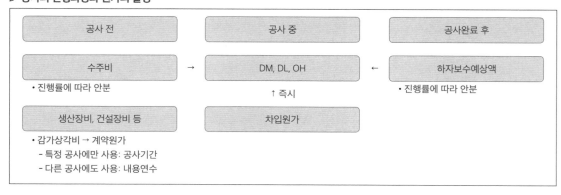

(1) 사용하지 않은 계약원가

진행률을 원가기준으로 측정하는 경우 누적발생계약원가에는 수행한 공사를 반영하는 계약원가만 포함되므로 아래의 계약원가들은 진행률 산정을 위한 누적발생계약원가에서 제외한다.

> ① 현장에 인도되었거나 계약상 사용을 위해 준비되었지만 아직 계약 공사를 위해 설치, 사용 또는 적용이 되지 않는 재료의 원가와 같은 계약상 미래 활동과 관련된 계약원가
> ② 하도급계약에 따라 수행될 공사에 대해 하도급자에게 선급한 금액

─☆ Self Study

1. 사용을 위해 준비된 재료는 일반적으로 진행률 산정 시 포함되지 않지만, 계약을 위해 별도로 제작된 경우 누적발생계약원가에 포함되어 진행률 산정 시 고려한다.

2. 하도급자에게 선급한 금액은 당해 하도급자가 공사를 실제로 수행하는 경우 그 진행률에 따라 누적발생계약원가에 포함한다.

---

(2) 수주비

수주비는 견적서 작성비용 등 건설계약과 관련하여 지출되는 것으로 진행률 산정에는 포함하지 않는다. 그러므로 수주비는 선급공사원가로 자산 처리하고, 진행률에 따라 계약원가로 처리한다.

지출 시	차) 선급계약원가	××	대) 현금	××
계약진행 시	차) 미성공사[1]	××	대) 선급계약원가	××

[1] 선급계약원가(수주비 지출액) × 공사진행률(수주비 제외 후 산정)

(3) 계약에 사용된 생산설비 및 건설장비의 감가상각비

건설계약에서 사용된 건설장비는 유형자산으로 계상한 후, 감가상각을 통해 공사기간에 걸쳐 계약원가로 인식한다. 건설장비의 감가상각비는 총공사예정원가에 포함하며, 진행률의 산정에 포함한다.

건설장비의 감가상각비는 당해 건설장비를 특정 공사에만 사용하는 경우 계약직접원가에 해당하므로 해당 건설계약공사의 원가로 처리하며, 여러 공사에 사용하는 경우 계약공통원가에 해당하므로 합리적인 방법으로 배분하여 관련된 공사에 배분한다.

건설장비의 감가상각은 당해 건설장비를 특정 공사에만 사용가능한지 여부에 따라 아래와 같이 구분된다.

구분	내용연수
특정 공사에만 사용	Min[공사기간, 경제적 내용연수]
여러 공사에 사용	경제적 내용연수

지출 시	차) 기계장치 등	××	대) 현금	××
감가상각	차) 감가상각비	××	대) 감가상각누계액	××
결산일	차) 미성공사	××	대) 감가상각비	××

(4) 차입원가

공사계약의 이행 과정에서 발생하는 차입원가는 건설계약과 관련된 필수적인 원가이므로 계약활동 전반에 귀속될 수 있는 공통원가로서 특정 계약에 배분하여 계약원가로 인식하여야 한다. 다만, 차입원가는 건설계약의 진행정도와 관계가 없어 진행률 산정에는 포함되지 않으며, 발생한 기간에 즉시 계약원가로 인식한다.

이자지출 시	차) 이자비용	××	대) 현금	××
결산일	차) 미성공사	××	대) 이자비용	××

☆ **Self Study**

1. 공사계약체결 전에 발생하는 원가(Ex. 입찰, 견적서 작성 등의 수주비 등)는 개별적으로 식별이 가능하며 신뢰성 있게 측정할 수 있고 계약의 체결가능성이 높은 경우 계약원가의 일부로 포함한다.

2. 계약을 체결하는 과정에서 발생한 원가를 발생한 기간의 비용으로 인식한 경우에는 공사계약이 후속기간에 체결되더라도 계약원가에 포함하지 않는다.

---

(5) 하자보수예상원가

고객이 별도로 구매할 수 있는 품질보증(하자보수비)은 별도의 이행의무이다. 계약 개시시점에 품질보증 이행의무에 거래가격의 일부를 배분한다. 따라서 고객이 별도로 구입하는 선택권을 갖고 있지 않은 품질보증(하자보수비)은 발생기준에 따라 인식한다. 기업은 품질보증약정에서 계약에 합의된 사항에 적합한지를 보증하는 것에 추가하여 고객에게 용역을 제공할 수 있다(Ex. 유지보수용역). 기업은 용역항목에 대한 품질보증을 별도의 이행의무로 구분하여야 한다. 기업이 품질보증약정에 포함된 용역을 합리적으로 구분할 수 없다면 전체 품질보증약정을 단일의 이행의무로 회계처리한다.

하자보수비는 원칙적으로 발생단계별로 추정하고 이를 진행률의 산정에 포함하는 것이 원칙이지만 실무상 발생단계별 추정이 불가능할 경우 진행률에 따라 추정 하자보수비를 각 공사단계별로 배부하고 진행률 산정에서 제외한다.

결산일	차) 하자보수비	××	대) 하자보수충당부채	××
하자보수 시	차) 미성공사	××	대) 현금	××

cpa.Hackers.com

리스

해커스 IFRS 정윤돈 재무회계 키 핸드북

I | 리스회계 개념

01 리스의 의의

리스는 대가와 교환하여 식별되는 자산(기초자산)의 사용통제권을 일정 기간 이전하는 계약이나 계약의 일부를 말한다. 이때 대가와 교환하여 식별되는 자산의 사용통제권을 일정 기간 제공하는 기업을 리스제공자라고 하며, 대가와 교환하여 자산의 사용통제권을 일정 기간 얻게 되는 기업을 리스이용자라고 한다.

02 리스의 식별

계약의 약정시점에, 계약 자체가 리스인지, 계약이 리스를 포함하는지를 판단한다. 계약에서 대가와 교환하여, 식별되는 자산의 사용 통제권을 일정 기간 이전하게 한다면 그 계약은 리스이거나 리스를 포함한다. 계약이 식별되는 자산의 사용 통제권을 일정 기간 이전하는지를 판단하기 위하여 고객이 사용기간 내내 다음 권리를 모두 갖는지를 판단한다.

> ① 식별되는 자산의 사용으로 생기는 경제적 효익의 대부분을 얻을 권리
> ② 식별되는 자산의 사용을 지시할 권리

또한 계약 조건이 변경된 경우에만 계약이 리스인지, 리스를 포함하는지를 다시 판단한다.

식별되는 자산	자산이 특정됨	분명히 특정 or 암묵적 특정	
	공급자의 실질적 자산 대체권 없음(① or ②)	① 공급자가 자산을 대체할 실질적 능력이 없음 ② 공급자가 대체권 행사로 경제적효익이 없음	
사용통제권		고객이 자산 사용으로 생기는 경제적효익의 대부분을 얻음	
	고객이 사용 지시권 가짐 (① or ② or ③)	① 고객이 자산의 사용 방법 및 목적을 지시할 권리를 가짐	
		사용 방법 및 목적이 미리 결정됨	② 고객의 자산 운용권 ③ 고객이 자산을 설계

03 단기리스와 소액기초자산리스의 인식면제

리스이용자는 리스에 대해서 사용권자산과 부채를 인식한다. 그러나 다음의 ① 단기리스 ② 소액기초자산리스에 한해서는 사용권자산과 리스부채로 계상하지 않는 회계처리를 선택할 수 있다. 단기리스는 리스기간이 12개월 이내의 리스를 의미하며, 리스이용자가 특정 금액으로 매수할 수 있는 권리가 있는, 즉 매수선택권이 있는 리스는 적용이 불가하며 이는 단기리스가 아니다.

소액기초자산리스인식은 기초자산이 새것일 때의 가치에 기초하나 확정적이지 않다(Ex. 노트북, 이동전화, 정수기, 사무용가구 등). 만약 리스이용자가 단기리스나 소액기초자산에 대해 사용권자산과 리스부채를 인식하지 않기로 선택한다면 리스이용자는 해당 리스에 관련되는 리스료를 리스기간에 걸쳐 정액기준이나 다른 체계적 기준에 따라 비용으로 인식한다. 다른 체계적인 기준이 리스이용자의 효익의 형태를 더 잘 나타내는 경우에는 그 기준을 적용할 수 있다.

☆ Self Study

1. 다음 조건을 모두 충족하는 경우에만 소액기초자산이 될 수 있다.

   1) 리스이용자가 기초자산 그 자체를 사용하여 효익을 얻거나 리스이용자가 쉽게 구할 수 있는 다른 자원과 함께 그 자산을 사용하여 효익을 얻을 수 있다.

   2) 기초자산은 다른 자산에 대한 의존도나 다른 자산과의 상호관련성이 매우 높지는 않다.

2. 새것일 때 일반적으로 소액이 아닌 특성이 있는 자산이라면, 해당 기초자산리스는 소액자산리스에 해당하지 않는다. 예를 들면 자동차는 새것일 때 일반적으로 소액이 아닐 것이므로, 자동차 리스는 소액자산리스에 해당하지 않을 것이다.

3. 단기리스에 대한 선택은 사용권이 관련되어 있는 기초자산의 유형별로 한다. 기초자산의 유형은 기업의 영업에서 특성과 용도가 비슷한 기초자산의 집합이다. 소액기초자산리스에 대한 선택은 리스별로 할 수 있다.

4. 기초자산이 소액인지는 절대적인 기준에 따라 평가하며 그 리스가 리스이용자에게 중요한지 여부와는 관계없다.

---

04 리스요소와 비리스요소(계약의 구성요소 분리)

리스계약이나 리스를 포함하는 계약에서 계약의 각 리스요소를 리스가 아닌 요소(= 비리스요소)와 분리하여 리스로 회계처리한다.

(1) 리스이용자

리스이용자는 하나의 리스요소와 하나 이상의 추가 리스요소나 비리스요소(Ex. 용역 등)를 포함하는 계약에서 리스요소의 상대적 개별 가격과 비리스요소의 총 개별 가격에 기초하여 계약대가를 각 리스요소에 배분한다.

리스 1	리스 2	비리스요소 전체
← 상대적 개별 가격 기초 →		← 총 개별 가격 기초 →

다음 조건을 모두 충족하는 경우에 기초자산 사용권은 별도 리스요소이다.

> ① 리스이용자가 기초자산 그 자체를 사용하여 효익을 얻거나 리스이용자가 쉽게 구할 수 있는 다른 자원을 함께 사용하여 효익을 얻을 수 있다.
> ② 계약에서 그 기초자산은 다른 기초자산에 대한 의존도나 다른 기초자산과의 상호관련성은 매우 높지는 않다.

계약은 리스이용자에게 재화나 용역을 이전하지는 않는 활동 및 원가에 대하여 리스이용자가 부담할 지급액을 포함할 수 있다. (Ex. 리스제공자는 리스이용자에게 재화 또는 용역을 이전하지는 않는 관리업무에 대한 요금 or 리스와 관련하여 드는 다른 원가) 이러한 지출은 비리스요소로 적용 가능한 다른 기준서를 적용하여 회계처리한다.

한편, 실무적 간편법으로 리스이용자는 비리스요소를 리스요소와 분리하지 않고 각 리스요소와 이에 관련되는 비리스요소를 하나의 리스요소로 회계처리하는 방법을 기초자산의 유형별로 선택할 수 있다.

(2) 리스제공자

리스제공자는 하나의 리스요소와, 하나 이상의 추가 리스요소나 비리스요소를 포함하는 계약에서 리스제공자는 한국채택국제회계기준서 제1115호 '고객과의 계약에서 생기는 수익'을 적용하여 계약 대가를 배분한다.

05 리스제공자의 리스분류

리스제공자의 리스분류는 기초자산의 소유에 따른 위험과 보상을 이전하는 정도에 기초한다. 기초자산의 소유에 따른 위험과 보상이 리스이용자에게 이전된다면, 이러한 경우 기초자산은 리스이용자에게 실질적으로 판매된 것으로 볼 수 있다.

(1) 금융리스

리스제공자는 기초자산의 소유에 따른 위험과 보상의 대부분을 이전하는 리스를 금융리스로 분류한다.

(2) 운용리스

리스제공자는 기초자산의 소유에 따른 위험과 보상의 대부분을 이전하지 않는 리스를 운용리스로 분류한다. 리스는 리스약정일에 분류하며, 리스변경이 있는 경우에만 분류를 다시 판단한다. 추정의 변경(Ex. 기초자산의 내용연수 또는 잔존가치 추정치의 변경)이나 상황의 변화(Ex. 리스이용자의 채무불이행)는 회계 목적상 리스를 새로 분류하는 원인이 되지 않는다.

Ⅱ | 리스제공자 - 금융리스

01 금융리스 용어의 정의

(1) 리스약정일

리스약정일은 리스계약일과 리스의 주요 조건에 대하여 계약 당사자들이 합의한 날 중 빠른 날을 말한다.

(2) 리스개시일

리스개시일은 리스제공자가 리스이용자에게 기초자산을 사용할 수 있게 하는 날을 말한다.

(3) 리스기간

리스기간은 리스개시일에 시작되고 리스제공자가 리스이용자에게 리스료를 면제해주는 기간이 있다면 그 기간도 포함한다. 리스기간은 리스이용자가 기초자산사용권을 갖는 해지불능기간과 다음 기간을 포함한 기간을 말한다.

> ① 리스이용자가 리스 연장선택권을 행사할 것이 상당히 확실한 경우에 그 선택권의 대상 기간
> ② 리스이용자가 리스 종료선택권을 행사하지 않을 것이 상당히 확실한 경우에 그 선택권의 대상 기간

리스이용자가 연장선택권을 행사하거나 기초자산을 매수할 것이 상당히 확실한지, 리스 종료선택권을 행사하지 않을 것이 상당히 확실한지는 리스개시일에 평가한다. 리스의 해지불능기간이 달라진다면 리스기간을 변경한다.

☆ Self Study

1. 리스이용자가 리스 연장선택권을 행사하거나 리스 종료선택권을 행사하지 않을 것이 상당히 확실한지를 평가할 때, 리스이용자가 리스 연장선택권을 행사하거나 리스 종료선택권을 행사하지 않을 경제적 유인이 생기게 하는 관련된 사실 및 상황을 모두 고려한다.

2. 리스이용자는 다음 모두에 해당하는 유의적인 사건이 일어나거나 상황에 유의적인 변화가 있을 때 연장선택권을 행사하거나 종료선택권을 행사하지 않을 것이 상당히 확실한지를 다시 평가한다.

   1) 리스이용자가 통제할 수 있는 범위에 있다.

   2) 전에 리스기간을 산정할 때 포함되지 않았던 선택권을 행사하거나, 전에 리스기간을 산정할 때 포함되었던 선택권을 행사하지 않는 것이 상당히 확실한지에 영향을 미친다.

3. 리스의 해지불능기간이 달라진다면 리스기간을 변경한다. 예를 들면 다음과 같은 경우에 리스의 해지불능기간이 달라질 것이다.

   1) 전에 리스기간을 산정할 때 포함되지 않았던 선택권을 리스이용자가 행사한다.

   2) 전에 리스기간을 산정할 때 포함되었던 선택권을 리스이용자가 행사하지 않는다.

   3) 전에 리스기간을 산정할 때 포함되지 않았던 선택권을 리스이용자가 계약상 의무적으로 행사하게 하는 사건이 일어난다.

   4) 전에 리스기간을 산정할 때 포함되었던 선택권을 리스이용자가 행사하는 것을 계약상 금지하는 사건이 일어난다.

(4) 공정가치

공정가치는 합리적인 판단력과 거래의사가 있는 독립된 당사자 사이의 거래에서 자산이 교환되거나 부채가 결제될 수 있는 금액을 말한다. 리스제공자가 기초자산을 신규로 취득하여 리스하는 경우 공정가치는 취득원가와 일치한다. ● 기준서 제1113호 '공정가치 측정'에서 사용하는 공정가치의 정의와는 다르다.

(5) 사용기간

사용기간은 고객과의 계약을 이행하기 위하여 자산이 사용되는 총기간을 의미하며, 비연속적인 기간을 포함한다.

(6) 경제적 내용연수와 내용연수

경제적 내용연수는 하나 이상의 사용자가 자산을 경제적으로 사용할 수 있을 것으로 예상하는 기간(= 기업의 사용 여부에 관계없이 자산의 전체 사용가능기간)이나 자산에서 얻을 것으로 예상하는 생산량 또는 이와 비슷한 단위 수량을 의미한다. 한편, 내용연수는 기업이 자산을 사용할 수 있을 것으로 예상하는 기간(= 기업이 해당 자산을 사용할 수 있는 기간)이나 자산에서 얻을 것으로 예상하는 생산량 또는 이와 비슷한 단위 수량을 말한다.

(7) 리스료

리스료는 기초자산사용권과 관련하여 리스기간에 리스이용자가 리스제공자에게 지급하는 금액으로 아래의 항목으로 구성된다.

---
① 고정리스료
② 지수나 요율(이율)에 따라 달라지는 변동리스료
③ 리스이용자가 매수선택권을 행사할 것이 상당히 확실한 경우에 그 매수선택권의 행사가격
④ 리스기간이 리스이용자의 종료선택권 행사를 반영하는 경우에, 그 리스를 종료하기 위하여 부담하는 금액

리스이용자의 경우에 리스료는 잔존가치보증에 따라 리스이용자가 지급할 것으로 예상되는 금액도 포함한다. 리스이용자가 비리스요소와 리스요소를 통합하여 단일 리스요소로 회계처리하기로 선택하지 않는다면 리스료는 비리스요소에 배분되는 금액을 포함하지 않는다.

리스제공자의 경우에 리스료는 잔존가치보증에 따라 리스이용자, 리스이용자의 특수관계자, 리스제공자와 특수 관계에 있지 않고 보증의무를 이행할 재무적 능력이 있는 제3자가 리스제공자에게 제공하는 잔존가치보증을 포함한다. 리스료는 비리스요소에 배분되는 금액은 포함하지 않는다.

> ### ☆ Self Study
>
> 1. 고정리스료는 리스기간의 기초자산 사용권에 대하여 리스이용자가 리스제공자에게 지급하는 금액에서 변동리스료를 뺀 금액이다. (➡ 실질적인 고정리스료를 포함하고, 지급할 리스 인센티브는 차감한다)
>
> 2. 실질적인 고정리스료는 형식적으로 변동성을 포함하나 실질적으로 회피할 수 없는 지급액이다. 실질적인 고정리스료의 예를 들면 다음과 같다.
>   ① 지급액이 변동리스료의 구조를 가지고 있지만 그 지급액이 실제 변동성은 없는 경우, 그 지급액이 포함하는 변동 조항은 실제 경제적 실질이 없다.
>   ② 리스이용자가 지급할 수 있는 둘 이상의 지급액 집합들이 있으나, 그 중 하나의 집합만이 현실적인 경우, 이 경우에 현실적인 지급액 집합을 리스료로 본다.
>   ③ 리스이용자가 지급할 수 있는 둘 이상의 현실적인 지급액 집합들이 있으나, 적어도 그 중 하나의 집합을 반드시 지급해야 하는 경우. 이 경우에는 통산되는 금액(할인 기준)이 가장 낮은 지급액 집합을 리스료로 본다.
>
> 3. 선택권 리스료는 리스를 연장하거나 종료하는 선택권의 대상 기간(리스기간에 포함되는 기간은 제외)에 기초자산 사용권에 대하여 리스이용자가 리스제공자에게 지급하는 리스료를 말한다.
>
> 4. 지수나 요율(이율)에 따라 달라지는 변동리스료의 예로는 소비자물가지수에 연동되는 지급액, 기준금리에 연동되는 지급액, 시장 대여요율의 변동을 반영하기 위하여 변동되는 지급액이 포함된다.

(8) 리스 인센티브

리스와 관련하여 리스제공자가 리스이용자에게 지급하는 금액이나 리스의 원가를 리스제공자가 보상하거나 부담하는 금액을 말한다. 리스 인센티브는 고정리스료에서 차감한다.

(9) 잔존가치 보증

잔존가치 보증은 리스제공자와 특수 관계에 있지 않은 당사자가 리스제공자에게 제공한, 리스종료일의 기초자산 가치(또는 가치의 일부)가 적어도 특정 금액이 될 것이라는 보증을 말한다. 이에 반해 무보증잔존가치는 리스제공자가 실현할 수 있을지 확실하지 않거나 리스제공자의 특수관계자만이 보증한, 기초자산의 잔존가치 부분을 말한다. 따라서 리스종료일의 기초자산추정잔존가치는 보증잔존가치와 무보증잔존가치로 구분된다.

> 리스종료일의 기초자산추정잔존가치 = 보증잔존가치 + 무보증잔존가치

보증잔존가치는 리스제공자와 리스이용자 각각의 입장에서 다르게 정의되며, 리스료에 포함한다.

구분	리스제공자	리스이용자
보증잔존가치	리스이용자 또는 리스이용자의 특수관계자 또는 리스제공자와 특수관계가 없고 재무적으로 이행능력이 있는 제3자가 보증한 잔존가치	리스이용자
무보증잔존가치	리스제공자가 실현할 수 있을지 확실하지 않거나 리스제공자의 특수관계자만이 보증한 리스자산의 잔존가치로 리스료에 포함되지 않는다.	

리스종료일의 기초자산추정잔존가치는 리스제공자가 회수할 수 있는지 여부에 따라 아래와 같이 구분된다.

> ① **회수불가능한 잔존가치**: 소유권 이전이 상당히 확실한 경우
> ② **회수가능한 잔존가치**: 소유권 이전이 상당히 확실하지 않은 경우 ➡ 리스종료일에 기초자산이 리스제공자에게 반환됨

보증잔존가치는 리스제공자와 리스이용자 각각의 입장에서 다르게 정의되며, 리스료에 포함한다.

> ① **리스제공자의 보증잔존가치**: 잔존가치 보증에 따라 리스이용자, 리스이용자의 특수관계자, 리스제공자와 특수관계에 있지 않고 보증의무를 이행할 재무적 능력이 있는 제3자가 리스제공자에게 제공하는 잔존가치 보증
> ② **리스이용자의 보증잔존가치**: 잔존가치 보증에 따라 리스이용자가 지급할 것으로 예상되는 금액

[리스종료일의 추정잔존가치]

소유권의 이전	추정잔존가치	비고
상당히 확실하지 않음	보증잔존가치 + 무보증잔존가치	리스종료일에 기초자산이 리스제공자에게 반환
상당히 확실함	리스제공자의 미래 CF에 포함 ×	기초자산의 소유권이 이전되거나 매수선택권을 행사할 것이 상당히 확실한 경우

(10) 리스개설직접원가

리스개설직접원가는 리스를 체결하지 않았더라면 부담하지 않았을 리스체결의 증분원가를 말한다. 다만 금융리스와 관련하여 제조자 또는 판매자인 리스제공자가 부담하는 원가는 리스개설직접원가에서 제외한다.

(11) 리스의 내재이자율과 리스이용자의 증분차입이자율

리스의 내재이자율은 리스료 및 무보증잔존가치의 합계액을 기초자산의 공정가치와 리스제공자의 리스개설직접원가의 합계액과 동일하게 하는 할인율을 말한다.

> 기초자산 FV + 리스개설직접원가(제공자) = PV(리스료 + 무보증잔존가치) by 내재이자율

리스이용자의 증분차입이자율은 리스이용자가 비슷한 경제적 환경에서 비슷한 기간에 걸쳐 비슷한 담보로 사용권자산과 가치가 비슷한 자산획득에 필요한 자금을 차입한다면 지급해야 하는 이자율을 말한다.

(12) 리스총투자와 리스순투자

리스총투자는 금융리스에서 리스제공자가 수령할 리스료와 무보증잔존가치의 합계액을 의미한다. 리스순투자는 리스총투자를 내재이자율로 할인한 금액으로 리스자산의 공정가치와 리스제공자의 리스개설직접원가의 합계액을 말한다. 이때 리스총투자와 리스순투자의 차이를 미실현 금융수익(= 이자수익)이라고 한다.

> 리스순투자 = PV(리스총투자) by 내재이자율

금융리스의 구조

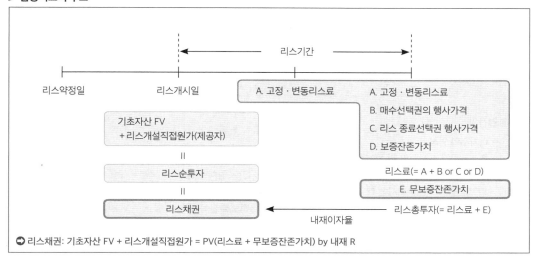

➡ 리스채권: 기초자산 FV + 리스개설직접원가 = PV(리스료 + 무보증잔존가치) by 내재 R

☆ Self Study

1. 금융리스는 리스자산의 소유에 따른 대부분의 위험과 보상이 실질적으로 리스이용자에게 이전되는 리스를 말한다.

2. 리스약정일에 금융리스, 운용리스를 결정하고 리스채권의 금액을 결정한다.

---

02 금융리스 리스제공자의 F/S분석 및 회계처리

(1) 리스제공자의 F/S

B/S		I/S	
리스채권		리스채권손상차손	이자수익
(-)손실충당금			리스보증이익
↓			↑

- 리스채권: PV(리스료 + 무보증잔존가치) by 내재 R
- 리스채권: 기초자산 FV + 리스개설직접원가

× 내재 R

- 회수손실: 반환된 자산 FV - 리스채권 BV
- 보증이익: 리스자산 보증잔존가치 - 반환된 리스자산 FV

(2) 리스제공자의 회계처리(개시일과 결산일)

① 리스개시일 이전

리스제공자는 제조자나 판매자로부터 기초자산을 구입하고, 리스기간 개시일까지 선급리스자산(= 리스이용자에게 사용권을 대여할 목적으로 취득한 자산으로 아직 대여하지 않고 있는 자산)으로 계상한다.

개시일 이전	차) 선급리스자산	기초자산 FV	대) 현금	기초자산 FV

② 리스개시일

리스제공자는 리스기간 개시일에 리스순투자액을 수취채권(= 리스채권)으로 인식한다. 리스순투자액은 리스료와 무보증잔존가치의 합계액(= 리스총투자)을 내재이자율로 할인한 금액으로 기초자산의 공정가치와 리스개설직접원가의 합계액과 동일하다.

개시일	차) 리스채권	PV(리스료 + 무보증) by 내재 R	대) 선급리스자산	기초자산 FV
			현금(제공자)	리스개설직접원가

③ 결산일

- **이자수익 인식**

리스제공자는 자신의 리스순투자 금액에 일정한 기간수익률을 반영하는 방식으로 리스기간에 걸쳐 금융수익을 인식한다. 또한 리스제공자는 체계적이고 합리적인 기준으로 리스기간에 걸쳐 금융수익이 배분되도록 한다. 리스제공자는 해당 기간의 리스료를 리스총투자에 대응시켜 원금과 미실현 금융수익을 줄인다. 따라서 금융수익은 리스제공자의 리스순투자 미회수분에 대하여 리스의 내재이자율을 적용하는 유효이자율법으로 인식한다.

- **리스채권 손상차손(무보증잔존가치의 감소)**

리스제공자는 리스순투자에 기업회계기준서 제1109호의 '제거 및 손상에 대한 요구사항'을 적용한다. 리스제공자는 리스총투자를 계산할 때 사용한 추정무보증잔존가치를 정기적으로 검토한다. 추정무보증잔존가치가 줄어든 경우에 리스제공자는 리스기간에 걸쳐 수익 배분액을 조정하고 발생된 감소액을 즉시 인식한다.

> **기말 무보증잔존가치 감소 시 해당 연도 N/I영향**
> ① 이자수익: 기초리스채권 × 내재 R
> ② 리스채권 손상차손: PV(추정 무보증잔존가치 감소액) by 내재 R

추정무보증잔존가치의 감소로 인한 리스채권의 감소분은 리스채권 손상차손의 과목으로 하여 당기비용으로 인식한다.

결산일	차) 현금	리스료	대) 이자수익(N/I)	기초리스채권 × 내재 R
			리스채권	대차차액
	차) 리스채권손상차손	PV(추정무보증잔존가치감소분)	대) 손실충당금	××

✎ **리스채권손상차손 예시**

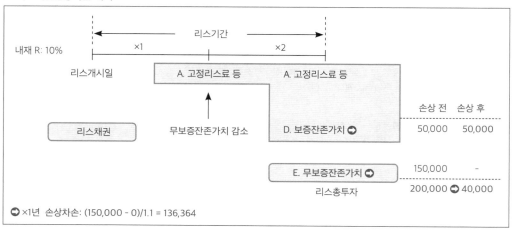

×1년 손상차손: (150,000 - 0)/1.1 = 136,364

④ 리스종료일

• **기초자산의 소유권을 이전하는 경우**

차) 현금	××	대) 리스채권	BV

소유권이전 약정이나 염가매수선택권 약정이 있는 경우 리스제공자는 리스종료일에 기초자산의 소유권을 리스이용자에게 이전하고 현금을 받는다. 만약, 리스채권의 장부금액과 현금수령액이 일치하지 않는 경우 리스제공자는 동 차액을 당기손익으로 인식한다.

• **기초자산을 회수하는 경우**

① 리스채권 장부금액(보증 + 무보증잔존가치)

② 기초자산보증잔존가치

③ 기초자산 FV

리스제공자
1) 리스채권손상차손: ① - ③
2) 보증이익: ② - ③

소유권이전 약정이나 염가매수선택권 약정이 없는 경우 리스제공자는 리스종료일에 리스이용자로부터 기초자산을 반환받는다. 잔존가치 보증으로 인하여 리스이용자로부터 회수한 금액은 당기이익으로 인식하고, 반환받는 기초자산의 실제잔존가치와 리스채권의 장부금액의 차액은 아래와 같이 처리한다.

차) 기초자산	회수 시 FV ③	대) 리스채권	BV ①
리스채권손상차손(N/I)	① - ③		
차) 현금	××	대) 보증이익(N/I)	② - ③

➲ **리스채권손상차손:** 반환된 리스자산의 FV - 리스채권 장부금액

➲ **리스보증이익:** 리스자산보증잔존가치 - 반환된 리스자산의 FV

➲ **리스제공자의 리스기간 종료 연도의 N/I영향:** 이자수익 + 리스채권손상차손 + 보증이익

☆ Self Study

1. 한국채택국제회계기준서 제1116호 '리스'에서는 리스종료일에 기초자산을 반환받는 경우의 회계처리에 대하여 규정하고 있지 않다.

2. 리스기간 종료일에 기초자산의 실제잔존가치가 리스채권의 장부금액보다 큰 경우에는 반환받는 기초자산을 리스채권의 장부금액으로 인식한다.

Ⅲ | 리스제공자 - 운용리스

01 운용리스의 회계처리

(1) 리스제공자의 F/S효과 및 회계처리

리스제공자는 제조자나 판매자로부터 리스자산을 구입하고, 리스기간 개시일까지 선급리스자산으로 계상한다. 이후 리스기간 개시일에 리스자산의 취득원가를 운용리스자산으로 계상한다.

리스자산의 사용효익이 감소되는 기간적 형태를 더 잘 나타내는 다른 체계적인 인식기준이 없다면 비록 리스료가 매기 정액으로 수취되지 않더라도 리스제공자는 리스수익을 리스기간에 걸쳐 정액기준으로 인식한다. 또한 리스기간에 발생하는 감가상각비를 포함한 원가는 비용으로 인식한다.

구분	리스제공자			
자산구입	차) 선급리스자산	구입가격 + 직접원가	대) 현금	××
리스개시일	차) 운용리스자산 차) 운용리스자산	취득원가 리스개설직접원가	대) 선급리스자산 대) 현금	×× ××
기말	차) 현금 차) 감가상각비(N/I)[1]	×× ××	대) 리스료수익(N/I) 대) 감가상각누계액	×× ××
리스종료일	회계처리 없음			

[1] (취득원가 - 잔존가치)/내용연수 + 리스개설직접원가/운용리스기간

✎ 운용리스의 F/S효과

B/S		I/S	
운용리스자산　　　　A		리스료수익	Σ리스료/리스기간
		(-)감가상각비	
		• 리스자산	(구입가격 - 잔존가치)/내용연수
		• 리스개설직접원가	리스개설직접원가/리스기간
		(-)인센티브 관련 손익	지급액/리스기간
A. 리스자산 구입가격 + 리스개설직접원가			

02 운용리스의 주의사항

(1) 운용리스료 수익 · 비용의 인식

운용리스과정에서 리스제공자와 리스이용자가 인식할 리스료수익과 비용은 다른 체계적인 인식기준이 없다면, 리스기간에 걸쳐 정액기준으로 인식한다.

◑ 매기 인식할 운용리스료 수익 · 비용: Σ리스료 ÷ 운용리스 기간

Ex 운용리스료 수익 · 비용

연도	20×1년	20×2년	20×3년	● 매년 인식할 리스료
매년 리스료	100	200	300	: (100 + 200 + 300)/3 = 200

(2) 감가상각비

리스제공자의 운용리스자산은 리스제공자가 소유한 다른 유사자산의 일반 감가상각정책과 일관성 있게 내용연수 동안 비용으로 인식한다. 또한 운용리스의 협상 및 계약단계에서 운용리스개설직접원가가 발생할 수 있다. 리스기간 개시일에 발생한 운용리스개설직접원가는 자산으로 인식하고 운용리스자산의 장부금액에 가산하여 표시한다. 운용리스자산의 장부금액에 가산된 리스개설직접원가는 리스료수익에 대응하여 리스기간 동안 비용으로 인식한다.

> ① **운용리스자산의 취득원가:** (취득원가 - 내용연수 종료 시 잔존가치)/내용연수
> ② **리스개설직접원가:** 운용리스개설직접원가/운용리스기간

(3) 운용리스 인센티브

운용리스를 계약하기 위해 리스제공자가 리스이용자에게 인센티브를 제공하는 경우가 있다. 신규 또는 갱신되는 운용리스 계약에 따른 모든 인센티브는 그 성격, 형식 또는 지급시점과 관계없이 리스자산의 사용을 위하여 합의된 순대가의 일부로 인식한다. 따라서 리스제공자는 리스자산효익의 기간적 감소형태를 보다 잘 나타내는 다른 체계적인 인식기준이 없다면, 리스제공자는 인센티브의 총원가를 리스기간에 걸쳐 정액기준에 따라 리스수익에서 차감하여 인식한다.

리스이용자는 리스자산의 사용에 따른 효익의 기간적 형태를 보다 잘 나타내는 다른 체계적인 인식기준이 없다면, 인센티브의 총효익을 리스기간에 걸쳐 정액기준에 따라 리스비용에서 차감하여 인식한다.

구분	리스제공자
운용리스 인센티브 관련 손익	리스기간에 걸쳐 리스수익에서 차감

1. 리스제공자는 운용리스의 협상 및 계약단계에서 발생한 운용리스개설직접원가는 자산(선급비용)으로 인식하고 운용 리스자산의 장부금액에 가산하여 표시한다.

2. 운용리스자산 취득을 위한 직접관련원가: 운용리스자산의 원가에 가산하여 해당 운용리스자산의 내용연수 동안 감 가상각한다. (Ex. 취득세 등 관련된 지출)

3. 운용리스개설직접원가: 운용리스계약을 체결하면서 지출된 원가로 운용리스자산의 장부금액에 가산하고 이를 운용 리스기간 동안 감가상각한다. (Ex. 협상, 계약과 관련된 지출) 또한, 운용리스에 해당하는 감가상각 대상 기초자산의 감가상각정책은 리스제공자가 소유한 비슷한 자산의 보통 감가상각정책과 일치해야 한다.

[리스개설직접원가 비교]

구분	리스제공자
금융리스	금융리스채권에 포함
판매형리스	리스기간개시일에 전액 비용처리
운용리스	운용리스자산에 포함하고 리스기간 동안 비용처리

4. 리스제공자는 리스자산의 자산손상은 관련 회계기준에 따라 매 회계연도 말에 자산의 손상차손 여부를 검토한다.

5. 운용리스 관련 인센티브는 리스제공자는 리스기간에 걸쳐 리스수익에서 차감한다.

6. 제조자 또는 판매자인 리스제공자의 운용리스 체결은 판매와 동등하지 않으므로 운용리스 체결시점에 매출을 인식하 지 않는다.

7. 리스제공자는 운용리스의 변경을 변경 유효일부터 새로운 리스로 회계처리한다. 이 경우에 변경 전 리스에 관련하여 선 수하였거나 발생한 (미수)리스료를 새로운 리스의 리스료의 일부로 본다.

Ⅳ | 리스제공자가 제조자 또는 판매자인 금융리스

01 리스제공자가 제조자 또는 판매자인 금융리스(판매형 리스)의 의의

리스제공자가 제조자 또는 판매자인 금융리스는 제조자나 판매자가 제조 또는 구매한 자산을 금융리스형식으로 판매하는 경우의 리스를 말한다. 판매형리스에서 리스제공자는 다음과 같은 이익이 발생한다.

> ① 적용가능한 수령할인이나 매매할인을 반영한 정상적인 판매가격으로 리스자산을 일반판매할 때 발생하는 매출총이익
> ② 리스기간의 이자수익

✏ (직접)금융리스

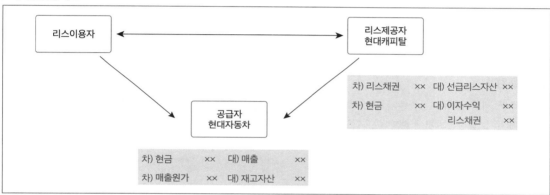

✏ 리스제공자가 제조자 또는 판매자인 금융리스

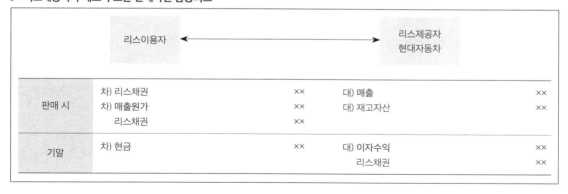

02 리스제공자가 제조자 또는 판매자인 금융리스의 회계처리

(1) 매출액

리스제공자가 리스기간 개시일에 인식할 매출액은 시장이자율로 할인한 리스료의 현재가치로 한다. 리스제공자의 미래현금흐름은 리스료와 무보증잔존가치의 합계액이지만 무보증잔존가치는 리스이용자로부터 회수되는 금액이 아니므로 매출액의 산정에서 제외한다.

제조자나 판매자인 리스제공자는 고객을 유치하기 위하여 인위적으로 낮은 이자율을 제시하기도 하는데 이러한 낮은 이자율의 사용은 거래 전체의 이익 중 상당부분이 판매시점에 인식되는 결과를 초래한다. 따라서 인위적으로 낮은 이자율이 제시된 경우라도 시장이자율을 적용하였을 경우의 금액을 한도로 매출이익을 인식한다.

∅ 적용되는 이자율의 예시

		총회수액	
이연인식	이자수익		➡ R ↑: 매출 ↓
		PV(리스료) by 시장 R	➡ R ↓: 매출 ↑
즉시인식	매출		내재 R ×, 시장 R ○
		재고자산의 장부금액	

(2) 매출원가

매출액 계산 시 무보증잔존가치를 제외하였으므로 무보증잔존가치에 해당하는 재고자산은 매출원가에서 제외한다. 무보증잔존가치에 해당하는 재고자산은 무보증잔존가치를 시장이자율로 할인한 현재가치금액으로 한다.

(3) 판매관리비(리스개설직접원가)

제조자나 판매자인 리스제공자에 의해 리스의 협상 및 계약단계에서 리스와 관련하여 발생한 원가는 리스개설직접원가의 정의에서 제외한다. 따라서 리스제공자가 제조자 또는 판매자인 금융리스에서 발생한 리스개설직접원가는 리스기간 개시일에 비용으로 인식한다.

개시일	차) 리스채권	PV(리스료)	대) 매출(N/I)	Min[기초자산 FV, PV(리스료)]
	차) 매출원가(N/I)	BV - PV(무보증잔존가치)	대) 재고자산	BV
	리스채권	PV(무보증잔존가치)		
	차) 판매관리비(N/I)	××	대) 현금	리스개설직접원가
기말	차) 현금	리스료	대) 이자수익	기초리스채권 × 시장 R
			리스채권	××

➡ 판매시점에 리스제공자의 N/I 미치는 영향
- **매출액**: Min[기초자산 FV, PV(리스료) by 시장 R]
- **매출원가**: 기초자산 BV - PV(무보증잔존가치) by 시장 R
- **리스제공자의 리스개설직접원가**: 판매관리비용처리

01 최초측정

리스제공자는 리스계약형태에 따라 운용리스와 금융리스로 구분하여 회계처리하지만, 리스이용자는 이러한 구분 없이 사용권자산과 리스부채로 리스개시일에 회계처리한다.

(1) 리스부채의 측정

리스이용자는 리스개시일에 그날 현재 지급되지 않은 리스료의 현재가치로 리스부채를 측정한다. 리스의 내재이자율을 쉽게 산정할 수 있는 경우에는 그 이자율로 리스료를 할인한다. 그 이자율을 쉽게 산정할 수 없는 경우에는 리스이용자의 증분차입이자율을 사용한다.

리스개시일에 리스부채의 측정치에 포함되는 리스료는, 리스기간에 걸쳐 기초자산을 사용하는 권리에 대한 지급액 중 그날 현재 지급되지 않은 다음 금액으로 구성(● 리스제공자가 금융리스의 리스개시일에 인식하는 리스순투자의 측정치에 포함하는 리스료와 동일)된다.

> ① **고정리스료**: 실질적인 고정리스료를 포함하고, 받을 리스 인센티브는 차감(= 형식적 변동성, 실질적 지급회피 불가능)
>   Ex. 매출 연동 리스료에 최초 임차료 조항 포함
> ② **지수나 요율(이율)에 따라 달라지는 변동리스료**: 처음에는 리스개시일의 지수나 요율(이율)을 사용하여 측정
> ③ **보증잔존가치**: 잔존가치 보증에 따라 리스이용자가 지급할 것으로 예상되는 금액
> ④ **매수선택권의 행사가격**: 리스이용자가 매수선택권을 행사할 것이 상당히 확실한 경우에 그 매수선택권의 행사가격
> ⑤ **리스이용자의 리스 종료선택권 행사가격**: 리스기간이 리스이용자의 종료선택권 행사를 반영하는 경우에 그 리스를 종료하기 위하여 부담하는 금액

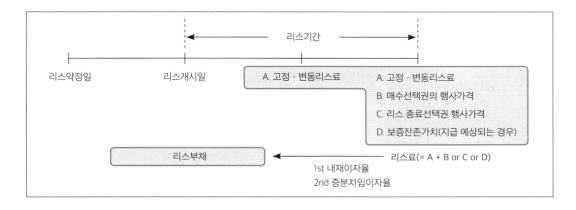

(2) 사용권자산의 측정

리스이용자는 리스제공자의 리스분류에 관계없이 리스개시일에 사용권자산을 인식하고 재무상태표에 사용권자산을 다른 자산과 구분하여 표시하거나 공시한다. 사용권자산은 리스기간에 리스이용자가 기초자산을 사용할 권리(= 기초자산사용권)를 나타내는 자산을 말한다. 사용권자산은 원가로 측정하며, 원가는 아래의 항목으로 구성된다.

> ① 리스부채의 최초측정금액
> ② 리스개시일이나 그 전에 지급한 리스료(받은 리스 인센티브는 차감)
> ③ 리스이용자가 부담하는 리스개설직접원가
> ④ 리스조건에서 요구하는 대로 기초자산을 해체하고 제거하거나, 기초자산이 위치한 부지를 복구하거나, 기초자산 자체를 복구할 때 리스이용자가 부담하는 원가의 추정치

[리스개시일에 리스이용자의 회계처리]

차) 사용권자산	대차차액	대) 리스부채	PV(지급되지 않은 리스료)
선수수익	받은 리스 인센티브	선급리스료	개시일 전 미리 지급한 리스료
		현금	리스개설직접원가
		복구충당부채	PV(예상복구비용)

*개시일의 사용권자산: 리스부채의 최초측정액 + 개시일 전 지급한 리스료 + 리스개설직접원가 + 복구원가 추정치 - 받은 리스 인센티브

02 후속측정

(1) 리스이용자의 F/S

B/S		I/S	
사용권자산 (-)감가상각누계액	리스부채 복구충당부채	감가상각비 이자비용 리스보증손실	

↑ + 리스개설직접원가 ↓ ↑

- 리스부채: PV(지급되지 않은 리스료) by 내재 R or 증분 R
- 사용권자산: 리스부채 + 리스개설직접원가 + 개시일 전 지급한 리스료 + PV(복구원가 추정치)

× 내재 R or 증분 R

- 소유권이 이전되는 사용권자산의 Dep 고려사항: 내용연수, 내용연수 종료시점 잔존가치
- 소유권이 이전되지 않는 사용권자산의 Dep 고려사항: Min[리스기간, 내용연수], 기능성별 잔존가치 판단

- 리스보증손실: 반환한 사용권자산 FV - 사용권자산 보증잔존가치

─☆ Self Study

소유권이 이전되지 않는 사용권자산의 경우에도 리스이용자가 지급할 것으로 예상되지 않는 보증잔존가치는 리스료에 포함되지 않으므로 감가상각 시에도 보증잔존가치를 고려하지 않는다.

---

(2) 리스부채의 후속측정

리스이용자는 리스기간 중 리스부채에 대한 이자를 반영하여 리스부채의 장부금액을 증액하고, 지급한 리스료를 반영하여 리스부채의 장부금액을 감액한다. 리스부채의 이자비용은 유효이자율법을 적용하여 인식하고 내재이자율을 쉽게 산정할 수 없을 경우 리스이용자의 증분차입이자율을 사용한다.

결산일	차) 이자비용(N/I) 리스부채	기초리스부채 × 내재 R 대차차액	대) 현금	고정리스료

(3) 사용권자산의 후속측정

사용권자산은 원가모형과 재평가모형(투자부동산으로 분류되는 경우에는 공정가치모형) 중 하나를 적용하여 측정한다. 리스이용자는 사용권자산을 감가상각할 때 기업회계기준서 제1016호 '유형자산'의 감가상각에 대한 요구사항을 적용하며, 사용권자산이 손상된 경우에는 기업회계기준서 제1036호 '자산손상'을 적용한다.

리스가 리스기간 종료시점 이전에 리스이용자에게 기초자산의 소유권을 이전하는 경우나 사용권자산의 원가에 리스이용자가 매수선택권을 행사할 것임이 반영되는 경우에는, 리스이용자가 리스개시일부터 기초자산의 내용연수 종료시점까지 사용권자산을 감가상각한다. 이때 감가상각대상금액은 사용권자산의 원가에서 내용연수 종료시점의 잔존가치를 차감한 금액이다.

그 밖의 경우에는 리스이용자가 리스개시일부터 사용권자산의 내용연수종료일과 리스종료일 중 이른 날까지 사용권자산을 감가상각한다. 이때 감가상각대상금액에 대해서는 지급할 것으로 예상되는 보증잔존가치를 제외할 것인지 여부에 따라 다음의 두 가지 방법이 주장되고 있다.

① 감가상각대상금액을 사용권자산의 원가에서 지급할 것으로 예상되는 보증잔존가치를 차감한 금액으로 하는 방법
② 감가상각대상금액을 사용권자산의 원가로 하는 방법

구분	소유권을 이전 or 매수선택권을 행사	그 밖의 경우
감가상각기간	리스개시일부터 내용연수 종료시점까지	Min[리스종료일, 내용연수종료일]
잔존가치	내용연수 종료시점 잔존가치	① 0 or ② 지급할 것으로 예상되는 보존잔존가치

[결산일 사용권자산 관련 회계처리]

결산일	차) 감가상각비	××	대) 감가상각누계액	××

03 리스부채의 재평가

리스이용자는 리스개시일 후에 리스료에 생기는 변동을 반영하기 위하여 리스부채를 다시 측정 적용하고 사용권자산을 조정한다. 리스이용자는 다음 중 어느 하나에 해당하는 경우에 수정 할인율로 수정 리스료를 할인하여 리스부채를 다시 측정한다.

① 리스기간에 변경이 있는 경우: 리스이용자는 변경된 리스기간에 기초하여 수정 리스료를 산정한다.
② 기초자산을 매수하는 선택권 평가에 변동이 있는 경우: 리스이용자는 매수선택권에 따라 지급할 금액의 변동을 반영하여 수정 리스료를 산정한다.

(1) 수정 리스료로 수정 할인율을 사용하는 경우

리스부채를 재평가하는 경우 리스이용자는 내재이자율을 쉽게 산정할 수 있는 경우에는 남은 리스기간의 내재이자율로 수정 할인율을 산정하나, 리스의 내재이자율을 쉽게 산정할 수 없는 경우에는 재평가시점의 증분차입이자율로 수정 할인율을 산정한다.

구분	리스부채 측정	사용하는 할인율
리스기간이 변경된 경우	수정 리스료를 수정 할인율로 할인	• 1순위: 남은 기간의 내재이자율 • 2순위: 재평가시점의 증분차입이자율
매수선택권 평가에 변동이 있는 경우		

☆ **Self Study**

사용권자산의 장부금액이 영(0)으로 줄어들고 리스부채 측정치가 그보다 많이 줄어드는 경우에 리스이용자는 나머지 재측정 금액을 당기손익으로 인식한다.

차) 리스부채	리스부채 변동액	대) 사용권자산	BV
		당기손익	××

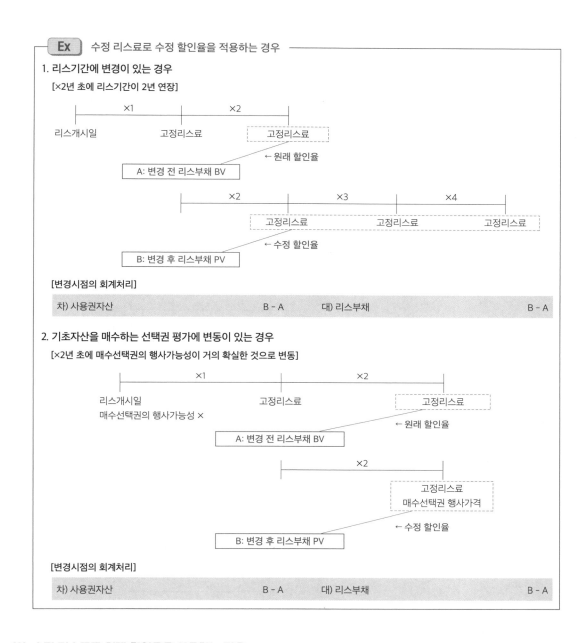

Ex 수정 리스료로 수정 할인율을 적용하는 경우

1. 리스기간에 변경이 있는 경우

[×2년 초에 리스기간이 2년 연장]

A: 변경 전 리스부채 BV
← 원래 할인율

B: 변경 후 리스부채 PV
← 수정 할인율

[변경시점의 회계처리]

차) 사용권자산   B − A   대) 리스부채   B − A

2. 기초자산을 매수하는 선택권 평가에 변동이 있는 경우

[×2년 초에 매수선택권의 행사가능성이 거의 확실한 것으로 변동]

A: 변경 전 리스부채 BV
← 원래 할인율

B: 변경 후 리스부채 PV
← 수정 할인율

[변경시점의 회계처리]

차) 사용권자산   B − A   대) 리스부채   B − A

(2) 수정 리스료로 원래 할인율을 사용하는 경우

리스이용자는 다음 중 어느 하나에 해당하는 경우에 수정 리스료를 할인하여 리스부채를 다시 측정한다. 이 경우 리스이용자는 변경되지 않은 할인율을 사용한다. 리스료의 변동이 변동이자율의 변동으로 생긴 경우에 리스이용자는 그 이자율 변동을 반영하는 수정 할인율을 사용한다.

① **잔존가치보증에 따라 지급될 것으로 예상되는 금액에 변동이 있는 경우:** 리스이용자는 잔존가치보증에 따라 지급할 것으로 예상되는 금액의 변동을 반영하여 수정 리스료를 산정한다.

② **리스료를 산정할 때 사용한 지수나 요율(이율)의 변동으로 생기는 미래리스료에 변동이 있는 경우:** 예를 들면 시장대여료를 검토한 후 시장대여요율 변동을 반영하는 경우를 포함한다. 리스이용자는 현금흐름에 변동이 있을 경우(리스료조정액이 유효할 때)에만 수정 리스료를 반영하여 리스부채를 다시 측정한다. 리스이용자는 변경된 계약상 지급액에 기초하여 남은 리스기간의 수정 리스료를 산정한다.

구분	리스부채 측정	사용하는 할인율
잔존가치 보증에 따라 지급할 금액이 변동하는 경우	수정 리스료를 원래 할인율로 할인	변동이자율의 변동으로 생긴 경우 수정 할인율 적용
리스료 산정 시 사용한 지수나 요율(이율)의 변동으로 리스료가 변동하는 경우		그 외의 경우에는 변경되지 않은 할인율

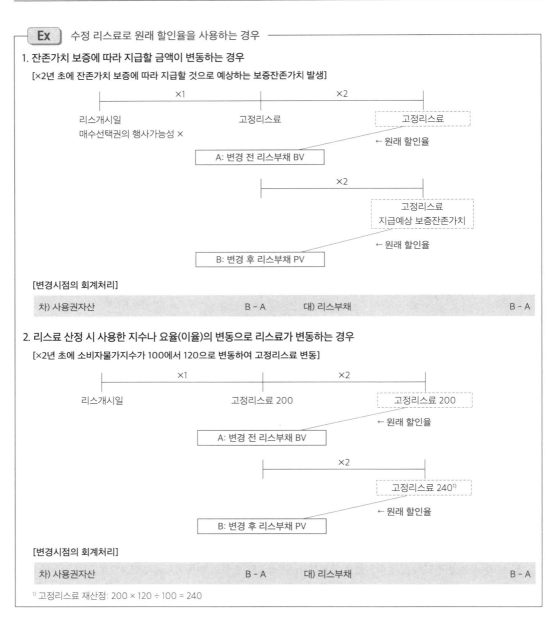

Ex 수정 리스료로 원래 할인율을 사용하는 경우

1. 잔존가치 보증에 따라 지급할 금액이 변동하는 경우

[×2년 초에 잔존가치 보증에 따라 지급할 것으로 예상하는 보증잔존가치 발생]

리스개시일
매수선택권의 행사가능성 ×

고정리스료

고정리스료
← 원래 할인율

A: 변경 전 리스부채 BV

고정리스료
지급예상 보증잔존가치
← 원래 할인율

B: 변경 후 리스부채 PV

[변경시점의 회계처리]

차) 사용권자산	B - A	대) 리스부채	B - A

2. 리스료 산정 시 사용한 지수나 요율(이율)의 변동으로 리스료가 변동하는 경우

[×2년 초에 소비자물가지수가 100에서 120으로 변동하여 고정리스료 변동]

리스개시일

고정리스료 200

고정리스료 200
← 원래 할인율

A: 변경 전 리스부채 BV

고정리스료 240[1]
← 원래 할인율

B: 변경 후 리스부채 PV

[변경시점의 회계처리]

차) 사용권자산	B - A	대) 리스부채	B - A

[1] 고정리스료 재산정: 200 × 120 ÷ 100 = 240

04 변동리스료

변동리스료는 리스기간에 기초자산의 사용권에 대하여 리스이용자가 리스제공자에게 지급하는 리스료의 일부로서 시간의 경과가 아닌 리스개시일 후 사실이나 상황의 변화 때문에 달라지는 부분을 말한다.

변동리스료는 지수나 요율(이율)에 따라 달라지는 경우에만 리스료의 정의를 충족하며, 그 외의 경우에는 리스료의 정의를 충족하지 못한다. 리스료의 정의를 충족하는 변동리스료는 사용권자산과 리스부채 측정치에 포함하여 리스부채를 재측정하고 사용권자산을 조정한다. 그러나 리스부채 측정치에 포함되지 않는 변동리스료는 해당 변동리스료를 유발하는 사건 또는 조건이 생기는 기간의 당기손익으로 인식한다.

구분	내용	비고
지수나 요율(이율)에 따라 달라지는 경우	리스부채를 재측정하고 사용권자산을 조정	–
기타의 경우	해당 변동리스료를 유발하는 사건 또는 조건이 생기는 기간의 당기손익 처리	리스료 ×

─── ⅥⅠ 리스의 기타사항 ───

01 전대리스(2차)

전대리스는 리스이용자(중간리스제공자)가 기초자산을 제3자에게 다시 리스하는 거래를 말한다. 이 경우 상위리스제공자와 리스이용자 사이의 리스(상위리스)는 여전히 유효하다.

중간리스제공자의 전대리스 분류는 아래와 같다.

> ① **리스이용자인 기업이 사용권자산을 인식하지 않는** 단기리스: 전대리스를 운용리스로 분류
> ② **그 밖의 경우:** 기초자산이 아니라 상위리스에서 생기는 사용권자산에 따라 전대리스를 분류

전대리스가 금융리스로 분류되는 경우 다음과 같이 회계처리한다. 이 경우 전대리스 기간에 중간리스제공자는 전대리스의 금융수익과 상위리스의 이자비용을 모두 인식한다.

차) 리스채권	××	대) 사용권자산	××
감가상각누계액	××	사용권자산처분이익	××

> ① 전대리스이용자에게 이전하는 상위리스에 관련되는 사용권자산을 제거하고 전대리스순투자를 인식한다.
> ② 사용권자산과 전대리스순투자의 모든 차이를 당기손익으로 인식한다.
> ③ 상위리스제공자에게 지급하는 리스료를 나타내는 상위리스 관련 리스부채를 재무상태표에 유지한다.

[전대리스를 금융리스로 분류]

구분	전대리스 체결시점	전대리스 기간 손익 인식
상위리스	사용권자산 제거, 리스부채 유지	이자비용 인식
전대리스	리스순투자인식	금융수익 인식
비고	사용권자산과 리스순투자 차이는 당기손익으로 처리	

전대리스가 운용리스로 분류되는 경우 중간리스제공자는 다음과 같이 회계처리한다. 이 경우 중간리스제공자가 전대리스를 체결할 때, 중간리스제공자는 상위리스에 관련되는 리스부채와 사용권자산을 재무상태표에 유지한다.

① 사용권자산에 대한 감가상각비와 리스부채에 대한 이자를 인식한다.
② 전대리스에서 생기는 리스료 수익을 인식한다.

[전대리스를 운용리스로 분류]

구분	전대리스 체결시점	전대리스 기간 손익 인식
상위리스	사용권자산 유지, 리스부채 유지	감가상각비, 이자비용 인식
전대리스	-	리스료수익 인식

02 판매 후 리스

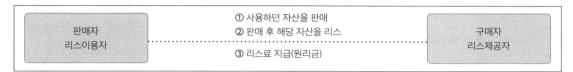

판매 후 리스는 판매자(= 리스이용자)가 구매자(= 리스제공자)에게 자산을 이전하고 그 자산을 다시 리스하는 거래를 말한다. 이때 자산 이전을 판매로 회계처리할지 판단하여야 하는데 한국채택국제회계기준 제1115호 '고객과의 계약에서 생기는 수익' 기준서의 '수행의무 이행시기(= 통제의 이전시점)' 판단 규정을 적용한다. 이는 종전 기준서 제1017호는 판매 후 리스거래에서 리스거래가 리스이용자의 입장에서 볼 때 금융리스로 분류되면 판매거래에서 발생한 이익을 리스기간 동안 이연환입하고, 리스거래가 운용리스로 분류되면 판매거래에서 발생한 손익을 즉시 인식하도록 하였다. 이 결과 판매자(리스이용자)는 리스거래를 운용리스로 분류되도록 하여 판매대금을 일시에 수령하면서 처분이익도 인식하고 부채도 인식하지 않을 수 있었다. 기준서 제1116호는 이러한 문제를 완화하기 위하여 판매거래에 대해서 기준서 제1115호 '고객과의 계약에서 생기는 수익'을 준용하여 판매에 해당되는 경우에는 일부 판매 관련 손익을 인식하고, 판매에 해당되지 않는 경우에는 자산의 판매에 대한 회계처리를 하지 않도록 규정하고 있다.

(1) 자산 이전이 판매에 해당하는 경우

자산 이전이 자산의 판매에 해당한다면 판매자(= 리스이용자)와 구매자(= 리스제공자)는 아래와 같이 회계처리한다.

① 판매자(= 리스이용자)

계속 보유하는 사용권에 관련되는 자산의 종전 장부금액에 비례하여 판매 후 리스에서 생기는 사용권자산을 측정한다. 따라서 판매자(= 리스이용자)는 구매자(= 리스제공자)에게 이전한 권리에 관련된 차손익금액만을 인식한다.

> • 사용권자산 인식금액: 기초자산의 장부금액 × 사용권자산 측정금액(= 리스료의 현재가치) ÷ 기초자산의 공정가치
>   ➲ 계속 보유하는 사용권을 건물의 종전 장부금액에 비례하여 사용권 자산을 측정
> • 처분손익: (공정가치 - 장부금액) × (기초자산 공정가치 - 리스료의 현재가치) ÷ 기초자산 공정가치
>   ➲ 건물의 판매차익 중 구매자 - 리스제공자에게 이전된 권리 부분만 손익으로 인식

자산 판매대가의 공정가치가 그 자산의 공정가치와 같지 않거나 리스에 대한 지급액이 시장요율이 아니라면 판매금액을 공정가치로 측정하기 위하여 아래와 같이 조정한다. (단, 조정액은 리스에 대한 계약상 지급액의 현재가치와 시장리스요율에 따른 지급액의 현재가치의 차이로 계산할 수도 있다)

✎ 판매후리스 - 자산 이전이 판매에 해당하는 경우 리스이용자 회계처리

① 판매대가 = 기초자산의 공정가치			
차) 현금	판매대가	대) 기초자산	BV
사용권자산	BV × PV(리스료)/기초자산 FV	리스부채	PV(리스료)
		기초자산처분이익	대차차액

② 판매대가 > 기초자산의 공정가치			
차) 현금	판매대가	대) 기초자산	BV
사용권자산	BV × 리스부채/기초자산 FV	리스부채	PV(리스료) - (판매대가 - 기초자산 FV)
		금융부채	판매대가 - 기초자산 FV
		기초자산처분이익	대차차액

③ 판매대가 < 기초자산의 공정가치			
차) 현금	판매대가	대) 기초자산	BV
사용권자산	BV × [PV(리스료) +	리스부채	PV(리스료)
	(기초자산 FV - 판매대가)]/기초자산 FV	기초자산처분이익	대차차액

② 구매자(= 리스제공자)

자산의 매입에 적용할 수 있는 기준서를 적용하고 리스에는 리스제공자 회계처리 요구사항을 적용한다.

🖉 **판매후리스 - 자산 이전이 판매에 해당하고 운용리스로 분류한 경우 리스제공자 회계처리**

① 판매대가 = 기초자산의 공정가치

차) 기초자산	××	대) 현금	판매대가

② 판매대가 > 기초자산의 공정가치

차) 기초자산	판매대가	대) 현금	판매대가
금융자산(대여금)	판매대가 - FV		

③ 판매대가 < 기초자산의 공정가치

차) 기초자산	판매대가	대) 현금	판매대가
		선수리스료수익	FV - 판매대가

🖉 **판매후리스 - 자산 이전이 판매에 해당하고 금융리스로 분류한 경우 리스제공자 회계처리**

차) 리스채권	××	대) 현금	판매대가

(2) 자산 이전이 판매에 해당하지 않는 경우

자산 이전이 판매에 해당하지 않으면 판매자(= 리스이용자)와 구매자(= 리스제공자)는 다음과 같이 각각 회계처리한다.

① 판매자(= 리스이용자)

이전한 자산을 계속 인식하고, 이전금액과 같은 금액으로 금융부채를 인식한다. 그 금융부채는 한국채택국제회계기준서 제1109호 '금융상품'을 적용하여 회계처리한다.

차) 현금	××	대) 금융부채	××

② 구매자(= 리스제공자)

이전된 자산을 인식하지 않고, 이전금액과 같은 금액으로 금융자산으로 인식한다. 그 금융부채는 한국채택국제회계기준서 제1109호 '금융상품'을 적용하여 회계처리한다.

차) 금융자산	××	대) 현금	××

⑬ 리스변경(2차)

리스변경은 변경 전 리스조건의 일부가 아니었던 리스의 범위 또는 리스대가의 변경을 말한다(Ex. 하나 이상의 기초자산 사용권을 추가, 종료하는 경우나 계약상 리스기간을 연장하거나 단축하는 경우가 이에 해당한다).

리스변경에서 변경 유효일은 리스의 두 당사자인 리스제공자와 리스이용자가 리스변경에 동의하는 날을 말한다.

(1) 별도의 리스로 회계처리하는 경우

리스제공자와 리스이용자는 다음 조건을 모두 충족하는 경우 별도의 리스로 회계처리한다.

> ① **리스범위의 변경**: 하나 이상의 기초자산사용권이 추가되어 리스의 범위가 넓어진다.
>
> ② **리스대가의 변경**: 확장범위의 개별가격에 상응하는 금액만큼 리스대가가 증액된다.
> (특정 계약 상황을 반영하기 위한 조정액 반영)

① **별도의 리스로 회계처리하는 경우 리스제공자의 회계처리**
- **금융리스의 경우**: 별도 리스로 회계처리한다(리스범위가 넓어지고 리스대가가 증액).
- **운용리스의 경우**: 새로운 리스로 회계처리한다.

② **별도의 리스로 회계처리하는 경우 리스이용자의 회계처리**
- 별도의 리스로 회계처리한다(리스범위가 넓어지고 리스대가가 증액).

(2) 별도의 리스로 회계처리하지 않는 경우

```
        리스개시일                      변경 유효일
         ┊                            ┊
         ┊ ┌──────────────────────────┐            ┊
         ┊ │          기존 리스          │            ┊
         ┊ └──────────────────────────┴────────────────────┐
         ┊                            │                      │  ➡ 하나의 리스
                                      │      리스부채 재측정       │
                                      └──────────────────────┘
```

① 별도의 리스로 회계처리하지 않는 경우 리스제공자의 회계처리
- **금융리스의 경우**: 변경이 리스약정일에 유효하였다면 그 리스를 운용리스로 분류하였을 경우에, 리스제공자는 다음과 같이 처리한다.
  - 리스변경을 변경 유효일부터 새로운 리스로 회계처리한다.
  - 기초자산의 장부금액을 리스변경 유효일 직전의 리스순투자로 측정한다.
- **그 밖의 경우**: 한국채택국제회계기준서 제1109호 '금융상품'의 요구사항을 적용한다.

② 별도의 리스로 회계처리하지 않는 경우 리스이용자의 회계처리
- **리스이용자는 리스변경 유효일에 다음과 같이 처리한다.**
  - 변경된 계약의 대가를 배분한다.
  - 변경된 리스의 리스기간을 산정한다.
  - 수정 할인율로 수정 리스료를 할인하여 리스부채를 다시 측정한다.
    - ➡ 내재이자율을 쉽게 산정할 수 있는 경우에는 남은 리스기간의 내재이자율로 수정 할인율을 산정하나, 리스의 내재이자율을 쉽게 산정할 수 없는 경우에는 증분차입이자율로 수정 할인율을 산정한다.

- **리스부채의 재측정 회계처리**
  - **리스의 범위를 좁히는 리스변경**: 리스의 일부나 전부의 종료를 반영하기 위하여 사용권자산의 장부금액을 줄인다. 리스이용자는 리스의 일부나 전부의 종료에 관련되는 차손익을 당기손익으로 인식한다.

차) 리스부채	리스의 범위 좁혀 감소한 리스부채	대) 사용권자산	리스의 범위 좁혀 감소한 사용권자산
		리스변경이익	N/I

  - **그 밖의 모든 리스변경**: 사용권자산에 상응하는 조정을 한다.

차) 사용권자산	××	대) 리스부채	××

제 **17** 장

종업원급여

해커스 IFRS 정윤돈 재무회계 키 핸드북

I | 종업원급여의 의의 및 분류

01 종업원급여의 의의

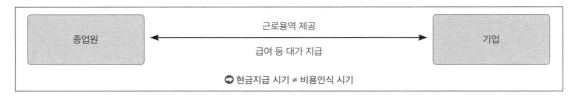

종업원급여는 종업원이 제공한 근무용역의 대가로 또는 종업원을 해고하는 대가로 기업이 제공하는 모든 종류의 보수를 말한다. 이때 주의할 점은 기업이 종업원급여로 현금을 지급하는 시기와 비용을 인식하는 시기가 서로 다를 수 있다는 것이다.

02 종업원급여의 분류

대가관계	지급시기	종업원급여 분류	인식	측정
근로제공대가	근속 중	단기종업원급여	근로제공 시 (발생주의)	명목금액
		장기종업원급여		현재가치
	퇴직 시	퇴직급여		명목금액, 현재가치
퇴직(해고)대가	퇴직 시	해고급여	해고 시	명목금액, 현재가치

Ⅱ｜퇴직급여제도

01 퇴직급여제도의 의의

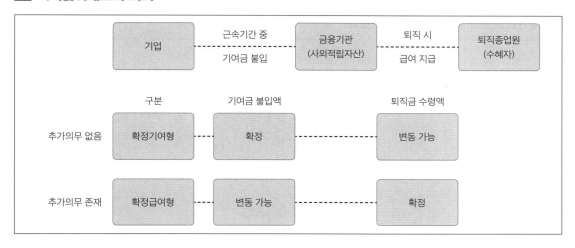

02 퇴직급여제도의 분류

구분	위험부담	불입액	지급액	회계처리		
확정기여형	종업원	확정	변동	기여	차) 퇴직급여	대) 현금
	➡ 기업의 기여금 사전 확정 ➡ 종업원 기금의 운용 책임			결산	회계처리 없음	
				지급	회계처리 없음	
확정급여형	기업	변동	확정	기여	차) 사외적립자산	대) 현금
	➡ 종업원 퇴직금 사전 확정 ➡ 기업 기금의 운용 책임			결산	차) 퇴직급여	대) 확정급여채무
				지급	차) 확정급여채무	대) 사외적립자산

> ---☆ **Self Study**
>
> 한국채택국제회계기준서 제1019호 '종업원급여'에서는 퇴직급여와 관련된 순확정급여부채(자산)를 유동부분과 비유동부분으로 구분하여야 하는지에 대하여 특정하지 않는다.

Ⅲ | 확정급여제도

01 확정급여제도의 계산 TOOL 및 이해

(1) 확정급여제도의 T계정 및 F/S효과

확정급여채무					
지급액	××	기초	××	**1. B/S계정**	
		근무원가(당기 + 과거)	A	1) 순확정급여채무	
		이자비용(기초 × 기초 R)	B	➡ Ⅰ - Ⅱ	
기말(Ⅰ)	Ⅰ	재측정요소(보험수리적손익)	①	2) OCI누계 Σ(② - ①)	

사외적립자산					
기초	××	지급액	××	**2. I/S계정**	
기여금	××			1) 퇴직급여(N/I)	
이자수익	C			➡ A + B - C	
재측정요소	②	기말	Ⅱ	2) 측정요소변동(OCI)	
*실제이자수익: C + ②				➡ ② - ①	

✎ **확정급여채무 > 사외적립자산**

부분재무상태표	
20×1년 12월 31일 현재	
순확정급여채무	
확정급여채무	Ⅰ
(-)사외적립자산	(-)Ⅱ
재측정요소 변동	② - ①

(2) B/S 항목 용어 정리

① **확정급여채무**: 종업원이 퇴직한다면 지급해야 할 퇴직급여의무이다.

② **사외적립자산**: 기업이 종업원의 퇴직급여를 지급하기 위해서 적립해 놓은 자산이다.

③ **순확정급여채무(과소적립액)**: 확정급여채무 PV - 사외적립자산 FV

④ **순확정급여자산(초과적립액)**: 사외적립자산 FV - 확정급여채무 PV - 자산인식상한효과

(3) I/S 항목 용어 정리

구성요소	구성요소 및 계산방식	회계처리
근무원가	당기근무원가, 과거근무원가, 정산 손익	당기손익
순확정급여채무(자산)의 순이자원가	기초 확정급여채무 × 기초 R − 기초 사외적립자산 × 기초 R	당기손익
재측정요소	보험수리적손익, 사외적립자산의 수익(이자 제외), 자산인식상한효과의 변동(이자 제외)	기타포괄손익

① **당기근무원가**: 당기에 종업원이 근무용역을 제공함에 따라 발생하는 확정급여채무의 현재가치 증가액을 말하며 이는 퇴직급여원가와 퇴직급여채무를 증가시킨다.

② **과거근무원가**: 제도개정(확정급여제도의 도입, 철회 또는 변경) 또는 축소로 인해 종업원의 과거기간 근무용역에 대한 확정급여채무의 현재가치가 변동하는 것을 말한다.

③ **정산**: 확정급여제도에 따른 급여에 대한 의무를 기업이 더 이상 부담하지 않기로 한 거래가 발생하는 것을 말한다.

④ **순이자원가**: 순확정급여부채(자산)에 할인율을 곱하여 측정한다.

⑤ **재측정요소**: 재측정요소는 확정급여채무의 보험수리적손익, 사외적립자산의 수익, 자산인식상한효과로 구성된다. 재측정요소는 기타포괄손익으로 회계처리하고 나중에 손익으로 재분류할 수 없다.

> **☆ Self Study**
>
> 1. 확정급여채무는 현재가치로 측정하고, 사외적립자산은 공정가치로 측정한다. 확정급여채무는 퇴직급여가 화폐성부채이기 때문에 현재가치로 측정하는데, 이는 공정가치와 동일한 개념이다. 따라서 퇴직급여채무와 자산은 모두 공정가치로 측정하는 것으로 이해하면 된다.
>
> 2. K-IFRS는 사외적립자산을 재무상태표에 표시하는 방법으로 순액접근법을 원칙으로 하고 있고, 순확정급여부채의 유동성분류와 관련하여서는 유동부분과 비유동부분으로 구분하는 특별한 규정을 두고 있지 않다.
>
> 3. 제도의 축소: 퇴직급여제도의 대상이 되는 종업원의 유의적인 감소

02 확정급여채무의 회계처리

(1) 확정급여채무의 현재가치

확정급여채무의 현재가치는 종업원이 당기와 과거 기간에 근무용역을 제공하여 생긴 채무를 결제하기 위해 필요한 예상 미래지급액의 현재가치를 말한다.

(2) 당기근무원가 · 이자원가

당기근무원가는 당기에 종업원이 근무용역을 제공하여 생긴 확정급여채무 현재가치의 증가분으로 다른 자산의 원가에 포함하는 경우를 제외하고 당기손익으로 인식한다.

이자원가는 기초 확정급여채무에 대해 유효이자율법을 적용하여 증가한 금액을 말한다. 이자원가는 사외적립자산에서 발생하는 이자수익과 상계한 후의 순이자를 당기손익으로 인식한다.

확정급여형 퇴직급여제도는 확정급여채무를 장기성 채무의 현재가치로 산정하여야 하고, K-IFRS에서는 확정급여채무와 당기근무원가는 예측단위적립방식을 사용하여 측정하도록 하고 있다. 단, 퇴직급여채무의 일부를

보고기간 후 12개월이 되기 전에 결제할 것으로 예상하더라도 퇴직급여채무 전부를 할인한다.

| 당기근무원가 발생 | 차) 퇴직급여(N/I) | ×× | 대) 확정급여채무 | ×× |
| 이자원가 발생 | 차) 퇴직급여(N/I) | ×× | 대) 확정급여채무 | ×× |

① 예측단위적립방식의 적용절차

- 확정급여채무의 현재가치를 결정할 때에는 퇴직급여제도에서 정하고 있는 급여산정식에 따라 종업원의 근무기간에 걸쳐 퇴직급여를 배분하되, 종업원의 근무기간 후반에 귀속되는 급여수준이 근무기간 초반에 귀속되는 급여수준보다 중요하게 높은 경우에는 정액법에 따라 배분한다.
- 확정급여채무는 종업원이 퇴직할 때 지급하는 것이므로 보고기간 말에 현재시점의 현재가치로 할인하여 부채로 인식해야 한다. 이 경우 할인율을 아래의 순서로 한다.

> - 1순위: 보고기간 말 현재 우량회사채의 시장수익률
> - 2순위: 보고기간 말 현재 국공채의 시장수익률

─☆ **Self Study**

1. 종업원이 퇴직하는 시점의 퇴직급여를 보험수리적 평가방법을 적용하여 추정한다.

   1) 종업원이 일시불급여를 수령할 것으로 예상되는 경우: 일시불급여액으로 추정

   2) 종업원이 연금을 수령할 것으로 예상되는 경우: 예상연금지급액의 현재가치로 측정

2. 보고기간 말의 할인율을 적용한다는 것은 기말 확정급여채무의 평가에 대한 것으로 실제 확정급여채무의 당기 이자비용 계상 시에는 기초의 할인율을 사용하여야 한다.

3. 사외적립자산도 확정급여채무와 동일하게 이자수익 계상 시 기초 우량회사채의 시장수익률을 사용하며 별도의 할인율을 사용하지 않는다.

(3) 과거근무원가

과거근무원가는 퇴직급여제도의 개정이나 축소로 인해 종업원의 과거기간 근무용역에 대한 확정급여채무의 현재가치가 변동되는 경우 그 변동금액을 말한다. 과거근무원가는 다음 중 이른 날에 즉시 당기손익으로 인식한다.

> ① 제도의 개정이나 축소가 발생할 때
> ② 관련되는 구조조정원가나 해고급여를 인식할 때

| 채무 증가 시 | 차) 퇴직급여(N/I) | ×× | 대) 확정급여채무 | ×× |
| 채무 감소 시 | 차) 확정급여채무 | ×× | 대) 퇴직급여(N/I) | ×× |

◐ **기초에 제도의 개정 등 발생:** 당기 이자비용에 영향을 미친다.
   * 당기 이자비용: (기초 확정급여채무 + 과거근무원가) × 기초 할인율

◐ **기말에 제도의 개정 등 발생:** 당기 이자비용에 영향을 미치지 않는다.
   * 당기 이자비용: 기초 확정급여채무 × 기초 할인율

(4) 재측정요소

순확정급여채무의 재측정요소는 확정급여채무나 사외적립자산의 예상치 못한 변동을 말한다. 즉, 보고기간 말 순확정급여부채의 장부상 잔액과 재측정금액과의 차이인 순확정급여부채의 예상치 못한 변동요소를 재측정요소(재측정손익)라 한다.

재측정요소는 순확정급여부채의 변동을 초래하는 확정급여원가의 일부이지만 당기손익으로 인식하지 않고 기타포괄손익으로 인식하여 자본에 계상한다. 재측정요소는 후속 기간에 당기손익으로 재분류되지 않지만 자본 내에서는 대체할 수 있다.

① 재측정요소의 구성항목
- 보험수리적손익(확정급여채무의 현재가치 증감)
- 순확정급여부채의 순이자에 포함된 금액을 제외한 사외적립자산의 수익
- 순확정급여자산과 자산인식상한효과

② 보험수리적손익(확정급여채무의 현재가치 증감)

보험수리적손익은 보험수리적 가정의 변동과 경험조정으로 인한 확정급여채무 현재가치의 변동을 의미한다. 이때 경험조정이란 이전의 보험수리적 가정과 실제로 발생한 결과의 차이효과를 말한다.

> **확정급여채무의 재측정손익:** (기초 확정급여채무 + 근무원가 + 이자원가 - 퇴직금지급액) - 기말 확정급여채무 현재가치

현재가치 증가	차) 재측정요소(OCI)	××	대) 확정급여채무	××
현재가치 감소	차) 확정급여채무	××	대) 재측정요소(OCI)	××

③ 순확정급여부채의 순이자에 포함된 금액을 제외한 사외적립자산의 수익

사외적립자산의 수익은 이자, 배당금과 그 밖의 수익에서 사외적립자산제도운용원가 제도 자체와 관련된 세금을 차감한 금액을 의미한다. 다만, 확정급여채무를 측정할 때 사용하는 보험수리적 가정에 포함된 세금과 그 밖의 관리원가는 차감하지 아니한다. 사외적립자산에 확정급여채무의 현재가치를 측정할 때 적용한 할인율을 곱한 이자수익은 순확정급여부채의 순이자에 포함하여 당기손익으로 처리한다. 그러므로 사외적립자산의 실제이자수익 중 순확정급여부채의 순이자에 포함된 이자수익을 차감한 금액은 순확정급여부채의 재측정요소이므로 기타포괄손익으로 인식한다.

> **사외적립자산의 재측정손익:** (기초 사외적립자산 + 기여금 + 이자수익 - 퇴직금지급액) - 기말 사외적립자산 공정가치

공정가치 증가	차) 사외적립자산	××	대) 재측정요소(OCI)	××
공정가치 감소	차) 재측정요소(OCI)	××	대) 사외적립자산	××

☆ **Self Study**

1. 사외적립자산의 기여금 불입액이 기초에 이루어 질 때 사외적립자산의 이자수익
   ➡ (기초 사외적립자산 + 기초 기여금 불입액) × 기초 할인율

2. 사외적립자산의 실제이자수익: 기초 사외적립자산 × 기초 할인율 + 재측정요소

(5) 사외적립자산

사외적립자산은 기업으로부터 기여금을 받아 이를 운용하고 종업원에게 퇴직급여를 지급하는 역할을 맡은 기금이 보유하고 있는 자산을 말한다. 사외적립자산은 장기종업원급여기금이 보유하는 자산과 적격보험계약으로 구성된다.

① 사외적립자산은 공정가치로 측정하며, 확정급여채무의 현재가치에서 차감하여 과소적립액은 순확정급여부채로, 초과적립액은 순확정급여자산의 과목으로 하여 재무상태표에 공시한다.

✍ **확정급여채무 > 사외적립자산**

	부분재무상태표	
	20×1년 12월 31일 현재	
	순확정급여채무	
	확정급여채무	I
	(-)사외적립자산	(-)II
	재측정요소 변동	

✍ **확정급여채무 < 사외적립자산**

	부분재무상태표	
	20×1년 12월 31일 현재	
순확정급여자산		
사외적립자산	II	
(-)확정급여채무	(-)I	
(-)자산인식상한효과	(-)III	재측정요소 변동

② 순확정급여부채의 순이자는 보고기간 동안 시간의 경과에 따라 발생하는 순확정급여부채의 변동으로 확정급여채무에서 발생하는 이자원가에서 사외적립자산에서 발생하는 이자수익을 차감한 금액으로 측정한다.

A. 기초 사외적립자산 × 할인율: 당기손익에 반영
B. 사외적립자산의 실제수익 - A: 재측정요소(OCI)에 반영

③ 종업원이 퇴직하면 퇴직급여의 지급은 확정급여채무와 사외적립자산을 상계하고, 퇴직급여의 지급으로 사외적립자산이 부족하거나 당기에 발생한 퇴직급여를 충당하기 위하여 사외적립자산에 추가적으로 출연(기여)하여야 한다.

사외적립자산의 적립	차) 사외적립자산	××	대) 현금	기여금
퇴직급여의 지급	차) 확정급여채무	××	대) 사외적립자산	××
기말 이자수익 계상	차) 사외적립자산	××	대) 퇴직급여	××

(6) 제도의 정산으로 인한 정산손익

확정급여제도의 정산은 확정급여제도에 따라 발생한 급여(전부 또는 일부)에 대한 의무(법적의무 또는 의제의무)를 기업이 더 이상 부담하지 않기로 하는 거래가 있을 때 일어난다.

정산이 발생한 경우에는 정산으로 인한 손익은 정산일에 즉시 당기손익으로 인식한다.

정산 시 회계처리	차) 확정급여채무 퇴직급여(N/I)	정산일 PV 대차차액	대) 사외적립자산 현금	정산일 FV 정산가격

◑ 당기손익 인식액: 순확정급여부채와 현금정산액과의 차이를 즉시 인식

(7) 순확정급여자산과 자산인식상한효과

순확정급여자산은 사외적립자산의 공정가치가 확정급여채무의 현재가치를 초과하는 경우 발생한다. 이러한 부분을 초과적립액이라고 한다. 초과적립액은 아래와 같은 이유에서 자산으로 인식한다.

> ① 기업이 자원을 통제하고 있으며 이는 미래경제적효익을 창출하는 데 그 초과적립액을 사용할 능력이 있음을 의미한다.
>
> ② 기업의 통제는 과거사건(기업의 기여금지급, 종업원의 근무용역제공)의 결과이다.
>
> ③ 미래경제적효익은 직접 또는 결손이 있는 다른 제도를 통하여 간접적으로 기업에 유입될 수 있으며, 미래기여금의 감소나 현금 환급의 방식으로 이용할 수 있다.

순확정급여자산은 제도에서 환급받는 형태로 또는 제도에 납부할 미래기여금을 절감하는 형태로 얻을 수 있는 경제적효익의 현재가치인 자산인식상한을 초과하여 보고할 수 없다. 자산인식상한효과는 순확정급여자산이 자산인식상한을 초과하는 금액으로 순확정급여자산의 재측정요소로 보아 기타포괄손익으로 인식한다.

부분재무상태표
20×1년 12월 31일 현재

순확정급여자산			
사외적립자산	Ⅱ		
(−)확정급여채무	(−)Ⅰ		
(−)자산인식상한효과	(−)Ⅲ	재측정요소 변동	② − ① − ③
	자산인식상한		

자산인식상한효과의 기초금액에 확정급여채무의 현재가치 측정에 사용할 할인율을 곱한 금액은 순확정급여자산의 순이자에 포함하여 당기손익으로 인식한다. 또한 자산인식상한효과는 기타포괄손익으로 인식한다.

자산인식상한효과 이자원가	차) 퇴직급여(N/I)	××	대) 자산인식상한효과	××
자산인식상한효과 재측정요소	차) 재측정요소(OCI)	××	대) 자산인식상한효과	××

1. 기타포괄손익으로 처리하는 자산인식상한효과의 변동(재측정요소)

   = 자산인식상한효과의 총변동 – 기초 자산인식상한효과 × 기초 할인율

   = (기말 자산인식상한효과 – 기초 자산인식상한효과) + 자산인식상한효과에 대한 이자비용

   * 증가: 기타포괄손실, 감소: 기타포괄이익

2. 다음의 조건을 모두 충족하면 다른 확정급여제도와 관련된 부채와 상계한다.

   1) 제도의 초과적립액을 다른 제도의 확정급여채무를 결제하는 데 사용할 수 있는 법적 집행권리가 있다.

   2) 순액기준으로 확정급여채무를 결제할 의도가 있거나, 제도의 초과적립액을 실현시켜 동시에 다른 제도의 확정급여채무를 결제할 의도가 있다.

3. 확정급여자산의 인식한도 규정은 법인세회계에서 결손금에 대한 법인세자산인식한도와 동일한 논리이다. 따라서 사외적립자산의 초과적립효과인 순확정급여자산도 초과적립액을 제도로부터 환급받거나 혹은 향후 기여금을 절감시킬 수 있는 금액을 한도로 하여 자산으로 인식하는 것이다.

✏ **자산인식상한효과 발생 시 T계정**

확정급여채무			
지급액	××	기초	××
		근무원가(당기 + 과거)	A
		이자비용(기초 × 기초 R)	B
기말	I	재측정요소(보험수리적손익)	①

사외적립자산			
기초	××	지급액	××
기여금	××		
이자수익	C		
재측정요소	②	기말	II

자산인식상한효과			
		기초	××
		이자비용	D
기말	III	재측정요소	③

1. B/S계정
   순확정급여자산
   ➲ II – I – III

2. I/S계정
   1) 퇴직급여(N/I)
      ➲ A + B – C + D
   2) 측정요소변동(OCI)
      ➲ ② – ① – ③

* 실제 이자수익: C + ②
* 기말 자산인식상한효과: II – (I + 자산인식상한)

cpa.Hackers.com

제 **18** 장

주식기준보상거래

해커스 IFRS 정윤돈 재무회계 키 핸드북

I | 주식기준보상거래의 이해

01 의의

주식기준보상거래란 기업이 재화나 용역을 제공받은 대가로 기업의 지분상품을 부여하거나, 기업의 지분상품의 가격에 기초한 금액만큼의 부채를 부담하는 보상거래를 말한다. 이러한 주식기준보상거래의 기초가 되는 계약을 주식기준보상약정이라고 하며 특정 가득조건이 있다면, 그 가득조건이 충족되는 때에 거래상대방에게 대가를 받을 권리를 획득하게 하는 기업과 종업원을 포함한 거래상대방 사이의 계약을 말한다.

주식기준보상거래는 기업이 거래상대방에게 지급하는 대가에 따라 아래와 같이 구분된다.

> ① **주식결제형**: 기업의 지분상품을 부여하는 주식기준보상거래
> ② **현금결제형**: 기업의 지분상품 가격에 기초한 금액만큼 현금이나 그 밖의 자산을 지급해야 하는 부채를 부담하는 주식기준보상거래

02 주식기준보상거래의 유형

구분		형식	측정
주식결제형	주식선택권	현금유입, 주식발행	기말 재측정 × ➡ 자본요소
	주가차액보상권	주식발행(주식 FV - Option)	
	미가득주식	주식발행	
현금결제형	주가차액보상권	현금유출(주식 FV - Option)	기말 재측정 ○ ➡ 부채요소
	가상주식	현금	

✎ **주식결제형 주식기준보상거래 전체구조**

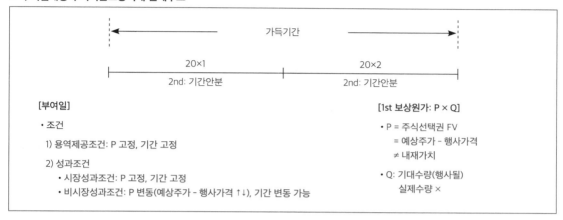

01 용어의 정의

(1) 보상원가

보상원가는 기업이 주식기준보상거래를 통해 거래상대방에게 제공받는 재화나 용역의 원가를 말한다. 주식결제형 주식기준보상거래에서는 보상원가를 제공받는 재화나 용역의 공정가치로 직접 측정한다. 그러나 제공받은 재화나 용역의 공정가치를 신뢰성 있게 측정할 수 없다면, 부여한 지분상품의 공정가치에 기초하여 간접 측정한다. 종업원 및 유사용역제공자와의 거래에서는 제공받는 용역의 공정가치를 신뢰성 있게 측정할 수 없다.

(2) 가득, 가득기간 및 가득조건

① 가득과 가득기간
가득은 주식기준보상약정에 따라 거래상대방이 현금, 그 밖의 자산이나 기업의 지분상품을 받을 권리를 획득하는 것이다. 가득기간은 주식기준보상약정에서 지정하는 모든 가득조건이 충족되어야 하는 기간을 말한다.

② 가득조건
가득조건은 주식기준보상약정에 따라 거래상대방이 현금, 그 밖의 자산 또는 기업의 지분상품을 받을 권리를 획득하게 하는 용역을 기업이 제공받는지를 결정짓는 조건을 말한다. 가득조건은 아래와 같이 구분한다.

용역제공조건		특정 기간 동안 용역을 제공해야 하는 조건
성과조건	비시장조건	지분상품의 시장가격과 직접 관련이 없는 성과를 달성하여야 하는 조건
	시장조건	지분상품의 시장가격에 관련된 성과를 달성하여야 하는 조건

(3) 측정기준일과 부여일

① 측정기준일
측정기준일은 부여한 지분상품의 공정가치를 측정하는 기준일이다. 종업원과의 주식기준보상거래에서는 부여일을 측정기준일로 한다.

② 부여일
부여일은 기업과 거래상대방이 주식기준보상약정에 합의한 날로 일정한 승인절차가 필요한 경우, 승인받은 날을 말한다.

(4) 공정가치와 내재가치

① 공정가치
공정가치는 합리적인 판단력과 거래의사가 있는 독립된 당사자 사이의 거래에서 자산이 교환되거나 부채가 결제되거나 부여된 지분상품이 교환될 수 있는 금액을 말한다. 지분상품의 공정가치는 블랙숄즈모형이나 이항모형 등 옵션가격결정모형을 적용하여 측정한다. ○ 주식선택권의 공정가치: 예상주가(회수율 반영) - 행사가격

② 내재가치
내재가치는 거래상대방이 청약할 권리를 갖고 있거나 제공받을 권리를 갖고 있는 주식의 현재시점의 공정가치와 거래상대방이 당해 주식에 대해 지불해야 하는 가격의 차이를 말한다. ○ 주식선택권의 내재가치: 현재주가(주식 FV) - 행사가격

─☆ Self Study

1. 보상원가가 자산의 인식요건을 충족하는 경우에는 자산의 원가에 가산하고 그렇지 못할 경우에는 즉시 비용으로 인식한다.

2. 비시장조건 예: 목표이익, 목표판매량 등의 성과를 달성해야 하는 조건

---

02 주식결제형 주식기준보상거래의 인식과 측정

(1) 단위당 보상원가(P)의 인식과 측정

① 거래상대방이 종업원인 경우

적용 순서	보상원가 측정	측정기준일
1st	제공받은 재화나 용역의 공정가치	재화나 용역을 제공받는 날
2nd	지분상품의 공정가치	부여일
3rd	지분상품의 내재가치	재화나 용역을 제공받은 날 최초측정하고 후속적으로 재측정

② 거래상대방이 종업원이 아닌 경우

적용 순서	보상원가 측정	측정기준일
1st	제공받은 재화나 용역의 공정가치	재화나 용역을 제공받는 날
2nd	지분상품의 공정가치	재화나 용역을 제공받는 날
3rd	지분상품의 내재가치	재화나 용역을 제공받은 날 최초측정하고 후속적으로 재측정

(2) 보상수량(Q)의 산정

보상수량은 가득될 것으로 예상되는 지분상품의 수량에 대한 최선의 추정치에 기초하여 인식한다. 후속정보에 비추어볼 때 미래에 가득될 것으로 예상되는 지분상품의 수량이 직전 추정치와 다르다면 당해 추정치로 변경한다. 다만 가득일에는 최종적으로 가득되는 지분상품의 수량과 일치하도록 해당 추정치를 변경한다.

구분	예상가득수량
누적소멸수량 및 추가예상소멸수량	총부여수량 - 누적소멸수량 - 추가소멸수량
연평균기대권리소멸률	총부여수량 $\times$ (1 - 연평균기대권리소멸률)[n]
추정 총기대권리소멸률	총부여수량 $\times$ (1 - 추정 총기대권리소멸률)

03 가득조건에 따른 분류

(1) 가득기간과 보상원가의 인식

지분상품의 단위당 보상원가(P)에 보상수량(Q)을 반영하면 총보상원가가 산정된다. 총보상원가는 다음의 가득조건에 따라 안분하여 인식한다.

구분		보상원가 인식방법
즉시 가득되는 경우		즉시 인식
가득에 기간이 필요한 경우	용역제공조건	총보상원가 ÷ 미래용역제공기간(수정 불가능)
	비시장성과조건	총보상원가 ÷ 기대가득기간(수정 가능)
	시장성과조건	총보상원가 ÷ 기대가득기간(수정 불가능)

☆ Self Study

성과조건이 시장조건일 경우 기대가득기간의 추정치는 부여한 주식선택권의 공정가치를 추정할 때 사용되는 가정과 일관되어야 하므로 후속적으로 수정하지 않지만 비시장성과조건인 경우 후속적인 정보로 추정한 기대가득기간이 앞서 추정했던 기대가득기간과 다르다면 기대가득기간 추정치를 변경한다.

(2) 주식선택권의 공정가치와 가득기간의 변동 여부

구분	주식선택권 FV	가득기간
용역제공조건	불변	불변
비시장성과조건	변동	변동
시장성과조건	불변	불변

(3) 유형별 공정가치의 재측정 가능시기

구분	부여일	가득일	최종결제일
현금결제형	⇨	⇨	재측정 ○
비시장성과조건	⇨	재측정 ○	
시장성과조건		재측정 ×	
용역제공조건		재측정 ×	

04 주식결제형 주식기준보상거래의 F/S분석 및 회계처리

```
        B/S(행사 전)                              B/S(행사 후)
                                          현금           ××
                    주식선택권    ××    →            자본금          ××
                      or                            주식발행초과금     ××
                    미가득주식    ××

            I/S                          [가득기간 동안]
 주식보상비용              ××          ① N/I영향: 주식보상비용
                                        ② B/S자본조정금액: 주식선택권 잔액

                                        [행사시점]
                                        ① 자본에 미치는 영향: 현금유입액
                                        ② 주식발행초과금에 미치는 영향: 회계처리
```

(1) 가득기간 중 보상원가 인식

① 매기 말 보상원가 인식 및 회계처리

구분	P	Q			누적(B/S)	당기(I/S)
	공정가치	인원	부여수량	가득기간	보상원가	당기원가
×1년	①	× ②	× ③	× ④	= A	A
×2년	① or ① - 1	× ② - 1	× ③ - 1	× ④ - 1	= B	B - A

×1년 말	차) 주식보상비용(N/I)	A	대) 주식선택권 or 미가득주식	A
×2년 말	차) 주식보상비용(N/I)	B − A	대) 주식선택권 or 미가득주식	B − A

보고기간 말의 보상원가는 부여한 지분상품의 공정가치가 변동하지 않음에도 불구하고 가득될 지분상품의 수량예측치가 변동하므로 계속적으로 변동하게 된다. 가득기간 중에 인식할 보상원가는 주식보상비용으로 자산인식요건을 충족하지 못하는 경우에는 비용을 인식한다. 주식결제형 주식기준보상거래는 권리의 행사 시 지분상품을 부여하므로 보상원가 인식액은 자본항목으로 분류한다. 부여한 지분상품이 주식인 경우에는 미가득주식으로 주식선택권인 경우에는 주식선택권으로 하여 자본항목으로 분류한다.

② 가득조건별 변동사항 정리

구분	P	Q		
	공정가치	인원	부여수량	가득기간
용역제공조건	최초 부여일 FV(고정)	변동	고정	고정
비시장성과조건	행사가격 변동으로 변동 가능	변동	변동 가능	변동 가능
시장성과조건	최초 부여일 FV(고정)	변동	고정	고정
FV신뢰성 ×	내재가치 사용 매년 변동	변동	고정	고정

• 용역제공조건의 경우 용역제공비율에 따라 가득기간에 걸쳐 보상원가를 인식한다.
• 성과조건에 따라 가득기간이 결정되는 경우에는 부여일 현재 가장 실현가능성이 높다고 판단되는 성과조건의 결과에 기초하여 보상원가를 추정된 미래 가득기간에 걸쳐 배분한다. 이때 미래 기대가득기간에 대한 추정이 변경되면 비시장성과조건인 경우에는 변경된 기대가득기간을 적용하지만, 시장성과조건인 경우에는 최초의 기대가득기간을 수정하지 않고 계속 적용한다. 또한 비시장성과조건의 경우에는 각 보고기간 말 현재 성과조건의 달성 여부에 따라 지분상품의 수량이나 행사가격이 변경되는 경우에 추정치를 변경한다. 그러나 시장성과조건인 경우에는 이러한 추정치의 변경을 반영하지 않는다.

③ 부여한 지분상품의 가득조건이 충족되지 않은 경우

거래상대방이 용역제공기간을 채우지 못하거나 비시장조건이 충족되지 못하여 부여된 지분상품의 가득조건을 충족하지 못했다면 누적기준으로 볼 때 제공받은 재화나 용역의 인식금액은 ₩0이 되어야 하므로 과년도에 인식했던 보상비용을 환입한다. 그러나 가득조건이 시장성과조건인 경우에는 가치평가모형에 당해 시장조건을 직접 반영하는 데 실무적 어려움이 없기 때문에 지분상품의 공정가치를 평가할 때 시장조건을 달성하지 못할 가능성을 고려한다. 즉, 지분상품의 공정가치 평가 시 향후 가득되지 못할 가능성 및 가득될 기간의 연장 여부 등을 모두 고려하기 때문에 시장성과조건의 달성 여부와 관계없이 미래에 가득될 지분상품의 수량이나 미래 기대가득기간을 조정하지 않는다. 그 결과 시장성과조건이 충족되는지에 관계없이 다른 모든 조건(Ex. 용역제공조건)이 충족되는 한 제공받은 재화나 용역을 시장성과조건의 충족 여부와 관계없이 인식한다.

구분	공정가치 결정 시 가득조건의 고려 여부	가득할 지분상품 수량의 조정 여부	미래 기대가득기간의 조정 여부	가득조건을 충족하지 못한 경우 이미 인식한 주식보상비용의 환입 여부
용역제공조건	고려하지 않음	상실가능성을 고려하여 조정함	확정된 용역제공기간 적용함	환입함
비시장성과조건			조정함	
시장성과조건	고려함	조정하지 않음	조정하지 않음	환입하지 않음

(2) 권리의 행사

① 신주의 발행 · 교부

주식선택권은 종업원이 기업의 주식을 취득하기 위하여 계약금으로 납입한 금액으로 복합금융상품의 전환권대가 등과 성격적으로 동일하다. 그러므로 주식선택권의 권리 행사로 발행되는 주식의 발행금액은 권리 행사로 납입되는 금액과 주식선택권의 장부금액의 합계금액이다.

문제풀이 목적으로는 아래와 같은 회계처리 방식이 보다 유용하다.

✎ **1st: 주식선택권 1개 행사 시 회계처리**

차) 현금	행사가격	대) 자본금	액면가
주식선택권	FV	주식발행초과금	행사가 + FV − 액면가

✎ **2nd: 가득수량 고려**

- 행사시점의 자본증가액: 행사가격 × 행사수량
- 행사시점의 주식발행초과금 증가액: 1개 행사 시 주식발행초과금 × 행사수량

② 자기주식의 교부

종업원이 주식선택권의 권리를 행사하는 경우 보유 중인 자기주식을 교부할 수 있다. 이 경우 자기주식을 권리 행사로 납입되는 금액과 주식선택권의 장부금액의 합계액에 해당하는 금액으로 처분한 것으로 본다. 그러므로 처분금액에서 자기주식의 장부금액을 차감한 금액은 자기주식처분손익으로 처리한다.

차) 현금	행사가격	대) 자기주식	BV
주식선택권	FV	자기주식처분이익	대차차액

(3) 권리의 소멸

주식선택권은 부여일의 공정가치로 측정하므로 추후에 주가가 하락하는 경우에는 주식선택권의 권리가 행사되지 않고 소멸될 수 있다. 가득된 주식선택권이 소멸되더라도 주식기준보상거래로 이미 인식한 보상원가는 환입하지 않는다. 한국채택국제회계기준서 제1102호 '주식기준보상'에서는 가득된 지분상품이 소멸되는 경우에 대한 특별한 언급이 없으므로 권리가 소멸된 주식선택권은 주식선택권소멸이익으로 처리하고 자본항목으로 분류할 수 있다.

차) 주식선택권	FV	대) 주식선택권소멸이익	자본항목

Ⅲ | 주식결제형 주식기준보상거래의 특수상황

01 지분상품의 공정가치를 신뢰성 있게 추정할 수 없는 경우

(1) 내재가치

매우 드문 경우지만 부여한 지분상품의 공정가치를 신뢰성 있게 추정할 수 없는 경우가 있다. 이 경우 재화나 용역을 제공받는 날을 기준으로 내재가치로 최초측정하고 매 보고기간 말과 최종결제일에 재측정한다. 재측정 시에 내재가치 변동액은 당기손익으로 처리한다.

구분	부여일	가득일	최종결제일
FV의 신뢰성 있는 추정 ×	⮕	⮕	재측정 ○

(2) 지분상품의 수량

지분상품의 공정가치를 신뢰성 있게 추정할 수 없는 경우에도 최초 인식 후에 후속적인 정보에 비추어 미래에 가득될 것으로 예상되는 주식선택권의 수령이 직전 추정치와 다르다면 가득일까지 당해 추정치를 변경한다.

> ☆ **Self Study**
>
> 1. 내재가치 = 현재 주식의 공정가치 - 행사가격
> 2. **최종결제일**: 지분상품이 주식매수권이라면 당해 주식선택권이 행사되거나 상실 또는 만기소멸되는 날이 주식기준보상약정의 최종결제일

---

02 부여한 지분상품의 조건변경

주식기준보상거래에서 이미 부여한 지분상품의 조건(행사가격, 행사수량 및 가득기간)을 변경하는 경우가 있다. 조건변경은 지분상품의 부여일 이후에 주식기준보상약정의 내용을 변경하는 것으로 부여일 현재에는 존재하지 않는 조건이라는 점에서 성과조건과는 다르다. 이때 주의할 점은 회사가 지분상품을 부여한 당시의 조건을 변경하는지, 부여한 지분상품을 취소하거나 중도청산하는지 여부와 관계없이 이미 지정된 가득조건에 따라 제공받는 근무용역은 최소한 지분상품의 부여일 당시의 공정가치에 따라 인식해야 한다는 것이다.

(1) 조건변경의 구분

종업원에게 불리한 경우		조건변경을 인식하지 않음
종업원에게 유리한 경우	증분공정가치	조건변경일에 추정하여 변경된 지분상품의 공정가치와 당초 지분상품의 공정가치의 차이로 측정
	인식시기	• 가득기간 중의 변경: 잔여가득기간에 걸쳐 인식 • 가득기간 이후: 즉시 인식

조건변경은 주식기준보상약정의 총공정가치를 증가시키거나 종업원에게 유리하게 변경되는 경우에만 조건변경의 효과를 인식한다. 그러므로 주식기준보상약정의 총공정가치를 감소시키거나 종업원에게 불리하게 이루어지는 경우 조건변경은 없는 것으로 한다.

(2) 증분공정가치의 인식

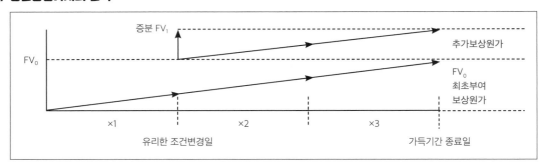

조건변경으로 인하여 부여한 지분상품의 공정가치가 증가하는 경우에는 부여한 지분상품의 대가로 제공받는 근무용역에 대해 인식할 금액을 측정할 때 그 측정치에 증분공정가치를 포함한다. 증분공정가치는 조건변경일에 추정한 변경된 지분상품의 공정가치와 당초 지분상품의 공정가치차이를 말한다.

가득기간에 조건변경이 있는 경우 당초 지분상품에 대해 부여일에 측정한 공정가치는 당초 잔여가득기간에 걸쳐 인식하고, 증분공정가치는 가득기간 중에 조건변경이 이루어진 경우에는 잔여가득기간에 걸쳐 인식하고, 가득일 후에 조건변경이 이루어진 경우에는 즉시 인식한다.

☆ Self Study

1. 증분공정가치: 조건변경 직후에 측정한 변경된 지분상품의 공정가치 – 조건변경 직전에 측정한 당초 지분상품의 공정가치

2. 종업원에게 불리한 조건변경을 인식하지 않는 이유는 종업원의 근무용역의 가치는 옵션부여일에 이미 지분상품의 공정가치에 기초하여 측정하였고, 나중에 불리하게 조건변경이 된다고 해서 조건변경 이후에 제공될 근무용역의 가치가 감소한다거나 부의 근무용역이 제공된다고 볼 수는 없다. 또한 회사가 의도적으로 보상원가를 축소할 수 있는 가능성을 제거하는 것이 그 반대의 경우보다 중요하기 때문이다.

(3) 문제풀이 TOOL

① 기존 부여일의 공정가치 기준 주식기준보상거래

구분	P	Q			누적(B/S) 보상원가	당기(I/S) 당기원가
	공정가치	인원	부여수량	가득기간		
×1년	①	× ②	× ③	× ④	= A	A
×2년	①	× ② - 1	× ③	× ④	= B	B - A
×3년	①	× ② - 2	× ③	× ④	= C	C - B

② 증분공정가치 기준 주식기준보상거래

구분	P	Q			누적(B/S) 보상원가	당기(I/S) 당기원가
	공정가치	인원	부여수량	가득기간		
×2년	증분 FV	× ② - 1	× ③	× 잔여기간 기준	= D	D
×3년	증분 FV	× ② - 2	× ③	× 잔여기간 기준	= E	E - D

➜ 20×2년 당기손익에 미치는 영향: (B - A) + D

03 부여한 지분상품의 기업에 의한 중도청산

종업원에게 부여한 지분상품은 가득기간 중이나 가득일 이후에 중도청산되는 경우가 있다. 이 경우 회사가 해야 할 회계처리는 아래의 순서를 따른다.

✎ 1st: 미인식잔여보상원가의 인식

중도청산의 경우 부여한 지분상품이 조기에 가득된 것으로 보아 잔여가득기간에 제공받을 용역에 대해 인식될 잔여보상원가를 즉시 인식한다.

차) 주식보상비용(N/I)	미인식잔여분	대) 주식선택권	××

☆ Self Study

중도청산을 기초에 하면 잔여보상원가만을 주식보상비용으로 계상하지만 중도청산을 기말에 하면 당기 보상원가 + 잔여보상원가 모두가 당기 주식보상비용으로 계상된다.

✎ 2nd: 지분상품(주식선택권)의 청산손익 인식

중도청산하는 경우 종업원에게 지급하는 금액은 자기지분상품의 재매입으로 본다. 중도청산일 현재 부여한 지분상품의 공정가치와 장부금액의 차이는 중도청산손익으로 처리한다. 이는 **자기지분상품의 재매입에서 발생한 손익으로 자본거래에서 발생한 손익**이다. 그러므로 자본항목으로 처리한다. 다만, 지급액이 재매입일 현재 지분상품의 공정가치를 초과하는 경우에는 추가적인 급여를 지급한 것으로 보아 그 초과액을 비용(주식보상비용)으로 인식한다.

현금청산액	1) 공정가치 초과지급액
	➡ 주식보상비용으로 인식
	➡ 현금청산액 - 지분상품 FV
청산일의 지분상품 공정가치	
	2) 부여한 지분상품 중도청산손익
지분상품의 장부금액(부여일 공정가치)	➡ 자본항목으로 처리

차) 주식선택권	BV(= 부여일 FV)	대) 현금	중도청산일 FV
주식선택권청산손실(자본)	자본항목		
차) 주식보상비용(N/I)	××	대) 현금	지급액 - 중도청산일 FV

➡ 중도청산 시 N/I에 미치는 영향

  ① 기초시점에 중도청산: 잔여보상원가 즉시 인식 + (현금지급액 - 중도청산일 FV)

  ② 기말시점에 중도청산: 당기보상원가 + 잔여보상원가 즉시 인식 + (현금지급액 - 중도청산일 FV)

➡ 중도청산 시 자본총계에 미치는 영향: 현금지급액

Ⅳ | 현금결제형 주식기준보상거래

01 의의

현금결제형 주식기준보상거래란 기업이 재화나 용역을 제공받는 대가로 기업의 주식이나 다른 지분상품의 가격에 기초한 금액만큼의 부채를 재화나 용역의 공급자에게 부담하는 거래를 말한다. 주가차액보상권은 이러한 현금결제형 주식기준보상거래의 가장 대표적인 형태라고 할 수 있다.

현금결제형 주가차액보상권은 일정 기간 기업의 주가가 지정된 가격을 초과하는 경우 초과금액을 현금이나 기타 자산으로 보상받을 수 있는 권리를 부여하는 계약을 말한다.

> ─☆ **Self Study**
>
> 현금결제형 주가차액보상권은 일정 기간 기업의 주가가 지정된 가격을 초과하는 경우 초과금액을 현금이나 기타 자산으로 보상받을 수 있는 권리를 부여하는 계약이다.

02 단위당 보상원가의 인식과 측정

(1) 보상원가의 인식

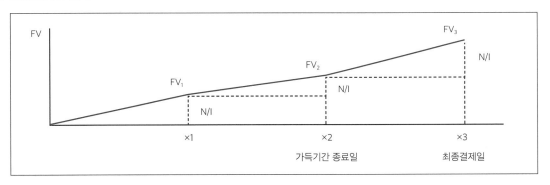

현금결제형 주가차액보상권의 보상원가는 제공받는 재화나 용역과 그 대가로 부담하는 부채를 부채의 공정가치로 측정한다. 또한 부채가 결제될 때까지 매 보고기간 말과 결제일에 부채의 공정가치로 재측정하고 공정가치의 변동액은 당기손익으로 인식한다.

(2) 보상수량의 산정

보상원가는 주식기준보상약정에 따라 부여한 주가차액보상권의 공정가치에 수량을 곱한 금액으로 산정한다. 주가차액보상권의 수량은 가득기간 종료시점에 가득될 것으로 예상되는 수량에 대한 최선의 추정치에 기초하여 산정한다(= 주식결제형 주식기준보상거래와 동일).

03 현금결제형 주식기준보상거래의 회계처리

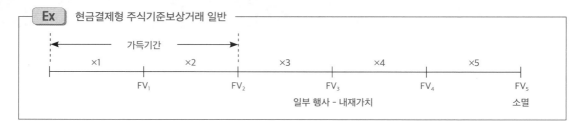

(1) 가득기간 중의 회계처리

근무용역조건을 포함하지 않은 경우 (가득기간이 없음)	즉시 부채의 공정가치를 비용으로 인식
근무용역조건을 포함한 경우 (가득기간이 포함된 용역제공조건)	• 부채의 최초 공정가치를 근무용역기간에 걸쳐 인식 • 매 보고일에 부채의 공정가치를 재측정하고 공정가치 변동을 당기손익으로 인식

각 보고기간 말의 보상원가는 용역제공조건의 경우 용역제공비율에 따라 가득기간에 걸쳐 인식된다. 그러므로 가득기간 중에 각 회계연도에 인식할 주식보상비용은 당기 말까지 인식할 누적보상원가에서 전기 말까지 인식한 누적보상원가를 차감하여 계상한다.

현금결제형 주가차액보상권은 권리 행사 시 현금이나 기타 자산으로 결제하므로 주식보상비용으로 인식한 금액은 장기미지급비용으로 부채로 분류한다.

×1년 말	차) 주식보상비용	××	대) 장기미지급비용[1]	××
×2년 말	차) 주식보상비용	××	대) 장기미지급비용[2]	××

[1] (FV$_1$ × ×1년 말 누적가득기간 ÷ 총가득기간)
[2] (FV$_2$ × ×2년 말 누적가득기간 ÷ 총가득기간) - 전기 말 B/S장기미지급비용

(2) 가득기간 이후의 보상원가 인식

현금결제형 주가차액보상권은 가득일 이후에도 매 보고기간 말의 공정가치로 보상원가를 재측정하고 보상원가의 재측정으로 변동한 금액은 주식보상비용으로 처리한다.

구분	부여일	가득일	최종결제일
현금결제형	➡	➡	재측정 ○

(3) 권리의 행사(가득기간 종료 후 기말 일부 행사)

가득기간 종료 후 기말 일부 행사가 이루어지는 경우, 우선 기말시점에 공정가치로 보상원가를 재측정하여 변동한 금액은 주식보상비용으로 처리하고 그 다음으로 권리가 행사된 부분은 내재가치에 해당하는 금액으로 현금결제하고 현금결제액과 장기미지급비용 장부금액의 차액은 주식보상비용으로 인식한다.

×3년 말				
① 재측정	차) 주식보상비용	$(FV_3 - FV_2) \times$ 총가득수량	대) 장기미지급비용	××
② 행사	차) 장기미지급비용 　　주식보상비용	$FV_3 \times$ 행사수량 (내재가치 $- FV_3) \times$ 행사수량	대) 현금	내재가치 × 행사수량
×4년 말	차) 주식보상비용	$(FV_4 - FV_3) \times$ 미행사수량	대) 장기미지급비용	××
×5년 말	차) 주식보상비용 차) 장기미지급비용	$(FV_5 - FV_4) \times$ 미행사수량 BV	대) 장기미지급비용 대) 주식보상비용환입	×× ××

✎ 가득기간 종료 후 기말 일부 행사 시 계산 TOOL

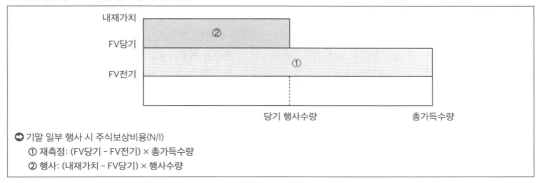

➡ 기말 일부 행사 시 주식보상비용(N/I)
　① 재측정: (FV당기 − FV전기) × 총가득수량
　② 행사: (내재가치 − FV당기) × 행사수량

☆ Self Study

1. 주가차액보상권의 공정가치(기말 재측정 시 사용) = 예상주가 − 행사가격

2. 주가차액보상권의 내재가치(권리 행사 시 사용) = 현재주가 − 행사가격

V | 선택형 주식기준보상거래

선택형 주식기준보상거래란 기업이나 거래상대방이 **제공받는 재화나 용역의 대가의 결제방식으로, 현금(또는 그 밖의 자산)지급이나 지분상품발행 중 하나를 선택할 수 있는** 주식기준보상거래를 말한다.

선택형 주식기준보상거래	상대방이 선택 가능	현금결제형 + 주식결제형
	회사가 선택 가능	• 원칙: 주식결제형 • 예외: 현금상환의무 존재 시 현금결제형

01 거래상대방이 결제방식을 선택할 수 있는 주식기준보상거래

(1) 보상원가의 측정

기업이 거래상대방에게 결제방식을 선택할 수 있는 권리를 부여한 경우에는 **부채요소(거래상대방의 현금결제요구권)와 자본요소(거래상대방의 지분상품결제요구권)가 포함된 복합금융상품을 부여한 것으로 본다.**

종업원으로부터 제공받은 재화나 용역의 공정가치를 직접 측정할 수 없는 거래에서는 당해 거래조건을 고려하여 측정기준일 현재 복합금융상품의 공정가치를 측정한다. **복합금융상품의 공정가치는 현금결제요구권과 지분결제요구권 중 큰 금액으로 측정한다.**

복합금융상품의 공정가치를 측정하면, 이 중 **부채요소에 해당하는 현금결제요구권의 가치를 먼저 측정하고 남은 잔액은 자본요소의 공정가치로 측정한다.**

[거래상대방이 결제방식을 선택할 수 있는 경우, 보상원가의 측정]

거래상대방이 결제방식을 선택할 수 있는 주식선택권	현금결제요구권(부채요소) + 지분상품결제요구권(자본요소)
복합금융상품의 공정가치	Max[현금결제요구권의 공정가치, 지분상품결제요구권의 공정가치]
자본요소의 공정가치	복합금융상품의 공정가치 - 현금결제요구권의 공정가치

(2) 보상원가의 인식

부여한 복합금융상품의 대가로 제공받은 재화나 용역은 각각의 구성요소별로 구분하여 회계처리한다. **부채요소에 대하여는** 현금결제형 주식기준보상거래와 같이 거래상대방에게서 재화나 용역을 제공받을 때 **보상원가와 부채를 인식한다. 이때 부채는 매 보고기간 말에 결제일의 공정가치로 재측정한다.**

자본요소가 있는 경우 **자본요소에 대하여는** 주식결제형 주식기준보상거래와 같이 거래상대방에게서 재화나 용역을 제공받을 때 보상원가와 자본항목을 인식한다. 이때 **지분상품은 부여일의 공정가치로 측정하고 매 기말 재측정하지 않는다.**

[거래상대방이 결제방식을 선택할 수 있는 경우, 보상원가 인식]

구분	부채요소	자본요소
측정	우선적 산정함(매기 말 재측정함)	부채요소 산정 후 산정(매기 말 재측정하지 않음)
인식	장기미지급비용(부채)	주식선택권(자본항목)
주식결제 시	장기미지급비용, 주식선택권 모두 주식발행금액으로 대체	
현금결제 시	현금지급액과 상계	계속 자본항목으로 표시

[거래상대방이 결제방식을 선택할 수 있는 경우, 보상원가 인식 회계처리]

재화 · 용역 제공일	차) 주식보상비용	××	대) 장기미지급비용 　　주식선택권	부채요소 자본요소

(3) 권리의 행사

권리 행사 시 거래상대방이 주식결제방식을 선택하는 경우에는 자본요소로 인식한 금액과 부채요소의 장부금액의 합계액을 주식의 발행금액으로 처리한다.

[주식결제방식을 선택한 경우]

주식결제 선택 시	차) 현금 　　장기미지급비용 　　주식선택권	행사금액 부채요소 자본요소	대) 자본금 　　주식발행초과금	액면금액 ××

그러나 현금결제방식을 선택하는 경우에는 현금지급액을 모두 부채의 상환액으로 보며, 이미 인식한 자본요소는 계속 자본으로 분류한다.

[현금결제방식을 선택한 경우]

현금결제 선택 시	차) 장기미지급비용 　　주식보상비용 차) 주식선택권	×× ×× ××	대) 현금 대) 주식선택권소멸이익	×× 자본

[거래상대방이 결제방식을 선택할 수 있는 선택형 주식기준보상의 권리 행사]

구분	주식결제방식의 선택	현금결제방식의 선택
부채요소	주식발행금액으로 대체	현금지급액과 상계
자본요소	주식발행금액으로 대체	계속 자본항목으로 표시

02 회사가 결제방식을 선택할 수 있는 주식기준보상거래

회사가 현금이나 지분상품발행으로 결제할 수 있는 선택권을 갖는 조건이 있는 주식기준보상거래의 경우, 현금을 지급해야 하는 현재의무가 있는 경우에는 현금결제형 주식기준보상거래로 회계처리한다. 다음의 경우에는 현금지급의 현재의무가 있는 것으로 본다.

① 지분상품을 발행하여 결제하는 선택권에 상업적 실질이 결여된 경우
② 현금으로 결제한 과거의 실무관행이 있거나 현금으로 결제한다는 방침이 명백한 경우
③ 거래상대방이 현금결제를 요구할 때마다 일반적으로 기업이 이를 수용하는 경우

현금지급의 현재의무가 없으면, 주식결제형 주식기준보상거래로 보아 회계처리한다. 주식결제형 주식기준보상거래에 해당하는 경우에는 다음과 같이 회계처리한다.

(1) 기업이 현금결제를 선택하는 경우: 자기지분상품의 재매입으로 보아 현금지급액을 자본에서 차감함

[현금결제방식을 선택]

| 차) 주식선택권 | ×× | 대) 현금 | ×× |
| 주식선택권상환손실 | 자본항목 | | |

(2) 기업이 지분상품의 발행으로 결제하는 것을 선택한 경우: 주식결제형과 동일

[주식결제방식을 선택]

| 차) 현금 | ×× | 대) 자본금 | ×× |
| 주식선택권 | ×× | 주식발행초과금 | ×× |

(3) 기업이 결제일에 더 높은 공정가치를 가진 결제방식을 선택하는 경우: 초과결제가치를 추가 비용으로 인식

*초과결제가치는 실제로 지급한 금액이 주식결제방식을 선택할 때 발행하여야 하는 지분상품의 공정가치를 초과하는 금액 또는 실제로 발행한 지분상품의 공정가치가 현금결제방식을 선택할 때 지급하여야 하는 금액을 초과하는 금액이다.

➲ 초과결제가치: 실제 지급한 가치 - Min[현금결제가치, 주식결제가치]

[현금결제방식을 선택]

차) 주식선택권	××	대) 현금	××
주식선택권상환손실	자본항목		
주식보상비용	초과결제가치		

[주식결제방식을 선택]

차) 현금	××	대) 자본금	××
주식선택권	××	주식발행초과금	××
주식보상비용	초과결제가치		

[기업이 결제방식을 선택할 수 있는 경우 선택형 주식기준보상]

구분	현금지급의 의무	권리 행사 시의 처리
현금결제형	O	현금결제함
주식결제형	×	① 현금결제 시: 자기지분상품의 재매입으로 봄 ② 주식결제 시: 주식결제형과 동일함 ③ 더 높은 공정가치로 결제: 초과결제가치는 비용처리함

03 부여한 주식에 현금결제선택권이 후속적으로 추가된 경우

기업이 종업원과 주식결제형 주식기준보상거래를 한 이후 가득기간 중 현금결제선택권이 부여되는 경우가 있다. 이 경우 기업은 조건변경일 현재 주식결제형의 공정가치와 당초 특정된 근무용역을 제공받은 정도에 기초하여 조건변경일에 현금으로 결제될 부채를 인식한다.

> ① 현금결제선택권이 후속적으로 추가된 시점에 부채요소를 부채로 대체하여 인식한다.
>   ➡ 기업은 각 보고일과 결제일에 부채의 공정가치를 재측정하고 그 공정가치 변동을 그 기간의 당기손익으로 인식한다.
> ② 조건변경일 현재 자본요소의 공정가치
>   ➡ 주식결제요구권의 공정가치 - 현금결제선택권의 공정가치

☆ Self Study

당초 부여한 주식에 현금결제선택권이 후속적으로 추가되는 것은 조건변경에 해당한다. 기업이 지분상품을 부여한 당시의 조건을 변경하는지, 부여한 지분상품을 취소하거나 중도청산하는지 여부와 관계없이 제공받는 근무용역은 최소한 지분상품의 부여일 당시의 공정가치에 따라 인식하여야 한다.

✎ 현금결제선택권이 후속적으로 추가된 경우

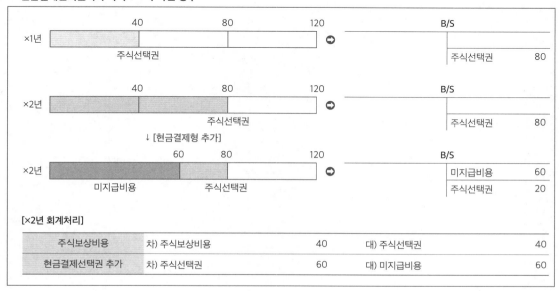

제 **19** 장

법인세회계

해커스 IFRS 정윤돈 재무회계 키 핸드북

I ┃ 법인세회계의 기초

01 법인세회계의 의의

기업은 사업을 영위하는 과정에서 법인세를 부담한다. 법인세부담액은 회계기준에 따라 산출된 법인세비용차감전순이익에 기초하여 계산하는 것이 아니라 과세당국이 제정한 법인세법에 따라 산출된 과세소득에 기초하여 계산한다. 회계기준에 따라 산출된 법인세비용차감전순이익을 회계이익이라고 하는데, 일반적으로 회계이익과 과세소득은 일치하지 않는다.

> 회계이익 = 회계기준에 따라 산출된 법인세비용 차감 전 회계기간의 손익
>
> ≠
>
> 과세소득 = 법인세법에 따라 산출된 회계기간의 이익 ➡ 조세부담의 기준금액

회계이익과 과세소득의 차이는 기업의 조세부담을 감면하거나 미래에 이연시키는 조세정책 때문에 발생하기도 하지만 회계기준과 세법에서 규정하고 있는 손익의 범위가 서로 다르거나, 손익의 귀속시기 및 자산·부채의 측정기준이 서로 다르기 때문에 발생하기도 한다.

기업재무회계에서 수익은 실현주의에 따라 인식하고 비용은 수익비용 대응주의에 따라 인식하여 회계이익을 산정하도록 규정하고 있지만 법인세법은 수익은 권리확정주의에 따라 인식하고 비용은 의무확정주의에 따라 인식하여 과세소득을 산정하도록 규정하고 있어 둘 간의 이익 차이가 발생하게 된다.

법인세법에 따라 산출된 과세소득을 기초로 계산된 법인세비용을 회계이익에서 차감하여 당기순이익을 보고하게 되면 회계이익과 관련이 없는 금액이 법인세비용으로 계상되어 수익·비용이 올바로 대응되지 않는다. 따라서 회계이익을 기준으로 산출된 법인세비용을 회계이익에서 차감하여 당기순이익을 보고하면 회계이익이 동일할 때 당기순이익도 동일하게 되므로 올바른 대응을 할 수 있게 된다.

─☆ Self Study

회계이익과 과세소득의 차이 원인

1. 특정 목적을 위한 조세 정책(Ex. 비과세 이자수익, 접대비 한도초과)

2. 손익의 범위 차이(Ex. 자기주식 처분이익)

3. 손익의 귀속시기 차이(Ex. 미수이자, 제품보증충당부채)

4. 자산, 부채의 측정기준 차이(Ex. 지분상품의 공정가치 평가)

✎ **회계이익과 과세소득에 따른 법인세비용**

1. A사의 20×1년과 20×2년의 회계이익과 과세소득

구분	20×1년	20×2년
회계이익	₩4,000	₩4,000
과세소득	5,000	3,000

2. 과세소득을 기초로 계산한 법인세를 회계이익에서 차감하여 당기순이익 계산

구분	20×1년	20×2년
회계이익	₩4,000	₩4,000
법인세	5,000 × 20% = (−)1,000	3,000 × 20% = (−)600
당기순이익	3,000	3,400

3. 회계이익을 기초로 산출된 법인세비용을 회계이익에서 차감하여 당기순이익 계산

구분	20×1년	20×2년
회계이익	₩4,000	₩4,000
법인세비용	4,000 × 20% = (−)800	4,000 × 20% = (−)800
당기순이익	3,200	3,200

수익·비용의 올바른 대응을 위해서 회계이익에 해당하는 법인세비용을 회계이익에서 차감하여야 한다. 이는 법인세를 여러 회계기간에 걸쳐 배분하는 이연법인세회계, 즉 법인세의 기간 간 배분과 법인세를 동일한 회계기간 내에서 발생원인별로 배분하는 기간 내 배분을 하는 경우에만 가능하다.

02 회계이익과 과세소득

회계이익은 한국채택국제회계기준에 의하여 산출된 법인세비용 차감 전 회계기간의 손익을 말하며 과세소득은 과세당국이 제정한 법규인 법인세법에 따라 납부할 법인세를 산출하는 대상이 되는 회계기간의 이익 즉, 법인세부담액인 당기법인세를 산출하는 대상 소득을 말한다.

회계이익은 수익에서 비용을 차감하여 계산하며, 과세소득은 익금에서 손금을 차감하여 계산한다. 수익과 익금 그리고 비용과 손금은 서로 유사한 개념이지만 완전하게 일치하지 않는다.

① **회계이익**: 수익 − 비용 = 법인세비용차감전순이익
② **과세소득**: 익금 − 손금 = 과세소득

이렇게 회계이익과 과세소득의 차이를 발생시키는 항목들은 다음의 4가지 요소로 구분할 수 있다.

> ① **익금산입**: 기업회계상 수익이 아니지만 법인세법상 익금에 해당하는 경우
>
> ② **익금불산입**: 기업회계상 수익이지만 법인세법상 익금에 해당하지 않는 경우
>
> ③ **손금산입**: 기업회계상 비용이 아니지만 법인세법상 손금에 해당하는 경우
>
> ④ **손금불산입**: 기업회계상 비용이지만 법인세법상 손금에 해당하지 않는 경우

익금산입과 손금불산입은 회계이익보다 과세소득을 크게 한다는 점에서, 손금산입과 익금불산입은 회계이익보다 과세소득을 작게 한다는 점에서 각각 동일한 효과를 갖는다. 과세소득은 회계이익에서 이들 항목들을 가감한 금액으로 산출하는데 이러한 과정을 세무조정이라고 한다.

✏️ **세무조정**

법인세차감전순이익 = 수익 − 비용	××	
• 가산항목: 익금산입 + 손금불산입	××	
• 차감항목: 익금불산입 + 손금산입	(−)××	세무조정
과세소득	××	

┌─ **Additional Comment** ─┐

과세소득은 익금에서 손금을 차감하여 직접법으로 산정하여야 하나 대부분의 수익과 익금, 비용과 손금이 일치하기 때문에 회계이익에서 출발하여 차이나는 부분만을 조정하여 과세소득을 산출하는 간접법을 사용하는데, 이를 세무조정이라고 한다.

03 소득처분

세무조정을 하는 데 세무조정의 결과가 누구에게 귀속되었는지 여부를 결정하여야 한다. 이를 소득처분이라고 하는데, 소득처분은 유보와 사외유출로 구분된다.

유보는 세무조정금액이 사외로 유출되지 않고 기업 내부에 남아 기업회계상 자산·부채(회계상 순자산)와 법인세법상 자산·부채(세무상 순자산)의 차이를 발생시키는 경우의 소득처분을 말한다. 반면 사외유출은 세무조정금액이 기업외부로 유출되어 제3자에게 귀속되는 경우의 소득처분을 말한다.

(1) 유보

유보로 소득처분된 항목들은 미래의 회계기간에 걸쳐 과세소득에 반대의 영향을 미친다. 즉, 당기의 회계이익에 가산된 항목은 차기 이후의 회계이익에서 차감되고, 당기의 회계이익에서 차감된 항목은 차기 이후의 회계이익에 가산된다. 이때 회계이익에 가산하는 경우를 유보라고 하고, 회계이익에서 차감하는 경우를 △유보라고 한다. 유보로 소득처분된 항목은 기업회계나 법인세법에서 모두 수익(또는 비용)과 익금(또는 손금)으로 인정되지만, 귀속되는 회계기간이 다른 경우에 발생한다.

⭐ Self Study

1. 유보로 소득처분된 항목은 당기 과세소득을 증가시켜 당기법인세를 증가시키지만, 동 금액이 차기 이후의 과세소득을 감소시켜 차기 이후의 법인세를 감소시키게 된다.

2. △유보로 소득처분된 항목은 당기 과세소득을 감소시켜 당기법인세를 감소시키지만, 동 금액이 차기 이후의 과세소득을 증가시켜 차기 이후의 법인세를 증가시키게 된다.

(2) 사외유출

사외유출로 소득처분된 항목들은 당기 과세소득에만 영향을 미치고 차기 이후 회계기간의 과세소득에는 영향을 미치지 않는다. 사외유출항목은 특정 항목이 기업회계에 수익 · 비용으로 인정되지만 법인세법에서 익금 · 손금으로 인정되지 않거나, 기업회계에서 수익 · 비용으로 인정되지 않지만 법인세법에서 익금 · 손금으로 인정되는 경우에 발생한다. 사외유출항목은 당기 과세소득을 증감시키지만 동 금액이 차기 이후의 과세소득에 미치는 영향이 없다는 점에서 차기 이후의 과세소득에 영향을 미치는 유보항목과 구분된다.

04 일시적차이와 영구적차이

일시적차이는 회계이익과 과세소득의 차이 중 유보 또는 △유보로 소득 처분된 항목을 말한다. 한국채택국제회계기준 제1012호 '법인세'에서는 일시적차이를 재무상태표상 자산 또는 부채의 장부금액과 세무기준액의 차이로 정의하고 있다. 이때 자산이나 부채의 세무기준액은 세무상 당해 자산 또는 부채에 귀속되는 금액으로 이러한 일시적차이는 다음의 두 가지로 구분된다.

> ① **가산할 일시적차이**: 미래 회계기간의 과세소득 결정 시 가산할 금액이 되는 일시적차이(△유보)
> ② **차감할 일시적차이**: 미래 회계기간의 과세소득 결정 시 차감할 금액이 되는 일시적차이(유보)

한편, 세무조정사항 중 사외유출항목들은 일반적으로 영구적차이라고 하지만 기업회계기준서 제1012호 '법인세'에서는 별도로 정의하고 있지 않다.

구분	당기		차기 이후	
법인세비용차감전순이익	××			
가산				
• 일시적차이	××	➡	(-)××	유보(미래에 차감할 일시적차이)
• 영구적차이	××			
(-)차감				
• 일시적차이	(-)××	➡	××	△유보(미래에 가산할 일시적차이)
• 영구적차이	(-)××			
과세소득	××		××	

05 법인세 신고·납부 시기 및 회계처리

기업은 현행 법인세법에 따라 기중에 원천징수나 중간예납 등을 통하여 당기법인세 중 일부를 미리 납부하도록 규정하고 있는데, 동 납부액은 당기법인세자산(= 선급법인세)으로 하여 자산으로 인식한다. 또한 결산일에 회사가 납부하여야 할 법인세부담액인 당기법인세를 산정하여 당기법인세자산과 상계하고 당기법인세 산정액이 더 큰 경우에는 차액을 당기법인세부채로 처리한다. 기업은 다음 회계연도 3월 31일까지 세무조정내역에 따라 과세당국에 법인세를 신고·납부한다.

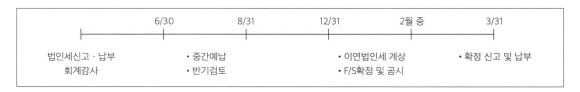

(1) 원천징수 및 중간예납 시

기업은 회계기간 중 원천징수나 중간예납을 통하여 법인세를 미리 납부하게 된다. 원천징수나 중간예납을 통하여 미리 납부한 법인세는 납부시점에 당기법인세자산(또는 선급법인세)으로 처리한다.

(2) 보고기간 말

기업은 보고기간 말 현재 당기법인세를 추정하여 법인세비용과 당기법인세부채로 각각 인식한다. 원천징수세액과 중간예납세액이 있는 경우에는 법인세추정액에서 원천징수세액 등을 차감한 금액을 당기법인세부채의 과목으로 인식한다.

(3) 법인세신고일(납부일)

정기주주총회에서 재무제표가 확정되면 기업은 이를 기초로 실제 납부할 당기법인세를 계산하기 위해 세무조정을 한다. 기업은 세무조정을 한 결과를 과세당국에 세무조정계산서의 형식으로 신고하고 법인세를 납부하여야 한다.

세무조정의 결과로 계산되는 당기법인세는 보고기간 말에 이미 인식한 법인세추정액과 일치하지 않는 것이 일반적이다. 이때 보고기간 말에 추정한 법인세와 실제 법인세와의 차액은 법인세를 추납하거나 환급한 회계기간의 법인세비용에 가산한다.

[법인세 신고·납부 시기의 회계처리]

중간예납	차) 당기법인세자산(A)	××	대) 현금	××
이연법인세 계상	차) 이연법인세자산 법인세비용	×× ××	대) 당기법인세자산(A) 당기법인세부채(B) ➔ 당기 납부세액: A + B	×× ××
확정 신고·납부	차) 당기법인세부채	××	대) 현금	××

Ⅱ | 법인세의 기간 간 배분

01 기간 간 배분의 의의

이연법인세회계는 일시적차이에 대한 세금효과를 인식하여 포괄손익계산서의 법인세비용에서 그 효과를 가감하고, 동금액을 재무상태표에 이연법인세자산·부채로 인식하는 회계를 의미한다. 이연법인세회계는 일시적차이에 대한 세금효과를 여러 회계기간에 걸쳐 배분하므로 법인세의 기간 간 배분이라고도 한다.

이연법인세회계의 예

A사는 20×1년 초에 ₩100,000을 연 10%의 적금에 불입하였다. 적금의 만기는 20×2년으로 적금의 이자는 만기에 일시 지급한다. A회사는 2년간 동 거래 이외에는 거래가 없었다(법인세율은 매년 30%이다).

1. 회계이익과 과세소득의 구분

구분	20×1년	20×2년
회계이익	100,000 × 10% = 10,000	100,000 × 10% = 10,000
과세소득	-	100,000 × 10% × 2 = 20,000

2. 과세소득을 기초로 계산한 법인세를 회계이익에서 차감하여 당기순이익 계산

구분	20×1년	20×2년
회계이익	10,000	10,000
법인세	-	20,000 × 30% = (-)6,000
당기순이익	10,000	4,000

➲ 동일한 회계이익에 대하여 법인세효과로 인해 서로 다른 당기순이익 발생

3. 이연법인세회계

1) 20×1년 이연법인세회계

차) 법인세비용	3,000	대) 이연법인세부채	3,000

2) 20×2년 이연법인세회계

차) 이연법인세부채	3,000	대) 현금(법인세지급액)	6,000
법인세비용	3,000		

4. 이연법인세회계 적용 후 당기순이익 계산

구분	20×1년	20×2년
회계이익	10,000	10,000
법인세	(-)3,000	(-)3,000
당기순이익	7,000	7,000

➲ 동일한 회계이익에 대하여 법인세효과 반영 이후에도 동일한 당기순이익 발생

02 이연법인세자산

이연법인세자산은 차감할 일시적차이로 인하여 미래기간에 경감될 법인세액을 말하며, 차감할 일시적차이 외에 이월공제 가능한 세무상 결손금이나 세액공제로 인하여 미래기간에 경감될 법인세액도 이연법인세자산에 해당한다.

> 이연법인세자산 = 실현가능한 차감할 일시적차이 × 소멸되는 회계연도의 평균세율

(1) 법인세의 계산구조

법인세차감전순이익	××		일시적차이	영구적차이
• 가산항목	××	➡	유보	기타사외유출, 기타
• (-)차감항목	(-)××	➡	△유보	기타
각사업연도소득금액	××		이연법인세자산(부채)	
• (-)이월결손금	(-)××	➡	이연법인세자산	
과세표준	××			
× 세율(t)				
산출세액	××			
• (-)세액공제	(-)××	➡	이연법인세자산	
결정세액	××			
• (-)기납부세액	(-)××			
차감납부세액	××			

당기법인세는 단순히 과세소득에 법인세율을 곱한 금액으로 계산되는 것이 아니라 실제로는 과세소득에서 이월결손금 등을 차감한 금액으로 과세표준을 계산하고, 과세표준에 법인세율을 곱한 금액으로 산출세액을 계산한다. 그러나 당기법인세는 실제 납부할 법인세를 말하므로 산출세액에서 세액공제를 차감한 금액인 결정세액을 계산한다.

☆ Self Study

1. 이월결손금은 부(-)의 과세소득인 결손금이 발생하는 경우 차기 이후에 발생한 과세소득에서 차감해 주는 것으로 차기 이후의 법인세를 감소시킨다.

2. 이월결손금은 차기 이후의 법인세를 감소시키므로 **차감할 일시적차이와 동일한 세금효과를 갖는다.** 따라서 이월결손금 등으로 인한 차기 이후의 법인세 감소분은 이연법인세자산으로 인식하고 발생한 회계기간의 법인세수익으로 인식한다.

---

(2) 이연법인세자산의 인식

이연법인세자산은 자산의 정의에 비추어 볼 때 그 요건을 충족하므로 자산성이 인정된다.

이연법인세자산 자산성	① 과거에 발생한 거래나 사건의 결과임 ② 미래에 과세소득과 법인세부담액을 감소시킴으로써 간접적으로 미래의 현금흐름을 창출하는 효익을 가지고 있음 ③ 미래의 경제적효익에 대한 배타적인 권리를 가지고 있음

차감할 일시적차이는 미래회계기간에 과세소득에서 차감되는 형태로 소멸된다. 그런데 미래회계기간에 과세소득이 충분하지 않다면 과세소득의 차감을 통하여 경제적효익이 유입될 수 없다. 따라서 차감할 일시적차이가 사용될 수 있는 과세소득의 발생 가능성이 높은 경우에만 차감할 일시적차이에 대한 이연법인세자산을 인식한다. 아래의 경우에는 차감할 일시적차이의 실현가능성이 높은 것으로 판단할 수 있다.

이연법인세자산 실현가능성 검토	① 충분한 가산할 일시적차이: 차감할 일시적차이의 소멸이 예상되는 회계기간에 소멸이 예상되는 충분한 가산할 일시적차이가 있는 경우 ② 충분한 과세소득: 차감할 일시적차이가 소멸될 회계기간에 동일 과세당국과 동일 과세대상기업에 관련된 충분한 과세소득이 발생할 가능성이 높은 경우 ③ 세무정책에 의한 과세소득의 창출: 세무정책으로 적절한 기간에 과세소득을 창출할 수 있는 경우 ④ 결손금이 다시는 발생할 가능성이 없는 원인에서 발생: 미사용 세무상 결손금이 다시 발생할 가능성이 없는 식별가능한 원인으로부터 발생한 경우

(3) 이연법인세자산의 평가

이연법인세자산의 장부금액은 매 보고기간 말에 검토한다. 이연법인세자산의 일부 또는 전부에 대한 혜택이 사용되기에 충분한 과세소득이 발생할 가능성이 더 이상 높지 않다면 이연법인세자산의 장부금액을 감액시킨다. 감액된 금액은 사용되기에 충분한 과세소득이 발생할 가능성이 높아지면 그 범위 내에서 환입한다.

또한 인식되지 않은 이연법인세자산에 대해서는 매 보고기간 말에 재검토한다. 미래과세소득에 의해 이연법인세자산이 회수될 가능성이 높아진 범위까지 과거 인식되지 않은 이연법인세자산을 인식한다.

03 이연법인세부채

이연법인세부채는 가산할 일시적차이로 인하여 미래기간에 추가로 부담하게 될 법인세금액을 말하며, 원칙적으로 모든 가산할 일시적차이에 대하여는 이연법인세부채를 인식하여야 한다. 즉, 이연법인세부채는 이연법인세자산과 달리 그 실현가능성 여부를 따지지 않고 전액 부채로 계상하여야 한다.

이연법인세부채 = 가산할 일시적차이 × 소멸되는 회계연도의 평균세율

이연법인세부채는 부채의 정의에 비추어 볼 때 그 요건을 충족하므로 부채성이 인정된다.

이연법인세부채 부채성	① 과거에 발생한 거래나 사건의 결과임 ② 미래의 과세소득을 증가시키게 되므로 이연된 법인세의 지급의무가 현재시점에 존재함 ③ 세금의 납부는 자원의 유출이 예상되는 의무임

─☆ **Self Study**

모든 가산할 일시적차이에 대하여 이연법인세부채를 인식한다. 다만, 다음의 경우에 발생한 이연법인세부채는 인식하지 아니한다.

1. 영업권을 최초로 인식하는 경우

2. 다음에 모두 해당하는 거래에서 자산이나 부채를 최초로 인식하는 경우

   1) 사업결합이 아니다.

   2) 거래 당시 회계이익과 과세소득(세무상 결손금)에 영향을 미치지 않는다.

   3) 거래 당시 동일한 금액으로 가산할 일시적차이와 차감할 일시적차이가 생기지는 않는다.

04 적용할 세율

(1) 법인세효과에 적용할 세율

당기법인세자산과 부채는 보고기간 말까지 제정되었거나 실질적으로 제정된 현재의 세율을 사용하여 과세당국에 납부할 것으로 예상되는 금액으로 측정한다. 또한 이연법인세자산과 부채는 보고기간 말까지 제정되었거나 실질적으로 제정된 세율에 근거하여 당해 자산과 부채가 실현되거나 결제될 회계기간에 적용될 것으로 기대되는 미래의 세율을 사용하여 측정한다.

(2) 누진세율이 적용되는 경우

과세대상수익의 수준에 따라 적용되는 세율이 다른 누진세율 구조의 경우에는 일시적차이가 소멸될 것으로 예상되는 기간의 과세소득에 적용될 것으로 기대되는 평균세율을 사용하여 이연법인세자산과 부채를 측정한다.

☆ Self Study

이연법인세자산과 부채의 장부금액은 관련된 일시적차이의 금액에 변동이 없는 경우에도 아래와 같은 원인으로 변경될 수 있다.

1. 세율이나 세법이 변경되는 경우
2. 이연법인세자산의 회수가능성을 재검토하는 경우
3. 예상되는 자산의 회수 방식이 변경되는 경우

---

05 다기간에서 법인세기간배분의 절차

[법인세 납부세액 계산구조 및 회계처리]

			일시적차이	영구적차이
법인세차감전순이익	××			
• 가산항목	××	➡	유보	기타사외유출, 기타
• (-)차감항목	(-)××	➡	△유보	기타
각사업연도소득금액	××		이연법인세자산(부채)(A)	
• (-)이월결손금	(-)××	➡	이연법인세자산(A)	
과세표준	××			
× 세율(t)				
산출세액	××			
• (-)세액공제	(-)××	➡	이연법인세자산(A)	
결정세액(B)	××			
• (-)기납부세액(C)	(-)××			
차감납부세액(B - C)	××			

[법인세비용 및 이연법인세 계상]

차) 이연법인세자산(A)	3rd	대) 당기법인세자산(C)	1st
법인세비용	대차차액	당기법인세부채(B - C)	2nd

✏ **다기간의 법인세기간 간 배분의 계산 TOOL**

[1st 기간 간 배분]

구분	당기(A%)		차기 이후(B%)	
법인세비용차감전순이익	××			
가산				
• 일시적차이	××	➡	(-)××	유보(미래에 차감할 일시적차이)
• 영구적차이	××			
(-)차감				
• 일시적차이	(-)××	➡	××	△유보(미래에 가산할 일시적차이)
• 영구적차이	(-)××			
합계	××		××	
× 세율	× A%		× B%	
	① 결정세액		② +: 이연법인세부채(당기)	
			② -: 이연법인세자산(당기)	
			기말시점 총액	

[2nd 기간 간 배분 회계처리]

차) 이연법인세자산(기말)	4th ②	대) 당기법인세자산	1st	
법인세비용	대차차액	당기법인세부채	2nd	①
		이연법인세자산(기초)	3rd	

두 회계기간 이상인 다기간의 경우에는 이연법인세회계의 적용이 복잡하다. 다기간의 이연법인세를 회계처리하는 순서는 아래와 같다.

① 당기법인세를 계산한다.
② 기초 현재와 기말 현재의 이연법인세자산(부채)을 계산한다.
③ 회계처리를 통해 대차잔액으로 법인세비용을 계산한다.

(1) 당기법인세

당기법인세는 과세소득에 당기법인세율을 곱하여 계산한다. 과세소득은 회계이익에서 회계이익과 과세소득의 차이를 가감하여 계산한다.

(2) 이연법인세자산·부채

기말 현재 이연법인세자산·부채는 보고기간 말 현재 누적 일시적차이가 소멸되는 회계기간에 적용될 것으로 기대되는 세율을 사용하여 측정한다. 따라서 보고기간 말 현재 누적 일시적차이를 소멸되는 회계기간별로 구분하고, 소멸되는 회계기간의 예상법인세율을 곱한 금액으로 법인세효과를 계산한다.

(3) 법인세비용

이연법인세자산·부채의 기초금액과 기말금액의 차이를 회계처리하고, 당기법인세를 당기법인세부채로 인식하면 대차차액을 법인세비용으로 인식한다.

06 결손금 등의 세금효과

(1) 결손금

법인세법상 손실이 발생하는 경우 납부할 당기법인세는 발생하지 않는다. 그러나 법인세법상 결손금은 전기 이전의 회계기간에 이미 납부한 법인세를 돌려받는 소급공제를 통하여 법인세를 환급받거나 미래 과세소득에서 결손금 해당액을 차감하여 미래 법인세를 경감해 주는 이월공제를 통하여 차기 이후의 법인세를 감소시켜 준다.

(2) 결손금의 공제 유형별 회계처리

결손금 소급공제	차) 당기법인세자산 ×× 대) 법인세수익 ××
	● 과거기간에 납부한 법인세의 환급으로 미수채권에 해당함
결손금 이월공제	차) 이연법인세자산 ×× 대) 법인세수익 ××
	● 차기 이후에 납부할 법인세의 감소로 이연법인세자산의 실현가능성 검토해야 함

결손금의 소급공제는 과거회계기간의 법인세를 환급받기 위하여 세무상결손금을 이용하는 것이다. 결손금의 소급공제로 인한 혜택은 기업으로 유입될 가능성이 높고 이를 신뢰성 있게 측정할 수 있기 때문에 세무상결손금이 발생한 회계기간에 이를 자산으로 인식한다. 법인세의 환급예정액은 당기법인세자산으로 인식하고, 법인세수익으로 하여 당기손익처리한다.

결손금의 소급공제가 인정되더라도 환급받을 세액이 없거나 부족한 경우에는 결손금의 이월공제가 허용된다. 결손금을 이월공제하게 되면 차기 이후의 회계기간에 발생한 과세소득에서 이월된 결손금을 차감한 과세표준에 법인세율을 곱한 금액으로 법인세를 계산한다. 그러므로 결손금의 이월공제는 차기 이후의 법인세를 감소시키므로 법인세효과를 이연법인세자산으로 인식하고, 법인세수익으로 하여 당기손익처리한다.

(3) 결손금의 이월공제를 통한 이연법인세자산의 실현가능성

결손금을 이월공제하게 되면 미래의 과세소득이 감소하여 법인세금액을 절감시키는 효과가 있다. 이는 차감할 일시적차이와 성격이 동일하므로 결손금의 이월공제로 인한 법인세효과는 미래과세소득의 발생가능성이 높은 경우 그 범위 안에서 이연법인세자산으로 인식한다.

세무상결손금이 사용될 수 있는 과세소득의 발생가능성을 검토하여 과세소득이 발생가능성이 높지 않은 범위까지는 이연법인세자산을 인식하지 않는다.

이연법인세자산 실현가능성 검토	① 충분한 가산할 일시적차이: 차감할 일시적차이의 소멸이 예상되는 회계기간에 소멸이 예상되는 충분한 가산할 일시적차이가 있는 경우 ② 충분한 과세소득: 차감할 일시적차이가 소멸될 회계기간에 동일 과세당국과 동일 과세대상기업에 관련된 충분한 과세소득이 발생할 가능성이 높은 경우 ③ 세무정책에 의한 과세소득의 창출: 세무정책으로 적절한 기간에 과세소득을 창출할 수 있는 경우 ④ 결손금이 다시는 발생할 가능성이 없는 원인에서 발생: 미사용 세무상 결손금이 다시 발생할 가능성이 없는 식별가능한 원인으로부터 발생한 경우

(4) 이월결손금 고려 시 법인세의 기간 간 배분 계산 TOOL

[1st 기간 간 배분]

구분	당기(A%)	차기 이후(B%)	
법인세비용차감전순이익	××		
가산			
• 일시적차이	××	➡ (-)××	유보(미래에 차감할 일시적차이)
• 영구적차이	××		
(-)차감			
• 일시적차이	(-)××	➡ ××	△유보(미래에 가산할 일시적차이)
• 영구적차이	(-)××		
이월결손금		(-)××	➡ 이월결손금의 실현가능성 검토
합계	××	××	
× 세율	× A%	× B%	
	① 결정세액	② +: 이연법인세부채(당기)	
		② -: 이연법인세자산(당기)	
		기말시점 총액	

[2nd 기간 간 배분 회계처리]

차) 이연법인세자산(기말)	4th ②	대) 당기법인세자산	1st	
		당기법인세부채	2nd	①
		이연법인세자산(기초)	3rd	
		법인세수익	대차차액	

부분포괄손익계산서

⋮	
법인세비용차감전순손실	(-)××
법인세수익	××
당기순손실	(-)××

(5) 이월세액공제(2차)

법인세법상 당해 보고기간의 세액공제금액이 산출세액을 초과하는 경우 공제받지 못한 미공제세액을 향후 세법상 규정된 기간 동안 이월하여 공제해주고 있으므로 이월세액공제금액을 이연법인세자산으로 인식한다(처리방법은 결손금의 이월과 동일하나 이미 세액이 계산된 금액이라는 차이가 있다).

07 법인세효과의 재무제표 공시

B/S			I/S
이연법인세자산(비유동)	이연법인세부채(비유동)		N/I영향: 법인세비용
	당기법인세부채(유동)		OCI변동: -
	자본에 가감하는 효과		

(1) 당기법인세자산과 당기법인세부채의 표시

당기법인세자산은 해당 회계기간에 과세당국으로부터 환급받을 법인세를 말하고, 당기법인세부채는 과세당국에 추가로 납부할 법인세를 말한다. 다음의 조건을 모두 충족하는 경우에만 당기법인세자산과 당기법인세부채를 상계하여 재무상태표에 유동자산이나 유동부채로 표시한다.

> ① **상계결제권리**: 기업이 인식된 금액에 대한 법적으로 집행 가능한 상계권리를 가지고 있다.
> ② **순액결제의도**: 기업이 순액으로 결제하거나, 자산을 실현하는 동시에 부채를 결제할 의도가 있다.

종속기업이 없는 단일 실체의 경우에는 상계의 요건을 만족하는 것이 일반적이다. 하지만 종속기업이 있는 연결실체의 경우에는 지배기업과 종속기업이 각각 법인세를 신고·납부할 의무를 가지고 있으므로 상계의 요건을 만족할 수 없는 경우가 더 일반적이다.

(2) 이연법인세자산과 이연법인세부채의 표시

다음의 조건을 모두 충족하는 경우에만 이연법인세자산과 이연법인세부채를 상계하여 재무상태표에 비유동자산이나 비유동부채로 표시한다.

구분	비고
B/S공시	비유동자산(부채)으로 공시
상계요건	① 기업이 당기법인세자산과 당기법인세부채를 상계할 수 있는 법적으로 집행 가능한 권리를 가지고 있음 ② 이연법인세자산과 이연법인세부채가 다음의 각 경우에 동일한 과세당국에 의해서 부과되는 법인세와 관련되어 있음 　• 과세대상기업이 동일한 경우 　• 과세대상기업이 다르지만 당기법인세 부채와 자산을 순액으로 결제할 의도가 있거나, 유의적인 금액의 이연법인세부채가 결제되거나 이연법인세자산이 회수될 미래의 각 회계기간마다 자산을 실현하는 동시에 부채를 결제할 의도가 있는 경우

☆ Self Study

1. 이연법인세자산과 부채는 현재가치 평가하지 않는다.

2. 당기법인세부담액 중 이미 납부된 금액(당기법인세자산)을 차감하고 납부되지 않은 금액을 부채(당기법인세부채)로 인식한다.

3. 이연법인세자산·부채는 미래 실현시점의 법인세부담액의 감소·증가액이므로 미래에 자산이 실현되거나 부채가 결제될 회계기간에 적용될 것으로 기대되는 세율(평균세율)을 사용하여 측정한다.

   * 이연법인세부채와 이연법인세자산을 측정할 때에는 보고기간 말에 기업이 관련 자산과 부채의 장부금액을 회수하거나 결제할 것으로 예상되는 방식에 따른 법인세효과를 반영한다.

Ⅲ | 법인세의 기간 내 배분

01 기간 내 배분의 의의

법인세법은 순자산 증가설에 따라 과세소득을 산정하므로 당기순이익 이외의 원인으로 순자산이 증가하는 경우에도 과세소득이 증가할 수 있다. 회계이익을 제외한 순자산 증가분이 과세소득에 포함되는 경우 당기법인세를 회계이익에서 차감하여 당기순이익으로 보고하게 되면 회계이익과 관련이 없는 법인세가 회계이익에서 차감되므로 회계이익과 법인세비용의 적절한 대응이 불가능하게 된다.

이렇듯 특정 회계기간에 발생한 법인세를 발생 원인에 따라 회계이익과 자본항목으로 배분하는 회계를 법인세 기간 내 배분이라고 한다. 법인세 기간 내 배분은 동일한 회계기간 내에서 당기법인세를 여러 항목으로 배분하는 점에서 서로 다른 회계기간 간에 법인세를 배분하는 법인세의 기간 간 배분과 다르다.

02 당기법인세의 기간 내 배분

당기법인세는 회계이익과 관련된 법인세와 자본항목과 관련된 법인세로 각각 배분하고, 자본항목과 관련된 법인세는 당해 자본항목과 직접 상계한다.

법인세법의 과세소득에 포함되는 자본항목은 법인세를 차감한 후의 순액을 재무상태표에 공시한다. 회계이익과 관련된 법인세는 포괄손익계산서에 표시할 때 법인세를 차감하기 전의 금액과 구분하여 법인세비용의 과목으로 구분 표시한다.

03 이연법인세의 기간 내 배분

이연법인세는 회계이익과 관련된 법인세와 자본 및 기타포괄손익과 관련된 법인세로 각각 배분하고, 이 중 기타포괄손익과 관련된 법인세는 포괄손익계산서에 다음 중 하나의 방법으로 표시한다. 그러나 어떠한 경우에도 재무상태표에는 기타포괄손익을 관련 법인세효과를 차감한 후의 순액으로 표시한다.

① 관련 법인세효과를 차감한 순액으로 표시
② 기타포괄손익의 구성요소와 관련된 법인세효과 반영 전 금액으로 표시하고, 각 항목들에 관련된 법인세효과는 단일 금액으로 합산하여 표시

법인세법의 과세소득에 포함되는 자본항목은 법인세를 차감한 후의 순액으로 재무상태표에 공시한다. 회계이익과 관련된 법인세는 포괄손익계산서에 표시할 때 법인세를 차감하기 전의 금액과 구분하여 법인세비용으로 구분 표시한다.

04 유형별 기간 내 배분

(1) 당기손익 이외의 계정으로 인한 법인세효과

일시적차이가 당기손익으로 인식한 항목과 관련하여 발생하였기 때문에 그 일시적차이에 대해서 이연법인세자산·부채를 인식할 때 상대계정을 당기손익으로 회계처리하였다. 그런데 일시적차이는 기타포괄손익으로 인식한 항목과 관련하여 발생하기도 한다. 예를 들어 재평가모형을 적용하는 토지의 공정가치가 증가하여 보고기간 말에 토지의 장부금액을 증액시키면서 재평가잉여금을 인식할 경우 세법에서는 원가법만 인정하므로 토지에 대해서 가산할 일시적차이가 발생한다. 그런데 기타포괄손익인 재평가잉여금과 관련하여 이연법인세부채를 인식하면서 상대계정을 법인세비용으로 회계처리하면, 기타포괄손익 때문에 법인세비용이 변동되어 당기순손익이 영향을 받는 문제가 발생한다. 따라서 이연법인세의 상대계정을 당기손익(법인세비용)이 아닌 기타포괄손익으로 인식한다.

(2) 자기주식처분과 관련된 당기법인세

자기주식을 취득원가보다 높은 금액으로 처분할 경우 자기주식처분이익을 인식하는데, 자기주식처분이익이 과세소득에 가산되므로 당기법인세부채가 증가한다. 그런데 당기법인세부채의 상대계정을 법인세비용으로 회계처리하면, 자본잉여금 때문에 법인세비용이 변동되어 당기순손익이 영향을 받는 문제가 발생한다. 따라서 자기주식처분이익에 대하여 당기법인세부채를 인식할 때 상대계정으로 법인세비용(당기손익)을 인식하지 않고, 직접 자기주식처분이익을 감소시키는 회계처리를 한다.

반대로 자기주식처분손실이 발생할 경우 이를 자본조정으로 회계처리하므로 회계이익에는 포함되지 않지만, 과세소득에서 차감되어야 하므로 회계이익에서 차감하는 세무조정을 한다. 그러나 자기주식처분손실도 일시적차이가 아니므로 이연법인세는 인식하지 않는다. 따라서 자기주식처분손실로 인하여 덜 부담하는 법인세는 법인세수익(법인세비용의 차감)이 아니라 직접 자기주식처분손실에서 차감한다.

Additional Comment

일반적으로 회계기준에서는 자본거래에서 발생하는 손익을 당기손익으로 인식하지 않고 자본항목(자본잉여금 등)으로 인식하는 입장을 취한다. 그러나 세법에서는 비록 자본거래에서 발생한 손익이더라도 조세정책 목적상 과세소득에 반영하도록 요구하는 경우가 있다. 우리나라 세법에서는 자기주식처분손익을 과세소득에 반영하도록 규정하고 있다. 자기주식처분이익이 발생할 경우 회계이익에는 포함되지 않지만 과세소득에는 포함되어야 하므로 가산하는 세무조정을 한다. 그러나 자기주식처분이익의 가산조정은 일시적차이가 아니다. 일시적차이는 자산, 부채의 장부금액과 세무기준액의 차이로부터 비롯되는 것인데, 자기주식을 처분하면 관련 항목은 이미 기업 외부로 유출되었기 때문에 자기주식처분이익은 일시적차이가 될 수 없다.

☆ Self Study

재무상태표에 계상되는 자기주식처분이익: 자기주식처분이익(법인세 고려 전) × (1 − 당기 세율)

법인세비용차감전손익 ₩100,000, 당기 세율 10%, 당기 자기주식처분이익 ₩10,000 발생

1. 법인세조정: <익금산입> 자기주식처분손익 10,000(기타)

2. 기간 간 배분

구분	당기(10%)	차기
법인세차감전손익	100,000	–
자기주식처분이익	10,000	–
계	110,000	–
	× 10%	
	① 11,000	

3. 회계처리

1st 기간 간 배분	차) 법인세비용	11,000	대) 당기법인세부채 ①	11,000
2nd 기간 내 배분	차) 자기주식처분이익	1,000	대) 법인세비용	1,000

4. F/S효과

B/S		I/S	
당기법인세부채	11,000	N/I영향: 법인세비용	10,000
자기주식처분이익	9,000	OCI영향: –	

(3) FVOCI금융자산(채무상품) 평가손익

세법에서 채무상품이든 지분상품이든 공정가치법을 인정하지 않고 원가법만 인정하기 때문에 금융자산에 대해서 일시적차이가 발생한다. 다만, 채무상품에 대해서 인식한 기타포괄손익은 후속적으로 당기손익으로 재분류하는 반면, 지분상품에 대해서 인식한 기타포괄손익은 후속적으로 당기손익으로 재분류하지 않기 때문에 회계이익에 미치는 영향이 다르고, 그 결과 세무조정도 차이가 있다. 회계기준에 따라 어떻게 회계처리하든 관계없이 세법은 원가법만 인정하므로 과세되는 처분손익은 처분금액과 당초 취득원가(또는 상각후원가)의 차이이다. 법인세비용은 회계이익(법인세비용차감전순손익)과 관련하여 인식하는 비용이지, 기타포괄손익과 관련하여 인식하는 비용이 아니다. 따라서 기타포괄손익인 FVOCI금융자산 평가이익과 관련하여 이연법인세부채를 인식할 경우 상대계정을 기타포괄손익으로 회계처리하여야 한다.

☆ Self Study

재무상태표에 계상되는 FVOCI금융자산평가이익: FVOCI금융자산평가이익(법인세 고려 전) × (1 - 소멸연도세율)

Ex

법인세비용차감전손익 ₩100,000, 당기 세율 10%, 차기 이후 세율 12%, 당기 FVOCI금융자산평가이익 ₩10,000 발생

1. 법인세조정: <익금산입> FVOCI금융자산평가이익 10,000(기타)

　　　　　　　　<익금불산입> FVOCI금융자산 10,000(△유보)

2. 기간 간 배분

구분	당기(10%)	차기 이후(12%)
법인세차전손익	100,000	-
FVOCI금융자산평가이익	10,000	-
FVOCI금융자산	(-)10,000	10,000
계	100,000	10,000
	× 10%	× 12%
	① 10,000	② 1,200

3. 회계처리

1st 기간 간 배분	차) 법인세비용	11,200	대) 당기법인세부채 ①	10,000
			이연법인세부채 ②	1,200
2nd 기간 내 배분	차) FVOCI금융자산평가이익	1,200	대) 법인세비용	1,200

4. F/S효과

B/S			I/S	
당기법인세부채	10,000	N/I영향: 법인세비용	10,000
이연법인세부채	1,200	OCI영향:	8,800
FVOCI금융자산평가이익	8,800		

(4) 유·무형자산 재평가잉여금

한국채택국제회계기준은 유형자산이나 무형자산에 대해서 재평가모형의 적용을 허용하지만, 세법에서는 원가법만 허용한다. 따라서 기업의 유·무형자산에 대해서 재평가모형을 적용할 경우 재무상태표상 유·무형자산의 장부금액과 세무기준액 간에 차이가 발생한다.

법인세비용은 회계이익(법인세비용차감전순손익)과 관련하여 인식하는 비용이지, 기타포괄손익과 관련하여 인식하는 비용이 아니다. 따라서 기타포괄손익인 재평가잉여금과 관련하여 이연법인세부채를 인식할 경우 상대계정을 기타포괄손익으로 회계처리하여야 한다.

Ex

법인세비용차감전순손익 ₩100,000, 당기 세율 10%, 차기 이후 세율 12%, 당기 재평가잉여금(토지) ₩10,000 발생

1. 법인세조정: <익금산입> 재평가잉여금 10,000(기타)

                   <익금불산입> 토지 10,000(△유보)

2. 기간 간 배분

구분	당기(10%)	차기 이후(12%)
법인세차감전손익	100,000	–
재평가잉여금	10,000	–
토지	(-)10,000	10,000
계	100,000	10,000
	× 10%	× 12%
	① 10,000	② 1,200

3. 회계처리

1st 기간 간 배분	차) 법인세비용	11,200	대) 당기법인세부채 ①	10,000
			이연법인세부채 ②	1,200
2nd 기간 내 배분	차) 재평가잉여금	1,200	대) 법인세비용	1,200

4. F/S효과

B/S			I/S	
	당기법인세부채	10,000	N/I영향: 법인세비용	10,000
	이연법인세부채	1,200	OCI영향:	8,800
	재평가잉여금	8,800		

---

(5) 복합금융상품의 자본요소

전환사채와 같은 복합금융상품은 부채요소와 자본요소로 분리하여 인식하지만, 세무상으로는 부채요소와 자본요소를 분리하지 않고 모두 부채로 인식한다. 따라서 부채의 장부금액이 세무기준액보다 작으므로 가산할 일시적차이가 발생한다.

Additional Comment

예를 들어 액면금액 ₩10,000의 전환사채를 발행하면서 ₩9,000을 부채요소로 인식하고, ₩1,000을 전환권대가로 하여 자본으로 인식한 경우 전환사채의 장부금액은 ₩9,000이지만, 세법에서는 발행금액 전체를 부채로 보기 때문에 전환사채의 세무기준액은 ₩10,000이다. 따라서 ₩1,000만큼 가산할 일시적차이가 발생한다.

전환사채와 관련된 가산할 일시적차이는 부채를 최초 인식하면서 발생한 것이 아니라 자본요소를 부채요소에서 분리하면서 인식하기 때문에 발생한 것이다. 그러므로 이연법인세부채를 인식한다. 그런데 전환사채와 관련된 가산할 일시적차이는 자본요소(전환권대가)를 인식하면서 발생한 것이므로 여기에 대해서 인식하는 이연법인세부채도 법인세비용으로 인식하는 것이 아니라 자본잉여금(전환권대가)의 감소로 회계처리한다.

이후 부채요소에 대해서 이자비용을 인식하면 가산할 일시적차이가 소멸하므로 이연법인세부채의 감소액을 법인세비용으로 인식한다. 즉, 가산할 일시적차이가 소멸될 때 당기손익으로 회계처리하기 때문에 이연법인세부채의 감소액도 당기손익(법인세비용)으로 인식하는 것이다.

Ex

법인세비용차감전손익 ₩100,000, 당기 세율 10%, 차기 이후 세율 12%, 당기 초 전환사채 액면발행 ₩10,000, 발행 시 전환권대가 ₩4,000(유효이자율 10%, 액면이자율 5%)

1. 법인세조정: • 발행 시 〈익금산입〉 전환권대가 4,000(기타)

　　　　　　　　　　　〈손금산입〉 전환권조정 4,000(△유보)

　　　　　　　• 기말 〈익금산입〉 전환권조정 100(유보)

2. 기간 간 배분

구분	당기(10%)	차기 이후(12%)
법인세차감전손익	100,000	–
전환권대가	4,000	–
전환권조정	(-)4,000	4,000
전환권조정상각	100	(-)100
계	100,100	3,900
	× 10%	× 12%
	① 10,010	② 468

3. 회계처리

1st 기간 간 배분	차) 법인세비용	10,478	대) 당기법인세부채 ①	10,010
			이연법인세부채 ②	468
2nd 기간 내 배분	차) 전환권대가	480	대) 법인세비용	480

4. F/S효과

B/S		I/S	
당기법인세부채	10,010	N/I영향: 법인세비용	9,998
이연법인세부채	468	OCI영향: -	
전환권대가	3,520		

제 20 장

주당이익

해커스 IFRS 정윤돈 재무회계 키 핸드북

I | 주당이익의 기초

01 주당이익의 의의 및 사용

재무제표 이용자가 기업의 성과를 평가하고 미래의 이익을 예측하는 데 일반적으로 사용하는 지표 중의 하나가 주당이익이다. 주당이익(EPS; Earning Per Share)은 당기순이익에서 우선주배당금 등을 차감한 금액을 가중평균유통보통주식수로 나누어 계산한다. 즉 주당이익은 보통주 1주에 귀속될 당기순이익을 의미한다.

$$주당이익 = \frac{보통주에게\ 귀속되는\ 이익(=\ 당기순이익 - 우선주배당\ 등)}{가중평균유통보통주식수}$$

02 주당이익의 종류

분자	÷ 분모	= 주당이익 종류
보통주귀속당기순이익		기본주당순이익(기본EPS)
(-)중단영업손익	가중평균유통보통주식수	
보통주귀속계속영업이익		기본주당계속영업이익
	+ 잠재적보통주식수	
보통주귀속당기순이익		희석주당순이익(희석EPS)
(-)중단영업손익	= 총유통보통주식수	
보통주귀속계속영업이익		희석주당계속영업이익

─☆ Self Study

1. 한국채택국제회계기준에서는 지배회사의 보통주에 대하여 주당계속영업이익과 주당순이익을 포괄손익계산서에 표시하고 그 산출근거를 주석으로 기재하도록 규정하고 있다.

2. 희석증권이 존재하는 복잡한 자본구조에서는 희석증권으로 인하여 주당이익이 낮아질 수 있는 가능성을 고려하여 주당이익을 기본주당이익과 희석주당이익으로 구분하여 양자를 동시에 제시하도록 규정하고 있다.

03 재무제표 공시

기본주당이익과 희석주당이익은 이익의 분배에 대해 서로 다른 권리를 가지는 보통주 종류별로 지배기업의 보통주에 귀속되는 계속영업이익과 당기순이익에 대하여 계산하고 포괄손익계산서에 표시한다. 기본주당이익과 희석주당이익은 제시되는 모든 기간에 대하여 동등한 비중으로 제시한다.

주당이익은 포괄손익계산서가 제시되는 모든 기간에 대하여 제시된다. 희석주당이익이 최소한 한 회계기간에 대하여 보고된다면 그것이 기본주당이익과 같다고 하더라도 제시되는 모든 기간에 대하여 보고한다. 기본주당이익과 희석주당이익이 같은 경우에는 포괄손익계산서에 한 줄로 표시할 수 있다.

중단영업에 대해 보고하는 기업은 중단영업에 대한 기본주당이익과 희석주당이익을 포괄손익계산서에 표시하거나 주석으로 공시한다. 또한 기본주당이익과 희석주당이익이 부(-)의 금액인 경우에도 표시한다.

주당이익 정보의 목적은 회계기간의 경영성과에 대한 지배기업의 보통주 1주당 지분의 측정치를 제공하는 것이다. 주당이익은 상장기업이나 상장예정기업의 별도재무제표나 개별재무제표 및 지배기업이 속한 연결실체의 연결재무제표에 적용한다(➡ 상장기업이나 상장예정기업에만 공시).

> ① **상장기업**: 보통주나 잠재적보통주가 공개된 시장에서 거래되고 있다.
>
> ② **상장예정기업**: 공개된 시장에서 보통주를 발행하기 위해 재무제표를 증권감독기구나 다른 규제기관에 제출하거나 제출하는 과정에 있다.

✏ 주당이익의 포괄손익계산서 표시

	포괄손익계산서	
	당기	전기
	:	:
계속영업이익	××	××
중단영업이익	××	××
당기순이익	××	××
기타포괄이익	××	××
총포괄손익	××	××
주당계속영업이익		
기본주당계속영업이익	××	××
희석주당계속영업이익	××	××
주당순이익		
기본주당이익	××	××
희석주당순이익	××	××

Ⅱ | 기본주당이익

01 기본주당이익의 의의

✐ 기본주당이익의 계산구조

- 기본주당계속영업이익 $= \dfrac{\text{계속영업이익 - 우선주배당 등}}{\text{가중평균유통보통주식수}} = \dfrac{\text{보통주계속영업이익}}{\text{가중평균유통보통주식수}}$

- 기본주당순이익 $= \dfrac{\text{당기순이익 - 우선주배당 등}}{\text{가중평균유통보통주식수}} = \dfrac{\text{보통주당기순이익}}{\text{가중평균유통보통주식수}}$

02 보통주당기순이익과 보통주계속영업이익

보통주당기순이익(보통주계속영업이익) = 당기순이익(계속영업이익) - 우선주배당금 등

(1) 우선주배당금

① 비누적적 우선주

보통주당기순이익은 당기순이익에서 자본으로 분류된 우선주에 대하여 당해 회계기간과 관련하여 배당결의된 세후 우선주배당금을 차감하여 산정한다. 이때 기업이 중간배당을 실시한 경우에는 우선주에 대한 중간배당액도 당기순이익에서 차감한다. 우선주배당금은 실제 지급한 배당금이 아니라 정기주주총회에서 배당할 것으로 결의된 배당금을 말한다.

> **Additional Comment**
>
> 20×1년의 주당이익을 계산하는 경우 차감할 우선주배당금은 20×2년 초에 개최되는 20×1년도 정기주주총회에서 배당금으로 선언할 예정인 금액을 말한다. 그러므로 20×1년 초에 개최되는 20×0년도 정기주주총회에서 배당금을 지급하는 것은 고려하지 않는다.

② 누적적 우선주

누적적 우선주는 배당결의 여부와 관계없이 당해 회계기간과 관련한 세후 배당금을 당기순이익에서 차감하여 보통주당기순이익을 계산한다. 그러므로 전기 이전의 기간과 관련하여 당기에 지급되거나 결의된 누적적 우선주배당금은 보통주당기순이익의 계산에서 제외한다.

> **Ex** 우선주배당금 - 자본금 ₩100, 배당률 10%
>
> | | 20×1 | 20×2 |
> |---|---|---|
> | • 비누적적 우선주 | 0 | 10 |
> | • 누적적 우선주 | 0 | 20 |
>
> ➡
>
> | 구분 | 20×1년 | 20×2년 |
> |---|---|---|
> | 우선주배당금 | 0 | 10 |
> | 우선주배당금 | 10 | 10 |
>
> ➡ 비누적적 우선주의 경우 20×1년에 배당금에 대한 지급결의가 없다면 당기순이익에서 차감하지 않는다. 누적적 우선주의 경우 20×1년에 배당금에 대한 지급결의가 없어도 당기순이익에서 차감하여 보통주귀속당기순이익을 구하고 20×2년에 20×1년 미지급배당을 지급하여도 20×2년도 지급분만을 당기순이익에서 차감하여 20×2년도 보통주귀속당기순이익을 구한다.

누적적 우선주의 경우 과년도 연체배당금을 당기에 지급하더라도 이를 제외하고 당해 연도분 우선주배당금만 당기순이익에서 차감한다. 이는 연체배당금의 지급으로 인하여 매년 공시되는 주당이익의 비교가능성이 낮아지는 것을 피하기 위해서이다. 또한 누적적 우선주의 경우에는 배당결의가 없더라도 당해 연도분 우선주배당금을 차감하는 반면, 비누적적 우선주의 경우에는 배당결의가 있어야만 우선주배당금을 차감한다는 점에 유의하여야 한다.

☆ Self Study

부채로 분류되는 누적적 우선주에 대한 배당금은 이자비용으로 당기순이익에 반영되어 있으므로 주당이익 계산 시 추가 고려하지 않는다.

(2) 공개매수 방식에 의한 우선주의 재매입

① 우선주 주주에게 지급하는 대가의 공정가치 > 우선주 장부금액

기업이 공개매수 방식으로 우선주를 재매입할 때 우선주 주주에게 지급한 대가의 공정가치가 우선주의 장부금액을 초과하는 부분은 우선주 주주에 대한 이익배분으로서 이익잉여금에서 차감한다. 이 금액은 보통주당기순이익을 계산할 때 차감한다. 우선주를 재매입할 때 우선주 매입대가로 지급한 금액과 장부금액의 차액은 우선주상환손익에 해당하는 금액으로, 매입대가가 더 큰 경우에는 우선주 주주들에게 배당한 것과 동일한 효과가 있는 것으로 간주하는 것이다.

| 차) 우선주자본금 | BV | 대) 현금 등 | 지급한 대가 FV |
| 이익잉여금 | 보통주당기순이익에서 차감 | | |

② 우선주 주주에게 지급하는 대가의 공정가치 < 우선주 장부금액

우선주의 장부금액이 우선주의 매입을 위하여 지급하는 대가의 공정가치를 초과하는 경우에는 그 차액을 보통주당기순이익을 계산할 때 가산한다.

공개매수 방식으로 우선주를 매입하는 경우에만 장부금액 초과 취득대가를 우선주배당으로 간주하는 것이므로 시장거래를 통한 우선주 매입은 해당되지 않는다. 또한 우선주의 장부금액이 무엇을 의미하는지 한국채택국제회계기준에 규정되어 있지 않다.

(3) 전환우선주의 유도전환

전환우선주 발행기업이 처음의 전환조건보다 유리한 조건을 제시하거나 추가적인 대가를 지불하여 조기전환을 유도하는 경우 처음의 전환조건에 따라 발행된 보통주의 공정가치를 초과하여 지급하는 보통주나 그 밖의 대가의 공정가치는 전환우선주에 대한 이익배분으로 보아 기본주당이익을 계산할 때 보통주에 귀속되는 이익에서 차감한다.

전환우선주의 유도전환은 전환사채의 전환가격을 조정하는 조건변경이나, 주식선택권의 경우 행사가격 등을 조정하는 조건변경과 성격적으로 동일하다.

(4) 할증배당우선주(2차)

할증배당우선주는 우선주를 시가보다 할인 발행한 기업에 대한 보상으로 초기에 낮은 배당을 지급하는 우선주 또는 우선주를 시가보다 할증금액으로 매수한 투자자에 대한 보상으로 이후 기간에 시장보다 높은 배당을 지급하는 우선주를 말한다.

할증배당우선주의 할인발행차금이나 할증발행차금은 유효이자율법을 사용하여 상각액을 이익잉여금에 가감하고 주당이익을 계산할 때 우선주배당금으로 처리한다.

① 할인발행에 대한 보상으로 낮은 배당을 지급하는 경우

할인발행차금 상각액을 추가적인 배당으로 보아 우선주배당금에 가산한다.

[할인배당우선주의 할인발행]			
차) 현금	××	대) 우선주자본금	××
우선주할인발행차금	××		

[할인발행차금의 상각]			
차) 이익잉여금	××	대) 우선주할인발행차금	××

② 할증발행에 대한 보상으로 높은 배당금을 지급하는 경우

할증발행차금 상각액을 우선주배당금에서 차감한다.

[할증배당우선주의 할증발행]			
차) 현금	××	대) 우선주자본금	××
		우선주할인발행차금	××

[할인발행차금의 상각]			
차) 우선주할인발행차금	××	대) 이익잉여금	××

☆ Self Study

할증배당우선주는 사채와 성격이 동일하다. 다만 자본으로 분류되기 때문에 유효이자율법에 따른 이자비용이 이익잉여금에서 직접 차감되는 차이만 존재한다.

---

(5) 참가적 우선주

참가적 우선주는 실제 배당예정액을 우선주배당으로 받고 잔여미처분이익에 대하여도 보통주와 더불어 일정한 비율로 배당에 참가할 수 있는 주식을 말한다. 참가적 우선주에 귀속되는 손익은 보통주에 귀속되는 손익과 구분되므로 참가적 우선주에 대하여는 우선주참가비율을 고려하여 분배해야 할 배당금액을 비용으로 간주하여 당기순이익에서 차감한다.

참가적 우선주에 귀속되는 손익은 보통주에 귀속되는 손익과 구분되므로 참가적 우선주에 대하여 분배하여야 할 순이익을 차감한 후에 보통주에 대한 주당이익을 산출한다. 참가적 우선주와 보통주에 귀속되는 당기순이익은 다음과 같이 계산한다.

1st: 우선주와 보통주에 대한 실제 배당예정액을 산정한다.
2nd: 당기순이익에서 실제 배당예정액을 차감한 금액을 우선주와 보통주의 참가비율에 따라 배분한다.
3rd: 우선주귀속당기순이익: 우선주 실제 배당예정액 + 우선주 배분액
4th: 보통주귀속당기순이익: 보통주 실제 배당예정액 + 보통주 배분액

✐ **보통주귀속당기순이익의 정리**

당기순이익(계속영업이익)	××	
비누적적 우선주배당금	(-)	배당결의된 비누적적 우선주
누적적 우선주배당금	(-)	배당결의 여부와 관계없음
장부금액을 초과하는 우선주재매입액	(-)	재매입대가 - 우선주 BV
장부금액에 미달하는 우선주재매입액	(+)	우선주 BV - 재매입대가
전환우선주 유도전환의 추가지급대가	(-)	추가지급대가 - 기존 전환조건의 FV
할증배당우선주 할인발행차금 상각액	(-)	기초 BV × 유효이자율
할증배당우선주 할증발행차금 상각액	(+)	기초 BV × 유효이자율
참가적 우선주배당금	(-)	우선주참가비율을 고려하여 분배
보통주당기순이익(계속영업이익)	××	

03 가중평균유통보통주식수

(1) 유상증자, 신주인수권 행사, 주식선택권 행사

자원의 변동을 유발하면서 주식수가 변동하는 경우 가중평균유통보통주식수를 산정하기 위한 보통주유통일수 계산의 기산일은 통상 주식발행의 대가를 받을 권리가 발생하는 시점인 주식발행일이다. 따라서 유상증자, 신주인수권 행사, 주식선택권 행사 등은 현금을 받을 권리가 발생하는 시점이 주식발행일이다.

(2) 자기주식의 취득, 유상감자

자기주식을 취득하거나 유상감자로 인하여 유통보통주식수를 줄이는 경우에는 취득시점부터 처분시점까지의 기간, 유상감자 시행일부터의 기간을 차감하여 유통주식수를 계산한다. 물론 처분 이후에는 가중평균유통주식수에 포함된다.

(3) 무상증자, 주식배당, 주식분할, 주식병합

무상증자, 주식배당, 주식분할의 경우에는 추가로 대가를 받지 않고 기존 주주들에게 보통주를 발행하므로 자원은 증가하지 않고 유통보통주식수만 증가한다. 한편, 주식병합은 일반적으로 자원의 실질적인 유출 없이 유통보통주식수를 감소시킨다.

무상증자, 주식배당, 주식분할, 주식병합의 경우 당해 사건이 있기 전의 유통보통주식수는 비교 표시되는 최초기간의 개시일에 그 사건이 일어난 것처럼 비례적으로 조정한다.

무상증자 등을 가중평균유통보통주식수의 산정에 포함시키기 위해서는 무상증자 등의 비율을 먼저 계산하고, 무상증자 등을 실시하기 이전의 주식 수는 모두 무상증자 등의 비율만큼 증가한 것으로 보아 가중평균유통보통주식수를 조정한다. 이때 무상증자 등의 비율은 무상증자 등으로 발행한 주식수를 무상증자 등을 실시하기 이전의 주식수로 나눈 비율을 말한다.

○ 무상증자비율: 무상증자로 발행된 주식수 ÷ 무상증자 전 주식수

예를 들어 무상증자비율이 10%인 무상증자를 실시하는 경우에 무상증자 전의 유통보통주식수에 (1 + 10%)를 곱하여 새로운 유통보통주식수를 구한다.

당기 주당이익을 계산하는 경우라면 무상증자로 발행된 보통주는 다음과 같이 산정한다. 이러한 방식을 원구주를 따르는 방식이라고 한다.

① **구주에 대한 무상증자**: 기초시점에 실시된 것으로 보아 가중평균유통보통주식수를 조정
② **유상신주에 대한 무상증자**: 유상증자의 주금납입기일에 실시된 것으로 보아 가중평균유통보통주식수를 조정

☆ Self Study

당기 이전에 발행된 주식에 대하여 무상증자 등을 하는 경우에는 기초로 소급하여 가중평균하지만, 당기 중에 유상증자한 주식에 대하여 무상증자 등을 하는 경우에는 당기 유상증자일로 소급하여 가중평균한다.

구분	20×1년	20×2년
20×2년 무상증자 전 기본 EPS	12,000 ÷ 1,000주 = 12	
20×2년 중 20×1년 초부터 발행된 주식 무상증자(20%)	↓ 주식수 소급하여 변경	
20×2년 무상증자 후 기본 EPS	12,000 ÷ (1,000 × 1.2주) = 10	12,000 ÷ (1,000 × 1.2주) = 10

(4) 주주우선배정 신주발행(공정가치 미만의 유상증자)

일반적으로 보통주는 공정가치로 발행되므로 무상증자 요소를 수반하지 아니한다. 그러나 주주우선배정 신주발행의 경우에는 행사가격이 주식의 공정가치보다 작은 것이 보통이므로 이러한 주주우선배정 저가신주발행은 무상증자 요소를 수반하게 된다. 이 경우 공정가치에 의한 유상증자와 무상증자가 혼합된 성격으로 보아 각각의 논리에 따라 가중평균하여 유통보통주식수를 산정한다.

공정가치 미만 유상증자가 실시된 경우 무상증자비율은 공정가치 유상증자가 먼저 실시되고 무상증자는 나중에 실시된 것으로 간주하여 계산한다.

∅ 공정가치 미만 유상증자의 가중평균유통보통주식수 산정 TOOL

- 1st **FV기준 발행가능 유상증자 주식수**: 유상증자 납입액 ÷ 유상증자 권리 행사일 전의 FV
- 2nd **무상증자 주식수**: 총발행 주식수 − FV기준 발행가능 유상증자 주식수
- 3rd **무상증자비율**: 무상증자 주식수 ÷ (유상증자 전 주식수 + FV기준 발행가능 유상증자 주식수)

주주우선배정 신주발행에서 공정가치 이하로 유상증자를 실시한 경우에는 공정가치 유상증자 시 발행가능주식수는 납입일을 기준으로 조정하고, 무상증자 주식수에 대해서는 원구주에 따른다.

(5) 전환금융상품

① 일반적인 경우

전환금융상품은 전환권을 행사하는 경우 보통주로 전환되는 금융상품을 말하며, 전환사채와 전환우선주를 말한다. 기업회계기 준서 제1033호 '주당이익'에서는 채무상품의 전환으로 인하여 보통주를 발행하는 경우 최종이자발생일의 다음 날부터 보통주 유통일수를 계산한다고 규정하고 있다. 따라서 전환으로 발행되는 보통주는 전환일부터 주당이익의 계산에 포함하여야 한다.

> ### ☆ Self Study
>
> 보통주로 반드시 전환하여야 하는 전환금융상품은 계약 체결시점부터 보통주에 해당한다. 예를 들어 반드시 전환하 여야 하는 전환권이 부여된 전환사채는 금융부채가 아닌 지분상품이다. 그러므로 보통주로 반드시 전환하여야 하는 전환금융상품은 계약 체결시점부터 보통주식수에 포함하여 가중평균유통보통주식수를 조정한다.

② 전환간주일 규정의 적용을 받는 경우

상법 제350조에 따르면 전환금융상품이 기중에 전환되는 경우 전환간주일 규정을 둘 수 있다. 전환간주일은 전환금융상품의 기중전환 시 이자 및 이익의 배당에 관한 조건상의 전환시점을 말한다. 전환간주일이 기초인 경우에는 기중전환 시 기초에 전 환된 것으로 보아 보통주배당금을 지급하며, 전환간주일이 기말인 경우에는 기중전환 시 기말에 전환된 것으로 보아 사채이자 나 우선주배당금을 지급한다.

기준서 제1033호 '주당이익'에서는 채무상품의 전환으로 인하여 보통주를 발행하는 경우 최종이자발생일의 다음 날부터 보통 주유통일수를 계산한다고 규정하고 있다. 이러한 규정에 따르면 전환간주일 규정이 있는 경우 전환간주일의 다음 날부터 가중 평균유통보통주식수에 포함하는 것이 합리적이다.

> ### ☆ Self Study
>
> 한국채택국제회계기준에는 전환간주일에 대한 규정이 없기 때문에 전환일부터 가중평균유통보통주식수에 포함해 서 계산하면 된다.

(6) 조건부주식

조건부발행보통주는 조건부주식 약정에 명시된 특정 조건이 충족된 경우에 현금 등의 대가가 없거나 거의 없이 발 행하게 되는 보통주를 말한다. 조건부발행보통주는 모든 필요조건이 충족된 날에 발행된 것으로 보아 기본주당 이익을 계산하기 위한 보통주식수에 포함한다.

이익조건의 경우에는 이익의 달성 여부를 보고기간 말이 되기 전에 알 수가 없으므로 조건을 충족시켰다면 보고 기간 말에 충족된 것으로 본다. 따라서 가중평균유통보통주식수에 포함시켜야 하는 주식은 없다.

조건부로 재매입할 수 있는 보통주를 발행한 경우에는 이에 대한 재매입가능성이 없어질 때까지는 보통주로 간주 하지 아니하고, 기본주당이익을 계산하기 위한 가중평균유통보통주식수에 포함하지 아니한다.

[조건부주식의 정리]

구분	조건충족 시	주식 수 계산
조건부발행보통주	발행함	조건이 충족되는 시점부터 계산(단, 이익조건은 보고기간 말에 충족된 것으로 봄)
조건부재매입가능보통주	재매입함	재매입가능성이 없어지는 시점부터 계산

[가중평균유통보통주식수의 정리]

구분	주식 수 기산일	비고
유상증자, 신주인수권 행사, 주식선택권 등 행사	현금유입일기준 가중평균	주주우선배정 공정가치 미만 유상증자 (= 공정가치 유상증자 + 무상증자)
자기주식의 취득, 유상감자	현금유출일기준 가중평균	보유기간에서 제외
무상증자, 주식배당, 주식분할, 주식병합	원본에 가산하여 가중평균	유상증자분은 유상증자일부터 포함 (보고기간 말 후에 발생하는 경우에도 반영)
전환사채, 전환우선주 전환	전환일기준 가중평균	반드시 전환하여야 하는 금융상품은 계약 체결시점부터 포함
조건부발행보통주	조건충족일기준 가중평균	조건부로 재매입할 수 있는 보통주는 재매입가능성이 없어질 때까지 제외

Ⅲ │ 희석주당이익

01 희석주당이익의 기초

(1) 희석주당이익의 의의

보유자에게 보통주를 받을 수 있는 권리가 부여된 금융상품이나 계약 등을 잠재적보통주라고 한다. 잠재적보통주의 예는 다음과 같다.

> ① **전환증권**: 보통주로 전환할 수 있는 채무증권(전환사채) or 지분증권(전환우선주)
>
> ② **주식인수권**: 옵션(신주인수권)과 주식매입권(주식선택권)
>
> ③ **조건부발행 보통주**: 계약상 조건이 충족되면 발행될 보통주(조건부발행보통주) 등

잠재적보통주가 당기 중에 보통주로 바뀌지 않았다면 유통보통주식수가 변동되지 않으므로 기본주당이익도 영향을 받지 않는다. 그러나 잠재적보통주가 보통주로 바뀌었다고 가정하면 유통보통주식수가 증가할 것이므로 주당이익은 낮아질 수 있다.

희석주당이익은 잠재적보통주가 모두 보통주로 바뀌었다고 가정하고 다시 계산한 가상의 주당이익을 말한다.

(2) 희석주당이익의 계산

✎ 희석주당이익의 산정방법

• 희석주당이익 =	$\dfrac{\text{보통주당기손익}}{\text{가중평균유통보통주식수}}$	+	$\dfrac{\text{세후 잠재적보통주이익}}{\text{잠재적보통주식수}}$
• 희석주당계속영업이익 =	$\dfrac{\text{보통계속영업이익}}{\text{가중평균유통보통주식수}}$	+	$\dfrac{\text{세후 잠재적보통주이익}}{\text{잠재적보통주식수}}$

① 세후 잠재적보통주이익

희석성 잠재적보통주가 전환 또는 행사되었다고 가정하면 관련된 배당금과 이자비용 등은 발생하지 않는다. 따라서 보통주이익에 이미 고려되어 있는 관련 잠재적보통주이익을 가산해야 한다. 즉, 희석주당이익을 계산하기 위해서는 지배기업의 보통주에 귀속되는 당기순이익에 다음의 사항에서 법인세효과를 차감한 금액만큼 조정한다.

> • **배당금과 기타항목**: 보통주에 귀속되는 당기순이익을 계산할 때 차감한 희석성 잠재적보통주에 대한 배당금 또는 기타 항목
>
> • **이자비용**: 희석성 잠재적보통주와 관련하여 그 회계기간에 인식한 이자비용
>
> • **수익 또는 비용의 변동사항**: 희석성 잠재적보통주를 보통주로 전환하였다면 발생하였을 그 밖의 수익 또는 비용의 변동사항

② 잠재적보통주식수

희석주당이익을 계산하기 위한 보통주식수는 기본주당이익 계산방법에 따라 계산한 가중평균유통보통주식수에 희석성 잠재적보통주가 모두 전환될 경우에 발행되는 보통주의 가중평균유통보통주식수를 가산하여 산출한다. 여기서 희석성 잠재적보통주는 회계기간의 기초에 전환된 것으로 보되 당기에 발행된 것은 그 발행일에 전환된 것으로 본다.

잠재적보통주는 유통기간을 가중치로 하여 가중평균한다. 해당 기간에 효력을 잃었거나 유효기간이 지난 잠재적보통주는 해당 기간 중 유통된 기간에 대해서만 희석주당이익의 계산에 포함하며, 당기에 보통주로 전환된 잠재적보통주는 기초부터 전환일의 전일까지 희석주당이익의 계산에 포함한다. 한편, 전환으로 발행되는 보통주는 전환일부터 기본 및 희석주당이익의 계산에 포함한다.

✎ **잠재적보통주식수의 산정방법 예시**

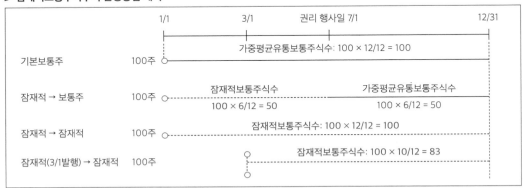

☆ **Self Study**

1. 당기에 옵션 또는 주식매입권을 행사하였거나 전환사채 또는 전환우선주가 전환된 경우에는 "기초부터 행사일의 전일 또는 전환간주일의 전일까지"를 잠재적보통주 산정 시 포함한다.

2. 당기에 조건이 충족되어 기본주당이익을 계산할 때 포함된 조건부발행보통주는 "기초부터 조건충족일의 전일까지"를 잠재적보통주 산정 시 포함한다.

③ 잠재적보통주와 희석주당이익

희석주당이익을 계산할 때, 기본주당이익의 분자에 가산할 세후 잠재적보통주이익과 분모에 가산할 잠재적보통주식수를 결정해야 한다. 아래와 같이 전환사채, 신주인수권부사채의 신주인수권, 전환우선주자본금, 주식선택권이 보통주자본금으로 전환되어 분모에 가산되고, 전환사채의 이자비용, 신주인수권부사채 상환할증금의 이자비용, 주식보상비용과 전환우선주배당이 분자에 가산된다.

✎ 잠재적보통주의 대표적인 항목

B/S		
전환사채	××↓	↓ 희석화
신주인수권부사채	××↓	
보통주자본금	××	
전환우선주자본금	××↑	↑ 희석화
주식선택권	××↑	

I/S		
수익	××	
비용		
• 전환사채 이자비용	(-)××↑	
• 신주인수권부사채 상환할증금 이자비용	(-)××↑	× (1 - 세율)
• 주식보상비용	(-)××↑	
N/I(세후)	××	
• 전환우선주배당	(-)××↑	
보통주당기순이익	××	희석화

(3) 희석효과와 반희석효과

희석주당이익을 계산하기 위해서는 모든 희석효과가 있는 잠재적보통주의 영향을 고려하여 보통주에 귀속되는 당기순이익 및 유통보통주식수를 조정한다. 따라서 희석주당이익은 일반적으로 분모가 증가하기 때문에 기본주 당이익보다 금액이 작아지는데 이를 희석효과라고 한다. 희석주당이익은 기본주당이익보다 작아야 한다. 그런 데 희석주당이익을 계산하다보면 분모의 조정 효과보다 분자의 조정 효과가 더 클 경우 오히려 희석주당이익이 기본주당이익보다 더 커지는 반희석효과가 발생하기도 한다. 희석주당이익을 계산할 때 반희석효과가 있는 잠재적 보통주는 제외하고, 희석효과가 있는 잠재적보통주만 포함한다는 점에 유의하여야 한다.

✎ 희석효과와 반희석효과 정리

1. **희석효과**: 기본주당이익 > 희석주당이익 ➡ 해당 잠재적보통주 희석주당이익 산정 시 포함 ○
2. **반희석효과**: 기본주당이익 < 희석주당이익 ➡ 해당 잠재적보통주 희석주당이익 산정 시 포함 ×

☆ Self Study

희석주당이익의 공시 목적은 잠재적보통주의 권리 행사로 인해 희석화될 수 있는 기본주당이익의 최솟값에 대한 정보를 제공하는 데 있다(➡ 희석 EPS < 기본 EPS).

02 잠재적보통주의 희석효과 산정

(1) 전환우선주와 전환사채(➡ 권리 행사 시 현금의 유입이 없는 잠재적보통주)

① 잠재적보통주식수

전환우선주나 전환사채와 같은 전환금융상품은 권리를 행사하는 경우 해당 금융상품이 주식으로 대체된다. 즉, 전환이 되더라도 기업에 추가적인 현금의 유입이 없으므로 이러한 전환금융상품은 기초에 권리를 행사하였다고 가정하고 전환가정법을 적용한다. 다만, 당기에 발행한 경우에는 발행일에 권리를 행사하였다고 가정한다.

> • 기중 일부 전환된 경우: 기초부터 전환일 전일까지의 기간은 희석주당이익을 계산하기 위한 잠재적보통주식수에 포함시킨다.
> • 기초부터 기말까지 미행사된 경우: 기초부터 기말까지 희석주당이익을 계산하기 위한 잠재적보통주식수에 포함시킨다.

② 보통주귀속이익 증가액

우선주에 대한 배당금이 존재하지 않으므로 분자의 보통주이익에 다시 가산하여 계산해야 한다. 이때 배당금은 이익잉여금에서 지급된 금액이므로 이미 법인세효과가 반영되어 있으므로 별도의 세금효과를 추가로 고려할 필요가 없다.

보통주에 귀속되는 당기순이익을 계산할 때 차감한 희석성 잠재적보통주와 관련하여 그 회계기간에 인식한 이자비용은 기초에 전환된 것으로 가정하면 전환사채에 대한 이자비용이 존재하지 않으므로 분자의 보통주이익에 다시 가산하여 계산해야 한다. 이때 잠재적보통주이익은 법인세효과를 고려해야 하므로 세전이자비용이 주어진다면 해당 금액에 (1 - 법인세율)을 곱하여 세후 금액을 가산하여야 한다는 것이다.

[전환우선주와 전환사채의 희석효과 산정]

구분	보통주귀속이익 증가액(분자)		잠재적보통주(분모)
전환사채	총이자비용 × (1 - 세율)	÷	발행가능주식 수(전환가정법)
전환우선주	전환우선주배당금	÷	발행가능주식 수(전환가정법)

(2) 옵션과 주식매입권 (➡ 권리 행사 시 현금유입이 있음)

① 잠재적보통주식수

• 자기주식차감법

옵션이나 주식매입권은 보유자가 보통주를 매입할 수 있는 권리를 가지는 금융상품이다. 옵션과 주식매입권의 잠재적보통주식수는 권리 행사 시 발행되는 주식수에서 권리 행사 시 유입되는 현금으로 취득가능한 자기주식수를 차감하여 계산하는데, 이를 자기주식차감법이라고 한다. 이때 자기주식은 회계기간의 평균시장가격으로 취득하였다고 가정한다.

> 자기주식차감법: 옵션이나 주식매입권의 권리 행사에서 예상되는 현금유입액으로 보통주를 회계기간의 평균시장가격으로 재매입하는 것으로 가정한다. 즉, 권리를 행사할 때 발행하여야 할 보통주식수와 회계기간의 평균시장가격으로 재매입가능한 보통주식수의 차이를 추가로 발행할 잠재적보통주식수로 본다.
> ➡ 자기주식차감법에 의한 잠재적보통주식수
>   = 권리 행사 시 발행되는 주식수 - (유입되는 현금 ÷ 자기주식의 평균시장가격)

• 평균시장가격과 행사가격에 따른 희석효과

옵션과 주식매입권은 그 회계기간의 보통주 평균시장가격보다 낮은 금액으로 보통주를 발행하는 결과를 가져올 수 있는 경우에 희석효과가 있다. 그러나 그 회계기간의 보통주 평균시장가격보다 큰 금액으로 보통주를 발행하는 결과를 가져올 수 있는 경우에 반희석효과가 있어 희석주당이익 산정 시 고려하여서는 안 된다.

② 보통주귀속이익 증가액

신주인수권부사채의 경우 신주인수권을 행사해도 사채가 존속하는 점이 전환사채와 다르다. 따라서 신주인수권이 행사되어도 잠재적보통주식수는 증가하지만 보통주이익에는 일반적으로 영향이 없다. 그러나 상환할증조건부 신주인수권부사채의 경우에는 신주인수권이 행사되면 상환할증금은 지급할 의무가 소멸되므로 상환할증금에 대한 이자비용에 (1 - 법인세율)을 곱한 금액을 보통주이익에 가산한다.

[신주인수권부사채의 희석효과 산정]

구분	보통주귀속이익 증가액(분자)		잠재적보통주(분모)
신주인수권부사채	상환할증금이자비용 × (1 - 세율)	÷	발행가능주식 수 - 현금유입액/평균주가

(3) 주식기준보상이 적용되는 주식선택권

기업회계기준서 제1102호 '주식기준보상'이 적용되는 주식선택권이나 그 밖의 주식기준보상약정의 경우 행사가격에는 주식기준보상약정에 따라 미래에 유입될 재화나 용역의 공정가치가 포함된다. 이때 미래에 유입될 재화나 용역의 공정가치는 기초 현재 잔여가득기간 동안 인식할 보상원가를 의미하고, 가득기간 이후에는 고려할 금액이 없다.

주식선택권이 가득되지 않은 경우 행사가격에는 주식선택권이나 그 밖의 주식기준보상약정에 따라 미래에 유입될 재화나 용역의 공정가치가 포함된다는 것이다. 즉 가득 이전에 주당순이익을 계산하기 위해서는 조정된 행사가격을 사용해야 한다. 그 이유는 주식선택권의 행사가격은 임직원의 용역 제공기간 동안 제공할 재화나 용역의 공정가치를 고려하여 일반적으로 행사가격이 낮게 결정되기 때문이다.

① 조정된 행사가격: 행사가격 + 주식선택권에 따라 미래에 유입될 재화나 용역의 공정가치
② 주식선택권에 따라 미래에 유입될 재화나 용역의 공정가치: 잔여가득기간에 인식할 주식보상비용 ÷ 주식선택권의 개수

Ex 주식기준보상이 적용되는 경우 주식선택권의 조정행사가격 예시

가득기간 3년, 가득기간 후 행사가격 ₩1,000, 부여일 현재 옵션의 공정가치 ₩600

조건이 확정되었거나 결정할 수 있지만 아직 가득되지 않은 종업원 주식선택권은 미래 가득 여부에 대한 불확실성에도 불구하고 희석주당이익을 계산할 때 옵션으로 보며 부여일부터 유통되는 것으로 취급한다. 성과조건이 부과된 종업원 주식선택권은 시간의 경과 외에 특정 조건이 충족되는 경우에 발행되므로 조건부발행보통주로 취급한다.

[주식결제형 주식기준보상의 희석효과 산정]

구분	보통주귀속이익 증가액(분자)		잠재적보통주(분모)
주식선택권	주식보상비용 × (1 - 세율)	÷	발행가능주식 수 - 현금유입액/평균주가

(4) 조건부 발행보통주

조건부발행보통주는 특정 조건이 충족되면 약정에 따라 현금 등의 납입이 없이 또는 거의 없이 발행되는 보통주를 말한다. 희석주당이익을 산정하기 위한 보통주식수의 반영은 각 상황별로 아래와 같다.

① 조건이 충족된 경우

회계기간 초부터 조건충족일 전일까지의 기간에 대하여 잠재적보통주로 산정한다. 단, 회계기간에 조건부발행보통주에 대한 약정이 이루어졌다면 약정일부터 조건충족일 전일까지의 기간에 대하여 희석주식수를 산정한다.

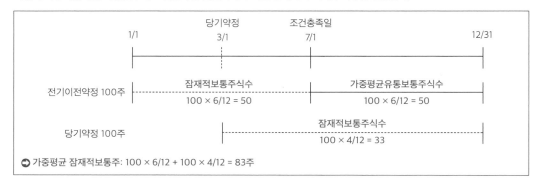

② 조건이 충족되지 않은 경우

조건이 충족되지 않은 상태일 경우 조건부발행보통주는 그 회계기간 말이 조건기간의 만료일이라면 발행할 보통주식수만큼 희석주당이익을 계산하기 위한 보통주식수의 계산에 포함한다. 그러나 실제 조건기간이 만료될 때까지 조건이 충족되지 않은 경우에도 그 계산결과를 수정하지 않는다.

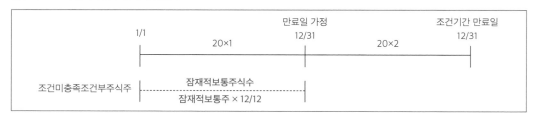

③ 목표이익 달성 및 이익유지 조건인 경우

일정 기간 동안 특정한 목표이익을 달성하거나 유지한다면 보통주를 발행하기로 하는 경우, 보고기간 말에 그 목표이익이 달성되었지만 그 보고기간 말 이후의 추가적인 기간 동안 그 목표이익이 유지되어야 한다면 희석주당이익을 계산할 때 추가로 발행해야 하는 그 보통주가 유통되는 것으로 본다. 이때 희석주당이익은 보고기간 말의 이익수준이 조건기간 말의 이익수준과 같다면 발행될 보통주식수에 기초하여 계산한다. 이익수준이 미래의 기간에 변동할 수 있기 때문에 모든 필요조건이 아직 충족된 것은 아니므로 이러한 조건부발행보통주를 조건기간 말까지 기본주당이익의 계산에는 포함하지 않는다.

03 잠재적보통주의 희석효과 판단

잠재적보통주는 보통주로 전환된다고 가정할 경우 주당이익을 감소시키나 주당손실을 증가시킬 수 있는 경우에만 희석성 잠재적보통주로 취급한다. 반면에 잠재적보통주가 보통주로 전환된다고 가정할 경우 주당이익을 증가시키거나 주당손실을 감소시킬 수 있는 경우에는 반희석성 잠재적보통주가 된다. 희석주당이익을 계산할 때 이러한 반희석성 잠재적보통주는 전환, 행사 또는 기타의 발행이 이루어지지 않는다고 가정하여 희석주당이익 산정 시 제외하여야 한다.

(1) 계속영업이익의 적용

잠재적보통주는 보통주로 전환된다고 가정할 경우 희석효과에 대한 판단은 주당계속영업이익에 대한 희석효과 유무로 판단한다. 즉, 주당계속영업이익을 감소시키거나 주당계속영업손실을 증가시킬 수 있는 경우에만 희석성 잠재적보통주로 취급한다.

(2) 여러 종류의 잠재적보통주를 발행한 경우

여러 종류의 잠재적보통주를 발행한 경우 잠재적보통주가 희석효과를 가지는지 여부를 판단할 때는 개별적으로 고려한다. 이때 잠재적보통주는 희석효과가 가장 큰 잠재적보통주부터 순차적으로 고려한다.

희석효과는 잠재적보통주의 주당이익이 작으면 작을수록 크다. 그러나 잠재적보통주의 주당이익이 기본주당계속영업이익과 비교하여 작다고 해서 희석효과가 있다고 판단해서는 안 된다. 잠재적보통주의 주당이익이 기본주당계속영업이익보다 작다고 하더라도 여러 종류의 잠재적보통주를 희석효과가 큰 순서대로 단계적으로 희석효과를 검토하다 보면 반희석효과가 발생하는 경우도 있다.

1. 희석주당이익은 기본주당이익의 분자에 가산할 금액과 분모에 가산할 주식수를 결정하는 것이 핵심이다. 그러므로 먼저 기본주당이익을 산정한 다음에 잠재적보통주 종류별로 희석효과가 있는지를 파악하여 희석효과가 큰 것부터 차례대로 분자와 분모에 가산한다.

2. 희석주당이익은 최소 주당이익을 공시하여 투자자를 보호하는 것이 목적이므로 희석효과가 큰 것을 포함하여 선순위로 계산된 주당이익보다 주당이익이 증가하는 것은 희석효과가 없는 것으로 보아 희석주당이익 계산 시 포함시키지 않는다.

Ⅳ | 주당이익 기타주제

01 소급수정

유통되는 보통주식수나 잠재적보통주식수가 자본금전입, 무상증자, 주식분할로 증가하였거나 주식병합으로 감소하였다면, 비교 표시하는 모든 기본주당이익과 희석주당이익을 소급하여 수정한다. 만약, 이러한 변동이 보고기간 후와 재무제표의 발행이 승인된 날 사이에 발생하였다면 당기와 비교 표시되는 이전 기간의 주당이익을 새로운 유통보통주식수에 근거하여 재계산하며, 주당이익을 계산할 때 이와 같은 유통보통주식수의 변동을 반영하였다는 사실을 공시한다.

오류의 수정과 회계정책의 변경을 소급하는 경우에도 그 효과를 반영하여 비교 표시되는 모든 기본주당이익과 희석주당이익을 수정한다.

주당이익의 계산과정에서 사용한 가정이 달라지거나 잠재적보통주가 보통주로 전환되더라도 표시되는 전기 이전 기간의 희석주당이익은 재작성하지 아니한다.

02 중간재무보고

잠재적보통주식수는 표시되는 각 회계기간마다 독립적으로 결정한다. 즉, 누적중간기간의 희석주당이익 계산에 포함된 희석성 잠재적보통주식수는 각 중간기간의 희석주당이익 계산에 포함된 희석성 잠재적보통주식수를 가중평균하여 산출해서는 안 되며 각 회계기간마다 독립적으로 계산해야 한다.

03 보통주나 현금으로 결제할 수 있는 계약

기업의 선택에 따라 보통주나 현금으로 결제할 수 있는 계약을 한 경우에 기업은 그 계약이 보통주로 결제될 것으로 가정하고 그로 인한 잠재적보통주가 희석효과를 가진다면 희석주당이익의 계산에 포함한다. 그러한 계약이 회계목적상 자산이나 부채로 표시되거나 자본요소와 부채요소를 모두 가지는 경우, 그 계약 전체가 지분상품으로 분류되어 왔다면 그 기간 동안 발생하였을 손익의 변동액을 분자에 반영하여 희석주당이익을 계산한다.

보유자의 선택에 따라 보통주나 현금으로 결제하게 되는 계약의 경우에는 주식결제와 현금결제 중 희석효과가 더 큰 방법으로 결제하여 가정하여 희석주당이익을 계산한다.

04 매입옵션

기업이 자신의 보통주에 기초한 옵션(풋옵션이나 콜옵션)을 매입하여 보유하는 경우에는 반희석효과가 있으므로 희석주당이익의 계산에 포함하지 아니한다. 그 이유는 일반적으로 풋옵션은 행사가격이 시장가격보다 높을 경우에만 행사되고, 콜옵션은 행사가격이 시장가격보다 낮을 경우에만 행사되기 때문이다.

05 매도풋옵션

매도풋옵션과 선도매입계약과 같이 기업이 자기주식을 매입하도록 하는 계약이 희석효과가 있다면 희석주당이익의 계산에 반영한다. 이러한 계약이 그 회계기간 동안에 '내가격'에 있다면(즉, 행사가격이나 결제가격이 그 회계기간의 평균시장보다 높으면), 주당이익에 대한 잠재적 희석효과는 다음과 같이 계산한다.

① 계약 이행에 필요한 자금 조달을 위해 충분한 수의 보통주를 그 회계기간의 평균시장가격으로 기초에 발행한다고 가정한다.
② 주식발행으로 유입된 현금은 그 계약을 이행하는 용도(즉, 자기주식의 매입)로 사용한다고 가정한다.
③ 증가될 보통주식수(즉, 발행할 것으로 가정하는 보통주식수와 계약을 이행할 경우 받게 되는 보통주식수의 차이)는 희석주당이익의 계산에 포함한다.

06 잠재적보통주의 계약조건

희석성 잠재적보통주의 전환으로 인하여 발행되는 보통주식수는 잠재적보통주의 계약조건에 따라 결정된다. 이때 두 가지 이상의 전환기준이 존재하는 경우에는 잠재적보통주 보유자에게 가장 유리한 전환비율이나 행사가격을 적용하여 계산한다.

07 부분 납입주식

보통주가 발행되었지만 부분 납입된 경우 완전 납입된 보통주와 비교하여, 당해 기간의 배당에 참가할 수 있는 정도까지만 보통주의 일부로 취급하여 기본주당이익을 계산한다. 부분 납입으로 당해 기간의 배당에 참가할 자격이 없는 주식의 미납입부분은 희석주당이익의 계산에 있어서 주식매입권이나 옵션과 같이 취급한다. 미납입액은 보통주를 매입하는 데 사용하는 것으로 가정한다. 희석주당이익의 계산에 포함되는 주식수는 배정된 주식수와 매입된 것으로 가정한 주식수의 차이이다.

cpa.Hackers.com

제 **21** 장

회계변경과 오류수정

해커스 IFRS 정윤돈 재무회계 키 핸드북

I | 회계변경과 오류수정의 기초

01 회계변경

(1) 의의

회계변경은 기업회계기준이나 법령의 제정, 개정, 경제 환경의 변화, 기술 및 경영환경의 변화 등으로 기업이 현재 채택하고 있는 회계정책이나 회계추정치를 다른 회계정책이나 회계추정치로 변경하는 것을 말한다.

구분		정리		
회계변경	회계정책의 변경	GAAP ○	➡	GAAP ○
	회계추정치의 변경	추정방법 A	➡	추정방법 B

(2) 회계정책의 변경

① 회계정책

회계정책이란 기업이 재무제표를 작성 · 표시하기 위하여 적용하는 구체적인 원칙, 근거, 관습, 규칙 및 관행을 말한다. 우리나라는 거래, 기타 사건 또는 상황에 한국채택국제회계기준을 구체적으로 적용하는 경우, 그 항목에 적용되는 회계정책은 한국채택국제회계기준을 적용하여 결정될 것이다.

한국채택국제회계기준은 회계정책의 적용대상인 거래, 기타 사건 및 상황에 관한 정보가 목적적합하고 신뢰성 있게 재무제표에 반영될 수 있도록 한다. 이러한 회계정책의 적용효과가 중요하지 않은 경우에는 그 회계정책을 적용하지 않을 수 있다. 그러나 기업의 재무상태, 재무성과 또는 현금흐름을 특정한 의도대로 표시하기 위하여 한국채택국제회계기준에 위배된 회계정책을 적용하는 것은 그것이 중요하지 않더라도 적절하다고 할 수 없다.

한국채택국제회계기준에는 기업이 그 규정을 적용하는 데 도움을 주기 위한 지침이 있다. 이러한 모든 지침은 한국채택국제회계기준의 일부를 구성하는지의 여부를 명시한다. 한국채택국제회계기준의 일부를 구성하는 지침은 의무규정이지만, 한국채택국제회계기준의 일부를 구성하지 않는 지침은 재무제표에 대한 의무규정을 포함하지 아니한다.

② 회계정책의 일관성

한국채택국제회계기준에서 특정 범주별로 서로 다른 회계정책을 적용하도록 규정하거나 허용하는 경우를 제외하고는 유사한 거래, 기타 사건 및 상황에는 동일한 회계정책을 선택하여 일관성 있게 적용한다. 만약 한국채택국제회계기준에서 범주별로 서로 다른 회계정책을 적용하도록 규정하거나 허용하는 경우, 각 범주에 대하여 선택한 회계정책을 일관성 있게 적용한다.

③ 회계정책의 변경

회계정책의 변경은 재무제표의 작성과 보고에 적용하던 회계정책을 다른 회계정책으로 바꾸는 것이다. 회계정책은 기업이 재무제표를 작성 · 표시하기 위하여 적용하는 구체적인 원칙, 근거, 관습, 규칙 및 관행을 말한다.

회계정책의 변경은 한국채택국제회계기준에서 인정하는 회계정책에서 한국채택국제회계기준에서 인정하는 또 다른 회계정책으로 변경하는 것을 말한다. 따라서 회계정책의 변경은 한국채택국제회계기준에서 대체적인 회계처리방법을 허용하는 경우에만 가능하다. 회계정책의 변경은 두 가지 회계정책을 기업이 임의로 선택할 수 있는 경우에만 가능하며, 이러한 경우는 다음과 같다.

- 유형자산을 원가모형에서 재평가모형으로, 재평가모형에서 원가모형으로 변경
- 투자부동산을 원가모형에서 공정가치모형으로, 공정가치모형에서 원가모형으로 변경
- 재고자산의 단가결정방법을 선입선출법에서 가중평균법으로, 가중평균법에서 선입선출법으로의 변경
- 재고자산의 저가기준평가 시 항목별에서 조별로, 조별에서 항목별로 변경 등

④ 회계정책의 변경이 가능한 경우

다음 중 하나의 경우에 해당한다면 기업은 회계정책을 변경할 수 있다.

> • 한국채택국제회계기준에서 회계정책의 변경을 요구하는 경우
> • 회계정책의 변경을 반영한 재무제표가 특정 거래, 기타 사건 또는 상황의 재무상태, 재무성과 또는 현금흐름에 미치는 영향에 대하여 신뢰성 있고 더 목적적합한 정보를 제공하는 경우

⑤ 회계정책의 변경에 해당하지 않는 경우

다음의 경우는 회계정책의 변경에 해당하지 않는다.

> • 과거에 발생한 거래와 실질이 다른 거래, 기타 사건 또는 상황에 대하여 다른 회계정책을 적용하는 경우
> • 과거에 발생하지 않았거나 발생하였어도 중요하지 않았던 거래, 기타 사건 또는 상황에 대하여 새로운 회계정책을 적용하는 경우

☆ Self Study

한국채택국제회계기준을 조기 적용하는 것은 자발적인 회계정책의 변경에 해당하지 아니한다. 거래, 기타 사건 또는 상황에 구체적으로 적용되는 한국채택국제회계기준이 없는 경우, 경영진은 유사한 개념체계를 사용하여 회계기준을 개발하는 회계기준제정기구가 가장 최근에 발표한 회계기준에 기초한 회계정책을 적용할 수 있다. 만약 그러나 회계기준의 개정에 따라 회계정책을 변경하기로 하였다면, 이 경우에 회계변경은 자발적인 회계정책의 변경으로 회계처리하고 공시한다.

(3) 회계추정치의 변경

① 회계추정치

회계정책은 측정불확실성을 고려하여 재무제표의 항목을 측정하도록 요구할 수 있다. 즉, 회계정책은 직접 관측할 수 없어 추정해야 하는 화폐금액으로 재무제표의 항목을 측정하도록 요구할 수 있다. 이 경우, 기업은 회계정책에서 정한 목적을 이루기 위해 회계추정치를 개발한다. 회계추정치의 개발은 이용할 수 있고 신뢰성 있는 가장 최근 정보에 기초한 판단이나 가정이 수반된다. 회계추정치의 예는 다음과 같다.

> • 기대신용손실에 대한 손실충당금(기업회계기준서 제1109호 '금융상품' 적용)
> • 재고자산 항목의 순실현가능가치(기업회계기준서 제1002호 '재고자산' 적용)
> • 자산이나 부채의 공정가치(기업회계기준서 제1113호 '공정가치 측정' 적용)
> • 유형자산 항목의 감가상각비(기업회계기준서 제1016호 '유형자산' 적용)
> • 보증의무에 대한 충당부채(기업회계기준서 제1037호 '충당부채, 우발부채, 우발자산' 적용)

☆ Self Study

합리적 추정을 사용하는 것은 재무제표 작성의 필수적인 과정이며 재무제표의 신뢰성을 손상시키지 않는다.

② 회계추정치의 변경

회계추정치의 변경은 새로운 정보의 획득, 새로운 상황의 전개 등에 따라 지금까지 사용해오던 회계적 추정치를 바꾸는 것을 말한다. 회계추정치는 기업환경의 불확실성하에서 미래의 재무적 결과를 사전적으로 예측하는 것을 말한다. 회계추정치의 변경은 아래와 같다.

- 금융자산에 대한 기대신용손실의 추정 변경
- 재고자산 진부화 정도에 대한 판단 변경
- 감가상각자산의 상각방법, 잔존가치 및 내용연수의 변경
- 품질보증의무(충당부채)의 추정 변경
- 자산의 손상차손 추정 변경
- 거래가격에 반영할 변동대가 추정치의 변경
- 반품권이 있는 판매에서 반품비율 추정의 변경
- 기간에 걸쳐 자산의 통제가 이전되는 경우 진행률 추정의 변경
- 고객충성제도에서 미래 교환될 포인트 추정의 변경

Additional Comment

기준서 제1113호 '공정가치 측정'에서 공정가치 측정을 위해 사용하는 가치평가기법을 일관되게 적용하되, 새로운 정보를 구하거나 가치평가기법이 개선되는 등의 상황에서는 가치평가기법이나 그 적용방법을 변경할 수 있도록 하였으며 이를 회계추정치의 변경으로 회계처리하도록 규정하고 있다. 그러나 측정기준의 변경(Ex. 역사적원가에서 공정가치로의 변경)은 회계추정치의 변경이 아니라 회계정책의 변경에 해당한다. 회계추정치의 변경은 오류의 수정과 구분되어야 한다. 회계추정치의 변경은 새로운 상황의 전개 등에 따라 지금까지 사용해왔던 회계추정치를 바꾸는 것이므로, 당초에 잘못된 정보에 근거하여 설정된 회계추정치를 바꾸는 것은 회계추정치의 변경이 아니라 오류수정에 해당한다.

☆ Self Study

회계정책의 변경과 회계추정치의 변경을 구분하는 것이 어려운 경우에는 회계추정치의 변경으로 본다.

02 오류수정

(1) 전기오류의 정의

전기오류란 과거기간 동안에 재무제표를 작성할 때 신뢰할 만한 정보를 이용하지 못했거나 잘못 이용하여 발생한 재무제표에서의 누락이나 왜곡표시를 말한다. 여기서 신뢰할 만한 정보는 다음을 모두 충족하는 정보를 의미한다.

① 해당 기간 재무제표의 발행승인일에 이용가능한 정보
② 당해 재무제표의 작성과 표시를 위하여 획득하여 고려할 것이라고 합리적으로 기대하는 정보

이러한 오류에는 산술적 계산오류, 회계정책의 적용 오류, 사실의 간과 또는 해석의 오류 및 부정 등의 영향을 포함한다.

(2) 오류수정의 정의

오류수정은 당기 중에 발견한 당기의 잠재적 오류나 후속기간 중에 발견한 전기 이전의 오류를 재무제표의 발행·승인일 전에 수정하는 것을 말한다. 즉 일반적으로 인정되지 아니한 회계원칙에서 일반적으로 인정된 회계원칙으로 수정하는 것이 오류수정이다.

구분	정리		
오류수정	GAAP ×	⬄	GAAP ○

오류수정은 회계추정치의 변경과 구별된다. 회계적 추정치는 성격상 추가 정보가 알려지는 경우 수정이 필요할 수도 있는 근사치의 개념이다. 예로 우발상황의 결과에 따라 인식되는 손익은 오류의 수정에 해당하지 않는다.

03 회계처리방법

회계변경을 회계처리하기 위해서는 회계변경시점을 먼저 정하는 것이 필요하다. 기업이 회계변경을 하기로 결정한 실제 시점에 관계없이 회계변경은 회계변경을 한 회계연도의 기초시점에 이루어진 것으로 간주한다.

> ☆ **Self Study**
>
> 20×1년 중 회계변경을 하였다면 20×1년 1월 1일에 회계변경이 이루어진 것으로 본다.

회계변경과 오류수정에 대한 회계처리방법으로는 손익을 수정하는 시기에 따라 소급법, 당기일괄처리법과 전진법이 있다.

(1) 소급법

소급법은 회계변경을 한 회계연도의 기초시점에서 당해 회계변경이 이익잉여금에 미친 누적효과를 계산하여 새로운 회계정책이 처음부터 적용되어 온 것처럼 소급하여 수정하는 방법을 말한다.

> **Ex** 소급법의 적용
>
> A사는 20×1년 초에 재고자산 원가흐름의 가정을 이동평균법에서 선입선출법으로 변경하였다. 이 경우 변경 전의 방법인 이동평균법에 의한 기초 재고자산금액이 ₩500이고, 처음부터 변경 후의 방법인 선입선출법을 사용하였다면 기초 재고자산금액이 ₩400이다. 이동평균법을 적용한 경우의 기초 이월이익잉여금은 ₩1,000이라고 할 때, 변경 전 재무상태표를 변경 후 재무상태표로 수정하기 위해서는 장부금액이 다른 항목들을 수정하면 되는데 이때 소급법을 적용하여 회계처리하면 다음과 같다.
>
> | 차) 이익잉여금 | 100 | 대) 재고자산 | 100 |
> |---|---|---|---|

이때 회계변경이 회계변경을 한 회계연도의 기초 이월이익잉여금에 미친 효과를 회계변경의 누적효과라고 하는데, 변경 전 방법을 적용한 경우의 기초 이월이익잉여금과 변경 후 방법을 처음부터 적용하였다고 가정하는 경우의 기초 이월이익잉여금의 차이를 말한다. 결국 누적효과는 변경 전 방법에 의한 당해 항목의 기초 장부금액과 변경 후 방법을 처음부터 적용한 경우 당해 항목의 기초 장부금액의 차이와 같다.

◇ **회계변경의 누적효과**

순자산의 증감 및 변화를 일으키는 사건인 거래에서 자본거래가 아닌 손익거래의 경우에는 자산과 부채의 증감은 수익과 비용의 증가를 동반하게 된다. 그러므로 회계변경에 따른 누적효과는 다음과 같이 계산할 수 있다.

1. 변경 전 방법에 의한 기초 이월이익잉여금 - 변경 후 방법에 의한 기초 이월이익잉여금
2. 변경 전 방법에 의한 기초 장부금액 - 변경 후 방법에 의한 기초 장부금액

Additional Comment

소급적용이란 새로운 회계정책을 처음부터 적용한 것처럼 거래, 기타 사건 및 상황에 적용하고, 과거 재무제표를 새로운 회계정책을 적용하여 수정하는 방법을 말한다. 소급적용은 회계변경의 누적효과를 이익잉여금으로 처리하며, 회계변경으로 인하여 새롭게 채택한 회계정책을 처음부터 적용한 것으로 가정하므로 비교재무제표를 공시할 때 비교 대상이 되는 과거연도의 재무제표를 새로운 회계처리방법을 적용하여 수정하여야 한다.

☆ Self Study

회계변경을 소급적용하는 경우에는 회계변경의 누적효과가 비교재무제표를 공시할 때 비교 대상이 되는 과거연도의 재무제표에 반영되므로 재무제표의 비교가능성이 재고된다는 장점이 있으나, 과거의 재무제표를 새로운 회계정책에 따라 소급수정하므로 재무제표의 신뢰성이 훼손되는 단점이 있다.

(2) 당기일괄처리법

당기일괄처리법은 기초시점에서 새로운 회계정책의 채택으로 인한 회계변경의 누적효과를 계산하여, 이를 회계변경손익 과목으로 **당기손익에 반영하며, 비교공시하는 전기 재무제표는 수정하지 않는 방법**이다. 당기일괄처리법은 회계변경의 누적효과를 당기손익에 포함시킨다는 점에서만 소급법과 다를 뿐 다른 내용은 모두 동일하다.

Ex 당기일괄처리법의 적용

A사는 20×1년 초에 재고자산 원가흐름의 가정을 이동평균법에서 선입선출법으로 변경하였다. 이 경우 변경 전의 방법인 이동평균법에 의한 기초 재고자산금액이 ₩500이고, 처음부터 변경 후의 방법인 선입선출법을 사용하였다면 기초 재고자산금액이 ₩400으로 계산되었다. 이동평균법을 적용한 경우의 기초 이월이익잉여금은 ₩1,000이라고 할 때, 변경 전 재무상태표를 변경 후 재무상태표로 수정하기 위해서는 장부금액이 다른 항목들을 수정하면 되는데 이때 당기일괄처리법을 적용하여 회계처리하면 다음과 같다.

차) 회계변경손실(N/I)	100	대) 재고자산	100

☆ Self Study

당기일괄처리법의 장점은 재무제표의 **신뢰성을 유지**할 수 있고 변경효과를 한눈에 파악할 수 있다는 점이다. 단점으로는 기간별 비교가능성이 저하되며 변경효과가 당기손익에 반영되어 이익조작목적으로 사용될 가능성이 있다는 것이다.

(3) 전진법

전진법은 회계변경 이전에 보고된 재무제표에 어떠한 수정도 하지 않으며, 회계변경의 누적효과도 계산하지 않는 방법을 말한다. 전진법은 회계변경의 영향을 회계변경을 한 이후의 회계기간에만 반영하므로 미래적 처리법이라고도 한다.

Ex 전진법의 적용

A사는 20×1년 초에 재고자산 원가흐름의 가정을 이동평균법에서 선입선출법으로 변경하였다. 이 경우 변경 전의 방법인 이동평균법에 의한 기초 재고자산금액이 ₩500이고, 처음부터 변경 후의 방법인 선입선출법을 사용하였다면 기초 재고자산금액이 ₩400으로 계산되었다. 이동평균법을 적용한 경우의 기초 이월이익잉여금은 ₩1,000이라고 할 때, 전진법을 적용하여 기초 재고자산의 장부금액에 대한 수정은 없다.

☆ **Self Study**

전진법의 장점은 실무적용이 간편하고 재무제표의 신뢰성을 유지할 수 있다는 것이다. 단점으로는 비교가능성이 저하되고 회계변경의 효과를 파악하기 어렵다는 것이다.

[소급법, 당기일괄처리법, 전진법의 비교]

구분	변경 전 기초 BV	누적효과 반영	변경 후 기초 BV	당기효과 반영	변경 후 기말 BV
소급법		이익잉여금		당기손익	
당기일괄처리법		당기손익		당기손익	
전진법		기초장부금액으로 신규 취득 가정			

(4) 한국채택국제회계기준의 적용

한국채택국제회계기준에서는 회계정책의 변경은 소급적용하며, 회계추정치의 변경은 전진적용하도록 규정하고 있다. 또한, 중요한 전기오류는 소급하여 수정하도록 규정하고 있다.

[한국채택국제회계기준의 적용]

구분		적용
회계정책의 변경	➡	소급적용
회계추정치의 변경	➡	전진적용
중요한 전기오류 수정	➡	소급적용
중요하지 않은 전기오류 수정	➡	IFRS 규정 없음

* 회계정책의 변경과 회계추정치의 변경을 구분할 수 없는 경우에는 회계추정치의 변경으로 본다.

Additional Comment

한국채택국제회계기준에서는 중요하지 않은 전기오류 수정에 대하여 명문화된 규정이 없다. 수험목적상 문제에 특별한 언급이 없다면 오류수정의 회계처리는 모두 중요한 오류라고 가정하고 풀이하는 것이 옳다.

Ⅱ | 회계정책 변경의 적용

01 원칙

회계정책의 변경은 특정기간에 미치는 영향이나 누적효과를 실무적으로 결정할 수 없는 경우를 제외하고는 다음과 같이 처리한다.

> ① 경과규정이 있는 한국채택국제회계기준을 최초 적용하는 경우에 발생하는 회계정책의 변경은 해당 경과규정에 따라 회계처리한다.
> ② 경과규정이 없는 한국채택국제회계기준을 최초 적용하는 경우에 발생하는 회계정책의 변경이나 자발적인 회계정책의 변경은 소급적용한다.

회계정책의 변경을 소급적용하는 경우 비교 표시되는 가장 이른 과거기간의 영향을 받는 자본의 각 구성요소의 기초 금액과 비교 공시되는 각 과거기간의 기타 대응금액을 새로운 회계정책이 처음부터 적용된 것처럼 조정한다.

02 예외 - 소급적용의 한계

회계정책의 변경은 특정기간에 미치는 영향이나 누적효과를 실무적으로 결정할 수 없는 경우를 제외하고 소급적용한다. 그러나 특정기간에 미치는 영향이나 누적효과를 실무적으로 결정할 수 없다면 아래와 같이 회계처리해야 한다.

> ① 비교 표시되는 하나 이상의 과거기간의 비교정보에 대해 특정기간에 미치는 회계정책 변경의 영향을 실무적으로 결정할 수 없는 경우, 실무적으로 소급적용할 수 있는 가장 이른 회계기간의 자산 및 부채의 기초 장부금액에 새로운 회계정책을 적용하고, 그에 따라 변동하는 자본 구성요소의 기초금액을 조정한다.
> ② 당기 기초시점에 과거기간 전체에 대한 새로운 회계정책 적용의 누적효과를 실무적으로 결정할 수 없는 경우 실무적으로 적용할 수 있는 가장 이른 날부터 새로운 회계정책을 전진적용하여 비교정보를 재작성한다.

Additional Comment

실무적으로 적용할 수 없는 경우란 기업이 모든 합리적인 노력을 했어도 요구사항을 적용할 수 없다는 것을 말하는데, 다음의 경우는 특정 과거기간에 대하여 회계정책 변경의 소급적용이나 오류수정을 위한 소급재작성을 실무적으로 적용할 수 없는 경우에 해당한다.

1. 소급적용이나 소급재작성의 영향을 결정할 수 없는 경우
2. 소급적용이나 소급재작성을 위하여 대상 과거기간에 경영진의 의도에 대한 가정이 필요한 경우
3. 소급적용이나 소급재작성을 위하여 금액의 유의적인 추정이 필요하지만, 그러한 추정에 필요한 정보를 다른 정보와 객관적으로 식별할 수 없는 경우

[회계정책의 변경 구조]

원칙	경과규정이 있는 경우	경과규정에 따라 회계처리
	경과규정이 없는 경우	소급적용
예외	일부 기간에 대해 실무적 적용이 어려운 경우	실무적으로 적용가능한 기간부터 소급적용
	과거기간 전체에 대해 실무적 적용이 어려운 경우	실무적으로 적용할 수 있는 가장 이른 날부터 전진적용

참고 재고자산의 정책의 변경 풀이 TOOL

원가흐름가정의 변경에 따른 기말재고자산의 차이를 문제에서 제시할 경우

구분	20×1년	20×2년
20×1년 재고자산차이금액: A	A	(-)A
20×2년 재고자산차이금액: B		B

○ **평가방법 변경에 따른 ×1년 변경된 매출원가:** - 당초 ×1년 매출원가 + A

○ **평가방법 변경에 따른 ×2년 변경된 매출원가:** - 당초 ×2년 매출원가 + (A) + B

○ **평가방법 변경에 따른 ×1년 변경된 당기손익:** 당초 ×1년 당기손익 + A

○ **평가방법 변경에 따른 ×2년 변경된 당기손익:** 당초 ×2년 당기손익 + (A) + B

○ **평가방법 변경에 따른 ×1년 초 변경된 이익잉여금:** 당초 ×1년 초 이익잉여금 + A

○ **평가방법 변경에 따른 ×2년 말 변경된 이익잉여금:** 당초 ×2년 말 이익잉여금 + B

* 재산의 증감 및 변화를 일으키는 사건인 거래에서 자본거래가 아닌 손익거래의 경우에는 자산과 부채의 증감은 수익과 비용의 증감을 동반하게 된다. 따라서 원가흐름가정의 변경에 따른 각 연도별 재고자산의 변동은 각 연도별 매출원가의 변동에 영향을 미친다. 전기 말의 변동에 따른 매출원가의 변동은 당기 기초 이익잉여금에 영향을 미친다. 또한 재고자산의 경우 전기 기말 장부금액이 당기 기초 장부금액으로 이월되어 당기 매출원가에도 영향을 미치게 됨을 주의하자.

Ⅲ | 회계추정치 변경의 적용

회계추정치의 변경효과는 다음의 회계기간에 당기손익에 포함하여 전진적으로 인식한다. 회계추정치 변경효과의 인식의 전진적용이란 회계추정치의 변경효과를 당기 및 그 후의 회계기간에 인식하는 것을 말한다.

> ① 변경이 발생한 기간에만 영향을 미치는 경우에만 변경이 발생한 기간
> ② 변경이 발생한 기간과 미래기간에 모두 영향을 미치는 경우에는 변경이 발생한 기간과 미래기간

회계추정치의 변경이 자산 및 부채의 장부금액을 변경하거나 자본의 구성요소에 관련되는 경우, 회계추정치를 변경한 기간에 관련 자산, 부채 또는 자본 구성요소의 장부금액을 조정하여 회계추정치의 변경효과를 인식한다.

☆ Self Study

1. 회계정책의 변경과 회계추정치의 변경을 구분하는 것이 어려운 경우에는 회계추정치의 변경으로 본다.

2. 측정기준의 변경은 회계추정치의 변경이 아니라 회계정책의 변경에 해당한다. 그러나 유형자산과 무형자산에서 자산을 재평가하는 회계정책을 최초로 적용하는 경우에는 해당 기준서의 규정을 적용하지 않는다.

01 오류수정의 회계처리

(1) 원칙

당기 중에 발견한 당기의 잠재적 오류는 재무제표의 발행승인일 전에 수정한다. 그러나 중요한 오류를 후속기간에 발견하는 경우 이러한 전기오류는 해당 후속기간의 재무제표에 비교 표시된 재무정보를 재작성하여 수정한다. 중요한 전기오류가 발견된 이후 최초로 발행을 승인하는 재무제표에 다음의 방법으로 전기오류를 소급하여 수정한다.

> ① 오류가 발생한 과거기간의 재무제표가 비교 표시되는 경우에는 그 재무정보를 재작성한다.
>
> ② 오류가 비교 표시되는 가장 이른 과거기간 이전에 발생한 경우에는 비교 표시되는 가장 이른 과거기간의 자산, 부채 및 자본의 기초금액을 재작성한다.

☆ Self Study

1. 전기오류가 처음부터 발생하지 않은 것처럼 재무제표 구성요소의 인식, 측정 및 공시를 수정하는 것을 소급재작성이라고 하며, 한국채택국제회계기준은 중요한 전기오류의 경우 재무제표를 소급재작성해야 한다고 명시하였다.

2. 한국채택국제회계기준 기준서 제1008호 '회계정책, 회계추정치 변경과 오류'에서는 중요하지 않은 오류의 처리방법에 대해서는 규정하고 있지 않다.

(2) 예외: 소급재작성의 한계점

전기오류는 특정기간에 미치는 오류의 영향이나 오류의 누적효과를 실무적으로 결정할 수 없는 다음의 경우를 제외하고는 소급재작성에 의하여 수정한다.

> ① 비교 표시되는 하나 이상 과거기간의 비교정보에 대해 특정기간에 미치는 오류의 영향을 실무적으로 결정할 수 없는 경우, 실무적으로 소급재작성할 수 있는 가장 이른 회계기간의 자산, 부채 및 자본의 기초금액을 재작성한다.
>
> ② 당기 기초시점에 과거기간 전체에 대한 오류의 누적효과를 실무적으로 결정할 수 없는 경우, 실무적으로 적용할 수 있는 가장 이른 날부터 전진적으로 오류를 수정하여 비교정보를 재작성한다.

☆ Self Study

전기오류의 수정은 오류가 발견된 기간의 당기손익으로 보고하지 않는다. 따라서 과거 재무자료의 요약을 포함한 과거기간의 정보는 실무적으로 적용할 수 있는 최대한 앞선 기간까지 소급재작성한다.

[오류수정의 구조]

구분		회계처리
중요한 오류	당기에 발견	재무제표 발행승인일 전에 수정
	전기오류 발견	누적효과를 실무적으로 결정할 수 없는 경우를 제외하고는 소급수정함
예외	일부 기간 실무적 적용 불가	실무적으로 적용가능한 기간부터 소급적용
	과거기간 전체 실무적 적용 불가	실무적으로 적용할 수 있는 가장 이른 날부터 전진적용

02 회계오류의 유형

회계오류가 재무제표에 미치는 영향이 중요하다면 반드시 수정되어야 한다. 중요한 오류를 발견하였을 경우 오류수정분개를 통하여 재무제표에 반영되며, 이러한 오류는 당기순이익에 영향을 미치지 않는 오류와 당기순이익에 영향을 미치는 오류로 구분한다. 당기순이익에 영향을 미치는 오류는 자동조정오류와 비자동조정오류로 구분된다.

① **자동조정오류**: 회계오류가 발생한 회계연도와 그 다음 회계연도의 장부가 마감되는 경우, 당해 회계오류가 두 회계연도에 걸쳐 서로 상쇄되어 수정분개의 필요가 없는 오류
② **비자동조정오류**: 회계오류가 발생한 회계연도와 그 다음 회계연도의 장부가 마감된 경우에도 회계오류가 자동적으로 상쇄되지 않는 오류

(1) 자동조정오류

자동조정오류는 회계오류가 발생한 다음 회계연도의 장부가 마감된 경우 회계오류가 자동적으로 상쇄되어 오류수정분개가 필요 없는 오류를 말한다. 자동조정오류에는 다음과 같은 오류가 포함된다.

① 재고자산 과대 · 과소계상 오류
② 매입 과대 · 과소계상 오류
③ 선급비용, 미지급비용, 선수수익, 미수수익 과소계상 오류
④ 매출채권손실충당금 과소계상 오류(직접상각법을 사용한 경우 포함)
⑤ 충당부채 과소계상 오류

Additional Comment

자동조정오류는 주로 기간귀속과 관련하여 전기와 당기의 유동항목을 과대계상하거나 과소계상함에 따라 이익잉여금과 당기순이익에 영향을 미치게 되며, 오류가 발생한 보고기간의 오류효과는 오류가 발생한 다음 보고기간에 반대의 효과를 나타내어 자동적으로 조정된다. 예로 ×1년 기말 재고자산을 ₩100 과대계상하였다면 이로 인해 ×1년 매출원가는 ₩100 과소계상되었을 것이다. 이로 인해 ×1년 당기순이익은 ₩100 과대계상되어 ×1년 말 이익잉여금도 ₩100 과대계상되게 된다. 그러나 동 기말 재고자산 과대계상액이 ×2년 기초 재고자산을 ₩100 과대계상하여 ×2년에 매입과 기말 재고자산에 오류가 없다면 ×2년에 매출원가가 ₩100 과대계상된다. 이로 인하여 ×2년 말 이익잉여금은 ×1년 기말 재고자산 과대계상에 따른 효과로부터 받는 영향이 없어지게 된다.

구분	재고자산		매출원가		당기순이익		이익잉여금
20×1년	기말재고 100 과대	➡	100 과소	➡	100 과대	➡	100 과대
20×2년	기초재고 100 과대	➡	100 과대	➡	100 과소	➡	100 과소
➡ 20×2년 말 현재 20×1년 재고자산 오류로 인한 20×1 ~ 20×2년 이익잉여금 누적효과							-

자동조정오류는 재무상태표와 손익계산서에 영향을 미친 계정과목이 하나밖에 없다는 공통점을 갖고 있다. 따라서 자동조정오류는 오류를 수정하는 회계연도의 재무상태표와 손익계산서에 영향을 아래의 재무상태표등식을 이용하여 자산·부채의 과대·과소 계상효과가 연도별 손익에 미치는 효과를 구하면 간단하게 수정분개를 할 수 있다.

[재무상태표등식을 이용한 자동조정오류의 손익효과]

자산	부채	자본(이익)	오류수정(N/I영향)	
			오류발생 회계기간	다음 회계기간
자산 과대		이익 과대	-	+
자산 과소		이익 과소	+	-
	부채 과대	이익 과소	+	-
	부채 과소	이익 과대	-	+

참고 전기오류수정분개와 비교재무제표 재작성의 의미

오류수정에 대한 회계처리를 이해하는 과정에서 혼동되는 것은 오류수정의 분개와 비교 표시되는 과년도 재무제표의 재작성이다. 예를 들어 20×1년에 감가상각비 ₩2,000을 과소 계상한 오류(중요한 오류)를 20×2년(당기)에 발견하였다면 비교 표시되는 20×1년도 재무제표의 감가상각비와 감가상각누계액을 각각 ₩2,000씩 증가시키는 재작성 절차를 밟아야 한다. 이 경우 다음과 같은 오류수정분개를 생각할 수 있다.

차) 감가상각비	2,000	대) 감가상각누계액	2,000

이러한 분개는 20×1년도 재무제표의 재작성 관점에서의 오류수정분개이다. 그러나 분개는 장부에 기록하는 절차이므로 20×1년도 장부가 이미 마감되어 있는 이상 20×1년도 장부에 위의 분개를 반영할 수는 없다.
전년도 장부의 수정과 비교 표시되는 전년도 재무제표의 재작성은 다르다. 전년도 재무제표를 재작성하라는 의미는 전년도 장부를 수정하라는 것이 아니라 비교 표시되는 전년도 재무제표의 금액을 수정하라는 의미이다. 따라서 위의 사례에서 전기오류의 수정분개는 다음의 분개로 하여 20×2년도에 반영해야 하며, 전년도 재무제표의 재작성은 별도로 이루어져야 한다.

차) 이익잉여금	2,000	대) 감가상각누계액	2,000

(2) 비자동조정오류

비자동조정오류란 두 보고기간을 초과하여 오류의 효과가 지속되는 오류를 말하며, 일반적으로 비유동항목과 관련하여 발생한다. 비자동조정오류가 주로 발생하는 계정은 유형자산, 무형자산, 사채 등이 있다.

비자동조정오류는 자동조정오류를 제외한 모든 오류들로 자동조정오류와는 달리 **재무상태표와 손익계산서에 영향을 미친 계정과목이 여러 개**라는 특징이 있다. 따라서 비자동조정오류도 자동조정오류와 마찬가지로 오류를 수정하는 회계연도의 재무상태표와 손익계산서에 영향을 미친 계정과목과 금액을 계산하여 수정분개를 하면 된다. 비자동조정오류를 발견한 경우 오류수정분개를 하는 순서는 다음과 같이 수행하는 것이 유용하다.

[비자동조정오류의 오류수정분개 순서]

① 재무상태표계정의 차이를 조정	⇨	② 당기손익의 차이를 조정	⇨	③ 대차차액을 이익잉여금으로 처리

또한 중요한 오류를 발견한 경우 재무상태표와 포괄손익계산서에 미치는 영향을 분석하고 오류수정분개를 수행해야 한다. 다양한 오류가 복합적으로 발생한 경우 오류로 인한 기말 재무상태표 효과와 연도별 손익효과를 파악하기 어렵다. 이 경우 정산표를 이용하여 오류를 집계하면 위의 효과를 쉽고 빠르게 파악할 수 있다.

[오류수정 정산표의 예시]

구분	×1년	×2년
수정 전 N/I	××	××
×1년 자동조정오류	××	(-)××
	(-)××	××
×2년 자동조정오류		××
		(-)××
비자동조정오류	××	××
	(-)××	(-)××
수정 후 N/I	××	××

V | 회계변경과 오류수정의 특수상황

01 전기 재무제표의 재작성

회계정책을 변경하는 경우에는 당해 회계정책의 변경이 전기 이전의 손익에 미친 영향은 소급법에 따라 이월이익잉여금에 반영하여야 한다. 소급법에서는 비교목적으로 작성하는 전기재무제표를 변경 후의 방법을 사용하였다고 가정하고 재작성해야 한다.

02 회계변경과 전기오류수정에 따른 법인세효과

과거의 손익에 영향을 미치는 회계변경과 오류수정효과는 법인세 추가납부 또는 법인세 환급을 발생시킬 수 있으므로 당해 회계변경과 오류가 법인세에 미치는 영향을 분석하여 당기법인세부채와 이연법인세부채에 반영하고 이를 법인세비용에 반영하여야 한다. 법인세비용은 세전이익에 대응하는 비용이다. 그러므로 세전이익이 증가하면 법인세비용도 증가하고 세전이익이 감소하면 법인세비용도 감소한다.

전기이월미처분이익잉여금에 반영되는 회계정책의 변경이나 오류로 인하여 법인세효과가 발생하는 경우에는 관련 법인세효과를 전기이월미처분이익잉여금에서 직접 반영해서 법인세기간 내 배분을 수행해야 한다.

제 22 장

현금흐름표

해커스 IFRS 정윤돈 재무회계 키 핸드북

회계사 · 세무사 · 경영지도사 단번에 합격! 해커스 경영아카데미
cpa.Hackers.com

I │ 현금흐름표의 기초

01 현금흐름표의 정의

현금흐름표는 일정 기간 동안 특정기업의 현금이 어떻게 조달되고 사용되는지를 나타내는 재무제표이다.

> ### ☆ Self Study
>
> 한국채택국제회계기준에서는 **모든 기업이 현금흐름표를 작성 및 공시하도록** 하고 있다.

02 현금의 개념

현금흐름표는 재무상태의 변동에 관한 보고서 중 현금을 자금개념으로 파악하고 현금흐름을 보고하는 재무보고서이다. 현금흐름표의 작성기준이 되는 현금의 범위는 **현금및현금성자산**을 말한다. 즉, 현금이란 보유하고 있는 현금, 요구불예금을 말하며, **현금성자산이란 유동성이 매우 높은 단기투자자산으로 확정된 금액의 현금으로 전환이 용이하고 가치변동의 위험이 중요하지 않은 자산**을 의미한다. 그러한 은행거래약정이 있는 경우 은행잔고는 예금과 차월 사이에서 자주 변동하는 특성이 있다.

은행 차입은 일반적으로 재무활동으로 볼 수 있으나 **금융회사의 요구에 따라 즉시 상환하여야 하는 당좌차월은 기업의 현금관리의 일부를 구성하므로 현금및현금성자산의 구성요소에 포함**된다.

> 현금흐름표의 현금 = B/S상의 현금및현금성자산 - 금융회사의 요구에 따라 즉시 상환하여야 하는 당좌차월

현금및현금성자산을 구성하는 항목 간의 이동은 영업활동, 투자활동 및 재무활동의 일부가 아닌 현금관리의 일부이므로 현금흐름에서 제외한다.

> ### Additional Comment
>
> 현금으로 현금성자산에 해당하는 단기투자자산을 취득하는 경우에는 현금관리의 일부이므로 현금흐름에서 제외한다.

> ### ☆ Self Study
>
> 1. 현금흐름표의 현금은 재무상태표의 현금및현금성자산을 말하지만 금융회사의 요구에 따라 즉시 상환하여야 하는 당좌차월은 차감한다. 그러나 이러한 당좌차월은 재무상태표에는 유동부채로 분류된다.
>
> 2. 지분상품은 전환될 현금이 확정되어 있지 않으므로 현금성자산에서 제외한다. 다만, 상환일이 정해져 있고 취득일로부터 상환일까지의 기간이 단기인 우선주와 같이 실질이 현금성자산인 경우에는 예외로 한다.

03 기업의 활동구분

당기발생거래		현금흐름표		현금흐름표	
현금거래	➡	현금유입	××	영업활동 현금흐름	××
비현금거래		현금유출	××	투자활동 현금흐름	××
		현금의 증감	××	재무활동 현금흐름	××
				현금의 증감	××

(1) 영업활동

영업활동은 기업의 주요 수익창출활동, 그리고 투자활동이나 재무활동이 아닌 기타의 활동에서 발생한다.

영업활동 현금흐름은 일반적으로 당기순이익의 결정에 영향을 미치는 거래나 그 밖의 사건의 결과로 발생한다.
영업활동 현금흐름의 예는 다음과 같다.

① 재화의 판매와 용역 제공에 따른 현금유입

② 로열티, 수수료, 중개료 및 기타수익에 따른 현금유입

③ 재화, 용역의 구입에 따른 현금유출

④ 종업원과 관련하여 직·간접적으로 발생하는 현금유출

⑤ 보험회사의 경우 수입보험료, 연금 및 기타 급부금과 관련된 현금유입과 현금유출

⑥ 법인세의 납부 또는 환급(단, 재무활동과 투자활동에 명백히 관련된 것은 제외)

⑦ 단기매매목적으로 보유하는 계약에서 발생하는 현금유입과 현금유출

설비 매각과 같은 일부 거래에서도 인식된 당기순이익의 결정에 포함되는 처분손익이 발생할 수 있다. 그러나 그
러한 거래와 관련된 현금흐름은 투자활동 현금흐름이다. 그러나 타인에게 임대할 목적으로 보유하다가 후속적으
로 판매목적으로 보유하는 자산을 제조하거나 취득하기 위한 현금지급액은 영업활동 현금흐름이다. 이러한 자산
의 임대 및 후속적인 판매로 수취하는 현금도 영업활동 현금흐름이다.

기업은 단기매매목적으로 유가증권이나 대출채권을 보유할 수 있으며, 이때 유가증권이나 대출채권은 판매를
목적으로 취득한 재고자산과 유사하다. 따라서 단기매매목적으로 보유하는 유가증권의 취득과 판매에 따른 현금
흐름은 영업활동으로 분류한다. 마찬가지로 금융회사의 현금 선지급이나 대출채권은 주요 수익창출활동과 관
련되어 있으므로 일반적으로 영업활동으로 분류한다.

> ☆ **Self Study**
>
> 보험회사의 경우 수입보험료, 보험금, 연금 및 기타 급부금과 관련된 현금유입과 현금유출은 영업활동 현금흐름에 포
> 함된다.

(2) 투자활동

투자활동은 장기성 자산 및 현금성자산에 속하지 않는 기타 투자자산의 취득과 처분활동을 말한다. 재무상태표에 자산으로 인식되는 지출만이 투자활동으로 분류하기에 적합하다. 투자활동 현금흐름의 예는 다음과 같다.

---

① 유형자산, 무형자산 및 기타 장기성 자산의 취득에 따른 현금유출

   (자본화된 개발원가와 자가건설 유형자산에 관련된 지출 포함)

② 유형자산, 무형자산 및 기타 장기성 자산의 처분에 따른 현금유입

③ 다른 기업의 지분상품이나 채무상품 및 조인트벤처 투자지분의 처분에 따른 현금유출 · 유입

   (현금성자산으로 간주되는 단기매매목적으로 보유하는 상품의 처분은 제외)

④ 제3자에 대한 선급금 및 대여금의 현금 유출 · 유입(금융회사의 현금 선지급과 대출채권은 제외)

⑤ 선물계약, 선도계약, 옵션계약 및 스왑계약에 따른 현금 유출 · 유입

   (단기매매목적으로 계약을 보유하거나 현금유입 · 유출을 재무활동으로 분류하는 경우 제외)

Additional Comment

연구단계에서 지출은 당기비용으로 인식하고, 개발단계의 지출은 6가지의 조건을 충족하는 경우에 한하여 무형자산으로 인식한다. 따라서 연구단계의 지출은 영업활동으로 분류하고, 무형자산의 인식조건을 충족하는 개발단계의 지출은 투자활동 현금흐름으로 분류한다. 물론 개발단계의 지출이더라도 무형자산의 인식조건을 충족하지 못하면 관련 지출은 영업활동 현금흐름으로 분류한다.

☆ Self Study

1. 파생상품계약에서 식별가능한 거래에 대하여 위험회피회계를 적용하는 경우, 그 계약과 관련된 현금흐름은 위험회피대상 거래의 현금흐름과 동일하게 분류한다.

2. 투자활동은 유 · 무형자산 및 유가증권 등의 투자자산(단기매매금융자산 제외)의 취득과 처분, 대여금의 대여와 회수 등과 관련된 활동을 말한다.

3. 제3자에 대한 선급금 및 대여금의 현금 유출 · 유입(금융회사의 현금 선지급과 대출채권은 제외)은 투자활동에 포함된다.

(3) 재무활동

재무활동은 기업의 납입자본과 차입금의 크기 및 구성내용에 변동을 가져오는 활동을 말한다.
재무활동 현금흐름의 예는 다음과 같다.

---

① 주식이나 기타 지분상품의 발행에 따른 현금유입

② 주식의 취득이나 상환에 따른 소유주에 대한 현금유출

③ 담보 · 무담보사채 및 어음의 발행과 기타 장 · 단기차입에 따른 현금유입

④ 차입금의 상환에 따른 현금유출

⑤ 리스이용자의 리스부채 상환에 따른 현금유출

[재무상태표 계정의 일반적인 활동별 분류]

자산	영업활동	투자활동	부채 · 자본	영업활동	재무활동
현금및현금성자산 (당좌차월 차감)			매입채무(선급금포함)	○	
단기매매목적금융자산	○		미지급비용/선수수익	○	
유가증권		○	미지급법인세	○	
매출채권(선수금포함)	○		충당부채(영업활동 관련)	○	
선급비용/미수수익	○		퇴직급여충당금	○	
재고자산	○		단기차입금	○	○
대여금/미수금		○	기타부채		○
투자자산		○	장기차입금		○
유형/무형자산		○	자본(당기순이익 제외)		○

(4) 특수한 항목의 활동 구분

① 이자와 배당금

이자와 배당금의 수취 및 지급에 따른 현금흐름은 각각 별도로 공시한다. 각 현금흐름은 매 기간 일관성 있게 영업활동, 투자활동 또는 재무활동으로 분류한다. 기준서 제1023호 '차입원가'에 따라 회계기간 동안 지급한 이자금액은 당기손익의 비용항목으로 인식하는지 또는 자본화하는지에 관계없이 현금흐름표에 총지급액을 공시한다.

금융회사의 경우 이자지급, 이자수입 및 배당금수입은 일반적으로 영업활동 현금흐름으로 분류한다. 그러나 다른 업종의 경우 이러한 현금흐름의 분류방법에 대하여 합의가 이루어지지 않았다. 따라서 이자지급, 이자수입 및 배당금수입은 당기순이익의 결정에 영향을 미치므로 영업활동 현금흐름으로 분류할 수 있다. 그러나 대체적인 방법으로 이자지급은 재무자원을 획득하는 원가이므로 재무활동 현금흐름으로, 이자수입 및 배당금수입은 투자자산에 대한 수익이므로 투자활동 현금흐름으로 분류할 수 있다.

배당금 지급은 재무자원을 획득하는 비용이므로 재무활동 현금흐름으로 분류할 수 있다. 대체적인 방법으로 재무제표 이용자가 영업활동 현금흐름에서 배당금을 지급할 수 있는 기업의 능력을 판단하는 데 도움을 주기 위하여 영업활동 현금흐름의 구성요소로 분류할 수도 있다.

② 법인세

법인세는 현금흐름표에서 영업활동, 투자활동 또는 재무활동으로 분류되는 현금흐름을 유발하는 거래에서 발생한다. 법인세비용이 투자활동이나 재무활동으로 쉽게 식별가능한 경우에도 관련된 법인세 현금흐름은 실무적으로 식별할 수 없는 경우가 많으며, 해당 거래의 현금흐름과 다른 기간에 발생하기도 한다. 따라서 법인세의 지급은 일반적으로 영업활동 현금흐름으로 분류한다. 투자활동이나 재무활동으로 분류한 현금흐름을 유발하는 개별 거래와 관련된 법인세 현금흐름을 실무적으로 식별할 수 있다면 그 법인세 현금흐름은 투자활동이나 재무활동으로 적절히 분류한다. 법인세 현금흐름이 둘 이상의 활동에 배분되는 경우에는 법인세의 총지급액을 공시한다.

③ 정부보조에 의한 자산 취득

유형자산의 취득금액 중 일부를 정부나 지방자치단체로부터 수령한 정부보조금으로 충당하는 경우가 있다. 기업회계기준서 제1020호 '정부보조금의 회계처리와 정부지원의 공시'에서는 재무상태표에 정부보조금이 관련 자산에서 차감하여 표시되는지와 관계없이 자산의 총투자를 보여주기 위해 현금흐름표에 별도 항목으로 표시한다고 규정하고 있다.

그러므로 정부보조금은 관련된 유형자산과 구분하여 별도의 현금흐름으로 보고하여야 한다. 이때 정부보조금은 유형자산을 취득하는 자금을 조달한 것으로 보아 재무활동으로 분류한다.

④ 미수금과 미지급금

미수금과 미지급금은 유형자산과 무형자산의 처분 또는 취득과 관련된 채권·채무이므로 발생원천에 따라 투자활동으로 분류하는 것이 합리적이다. 그러나 이들 항목은 재무상태표의 계정분류에 따라 **미수금의 회수는 투자활동**으로, **미지급금의 결제는 재무활동**으로 분류한다. 미수금과 미지급금의 증가는 유형자산과 무형자산의 처분 또는 취득과 관련되어 있으므로 현금의 유입과 유출이 없는 거래에 해당한다.

⑤ 리스부채

리스이용자는 리스부채의 원금에 해당하는 현금지급액을 재무활동으로 분류한다. 리스부채의 **이자**에 해당하는 현금지급액은 이자 지급과 동일하게 분류하여 영업활동이나 재무활동으로 분류한다. 리스부채 측정치에 포함되지 않은 단기리스료, 소액자산 리스료 및 변동리스료는 영업활동으로 분류한다.

Ⅱ | 현금흐름표의 작성방법

개별 거래들은 거래의 성격에 따라 다음과 같이 나누어질 수 있으며 각각의 항목을 조합하여 포괄손익계산서의 당기순이익과 현금흐름표의 현금흐름을 계상할 수 있다.

✎ 거래의 구분

구분	각 활동별 관련 손익	각 활동별 비관련 손익	
손익거래	A	B	➡ A + B: 포괄손익계산서
각 활동별 자산 · 부채의 변동	C	D	

⬇
A + C: 현금흐름표

01 직접법 작성 논리

직접법이란 관련 활동에서 발생한 수익 · 비용, 관련 자산 · 부채의 증감을 고려하여 관련 현금흐름을 구하는 방법이다. 직접법은 총현금유입과 총현금유출을 주요 항목별로 구분하여 표시하는 방법을 말한다.

(+) 해당 활동 관련 손익	A
(+) 해당 활동 관련 자산 · 부채 증감	C
관련 활동 현금흐름	A + C

02 간접법 작성 논리

현금흐름은 직접법과 간접법 두 가지 방법 중 하나를 선택하여 작성할 수 있는데, 간접법이란 당기순이익에서 비현금 수익 · 비용, 영업활동 이외에서 발생한 수익 · 비용, 영업활동 관련 자산 · 부채의 증감을 고려하여 관련 활동 현금흐름을 구하는 방법이다.

또한 간접법은 당기순손익에 현금을 수반하지 않는 거래, 과거 또는 미래의 영업활동 현금유입이나 현금유출의 이연 또는 발생, 투자활동 현금흐름이나 재무활동 현금흐름과 관련된 손익항목의 영향을 조정하여 표시하는 방법을 말한다.

포괄손익계산서상 N/I	A + B
(-) 활동 비관련 손익	(-)B
(+) 활동 관련 자산 · 부채 증감	C
영업활동 현금흐름	A + C

참고　자산·부채 증감에 따른 현금흐름

관련 활동에서 자산의 증가는 현금의 감소를 가져오고, 자산의 감소는 현금의 증가를 가져온다. 또한 관련 활동에서 부채(자본)의 증가는 현금의 증가를 가져오고, 부채(자본)의 감소는 현금의 감소를 가져온다.

구분	회계처리				현금의 증감
자산의 증가	차) 자산	××	대) 현금	××	감소
자산의 감소	차) 현금	××	대) 자산	××	증가
부채의 증가	차) 현금	××	대) 부채	××	증가
부채의 감소	차) 부채	××	대) 현금	××	감소

Ⅲ | 영업활동으로 인한 현금흐름

한국채택국제회계기준에서는 영업활동 현금흐름은 총현금유입과 총현금유출을 주요 항목별로 구분하여 표시하는 방법인 직접법 또는 당기순이익에서 당기순이익 조정항목을 가감하여 표시하는 방법인 간접법 중 선택하여 하나의 방법으로 보고할 수 있도록 규정하고 있다.

01 직접법

한국채택국제회계기준에서는 영업활동 현금흐름을 보고하는 경우 직접법을 사용할 것을 권장한다. 직접법을 적용하여 표시한 현금흐름은 간접법에 의한 현금흐름에서는 파악할 수 없는 정보를 제공하며, 미래현금흐름을 추정하는 데 보다 유용한 정보를 제공하기 때문이다.

(1) 고객으로부터 유입된 현금유입액

1. 계정분석법

고객으로부터 수취한 현금(A + C)	××
1. 매출활동 관련 손익(A)	××
1) 매출액	＋
2) 손상차손	－
3) 매출채권 처분손실	－
4) 환율변동손익(매출채권 관련)	＋, －
2. 매출활동 관련 자산·부채 증감(C)	××
1) 매출채권 증감	＋, －
2) 손실충당금 증감	＋, －
3) 선수금 증감	＋, －

2. 약식분개법

차) 손상차손	××	대) 매출	××
매출채권처분손실	××	매출채권 감소	××
환율변동손실(매출채권 관련)	××	손실충당금 증가	××
현금유입액	대차차액	선수금 증가	××

☆ Self Study

문제에서 손실충당금은 제시되어 있으나 손상차손이 주어져 있지 않다면, 손실충당금의 T계정을 이용하여 손상차손을 구하여야 한다.

➲ 손상차손: 기초 손실충당금 + 손상설정액(손상차손, 환입액)(역산) - 손상확정 = 기말 손실충당금

현금흐름표

제22장

해커스 IFRS 정윤돈 재무회계 키 핸드북

(2) 공급자에게 지급하는 현금유출액

1. 계정분석법

공급자에게 지급한 현금유출액(A + C)	(-)××
1. 매입활동 관련 손익(A)	(-)××
1) 매출원가(매입 + 평가손실 · 감모손실)	-
2) 채무면제이익	+
3) 환율변동손익(매입채무 관련)	+, -
2. 매입활동 관련 자산 · 부채 증감(C)	××
1) 상품 증감	+, -
2) 선급금 증감	+, -
3) 매입채무 증감	+, -

2. 약식분개법

차) 매출원가(평가손실, 감모포함)	××	대) 채무면제이익	××
환율변동손실(매입채무 관련)	××	상품 감소	××
매입채무 감소	××	선급금 감소	××
		현금유출액	대차차액

☆ **Self Study**

공급자에게 지급한 현금유출액 중 재고자산의 감모손실과 평가손실은 매출원가(상품의 변동)에 포함하여 계산한다.

(3) 종업원에 대한 현금유출액

1. 계정분석법

종업원에 대한 현금유출액(A + C)	(-)××
1. 기타영업활동 관련 손익(A)	(-)××
1) 급여, 퇴직급여	-
2) 주식결제형 주식보상비용 급여에 포함 시 제외	+
2. 기타영업활동 관련 자산 · 부채 증감(C)	××
선급급여, 미지급급여, 확정급여채무	+, -

2. 약식분개법

차) 급여(주식보상비용포함), 퇴직급여	××	대) 주식선택권 증가	××
선급급여 증가	××	미지급급여 증가	××
		확정급여채무 증가	××
		현금유출액	대차차액

(4) 이자로 인한 현금 유입액

1. 계정분석법

이자로 인한 현금유입액(A + C)	××
1. 기타영업활동 관련 손익(A)	××
1) 이자수익	+
2) AC금융자산, FVOCI금융자산의 할인 취득 상각액	−
3) AC금융자산, FVOCI금융자산의 할증 취득 상각액	+
2. 기타영업활동 관련 자산·부채 증감(C)	××
미수이자, 선수이자	+, −

2. 약식분개법

차) 할인 취득 상각액	××	대) 이자수익	××
미수이자 증가	××	할증 취득 상각액	××
현금유출액	대차차액	선수이자 증가	××

(5) 이자로 인한 현금유출액

1. 계정분석법

이자로 인한 현금유출액(A + C)	(-)××
1. 기타영업활동 관련 손익(A)	(-)××
1) 이자비용	–
2) 사채할인발행차금 상각액	+
3) 사채할증발행차금 상각액	–
4) 전환권조정, 신주인수권조정 상각액	+
2. 기타영업활동 관련 자산·부채 증감(C)	××
선급이자, 미지급이자, 자본화 차입원가	+, –

2. 약식분개법

차) 이자비용	××	대) 사채할인발행차금 상각액	××
사채할증발행차금 상각액	××	전환권조정 등 상각액	××
선급이자 증가	××	미지급이자 증가	××
유형·무형 자산 증가(자본화 차입원가)	××	현금유출액	대차차액

☆ **Self Study**

1. 사채발행차금의 상각에 따른 이자비용은 재무활동과 직접 관련된 손익이므로 이에 대한 분석을 배제한다. 결국, 포괄손익계산서의 유효이자비용 중 표시이자비용은 영업활동으로 분석하지만, 상각이자비용은 관련 계정의 활동에서 분석한다.

2. 이자지급액이 당기손익의 비용항목으로 인식되는지 또는 자본화되는지 여부에 관계없이 현금흐름표에는 총지급액을 공시하여야 한다.

(6) 법인세로 인한 현금유출액

1. 계정분석법

법인세로 인한 현금유출액(A + C)	(-)××
1. 기타영업활동 관련 손익(A)	(-)××
1) 법인세비용	–
2) 자기주식처분손익 법인세효과	+, –
2. 기타영업활동 관련 자산·부채 증감(C)	××
선급법인세, 당기법인세부채, 이연법인세자산(부채) 등	+, –

2. 약식분개법

차) 법인세비용	××	대) 당기법인세부채 증가	××
당기법인세자산 증가	××	이연법인세부채 증가	××
이연법인세자산 증가	××	현금유출액	대차차액
자기주식처분이익 법인세효과	××		

─☆ **Self Study**

자기주식처분손익 관련 법인세효과를 직접 가감하는 자본항목이 있는 경우에 이에 대한 법인세효과도 법인세지급액 계산 시 고려해야 한다.

02 간접법

직접법은 영업에서 창출된 현금을 고객으로부터 유입된 현금이나 공급자와 종업원에 대한 현금유출 등의 세부적인 활동으로 구분하여 계산하는 방법이다. 이에 반해 간접법은 영업에서 창출된 현금을 세부적인 활동으로 구분하지 않고 전체를 하나로 묶어서 계산한다.

[간접법에 따른 영업활동 현금흐름 구조]

포괄손익계산서상 법인세비용차감전순이익	A + B
(-) 영업활동 비관련 손익	(-)B
(+) 영업활동 관련 자산·부채 증감	C
영업활동 현금흐름	A + C

간접법에서는 먼저 영업에서 창출된 현금과 관련된 모든 손익계산서 계정들을 순액으로 표시한 후 영업에서 창출된 현금과 관련된 모든 재무상태표 계정의 순증감액을 계산하여 영업에서 창출된 현금을 계산한다.

국제회계기준에서는 이자와 배당금의 수취 및 지급에 따른 현금흐름과 법인세로 인한 현금흐름은 항상 별도로 공시하도록 하고 있다. 그러므로 국제회계기준에 의하여 영업활동 현금흐름을 간접법으로 표시하는 경우에는 영업에서 창출된 현금인 매출, 매입과 종업원 관련 현금흐름만 간접법으로 표시하며, 영업활동으로 간주한 현금인 이자, 배당금과 법인세관련 현금흐름은 직접법으로 표시해서 영업에서 창출된 현금과 분리하여 공시한다.

✎ 한국채택국제회계기준에 의한 영업활동 현금흐름의 직접법과 간접법 계산

1. 영업활동 현금흐름 직접법 계산

Ⅰ. 법인세비용차감전순이익 or 당기순이익	Ⅰ	
1) 고객으로부터 유입된 현금	××	
2) 공급자, 종업원에 대한 현금유출	××	➡ 직접법
3) 기타영업비 현금유출	××	
Ⅱ. 영업에서 창출된 현금(A + C)	Ⅱ	
1) 이자 수취·지급	××	
2) 배당금 수취	××	➡ 직접법
3) 법인세 납부	××	
Ⅲ. 영업활동순현금흐름	Ⅲ	

2. 영업활동 현금흐름 간접법 계산

Ⅰ. 법인세비용차감전순이익 or 당기순이익(A + B)	Ⅰ	
1) 영업활동과 관련이 없는 손익 차감(- B)	××	
2) 이자손익, 배당금·법인세 관련 손익 차감(- B)	××	➡ 간접법
3) 영업활동 관련 자산·부채의 증감(+ C)	××	
Ⅱ. 영업에서 창출된 현금(A + C)	Ⅱ	
1) 이자 수취·지급	××	
2) 배당금 수취	××	➡ 직접법
3) 법인세 납부	××	
Ⅲ. 영업활동순현금흐름	Ⅲ	

위의 표에서 알 수 있듯이 영업활동을 직접법으로 표시하는 경우와 간접법으로 표시하는 경우 영업에서 창출된 현금흐름부분만 계산의 차이가 있을 뿐 나머지 부분은 동일하다. 즉, 간접법으로 표시하더라도 이자수취, 배당금수취, 이자지급 및 법인세납부는 직접법과 동일하게 표시한다.

영업활동 현금흐름 간접법 계산을 위해서 당기순이익이나 법인세비용에서 가감되어야 하는 손익들은 다음과 같다.

---

① 가산할 항목

이자비용(영업활동으로 분류한 경우), 감가상각비, 무형자산상각비, 손상차손(대여금 및 미수금 해당분), 외환손실(대여금 및 미수금 해당분), AC금융자산·FVOCI금융자산의 처분손실 및 손상차손, 유형자산·무형자산의 처분손실 및 손상차손, 이자비용(재무활동으로 분류한 경우), 주식보상비용(주식결제형인 경우), 사채상환손실

② 차감할 항목

이자수익, 배당수익(영업활동으로 분류 및 투자활동으로 분류한 경우), 손실충당금 환입(대여금 및 미수금 해당분), 외환이익(대여금 및 미수금 해당분), AC금융자산·FVOCI금융자산 처분이익 및 손상차손환입, 유형자산·무형자산의 처분이익 및 손상차손환입, 사채상환이익

─☆ **Self Study**

1. 영업활동으로 인한 현금흐름(간접법)의 경우 시작인 I가 법인세차감 전 손익인지 당기순이익인지에 따라 I - 2)의 이자손익·배당금·법인세 관련 손익에서 법인세비용 차감 여부가 달라진다.

➊ **법인세비용차감전순이익(법인세 고려 전 금액): 법인세비용을 별도로 차감하지 않는다.**

➊ **당기순이익(법인세 고려 후 금액): 법인세비용을 별도로 차감한다.**

2. 제조기업의 경우 제조원가로 처리된 금액을 포함한다.

Ⅳ | 투자활동으로 인한 현금흐름

재무상태표에 자산으로 인식되는 지출만이 투자활동으로 분류하기에 적합하다.

한국채택국제회계기준에서는 영업활동 현금흐름과 달리 투자활동 현금흐름은 총현금유입과 총현금유출을 주요 항목별로 구분하여 총액으로 표시하는 것을 원칙으로 하고 있다.

01 유형자산

✎ 유형자산의 현금흐름

1. 계정분석법

유형자산 투자활동현금(A + C)	①
1. 투자활동 관련 손익(A)	××
1) 감가상각비	-
2) 유형자산처분손익	+, -
3) 유형자산손상차손 등	-
2. 투자활동 관련 자산·부채 증감(C)	××
1) 취득금액의 증감	+, -
2) 감가상각누계액의 증감	+, -
3) 재평가잉여금의 증감	+, -

① 순현금유출·유입 ××	② 유형자산 처분으로 인한 현금 유입 (-)××	➡ 역산
	③ 유형자산 취득으로 인한 현금 유출 (-)××	

2. 약식분개법

차) 감가상각비	××	대) 유형자산처분이익	××
유형자산(취득금액) 증가	××	감가상각누계액 증가	××
현금 유입액	대차차액	재평가잉여금 증가	××
		현금 유출액	대차차액

3. 증감분석법

	기초	+ 취득		- 처분	= 기말
유형자산(취득금액)	기초	+ 취득		- 처분	= 기말
- 감가상각누계액	- 기초		- Dep	+ 처분	= (-)기말
= 유형자산(장부금액)	기초	+ 취득	- Dep	- 처분	= 기말

1. 유형자산은 차입원가를 자본화해야 하는 적격자산에 해당하므로 이자비용 중 자본화한 금액도 관련된 계정이 된다.

2. 유형자산을 외상으로 처분하거나 외상으로 취득하는 경우에는 미수금과 미지급금도 유형자산과 관련된 계정이 된다. 그러나 미수금과 미지급금의 감소는 각각 투자활동 현금유입이나 재무활동 현금유출로 표시하여야 하므로 미수금과 미지급금의 증가액만 관련된 계정이 된다.

영업활동 현금흐름과 달리 투자활동 현금흐름은 개별적인 현금흐름을 총액으로 표시하므로 직접법을 통하여 투자활동 현금흐름을 순액으로 계산한 후, 유입액과 유출액을 구분한다.

V | 재무활동으로 인한 현금흐름

한국채택국제회계기준에서는 영업활동 현금흐름과 달리 재무활동 현금흐름은 총현금유입과 총현금유출을 주요 항목별로 구분하여 총액으로 표시하는 것을 원칙으로 하고 있다.

01 사채 관련 현금흐름

1. 계정분석법

사채 재무활동현금(A + C)	①
1. 재무활동 관련 손익(A)	(-)××
1) 환율변동손익(사채 관련)	+, -
2) 사채할인발행차금 상각액	+
3) 사채할증발행차금 상각액	-
4) 사채상환손실	-
2. 재무활동 관련 자산 · 부채 증감(C)	××
1) 사채의 증감	+, -
2) 사채할인(할증)발행차금의 증감	+, -

2. 약식분개법

차) 사채할인발행차금 증가	××	대) 사채의 증가	××
사채할인발행차금 상각액	××	사채할증발행차금 증가	××
사채상환손실	××	사채할증발행차금 상각액	××
현금 유입액	대차차액	현금 유출액	대차차액

3. 증감분석법

사채	기초	+ 발행	- 상환		= 기말
사채할인발행차금	- 기초	- 발행	+ 상환[1]	+ 상각	= (-)기말

[1] 사채상환손실 = - 상환대가 + 사채장부금액(액면금액 - 사채할인발행차금)

02 자본거래 관련 현금흐름

(1) 유상증자

유상증자와 관련된 현금흐름은 관련된 손익계산서 계정이 없으며, 관련된 재무상태표 계정은 납입자본만 있다. 납입자본은 주식배당으로도 변동하므로 주식배당으로 인해 감소한 이익잉여금도 관련된 계정이 된다. 이들만 고려하면 유상증자로 인한 현금유입액을 계산할 수 있다.

(2) 배당금

배당금은 현금배당만이 현금흐름에 해당하며, 이익잉여금이 관련된 재무상태표계정이 된다. 이익잉여금은 현금배당 외에도 당기순이익과 주식배당으로도 변동하므로 이를 고려하여야 한다. 당기순이익은 집합손익계정을 마감하면서 이익잉여금을 증가시키므로 차변에 기록하여야 하며, 주식배당은 납입자본을 증가시키므로 동 증가액만을 고려하면 배당의 지급액을 계산할 수 있다.

> ☆ **Self Study**
>
> 유상증자와 유상감자 및 배당으로 인한 현금흐름은 재무상태표상 자본거래 관련 자본의 증감을 조정하여 직접 산출하고, 자본거래로 인한 자본의 변동효과는 포괄손익계산서에 인식되지 않으므로 별도로 손익효과를 고려할 필요는 없다. 단, 재무상태표상의 이익잉여금의 증감을 분석하는 경우에는 이익잉여금에서 당기순이익효과를 제거해야 한다. 당기순이익은 다른 활동을 분석할 때 이미 고려하여졌기 때문이다.

03 현금및현금성자산의 환율변동효과

현금및현금성자산 중 외화로 표시된 항목이 있는 경우에는 보고기간 말의 원화로 환산함에 따라 환율변동효과가 발생한다. 현금및현금성자산과 관련된 환율변동효과는 영업활동, 투자활동 및 재무활동의 어느 활동으로도 분류하지 않고 현금흐름표의 별도의 항목으로 보고한다.

현금흐름표

A회사	20×1년 1월 1일부터 20×1년 12월 31일까지
영업활동 현금흐름	××
투자활동 현금흐름	××
재무활동 현금흐름	××
현금및현금성자산의 환율변동효과	××
현금및현금성자산의 순증가	××
기초 현금및현금성자산	××
기말 현금및현금성자산	××

제 **23** 장

사업결합

해커스 IFRS 정윤돈 재무회계 키 핸드북

Ⅰ | 사업결합의 기초개념

01 사업결합의 의의

사업결합은 취득자가 하나 이상의 사업에 대한 지배력을 획득하는 거래나 그 밖의 사건을 말한다. 취득자는 피취득자에 대한 지배력을 획득하는 기업을 말하며, 피취득자는 취득자가 사업결합으로 지배력을 획득하는 대상 사업 또는 사업들을 말한다.

02 사업결합의 식별요건

거래나 그 밖의 사건이 사업결합으로 식별되기 위해서는 다음의 두 가지 요건을 모두 충족하여야 한다.

① 취득 자산과 인수 부채가 사업을 구성할 것
② 지배력을 획득할 것

✎ 사업결합

(1) 취득 자산과 인수 부채가 사업을 구성할 것

사업(business)은 고객에게 재화나 용역을 제공하거나, 투자수익을 창출하거나 통상적인 활동에서 기타수익을 창출할 목적으로 수행되고 관리될 수 있는 활동과 자산의 통합된 집합을 말한다. 사업은 투입물 그리고 그 투입물을 적용하여 산출물을 창출할 수 있는 과정으로 구성된다. 사업의 3가지 요소는 다음과 같이 정의된다.

① 투입물: 하나 이상의 과정이 적용될 때 산출물을 창출하거나 창출할 능력을 가진 모든 경제적 자원을 말한다.
② 과정: 투입물에 적용될 때 산출물을 창출하거나 창출할 능력을 가진 모든 시스템, 표준, 규약, 협정 또는 규칙을 말한다.
③ 산출물: 투입물과 그 투입물에 적용되는 과정의 결과물로 투자자나 그 밖의 소유주, 조합원 또는 참여자에게 배당, 원가감소 또는 그 밖의 경제적효익의 형태로 직접 수익을 제공하거나 제공할 능력이 있는 것을 말한다.

─☆ Self Study

1. 사업은 보통 산출물을 갖지만, 산출물은 사업의 정의를 충족하기 위한 통합된 집합체에 반드시 필요한 요소는 아니다.

2. 자산과 활동의 특정 집합이 사업인지 여부는 시장참여자가 그 통합된 집합체를 사업으로 수행하고 운영할 수 있는지에 기초하여 결정한다. 따라서 특정 집합이 사업인지의 여부를 평가할 때, 매도자가 그 집합을 사업으로 운영하였는지 또는 취득자가 그 집합을 사업으로 운영할 의도가 있는지와는 관련이 없다.

(2) 지배력을 획득할 것

투자자는 피투자자자에 대한 관여로 변동이익(= 영업활동과 관련)에 노출되거나 변동이익에 대한 권리가 있고 피투자자에 대하여 자신의 힘으로 그러한 이익에 영향을 미치는 능력이 있을 때 피투자자를 지배한다. 취득자는 다음과 같이 다양한 방법으로 피취득자에 대한 지배력을 획득할 수 있다.

> ① 현금, 현금성자산이나 그 밖의 자산(사업을 구성하는 순자산 포함)의 이전
> ② 부채의 부담
> ③ 지분의 발행
> ④ 두 가지 형태 이상의 대가의 제공
> ⑤ 계약만으로 이루어지는 경우를 포함하여 대가의 이전이 없는 방식

03 사업결합의 유형

사업결합은 다양한 방법으로 이루어 질 수 있으며, 대표적인 사업결합의 형태는 합병과 지분인수가 있다.

(1) 합병

합병(merger)은 법적으로 독립된 두 개 이상의 기업이 법적으로 하나의 기업으로 형성되는 것을 말한다. 취득기업이 피취득기업의 모든 자산과 부채를 승계하여 피취득기업은 법적으로 소멸하고 취득기업이 법적으로 존속하는 경우를 흡수합병이라고 하며, 사업결합을 하는 기업들의 법률적 실체는 모두 소멸되고 새로운 기업이 설립되는 경우를 신설합병이라고 한다.

✎ **합병의 구조**

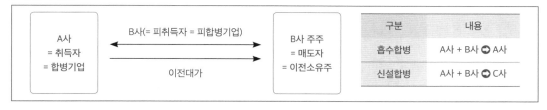

(2) 지분인수

지분인수(acquisition)는 한 기업이 다른 기업 주식의 전부 또는 일부를 취득하여 지배력을 획득하고 경제적으로 단일 실체를 형성하는 것을 말한다. 지분인수를 통한 사업결합을 일반적으로 연결이라고 한다.

✐ 지분인수의 구조

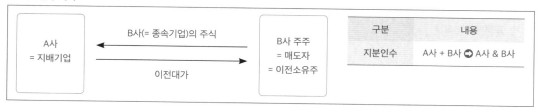

구분	내용
지분인수	A사 + B사 ➲ A사 & B사

☆ Self Study

사업결합은 법률상, 세무상 또는 그 밖의 다양한 방법으로 이루어질 수 있다.

Ⅱ | 사업결합의 회계처리

01 사업결합의 취득법 회계처리 절차

사업결합은 취득법을 적용하여 회계처리한다. 취득법은 다음의 절차를 따른다.

> Step 1: 취득자의 식별
>
> Step 2: 취득일의 결정
>
> Step 3: 식별가능한 취득 자산, 인수 부채 및 피취득자에 대한 비지배지분의 인식과 측정
>
> Step 4: 영업권 또는 염가매수차익의 인식과 측정

02 Step 1: 취득자의 식별

취득법으로 사업결합에 대한 회계처리를 하기 위해서는 결합기업 중 한 기업을 취득자로 식별하여야 한다. 취득자는 피취득자에 대한 지배력을 획득하는 기업이다. 사업결합이 발생하였으나 결합참여기업 중 취득자를 명확히 파악하지 못한다면, 다음과 같이 결정한다.

> ① 주로 현금이나 그 밖의 자산을 이전하거나 부채를 부담하여 이루어지는 사업결합의 경우: 취득자는 보통 현금이나 그 밖의 자산을 이전한 기업 또는 부채를 부담하는 기업이다.
>
> ② 주로 지분을 교환하여 이루어지는 사업결합의 경우: 취득자는 보통 지분을 발행하는 기업이다. 다만, 역취득에서는 지분을 발행한 기업이 피취득자가 된다. 역취득은 '연결회계의 기타사항'에서 설명하기로 한다.

☆ Self Study

1. 취득자는 보통 다른 결합참여기업이나 결합참여기업들보다 상대적 크기(Ex. 자산, 수익, 이익으로 측정)가 유의적이게 큰 결합참여기업이다. 기업이 셋 이상 포함된 사업결합에서 취득자는 결합참여기업 중 어느 기업이 결합을 제안하였는지도 고려하여 결정한다.

2. 사업결합을 이루기 위하여 설립한 새로운 기업이 반드시 취득자는 아니다. 만약 사업결합을 이루기 위하여 새로운 기업이 지분을 발행하여 설립한 경우 사업결합 전에 존재하였던 결합참여 기업 중 한 기업을 취득자로 식별한다.

03 Step 2: 취득일의 결정

취득일은 취득자가 피취득자에 대한 지배력을 획득한 날을 말한다. 취득자가 피취득자에 대한 지배력을 획득한 날은 일반적으로 취득자가 법적으로 대가를 이전하여, 피취득자의 자산을 취득하고 부채를 인수한 날인 종료일이다. 그러나 취득자는 종료일보다 이른 날 또는 늦은 날에 지배력을 획득하는 경우도 있다.

> **Additional Comment**
>
> 서면합의로 취득자가 종료일 전에 피취득자에 대한 지배력을 획득한다면 취득일은 종료일보다 이르다. 취득자는 모든 관련된 사실과 상황을 고려하여 취득일을 식별한다.

04 Step 3, 4: 식별가능한 취득 자산, 인수 부채 등과 영업권·염가매수선택권의 측정

(1) 식별가능한 취득 자산, 인수 부채 등과 영업권·염가매수선택권 측정의 기초 개념

취득법은 사업결합으로 취득하는 자산, 인수하는 부채 및 이전대가를 모두 공정가치로 측정하여 회계처리하는 방법이다. 사업결합으로 취득하는 순자산 공정가치와 이전대가의 차액은 영업권 또는 염가매수차익으로 인식한다. 영업권은 취득자의 재무상태표 자산에 표시하며, 염가매수차익은 당기손익으로 인식한다.

🖉 **사업결합 시 회계처리**

1. 영업권이 인식되는 경우: 이전대가 > 피취득자의 순자산 FV			
차) 피취득자의 자산	피취득자 자산의 FV	대) 피취득자의 부채	피취득자 부채의 FV
영업권(자산)	대차차액	현금 or 부채 or 납입자본	이전대가의 FV

2. 염가매수차익이 인식되는 경우: 이전대가 < 피취득자의 순자산 FV			
차) 피취득자의 자산	피취득자 자산의 FV	대) 피취득자의 부채	피취득자 부채의 FV
		현금 or 부채 or 납입자본	이전대가의 FV
		염가매수차익(N/I)	대차차액

(2) 영업권

영업권(goodwill)은 개별적으로 식별하여 별도로 인식할 수 없으나, 사업결합에서 획득한 그 밖의 자산에서 발생하는 미래경제적효익을 나타내는 자산이다.

① 영업권의 분류

- **내부적으로 창출한 영업권**

  내부적으로 창출한 영업권은 원가를 신뢰성 있게 측정할 수 없고 기업이 통제하고 있는 식별할 수 있는 자원이 아니기 때문에 자산으로 인식하지 않는다.

- **외부구입 영업권**

  외부구입 영업권은 사업결합의 결과 기업실체 외부에서 유상으로 취득한 영업권으로 외부구입 영업권은 사업결합의 이전대가가 취득일 현재 피취득자의 식별할 수 있는 순자산 공정가치를 초과하는 경우에 발생한다. 외부구입 영업권은 신뢰성 있는 측정이 가능하기 때문에 무형자산으로 인식한다.

② 영업권의 측정

취득자는 취득일 현재 이전대가가 취득일 현재 피취득자의 식별할 수 있는 순자산의 공정가치를 초과하는 경우 동 초과금액을 영업권으로 인식한다.

영업권의 측정금액: 이전대가 - 피취득자의 순자산 FV			
차) 피취득자의 자산	피취득자 자산의 FV	대) 피취득자의 부채	피취득자 부채의 FV
영업권(자산)	대차차액	현금 or 부채 or 납입자본	이전대가의 FV

(3) 염가매수차익

염가매수는 취득일 현재 피취득자의 식별할 수 있는 순자산 공정가치가 이전대가를 초과하는 사업결합을 말한다. 염가매수차익을 인식하기 전에 취득자는 모든 취득 자산과 인수 부채를 정확하게 식별하였는지 재검토하고, 이러한 재검토에서 식별한 추가 자산이나 부채가 있다면 이를 인식한다. 염가매수차익은 취득일에 당기손익으로 인식한다.

염가매수차익의 측정금액: 피취득자의 순자산 FV - 이전대가			
차) 피취득자의 자산	피취득자 자산의 FV	대) 피취득자의 부채	피취득자 부채의 FV
		현금 or 부채 or 납입자본	이전대가의 FV
		염가매수차익(N/I)	대차차액

Additional Comment

식별할 수 있는 순자산 공정가치는 식별할 수 있는 자산들을 처분하여 식별할 수 있는 부채들을 모두 상환한 이후 남은 금액이므로 일반적으로 발생할 수 없다. 염가매수는 매도자가 매각을 강요받아 행한 사업결합에서 발생할 수 있다.

Ⅲ | 취득 자산과 인수 부채의 인식과 측정

01 인식기준

취득일 현재 취득자는 영업권과 분리하여 식별할 수 있는 취득 자산과 인수 부채를 인식한다. 사업결합에서 식별할 수 있는 취득 자산과 인수 부채의 인식기준은 다음과 같다.

> ① 취득일에 '재무보고를 위한 개념체계'의 자산과 부채의 정의를 충족하여야 한다.
> ② 사업결합 거래에서 취득자와 피취득자(또는 피취득자의 이전 소유주) 사이에서 교환한 항목의 일부이어야 한다.

Additional Comment

1. 피취득자의 영업활동 종료, 피취득자의 고용관계 종료, 피취득자의 종업원 재배치와 같은 계획의 실행에 따라 미래에 생길 것으로 예상하지만 의무가 아닌 원가는 취득일의 부채가 아니다(◑ 취득일에 부채의 정의를 충족하지 않음). 그러므로 취득자는 그러한 원가는 인식하지 않으며, 다른 한국채택국제회계기준서에 따라 사업결합 후 재무제표에 인식한다.

2. 취득자가 인식의 원칙과 조건을 적용하면 피취득자의 이전 재무제표에서 자산과 부채로 인식되지 않았던 자산과 부채를 일부 인식할 수 있다. 그 예로 취득자는 피취득자가 내부에서 개발하고 관련 원가를 비용으로 처리하였기 때문에 피취득자 자신의 재무제표에 자산으로 인식하지 않았던 브랜드명, 특허권, 고객 관계와 같은 식별할 수 있는 무형자산의 취득을 인식한다.

☆ Self Study

1. 미래에 생길 것으로 예상하지만 의무가 아닌 원가는 취득일의 부채가 아니다.

2. 피취득자의 이전 재무제표에서 자산과 부채로 인식되지 않았던 자산과 부채를 일부 인식할 수 있다.

3. 무형자산 기준서에서 내부적으로 창출한 브랜드, 제호, 출판표제, 고객 목록과 이와 실질이 유사한 항목은 무형자산으로 인식하지 아니한다고 규정하고 있다. 그러나 사업결합 시 인식기준에 따르면 피취득자가 자산으로 인식하지 않았던 내부적으로 창출한 브랜드 등이 사업결합 시에는 무형자산으로 인식될 수 있다.

02 유형별 인식

취득자는 식별가능한 취득 자산과 인수 부채를 사업결합 시 인식기준에 따라 인식하고 취득 자산과 인수 부채를 취득일의 공정가치로 측정한다.

(1) 무형자산

취득자는 사업결합에서 취득한 식별할 수 있는 무형자산을 영업권과 분리하여 인식한다. 무형자산은 분리가능성 기준이나 계약적·법적 기준을 충족하는 경우 식별가능하다.

① 식별할 수 없는 경우

무형자산을 취득일에 식별할 수 없다면 영업권과 분리하여 별도의 무형자산으로 인식하지 않는다.

② 식별할 수 있는 경우

- **계약적 · 법적 기준**

  계약적 · 법적 기준을 충족하는 무형자산은 피취득자로부터 또는 그 밖의 권리와 의무로부터 이전하거나 분리할 수 없더라도 식별가능하다.

- **분리가능성 기준**

  분리가능성 기준은 취득한 무형자산이 피취득자에게서 분리되거나 분할될 수 있고, 개별적으로 또는 관련된 계약, 식별할 수 있는 자산이나 부채와 함께 매각 · 이전 · 라이선스 · 임대 · 교환할 수 있음을 의미한다.

> ① 취득자가 매각 · 라이선스 · 교환을 할 의도가 없더라도, 취득자가 매각 · 라이선스 · 그 밖의 기타 가치 있는 것과 교환할 수 있는 무형자산은 분리가능성 기준을 충족한다.
>
> ② 취득한 무형자산은 바로 그 형태의 자산이나 비슷한 형태의 자산과의 교환거래에 대한 증거가 있는 경우에 그러한 교환거래가 드물고 취득자가 그 거래와 관련이 있는지와 무관하게 분리가능성 기준을 충족한다.
>
> ③ 고객과 구독자 목록은 자주 라이선스되므로 분리가능성 기준을 충족한다. 그러나 사업결합에서 취득한 고객목록이 비밀유지조건이나 그 밖의 약정 조건에서 고객에 관한 정보를 매각, 리스, 그 밖의 교환을 할 수 없도록 금지한 경우에는 분리가능성 기준은 충족되지 않는다.
>
> ④ 피취득자나 결합기업에서 개별적으로 분리할 수 없는 무형자산이 관련 계약, 식별할 수 있는 자산이나 부채와 결합하여 분리할 수 있다면 분리가능성 기준을 충족한다.

[무형자산의 인식]

식별가능 O	계약적 · 법적 기준 or 분리가능성 기준	영업권과 분리하여 별도의 무형자산 인식 O
식별가능 ×		별도의 무형자산으로 인식 ×

☆ Self Study

피취득자가 취득일 이전의 사업결합에서 인식한 영업권이 있는 경우 당해 영업권은 피취득자의 식별할 수 있는 순자산이 아니기 때문에 인식하지 않는다.

---

(2) 다시 취득한 권리

취득자가 사업결합 이전에 자신이 인식했거나 인식하지 않은 하나 이상의 자산을 사용하도록 피취득자에게 부여했던 권리(Ex. 프랜차이즈 약정에 따라 취득자의 상표명을 사용할 권리)를 사업결합의 일부로서 다시 취득할 수 있다. 다시 취득한 권리는 취득자가 영업권과 분리하여 인식하는 식별가능한 무형자산이다.

시장참여자가 공정가치를 결정할 때 계약에 대한 잠재적 갱신을 고려하는지와 무관하게, 취득자는 무형자산으로 인식한 다시 취득한 권리의 가치를 관련 계약의 잔여계약기간에 기초하여 측정한다. 무형자산으로 인식한 다시 취득한 권리는 그 권리가 부여된 계약의 남은 계약기간에 걸쳐 상각한다. 후속적으로 다시 취득한 권리를 제삼자에게 매각하는 경우에는 무형자산의 매각차손익을 산정할 때 장부금액을 포함한다.

[다시 취득한 권리]

인식	영업권과 분리하여 인식
측정	관련 계약의 잔여계약기간에 기초하여 측정

* 계약의 잠재적 갱신을 고려하는지와 무관하고 비슷한 항목의 조건보다 유리하거나 불리할 경우 정산차손익을 인식한다.

(3) 집합적 노동력과 잠재적 계약

취득일 현재 식별할 수 없는 취득한 무형자산의 가치는 영업권에 포함한다. 그 예로 취득자는 취득한 사업의 운영을 취득한 날부터 계속 할 수 있게 해주는 현존하는 집합적 노동력인, 종업원 집단의 존재에 가치가 있다고 볼 수 있다. 그러나 집합적 노동력은 영업권과 분리하여 인식하는 식별할 수 있는 자산이 아니기 때문에 그에 귀속될 만한 가치가 있다면 그 가치를 영업권에 포함한다.

취득자는 취득일에 자산의 요건을 충족하지 못한 항목에 귀속될 만한 가치가 있다면 그 가치도 영업권에 포함한다. 그 예로 취득자는 취득일에 피취득자가 미래의 새로운 고객과 협상 중인 잠재적 계약에 가치가 있다고 볼 수 있다. 취득일에 그러한 잠재적 계약 그 자체는 자산이 아니기 때문에 영업권과 분리하여 인식하지 않는다. 그러한 계약의 가치는 취득일 후에 일어나는 사건에 따라 후속적으로도 영업권에서 재분류하지 않는다.

[집합적 노동력과 잠재적 계약]

집합적 노동력	영업권에 포함하여 인식(식별이 불가한 자산이므로)
잠재적 계약	영업권에 포함하여 인식(자산의 요건을 충족하지 못하므로)

* 잠재적 계약은 후속적으로도 영업권에서 별도의 자산으로 재분류하지 않는다.

(4) 우발부채, 우발자산

과거사건에서 발생한 현재의무이고 그 공정가치를 신뢰성 있게 측정할 수 있다면, 취득자는 취득일 현재 사업결합에서 인수한 우발부채를 인식한다. 그러므로 기업회계기준서 '충당부채, 우발부채 및 우발자산'과는 달리 당해 의무를 이행하기 위하여 경제적효익을 갖는 자원이 유출될 가능성이 높지 않더라도 취득자는 취득일에 사업결합으로 인수한 우발부채를 인식한다. 그러나 취득자는 취득일에 우발자산은 인식하지 않는다.

─☆ **Self Study**

기업회계기준서 '충당부채, 우발부채 및 우발자산'에 따르면 과거사건의 결과로 현재의무가 존재하며, 당해 의무를 이행하기 위하여 경제적효익을 갖는 자원이 유출될 가능성이 높으며 당해 의무의 이행에 소요되는 금액을 신뢰성 있게 추정할 수 있다는 요건을 모두 충족한 경우에만 충당부채로 인식할 수 있다. 그러나 사업결합에서는 자원의 유출가능성이 높지 않더라도 신뢰성 있게 측정할 수 있으면 우발부채를 부채로 인식한다.

(5) 법인세

취득자는 사업결합으로 인한 취득 자산과 인수 부채에서 발생하는 이연법인세자산이나 부채를 기업회계기준서 '법인세'에 따라 인식하고 측정한다.

① 피취득자의 인식하지 못한 차감할 일시적차이나 결손금의 법인세효과

피취득자의 세무상 결손금 이월액 또는 기타 이연법인세자산의 잠재적 효익이 사업결합의 최초 회계처리 시 별도로 인식하는 조건을 충족하지 못할 수 있지만, 향후에 실현될 수도 있다. 이 경우 취득자는 사업결합 후에 실현되는 취득 이연법인세효익을 이연법인세자산으로 인식하고 측정한다.

Additional Comment

[피취득자의 인식하지 못한 차감할 일시적차이나 결손금의 법인세효과 예시]

A사는 B사를 흡수합병하였다. 취득일 현재 B사 재무상태표의 자산 공정가치는 ₩100,000이고 부채 공정가치는 ₩20,000이며, 이전대가는 ₩100,000이다. 취득일 현재 B사가 이연법인세자산으로 인식하지 않은 세무상 이월결손금 ₩10,000에 대하여 A사는 법인세효과를 얻을 수 있을 것으로 예상하고 있다. 법인세율이 20%일 때, 취득일의 회계처리는 다음과 같다.

[취득일의 회계처리]

차) B사 자산	100,000	대) B사 부채	20,000
이연법인세자산	2,000	현금	100,000
영업권(자산)	18,000		

---

② 피취득자의 순자산 공정가치와 장부금액(세무기준액)의 차이

취득일 현재 피취득자의 식별할 수 있는 순자산의 장부금액과 순자산의 공정가치가 차이 나고 피취득자의 세무기준액이 장부금액과 동일하다면 취득일 현재 순자산 장부금액과 공정가치의 차액은 일시적차이에 해당한다. 따라서 해당 차이금액에 따른 법인세효과를 취득일에 이연법인세자산(부채)으로 인식한다. 단, 이 경우 영업권의 최초 인식에서 발생하는 이연법인세부채는 인식하지 않는다.

Additional Comment

취득일에 인식되는 영업권의 세무상 기준액은 '0'이므로 영업권의 장부금액은 가산할 일시적차이에 해당한다. 그런데 기업회계기준서 '법인세'에서는 영업권에서 발생하는 일시적차이에 대한 법인세효과를 이연법인세부채로 인식하는 것을 금지한다. 그 이유는 사업결합에서 영업권이 잔여금액으로 측정되므로 이연법인세부채의 인식은 영업권의 장부금액을 다시 증가시키게 되고 이로 인해 다시 이연법인세부채가 증가하고 다시 영업권이 증가하는 과정이 계속 반복되기 때문이다.

---

③ 취득자의 인식하지 못한 차감할 일시적차이나 결손금의 법인세효과

사업결합의 결과로서 사업결합 전에는 인식할 수 없었던 취득자의 이연법인세자산이 회수될 가능성이 변동할 수 있다. 이 경우 취득자는 사업결합이 이루어진 기간에 이연법인세자산의 변동을 인식하지만 사업결합에 대한 회계처리의 일부로 포함시키지 않는다. 즉, 취득자가 사업결합 전 인식하지 아니한 이연법인세자산은 사업결합으로 취득한 피취득자의 식별할 수 있는 자산이 아니므로 사업결합으로 실현가능해지는 경우에도 취득일에 인식하지 않고 취득자의 보고기간 말 재무제표에 인식한다.

(6) 보상자산

사업결합에서 매도자는 취득자에게 특정 자산이나 부채의 전부 또는 일부와 관련된 우발상황이나 불확실성의 결과에 대하여 계약상 보상을 할 수 있다. 그 예로 매도자는 특정한 우발상황에서 생기는 부채에 대해 일정 금액을 초과하는 손실을 취득자에게 보상할 수 있다. 즉, 매도자는 취득자의 부채가 일정 금액을 초과하지 않을 것을 보증한 것이다. 그 결과 취득자는 보상자산을 획득한다. 취득자는 보상대상항목을 인식하면서 동시에 보상대상항목과 같은 근거로 측정한 보상자산을 인식하는데, 보상과 관련된 자산이나 부채를 공정가치로 측정하면 취득자는 보상자산을 취득일의 공정가치로 측정하여 취득일에 인식한다.

> **☆ Self Study**
>
> 보상자산은 회수할 수 없는 금액에 대한 평가충당금이 필요한 대상이지만 공정가치로 측정한 보상자산의 경우에는 회수가능성으로 인한 미래현금흐름의 불확실성 영향을 공정가치 측정에 포함하였으므로 **별도의 평가충당금은 필요하지 않다.**

(7) 피취득자가 리스제공자인 경우의 운용리스자산

피취득자가 리스제공자인 경우에 취득자는 그 운용리스자산을 취득일의 공정가치로 측정할 때 해당 리스조건을 고려한다. 따라서 취득자는 시장조건과 비교할 때 그 운용리스의 조건이 유리하든 불리하든 별도의 자산이나 부채를 인식하지 않는다.

> **Additional Comment**
>
> 운용리스자산의 공정가치는 해당 운용리스자산의 미래현금흐름에 대한 현재가치로 측정한다. 그러므로 유리한 조건이나 불리한 조건에 대한 현금흐름은 이미 운용리스자산의 공정가치에 반영되어 있다.

> **☆ Self Study**
>
> 피취득자가 금융리스제공자인 경우 리스채권으로 인식하고 해당 채권의 공정가치를 인식한다.

(8) 피취득자가 리스이용자인 경우의 리스

피취득자가 리스이용자인 경우에 기업회계기준서 '리스'에 따라 식별되는 리스에 대하여 취득자는 사용권자산과 리스부채를 인식한다.

취득자는 취득한 리스가 취득일에 새로운 리스인 것처럼 나머지 리스료의 현재가치로 리스부채를 측정한다. 취득자는 리스부채와 같은 금액으로 사용권자산을 측정하되, 시장조건과 비교하여 유리하거나 불리한 리스조건이 있다면 이를 반영하기 위하여 사용권자산을 조정한다.

사용권자산 = 리스부채(= PV(잔여리스료) by 취득일 시장이자율) + 유리한 리스조건 - 불리한 리스조건

[피취득자가 리스이용자인 경우의 리스]

리스부채	잔여리스료의 현재가치
사용권자산	리스부채 + 유리한 조건 - 불리한 조건

(9) 불확실한 현금흐름을 가지는 자산

취득일 현재 사업결합에서 취득일의 공정가치로 측정된 취득 자산에 대하여 별도의 평가충당금은 인식하지 않는다. 미래현금흐름의 불확실성 효과를 공정가치 측정에 포함하였기 때문이다.

(10) 취득자가 사용할 의도가 없거나 그 밖의 시장참여자와 다른 방법으로 사용할 자산

경쟁력 있는 지위를 보호하기 위하여 또는 그 밖의 이유로 취득자가 취득한 비금융자산을 활발히 이용하지 않으려고 하거나, 최고 최선으로 자산을 사용하지 않으려고 할 수 있다. 취득자가 무형자산을 다른 기업이 사용하는 것을 막음으로써 그 무형자산을 방어적으로 사용하려고 계획하는 경우가 이에 해당할 수 있다.

그렇지만 취득자는 최초에 그리고 후속 손상검사를 위하여 처분부대원가를 차감한 공정가치를 측정할 때에도 비금융자산의 공정가치를 적절한 평가 전제에 따라 **시장참여자가 최고 최선으로 사용함을 가정하여** 측정한다.

(11) 공정가치 측정의 예외

① 매각예정비유동자산

취득자는 기업회계기준서 제1105호 '매각예정비유동자산과 중단영업'에 따라 취득일에 매각예정자산으로 분류된 취득 비유동자산(또는 처분자산집단)을 순공정가치로 측정한다.

② 주식기준보상거래

취득자는 피취득자의 주식기준보상거래 또는 피취득자의 주식기준보상을 취득자 자신의 주식기준보상으로 대체하는 경우와 관련한 부채나 지분상품을 취득일에 기업회계기준서 제1102호 '주식기준보상'의 방법에 따라 측정한다.

③ 종업원급여

취득자는 피취득자의 종업원급여 약정과 관련된 부채(자산인 경우에는 그 자산)를 기업회계기준서 제1019호 '종업원급여'에 따라 인식하고 측정한다.

Ⅳ | 이전대가와 취득 관련 원가

01 일반적인 이전대가

이전대가는 취득자가 피취득자의 자산과 부채를 취득·인수하면서 매도자인 피취득자의 이전 소유주에게 지급한 대가를 말한다. 사업결합에서 이전대가는 공정가치로 측정하며 그 공정가치는 취득자가 이전하는 자산, 취득자가 피취득자의 이전 소유주에 대하여 부담하는 부채 및 취득자가 발행한 지분의 취득일의 공정가치 합계로 산정한다.

> 이전대가 = 이전하는 자산의 공정가치 + 부담하는 부채의 공정가치 + 발행한 지분의 공정가치

취득일에 공정가치와 장부금액이 다른 취득자의 자산과 부채가 이전대가에 포함될 수 있다. 이러한 경우, 취득자는 이전된 자산이나 부채를 취득일 현재 공정가치로 재측정하고, 그 결과 차손익이 있다면 당기손익으로 인식한다.

02 조건부 대가

조건부 대가는 특정 미래사건이 일어나거나 특정 조건이 충족되는 경우에, 피취득자에 대한 지배력과 교환된 부분으로 피취득자의 이전 소유주에게 자산이나 지분을 추가적으로 이전하여야 하는 취득자의 의무를 말한다. 조건부 대가는 특정 조건이 충족될 경우에 이전대가를 돌려받는 권리를 취득자에게 부여할 수도 있다.

취득자는 조건부 대가의 지급 의무를 기업회계기준서 '금융상품: 표시'의 지분상품과 금융부채의 정의에 기초하여 금융부채 또는 자본으로 분류하고, 특정 조건을 충족하는 경우 과거의 이전대가를 회수할 수 있는 권리를 자산으로 분류한다. 조건부 대가는 취득일의 공정가치로 측정한다.

03 이전한 자산이나 부채가 사업결합을 한 후에도 결합기업에 남아 있는 경우

이전대가로 이전한 자산이나 부채가 사업결합을 한 후에도 결합기업에 여전히 남아 있어 취득자가 그 자산이나 부채를 계속 통제하는 경우가 있다. 취득자의 자산이나 부채가 피취득자의 이전 소유주가 아니라 피취득자에게 이전되는 경우에 발생한다. 이러한 상황에서 취득자는 그 자산과 부채를 취득일 직전의 장부금액으로 측정하고 사업결합 전이나 후에도 여전히 통제하고 있는 자산과 부채에 대한 차손익은 당기손익으로 인식하지 않는다.

☆ **Self Study**

이전한 자산이나 부채가 사업결합을 한 후에도 결합기업에 남아 있는 경우는 합병에서는 발생하지 않고, 연결에서 발생할 수 있다.

참고 | 지분만을 교환하여 사업결합하는 경우

취득자와 피취득자(또는 피취득자의 이전 소유자)가 지분만을 교환하여 사업결합을 하는 경우에는 취득일 현재 피취득자 지분의 공정가치가 취득자 지분의 공정가치보다 더 신뢰성 있게 측정되는 경우가 있다. 이 경우에 취득자는 이전한 지분의 취득일의 공정가치 대신에 피취득자 지분의 취득일의 공정가치를 사용한다. 피취득자의 지분은 활성시장에서 공시되는 시장가격이 있고 취득자의 지분은 활성시장에서 공시되는 시장가격이 없는 경우가 이에 해당한다.

04 취득 관련 원가

취득 관련 원가는 취득자가 사업결합을 이루기 위해 발생시킨 원가이다. 그러한 원가에는 중개수수료, 자문, 법률, 회계, 가치평가, 그 밖의 전문가나 컨설팅수수료, 내부 취득부서의 유지 원가 등 일반관리원가, 채무증권과 지분증권의 등록, 발행원가 등이 포함된다.

취득자는 취득 관련 원가를 원가가 발생하고 용역을 제공받은 기간에 비용으로 처리한다. 다만, 채무증권과 지분증권의 등록, 발행원가는 해당 채무증권과 지분증권의 발행금액에서 차감한다. 또한 피취득자의 토지나 건물 등의 소유권을 이전하기 위한 취득세 등 특정 자산의 취득에 따른 부대원가는 특정 자산과 직접 관련된 원가이므로 해당 자산의 취득원가로 처리한다.

구분	처리방법	비고
사업결합중개수수료	당기비용처리	법률, 회계 비용
일반관리원가	당기비용처리	내부취득부서의 유지원가
채무 · 지분상품의 발행원가	발행금액에서 차감	
자산 취득 부대원가	당해 자산의 취득원가 가산	취득세 등 특정 자산 관련 비용

---☆ **Self Study**

취득 관련 원가는 영업권(또는 염가매수차익)에는 영향이 없다.

05 단계적으로 이루어지는 사업결합

단계적으로 이루어지는 사업결합은 취득일 직전에 이미 지분을 보유하고 있던 피취득자에 대하여 지배력을 획득한다. 단계적으로 이루어지는 사업결합은 취득일 직전에 보유하던 피취득자의 지분을 어떻게 처리하는지에 따라 다음과 같이 구분된다.

> ① 취득일 직전에 보유하던 피취득자의 지분을 소각하는 경우
> ② 취득일 직전에 보유하던 피취득자의 지분에 대해 취득자의 지분을 발행 · 교부하는 경우

(1) 취득일 직전에 보유하던 피취득자의 지분을 소각하는 경우

취득자가 취득일 직전에 보유하던 피취득자의 지분을 소각하는 방식으로 사업결합이 이루어지는 경우에는 취득일에 피취득자의 모든 지분을 일괄취득한 것으로 간주한다. 이 경우 이전대가는 취득일 직전에 보유하고 있던 피취득자 지분의 공정가치와 취득일에 추가로 취득한 피취득자 지분에 대하여 지급된 대가의 합계액이다.

> 이전대가 = 취득일 직전 보유지분의 공정가치 + 취득일에 추가 취득한 지분의 취득대가

이때 취득일 직전에 보유하고 있던 피취득자 지분의 공정가치와 장부금액의 차액은 당기손익 또는 기타포괄손익으로 인식한다. 취득일의 공정가치와 장부금액의 차이를 기존에 보유하던 피취득자 지분의 분류에 따라 처리하는 방법은 다음과 같다.

구분	취득일의 공정가치 - 장부금액의 처리
관계기업이나 공동기업 투자에 해당하는 경우	당기손익으로 처리
FVPL금융자산으로 분류한 경우	당기손익으로 처리
FVOCI금융자산으로 분류한 경우	기타포괄손익으로 처리

⬦ 취득일 직전에 보유하던 피취득자의 지분을 소각하는 경우

[관계기업투자주식으로 분류한 경우]

차) 피취득자의 자산	FV	대) 피취득자의 부채	FV
영업권	대차차액	관계기업투자주식	BV
		관계기업투자주식처분이익(N/I)	FV - BV
		현금(추가 취득 지분대가)	××

[FVPL금융자산으로 분류한 경우]

차) FVPL금융자산	FV - BV	대) FVPL금융자산평가이익(N/I)	FV - BV
차) 피취득자의 자산	FV	대) 피취득자의 부채	FV
영업권	대차차액	FVPL금융자산	FV
		현금(추가 취득 지분대가)	××

[FVOCI금융자산으로 분류한 경우]

차) FVOCI금융자산	FV - BV	대) FVOCI금융자산평가이익(OCI)	①
차) FVOCI금융자산평가이익(OCI)[1]	BV + ①	대) 미처분이익잉여금	××
차) 피취득자의 자산	FV	대) 피취득자의 부채	FV
영업권	대차차액	FVOCI금융자산	FV
		현금(추가 취득 지분대가)	××

[1] 선택 가능

─☆ Self Study

취득일 직전에 보유하고 있던 피취득자 지분의 공정가치와 장부금액의 차액을 당기손익 또는 기타포괄손익으로 인식하는 것은 취득일 직전에 보유하던 피취득자 지분을 취득일에 공정가치로 재측정하고 동 금액으로 처분한 것으로 간주한다.

(2) 취득일 직전에 보유하던 피취득자의 지분에 대해 취득자의 지분을 발행·교부하는 경우

취득자가 취득일 직전에 보유하던 피취득자의 지분에 대해 취득자의 지분을 발행·교부하는 경우 이전대가는 취득일 직전에 보유하던 피취득자의 지분에 대해 발행한 취득자 지분의 공정가치와 피취득자의 지분을 추가로 취득하기 위하여 지급한 대가의 공정가치 합계액이다.

> 이전대가 = 취득일 직전 보유지분에 교부한 취득자 지분의 공정가치 + 취득일에 추가 취득한 지분의 취득대가

취득자가 취득일 직전에 보유하던 피취득자의 지분에 대해 취득자의 지분을 발행·교부하게 되면 취득자는 사업결합으로 자기지분상품을 보유하게 되는데, 취득한 신주는 자기주식으로 인식하며, 원가는 기존에 보유하던 피취득자 주식의 장부금액으로 한다. 이때 피취득자에 대한 지분의 가치변동을 기타포괄손익으로 인식한 금액은 취득자가 이전에 보유하던 지분을 직접 처분한다면 적용하였을 동일한 근거로 인식한다.

☆ Self Study

기업회계기준서 '사업결합'에서는 자기주식의 최초원가를 취득일 직전에 보유하던 피취득자 지분의 공정가치로 하거나 취득일 직전에 보유하던 피취득자의 지분의 장부금액으로 할지에 대한 규정된 내용이 없으므로 자기주식의 최초원가를 취득일 직전에 보유하던 피취득자 지분의 공정가치로 하고 직전에 보유하던 피취득자 지분의 장부금액과의 차액은 당기손익이나 기타포괄손익으로 처리할 수도 있다.

✎ 취득일 직전에 보유하던 피취득자의 지분에 대해 취득자의 지분을 발행·교부하는 경우

[관계기업투자주식으로 분류한 경우]

차) 자기주식	BV	대) 관계기업투자주식	BV
차) 피취득자의 자산	FV	대) 피취득자의 부채	FV
영업권	대차차액	자본금 + 주식발행초과금(100% 취득 지분대가)	××

[FVPL금융자산으로 분류한 경우]

차) 자기주식	BV	대) FVPL금융자산	BV
차) 피취득자의 자산	FV	대) 피취득자의 부채	FV
영업권	대차차액	자본금 + 주식발행초과금(100% 취득 지분대가)	××

[FVOCI금융자산으로 분류한 경우]

차) 자기주식	BV	대) FVOCI금융자산	BV
차) FVOCI금융자산평가이익(OCI)[1]	BV	대) 미처분이익잉여금	××
차) 피취득자의 자산	FV	대) 피취득자의 부채	FV
영업권	대차차액	자본금 + 주식발행초과금(100% 취득 지분대가)	××

[1] 선택 가능

V | 사업결합의 후속측정

01 잠정금액의 조정

(1) 측정기간

측정기간은 사업결합에서 인식한 잠정금액을 사업결합 후 조정할 수 있는 기간을 말한다. 취득자가 취득일 현재 존재하던 사실과 상황에 대하여 찾고자 하는 정보를 얻거나 더 이상의 정보를 얻을 수 없다는 것을 알게 된 시점에 측정기간은 종료된다. 그러나 측정기간은 취득일부터 1년을 초과할 수 없다.

(2) 잠정금액의 조정

① 측정기간 이내의 잠정금액의 조정

사업결합에 대한 최초 회계처리를 사업결합이 생긴 보고기간 말까지 완료하지 못한다면, 취득자는 회계처리를 완료하지 못한 항목의 잠정금액을 재무제표에 보고한다.

측정기간 동안에 취득일 현재 존재하던 사실과 상황에 대하여 새롭게 입수한 정보가 있는 경우 취득자는 취득일에 이미 알았더라면 취득일에 인식한 금액의 측정에 영향을 주었을 그 정보를 반영하기 위하여 취득일에 인식한 잠정금액을 소급하여 조정한다. 따라서 취득자는 식별할 수 있는 자산이나 부채로 인식한 잠정금액의 변동금액을 영업권(또는 염가매수차익)에서 조정한다.

[측정기간 이내의 잠정금액 조정(Ex. 유형자산의 잠정금액 조정)]

차) 유형자산	××	대) 영업권	××
차) 이월이익잉여금[1]	××	대) 감가상각누계액	××

[1] 유형자산의 잠정금액 조정으로 인한 소급수정분

② 측정기간 이후의 잠정금액 조정

측정기간이 종료된 후에는 기업회계기준서 제1008호 '회계정책, 회계추정치 변경과 오류'에 따른 오류수정의 경우에만 사업결합의 회계처리를 수정한다. 오류수정은 소급법을 적용하므로 측정기간이 종료된 후 오류수정에 해당하는 경우 영업권(또는 염가매수차익)을 조정한다.

측정기간 이후의 잠정금액 조정(오류가 아닌 경우)	회계처리 없음			
측정기간 이후의 잠정금액 조정(오류인 경우)	차) 자산 등	××	대) 영업권	××
	차) 이월이익잉여금	××	대) 자산 등	××

02 조건부 대가

(1) 취득일 현재 존재한 사실과 상황에 근거하여 발생한 변동에 해당하는 경우

취득자가 취득일 후에 인식하는 조건부 대가의 공정가치 변동 중 일부는 취득일에 존재한 사실과 상황에 대하여 취득일 후에 추가로 입수한 정보에 의한 것일 수 있다. 그러한 변동은 측정기간의 조정 사항이므로 취득일부터 소급하여 수정한다. 따라서 조건부 대가의 공정가치 변동을 영업권(또는 염가매수차익)에서 조정한다.

자본으로 분류한 조건부 대가	차) 영업권	××	대) 조건부 대가(자본)	××
그 밖의 조건부 대가	차) 영업권	××	대) 조건부 대가(부채)	××

(2) 취득일 이후에 발생한 사건에서 발생한 변동에 해당하는 경우

목표수익을 달성하거나, 특정 주가에 도달하거나, 연구개발 프로젝트의 주요 과제를 완료하는 등 취득일 이후에 발생한 사건에서 발생한 변동은 측정기간의 조정 사항이 아니다. 취득자는 측정기간의 조정 사항이 아닌 조건부 대가의 공정가치 변동을 다음과 같이 회계처리한다.

> ① 자본으로 분류한 조건부 대가: 다시 측정하지 않으며, 후속 정산은 자본 내에서 회계처리
> ② 그 밖의 조건부 대가
>   ⊙ 기업회계기준서 제1109호 '금융상품'의 적용범위에 해당하는 조건부 대가: 각 보고기간 말에 공정가치로 측정하고 공정가치 변동은 당기손익으로 인식
>   ⓒ 기업회계기준서 제1109호 '금융상품'의 적용범위에 해당하지 않는 조건부 대가: 각 보고기간 말에 공정가치로 측정하고 공정가치 변동은 당기손익으로 인식

자본으로 분류한 조건부 대가	회계처리 없음			
그 밖의 조건부 대가	차) 조건부 대가 평가손실	N/I	대) 조건부 대가(부채)	××

03 우발부채

취득자는 사업결합에서 인식한 우발부채를 최초 인식 이후 정산, 취소 또는 소멸되기 전까지 다음 중 큰 금액으로 측정한다.

> ① 기업회계기준서 제1037호 '충당부채, 우발부채 및 우발자산'에 따라 인식되어야 할 금액
> ② 최초 인식금액에서, 적절하다면 기업회계기준서 제1115호 '고객과의 계약에서 생기는 수익'의 원칙에 따라 누적 수익금액을 차감한 금액

04 다시 취득할 권리

무형자산으로 인식한 다시 취득할 권리는 그 권리가 부여된 계약의 남은 계약기간에 걸쳐 상각한다. 후속적으로 다시 취득할 권리를 제3자에게 매각하는 경우, 무형자산의 매각차손익을 결정할 때 장부금액을 포함한다.

05 보상자산

각 후속 보고기간 말에 취득자는 취득일에 보상대상부채나 보상대상자산과 같은 근거로 인식한 보상자산을 측정한다. 이때 보상금액에 대한 계약상 제약과 보상자산의 회수가능성에 대한 경영진의 검토(보상자산을 후속적으로 공정가치로 측정하지 않는 경우)를 반영한다. 취득자는 보상자산을 회수하거나 팔거나 그 밖의 보상자산에 대한 권리를 상실하는 경우에만 그 보상자산을 제거한다.

VI | 영업권의 후속측정

01 현금창출단위와 영업권의 배분

(1) 현금창출단위

현금창출단위는 다른 자산이나 자산집단에서의 현금유입과는 거의 독립적인 현금유입을 창출하는 식별가능한 최소자산집단을 말한다. 여러 개의 현금창출단위는 현금창출단위집단을 구성한다.

(2) 영업권의 배분

사업결합의 결과로 인식한 영업권은 그 자산이 순현금유입을 창출할 것으로 기대되는 기간에 대하여 예측가능한 제한이 없으므로 내용연수가 비한정인 것으로 본다. 내용연수가 비한정인 영업권은 상각하지 않고 매년 그리고 손상징후가 있을 때마다 손상검사를 한다. 영업권은 식별할 수 있는 자산이 아니므로 개별적으로 손상검사를 하지 않고 현금창출단위별로 손상검사를 한다.

> **Additional Comment**
>
> 사업결합에서 인식하는 영업권은 사업결합에서 획득하였지만 개별적으로 식별하여 별도로 인식하는 것이 불가능한 그 밖의 자산에서 발생하는 미래경제적효익을 나타내는 자산이다. 영업권은 다른 자산이나 자산집단과는 독립적으로 현금흐름을 창출하지 못하며, 종종 여러 현금창출단위의 현금흐름에 기여하기도 한다. 경우에 따라서는 영업권이 자의적이지 않은 기준에 따라 개별 현금창출단위에 배분될 수는 없고 현금창출단위집단에만 배분될 수 있다. 그러므로 영업권은 상각하지 않고 현금창출단위 또는 현금창출단위집단에 배분한 후 매년 그리고 손상징후가 있을 때마다 손상검사를 한다.

손상검사 목적상 사업결합으로 취득한 영업권은 취득한 날부터 사업결합의 시너지 효과에서 혜택을 받게 될 것으로 예상되는 각 현금흐름창출단위나 현금창출단위집단에 배분한다. 이는 그 현금창출단위나 현금창출단위집단에 피취득자의 다른 자산이나 부채가 할당되어 있는지와 관계없이 이루어진다.

> **☆ Self Study**
>
> 사업결합을 한 회계연도 말 이전에 사업결합으로 취득한 영업권의 최초 배분을 완료할 수 없는 경우에는 취득한 날 다음에 처음으로 시작되는 회계연도 말 이전에 그 영업권의 최초 배분을 끝마쳐야 한다.

02 영업권의 처분

영업권이 배분된 현금창출단위 내의 영업을 처분하는 경우, 처분되는 영업과 관련된 영업권은 처분손익을 결정할 때 그 영업의 장부금액에 포함된다. 기업이 처분되는 영업과 관련된 영업권을 더 잘 반영하는 다른 방법을 제시할 수 있는 경우를 제외하고는 현금창출단위 내에 존속하는 부분과 처분되는 영업의 상대적인 가치를 기준으로 측정한다.

> **Ex** 처분되는 영업의 상대적인 가치를 통한 영업권 배분
>
> A사는 영업권을 배분한 현금창출단위 내의 영업을 ₩10,000에 매각하였다. 현금창출단위에 존속하는 부분의 회수가능액은 ₩40,000이다. 이 경우 현금창출단위 내에 처분되는 영업의 상대적인 가치는 다음과 같다.
>
> ◑ 처분되는 영업의 상대적인 가치: 10,000 ÷ (10,000 + 40,000) = 20%

03 손상검사의 시기

(1) 영업권이 배분된 현금창출단위

영업권이 배분된 현금창출단위는 매년 그리고 손상을 시사하는 징후가 있을 때마다 영업권을 포함한 현금창출단위의 장부금액과 회수가능액을 비교하여 손상검사를 한다. 현금창출단위의 회수가능액이 장부금액을 초과하는 경우에는 그 현금창출단위와 배분된 영업권은 손상되지 않은 것으로 본다.

손상검사를 매년 같은 시기에 수행한다면 회계연도 중 어느 때라도 할 수 있다. 서로 다른 현금창출단위는 각기 다른 시점에 손상검사를 할 수도 있다. 그러나 현금창출단위에 배분한 영업권의 일부나 전부를 해당 회계연도 중에 일어난 사업결합에서 취득한 경우에는 해당 회계연도 말 전에 해당 현금창출단위를 손상검사한다.

영업권이 배분된 현금창출단위를 구성하는 자산을 해당 현금창출단위와 같은 시점에 손상검사를 하는 경우에는 영업권을 포함하는 해당 현금창출단위보다 그 자산을 먼저 손상검사한다. 이와 비슷하게 영업권이 배분된 현금창출단위집단을 구성하는 현금창출단위를 현금창출단위집단과 같은 시점에 손상검사를 하는 경우에도, 영업권을 포함하는 현금창출단위집단보다 개별 현금창출단위의 손상검사를 먼저 한다.

(2) 영업권이 배분되지 않은 현금창출단위

영업권이 관련되어 있지만 영업권이 배분되지 않은 현금창출단위는 손상징후가 있을 때마다 영업권을 제외한 현금창출단위의 장부금액을 회수가능액과 비교하여 손상검사를 한다.

☆ Self Study

구분	손상검사시기	비고
영업권이 배분된 현금창출단위	매년 그리고 손상징후가 있을 때	① 매년 같은 시기에 실시하고 현금창출단위별로 다른 시점에 실시도 가능 ② 손상검사 순서 1st 개별 자산 2nd 현금창출단위 3rd 현금창출집단
영업권이 배분되지 않은 현금창출단위	손상징후가 있을 때	

04 영업권이 배분된 현금창출단위 손상차손

현금창출단위의 회수가능액이 장부금액에 미달하는 경우에는 손상차손을 인식한다. 현금창출단위의 회수가능액은 그 현금창출단위의 순공정가치와 사용가치 중 더 많은 금액으로 한다. 손상차손은 다음과 같은 순서로 배분하여 현금창출단위에 속하는 자산의 장부금액을 감소시킨다.

> 1st: 현금창출단위에 배분한 영업권의 장부금액을 감소시킨다.
>
> 2nd: 현금창출단위에 속하는 다른 자산에 각각 장부금액에 비례하여 배분한다.

현금창출단위의 손상차손을 배분할 때 개별 자산의 장부금액은 다음 중 가장 많은 금액 이하로 감액할 수 없다. 이러한 제약 때문에 특정 자산에 배분하지 않은 손상차손은 현금창출단위 내의 다른 자산에 각각의 장부금액에 비례하여 배분한다.

> ① 순공정가치(측정할 수 있는 경우)
>
> ② 사용가치(결정할 수 있는 경우)
>
> ③ 영(0)

05 현금창출단위의 손상차손환입

기업회계기준서 제1038호 '무형자산'에 따르면 내부에서 창출된 영업권은 자산으로 인식할 수 없다. 영업권의 손상차손을 인식하고 난 다음 후속 기간에 증가된 회수가능액은 사업결합으로 취득한 영업권의 손상차손환입액이 아니라 내부에서 창출된 영업권 증가액일 것이므로 영업권에 대해 인식한 손상차손은 후속 기간에 환입하지 않는다. 따라서 현금창출단위의 손상차손환입은 영업권을 제외한 현금창출단위를 구성하는 자산들의 장부금액에 비례하여 배분한다. 이 장부금액의 증가는 개별 자산의 손상차손환입으로 회계처리하고 당기손익으로 인식한다. 현금창출단위의 손상차손환입을 배분할 때 개별 자산의 장부금액은 다음 중 적은 금액을 초과하여 증액할 수 없다. 이러한 제약으로 특정 자산에 배분되지 않은 손상차손환입액은 현금창출단위 내의 영업권을 제외한 다른 자산에 각각 장부금액에 비례하여 배분한다.

> ① 회수가능액(산정할 수 있는 경우)
>
> ② 과거기간에 손상차손을 인식하지 않았다면 현재 산정되어 있을 감가상각 또는 상각 후 장부금액

cpa.Hackers.com

제 24 장

관계기업과 공동기업투자

I | 관계기업과 공동기업투자의 기초

01 관계기업과 공동기업투자의 의의

관계기업(associate)은 투자자가 유의적인 영향력을 보유하는 기업을 말한다. 유의적인 영향력(significant influence)은 피투자자의 재무정책과 영업정책에 관한 의사결정에 참여할 수 있는 능력을 뜻한다. 그러나 지배력이나 공동지배력(joint control)과는 다른 개념이다.

> **참고**
>
> 공동기업은 투자자가 공동지배력을 보유하는 대상기업이다. 여기서 공동지배력은 약정의 지배력에 대한 계약상 합의된 공유를 의미하는 것으로 공동지배력은 피투자자의 관련 활동을 결정하는 데 있어 지배력을 공유하는 당사자들 전체의 동의가 요구될 때에만 존재한다.

> **Additional Comment**
>
> 1. 지배력(control)은 투자자가 피투자자에 대한 관여로 변동이익에 노출되거나 변동이익에 대한 권리가 있고 피투자자에 대하여 자신의 힘으로 그러한 이익에 영향을 미치는 능력을 말한다. 투자자가 지배력을 행사하고 있는 대상기업이 종속기업(subsidiary)이다.
>
> 2. 유의적인 영향력은 피투자자의 재무정책과 영업정책에 관한 의사결정에 참여할 수 있는 능력을 말한다. 유의적인 영향력을 행사하고 있는 기업이 관계기업(associate)이다.

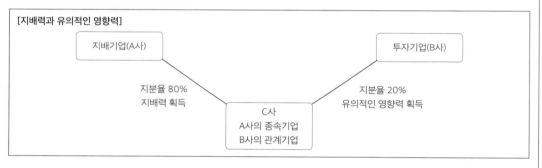

> 3. 공동지배력은 계약상 합의에 의하여 피투자자의 경제활동에 대한 지배력을 공유하는 것을 말한다. 공동지배력을 행사하고 있는 기업이 공동기업(joint venture)이다.

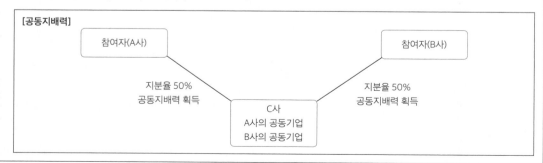

02 지분법 회계처리의 의의

지분법은 투자자산을 최초에 취득원가로 인식하고, 취득시점 이후 발생한 피투자자의 순자산 변동액 중 투자자의 몫을 해당 투자자산에 가감하여 보고하는 회계처리방법이다.

지분법에서는 피투자자의 당기순손익 중 투자자의 몫은 투자자의 당기순손익에 포함하고 피투자자 기타포괄손익 중 투자자의 몫은 투자자의 기타포괄손익에 포함한다. 피투자자에게서 받은 분배액은 투자자산의 장부금액을 줄인다.

03 유의적인 영향력 행사 여부의 판단

투자자가 관계기업의 투자지분에 대하여 지분법을 적용하기 위해서는 피투자자의 의사결정활동에 유의적인 영향력을 행사할 수 있어야 한다. 이에 대한 기준은 다음과 같다.

(1) 현재 보유지분 기준

> ① 투자자가 직접으로 또는 종속기업을 통하여 간접으로 피투자자에 대한 의결권의 20% 이상을 소유하고 있다면 명백한 반증이 없는 한 유의적인 영향력이 있는 것으로 본다.
> ② 투자자가 직접으로 또는 종속기업을 통하여 간접으로 피투자자에 대한 의결권의 20% 미만을 소유하고 있다면 명백한 반증이 없는 한 유의적인 영향력이 없는 것으로 본다.
> ③ 다른 투자자가 해당 피투자자의 주식을 상당한 부분 또는 과반수 이상을 소유하여 지배력을 행사하고 있다고 하여도 투자자가 피투자자에 대하여 유의적인 영향력을 보유하고 있다는 것을 반드시 배제하는 것은 아니다.

> **참고**
>
> 간접으로 피투자자에 대한 의결권을 소유한다는 것은 기업이 종속기업을 통하여 피투자자에 대한 의결권을 소유하는 것을 의미한다.

(2) 잠재적 의결권의 행사가능성 기준

> ① 기업이 유의적인 영향력을 보유하는지 평가할 때에는, 다른 기업이 보유한 잠재적 의결권을 포함하여 현재 행사할 수 있거나 전환할 수 있는 잠재적 의결권의 존재와 영향을 고려한다.
> ② 잠재적 의결권이 있는 경우에도, 피투자자의 당기순손익과 자본변동 중 투자자의 지분은 현재 소유하고 있는 지분율에 기초하여 산정하며 잠재적 의결권의 행사가능성이나 전환가능성은 반영하지 않는다.

> **참고**
>
> 기업이 주식매입권, 주식콜옵션, 보통주식으로 전환할 수 있는 채무상품이나 지분상품, 또는 그 밖의 유사한 금융상품을 소유할 수 있다. 이러한 금융상품은 행사되거나 전환될 경우 해당 피투자자의 재무정책과 영업정책에 대한 기업의 의결권을 증가시키거나 다른 상대방의 의결권을 줄일 수 있는 잠재력을 가지고 있다.

(3) 지분율이 20% 미만인 경우에도 유의적인 영향력을 행사할 수 있는 경우

투자자가 다음 중 하나 이상에 해당하는 경우 관계기업에 대한 지분율이 20% 미만인 경우에도 일반적으로 유의적인 영향력이 있는 것으로 본다.

① 피투자자의 이사회나 이에 준하는 의사결정기구에 참여
② 배당이나 다른 분배에 관한 의사결정에 참여하는 것을 포함하여 정책결정과정에 참여
③ 투자자와 피투자자 사이의 중요한 거래
④ 경영진의 상호 교류
⑤ 필수적 기술정보의 제공

─☆ **Self Study**

후속적으로 기업이 피투자자의 재무정책과 영업정책에 참여할 수 있는 능력을 상실하면, 기업은 피투자자에 대한 유의적인 영향력을 상실한 것이다.

(4) 지분율이 20% 이상인 경우에도 유의적인 영향력을 상실할 수 있는 경우

유의적인 영향력은 일반적으로 절대적이거나 상대적으로 소유지분율의 변동에 따라 상실될 수 있지만, 관계기업에 대한 지분율이 20% 이상인 경우에도 다음의 경우에는 유의적인 영향력이 상실될 수 있다.

① 관계기업이 정부, 법원, 관재인, 감독기관의 지배를 받게 되는 경우
② 계약상 합의의 결과로 유의적인 영향력이 상실되는 경우

(5) 지분법 적용배제

투자자가 피투자자에 대하여 유의적인 영향력을 행사하고 있는 경우에는 당해 관계기업에 대한 투자지분에 대하여 지분법을 적용하여 회계처리해야 한다. 그러나 예외적으로 다음의 경우에는 유의적인 영향력을 행사할 수 있음에도 불구하고 지분법을 적용하지 않고, 공정가치법이나 저가법을 적용하여 측정하고, 관련손익은 당기손익에 반영한다.

① 벤처캐피탈 투자기구, 뮤추얼 펀드, 단위신탁 및 이와 유사한 기업이 소유하고 있는 관계기업 투자자산
② 관계기업투자자산이 기준서 제1105호 '매각예정비유동자산과 중단영업'에 따라 매각예정으로 분류된 경우

04 관계기업의 재무제표

(1) 보고기간 종료일

기업은 지분법을 적용할 때 가장 최근의 이용 가능한 관계기업의 재무제표를 사용한다. 기업의 보고기간 종료일과 관계기업의 보고기간 종료일이 다른 경우, 관계기업은 실무적으로 적용할 수 없는 경우가 아니면 기업의 사용을 위하여 기업의 재무제표와 동일한 보고기간 종료일의 재무제표를 작성한다.

지분법을 적용하기 위하여 사용하는 관계기업 재무제표의 보고기간 종료일이 기업 재무제표의 보고기간 종료일과 다른 경우에는 기업 재무제표의 보고기간 종료일과 관계기업 재무제표의 보고기간 종료일 사이에 발생한 유의적인 거래나 사건의 영향을 반영한다. 어떠한 경우라도 기업의 보고기간 종료일과 관계기업의 보고기간 종료일 간의 차이는 3개월 이내이어야 한다. 보고기간의 길이 그리고 보고기간 종료일의 차이는 매 기간마다 동일하여야 한다.

(2) 회계정책

투자자는 유사한 상황에서 발생한 동일한 거래와 사건에 대하여는 투자자와 동일한 회계정책을 적용한 관계기업의 재무제표를 이용하여 지분법을 적용해야 한다. 관계기업이 유사한 상황에서 발생한 동일한 거래와 사건에 대하여 투자자의 회계정책과 다른 회계정책을 사용한 경우, 투자자는 지분법을 적용하기 위하여 관계기업의 재무제표를 사용할 때 관계기업의 회계정책을 투자자의 회계정책과 일관되도록 수정하여 지분법을 적용해야 한다.

(3) 별도재무제표

① 별도재무제표는 기업이 종속기업, 공동기업 및 관계기업에 대한 투자를 원가법, 기업회계기준서 제1109호 '금융상품'에 따른 방법, 기업회계기준서 제1028호 '관계기업과 공동기업에 대한 투자'에서 규정하고 있는 지분법 중 어느 하나를 적용하여 표시한 재무제표를 말한다. 별도재무제표는 투자자산의 각 범주별로 동일한 회계처리방법을 적용하여야 한다.

② 별도재무제표는 연결재무제표에 추가하여 표시하거나 종속기업에 대한 투자자산을 보유하고 있지 않지만 관계기업이나 공동기업에 대한 투자자산을 기업회계기준서 제1028호 '관계기업과 공동기업에 대한 투자'에 따라 지분법으로 회계처리해야 하는 투자자의 재무제표에 추가하여 표시하는 재무제표이다.

③ 종속기업, 관계기업, 공동기업 참여자로서의 투자지분을 소유하지 않은 기업의 재무제표는 별도재무제표가 아니다. 연결이 면제되거나 지분법 적용이 면제되는 경우, 그 기업의 유일한 재무제표로서 별도재무제표만을 재무제표로 작성할 수 있다.

④ 종속기업, 공동기업, 관계기업에서 받는 배당금은 기업이 배당을 받을 권리가 확정되는 시점에 그 기업의 별도재무제표에 인식한다. 기업이 배당금을 투자자산의 장부금액에서 차감하는 지분법을 사용하지 않는다면 배당금은 당기손익으로 인식한다.

Ⅱ | 지분법 회계처리

01 지분법 회계처리의 기초

관계기업에 대한 투자지분은 지분법으로 평가한다. 관계기업에 대한 투자는 기업회계기준서 제1105호 '매각예정비유동자산과 중단영업'에 따라 매각예정으로 분류되는 경우가 아니라면 비유동자산으로 분류한다.

지분법은 관계기업에 대한 주식을 최초에 원가로 인식하고, 취득시점 이후 발생한 관계기업의 순자산 변동액 중 투자자의 지분을 해당 주식에서 가감하여 보고하는 방법이므로 아래의 산식이 성립되어야 한다.

> 관계기업투자주식의 장부금액 = 관계기업 순자산 장부금액 × 투자지분율

그런데 투자주식의 장부금액과 관계기업의 순자산 장부금액에 대한 투자자 지분액은 일치하지 않는다. 이 두 금액이 서로 일치하지 않는 이유는 다음과 같다.

> ① 주식 취득일 이후의 차이: 투자주식의 취득일 이후 관계기업의 순자산 장부금액이 변동하여 생기는 차이
> ② 주식 취득일의 차이: 투자주식의 취득금액이 취득일 현재 관계기업의 식별할 수 있는 순자산 장부금액에 투자자 지분율을 곱한 금액과 일치하지 않아 생기는 차이

주식 취득일 이후의 차이는 관계기업의 순자산 장부금액이 변동할 때마다 조정하고, 주식 취득일의 차이는 발생원인별로 차이를 조정한다. 결국 지분법은 주식 취득일의 차이와 주식 취득일 이후의 차이를 조정하는 회계처리이다.

02 관계기업의 순자산 변동(주식 취득일 이후의 차이)

(1) 관계기업의 당기순이익

관계기업의 순자산 장부금액이 당기순이익으로 변동하는 경우 동 변동액 중 투자자 지분액은 투자주식의 장부금액에 가산한다. 이때 관계기업의 순자산 변동액은 관계기업의 당기순이익으로 인한 것이므로 지분법이익의 계정으로 하여 당기순이익에 반영한다.

당기순이익	차) 관계기업투자주식	××	대) 지분법이익	××

(2) 관계기업의 배당금수령

관계기업이 현금으로 배당금을 지급하는 경우에는 관계기업의 순자산 장부금액은 감소하게 된다. 그러므로 투자자는 관계기업이 배당금지급을 결의한 시점에 수취하게 될 배당금 금액을 관계기업투자주식의 장부금액에서 직접 차감한다.

한편, 관계기업이 주식배당을 실시한 경우에는 관계기업의 순자산 장부금액이 변동하지 않으므로 지분법에서는 별도의 회계처리를 할 필요가 없다.

현금배당금수령	차) 현금	××	대) 관계기업투자주식	××
주식배당금수령	-회계처리 없음-			

(3) 관계기업의 기타포괄손익 변동

관계기업의 순자산 장부금액이 기타포괄손익으로 변동하는 경우 동 변동액 중 투자자 지분액은 투자주식의 장부금액에 가감하고, 관계기업기타포괄손익의 과목으로 포괄손익계산서의 기타포괄손익으로 인식한다.

기타포괄손익	차) 관계기업투자주식	××	대) 관계기업기타포괄이익	××

┌─ **Additional Comment**

투자자가 기타포괄손익으로 인식한 관계기업기타포괄이익이 관계기업의 관련 자산이나 부채를 직접 처분한 경우의 회계처리와 동일한 기준으로 그 관계기업과 관련하여 기타포괄손익으로 인식한 모든 금액에 대하여 회계처리한다.

Ex. 관계기업이 FVOCI금융자산(채무상품)과 관련하여 누적 평가손익이 있고, 투자자가 지분법의 적용을 중단하는 경우 해당 채무상품과 관련하여 이전에 관계기업기타포괄손익으로 인식했던 손익은 당기손익으로 재분류한다. 그러나 FVOCI금융자산(지분상품)이라면 이 경우 재분류조정하지 않고 이익잉여금으로 대체한다.

재분류조정	차) 관계기업기타포괄이익	××	대) 관계기업투자주식 처분이익	××
직접대체	차) 관계기업기타포괄이익	××	대) 미처분이익잉여금	××

⬧ 관계기업의 순자산 변동을 고려한 관계기업투자주식 장부금액의 구성

	◄------- 투자자의 지분율 -------►	◄------- 기타 지분율 -------►
관계기업 순자산 BV		
취득원가	+	
관계기업 N/I	지분법이익	
	+	
(±)관계기업 OCI변동		
	-	
(-)관계기업 현금배당 지급		
	=	
	관계기업투자주식 장부금액	

┌─ **Additional Comment**

관계기업의 순자산 장부금액이 당기순이익이나 기타포괄손익이 아닌 다른 자본요소로 변동하는 경우도 있다. 기업회계기준서 제1028호 '관계기업과 공동기업에 대한 투자'에서는 이에 대한 규정이 없지만 우리나라 일반기업회계기준에서는 '지분법자본변동'이나 '지분법이익잉여금'으로 표기하고 있다.

03 투자 · 평가차액(주식 취득일의 차이)

주식 취득일의 차이는 투자주식의 취득금액과 취득일 현재 관계기업의 식별할 수 있는 순자산 장부금액에 대한 투자자 지분의 차액으로 계산된다. 주식 취득일의 차이는 투자자가 투자주식을 취득할 때 공정가치로 측정하여 취득하였기 때문에 발생한다.

> 주식 취득일의 차이 = 투자주식의 취득금액(이전대가) - 관계기업의 식별할 수 있는 순자산 장부금액 × 지분율

취득시점의 차액은 순자산의 공정가치에 대한 평가차액과 투자차액 두 가지로 구분할 수 있다.

> ① **순자산 공정가치와 장부금액의 평가차액:** (관계기업 순자산 공정가치 - 관계기업 순자산 장부금액) × 지분율
> ② **영업권(투자차액):** 투자주식의 취득원가 - 관계기업 순자산 공정가치 × 지분율

(1) 순자산 공정가치와 장부금액의 차액(평가차액)

투자주식의 취득시점에 관계기업의 식별가능한 자산과 부채를 공정가치로 평가한 금액과 장부금액의 차이금액인 평가차액은 다음과 같이 계산한다.

✎ **지분법이익 계산구조**

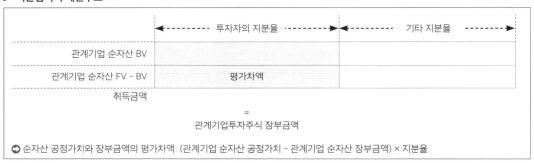

평가차액은 관계기업의 식별가능한 순자산의 공정가치 장부금액을 초과하는 금액에 대해서 투자자가 추가로 지급한 프리미엄이다. 이 금액은 투자자의 투자주식 장부금액에 포함하여 인식되며, 즉시 비용으로 인식하지 않고, 투자자의 지분율에 해당하는 금액을 지분법이익 계산 시 해당 자산과 부채에 대한 관계기업의 처리방법에 따라 상각한다.

구분	관계기업
관계기업 조정 전 N/I	××
평가차액 상각	
- 재고자산	(-)××
- 건물 감가상각비	(-)××
관계기업 조정 후 N/I	A

➲ 지분법이익: A × 지분율

(2) 투자차액

투자주식을 취득시점에 당해 투자자산의 원가와 관계기업의 식별가능한 자산과 부채의 순공정가치 중 투자자의 지분에 해당하는 금액과의 차이를 투자차액(good will difference)이라 하며, 다음과 같이 계산가능하다.

⊘ 지분법이익 계산구조

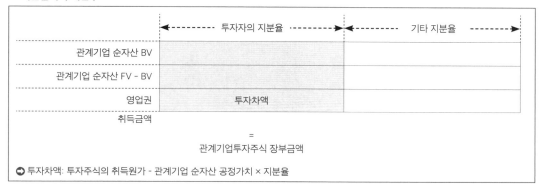

투자차액은 관계기업의 식별가능한 순자산 공정가치를 초과하여 투자자가 지급한 금액이므로 관계기업이 보유하고 있는 식별불가능한 내부창출 영업권에 대한 대가로 본다. 해당 영업권은 투자자의 투자주식 장부금액에 포함하여 인식된다. 그러나 영업권의 상각은 허용되지 않으므로 관계기업의 당기순손익에 대하여 투자자가 지분법손익을 인식하는 경우에는 당해 상각효과를 포함시키면 안 된다.

✎ **지분법 회계처리 요약**

	투자자의 지분율	기타 지분율
관계기업 순자산 BV		
관계기업 순자산 FV - BV		
영업권		
취득원가	+	
관계기업 조정 후 N/I(①)	지분법이익(A)	
	+	
(±)관계기업 자본조정, 이익잉여금 직접변동		
	+	
(±)관계기업 OCI변동		
	-	
(-)관계기업 현금배당 지급		
	=	
관계기업투자주식 장부금액		

구분	관계기업
관계기업 조정 전 N/I	××
평가차액 상각	(-)××
관계기업 조정 후 N/I	①

04 내부미실현손익

(1) 내부거래의 의의

내부거래는 내부거래에 따른 손익을 어느 회사가 인식하였는지에 따라 다음과 같이 구분하게 된다.

① 하향거래(down - stream): 투자자가 내부거래에 따른 손익을 인식하거나 인식할 경우
② 상향거래(up - stream): 관계기업이 내부거래에 따른 손익을 인식하거나 인식할 경우

Additional Comment

A사가 관계기업인 B사에 재고자산을 판매하였다면 A사는 재고자산 판매로 인하여 매출액과 매출원가를 인식함으로써 이익을 인식하게 된다. 이 경우 투자자인 A사가 내부거래와 관련된 이익을 인식하였으므로 재고자산 거래는 하향거래가 된다. 반대의 경우에는 B사가 A사에 재고자산을 판매하였다면 관련 손익을 B사가 인식하였으므로 상향거래가 된다.

① 일반적인 내부거래

• 내부거래 미실현손익의 제거

기준서 제1028호 '관계기업투자'에서는 투자자와 관계기업 사이의 상향판매거래나 하향판매거래에서 발생한 당기순손익에 대하여 투자자는 그 관계기업 투자지분과 무관한 손익까지만 투자자의 재무제표에 인식하도록 규정하고 있다. 투자자와 관계기업 간의 내부거래에서 발생한 미실현이익은 하향판매와 상향판매의 구분없이 이를 제거하여 관계기업투자주식과 지분법손익에 각각 반영하도록 한다.

> 지분법이익에서 가감할 내부미실현손익 = 보고기간 말 현재 미실현손익 × 지분율

• 내부거래 미실현손익의 실현

투자자와 관계기업 간의 거래에서 발생한 내부미실현이익은 당해 손익을 발생시킨 항목이 차기 이후의 기간에 비용으로 처리되거나 제3자에게 판매될 때 실현된다. 이때 실현된 내부미실현이익 중 투자자 지분액은 관계기업투자주식과 지분법이익에 각각 가산한다.

✐ 내부거래를 고려한 지분법이익

구분	관계기업
관계기업 조정 전 N/I	××
평가차액 상각	(-)××
내부거래 제거	
- 당기 미실현손익	(-)××
- 전기 실현손익	××
관계기업 조정 후 N/I	①

* 관계기업투자주식은 내부거래 시 상향·하향 거래 구분 없이 미실현손익·실현손익을 관계기업 N/I에 반영한다.

➲ 지분법이익: ① × 지분율

• 내부거래가 손상차손의 증거를 제공하는 경우

하향판매에 따른 내부거래가 매각대상 자산의 순실현가능가치 감소나 그 자산에 대한 손상차손의 증거를 제공하는 경우에는 미실현손실로 보지 않으며, 투자자는 그러한 손실을 모두 인식한다. 이는 투자자가 손익계산서에 손실을 이미 인식하였으므로 이를 제거하지 않는다는 것을 의미한다.

동일한 논리로 상향판매에 따른 내부거래가 구입된 자산의 순실현가능가치 감소나 그 자산에 대한 손상차손의 증거를 제공하는 경우, 투자자는 그러한 손실 중 자신의 몫을 인식한다. 이는 관계기업이 손익계산서에 손실을 인식하였으므로 이 중 지분율에 해당하는 금액은 지분법손실에 반영한다는 것이다. 따라서 관계기업의 당기순이익에 대한 지분액을 지분법이익으로 인식하면 자동적으로 손실 중 자신의 몫을 인식하는 것이 되므로 이 역시 손실을 제거하지 않는다는 것을 의미한다.

☆ Self Study

순실현가능가치의 감소로 인한 손실은 지분법이익에서 제거하지 않는다.

---

② 현물출자에 따른 내부거래 미실현손익

• 상업적 실질이 결여된 경우

관계기업 지분과의 교환으로 관계기업에 비화폐성 자산을 출자하는 경우 출자에 상업적 실질이 결여되어 있다면 해당 손익은 미실현된 것으로 보아 인식하지 않는다. 그러므로 미실현손익의 제거논리를 적용할 필요가 없다.

[현물출자에서 상업적 실질이 결여된 경우]

차) 관계기업투자주식	BV	대) 유형자산	BV

☆ **Self Study**

구분	관계기업투자주식의 취득원가	현물출자자산의 처분이익
상업적 실질 결여	현물출자한 자산의 장부금액	인식하지 않음

* 상업적 실질이 결여된 경우 일부를 현금으로 받았다면 현물출자자산의 처분이익을 인식하여야 하는지에 대한 기준의 규정은 없다.

- **상업적 실질이 있는 경우**

  관계기업 지분과의 교환으로 관계기업에 비화폐성 자산을 출자하는 경우 출자에 상업적 실질이 있다면, 현물출자된 자산의 처분손익 중 투자자의 지분에 상당하는 금액만큼 제거한다. 미실현손익은 지분법을 이용하여 회계처리하는 투자주식과 상쇄되어 제거되며, 재무상태표에 별도의 이연손익으로 표시하지 않는다. 제거한 미실현이익은 차기 이후에 실현되는 경우 실현되는 보고기간의 관계기업투자주식과 지분법손익에 다시 가산하여 인식한다. 즉, 출자에 상업적 실질이 있는 경우에는 해당 손익은 인식하되 내부미실현손익으로 보아 지분법이익을 인식할 때 반영한다.

[현물출자에서 상업적 실질이 있는 경우]

차) 관계기업투자주식	××	대) 유형자산	××
		유형자산처분이익	××

☆ **Self Study**

구분	관계기업투자주식의 취득원가	현물출자자산의 처분이익
상업적 실질 있음	현물출자한 자산의 공정가치	인식하고 내부거래 미실현이익으로 제거함

한편, 관계기업이나 공동기업의 지분을 수령하면서 추가로 화폐성이나 비화폐성 자산을 받는 경우, 기업은 수령한 화폐성이나 비화폐성 자산과 관련하여 비화폐성 출자에 대한 손익에 해당 부분을 당기순손익으로 모두 인식한다. 즉, 관계기업의 지분을 수령한 부분에 해당하는 손익만 미실현된 것이다.

[현물출자에 따른 내부거래 미실현손익]

구분	제거대상 미실현이익
지분만 수령한 경우	전체 미실현이익 × 지분율
지분과 현금 등을 수령한 경우	[미실현이익 × (총공정가치 − 수령한 자산의 가치)/현물출자자산의 가치] × 지분율

✎ 현물출자를 고려한 지분법이익

구분	관계기업
관계기업 조정 전 N/I	××
투자평가차액 상각	(-)××
내부거래 제거	
– 당기 미실현손익	(-)××
– 전기 실현손익	××
현물출자 미실현손익	(-)××
현물출자 실현손익	××
관계기업 조정 후 N/I	① ××

* 관계기업투자주식은 내부거래 시 상향 · 하향 거래 구분 없이 미실현손익 · 실현손익을 관계기업 N/I에 반영한다.

➡ 지분법이익: ① × 지분율

Ⅲ | 지분변동

01 단계적 취득

단계적 취득은 투자자가 피투자자의 주식을 2회 이상 취득하여 피투자자에 대한 지분을 증가시키는 거래를 말한다. 이는 유의적인 영향력을 획득하는지에 따라 다음과 같은 상황으로 간주한다.

(1) 유의적인 영향력을 처음으로 행사할 수 있게 되는 경우

투자자가 관계기업의 주식을 단계적으로 취득하여 유의적인 영향력을 행사하게 되는 경우에는 유의적인 영향력을 처음으로 행사하게 된 날에 전체 주식을 일괄취득한 것으로 간주한다.

> **Additional Comment**
>
> 예를 들어, 20×1년 1월 1일에 10%를 취득하고 20×1년 6월 1일에 30%를 취득하는 경우에 20×1년 6월 1일 현재 유의적인 영향력을 처음으로 행사할 수 있게 된 경우로 20×1년 6월 1일에 40%의 주식을 일괄하여 취득한 것으로 본다.

단계적으로 이루어지는 주식 취득으로 유의적인 영향력을 행사하게 되는 경우 투자자는 이전에 보유하고 있던 관계기업에 대한 지분을 취득일의 공정가치로 재측정하고, 그 결과 차손익이 발생한다면 기존 보유지분의 회계처리방법에 따라 당기순손익이나 기타포괄손익으로 인식한다. 따라서 단계적 취득으로 관계기업투자주식을 취득하는 경우 취득금액은 다음과 같다.

> 단계적 취득으로 인한 관계기업투자주식의 취득금액 = 기존 보유지분의 공정가치 + 추가 취득 지분의 취득원가

> **☆ Self Study**
>
> 유의적인 영향력을 행사하게 된 날 현재 기존에 보유하던 투자주식의 공정가치와 장부금액과의 차액은 기존에 보유하던 투자지분의 분류에 따라 다음과 같이 처리한다.
>
> ① FVPL금융자산으로 분류한 경우: 당기순손익으로 처리
> ② FVOCI금융자산으로 분류한 경우: 기타포괄손익으로 처리

이전의 보고기간에 취득자가 피취득자 지분의 가치변동을 기타포괄손익으로 인식할 수 있다. 이 경우 기타포괄손익으로 인식한 금액은 취득자가 이전에 보유하던 지분을 직접 처분하였다면 적용할 기준과 동일하게 인식한다. 즉, 기존 보유주식에 대한 기인식 기타포괄손익누계액은 당기손익으로 재분류하지 않고, 이익잉여금으로 대체할 수는 있다.

> **Additional Comment**
>
> 단계적 취득으로 유의적인 영향력을 행사하게 되는 경우 기존 보유주식을 영향력 행사가능일에 처분하고 다시 일괄취득한 것으로 본다.

[기존 보유주식을 FVPL금융자산으로 분류한 경우 - 유의적인 영향력 최초 취득일의 회계처리]			
차) FVPL금융자산	FV - BV	대) FVPL금융자산평가이익	N/I
차) 관계기업투자주식	××	대) FVPL금융자산	FV
		현금	추가 취득 지분대가

[기존 보유주식을 FVOCI금융자산으로 분류한 경우 - 유의적인 영향력 최초 취득일의 회계처리]			
차) FVOCI금융자산	FV - BV	대) FVOCI금융자산평가이익	OCI
차) 관계기업투자주식	××	대) FVOCI금융자산	FV
		현금	추가 취득 지분대가

(2) 유의적인 영향력을 행사할 수 있는 주식의 추가 취득

투자자가 관계기업에 대하여 유의적인 영향력을 행사하게 된 이후 기타 주주로부터 관계기업의 주식을 추가로 취득하는 경우 추가 취득한 주식에 대한 주식 취득일의 차이는 별도로 계산한다. 즉, 기존 취득분에 대해서는 이전의 방법에 따라 계속 지분법을 적용하고, 추가 취득한 주식은 추가 취득일부터 별도로 지분법을 적용한다. 따라서 지분법이익은 기존에 취득한 주식에 대한 지분법이익과 추가 취득 주식에 대한 지분법이익의 합계가 된다.

02 단계적 처분

투자자가 보유 중인 관계기업투자주식을 처분하는 경우 처분대가와 처분된 주식의 장부금액과의 차이를 관계기업투자주식처분손익으로 처리한다. 이때 처분된 관계기업투자주식 관련 지분법기타포괄이익은 기타포괄손익의 발생원인에 따라 당기손익으로 재분류하거나 이익잉여금으로 대체한다.

(1) 유의적인 영향력을 유지하는 경우

투자자가 보유 중인 관계기업투자주식 일부를 처분한 이후에도 유의적인 영향력을 유지하고 있는 경우에는 관계기업투자주식의 일부를 처분한 것으로 본다. 처분대가와 처분된 주식의 장부금액과의 차이를 관계기업투자주식처분손익으로 처리하고, 관계기업투자주식과 관련하여 이전에 기타포괄손익으로 인식한 손익 중 처분과 관련한 비례적 금액만을 당해 기타포괄손익의 발생원인에 따라 당기손익으로 재분류하거나 이익잉여금으로 대체한다. 한편, 일부 처분 후 잔여 관계기업투자주식에 대해서는 지분법을 계속적으로 적용한다.

✎ 유의적인 영향력을 유지하는 경우 회계처리

차) 현금	처분대가	대) 관계기업투자주식	BV × 처분비율
		관계기업투자주식처분이익	N/I

+

① 관계기업기타포괄손익이 재분류항목인 경우			
차) 관계기업기타포괄이익	BV × 처분비율	대) 관계기업투자주식처분이익	N/I

① 관계기업기타포괄손익이 재분류항목이 아닌 경우			
차) 관계기업기타포괄이익	BV × 처분비율	대) 미처분이익잉여금	××

☆ Self Study

영향력을 유지하는 단계적 처분 정리

처분한 주식	처분대가와 장부금액의 차이를 처분손익(N/I)으로 처리
보유 중인 주식	잔여지분에 대해 지분법을 적용
관계기업기타포괄손익	처분한 관계기업투자주식과 관련하여 인식한 기타포괄손익만 당해 발생원인에 따라 재분류하거나 이익잉여금으로 대체

(2) 유의적인 영향력을 상실하는 경우

투자자가 보유 중인 관계기업투자주식의 일부를 처분한 이후 유의적인 영향력을 상실하는 경우에는 관계기업투자주식의 전부를 처분한 것으로 본다. 이 경우 관계기업에 대한 지분의 일부 처분으로 발생한 대가의 공정가치와 잔여 보유지분의 공정가치 합계를 지분법을 중단한 시점의 투자자산의 장부금액과 비교하여 그 차이를 당기손익으로 인식한다.

> 유의적인 영향력을 상실한 경우의 처분금액: 잔여 보유지분의 공정가치 + 처분으로 받은 대가의 공정가치

유의적인 영향력을 상실한 잔여 보유지분은 공정가치로 재측정한 후 FVPL금융자산이나 FVOCI금융자산으로 분류변경한다.

한편, 관계기업투자주식과 관련하여 이전에 기타포괄손익으로 인식한 금액은 당해 기타포괄손익의 발생원인에 따라 전액을 당기손익으로 재분류하거나 이익잉여금으로 대체한다.

유의적인 영향력을 상실하는 경우 회계처리

차) 현금	처분대가	대) 관계기업투자주식	BV
FVPL or FVOCI금융자산	잔여분의 FV	관계기업투자주식처분이익	N/I

+

① 관계기업기타포괄손익이 재분류항목인 경우

차) 관계기업기타포괄이익	BV	대) 관계기업투자주식처분이익	N/I

① 관계기업기타포괄손익이 재분류항목이 아닌 경우

차) 관계기업기타포괄이익	BV	대) 미처분이익잉여금	××

☆ Self Study

영향력을 상실하는 단계적 처분 정리

처분한 주식	처분대가와 장부금액의 차이를 처분손익(N/I)으로 처리
보유 중인 주식	공정가치와 장부금액의 차이를 처분손익으로 인식
관계기업기타포괄손익	처분한 관계기업투자주식과 관련하여 인식한 기타포괄손익만 당해 발생원인에 따라 재분류하거나 이익잉여금으로 대체

03 관계기업에 대한 투자지분을 매각예정으로 분류한 경우

관계기업에 대한 투자 또는 그 투자의 일부가 매각예정분류 기준을 충족하는 경우, 기업회계기준서 제1105호 '매각예정비유동자산과 중단영업'을 적용하여 매각예정비유동자산으로 분류한다. 매각예정으로 분류된 관계기업에 대한 투자는 지분법 적용을 중단하며, 매각예정으로 분류되지 않은 관계기업에 대한 투자의 잔여 보유분은 매각예정으로 분류된 부분이 매각될 때까지 지분법을 적용하여 회계처리한다.

매각예정으로 분류된 관계기업에 대한 투자는 매각예정으로 분류된 날 현재의 장부금액을 매각예정비유동자산으로 대체한다. 매각예정비유동자산으로 분류한 관계기업투자주식은 순공정가치가 장부금액에 미달하는 경우 동 미달액을 당기손익(손상차손)으로 인식한다.

[매각예정으로 분류된 날]

차) 매각예정비유동자산	BV	대) 관계기업투자주식	BV
차) 손상차손	BV - 순공정가치	대) 손상차손누계액	××

매각예정으로 분류된 관계기업에 투자를 처분한 후 잔여 보유지분이 더 이상 관계기업에 해당하지 않는다면 관계기업에 대한 잔여 보유지분은 기업회계기준서 제1109호 '금융상품'에 따라 회계처리한다. 즉, 관계기업투자주식을 FVPL금융자산이나 FVOCI금융자산으로 분류하며, 분류시점의 공정가치를 최초원가로 한다.

[매각예정으로 분류되는 경우의 회계처리 정리]

구분		회계처리
매각예정	매각 예정지분	지분법 적용을 중지하고 순공정가치를 기준으로 손상차손인식
	계속 보유 예정지분	지분법 계속 적용
실제매각	매각된 지분	매각예정비유동자산의 처분손익으로 인식
	계속 보유지분	영향력을 상실한 경우 FVPL금융자산이나 FVOCI금융자산으로 대체

한편, 이전에 매각예정으로 분류된 관계기업에 대한 투자 또는 그 투자의 일부가 더 이상 매각예정분류기준을 충족하지 않는다면 당초 매각예정으로 분류되었던 시점부터 소급하여 지분법으로 회계처리한다. 이 경우 매각예정으로 분류된 시점 이후 기간의 재무제표는 수정되어야 한다.

[더 이상 매각예정분류기준을 충족하지 않을 때]

차) 관계기업투자주식	지분법 적용 시 BV	대) 매각예정비유동자산	BV
		미처분이익잉여금	대차차액

Ⅳ | 지분법의 기타사항

01 지분법 적용의 중지와 재개

(1) 지분법 적용의 중지

관계기업의 손실 중 투자자의 지분이 관계기업 투자지분과 같거나 초과하는 경우 투자자는 관계기업투자지분 이상의 손실에 대하여 인식을 중지한다. 즉, 피투자자의 결손금 등이 누적되어 투자자의 관계기업투자주식의 장부금액이 영(0) 이하가 될 경우에는 지분법 적용을 중지하고, 투자주식의 장부금액은 영(0)으로 처리한다. 이때 관계기업투자주식과 관련하여 자본항목으로 인식된 관계기업기타포괄손익누계액은 지분법을 중지하는 경우에도 계속 자본항목으로 표시한다.

한편, 기업의 지분이 영(0)으로 감소된 이후 추가 손실분에 대하여 기업은 법적의무 또는 의제의무가 있거나 관계기업을 대신하여 지급하여야 하는 경우 그 금액까지만 손실과 부채로 인식한다.

> **Additional Comment**
>
> 주식회사제도는 주주들이 출자금액을 한도로 책임지는 유한책임을 근간으로 한다. 관계기업투자주식의 장부금액을 (−)로 계상한다는 것은 피투자자의 자본잠식분 등에 대하여 투자자가 추가 출자의무(부채)를 부담한다는 의미가 된다. 그러나 주식회사 주주는 출자액을 한도로 하여 유한책임만 부담하므로 (−)투자주식은 계상하지 않는 것이다.

> **☆ Self Study**
>
> 이때 관계기업투자주식과 관련하여 자본항목으로 인식된 관계기업기타포괄손익누계액은 지분법을 중지하는 경우에도 계속 자본항목으로 표시하는지 재분류하는지에 대한 언급은 기준서에 규정이 없다.

(2) 지분법 적용의 재개

지분법 적용을 중지한 후 관계기업이 추후에 이익을 보고할 경우 투자자는 자신의 지분에 해당하는 이익의 인식을 재개하되, 과거 회계기간에 인식하지 못한 손실을 초과한 금액만을 이익으로 인식한다. 따라서 지분법 적용을 재개한 이후 회계연도의 지분법이익은 다음과 같다.

> 지분법 적용 재개 이후의 지분법이익 = 지분법이익 − 과거 회계기간에 인식하지 못한 손실

(3) 지분법손실이 관계기업투자지분을 초과한 경우에도 지분법손실을 인식하는 경우

① 관계기업에 대해 다른 투자자산을 보유하고 있는 경우

투자자가 관계기업에 대해 실질적으로 투자자의 순투자의 일부를 구성하는 장기투자지분항목을 보유하고 있으면, 그 금액까지도 지분법손실을 계속하여 인식하고 관련 자산을 차감해야 한다. 관계기업에 대한 투자지분은 지분법을 사용하여 결정되는 관계기업에 대한 투자자산의 장부금액과 실질적으로 기업의 관계기업에 대한 순투자의 일부를 구성하는 장기투자지분항목을 합한 금액이다. 실질적 장기투자지분은 예측가능한 미래에 상환받을 계획도 없고 상환가능성도 높지 않은 항목들로 관계기업에 대한 투자자산의 연장으로 볼 수 있다. 이러한 실질적 장기투자지분에는 우선주와 장기수취채권이나 장기대여금이 포함될 수 있으나 매출채권, 매입채무 또는 적절한 담보가 있는 장기수취채권은 제외한다.

> 관계기업에 대한 투자지분 = 관계기업에 대한 투자자산의 장부금액 + 실질적 장기투자지분

② 관계기업에 대해 손실을 보전해주기로 한 경우

투자자의 지분이 영(0)으로 감소된 이후 추가 손실분에 대하여 투자자에게 법적의무 또는 의제의무가 있거나 관계기업을 대신하여 지급하여야 하는 경우, 그 금액까지는 손실과 부채를 추가로 인식해야 한다.

Additional Comment

지분법손실 인식 시 영(0)까지 감소되는 기준의 범위는 잔여지분투자보다 넓어야 하며 장기수취채권과 같이 실질적으로 관계기업이나 공동기업에 대한 순투자자산의 일부인 그 밖의 비지분투자도 포함하여야 한다. 이를 포함시키지 않는다면, 기업은 지분법에 따른 관계기업이나 공동기업의 손실 인식을 회피하기 위하여 투자의 대부분을 비지분투자에 투자함으로써 자신의 투자자산을 재구성할 것이기 때문이다.

[지분법 적용 중지와 재개의 회계처리 정리]

구분		회계처리
지분법 적용 중지	원칙	추가 손실의 인식을 중지
	다른 투자자산이 있는 경우	지분법손실을 계속 인식하고 관련 자산을 차감
	손실보전의무가 있는 경우	지분법손실을 계속 인식하고 관련 부채를 인식
지분법 적용 재개		미인식손실을 초과하는 금액부터 지분법이익으로 인식

02 관계기업투자주식의 손상

관계기업이나 공동기업의 손실 인식을 포함하여 지분법을 적용한 이후, 기업은 관계기업이나 공동기업에 대한 순투자자산에 대하여 추가적인 손상차손을 인식할 필요가 있는지 검토해야 한다. 관계기업과 공동기업에 대한 순투자의 최초 인식 이후 발생한 하나 또는 그 이상의 사건이 발생한 결과 손상되었다는 객관적인 증거가 있으며, 그 손실사건이 신뢰성 있게 추정할 수 있는 순투자의 추정미래현금흐름에 영향을 미친 경우에만 해당 순투자는 손상된 것이고 손상차손이 발생한 것이다.

(1) 손실사건

관계기업에 대한 순투자의 최초 인식 이후 발생한 하나 또는 그 이상의 손실사건이 발생한 결과 손상되었다는 객관적인 증거가 있으며, 그 손실사건이 신뢰성 있게 추정할 수 있는 순투자의 추정미래현금흐름에 영향을 미친 경우에만 해당 순투자는 손상된 것이다. 순투자가 손상되었다는 객관적인 증거에 해당하는 손실사건은 다음과 같다. 미래사건의 결과로 예상되는 손실은 발생가능성에 관계없이 인식하지 않는다.

> ① 관계기업의 유의적인 재무적 어려움
> ② 관계기업의 채무불이행 또는 연체와 같은 계약의 위반
> ③ 관계기업의 재무적 어려움에 관련된 경제적 또는 법률적 이유로 인한 다른 경우라면 고려하지 않았을 양보를 그 관계기업에게 제공
> ④ 관계기업이 파산이나 그 밖의 재무적 구조조정의 가능성이 높은 상태가 됨
> ⑤ 관계기업의 재무적 어려움으로 순투자에 대한 활성시장의 소멸
> ⑥ 지분상품의 투자의 공정가치가 원가 이하로 유의적이거나 지속적으로 하락

Additional Comment

다음의 경우에는 순투자가 손상되었다는 객관적인 증거에 해당하지 않는다.

① 관계기업의 지분 또는 금융상품이 더 이상 공개적으로 거래되지 않아 활성시장이 소멸(그 자체만으로는 손상의 증거가 아님)

② 관계기업의 신용등급 또는 공정가치가 하락(단, 이용할 수 있는 그 밖의 정보를 함께 고려하는 경우에는 손상의 증거가 될 수도 있음)

---

(2) 회수가능액의 추정

관계기업에 대한 투자의 회수가능액은 각 관계기업별로 평가하여야 한다. 다만, 관계기업이 창출하는 현금유입이 그 기업의 다른 자산에서 창출되는 현금흐름과 거의 독립적으로 구별되지 않는 경우에는 그러하지 아니한다. 투자주식의 회수가능액은 순공정가와 사용가치 중 큰 금액으로 한다.

> 관계기업투자주식의 회수가능액 = Max[순공정가치, 사용가치]

☆ Self Study

관계기업투자주식의 사용가치는 다음 중 하나를 추정하여 결정한다.

① 관계기업이 영업 등을 통하여 창출할 것으로 기대되는 추정 미래현금흐름의 현재가치 중 기업의 지분과 해당 투자자산의 최종 처분금액의 현재가치

② 투자자산에서 배당으로 기대되는 추정 미래현금흐름의 현재가치와 해당 투자자산의 최종 처분금액의 현재가치

(3) 손상차손의 인식

관계기업투자주식의 손상차손을 인식하는 경우에는 관계기업의 순자산 변동에 대해 지분법 적용을 먼저 한 후 손상차손은 나중에 인식한다. 관계기업 투자의 장부금액과 회수가능액의 차액은 관계기업투자주식손상차손의 과목으로 하여 당기순손익에 반영한다. 이때 관계기업투자주식이 손상되어 인식된 손상차손은 투자주식의 장부금액의 일부를 구성하는 영업권을 포함한 어떤 자산에도 배분하지 않는다.

차) 관계기업투자주식손상차손	N/I	대) 관계기업투자주식	BV - 회수가능액

(4) 손상차손환입의 인식

관계기업투자주식의 손상으로 인식된 손상차손은 투자주식의 장부금액의 일부를 구성하는 영업권을 포함한 어떠한 자산에도 배분하지 않았으므로 관계기업투자주식손상차손의 모든 환입은 기업회계기준서 제1036호 '자산손상'에 따른 이러한 관계기업투자주식의 회수가능액이 후속적으로 증가하는 만큼 인식한다.

기업회계기준서 제1028호 '관계기업과 공동기업에 대한 투자'에서는 관계기업투자주식손상차손환입으로 인식할 금액의 한도에 대해서는 별도로 규정하고 있지 않으나 손상차손으로 인식한 금액을 한도로 환입하는 것이 타당하다.

차) 관계기업투자주식	회수가능액 - BV	대) 관계기업투자주식손상차손환입	N/I

03 피투자자의 누적적 우선주

피투자자가 우선주를 발행한 경우 보통주와 우선주의 지분변동액은 그 우선주의 특성을 고려하여 산정해야 한다. 그리고 우선주와 보통주로 배분된 지분변동액을 기준으로 지분법을 적용한다. 지분변동액의 배분 시 우선주는 보통주에 비하여 상위청구권자이므로 피투자자의 자본변동 중 우선주지분을 먼저 배분하고 그 나머지를 보통주지분으로 계산한다. 따라서 관계기업이 자본으로 분류하는 누적적 우선주를 발행하였고 이를 다른 투자자가 소유하고 있는 경우, 투자자는 배당결의 여부에 관계없이 이러한 주식의 배당금에 대하여 조정한 후 보통주당기순손익에 대한 투자자의 지분을 산정해서 지분법이익을 인식한다.

> 누적적 우선주가 있는 경우의 지분법이익 = (관계기업의 당기순손익 - 누적적 우선주배당금) × 지분율

Ⅴ | 공동약정

공동약정은 둘 이상의 당사자들이 공동영업이나 공동기업에 대한 공동지배력을 보유하는 약정이며, 다음과 같은 특징이 있다.

> ① **강제력 있는 약정**: 당사자들이 계약상 약정에 구속된다.
> ② **공동지배력의 존재**: 계약상 약정은 둘 이상의 당사자들에게 약정의 공동지배력을 부여한다.

공동지배력은 약정의 지배력에 대한 합의된 공유인데, 관련 활동에 대한 결정에 지배력을 공유하는 당사자들 전체의 동의가 요구될 때에만 존재한다. 공동약정에서, 단일의 당사자는 그 약정을 단독으로 지배할 수 없다. 약정의 공동지배력을 보유하는 한 당사자는 다른 당사자들이나 일부 당사자들 집단이 약정을 지배하는 것을 방해할 수 있다. 약정의 모든 당사자들이 약정의 공동지배력을 보유하지 않더라도 그 약정이 공동약정이 될 수 있다. 공동약정은 공동지배력을 보유하는 당사자들(공동영업자들 또는 공동기업 참여자들)과 공동약정에는 참여하지만 공동지배력을 보유하지 않는 당사자들로 구성된다.

✐ 공동약정의 사례

> 1. 약정에서 A는 의결권의 50%, B는 30% 그리고 C는 20%를 보유한다. A, B, C 사이의 계약상 약정에는 약정과 관련 활동에 대한 결정을 위하여 최소한 의결권의 75%가 요구된다고 명시한다. A는 어떠한 결정이라도 막을 수 있지만, B의 합의를 필요로 하기 때문에 약정을 지배하지는 못한다. 관련 활동에 대한 결정을 위해 최소한 의결권의 7%를 요구하는 계약상의 약정의 조건은 A와 B 모두 동의해야 약정의 관련 활동에 대한 결정이 이루어질 수 있기 때문에 A와 B사 약정의 공동지배력을 보유한다는 것을 의미한다.
>
> 2. 약정에서 A는 의결권의 50%, B와 C는 각각 25%를 보유한다. A, B, C 사이의 계약상 약정에는 약정의 관련 활동에 대한 결정을 위하여 최소한 의결권의 75%가 요구된다고 명시한다. A는 어떠한 결정이라도 막을 수 있지만, B 또는 C의 합의가 필요하기 때문에 약정을 지배하지는 못한다. 이 예시에서 A, B ,C는 집합적으로 약정을 지배한다. 그러나 하나 이상의 당사자들의 조합은 의결권의 75%를 충족할 수 있다. 이러한 경우 공동약정이 되려면 계약상 약정에, 약정에 대한 관련 활동을 결정하기 위하여 어떤 당사자들 결합의 전체 동의를 요구하여야 하는지 명시할 필요가 있다.

기업은 자신이 관여된 공동약정의 유형을 결정해야 한다. 공동약정은 약정의 당사자들의 권리와 의무에 따라 공동영업이나 공동기업 두 가지로 분류된다.

[공동약정 정리]

구분	내용	비고
정의	둘 이상의 당사자들이 공동지배력을 보유하는 약정	① 공동지배력을 공유하는 당사자들 전체의 동의가 요구될 때에만 존재 ② 단일의 당사자가 단독으로 약정을 지배할 수 없음 ③ 약정의 모든 당사자들이 약정의 공동지배력을 보유하지 않아도 됨
분류	약정의 당사자들의 원리와 의무에 따른 공동영업 또는 공동기업	
특징	① 당사자들이 계약상 약정에 구속 ② 계약상 약정은 둘 이상의 당사자들에게 약정의 공동지배력 부여	

01 공동영업

(1) 공동영업의 의의

공동영업(joint operation)은 약정의 공동지배력을 보유하는 당사자들이 약정의 자산에 대한 권리와 부채에 대해 의무를 보유하는 공동약정이다. 공동영업의 당사자들을 공동영업자라고 한다. 공동영업자는 공동영업에 대한 자신의 지분과 관련하여 재무제표에 다음을 인식한다.

① 공동으로 보유하는 자산 중 자신의 몫을 포함한 자신의 자산
② 공동으로 발생한 부채 중 자신의 몫을 포함한 자신의 부채
③ 공동영업에서 발생한 산출물 중 자신의 몫의 판매 수익
④ 공동영업의 산출물 판매 수익 중 자신의 몫
⑤ 공동으로 발생한 비용 중 자신의 몫을 포함한 자신의 비용

Additional Comment

A사와 B사가 각각 현금 ₩700과 ₩300을 출자하여 C사를 설립하였다고 할 때, 계약상 약정은 A사와 B사에 공동지배력을 부여하고 있으며, C사가 보유하는 자산의 권리와 부채에 대한 의무를 A사와 B사가 70%와 30%의 비율로 보유하는 것을 명시하고 있어 공동약정에 해당한다. 이 경우 A사와 B사는 공동영업자가 되고, C사는 공동영업이 된다.

1. 공동영업인 C사의 출자일 회계처리

차) 현금	1,000	대) 납입자본	1,000

2. 공동영업자인 A사의 출자일 회계처리

차) 현금(C사의 보유분)	1,000 × 70% = 700	대) 현금	700

---

(2) 공동영업자가 공동영업에게 자산을 판매한 경우

공동영업자인 기업이 공동영업에 자산을 판매하거나 출자하는 것과 같은 거래를 하는 경우, 그것은 공동영업의 다른 당사자와의 거래를 수행하는 것이고, 공동영업자는 거래의 결과인 손익을 다른 당사자들의 지분 한도까지만 인식한다. 그러한 거래가 공동영업에 판매되거나 출자되는 자산의 순실현가능가치 감소 또는 그러한 자산의 손상차손의 증거를 제공하는 경우, 공동영업자는 그러한 손실을 전부 인식한다.

A사와 B사가 각각 현금 ₩700과 ₩300을 출자하여 C사를 설립하였다고 할 때, 계약상 약정은 A사와 B사에 공동지배력을 부여하고 있으며, C사가 보유하는 자산의 권리와 부채에 대한 의무를 A사와 B사가 70%와 30%의 비율로 보유하는 것을 명시하고 있어 공동약정에 해당한다. 이 경우, 공동영업자인 A사가 공동영업인 C사에게 장부금액 ₩500인 토지를 ₩800에 처분하였다면 C사가 보유한 토지 중 A사의 지분액은 다시 A사의 토지가 되므로 토지는 30%만 처분한 것이다. 따라서 토지처분이익도 ₩90만 인식하여야 한다.

1. 공동영업인 C사의 토지 취득 시 회계처리

차) 토지	800	대) 현금	800

2. 공동영업자인 A사의 토지 처분 시 회계처리

차) 현금	800	대) 현금(C사 보유분)	800 × 70% = 560
		토지	500 × 30% = 150
		유형자산처분이익	90

(3) 공동영업이 공동영업자에게 자산을 판매한 경우

공동영업자인 기업이 공동영업과 자산의 구매와 같은 거래를 하는 경우, 기업은 자산을 제3자에게 재판매하기 전까지 손익에 대한 자신의 몫을 인식하지 않는다. 그러한 거래가 공동영업으로 구매되는 자산의 순실현가능가치 감소 또는 그러한 자산의 손상차손의 증거를 제공하는 경우, 공동영업자는 그러한 손실에 대한 자신의 몫을 인식한다.

A사와 B사가 각각 현금 ₩700과 ₩300을 출자하여 C사를 설립하였다고 할 때, 계약상 약정은 A사와 B사에 공동지배력을 부여하고 있으며, C사가 보유하는 자산의 권리와 부채에 대한 의무를 A사와 B사가 70%와 30%의 비율로 보유하는 것을 명시하고 있어 공동약정에 해당한다. 이 경우, 공동영업인 C사가 공동영업자인 A사에게 장부금액 ₩500인 토지를 ₩800에 처분하였다고 한다면, 취득으로 A사가 보유한 토지 중 A사의 지분액은 원래부터 A사의 토지이므로 토지는 30%만 취득한 것이다. 그러므로 토지의 취득원가는 원래부터 A사의 장부에 반영되어 있던 토지 ₩350(= 500 × 70%)에 B사로부터 취득한 토지 ₩240(= 800 × 30%)의 합계액인 ₩590이 된다.

1. 공동영업인 C사의 토지 처분 시 회계처리

차) 토지	800	대) 토지	500
		유형자산처분이익	300

2. 공동영업자인 A사의 토지 취득 시 회계처리

차) 현금	800 × 70% = 560	대) 현금	800
토지	800 × 30% = 240		

02 공동기업

(1) 공동기업의 의의

공동기업(joint venture)은 약정의 공동지배력을 보유하는 당사자들이 그 약정의 순자산에 대한 권리를 보유하는 공동약정이다. 공동기업은 별도 기구(별도의 법적기업 또는 법에 의해 인식되는 기업)로 구조화된 공동약정만 해당된다.

공동기업의 공동지배력을 보유하고 있는 그 공동기업의 당사자를 공동기업의 참여자라고 한다. 공동기업 참여자는 공동기업에 대한 자신의 지분을 투자자산으로 인식하며, 그 투자자산은 기업회계기준서 제1028호 '관계기업과 공동기업에 대한 투자'에 따라 지분법으로 회계처리한다.

> **Additional Comment**
>
> A사와 B사가 각각 현금 ₩700과 ₩300을 출자하여 별도 기구인 C사를 설립하였다고 할 때, 계약상 약정은 A사와 B사에 공동지배력을 부여하고 있으며, C사가 보유하는 자산의 권리와 부채에 대한 의무를 A사와 B사가 70%와 30%의 비율로 보유하는 것을 명시하고 있어 공동기업에 해당한다. 이 경우 A사와 B사는 공동기업 참여자가 되고, C사는 공동기업이 된다.
>
> **1. 공동기업인 C사의 출자일 회계처리**
>
> | 차) 현금 | 1,000 | 대) 납입자본 | 1,000 |
> |---|---|---|---|
>
> **2. 공동기업 참여자인 A사의 출자일 회계처리**
>
> | 차) 공동기업투자주식 | 700 | 대) 현금 | 700 |
> |---|---|---|---|

(2) 공동기업 참여자가 공동기업에게 자산을 판매한 경우 사례

> **Additional Comment**
>
> A사와 B사가 각각 현금 ₩700과 ₩300을 출자하여 별도 기구인 C사를 설립하였다고 할 때, 계약상 약정은 A사와 B사에 공동지배력을 부여하고 있으며, C사가 보유하는 자산의 권리와 부채에 대한 의무를 A사와 B사가 70%와 30%의 비율로 보유하는 것을 명시하고 있어 공동기업에 해당한다. A사가 C사에 장부금액 ₩500인 토지를 ₩800에 처분하였다.
>
> **1. 공동기업인 C사의 토지 취득 시 회계처리**
>
> | 차) 토지 | 800 | 대) 현금 | 800 |
> |---|---|---|---|
>
> **2. 공동기업 참여자인 A사의 토지 처분 시 회계처리**
>
> | 차) 현금 | 800 | 대) 토지 | 500 |
> |---|---|---|---|
> | | | 유형자산처분이익 | 300 |
> | 차) 지분법손실[1] | 210 | 대) 공동기업투자주식 | 210 |
>
> [1] 지분법을 적용하고 C사의 다른 손익은 없다고 가정 300 × 70% = 210

V. 공동약정 **579**

(3) 공동기업이 공동기업참여자에게 자산을 판매한 경우 사례

Additional Comment

A사와 B사가 각각 현금 ₩700과 ₩300을 출자하여 별도 기구인 C사를 설립하였다고 할 때, 계약상 약정은 A사와 B사에 공동지배력을 부여하고 있으며, C사가 보유하는 자산의 권리와 부채에 대한 의무를 A사와 B사가 70%와 30%의 비율로 보유하는 것을 명시하고 있어 공동기업에 해당한다. C사가 A사에 장부금액 ₩500인 토지를 ₩800에 처분하였다.

1. 공동기업인 C사의 토지 처분 시 회계처리

차) 현금	800	대) 토지	500
		유형자산처분이익	300

2. 공동기업 참여자인 A사의 토지 취득 시 회계처리

차) 토지	800	대) 현금	800
차) 지분법손실[1]	210	대) 공동기업투자주식	210

[1] 지분법을 적용하고 C사의 다른 손익은 없다고 가정 300 × 70% = 210

cpa.Hackers.com

제 25 장

연결회계의 기초

해커스 IFRS 정윤돈 재무회계 키 핸드북

Ⅰ 연결회계의 이론

01 연결회계와 연결재무제표

(1) 연결회계

연결회계는 지분인수를 통한 사업결합을 말한다. 지분인수는 한 기업이 다른 기업 주식의 전부 또는 일부를 취득하고 지배력을 획득하여 경제적으로 단일 실체를 형성한다. 지배력을 획득하여 하나 이상의 기업을 지배하는 기업을 지배기업이라고 하며, 다른 기업의 지배를 받고 있는 기업을 종속기업이라고 한다.

✎ **지분인수**

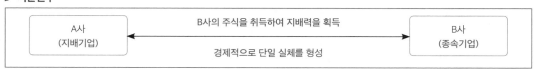

(2) 연결재무제표

연결재무제표(cosolidated financial statements)는 지배기업이 지배력 획득시점에 종속기업을 합병하였다고 가정하고 작성한 재무제표이다. 즉, 지배기업과 그 종속기업의 자산, 부채, 자본, 수익, 비용, 현금흐름을 하나의 경제적 실체로 표시하는 연결실체의 재무제표를 말한다. 여기서 연결실체는 지배기업과 그 종속기업을 의미한다.

> ─☆ **Self Study**
>
> 지배기업과 종속기업은 법적으로 독립된 실체로 존재하면서 각각 별도의 회계시스템에 따라 재무제표를 작성하므로, 연결재무제표는 지배기업과 종속기업이 작성한 각각의 재무제표를 합산하여 작성한다.

> **Additional Comment**
>
> 합병은 지배력을 획득한 날에 재무제표를 합산한 시점부터 법적으로 하나의 기업이 되기 때문에 지배력을 획득한 날의 회계처리만 하면 되지만 연결은 지배력을 획득한 날에 법적으로 하나의 실체가 되지 않기 때문에 지배력 획득일 이후에 연결재무제표를 작성할 때도 항상 지배력 획득일에 합병하였다고 가정하고 지배기업과 종속기업의 재무제표를 합산하여 작성한다는 점에서 차이가 있다.

02 지배력

기업회계기준서 제1110호 '연결재무제표'에서는 하나 이상의 다른 기업(종속기업)을 지배하는 기업(지배기업)은 당해 다른 기업을 포함한 연결재무제표를 작성하도록 규정하고 있다. 여기서 지배력은 투자자가 피투자자에 관여함에 따라 변동이익에 노출되거나 변동이익에 대한 권리가 있고 피투자자에 대하여 자신의 힘으로 그러한 이익에 영향을 미치는 능력을 말한다.

(1) 지배력의 평가

투자자가 다음의 모두에 해당하는 경우에만 피투자자를 지배한다.

> ① 피투자자에 대한 힘이 있다.
> ② 피투자자에 관여함에 따라 변동이익에 노출되거나 변동이익에 대한 권리가 있다.
> ③ 투자자의 이익금액에 영향을 미치기 위하여 피투자자에 대한 자신의 힘을 사용하는 능력이 있다.

투자자는 자신이 피투자자를 지배하는지 평가할 때 모든 사실과 상황을 고려한다. 지배력의 세 가지 요소 중 하나 이상이 달라진 사실이 있거나 그러한 상황이 벌어진 경우 투자자는 자신이 피투자자를 지배하는지를 다시 평가하여야 한다. 그러한 평가는 법적인 형식이 아닌 경제적 실질에 근거해야 한다.

☆ Self Study

둘 이상의 투자자가 관련 활동을 지시하기 위해 함께 행동해야 하는 경우 그들은 피투자자를 집합적으로 지배한다. 그러한 경우에는 어떠한 투자자도 다른 투자자의 협력 없이 관련 활동을 지시할 수 없으므로 어느 누구도 개별적으로 피투자자를 지배하지 못한다. 이는 공동지배의 상황으로 보아야 하며 연결재무제표를 작성하지 않는다.

---

① 피투자자에 대한 힘

피투자자에 대한 힘을 갖기 위하여 투자자는 관련 활동을 지시하는 현재의 능력을 갖게 하는 현존 권리를 보유하여야 한다. 관련 활동은 피투자자의 이익에 유의적인 영향을 미치는 피투자자의 활동을 말한다.

투자자의 권리가 피투자자에 대한 힘을 투자자가 갖게 하기에 충분하다는 증거를 제공할 수 있는 사항은 다음과 같으며, 이에 한정되는 것은 아니다.

> ① 투자자는 관련 활동을 지시하는 능력을 가지는 피투자자의 주요 경영진을 계약상의 권리가 없어도 선임 또는 승인할 수 있다.
> ② 투자자는 계약상의 권리가 없어도 자신의 효익을 위하여 유의적인 거래를 체결하거나 거래의 변경을 거부하도록 피투자자를 지시할 수 있다.
> ③ 투자자는 피투자자의 의사결정기구 구성원을 선출하는 선임 절차를 지배할 수 있거나, 다른 의결권 보유자로부터 위임장 획득을 장악할 수 있다.
> ④ 피투자자의 주요 경영진이 투자자의 특수관계자이다.
> ⑤ 피투자자의 의사결정기구 구성원의 과반수가 투자자의 특수관계자이다.

② 변동이익에 대한 노출 또는 권리

피투자자에 대한 투자자의 관여로 투자자의 이익이 피투자자의 성과에 따라 달라질 가능성이 있는 경우 투자자는 변동이익에 노출되거나 변동이익에 대한 권리를 가진다. 투자자의 이익은 양(+)의 금액만이거나, 부(-)의 금액만이거나, 또는 두 경우 모두에 해당될 수 있다. 한 투자자만이 피투자자를 지배할 수 있다 하더라도, 둘 이상의 투자자가 피투자자의 이익을 나누어 가질 수 있다. 예를 들어 비지배지분 소유주들은 피투자자의 이익이나 분배의 몫을 가질 수 있다.

③ 자신의 힘을 사용하는 능력

투자자가 피투자자에 대한 힘이 있고 피투자자에 관여함에 따라 변동이익에 노출되거나 변동이익에 대한 권리가 있을 뿐만 아니라, 자신의 이익금액에 영향을 미치도록 자신의 힘을 사용하는 능력이 있다면 투자자는 피투자자를 지배한다.

그러므로 의사결정권이 있는 투자자는 자신이 본인인지 또는 대리인인지를 결정해야 한다. 대리인의 투자자가 자신에게 위임된 의사결정권을 행사하는 경우에는 피투자자를 지배하는 것이 아니다.

03 지배력 보유 여부의 판단

(1) 의결권 기준

피투자자의 목적과 설계를 고려할 때, 피투자자의 보통주와 같이 보유자에게 비례의결권을 제공하는 지분상품을 수단으로 피투자자를 지배하는 것은 명백할 수 있다. 이 경우 의사결정을 변경하는 추가 약정이 없다면, 지배력의 평가는 누가 피투자자의 영업정책과 재무정책을 결정하기 위한 충분한 의결권을 행사할 수 있는지에 중점을 둔다. 가장 단순한 경우, 다른 요소가 없다면 피투자자 의결권의 과반수를 보유하는 투자자는 다음의 조건을 만족하는 경우에 한하여 피투자자에 대하여 지배력을 가진다고 볼 수 있다.

> ① 의결권 과반수 보유자의 결정에 의해 관련 활동이 지시된다.
> ② 관련 활동을 지시하는 의사결정기구 구성원의 과반수가 의결권 과반수 보유자의 결의에 의해 선임된다.

(2) 실질지배력 기준

투자자가 피투자자에 대한 의결권 과반수를 보유하고 있더라도 그러한 권리가 실질적이지 않다면 피투자자에 대하여 지배력을 가질 수 없다. 반면, 투자자가 피투자자 의결권의 과반수 미만을 보유하더라도 지배력을 가질 수도 있다. 피투자자 의결권의 과반수 미만을 보유하는 경우에도 투자자는 다음의 예를 통하여 지배력을 가질 수 있기 때문이다.

---

① 투자자와 다른 의결권 보유자산의 계약상 약정에 의하여 과반수의 의결권을 행사할 수 있는 경우

② 계약상 약정에서 발생하는 권리가 의결권과 결합하여 피투자자의 관련 활동을 지시할 수 있는 경우

③ 투자자의 의결권이 과반수 미만이지만, 다른 의결권 보유자의 주식분산정도에 의해 투자자가 일방적으로 관련 활동을 지시하는 실질적 능력을 가진 경우

④ 투자자가 보유하고 있는 잠재적 의결권과 결합하여 피투자자의 관련 활동을 지시할 수 있는 경우

⑤ 위의 ①부터 ④까지의 조합

---

(3) 잠재적 의결권의 고려 여부

지배력을 평가할 때, 투자자는 자신이 힘을 갖는지 결정하기 위하여 다른 당사자가 보유한 잠재적 의결권뿐만 아니라 자신이 보유한 잠재적 의결권도 고려한다. 잠재적 의결권은 선도계약을 포함하는 전환상품이나 옵션에서 발생하는 권리와 같이 피투자자의 의결권을 획득하는 권리이다. 잠재적 의결권은 권리가 실질적일 경우에만 고려한다. 실질적인 잠재적 의결권은 단독으로 또는 다른 권리와 결합하여 투자자에게 관련 활동을 지시하는 현재의 능력을 부여할 수 있기 때문이다.

Additional Comment

투자자가 피투자자의 의결권 30%를 보유하고 있고 추가로 의결권의 30%를 취득할 수 있는 옵션에서 발생하는 실질적인 권리를 갖고 있을 때, 이러한 경우가 될 가능성이 높다.

☆ Self Study

연결재무제표를 작성할 때 잠재적 의결권이나 잠재적 의결권을 포함하는 그 밖의 파생상품이 있는 경우 당기순손익과 자본변동을 지배기업지분과 비지배주주에 배분하는 비율은 현재의 소유지분에만 기초하여 결정하고 잠재적 의결권과 그 밖의 파생상품의 행사가능성이나 전환가능성은 반영하지 아니한다. 지배력 여부에 대한 판단은 잠재적 의결권의 행사 여부를 고려하지만, 실제 연결재무제표의 작성 시에는 이를 고려하지 않는다.

04 연결재무제표 작성의무의 면제

(1) 중간지배기업

지배·종속관계가 순차적으로 이루어지는 경우에는 최상위지배기업만이 아니라, 중간지배기업도 원칙적으로 자신의 종속기업을 대상으로 연결재무제표를 작성하여야 한다. 다만, 지배기업이 다음의 조건을 모두 충족하는 경우에 연결재무제표를 표시하지 아니할 수 있다. 이 경우 중간지배기업은 연결재무제표를 작성하지 않고 별도재무제표만을 작성하면 된다.

> ① 지배기업 그 자체의 지분 전부를 소유하고 있는 다른 기업의 종속기업이거나, 지배기업이 그 자체의 지분 일부를 소유하고 있는 다른 기업의 종속기업이면서 그 지배기업이 연결재무제표를 작성하지 않는다는 사실을 그 지배기업의 다른 소유주들(의결권이 없는 소유주 포함)에게 알리고 그 다른 소유주들이 그것을 반대하지 않는 경우
> ② 지배기업의 채무상품이나 지분상품이 공개시장(국내·국외 증권거래소나 장외시장, 지역시장 포함)에서 거래되지 않는 경우
> ③ 지배기업이 공개시장에서 증권을 발행할 목적으로 증권감독기구나 그 밖의 감독기관에 재무제표를 제출한 적이 없으며 제출하는 과정에 있지도 않는 경우
> ④ 지배기업의 최상위지배기업이나 중간지배기업이 한국채택국제회계기준을 적용하여 작성한 공용 가능한 재무제표에 종속기업을 연결하거나 종속기업을 공정가치로 측정하여 당기손익에 반영하는 경우

(2) 투자기업

투자기업인 지배기업이 모든 종속기업을 공정가치로 측정하여 당기손익에 반영하여야 한다면, 연결재무제표를 작성하지 않는다. 이 경우 투자기업은 연결재무제표를 작성하지 않고 별도재무제표만을 작성해야 한다. 그러나 투자기업의 지배기업은 자신의 투자기업이 아니라면, 종속기업인 투자기업을 통해 지배하는 기업을 포함하여 지배하는 모든 기업을 연결한다.

Additional Comment

투자기업은 다음을 모두 충족하는 기업이다.
① 투자관리용역을 제공할 목적으로 하나 이상의 투자자로부터 자금을 얻는다.
② 사업 목적이 시세차익, 투자수익이나 둘 다를 위해서만 자금을 투자하는 것이므로 투자자에게 확약한다.
③ 실질적으로 모든 투자자산에 대한 성과를 공정가치로 측정하여 평가한다.

참고 투자지분상품의 분류

구분	내용
금융자산	매매차익 또는 배당수익을 위한 투자목적으로 취득하는 경우, 공정가치법으로 회계처리
관계기업투자주식	피투자자에 유의적인 영향력을 행사하는 경우, 지분법으로 회계처리
공동기업투자주식	약정을 통해 공동지배력을 보유하는 경우, 지분법으로 회계처리
종속기업투자주식	지배력을 획득한 경우, 연결재무제표 작성

05 연결재무제표 작성 관련 사항

(1) 보고기간 종료일

연결재무제표를 작성할 때 사용되는 지배기업과 종속기업의 재무제표는 동일한 보고기간 종료일을 가진다. 지배기업의 보고기간 종료일과 종속기업의 보고기간 종료일이 다른 경우, 종속기업은 연결재무제표를 작성하기 위하여 지배기업이 종속기업의 재무정보를 연결할 수 있도록 지배기업의 재무제표와 동일한 보고기간 종료일의 추가적인 재무정보를 작성한다. 다만, 실무적으로 적용할 수 없는 경우에는 그러하지 아니한다.

종속기업이 실무적으로 적용할 수 없다면, 지배기업은 종속기업의 재무제표일과 연결재무제표일 사이에 발생한 유의적인 거래나 사건의 영향을 조정한 종속기업의 가장 최근의 재무제표를 사용하여 종속기업의 재무정보를 연결한다. 어떠한 경우라도 종속기업의 재무제표일과 연결재무제표일의 차이가 3개월을 초과해서는 안 된다. 보고기간의 길이 그리고 재무제표일의 차이는 매 기간마다 동일하여야 한다.

(2) 동일한 회계정책

연결실체를 구성하는 기업이 유사한 상황에서 발생한 동일한 거래와 사건에 대하여 연결재무제표에서 채택한 회계정책과 다른 회계정책을 사용한 경우에는 연결실체의 회계정책과 일치하도록 그 재무제표를 적절히 수정하여 연결재무제표를 작성한다.

(3) 잠재적 의결권

연결재무제표를 작성할 때 잠재적 의결권이나 잠재적 의결권을 포함하는 그 밖의 파생상품이 있는 경우 당기순손익과 자본변동을 지배기업지분과 비지배주주지분에 배분하는 비율은 현재의 소유지분에만 기초하여 결정하고 잠재적 의결권과 그 밖의 파생상품의 행사가능성이나 전환가능성은 반영하지 아니한다.

> **Additional Comment**
>
> 비지배지분은 종속기업에 대한 지분 중 지배기업에 직접이나 간접으로 귀속되지 않는 지분을 말한다.

06 별도재무제표와 연결재무제표

(1) 별도재무제표

> ① 별도재무제표는 기업이 종속기업, 공동기업 및 관계기업에 대한 투자를 원가법, 기업회계기준서 제1109호 '금융상품'에 따른 방법, 기업회계기준서 제1028호 '관계기업과 공동기업에 대한 투자'에서 규정하고 있는 지분법 중 어느 하나를 적용하여 표시한 재무제표를 말한다. 별도재무제표는 투자자산의 각 범주별로 동일한 회계처리방법을 적용하여야 한다.
>
> ② 별도재무제표는 연결재무제표에 추가하여 표시하거나 종속기업에 대한 투자자산을 보유하고 있지 않지만 관계기업이나 공동기업에 대한 투자자산을 기업회계기준서 제1028호 '관계기업과 공동기업에 대한 투자'에 따라 지분법으로 회계처리해야 하는 투자자의 재무제표에 추가하여 표시하는 재무제표이다.
>
> ③ 종속기업, 관계기업, 공동기업 참여자로서의 투자지분을 소유하지 않은 기업의 재무제표는 별도재무제표가 아니다. 연결이 면제되거나 지분법 적용이 면제되는 경우, 그 기업의 유일한 재무제표로서 별도재무제표만을 재무제표로 작성할 수 있다.
>
> ④ 종속기업, 공동기업, 관계기업에서 받는 배당금은 기업이 배당을 받을 권리가 확정되는 시점에 그 기업의 별도재무제표에 인식한다. 기업이 배당금을 투자자산의 장부금액에서 차감하는 지분법을 사용하지 않는다면 배당금은 당기손익으로 인식한다.

(2) 연결재무제표

연결재무제표는 연결재무상태표, 연결포괄손익계산서, 연결자본변동표 및 연결현금흐름표로 구성되며 주석을 포함한다.

① 연결재무상태표

연결재무상태표에서 자본은 지배기업의 소유주에게 귀속되는 자본과 비지배지분으로 구분하여 표시한다. 지배기업소유주에게 귀속되는 자본은 납입자본, 이익잉여금 및 기타자본구성요소로 구분하지만, 비지배지분은 세부 항목별로 구분하지 않고 단일금액으로 표시한다.

연결재무상태표
20×1년 12월 31일 현재

지배기업과 종속기업 (단위: 원)

유동자산		유동부채	
현금및현금성자산		매입채무 및 기타채무	
매출채권 및 기타채권		단기차입금	
재고자산		당기법인세부채	
기타 유동자산		단기충당부채	
매각예정비유동자산		**비유동부채**	
비유동자산		장기차입금	
FVOCI금융자산		이연법인세부채	
AC금융자산		확정급여채무	
관계기업투자주식		장기충당부채	
투자부동산		**부채총계**	××
유형자산		지배기업소유지분	
영업권		납입자본	
기타 무형자산		이익잉여금	
기타 비유동자산		기타자본구성요소	
		비지배지분	
		자본총계	××
자산총계	××	**부채와 자본총계**	××

---

② 연결포괄손익계산서

연결포괄손익계산서는 성격별 분류법과 기능별 분류법 중 하나의 방법을 선택하여 작성한다. 연결포괄손익계산서는 단일의 연결포괄손익계산서를 작성하거나, 별개의 연결손익계산서 및 연결포괄손익계산서의 두 개의 보고서를 작성할 수 있다. 연결포괄손익계산서의 당기순이익과 총포괄이익은 지배기업소유주 귀속이익과 비지배지분이익으로 구분하여 표시한다.

<table>
<tr><td colspan="2" style="text-align:center">연결포괄손익계산서
20×1년 1월 1일부터 20×1년 12월 31일까지</td></tr>
<tr><td>지배기업과 종속기업</td><td style="text-align:right">(단위: 원)</td></tr>
<tr><td>매출액</td><td>××</td></tr>
<tr><td>매출원가</td><td>(-)××</td></tr>
<tr><td>매출총이익</td><td>××</td></tr>
<tr><td>판매비와 관리비</td><td>(-)××</td></tr>
<tr><td>영업이익</td><td>××</td></tr>
<tr><td>영업외수익과 차익</td><td>××</td></tr>
<tr><td>영업외비용과 차손</td><td>(-)××</td></tr>
<tr><td>법인세비용차감전순이익</td><td>××</td></tr>
<tr><td>법인세비용</td><td>(-)××</td></tr>
<tr><td>계속영업이익</td><td>××</td></tr>
<tr><td>세후중단영업손익</td><td>××</td></tr>
<tr><td>당기순이익</td><td>××</td></tr>
<tr><td>재분류조정대상인 기타포괄손익</td><td>××</td></tr>
<tr><td>재분류조정대상이 아닌 기타포괄손익</td><td>××</td></tr>
<tr><td>총포괄이익</td><td>××</td></tr>
<tr><td>당기순이익의 귀속</td><td></td></tr>
<tr><td>　지배기업소유주</td><td>××</td></tr>
<tr><td>　비지배지분</td><td>××</td></tr>
<tr><td></td><td>××</td></tr>
<tr><td>총포괄이익의 귀속</td><td></td></tr>
<tr><td>　지배기업소유주</td><td>××</td></tr>
<tr><td>　비지배지분</td><td>××</td></tr>
<tr><td></td><td>××</td></tr>
<tr><td>주당이익</td><td></td></tr>
<tr><td>　기본 및 희석</td><td>××</td></tr>
</table>

③ 연결자본변동표

연결자본변동표는 당해 기간 동안 변동된 자본의 증가 및 감소의 내용을 보고하는 재무제표이다. 자본변동표는 다음의 정보를 포함한다. 여기서 주의할 점은, 연결자본변동표의 구성요소 중 연결실체의 자본변동은 지배기업의 소유지분과 비지배지분으로 구분하여 변동을 표시해야 한다는 것이다.

---

① 지배기업의 소유주와 비지배지분에게 각각 귀속되는 금액으로 구분하여 표시한 해당 기간의 총포괄손익

② 자본의 각 구성요소별로, 기업회계기준서 제1008호 '회계정책, 회계추정치 변경과 오류'에 따라 인식된 소급적용이나 소급재작성의 영향

③ 자본의 각 구성요소별로 다음의 각 항목에 따른 변동액을 구분하여 표시한 기초시점과 기말시점의 장부금액 조정내역

　　㉠ 당기순손익

　　㉡ 기타포괄손익

　　㉢ 소유주로서의 자격을 행사하는 소유주와의 거래(소유주에 의한 출자와 소유주에 대한 배분, 그리고 지배력을 상실하지 않는 종속기업에 대한 소유지분의 변동을 구분하여 표시)

연결자본변동표
20×1년 1월 1일부터 20×1년 12월 31일까지

지배기업과 종속기업　　　　　　　　　　　　　　　　　　　　　　　　　　　　　　(단위: 원)

구분	납입자본	이익잉여금	기타자본요소	지배기업지분총계	비지배지분	총계
20×1년 1월 1일	××	××	××	××	××	××
회계정책변경 누적효과		××		××	××	××
전기오류수정효과		××		××	××	××
재작성된 금액	××	××	××	××	××	××
연차배당		(-)××		(-)××		(-)××
유상증자	××			××		××
총포괄이익		××		××	××	××
재평가잉여금 대체		××	(-)××			××
20×1년 12월 31일	××	××	××	××	××	××

④ 연결현금흐름표

연결현금흐름표는 직접법과 간접법으로 작성할 수 있다. 연결현금흐름표에서 주의할 점은, 연결현금흐름표의 구성요소 중 종속기업과 기타 사업에 대한 지배력의 획득 또는 상실에 따른 총현금흐름은 별도로 표시하고 투자활동으로 분류한다는 것이다.

연결현금흐름표 20×1년 1월 1일부터 20×1년 12월 31일까지		
지배기업과 종속기업		(단위: 원)
I. 영업활동으로 인한 현금흐름		××
(1) 고객으로부터 유입된 현금	××	
(2) 공급자와 종업원에 대한 현금	(-)××	
(3) 이자의 수령	××	
(4) 이자의 지급	(-)××	
(5) 법인세의 납부	(-)××	
II. 투자활동으로 인한 현금흐름		××
(1) 종속기업의 취득에 따른 순현금흐름	××	
(2) 유형자산의 취득	(-)××	
(3) 무형자산의 취득	(-)××	
III. 재무활동으로 인한 현금흐름		××
(1) 유상증자	××	
(2) 장기차입금의 차입	××	
(3) 금융리스부채의 상환	(-)××	
(4) 배당금 지급	(-)××	
IV. 현금및현금성자산의 순증가		××
V. 기초 현금및현금성자산		××
VI. 기말 현금및현금성자산		××

07 연결회계이론

(1) 실체이론

[실체이론에서 연결재무제표의 작성원리]

영업권	지배주주지분과 비지배주주에 대한 영업권을 모두 인식
종속기업의 순자산	전체를 공정가치로 재측정
상향거래 미실현손익	전액 제거 후 지분율에 따라 안분
연결당기순이익	지배주주지분귀속이익과 비지배주주귀속이익으로 구분
비지배지분의 성격	자본으로 인식
부의 비지배주주지분	비지배주주지분에 (-)효과를 반영

(2) 지배기업이론

[지배기업이론에서 연결재무제표의 작성원리]

영업권	지배주주지분에 대한 영업권만 인식
종속기업의 순자산	지배주주지분만 공정가치로 재측정
상향거래 미실현손익	지배주주지분만 제거
연결당기순이익	비지배주주지분귀속이익을 비용으로 인식하여 당기순이익에 차감
비지배지분의 성격	채권자로 보아 부채로 인식
부의 비지배주주지분	인식하지 않음

(3) 한국채택국제회계기준

한국채택국제회계기준에서는 다음과 같이 실체이론에 근거하여 연결재무제표를 작성하도록 규정하고 있으며, 일부 회계처리는 지배기업이론의 논리도 사용하고 있다.

[한국채택국제회계기준에서 연결재무제표의 작성원리]

영업권(실체이론 or 지배기업이론)	지배주주지분에 대한 영업권만 인식 or 지배주주지분과 비지배주주에 대한 영업권을 모두 인식
종속기업의 순자산(실체이론)	지배주주지분만 공정가치로 재측정
상향거래 미실현손익(실체이론)	상향판매 미실현이익을 전액 제거하고 지분율에 따라 안분
연결당기순이익(실체이론)	지배주주지분귀속이익과 비지배주주귀속이익으로 구분하고 합계를 연결당기순이익으로 인식
비지배지분의 성격(실체이론)	연결재무상태표에서 비지배지분도 자본으로 인식
부의 비지배주주지분(실체이론)	비지배주주지분에 (-)효과를 반영

Ⅱ │ 연결재무제표 작성

01 비지배주주지분이 없는 경우의 연결

(1) 연결재무제표 작성원리

1. 지배기업의 재무상태표

재무상태표			
지배기업 자산	BV	지배기업 부채	BV
종속기업투자주식(100%)	BV		
		지배기업 자본	BV

2. 종속기업 재무상태표

재무상태표			
종속기업 자산	BV	종속기업 부채	BV
		종속기업 자본	BV

3. 연결재무상태표

재무상태표			
지배기업 자산	BV	지배기업 부채	BV
종속기업 자산(100%)	FV	종속기업 부채(100%)	FV
(종속기업투자주식 제외)		지배기업 자본	BV

─☆ **Self Study**

연결재무상태표에는 지배기업이 보유한 종속기업투자주식과 종속기업 자본은 합산되지 않는다.

① 주식을 취득하여 보유하고 있는 경우

1. 지배력 획득일 직전 지배회사와 종속회사의 재무상태표

재무상태표

지배회사 A

자산(A)	1,000	부채(A)	300
		자본(A)	700

재무상태표

종속회사 B

자산(B)	500	부채(B)	200
		자본(B)	300

2. 지배기업이 종속기업의 주식 100%를 ₩300에 취득하여 지배력을 획득하였다. 지배기업이 종속기업의 주식을 취득하여 전액 보유하고 있다면 다음과 같이 회계처리하고 지배기업의 재무상태표는 다음과 같다.

차) 종속기업투자주식	300	대) 현금	300

재무상태표

지배회사 A

자산(A)	700	부채(A)	300
종속기업투자주식	300	자본(A)	700

② 연결접근법으로 작성

1. 단순합산

구분	지배회사	+	종속회사	=	단순합산
자산	700		500		1,200
종속기업투자주식	300		–		300
부채	300		200		500
자본	700		300		1,000

2. 연결재무상태표

재무상태표

자산(A + B' 100%)	1,200	부채(A + B' 100%)	500
		자본(A)	700

3. 연결제거분개

차) 자본(B' 100%)	300	대) 종속기업투자주식(100%)	300

연결제거분개는 지배기업이 보유한 종속기업 주식과 종속기업의 자본을 상계제거한 것이다. 이러한 연결제거분개를 투자주식과 자본계정의 상계제거라고 하며, 연결제거분개에서 가장 중요한 회계처리이다.

연결재무상태표 = 지배기업 재무상태표 + 종속기업 재무상태표 ± 연결제거분개

(2) 투자 · 평가차액이 없는 경우의 연결

① 지배력 획득일의 연결

1. 지배력 획득일 직전 지배회사와 종속회사의 재무상태표

재무상태표

지배회사 A

자산(A)	1,000	부채(A)	300
		자본(A)	700

재무상태표

종속회사 B

자산(B)	500	부채(B)	200
		자본(B)	300

2. 지배기업이 종속기업의 주식 100%를 ₩300에 취득하여 지배력을 획득하였다. 지배기업이 종속기업의 주식을 취득하여 전액 보유하고 있다면 다음과 같이 회계처리하고 지배기업의 재무상태표는 다음과 같다.

차) 종속기업투자주식(100%)	300	대) 현금	300

재무상태표

지배회사 A

자산(A)	700	부채(A)	300
종속기업투자주식(100%)	300	자본(A)	700

3. 단순합산

구분	지배회사	+	종속회사	=	단순합산
자산	700		500		1,200
종속기업투자주식	300		–		300
부채	300		200		500
자본	700		300		1,000

4. 단순합산 재무제표

재무상태표

자산(A)	700	부채(A)	300
자산(B' 100%)	500	부채(B' 100%)	200
종속기업투자주식(100%)	300	자본(A)	700
		자본(B' 100%)	300

5. 연결제거분개

차) 자본(B' 100%)	300	대) 종속기업투자주식(100%)	300

6. 연결재무상태표

재무상태표

자산(A + B' 100%)	1,200	부채(A + B' 100%)	500
		자본(A)	700

✎ **지배력 획득일의 구조분석**

② **지배력 획득일 이후의 연결**

1. 지배력 획득일(×1년 초) 직전 지배회사와 종속회사의 재무상태표

재무상태표

지배회사 A			×1년 초
자산(A)	1,000	부채(A)	300
		자본금(A)	500
		이익잉여금(A)	200

재무상태표

종속회사 B			×1년 초
자산(B)	500	부채(B)	200
		자본금(B)	200
		이익잉여금(B)	100

2. 지배기업이 종속기업의 주식 100%를 ₩300에 취득하여 지배력을 획득하였다. 지배기업이 종속기업의 주식을 취득하여 전액 보유하고 있다면 다음과 같이 회계처리하고 지배기업의 재무상태표는 다음과 같다.

차) 종속기업투자주식(100%)	300	대) 현금	300

재무상태표

지배회사 A			×1년 초
자산(A)	700	부채(A)	300
종속기업투자주식(100%)	300	자본금(A)	500
		이익잉여금(A)	200

3. 지배력 획득일(×1년 초) 이후 20×1년 말 두 회사의 재무상태표는 다음과 같다.

재무상태표

지배회사 A			×1년 말
자산(A)	900	부채(A)	300
종속기업투자주식(100%)	300		
		자본금(A)	500
		이익잉여금(A)	400

재무상태표

종속회사 B			×1년 말
자산(B)	600	부채(B)	200
		자본금(B)	200
		이익잉여금(B - 취득일 현재)	100
		이익잉여금(B - 취득일 이후)	100

4. 단순합산

구분	지배회사	+	종속회사	=	단순합산
자산	900		600		1,500
종속기업투자주식	300		–		300
부채	300		200		500
자본금	500		200		700
이익잉여금	400		200		600

5. 단순합산 재무제표

재무상태표

자산(A)	900	부채(A)	300
자산(B' 100%)	600	부채(B' 100%)	200
종속기업투자주식(100%)	300	자본금(A)	500
		자본금(B' 100%)	200
		이익잉여금(A)	400
		이익잉여금(B - 취득일 현재)	100
		이익잉여금(B - 취득일 이후)	100

6. 투자주식과 자본계정의 상계

차) 자본금(B' 100%)	200	대) 종속기업투자주식(100%)	300
이익잉여금(B - 취득일 현재)	100		

7. 연결재무상태표

재무상태표

자산(A)	900	부채(A)	300
자산(B' 100%)	600	부채(B' 100%)	200
		자본금(A)	500
		이익잉여금(A)	400
		이익잉여금(B - 취득일 이후)	100

1. 종속기업 개별재무제표의 이익잉여금 중 지배력 획득일의 이익잉여금은 지배기업의 종속기업투자주식과 상계될 금액이므로 연결재무제표에 이익잉여금으로 보고될 금액은 지배력 획득일 이후에 증가한 이익잉여금에 대한 지배기업 지분액이 된다.

2. 합산대상 재무제표는 지배기업과 종속기업의 보고기간 말의 재무상태표가 아니라 보고기간 말의 수정후시산표이다. 지배력 획득일 이후에는 연결재무상태표와 연결포괄손익계산서를 모두 작성하여야 하므로, 수익과 비용계정을 마감하지 않는 지배기업과 종속기업의 수정후시산표를 이용하여 연결분개를 수행하여야 한다.

3. 지배력 획득 2년 이후의 연결재무제표 작성 시 주의사항은 다음과 같다.

   1) 2차년도 말 지배기업과 종속기업의 재무제표를 합산한 후 2차년도 말 연결조정분개를 더하여 2차년도 연결재무제표를 작성한다. 2년차 연결조정분개는 1년차 연결조정분개에 추가로 2년차의 추가적인 조정을 더하는 방식이다.

   2) 1년차의 손익항목은 2차년 연결조정분개에 포함된 1년차 손익항목들을 이익잉여금으로 대체한다.

③ **지배지업이 종속기업으로부터 배당을 수령한 경우**

지배기업의 별도재무제표에 종속기업으로부터 현금배당을 수령하여 배당금수익을 인식한 금액이 있다면, 당해 배당금수익을 취소하고, 동 금액만큼 다시 이익잉여금을 증가시켜야 한다. 여기서 유의할 점은 배당금수익을 취소하는 연결분개는 배당을 수령한 연도만 수행하면 되고, 이후 연도의 연결분개에서는 이를 반영할 필요가 없다는 것이다.

---

1. 종속기업으로부터 배당을 수령한 회계연도의 연결 예시

➲ 지분율 100%로 종속회사가 지배회사에 지급한 배당: ₩1,000

시산표

지배회사 A			
현금	1,000	배당금수익	1,000

시산표

종속회사 B			
현금	-	이익잉여금	-

재무제표

단순합산			
현금	1,000	배당금수익	1,000

[연결제거분개 - 배당금수령 취소]

차) 배당금수익	1,000	대) 이익잉여금	1,000

연결재무제표

단순합산			
현금	1,000	이익잉여금	1,000

---

2. 종속기업으로부터 배당을 수령한 이후 회계연도의 연결 예시

◐ 지분율 100%로 종속회사가 전기 지배회사에 지급한 배당: ₩1,000

재무제표

단순합산

현금	1,000	이익잉여금	1,000

연결제거분개: 필요하지 않음

(3) 투자·평가차액이 있는 경우의 연결

지배기업이 종속기업의 주식을 취득할 때 종속기업의 순자산 장부금액과 일치하는 이전대가를 지급하지 않는 경우에는 다음과 같은 차이가 발생하게 되며, 이 차이가 향후의 연결회계처리에 영향을 주게 된다.

주식 취득일의 차이 = 지배력 획득을 위한 이전대가 - 종속기업 순자산 장부금액

주식 취득시점의 차액은 순자산의 공정가치에 대한 평가차액과 투자차액 두 가지로 구분할 수 있다. 이는 지분법회계에서 발생하는 두 가지 차이와 동일한 논리이다.

① **순자산 공정가치와 장부금액의 평가차액**: 종속기업 순자산 공정가치 - 종속기업 순자산 장부금액
② **영업권(투자차액)**: 지배력 획득을 위한 이전대가 - 관계기업 순자산 공정가치

① 순자산 공정가치와 장부금액의 평가차액

주식의 취득시점에 종속기업의 식별가능한 자산과 부채를 공정가치로 평가한 금액과 장부금액의 차이금액인 평가차액은 다음과 같이 계산한다.

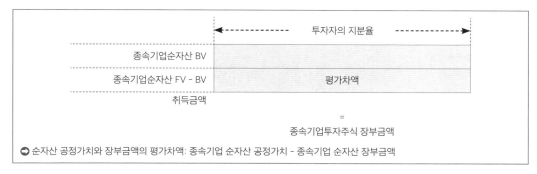

◐ 순자산 공정가치와 장부금액의 평가차액: 종속기업 순자산 공정가치 - 종속기업 순자산 장부금액

종속기업의 순자산 과소금액인 평가차액은 종속기업의 순자산 장부금액에 추가하여 지배기업이 지급한 금액이다. 합병회계에서는 동 금액을 개별 자산별로 배분하지만, 주식 취득 방식에서는 이 금액이 종속기업투자주식의 장부금액에 포함되어 인식된다.

② 투자차액

취득시점에 확인되는 종속기업의 식별가능한 자산·부채의 순공정가치와 이전대가에 해당하는 금액과의 차이를 투자차액이라고 하며, 다음과 같이 계산한다.

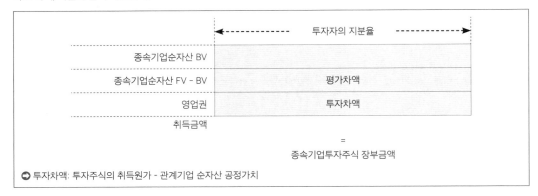

➡ 투자차액: 투자주식의 취득원가 - 관계기업 순자산 공정가치

투자차액은 종속기업의 식별가능한 순자산 공정가치에 추가하여 지배기업이 지급한 금액이므로 종속기업이 보유하고 있는 개별적으로 식별이 불가능한 영업권에 대한 대가이다. 합병회계에서는 투자차액이 영업권으로 배분되지만, 주식 취득에서는 동 금액이 종속기업투자주식의 장부금액에 포함되어 인식된다.

③ 지배력 획득일의 연결

1. 지배력 획득일 직전 지배회사와 종속회사의 재무상태표

재무상태표

지배회사 A

자산(A)	1,000	부채(A)	300
		자본(A)	700

재무상태표

종속회사 B

자산(B)	500	부채(B)	200
		자본(B)	300

2. 지배기업이 종속기업의 주식 100%를 ₩500에 취득하여 지배력을 획득하였다. 지배기업이 종속기업의 주식을 취득하여 전액 보유하고 있다면 다음과 같이 회계처리하고 지배기업의 재무상태표는 다음과 같다.

차) 종속기업투자주식(100%)	500	대) 현금	500

이때 종속기업 자산의 공정가치는 ₩600으로 종속기업이 보유한 재고자산의 장부금액보다 공정가치가 ₩100만큼 크다.

재무상태표

지배회사 A

자산(A)	500	부채(A)	300
종속기업투자주식(100%)	500		
		자본(A)	700

3. 지배기업의 종속기업투자주식 ₩500의 구성은 다음과 같다.

	투자자의 지분율
(300 = 500 - 200) 종속기업순자산 BV	300
(100) 종속기업순자산 FV - BV	평가차액 100
영업권	투자차액 100

500 취득금액

=
종속기업투자주식 장부금액 500

4. 단순합산

구분	지배회사	+	종속회사	=	단순합산
자산	500		500		1,000
종속기업투자주식	500		-		500
부채	300		200		500
자본	700		300		1,000

5. 단순합산 재무제표

재무상태표

자산(A)	500	부채(A)	300
자산(B' 100%)	500	부채(B' 100%)	200
종속기업투자주식(100%)	500	자본(A)	700
		자본(B' 100%)	300

6. 연결제거분개

[투자주식과 자본계정의 상계]

차) 자본(B' 100%)	300	대) 종속기업투자주식(100%)	300

[평가차액]

차) B자산(B' FV - BV 100%)	100	대) 종속기업투자주식(100%)	100

[투자차액]

차) 영업권	100	대) 종속기업투자주식(100%)	100

7. 연결재무상태표

재무상태표

자산(A)	500	부채(A + B' 100%)	500
자산(B' FV 100%)	600		
영업권	100	자본(A)	700

④ 지배력 획득일 이후의 연결

지배력 획득일 이후에도 보고기간 말 지배기업의 재무제표와 종속기업의 재무제표를 단순 합산하여 연결제거분개를 반영하면 연결재무제표를 산출할 수 있다. 다만, 종속기업의 재무제표에는 평가차액의 상각효과가 반영되어 있지 않으므로 연결분개에서 이를 추가시켜주어야 한다.

종속기업의 재무제표에 식별가능한 순자산 장부금액만이 반영되어 종속기업은 공정가치가 아닌 장부금액을 기준으로 비용을 인식하게 된다. 그러므로 평가차액 상각효과를 연결제거분개에 추가시켜야 종속기업의 재무제표에 순자산 평가차액 상각효과를 추가로 인식하여 합병방식의 사업결합과 동일하게 공정가치 기준의 손익으로 연결재무제표에도 인식된다.

> **Additional Comment**
>
> 순자산 평가차액이 과소평가차액이 아닌, 과대평가차액이 나올 수도 있다. 이 경우 연결재무제표를 작성할 때 순자산 평가차액의 환입효과를 추가로 인식해야 한다.

02 비지배지분이 있는 경우의 연결

(1) 연결재무제표 작성원리

지배기업의 지분율이 100% 미만인 경우 종속기업에는 지배기업이 소유하고 있는 지분을 제외한 나머지 지분을 보유하는 주주가 존재한다. 이들을 비지배주주라고 하며, 이들이 보유하고 있는 종속기업에 대한 지분을 비지배지분이라 한다. 기업회계기준서 제1110호 '연결재무제표'에서는 비지배지분을 종속기업에 대한 지분 중 지배기업에 직접 또는 간접으로 귀속되지 않는 지분으로 정의하고 있다. 비지배지분은 비지배주주에게 귀속되는 종속기업의 자본계정으로, 연결재무상태표의 자본항목에 포함되지만 지배기업의 소유지분과는 별도로 표시된다.

1. 지배기업의 재무상태표

재무상태표

지배기업 자산	BV	지배기업 부채	BV
종속기업투자주식(70%)	BV		
		지배기업 자본	BV

2. 종속기업 재무상태표

재무상태표

종속기업 자산	BV	종속기업 부채	BV
		종속기업 자본	BV

3. 연결재무상태표

재무상태표

지배기업 자산	BV	지배기업 부채	BV
종속기업 자산(100%)	FV	종속기업 부채(100%)	FV
(종속기업투자주식 제외)		지배기업 자본	BV
		비지배지분(30%)	

① 주식을 취득하여 보유하고 있는 경우

만약 지배기업이 20×1년 1월 1일에 종속기업의 주식 60%를 ₩180에 취득하여 지배력을 획득하고 취득한 종속기업 주식을 전액 보유하고 있다면 지배회사는 다음과 같이 회계처리하고 주식 취득 직후 지배기업의 재무상태표는 다음과 같다.

---

1. 지배력 획득일 직전 지배회사와 종속회사의 재무상태표

재무상태표

지배회사 A

자산(A)	1,000	부채(A)	300
		자본(A)	700

재무상태표

종속회사 B

자산(B)	500	부채(B)	200
		자본(B)	300

2. 종속기업의 주식 60%를 취득

차) 종속기업투자주식	180	대) 현금	180

재무상태표

지배회사 A

자산(A)	820	부채(A)	300
종속기업투자주식	180	자본(A)	700

---

② 연결재무제표의 작성

연결재무제표는 합병재무제표와 동일한 것이므로 주식을 취득하여 보유하고 있는 경우 지배기업의 별도재무제표를 합병재무제표로 수정하면 된다. 그러나 일반적으로 연결재무제표는 지배기업의 별도재무제표와 종속기업의 개별재무제표를 단순합산 후 두 기업 사이에 발생한 거래들을 제거하는 연결제거분개를 반영하여 작성한다. 연결제거분개를 작성하면 다음과 같다.

1. 단순합산

구분	지배회사	+	종속회사	=	단순합산
자산	820		500		1,320
종속기업투자주식	180		-		180
부채	300		200		500
자본	700		300		1,000

2. 연결재무상태표

재무상태표

자산(A + B' 100%)	1,320	부채(A + B' 100%)	500
		자본(A)	700
		비지배지분(40%)	120

3. 연결제거분개

차) 자본(B)	300	대) 종속기업투자주식(60%)	180
		비지배지분(40%)	120

(2) 투자·평가차액이 없는 경우의 연결

① 지배력 획득일의 연결

1. 지배력 획득일 직전 지배회사와 종속회사의 재무상태표

재무상태표

지배회사 A

자산(A)	1,000	부채(A)	300
		자본(A)	700

재무상태표

종속회사 B

자산(B)	500	부채(B)	200
		자본(B)	300

2. 지배기업이 종속기업의 주식 80%를 ₩240에 취득하여 지배력을 획득하였다. 지배기업이 종속기업의 주식을 취득하여 전액 보유하고 있다면 다음과 같이 회계처리하고 지배기업의 재무상태표는 다음과 같다.

차) 종속기업투자주식(80%)	240	대) 현금	240

재무상태표

지배회사 A

자산(A)	760	부채(A)	300
종속기업투자주식(100%)	240		
		자본(A)	700

3. 단순합산

구분	지배회사	+	종속회사	=	단순합산
자산	760		500		1,260
종속기업투자주식	240		-		240
부채	300		200		500
자본	700		300		1,000

4. 단순합산 재무제표

재무상태표

자산(A)	760	부채(A)	300
자산(B' 100%)	500	부채(B' 100%)	200
종속기업투자주식(80%)	240	자본(A)	700
		자본(B' 100%)	300

5. 투자주식과 자본계정의 상계

차) 자본(B' 100%)	300	대) 종속기업투자주식(80%)	240
		비지배지분(20%)	60

6. 연결재무상태표

재무상태표

자산(A + B' 100%)	1,260	부채(A + B' 100%)	500
		자본(A)	700
		비지배지분(20%)	60

⌀ **지배력 획득일의 구조분석**

② 지배력 획득일 이후의 연결

지배력 획득일 이후에는 종속기업의 순자산 증가효과 중에 비지배지분 귀속분만을 지배지분의 이익잉여금에서 비지배지분으로 대체하는 회계처리만 추가로 수행하면 된다.

---

1. 지배력 획득일(×1년 초) 직전 지배회사와 종속회사의 재무상태표

재무상태표

지배회사 A			×1년 초
자산(A)	1,000	부채(A)	300
		자본금(A)	500
		이익잉여금(A)	200

재무상태표

종속회사 B			×1년 초
자산(B)	500	부채(B)	200
		자본금(B)	200
		이익잉여금(B)	100

2. 지배기업이 종속기업의 주식 80%를 ₩240에 취득하여 지배력을 획득하였다. 지배기업이 종속기업의 주식을 취득하여 전액 보유하고 있다면 다음과 같이 회계처리하고 지배기업의 재무상태표는 다음과 같다.

차) 종속기업투자주식(80%)	240	대) 현금	240

재무상태표

지배회사 A			×1년 초
자산(A)	760	부채(A)	300
종속기업투자주식(80%)	240		
		자본금(A)	500
		이익잉여금(A)	200

3. 지배력 획득일(×1년 초) 이후 20×1년 말의 두 회사의 재무상태표는 다음과 같다.

재무상태표

지배회사 A			×1년 말
자산(A)	960	부채(A)	300
종속기업투자주식(100%)	240		
		자본금(A)	500
		이익잉여금(A)	400

재무상태표

종속회사 B			×1년 말
자산(B)	600	부채(B)	200
		자본금(B)	200
		이익잉여금(B - 취득일 현재)	100
		이익잉여금(B - 취득일 이후)	100

4. 단순합산

구분	지배회사	+	종속회사	=	단순합산
자산	960		600		1,560
종속기업투자주식	240		–		240
부채	300		200		500
자본금	500		200		700
이익잉여금	400		200		600

5. 단순합산 재무제표

재무상태표

자산(A)	960	부채(A)	300
자산(B' 100%)	600	부채(B' 100%)	200
종속기업투자주식(100%)	240	자본금(A)	500
		자본금(B' 100%)	200
		이익잉여금(A)	400
		이익잉여금(B - 취득일 현재)	100
		이익잉여금(B - 취득일 이후)	100

6. 연결제거분개

[투자주식과 자본계정의 상계]

차) 자본금(B' 100%)	200	대) 종속기업투자주식(80%)	240
이익잉여금(B - 취득일 현재)	100	비지배지분(20%)	60

[지배력 획득일 이후 변동한 자본의 배분]

차) 이익잉여금(B - 취득일 이후의 20%)	20	대) 비지배지분(20%)	20

7. 연결재무상태표

재무상태표

자산(A)	960	부채(A)	300
자산(B' 100%)	600	부채(B' 100%)	200
		자본금(A)	500
		이익잉여금(A)	400
		이익잉여금(B - 취득일 이후)	80
		비지배지분	80

🖉 **지배권 획득일 이후**

	지배기업지분		비지배지분	
종속기업순자산 BV				
영업권				
이전대가				
종속회사 조정 후 N/I(②)	지배기업소유주 귀속 순이익(A)		비지배기업 귀속 순이익(B)	

* 지배기업소유주 귀속 순이익: 지배기업 별도 F/S의 N/I(①) + A
* 연결당기순이익: 지배기업소유주 귀속 순이익 + B

구분	지배지분	비지배지분
조정 전 N/I	××	××
조정 후 N/I	① ××	② ××

③ 지배지업이 종속기업으로부터 배당을 수령한 경우

지배기업의 별도재무제표에 종속기업으로부터 현금배당을 수령하여 배당금수익을 인식한 금액이 있다면, 당해 배당금수익을 취소하고, 동 금액만큼 다시 이익잉여금을 증가시켜야 한다. 여기서 유의할 점은 배당금수익을 취소하는 연결분개는 배당을 수령한 연도만 수행하면 되고, 이후 연도의 연결분개에서는 이를 반영할 필요가 없다는 것이다.

배당금의 수령은 지배기업과 종속기업 간의 거래로 연결실체 내에서의 내부거래에 해당하므로 반드시 제거하여야 한다. 그러나 지배기업이 배당수익으로 인식한 금액과 종속기업이 배당금을 지급한 금액이 일치하지 않는데, 이는 비지배주주가 수령한 배당금이 있기 때문이다. 따라서 지배기업이 배당수익으로 인식한 금액과 종속기업이 배당금으로 지급한 금액의 차액은 비지배주주가 수령한 배당금이므로 비지배지분으로 처리한다.

> ☆ **Self Study**
>
> 종속기업이 비지배주주에게 지급하는 현금배당은 실제로 연결실체의 외부주주에게 연결실체가 지급하는 배당이다. 그러므로 연결에서는 연결실체인 지배기업과 종속기업 간의 거래만 제거대상이 되고, 종속기업과 비지배주주 사이의 배당거래는 제거대상이 아니다. 그러나 이 경우, 연결제거분개로 투자주식과 자본계정의 상계 이후에도 종속기업의 이익잉여금이 지배력 획득일의 이익잉여금으로 수정되지 않아서 추가적으로 고려할 사항이 생기게 된다.

1. 종속기업으로부터 배당을 수령한 회계연도의 연결 예시

➡ 지분율 80%로 종속회사가 전기 지배회사에 지급한 배당: ₩1,000

시산표

지배회사 A			
현금	800	배당금수익	800

시산표

종속회사 B			
현금	-	이익잉여금	-

재무제표

단순합산			
현금	800	배당금수익	800

[연결제거분개 - 배당금수령 취소]

차) 배당금수익	800	대) 이익잉여금	1,000
비지배지분	200		

연결재무제표

단순합산			
현금	800	이익잉여금	800
		비지배지분	(-)200

2. 종속기업으로부터 배당을 수령한 이후 회계연도의 연결 예시

➡ 지분율 100%로 종속회사가 전기 주주에게 지급한 배당: ₩1,000

재무제표

단순합산			
현금	800	이익잉여금	800

연결제거분개: 필요하지 않음

(3) 투자 · 평가차액이 있는 경우의 연결

① 비지배지분의 인식과 측정

지배기업이 종속기업에 대하여 100% 미만의 지분을 취득하는 모든 사업결합에서 지배기업은 종속기업에 대한 비지배지분을 다음의 두 가지 측정 방법 중 하나를 선택하여 최초 인식한다.

① **부분 영업권**: 종속기업의 식별가능한 순자산 중 비지배주주의 비례적 지분으로 측정
② **전부 영업권**: 비지배지분의 공정가치로 측정

• **부분 영업권**

부분 영업권을 인식하는 방법은 비지배지분을 지배력 획득일 현재 종속기업의 식별가능한 순자산 공정가치에 비지배지분율을 곱하여 측정하는 방식이다. 이 방법으로 비지배지분을 측정하게 되면 영업권에 대하여는 비지배지분을 인식하지 않게 되므로 지배기업 소유지분만의 부분 영업권이 발생하게 된다.

	지배기업지분	비지배지분
종속기업순자산 BV		
종속기업순자산 FV - BV		
영업권		
이전대가		

부분 영업권 방식은 종속기업이 내부적으로 창출한 영업권 중 지배기업 소유지분에 해당하는 부분은 매수가 되어 신뢰성 있게 측정할 수 있지만, 비지배지분에 해당하는 부분은 계속 내부창출 영업권의 상태이기 때문에 연결재무제표에 인식할 수 없다는 주장이다. 이 방법은 영업권의 인식과 관련하여 비지배지분을 인정하지 않으므로 지배기업이론에 근거한 회계처리방법이다.

· **전부 영업권**

전부 영업권을 인식하는 방법은 지배력 획득일 현재 비지배지분을 당해 비지배지분의 공정가치(= 비지배지분 주식수 × 지배권이 없는 주식의 주당 공정가치)로 측정하는 방식에서 사용한다. 이 방법은 비지배지분을 측정하게 되면 영업권에 대하여도 비지배지분을 인식하게 되므로 전부 영업권이 발생하게 된다.

	지배기업지분	비지배지분
종속기업순자산 BV		
종속기업순자산 FV - BV		
영업권		공정가치 측정 시 영업권 계상가능
이전대가		

전부 영업권 방식은 종속기업이 내부적으로 창출한 영업권 중 비지배지분에 해당하는 부분도 지배력 획득일 시점에 공정가치로 매수가 되어 신뢰성 있게 측정할 수 있다는 주장이다. 이는 영업권의 인식과 관련하여 비지배지분도 인정하는 방법이므로 실체이론에 근거한 회계처리방법이다.

☆ Self Study

종속기업에 대한 지배기업소유지분의 주당 공정가치와 비지배지분의 주당 공정가치는 다를 수 있기 때문에 영업권의 인식금액이 지배기업과 비지배지분에 비례하여 배분되지 않는다.

② 지배력 획득일의 연결

1. 지배력 획득일 직전 지배회사와 종속회사의 재무상태표

재무상태표

지배회사 A

자산(A)	1,000	부채(A)	300
		자본(A)	700

재무상태표

종속회사 B

자산(B)	500	부채(B)	200
		자본(B)	300

2. 지배기업이 종속기업의 주식 80%를 ₩400에 취득하여 지배력을 획득하였다. 지배기업이 종속기업의 주식을 취득하여 전액 보유하고 있다면 다음과 같이 회계처리하고 지배기업의 재무상태표는 다음과 같다.

차) 종속기업투자주식(80%)	400	대) 현금	400

이때 종속기업 자산의 공정가치는 ₩600으로 종속기업이 보유한 재고자산의 장부금액보다 공정가치가 ₩200만큼 크다.

재무상태표

지배회사 A

자산(A)	600	부채(A)	300
종속기업투자주식(80%)	400	자본(A)	700

3. 지배기업의 종속기업투자주식 ₩400의 구성은 다음과 같다.

	지배기업지분(80%)	비지배지분(20%)
300 종속기업순자산 BV	240	60
100 종속기업순자산 FV − BV	80	20
80 영업권	80	공정가치 측정 시 영업권 계상가능
400 이전대가		

4. 단순합산

구분	지배회사	+	종속회사	=	단순합산
자산	600		500		1,100
종속기업투자주식	400		-		400
부채	300		200		500
자본	700		300		1,000

5. 단순합산 재무제표

재무상태표

자산(A)	600	부채(A)	300
자산(B' 100%)	500	부채(B' 100%)	200
종속기업투자주식(80%)	400	자본(A)	700
		자본(B' 100%)	300

6. 연결제거분개

[투자주식과 자본계정의 상계]

차) 자본(B'100%)	300	대) 종속기업투자주식(80%)	240
		비지배지분	60

[평가차액]

차) B자산(B' FV - BV 100%)	100	대) 종속기업투자주식(80%)	80
		비지배지분	20

[투자차액]

차) 영업권	80	대) 종속기업투자주식(80%)	80

7. 연결재무상태표

재무상태표

자산(A)	600	부채(A + B' 100%)	500
자산(B' FV 100%)	600		
영업권	80	자본(A)	700
		비지배지분	80

③ 지배력 획득일 이후의 연결

지배력 획득일 이후에도 보고기간 말 지배기업의 재무제표와 종속기업의 재무제표를 단순 합산하여 연결제거분개를 반영하면 연결재무제표를 산출할 수 있다. 다만, 종속기업의 재무제표에는 평가차액의 상각효과가 반영되어 있지 않으므로 연결분개에서 이를 추가시켜주어야 한다.

종속기업의 재무제표에 식별가능한 순자산 장부금액만이 반영되어 종속기업은 공정가치가 아닌 장부금액을 기준으로 비용을 인식하게 된다. 그러므로 평가차액 상각효과를 연결제거분개에 추가시켜야 종속기업의 재무제표에 순자산 평가차액 상각효과를 추가로 인식하여 합병방식의 사업결합과 동일하게 공정가치 기준의 손익으로 연결재무제표에도 인식된다.

지배력 획득일 이후 2년차의 연결부터는 전기 이전의 평가차액상각효과를 지분율에 비례하여 전기이월이익잉여금과 전기이월비지배지분에 직접 반영하여 인식하여야 한다. 이는 전기 이전의 평가차액상각효과가 종속기업의 재무제표에 반영되어 있지 않기 때문이다.

Ⅲ | 연결자본의 계산방법

01 연결당기순이익

구분	지배기업	비지배기업
조정 전 N/I	××	××
투자평가차액 상각		(-)××
종속기업으로부터의 배당수익	(-)××	
조정 후 N/I	① ××	② ××

➡ 연결당기순이익: ① + ②

(1) 지배지분순이익

> 지배기업의 조정후당기순이익(①) + 종속기업의 조정후당기순이익(②) × 지분율

(2) 비지배지분순이익

> 종속기업의 조정후당기순이익(②) × (1 - 지분율)

02 연결실체의 자본

연결실체의 자본은 지배기업의 자본과 종속기업의 보고된 자본에 연결조정분개를 조정하여 산정된다. 기업회계기준서 제1001호 '재무제표의 표시'에서는 연결실체의 자본을 크게 지배기업의 소유주에게 귀속되는 자본과 비지배지분으로 구분하여 표시하도록 규정하고 있다. 지배기업의 소유주에게 귀속되는 자본은 발생원인에 따라 납입자본, 이익잉여금과 기타자본구성요소로 세분하여 표시하도록 하고 있으나, 비지배지분은 이를 구분하지 않는다.

(1) 지배기업 소유지분의 납입자본

> 지배기업의 납입자본 + (종속기업의 현재시점 납입자본 - 취득 시 종속기업의 납입자본) × 지분율

☆ Self Study

종속기업의 납입자본에 대한 지배기업의 지분은 투자와 자본상계제거를 통해 취득일 기준으로 모두 제거되므로 항상 '0'이다. 결국 연결재무상태표의 납입자본은 지배기업의 납입자본과 항상 동일한 금액이다.

---

(2) 지배기업 소유지분의 이익잉여금

> 지배기업의 이익잉여금 + (종속기업의 현재시점 이익잉여금 - 취득 시 이익잉여금 - 차액상각누계액) × 지분율

☆ Self Study

연결재무상태표의 이익잉여금은 지배기업의 이익잉여금과 취득일 이후 증가한 종속기업의 이익잉여금에 지배기업지분율을 곱한 금액으로 산정된다. 이때, 종속기업의 이익잉여금 산정 시 취득일의 평가차액에 대하여 상각한 금액의 누계액은 반드시 차감하여야 한다.

---

(3) 비지배지분

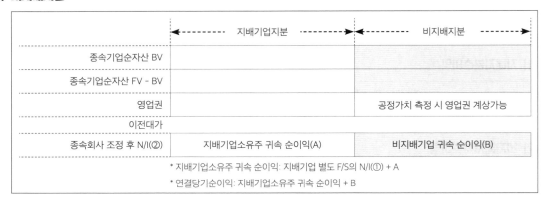

	지배기업지분	비지배지분
종속기업순자산 BV		
종속기업순자산 FV - BV		
영업권		공정가치 측정 시 영업권 계상가능
이전대가		
종속회사 조정 후 N/I(②)	지배기업소유주 귀속 순이익(A)	비지배기업 귀속 순이익(B)

* 지배기업소유주 귀속 순이익: 지배기업 별도 F/S의 N/I(①) + A

* 연결당기순이익: 지배기업소유주 귀속 순이익 + B

01 염가매수차익이 있는 연결

주식 취득 시에 종속기업의 식별가능한 자산과 부채의 순공정가치가 이전대가를 초과하는 경우가 발생하기도 한다. 이 경우에 발생하는 투자차액은 영업권효과가 아니라 염가매수차익효과이므로 사업결합일 즉시 당기순이익으로 인식한다. 그러나 지배기업의 별도재무제표에서 종속기업투자주식은 원가법으로 평가되므로, 염가매수차익효과도 종속기업투자주식의 장부금액에 포함하여 인식한다. 염가매수효과는 연결재무제표 작성을 위한 연결제거분개를 수행하면서 당기순이익으로 인식한다.

[투자주식과 자본의 상계제거 예시]

차) 자본금	××	대) 종속기업투자주식	××
이익잉여금	××	비지배지분	××
재고자산	××	염가매수차익	××
토지	××		
건물	××		

✎ **지배기업소유지분 귀속 당기순이익**

지배지분순이익: 지배기업의 조정후당기순이익(①) + 종속기업의 조정후당기순이익(②) × 지분율
비지배지분순이익: 종속기업의 조정후당기순이익(②) × (1 - 지분율)

구분	지배기업	비지배기업
조정 전 N/I	××	××
투자평가차액 상각		(-)××
염가매수차익	××	
종속기업으로부터의 배당수익	(-)××	
조정 후 N/I	① ××	② ××

지배기업소유지분 귀속 당기순이익: ① + ② × 지분율

02 부의 비지배지분

최초 인식일 후 비지배지분은 종속기업의 순자산이 변동함에 따라 비례적으로 변동한다. 즉 종속기업의 총포괄손익에서 당기순손익과 기타포괄손익의 각 구성요소는 지배기업의 소유주와 비지배지분에 비례적으로 귀속된다. 이때 비지배지분이 부(-)의 잔액이 되더라도 총포괄손익은 지배기업의 소유주와 비지배지분에 비례적으로 귀속된다.

03 기타포괄손익이 있는 연결

지배기업과 종속기업의 손익 중에 기타포괄손익이 있는 경우에는 아래와 같이 연결제거분개를 수행한다.

20X1년에 A사는 B사의 지분 80%를 취득하였고 20X1년 말 B사의 기타포괄손익이 ₩100,000 증가하였다.

[기타포괄손익 대체 연결제거분개]

차) 기타포괄이익(X1년)	20,000	대) 비지배지분(X1년)	20,000

제 **26** 장

내부거래와
미실현손익의 제거

Ⅰ | 내부거래의 기초

01 내부거래의 의의

내부거래는 단일의 실체 내에서 발생한 거래로 외부보고목적 재무제표인 연결재무제표에 보고되어서는 안 된다. 지배기업이 종속기업에게 자산 등을 매각하는 내부거래를 하향거래라 하며, 종속기업이 지배기업에게 자산 등을 매각하는 내부거래를 상향거래라 한다.

02 내부거래의 제거 유형

(1) 당기순손익에 영향이 없는 단순내부거래의 제거

① 채권 · 채무 상계제거

보고기간 말 현재 지배기업과 종속기업의 별도재무상태표에 인식된 서로에 대한 채권과 채무는 연결실체의 입장에서 볼 때는 채권과 채무일 수 없다. 그러므로 연결분개를 수행하는 과정에서 모두 제거하여야 한다.

Ex

지배회사(A)는 종속회사(B)에 대하여 매출채권 ₩100을 인식하고 있고, 종속회사도 동 금액에 대하여 ₩100의 매입채무를 인식하고 있다.

재무제표

지배회사 A			
매출채권	100		

재무제표

종속회사 B			
		매입채무	100

1. 단순합산 재무제표

재무제표

매출채권	100	매입채무	100

2. 채권 · 채무 상계제거

차) 매입채무	100	대) 매출채권	100

3. 연결재무제표

재무제표

---

② 수익 · 비용 상계제거

보고기간 말 현재 지배기업과 종속기업의 별도포괄손익계산서에 인식된 서로에 대한 수익과 비용은 연결실체의 입장에서 볼 때는 수익과 비용이 아니다. 따라서 연결제거분개를 수행하는 과정에서 이를 모두 제거해야 한다. 단, 수익과 비용의 상계제거를 수행하면, 해당 수익과 비용의 계정잔액은 감소하지만, 내부거래 미실현손익이 발생하지 않기 때문에 지배기업순이익과 종속기업순이익에는 영향이 없다.

─☆ **Self Study**

지분법회계에서 내부거래의 제거는 당기순손익에 영향이 있는 내부거래 미실현손익만을 제거하면 된다. 그러나 연결회계에서는 지배기업과 종속기업의 재무제표를 합산하므로, 연결손익에 영향이 없는 내부거래의 경우에도 모두 제거하여 연결재무제표를 작성하여야 한다.

Ex

지배회사(A)는 종속회사(B)에 대하여 이자수익 ₩100을 인식하고 있고, 종속회사도 동 금액에 대하여 ₩100의 이자비용을 인식하고 있다.

재무제표
지배회사 A

	이자수익 100

재무제표
종속회사 B

이자비용 100	

1. 단순합산 재무제표

재무제표

이자비용 100	이자수익 100

2. 수익 · 비용 상계제거

차) 이자수익	100	대) 이자비용	100

3. 연결재무제표

재무제표

(2) 당기순손익에 영향이 있는 내부거래 미실현손익의 제거

① 하향거래의 미실현손익

하향거래에서 발생하는 미실현손익은 관련 손익효과가 전액 지배기업의 별도재무제표에 반영되어 있다. 그러므로 지배기업의 재무제표에서 제거된 미실현손익은 전액 지배기업지분손익에 반영하여야 한다.

발생연도	차) 관련 수익	××	대) 순자산	××
실현연도	차) 이익잉여금	××	대) 관련 수익	××

② 상향거래의 미실현손익

상향거래에서 발생하는 미실현손익은 관련 손익효과가 전액 종속기업의 재무제표에 반영되어 있다. 그러므로 종속기업의 재무제표에서 제거된 미실현손익은 종속기업에 대한 지배기업지분순이익과 비지배지분순이익에 비례적으로 반영하여야 한다.

발생연도	차) 관련 수익	××	대) 순자산	××
실현연도	차) 이익잉여금 　　비지배지분	×× ××	대) 관련 수익	××

구분	지배기업	비지배기업
조정 전 N/I	××	××
투자평가차액 상각		(-)××
내부거래 제거		
- 하향거래 미실현손익	(-)××	
- 상향거래 미실현손익		(-)××
종속기업으로부터의 배당수익	(-)××	
조정 후 N/I	① ××	② ××

* 하향 내부거래 미실현손익과 미실현손익의 실현은 모두 지배기업소유주 순이익에서 조정하고, 상향 내부거래 미실현손익과 미실현손익의 실현은 지분율에 비례하여 지배기업소유주 순이익과 비지배지분순이익에서 조정한다.
- 지배기업소유주 귀속 순이익: 지배기업 별도 F/S의 N/I(①) + A
- 비지배기업 귀속 순이익: ② × (1 - 지분율)

Additional Comment

내부거래 미실현손익은 지배기업과 종속기업의 내부거래로 인해 미실현손익이 발생하게 되면 당기의 연결재무제표를 왜곡시키고, 당해 미실현손익이 실현되면서 차기의 연결재무제표도 왜곡시키게 된다. 그러므로 내부거래 미실현손익은 발생연도의 연결재무제표와 실현연도의 연결재무제표에서 관련 효과를 모두 제거하여야 한다.

Ⅱ | 재고자산의 미실현손익

01 하향판매에 따른 내부거래 미실현이익

(1) 내부거래가 발생한 회계연도

내부거래가 발생한 회계연도에 지배기업과 종속기업의 단순합산재무제표의 당기손익은 내부거래 재고자산의 판매에 따른 미실현손익만큼 과대계상되어 있으며, 기말재고도 동일한 금액만큼 과대계상되어 있다. 그러므로 연결실체의 재무제표를 작성하기 위해서는 당기순손익의 과대계상과 기말재고의 과대계상을 제거하는 연결제거분개를 수행하여야 한다. 이 경우 하향판매 내부거래는 지배기업이 내부거래를 통해서 손익을 조작한 것이므로 제거된 하향판매 미실현이익은 전액 지배기업지분순이익을 계산할 때 차감한다.

[하향판매에 따른 내부거래 미실현이익의 내부거래가 발생한 회계연도 연결제거분개]

수익 · 비용 상계제거	차) 매출	A' 매출	대) 매출원가	A' 매출
미실현이익 제거	차) 매출원가	A' 매출총이익 × 미판매비율	대) 재고자산	A' 매출총이익 × 미판매비율

> ### ☆ Self Study
>
> 연결분개를 수행할 때 내부거래에 실현된 재고자산 판매거래와 미실현된 재고자산 판매거래가 혼합되어 있는 경우, 구분하여 회계처리를 수행하여야 한다. 그러므로 연결분개에서는 내부거래 매출액 기준으로 매출원가를 제거하는 수익과 비용 상계제거를 수행하고, 미실현된 부분에 대해서는 매출원가와 재고자산을 추가로 조정하는 미실현이익 제거의 회계처리를 별도로 수행하여야 한다.

Ex

지배회사(A)가 당기에 종속회사(B)에게 재고자산을 판매하며 매출원가와 매출을 각각 ₩500과 ₩1,000으로 인식하였다. 종속회사는 당기에 동 재고자산을 보유하고 있다.

재무제표

지배회사 A

매출원가	500	매출	1,000

재무제표

종속회사 B

재고자산	1,000		

1. 단순합산 재무제표

재무제표

매출원가	500	매출	1,000
재고자산	1,000		

2. 수익 · 비용 상계제거와 미실현이익 제거

수익 · 비용 상계제거	차) 매출	1,000	대) 매출원가	1,000
미실현이익 제거	차) 매출원가	500	대) 재고자산	500

3. 연결재무제표

재무제표

재고자산	500		

(2) 내부거래가 실현된 2차년도

내부거래가 발생한 후 2차년도에는 지배기업과 종속기업의 단순합산재무제표상의 기초 이익잉여금이 전기 말 미실현이익만큼 과대계상되어 있으며, 기초재고자산도 동일한 금액만큼 과대계상되어 있게 된다. 하지만 일반적으로 내부거래로 인하여 종속기업이 보유하고 있는 기초재고자산은 2차년도에 전액 외부로 판매되므로, 결국 단순합산재무제표상 기초재고자산의 과대계상은 당기 매출원가의 과대계상을 초래하게 된다. 따라서 연결실체의 재무제표를 작성하기 위해서는 기초 이익잉여금의 과대계상과 당기매출원가의 과대계상을 제거하는 연결제거분개를 수행한다. 이 경우에 연결조정분개를 수행하면서 인식된 하향판매 실현이익은 전액 지배기업지분순이익으로 가산된다.

[하향판매에 따른 내부거래 미실현이익의 내부거래가 실현된 2차년도 연결제거분개]

미실현이익 제거	차) 이익잉여금	지배회사 매출 × 미판매비율	대) 매출원가	지배회사 매출 × 미판매비율

Additional Comment

지배기업이 종속기업에 재고자산을 판매한 경우 내부거래 발생에 따른 매출손익은 지배기업이 인식하며, 내부거래의 소멸에 대한 매출손익은 종속기업이 인식한다. 이로 인해 미실현이익의 제거는 지배기업의 손익에서 차감하고, 실현이익의 인식은 종속기업의 손익에 가산한다고 생각할 수도 있으나, 연결회계에서 내부거래 미실현손익의 제거논리는 내부거래를 발생시킨 대상기업의 손익 귀속시기를 조정하는 것이지, 손익의 귀속금액을 조정하는 것이 아니다. 그러므로 하향거래의 경우 미실현이익의 제거를 지배기업의 손익에서 차감하였으므로 실현이익도 지배기업의 손익에서 가산하여야 한다. 이는 상향거래도 동일한 논리가 적용된다.

Ex

지배회사(A)가 전기에 종속회사(B)에게 재고자산을 판매하며 매출원가와 매출을 각각 ₩500과 ₩1,000으로 인식하였다. 종속회사는 전기에 동 재고자산을 보유하고 있다가 당기에 외부에 ₩1,200에 판매하였다.

재무제표

지배회사 A

		기초 이익잉여금	500

재무제표

종속회사 B

매출원가	1,000	매출	1,200

1. 단순합산 재무제표

재무제표			
매출원가	1,000	매출	1,200
		기초 이익잉여금	500

2. 수익 · 비용 상계제거와 미실현이익 제거

미실현이익 실현	차) 이익잉여금	500	대) 매출원가	500

3. 연결재무제표

재무제표			
재고자산	500	매출	1,200

02 상향판매에 따른 내부거래 미실현이익

(1) 내부거래가 발생한 회계연도

내부거래가 발생한 1차년도에, 지배기업과 종속기업의 단순합산재무제표상의 당기순손익은 내부거래 재고자산의 판매에 따른 미실현손익만큼 과대계상되어 있으며, 기말재고자산도 동일한 금액만큼 과대계상되어 있다. 따라서 연결실체의 재무제표를 작성하기 위해서는 당기순손익의 과대계상과 기말재고자산의 과대계상을 제거하는 연결제거분개가 필요하다. 이때, 상향판매 내부거래는 종속기업이 내부거래를 통해 손익을 조작한 것이므로 제거된 상향판매 미실현이익은 종속기업에 대한 지배기업지분순이익과 비지배지분순이익을 계산할 때 비례적으로 차감하면 된다.

[상향판매에 따른 내부거래 미실현이익의 내부거래가 발생한 회계연도 연결제거분개]

수익 · 비용 상계제거	차) 매출	B' 매출	대) 매출원가	B' 매출
미실현이익 제거	차) 매출원가	B' 매출총이익 × 미판매비율	대) 재고자산	B' 매출총이익 × 미판매비율

Ex

종속회사(B)가 당기에 지배회사(A)에게 재고자산을 판매하며 매출원가와 매출을 각각 ₩500과 ₩1,000으로 인식하였다. 지배회사는 당기에 동 재고자산을 보유하고 있다. 단, 지배회사의 지분율은 80%이다.

지배회사 A

재무제표			
재고자산	1,000		

종속회사 B

재무제표			
매출원가	500	매출	1,000

1. 단순합산 재무제표

재무제표			
매출원가	500	매출	1,000
재고자산	1,000		

2. 수익 · 비용 상계제거와 미실현이익 제거

수익 · 비용 상계제거	차) 매출	1,000	대) 매출원가	1,000
미실현이익 제거	차) 매출원가	500	대) 재고자산	500

3. 연결재무제표

재무제표			
재고자산	500		

참고 내부거래 미실현이익 제거의 F/S효과 비교

구분		하향판매 미실현이익 제거효과	상향판매 미실현이익 제거효과
자산	재고자산	(-)500	(-)500
자본	이익잉여금	(-)500	(-)400
	비지배지분		(-)100

Additional Comment

상향판매의 경우 미실현이익 제거단계에서 비용으로 인식한 매출원가는 기말에 이익잉여금의 차감항목으로 마감되면서 지배기업지분의 이익잉여금을 100% 감소시키게 된다. 따라서 비지배지분이익 배분단계에서 비지배지분의 지분율에 해당하는 금액만큼 이익잉여금을 다시 증가시키고, 이를 비지배지분에서 차감하여 종속기업으로 인한 내부거래 미실현이익이 지배기업지분과 비지배지분에 비례적으로 반영되도록 조정한다.

(2) 내부거래가 실현된 2차년도

내부거래가 발생한 후 2차년도에는 연결실체의 재무제표를 작성하기 위해서 기초 이익잉여금의 과대계상과 당기 매출원가의 과대계상을 제거하는 연결분개가 필요하다. 이러한 거래는 하향판매의 경우와 동일하다. 다만, 상향판매로 인한 미실현이익은 종속기업의 이익잉여금 과대계상효과이므로 연결제거분개의 전기손익배분단계에서 이를 이익잉여금과 비지배지분으로 배분하여 인식하게 된다. 그러므로 내부거래 제거단계에서 이익잉여금 제거 시에는 이를 지배기업과 비지배지분으로 구분하여 조정하여야 한다. 상향판매로 인한 실현이익은 종속기업에 대한 지배기업지분순이익과 비지배지분순이익으로 구분하여 비례적으로 가산하여야 한다.

[상향판매에 따른 내부거래 미실현이익의 내부거래가 실현된 2차년도 연결제거분개]

전기손익배분	차) 이익잉여금	B' 매출총이익 × 미판매비율	대) 이익잉여금 비지배지분(X1년)	×× ××
실현이익	차) 이익잉여금 비지배지분(X2년)	×× ××	대) 매출원가	B' 매출총이익 × 미판매비율

Ex

종속회사(B)가 전기에 지배회사(A)에게 재고자산을 판매하며 매출원가와 매출을 각각 ₩500과 ₩1,000으로 인식하였다. 지배회사는 전기에 동 재고자산을 보유하고 있다가 당기에 외부에 ₩1,200에 판매하였다. 단, 지배회사의 지분율은 80%이다.

재무제표

지배회사 A

매출원가	1,000	매출	1,200

재무제표

종속회사 B

		기초 이익잉여금	500

1. 단순합산 재무제표

재무제표

매출원가	1,000	매출	1,200
		기초 이익잉여금	500

2. 수익 · 비용 상계제거와 미실현이익 제거

전기손익배분	차) 이익잉여금	500	대) 이익잉여금 비지배지분(X1년)	400 100
실현이익	차) 이익잉여금 비지배지분(X2년)	400 100	대) 매출원가	500

3. 연결재무제표

재무제표

매출원가	500	매출	1,200

Ⅲ | 비상각자산의 미실현손익

01 하향판매에 따른 내부거래 미실현이익

(1) 내부거래가 발생한 회계연도

내부거래가 발생한 1차년도에, 지배기업과 종속기업의 단순합산재무제표상의 당기손익은 내부거래 토지의 처분에 따른 미실현손익만큼 과대계상되어 있으며, 기말 토지도 동일한 금액만큼 과대계상되어 있다. 따라서 연결실체의 재무제표를 작성하기 위해서는 당기순손익의 과대계상과 토지의 과대계상을 제거하는 연결제거분개가 필요하다. 하향판매 내부거래는 지배기업이 내부거래를 통해 손익을 조작한 것이므로 제거된 하향판매 미실현이익은 전액 지배기업지분순이익을 계산할 때 차감한다.

[하향판매에 따른 내부거래 미실현이익의 내부거래가 발생한 회계연도 연결제거분개]

미실현이익 제거	차) 처분이익	A' 처분이익	대) 토지	A' 처분이익

Ex

지배회사(A)가 당기에 종속회사(B)에게 보유하고 있던 토지를 판매하며 장부금액과 처분대가를 각각 ₩500과 ₩1,000으로 인식하였다. 종속회사는 당기에 동 토지를 보유하고 있다.

재무제표

지배회사 A

		처분이익	500

재무제표

종속회사 B

토지	1,000		

1. 단순합산 재무제표

재무제표

토지	1,000	처분이익	500

2. 미실현이익 제거

차) 처분이익	500	대) 토지	500

3. 연결재무제표

재무제표

토지	500		

---

(2) 내부거래가 유지되고 있는 2차년도

내부거래가 발생한 후 2차년도에는 지배기업과 종속기업의 단순합산재무제표상의 기초 이익잉여금이 전기 말 미실현이익만큼 과대계상되어 있으며, 기초 토지도 동일한 금액만큼 과대계상되어 있게 된다. 하지만 일반적으로 내부거래로 인하여 종속기업이 보유하고 있는 토지는 2차년도에도 외부로 판매되지 않으므로, 결국 단순합산재무제표상 기초 토지의 과대계상은 기말 토지의 과대계상으로 계속 유지된다. 그러므로 연결실체의 재무제표를 작성하기 위해서는 기초 이익잉여금의 과대계상과 기말 토지의 과대계상을 제거하는 연결분개가 필요하다. 이 경우 실현되지 않은 하향판매 미실현이익은 당기손익 효과가 없으므로 지배기업지분순이익을 계산할 때는 고려하지 않는다.

[하향판매에 따른 내부거래 미실현이익의 내부거래가 유지되고 있는 2차년도 연결제거분개]

미실현이익 제거	차) 이익잉여금	A' 처분이익	대) 토지	A' 처분이익

Ex

지배회사(A)가 전기에 종속회사(B)에게 보유하고 있던 토지를 판매하며 장부금액과 처분대가를 각각 ₩500과 ₩1,000으로 인식하였다. 종속회사는 전기에 동 토지를 보유하고 있다.

재무제표

지배회사 A

		기초 이익잉여금	500

재무제표

종속회사 B

토지	1,000		

1. 단순합산 재무제표

재무제표

토지	1,000	기초 이익잉여금	500

2. 미실현이익 제거

차) 이익잉여금	500	대) 토지	500

3. 연결재무제표

재무제표

토지	500		

(3) 내부거래가 실현된 3차년도

내부거래가 발생한 후 3차년도에는 지배기업과 종속기업의 단순합산재무제표상의 기초 이익잉여금이 과거의 미실현이익만큼 과대계상되어 있으며, 기초 토지도 동일한 금액만큼 과대계상되어 있게 된다. 그러나 당해 토지가 전액 외부에 처분되면 단순합산재무제표상 기초 토지의 과대계상은 당기 유형자산처분이익을 과소계상하게 된다. 따라서 연결실체의 재무제표를 작성하기 위해서는 기초 이익잉여금의 과대계상과 당기 유형자산처분이익의 과소계상을 제거하는 연결제거분개가 필요하다. 또한, 실현된 하향판매 실현이익은 전액 지배기업지분순이익을 계산할 때 가산하면 된다.

Ex

지배회사(A)가 ×1년에 종속회사(B)에게 보유하고 있던 토지를 판매하며 장부금액과 처분대가를 각각 ₩500과 ₩1,000으로 인식하였다. 종속회사는 ×2년에는 동 토지를 보유하고 있다가 ×3년에 ₩1,200에 처분하였다.

재무제표
지배회사 A	기초 이익잉여금	500

재무제표
종속회사 B	처분이익	200

1. 단순합산 재무제표

재무제표
	기초 이익잉여금	500
	처분이익	200

2. 미실현이익 실현

차) 이익잉여금	500	대) 처분이익	500

3. 연결재무제표

재무제표
	처분이익	700

Additional Comment

지배기업이 종속기업에 토지를 판매한 경우 내부거래 발생에 따른 손익은 지배기업이 인식하며, 내부거래의 소멸에 대한 손익은 종속기업이 인식한다. 이로 인해 미실현이익의 제거는 지배기업의 손익에서 차감하고, 실현이익의 인식은 종속기업의 손익에 가산한다고 생각할 수도 있으나, 연결회계에서 내부거래 미실현손익의 제거논리는 내부거래를 발생시킨 대상기업의 손익 귀속시기를 조정하는 것이지, 손익의 귀속금액을 조정하는 것이 아니다. 그러므로 하향거래의 경우 미실현이익의 제거를 지배기업의 손익에서 차감하였으므로 실현이익도 지배기업의 손익에서 가산하여야 한다. 이는 상향거래도 동일한 논리가 적용된다.

02 상향판매에 따른 내부거래 미실현이익

(1) 내부거래가 발생한 회계연도

내부거래가 발생한 1차년도에, 지배기업과 종속기업의 단순합산재무제표상의 당기순손익은 내부거래 토지의 판매에 따른 미실현손익만큼 과대계상되어 있으며, 기말 토지도 동일한 금액만큼 과대계상되어 있다. 따라서 연결실체의 재무제표를 작성하기 위해서는 당기순손익의 과대계상과 토지의 과대계상을 제거하는 연결제거분개가 필요하다. 상향판매 내부거래는 종속기업이 내부거래를 통해 손익을 조작한 것이므로 제거된 상향판매 미실현이익은 종속기업에 대한 지배기업지분순이익과 비지배지분순이익을 계산할 때 비례적으로 차감하면 된다.

[하향판매에 따른 내부거래 미실현이익의 내부거래가 발생한 회계연도 연결제거분개]

미실현이익 제거	차) 처분이익	A' 처분이익	대) 토지	A' 처분이익

Ex

종속회사(B)가 당기에 지배회사(A)에게 보유하고 있던 토지를 판매하며 장부금액과 처분대가를 각각 ₩500과 ₩1,000으로 인식하였다. 지배회사는 당기에 동 토지를 보유하고 있다. 단, 지배회사의 지분율은 80%이다.

지배회사 A

재무제표

토지	1,000		

종속회사 B

재무제표

		처분이익	500

1. 단순합산 재무제표

재무제표

토지	1,000	처분이익	500

2. 미실현이익 제거

차) 처분이익	500	대) 토지	500

3. 연결재무제표

재무제표

토지	500		

참고	내부거래 미실현이익제거의 F/S효과 비교		

구분		하향판매 미실현이익 제거효과	상향판매 미실현이익 제거효과
자산	토지	(-)500	(-)500
자본	이익잉여금	(-)500	(-)400
	비지배지분		(-)100

(2) 내부거래가 유지되고 있는 2차년도

내부거래가 발생한 후 2차년도에는 지배기업과 종속기업의 단순합산재무제표상의 기초 이익잉여금이 전기 말 미실현이익만큼 과대계상되어 있으며, 기초 토지도 동일한 금액만큼 과대계상되어 있게 된다. 하지만 일반적으로 내부거래로 인하여 종속기업이 보유하고 있는 토지는 2차년도에도 외부로 판매되지 않으므로, 결국 단순합산재무제표상 기초 토지의 과대계상은 기말 토지의 과대계상으로 계속 유지된다. 그러므로 연결실체의 재무제표를 작성하기 위해서는 기초 이익잉여금의 과대계상과 기말 토지의 과대계상을 제거하는 연결분개가 필요하다. 그러나 상향판매로 인한 미실현이익은 종속기업의 이익잉여금 과대계상효과이므로 연결분개의 전기손익배분 단계에서 이를 이익잉여금과 비지배지분으로 배분하여 인식하게 된다. 그러므로 내부거래 제거단계에서의 이익잉여금 제거 시에는 이를 지배기업지분과 비지배지분으로 구분하여 조정하여야 한다.

또한, 실현되지 않은 상향판매 미실현이익은 당기손익효과가 없으므로 지배기업지분순이익과 비지배지분순이익을 계산할 때는 고려하지 않는다.

[하향판매에 따른 내부거래 미실현이익의 내부거래가 유지되고 있는 2차년도 연결제거분개]

전기손익배분	차) 이익잉여금(X1년)	××	대) 이익잉여금(X1년)	××
			비지배지분(X1년)	××
미실현이익 유지	차) 이익잉여금(X1년)	××	대) 토지	B' 처분이익
	비지배지분(X1년)	××		

Ex	

종속회사(B)가 전기(×1년)에 지배회사(A)에게 보유하고 있던 토지를 판매하며 장부금액과 처분대가를 각각 ₩500과 ₩1,000으로 인식하였다. 지배회사는 당기(×2년)에 동 토지를 보유하고 있다. 단, 지배회사의 지분율은 80%이다.

재무제표

지배회사 A

토지	1,000	

재무제표

종속회사 B

		기초 이익잉여금	500

1. 단순합산 재무제표

	재무제표		
토지	1,000	기초 이익잉여금	500

2. 미실현손익 제거 & 실현

전기손익배분	차) 이익잉여금(X1년)	500	대) 이익잉여금(X1년)	400
			비지배지분(X1년)	100
미실현이익 유지	차) 이익잉여금(X1년)	400	대) 토지	500
	비지배지분(X1년)	100		

3. 연결재무제표

	재무제표		
토지	500		

(3) 내부거래가 실현된 3차년도

내부거래가 발생한 후 3차년도에는 지배기업과 종속기업의 단순합산재무제표상의 기초 이익잉여금이 과거의 미실현이익만큼 과대계상되어 있으며, 기초 토지도 동일한 금액만큼 과대계상되어 있게 된다. 그러나 당해 토지가 전액 외부에 처분되면 단순합산재무제표상 기초 토지의 과대계상은 당기 유형자산처분이익을 과소계상하게 된다. 따라서 연결실체의 재무제표를 작성하기 위해서는 기초 이익잉여금의 과대계상과 당기 유형자산처분이익의 과소계상을 제거하는 연결제거분개가 필요하다. 그러나 상향판매로 인한 미실현이익은 종속기업의 이익잉여금 과대계상효과이므로 연결제거분개의 전기손익배분단계에서 이를 이익잉여금과 비지배지분으로 배분하여 인식하게 된다. 그러므로 내부거래 제거단계에서의 이익잉여금 제거 시에는 이를 종속기업에 대한 지배기업지분순이익과 비지배지분순이익으로 구분하여 비례적으로 가산한다.

[하향판매에 따른 내부거래 미실현이익의 내부거래가 실현되는 3차년도 연결제거분개]

전기손익배분	차) 이익잉여금(X1년)	××	대) 이익잉여금(X1년)	××
			비지배지분(X1년)	××
미실현이익 유지	차) 이익잉여금(X1년)	××	대) 처분이익(X3년)	B' 처분이익
	비지배지분(X1년)	××		

> **Ex**
>
> 종속회사(B)가 전기(×1년)에 지배회사(A)에게 보유하고 있던 토지를 판매하며 장부금액과 처분대가를 각각 ₩500과 ₩1,000으로 인식하였다. 지배회사는 당기(×3년)에 ₩1,200에 처분하였다. 단, 지배회사의 지분율은 80%이다.
>
> | | 재무제표 | | |
> |---|---|---|---|
> | 지배회사 A | | | |
> | | | 처분이익 | 200 |

	재무제표	
종속회사 B		
	기초 이익잉여금	500

1. 단순합산 재무제표

	재무제표	
	기초 이익잉여금	500
	처분이익	200

2. 미실현손익 제거 & 실현

전기손익배분	차) 이익잉여금(X1년)	500	대) 이익잉여금(X1년)	400
			비지배지분(X1년)	100
미실현이익 유지	차) 이익잉여금(X1년)	400	대) 처분이익(X3년)	500
	비지배지분(X1년)	100		

3. 연결재무제표

	재무제표	
	처분이익	700

Ⅳ | 상각자산의 미실현손익

01 하향판매 내부거래 미실현이익

(1) 내부거래가 발생한 1차년도

> **Ex**
>
> 20×1년 초 지배기업(A사)이 종속기업(B사)에게 장부금액 ₩100(취득원가 ₩200, 잔존내용연수 10년, 잔존가치 없음, 정액법)의 건물을 ₩150에 처분하였다.
>
> 재무제표
>
> 지배회사 A
>
> | | | | |
> |---|---|---|---|
> | | | 처분이익 | 50(= 150 - 100) |
>
> 재무제표
>
> 종속회사 B
>
> | | |
> |---|---|
> | 건물 | 150 |
> | 감가상각누계액 | (-)15(= 150/10) |
> | 감가상각비 | 15(= 150/10) |
>
> **1. 단순합산 재무제표**
>
> 재무제표
>
> | | | | |
> |---|---|---|---|
> | 건물 | 150 | 처분이익 | 50 |
> | 감가상각누계액 | (-)15 | | |
> | 감가상각비 | 15 | | |
>
> **2. 미실현이익 제거**
>
> | | | | |
> |---|---|---|---|
> | 차) 처분이익 | 50 | 대) 감가상각비 | 5 |
> | 건물 | 50 | 감가상각누계액 | 95 |
>
> **3. 연결재무제표**
>
> 재무제표
>
> | | |
> |---|---|
> | 건물 | 200 |
> | 감가상각누계액 | (-)110(= 100 + 100/10) |
> | 감가상각비 | 10(= 100/10) |

(2) 내부거래 이후 2차년도

내부거래가 발생한 후 2차년도에 당해 상각자산을 종속기업이 계속 보유하고 있다면 지배기업과 종속기업의 단순합산재무제표상의 기초 이익잉여금이 전기 말 미실현이익만큼 과대계상되어 있으며, 상각자산의 장부금액도 동일한 금액만큼 과대계상되어 있게 된다. 그러나 2차년도에 감가상각을 통해 실현되므로 미실현이익 제거의 회계처리는 다음과 같다. 또한, 해당 손익효과는 하향판매에서 발생한 손익 전액을 지배기업지분순이익을 계산할 때 고려해야 한다.

미실현이익 제거 & 실현	차) 이익잉여금 건물	전기미실현이익 처분 전과 처분 후 취득원가 차이	대) 감가상각비 감가상각누계액	전기미실현이익/잔여내용연수 대차차액

Ex

20×1년 초 지배기업(A사)이 종속기업(B사)에게 장부금액 ₩100(취득원가 ₩200, 잔존내용연수 10년, 잔존가치 없음, 정액법)의 건물을 ₩150에 처분하였다. 동 거래 관련 20×2년 말 관련 사항은 다음과 같다.

재무제표

지배회사 A

재무제표

종속회사 B

건물	150
감가상각누계액	(-)30(= 150 × 2/10)
감가상각비	15(= 150/10)

1. 단순합산 재무제표

재무제표

건물	150
감가상각누계액	(-)30
감가상각비	15

2. 미실현이익 제거

차) 이익잉여금(X1년)	45	대) 감가상각비(X2년)	5
건물	50	감가상각누계액	90

3. 연결재무제표

재무제표

건물	200
감가상각누계액	(-)120(= 100 + 100 × 2/10)
감가상각비	10(= 100/10)

(3) 내부거래 이후 3차년도

20×1년 초 지배기업(A사)이 종속기업(B사)에게 장부금액 ₩100(취득원가 ₩200, 잔존내용연수 10년, 잔존가치 없음, 정액법)의 건물을 ₩150에 처분하였고, 종속회사(B사)는 동 건물을 20×3년 말에 ₩180에 처분하였다. 동 거래 관련 20×3년 말 관련 사항은 다음과 같다.

재무제표

지배회사 A

재무제표

종속회사 B

현금	180	처분이익	75(= 180 - 150 × 7/10)
감가상각비	15(= 150/10)		

1. 단순합산 재무제표

재무제표

건물	150	
감가상각누계액	(-)30	
감가상각비	15	

2. 미실현이익 제거

차) 이익잉여금(X2년)	40	대) 감가상각비(X3년)	5
		처분이익(X3년)	35

3. 연결재무제표

재무제표

현금	180	처분이익	110(= 180 - 100 × 7/10)
감가상각비	10(= 100/10)		

Additional Comment

지배기업이 종속기업에 상각자산을 판매한 경우 내부거래 발생에 따른 처분손익은 지배기업이 인식하며, 내부거래 후의 감가상각은 종속기업이 인식한다. 이로 인해 미실현이익의 제거는 지배기업의 손익에서 차감하고, 실현이익의 인식은 종속기업의 손익에 가산한다고 생각할 수도 있으나, 연결회계에서 내부거래 미실현손익의 제거논리는 내부거래를 발생시킨 대상기업의 손익 귀속시기를 조정하는 것이지, 손익의 귀속금액을 조정하는 것이 아니다. 그러므로 하향거래의 경우 미실현이익의 제거를 지배기업의 손익에서 차감하였으므로 실현이익도 지배기업의 손익에서 가산하여야 한다. 이는 상향거래도 동일한 논리가 적용된다.

02 상향판매 내부거래 미실현이익

(1) 내부거래가 발생한 1차년도

> **Ex**
>
> 20×1년 초 종속기업(B사)이 지배기업(A사)에게 장부금액 ₩100(취득원가 ₩200, 잔존내용연수 10년, 잔존가치 없음, 정액법)의 건물을 ₩150에 처분하였다. 단, 지배회사의 지분율은 80%이다.
>
> 재무제표
>
> 지배회사 A
>
> | | |
> |---|---|
> | 건물 | 150 |
> | 감가상각누계액 | (-)15(= 150/10) |
> | 감가상각비 | 15(= 150/10) |
>
> 재무제표
>
> 종속회사 B
>
> | | | |
> |---|---|---|
> | | 처분이익 | 50(= 150 - 100) |
>
> **1. 단순합산 재무제표**
>
> 재무제표
>
> | | | | |
> |---|---|---|---|
> | 건물 | 150 | 처분이익 | 50 |
> | 감가상각누계액 | (-)15 | | |
> | 감가상각비 | 15 | | |
>
> **2. 미실현이익 제거**
>
> | | | | |
> |---|---|---|---|
> | 차) 처분이익 | 50 | 대) 감가상각비 | 5 |
> | 건물 | 50 | 감가상각누계액 | 95 |
>
> **3. 연결재무제표**
>
> 재무제표
>
> | | |
> |---|---|
> | 건물 | 200 |
> | 감가상각누계액 | (-)110(= 100 + 100/10) |
> | 감가상각비 | 10(= 100/10) |

> **참고** 내부거래 미실현이익제거의 F/S효과 비교
>
> | 구분 | | 하향판매 미실현이익 제거효과 | 상향판매 미실현이익 제거효과 |
> |---|---|---|---|
> | 자산 | 건물 | (-)45 | (-)45 |
> | 자본 | 이익잉여금 | (-)45 | (-)36 |
> | | 비지배지분 | | (-)9 |

상향판매 내부거래는 종속기업이 내부거래를 통해 손익을 조작한 것이므로 위의 손익효과를 종속기업에 대한 지배기업지분순이익과 비지배지분순이익으로 구분하여 비례적으로 가감하여야 한다.

(2) 내부거래 이후 2차년도

내부거래가 발생한 후 2차년도에 당해 상각자산을 종속기업이 계속 보유하고 있다면 지배기업과 종속기업의 단순합산재무제표상의 기초 이익잉여금이 전기 말 미실현이익만큼 과대계상되어 있으며, 상각자산의 장부금액도 동일한 금액만큼 과대계상되어 있게 된다. 그러나 2차년도에 감가상각을 통해 실현되므로 미실현이익 제거의 회계처리는 다음과 같다. 또한, 해당 손익효과를 종속기업에 대한 지배기업지분순이익과 비지배지분순이익으로 구분하여 비례적으로 가감하여야 한다.

| 미실현이익 제거 | 차) 이익잉여금
비지배지분
건물 | 전기미실현이익 × 지분율
전기미실현이익 × (1 - 지분율)
처분 전과 처분 후 취득원가 차이 | 대) 감가상각비
감가상각누계액 | 전기미실현이익/잔여내용연수
대차차액 |

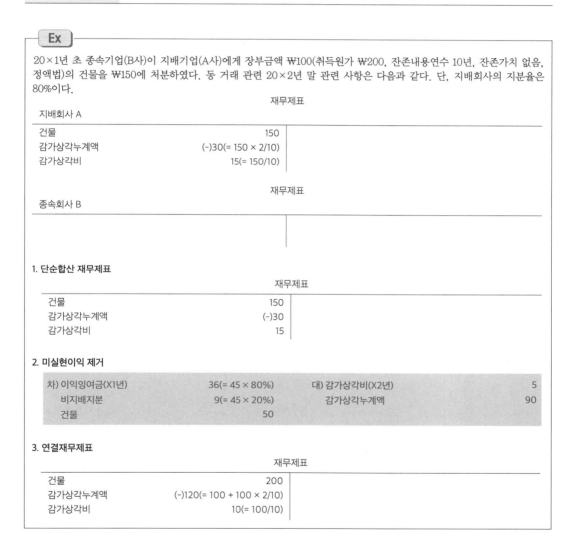

Ex

20×1년 초 종속기업(B사)이 지배기업(A사)에게 장부금액 ₩100(취득원가 ₩200, 잔존내용연수 10년, 잔존가치 없음, 정액법)의 건물을 ₩150에 처분하였다. 동 거래 관련 20×2년 말 관련 사항은 다음과 같다. 단, 지배회사의 지분율은 80%이다.

재무제표

지배회사 A

건물	150
감가상각누계액	(-)30(= 150 × 2/10)
감가상각비	15(= 150/10)

재무제표

종속회사 B

1. 단순합산 재무제표

재무제표

건물	150
감가상각누계액	(-)30
감가상각비	15

2. 미실현이익 제거

차) 이익잉여금(X1년)	36(= 45 × 80%)	대) 감가상각비(X2년)	5
비지배지분	9(= 45 × 20%)	감가상각누계액	90
건물	50		

3. 연결재무제표

재무제표

건물	200
감가상각누계액	(-)120(= 100 + 100 × 2/10)
감가상각비	10(= 100/10)

(3) 내부거래 이후 3차년도

> **Ex**
>
> 20×1년 초 종속기업(B사)이 지배기업(A사)에게 장부금액 ₩100(취득원가 ₩200, 잔존내용연수 10년, 잔존가치 없음, 정액법)의 건물을 ₩150에 처분하였고, 지배회사(A사)는 동 건물을 20×3년 말에 ₩180에 처분하였다. 동 거래 관련 20×3년 말 관련 사항은 다음과 같다. 단, 지배회사의 지분율은 80%이다.
>
> 재무제표
>
> 지배회사 A
>
> | | | | |
> |---|---|---|---|
> | 현금 | 180 | 처분이익 | 75(= 180 - 150 × 7/10) |
> | 감가상각비 | 15(= 150/10) | | |
>
> 재무제표
>
> 종속회사 B
>
> | | |
> |---|---|
> | | |
>
> **1. 단순합산 재무제표**
>
> 재무제표
>
> | | |
> |---|---|
> | 건물 | 150 |
> | 감가상각누계액 | (-)30 |
> | 감가상각비 | 15 |
>
> **2. 미실현이익 제거**
>
> | | | | |
> |---|---|---|---|
> | 차) 이익잉여금(X2년) | 32(= 40 × 80%) | 대) 감가상각비(X3년) | 5 |
> | 비지배지분(X2년) | 8(= 40 × 20%) | 처분이익(X3년) | 35 |
>
> **3. 연결재무제표**
>
> 재무제표
>
> | | | | |
> |---|---|---|---|
> | 현금 | 180 | 처분이익 | 110(= 180 - 100 × 7/10) |
> | 감가상각비 | 10(= 100/10) | | |

V | 사채의 미실현손익

01 사채 미실현손익의 이해

(1) 연결대상기업 간 직접거래

연결실체 내의 한 기업이 사채를 발행하고, 동일한 시점에 또 다른 연결대상기업이 이를 최초 취득하여 AC금융자산으로 인식하는 거래가 발생할 수 있다. 이 경우 연결실체의 관점에서 본다면, 연결대상기업이 재취득한 사채는 자기사채로 기 발행사채의 상환으로 회계처리해야 한다. 즉, AC금융자산과 발행한 사채는 상계제거하고, 관련된 이자수익과 이자비용을 제거하면 된다.

[연결실체 내의 직접거래]

채권 · 채무 상계	차) 사채	××	대) AC금융자산	××
			사채할인발행차금	××
수익 · 비용 상계	차) 이자수익	××	대) 이자비용	××

(2) 외부의 제3자를 이용한 간접거래

연결실체 내의 한 기업이 외부의 제3자에게 사채를 발행하고, 후속적으로 또 다른 연결대상기업이 이를 승계취득하여 AC금융자산으로 인식하는 거래가 발생할 수도 있다. 이때 사채의 장부금액과 AC금융자산의 장부금액이 다르므로, 연결제거분개 시 자산과 부채를 제거하면서 손익이 발생하게 된다. 또한 지배권 획득일 이후 연결대상기업의 단순합산 재무제표에는 사채와 AC금융자산 이외에도 각각에 대하여 이자비용과 이자수익이 인식되어 있으므로 이를 제거하면서도 손익이 발생하게 된다.

> **Additional Comment**
>
> 내부거래 발생 시 사채의 장부금액은 발행당시의 유효이자율로 할인하여 상각후원가로 측정하고, AC금융자산의 취득금액은 당해 자산의 취득당시의 시장이자율로 할인한 공정가치로 측정한다. 즉, 사채의 발행당시의 유효이자율과 취득당시의 시장이자율 차이로 인해 사채의 재취득손익이 발생하게 된다.

02 하향판매에 따른 내부거래 미실현이익

연결실체 내의 한 기업이 외부의 제3자에게 발행한 사채를 후속적으로 연결실체 내의 다른 기업이 취득하는 것은 연결실체 입장에서는 사채를 상환하는 것에 해당한다. 그러므로 사채 내부거래에서는 별도재무제표에서 인식하지 않았던 사채상환손익을 인식하게 되며, 별도재무제표에서 지배기업과 종속기업이 인식한 이자비용과 이자수익을 제거하여 실현시켜 나가게 된다.

사채의 내부거래는 사채의 발행자가 어느 기업인가에 따라 하향내부거래와 상향내부거래로 구분한다. 지배기업이 사채를 발행하고 종속기업이 취득한 경우가 하향내부거래이다.

(1) 내부거래가 발생한 1차년도

Ex

20×1년 초에 종속회사(B)는 지배회사(A)가 발행한 사채를 시장에서 ₩940에 취득하여 AC금융자산으로 분류하였다. 20×1년 초 현재 지배회사 사채의 장부금액은 ₩970(액면금액 ₩1,000)이다. 사채의 표시이자율은 연 10%이며, 이자는 매년 말 지급하고 만기는 20×3년 말이다. 한국채택국제회계기준의 규정에도 불구하고 정액법으로 상각한다. 관련 사항에 대한 20×1년 말 재무제표는 아래와 같다. (이해를 돕기 위해 순액으로 표기한다)

재무제표

지배회사 A			
이자비용	110[= 100 + (1,000 - 970)/3]	사채(순액)	980[= 970 + (1,000 - 970)/3]

재무제표

종속회사 B			
AC금융자산	960[= 940 + (1,000 - 940)/3]	이자수익	120[= 100 + (1,000 - 940)/3]

1. 단순합산 재무제표

재무제표

AC금융자산	960	사채(순액)	980
이자비용	110	이자수익	120

2. 미실현이익 제거

차) 사채(순액)	980	대) AC금융자산	960
이자수익	120	이자비용	110
		상환이익	30

3. 연결재무제표

재무제표

		상환이익	30

하향판매 내부거래는 지배기업이 내부거래를 통해 손익을 조작한 것이므로 위의 손익효과를 전액 지배기업지분순이익을 계산할 때 고려하면 된다.

(2) 내부거래가 발생한 2차년도

> **Ex**
>
> 20×1년 초에 종속회사(B)는 지배회사(A)가 발행한 사채를 시장에서 ₩940에 취득하여 AC금융자산으로 분류하였다. 20×1년 초 현재 지배회사 사채의 장부금액은 ₩970(액면금액 ₩1,000)이다. 사채의 표시이자율은 연 10%이며, 이자는 매년 말 지급하고 만기는 20×3년 말이다. 한국채택국제회계기준의 규정에도 불구하고 정액법으로 상각한다. 관련 사항에 대한 20×2년 말 재무제표는 아래와 같다. (이해를 돕기 위해 순액으로 표기한다)
>
> **재무제표**
>
> 지배회사 A
>
> | 이자비용 | 110[= 100 + (1,000 - 970)/3] | 사채(순액) | 990[= 980 + (1,000 - 970)/3] |
> |---|---|---|---|
>
> **재무제표**
>
> 종속회사 B
>
> | AC금융자산 | 980[= 960 + (1,000 - 940)/3] | 이자수익 | 120[= 100 + (1,000 - 940)/3] |
> |---|---|---|---|
>
> **1. 단순합산 재무제표**
>
> **재무제표**
>
> | AC금융자산 | 980 | 사채(순액) | 990 |
> |---|---|---|---|
> | 이자비용 | 110 | 이자수익 | 120 |
>
> **2. 미실현이익 제거**
>
> | 차) 사채(순액) | 990 | 대) AC금융자산 | 980 |
> |---|---|---|---|
> | 　이자수익 | 120 | 　이자비용 | 110 |
> | 　 | 　 | 　이익잉여금 | 20 |
>
> **3. 연결재무제표**
>
> **재무제표**
>
> | | | 이익잉여금 | 20 |
> |---|---|---|---|
> | | | 이자수익 | (-)10 |

(3) 내부거래가 발생한 3차년도

> **Ex**
>
> 20×1년 초에 종속회사(B)는 지배회사(A)가 발행한 사채를 시장에서 ₩940에 취득하여 AC금융자산으로 분류하였다. 20×1년 초 현재 지배회사 사채의 장부금액은 ₩970(액면금액 ₩1,000)이다. 사채의 표시이자율은 연 10%이며, 이자는 매년 말 지급하고 만기는 20×3년 말이다. 종속기업은 20×3년 말에 AC금융자산을 지배기업으로부터 회수하였다. 한국채택국제회계기준의 규정에도 불구하고 정액법으로 상각한다. 관련 사항에 대한 20×3년 말 재무제표는 아래와 같다. (이해를 돕기 위해 순액으로 표기한다)
>
> | 재무제표 | |
> |---|---|
> | **지배회사 A** | |
> | 이자비용 | 110[= 100 + (1,000 − 970)/3] |
>
> | 재무제표 | |
> |---|---|
> | **종속회사 B** | |
> | | 이자수익   120[= 100 + (1,000 − 940)/3] |
>
> **1. 단순합산 재무제표**
>
> | 재무제표 | |
> |---|---|
> | 이자비용   110 | 이자수익   120 |
>
> **2. 미실현이익 제거**
>
> | 차) 이자수익 | 120 | 대) 이자비용 | 110 |
> |---|---|---|---|
> | | | 이익잉여금 | 10 |
>
> **3. 연결재무제표**
>
> | 재무제표 | |
> |---|---|
> | | 이익잉여금   10 |
> | | 이자수익   (−)10 |

03 상향판매에 따른 내부거래 미실현이익

연결실체 내의 한 기업이 외부의 제3자에게 발행한 사채를 후속적으로 연결실체 내의 다른 기업이 취득하는 것은 연결실체 입장에서는 사채를 상환하는 것에 해당한다. 그러므로 사채 내부거래에서는 별도재무제표에서 인식하지 않았던 사채상환손익을 인식하게 되며, 별도재무제표에서 지배기업과 종속기업이 인식한 이자비용과 이자수익을 제거하여 실현시켜 나가게 된다.

사채의 내부거래는 사채의 발행자가 어느 기업인가에 따라 하향내부거래와 상향내부거래로 구분한다. 종속기업이 사채를 발행하고 지배기업이 취득한 경우가 상향내부거래이다.

(1) 내부거래가 발생한 1차년도

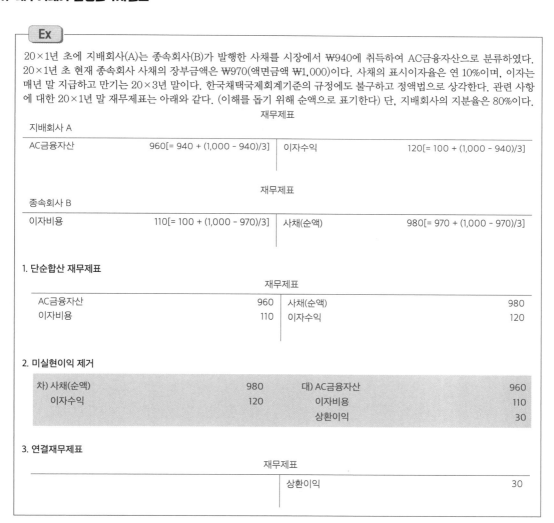

Ex

20×1년 초에 지배회사(A)는 종속회사(B)가 발행한 사채를 시장에서 ₩940에 취득하여 AC금융자산으로 분류하였다. 20×1년 초 현재 종속회사 사채의 장부금액은 ₩970(액면금액 ₩1,000)이다. 사채의 표시이자율은 연 10%이며, 이자는 매년 말 지급하고 만기는 20×3년 말이다. 한국채택국제회계기준의 규정에도 불구하고 정액법으로 상각한다. 관련 사항에 대한 20×1년 말 재무제표는 아래와 같다. (이해를 돕기 위해 순액으로 표기한다) 단, 지배회사의 지분율은 80%이다.

재무제표

지배회사 A

AC금융자산	960[= 940 + (1,000 - 940)/3]	이자수익	120[= 100 + (1,000 - 940)/3]

재무제표

종속회사 B

이자비용	110[= 100 + (1,000 - 970)/3]	사채(순액)	980[= 970 + (1,000 - 970)/3]

1. 단순합산 재무제표

재무제표

AC금융자산	960	사채(순액)	980
이자비용	110	이자수익	120

2. 미실현이익 제거

차) 사채(순액)	980	대) AC금융자산	960
이자수익	120	이자비용	110
		상환이익	30

3. 연결재무제표

재무제표

		상환이익	30

상향판매 내부거래는 지배기업이 내부거래를 통해 손익을 조작한 것이므로 위의 손익효과를 종속기업에 대한 지배기업지분순이익과 비지배지분순이익으로 구분하여 비례적으로 가감하면 된다.

(2) 내부거래가 발생한 2차년도

20×1년 초에 지배회사(A)는 종속회사(B)가 발행한 사채를 시장에서 ₩940에 취득하여 AC금융자산으로 분류하였다. 20×1년 초 현재 종속회사 사채의 장부금액은 ₩970(액면금액 ₩1,000)이다. 사채의 표시이자율은 연 10%이며, 이자는 매년 말 지급하고 만기는 20×3년 말이다. 한국채택국제회계기준의 규정에도 불구하고 정액법으로 상각한다. 관련 사항에 대한 20×2년 말 재무제표는 아래와 같다. (이해를 돕기 위해 순액으로 표기한다) 단, 지배회사의 지분율은 80%이다.

재무제표

지배회사 A

AC금융자산	980[= 960 + (1,000 - 940)/3]	이자수익	120[= 100 + (1,000 - 940)/3]

재무제표

종속회사 B

이자비용	110[= 100 + (1,000 - 970)/3]	사채(순액)	990[= 980 + (1,000 - 970)/3]

1. 단순합산 재무제표

재무제표

AC금융자산	980	사채(순액)	990
이자비용	110	이자수익	120

2. 미실현이익 제거

차) 사채(순액)	990	대) AC금융자산	980
이자수익	120	이자비용	110
		이익잉여금	16
		비지배지분	4

3. 연결재무제표

재무제표

		이익잉여금	20
		이자수익	(-)10

(3) 내부거래가 발생한 3차년도

Ex

20×1년 초에 지배회사(A)는 종속회사(B)가 발행한 사채를 시장에서 ₩940에 취득하여 AC금융자산으로 분류하였다. 20×1년 초 현재 종속회사 사채의 장부금액은 ₩970(액면금액 ₩1,000)이다. 사채의 표시이자율은 연 10%이며, 이자는 매년 말 지급하고 만기는 20×3년 말이다. 지배기업은 20×3년 말에 AC금융자산을 종속기업으로부터 회수하였다. 한국채택국제회계기준의 규정에도 불구하고 정액법으로 상각한다. 관련 사항에 대한 20×3년 말 재무제표는 아래와 같다. (이해를 돕기 위해 순액으로 표기한다) 단, 지배회사의 지분율은 80%이다.

재무제표

지배회사 A			
		이자수익	120[= 100 + (1,000 − 940)/3]

재무제표

종속회사 B			
이자비용	110[= 100 + (1,000 − 970)/3]		

1. 단순합산 재무제표

재무제표

이자비용	110	이자수익	120

2. 미실현이익 제거

차) 이자수익	120	대) 이자비용	110
		이익잉여금	8
		비지배지분	2

3. 연결재무제표

재무제표

		이익잉여금	10
		이자수익	(−)10

Ⅵ | 내부거래와 관련된 기타사항

01 채권·채무 상계제거 특이사항

(1) 내부거래 매출채권의 처분

연결실체 내에서 제거대상 내부거래 채권을 금융기관에 양도하는 경우가 있다. 이 경우 해당 채권의 양도거래 가 금융자산의 제거요건을 만족하지 않는다면, 채권·채무 상계제거 연결분개 시 제거대상 채권과 채무의 금액이 일치하므로 문제가 없다. 그러나 당해 양도거래가 금융자산의 제거요건을 충족한다면, 채권·채무 상계제거 연결 분개 시 제거대상 채권과 채무가 일치하지 않게 된다. 이 경우 제거되지 않은 채무는 관련 채권의 양도로 인하여 금융기관에 상환을 해야 하므로, 단기차입금으로 대체하는 분개가 필요하다. 또한 단순합산재무제표에서 채권의 양도와 관련하여 매출채권처분손실로 인식한 금액이 있다면 이를 이자비용으로 대체하는 연결분개도 필요하다.

제거요건불충족	차) 매입채무	××	대) 매출채권	××
제거요건충족	차) 매입채무	××	대) 매출채권 단기차입금	×× ××

> **Ex**
>
> 20×1년에 지배회사(A)는 종속회사(B)에게서 발생한 매출채권 ₩1,000을 금융기관에 ₩1,000에 양도하였다. 동 양도거 래는 제거요건을 충족하지 못하였다.
>
> 재무제표
>
> 지배회사 A
>
> | 매출채권 | 1,000 | 단기차입금 | 1,000 |
> |---|---|---|---|
> | 현금 | 1,000 | | |
>
> 재무제표
>
> 종속회사 B
>
> | | | 매입채무 | 1,000 |
> |---|---|---|---|
>
> **1. 단순합산 재무제표**
>
> 재무제표
>
> | 매출채권 | 1,000 | 단기차입금 | 1,000 |
> |---|---|---|---|
> | 현금 | 1,000 | 매입채무 | 1,000 |
>
> **2. 채권·채무의 상계제거**
>
> | 제거요건 미충족 | 차) 매입채무 | 1,000 | 대) 매출채권 | 1,000 |
> |---|---|---|---|---|
>
> **3. 연결재무제표**
>
> 재무제표
>
> | 현금 | 1,000 | 단기차입금 | 1,000 |
> |---|---|---|---|

Ex

20×1년에 지배회사(A)는 종속회사(B)에게서 발생한 매출채권 ₩1,000을 금융기관에 ₩1,000에 양도하였다. 동 양도거래는 제거요건을 충족하였다.

재무제표

지배회사 A

현금	1,000		

재무제표

종속회사 B

		매입채무	1,000

1. 단순합산 재무제표

재무제표

현금	1,000	매입채무	1,000

2. 채권·채무의 상계제거

제거요건 미충족	차) 매입채무	1,000	대) 단기차입금	1,000

3. 연결재무제표

재무제표

현금	1,000	단기차입금	1,000

(2) 내부거래 매출채권에 대한 손실충당금

단순합산재무제표에 내부거래 제거 대상 채권에 대한 손실충당금이 계상되어 있을 수 있다. 내부거래채권은 채권·채무 상계제거를 통해 제거되므로, 이와 관련한 손실충당금이 있다면 함께 제거해야 하며, 제거에 따른 손익을 연결재무제표에 반영하여야 한다. 단, 제거에 따른 손익은 지배기업의 손실충당금을 제거하는 하향거래는 전액 지배기업지분순이익에 반영하여야 하며, 종속기업의 손실충당금을 제거하는 상향거래에서는 종속기업에 대한 지배기업지분순이익과 비지배지분순이익으로 구분하여 비례적으로 반영하여야 한다.

[손실충당금의 제거]

채권·채무상계	차) 매입채무	××	대) 매출채권	××
	손실충당금	××	손상차손	××

02 재고자산 내부거래 제거 특이사항

(1) 내부거래 2차년도에 재고자산의 일부판매

재고자산 내부거래 2차년도에 외부에 판매한다면 이익이 매출로 전액 실현된다. 그러나 2차년도에 전액 판매되지 않고, 일부가 남아 있는 경우에는 비상각자산인 토지 미실현손익과 유사하게 조정하면 된다.

[내부거래 발생회계연도의 연결제거분개]

미실현이익 제거	차) 매출	××	대) 매출원가	××
	매출원가	××	재고자산	××

[내부거래 2차년도 50%만 외부판매의 연결제거분개]

미실현이익 제거	차) 이익잉여금	전기미실현이익	대) 매출원가	전기미실현이익 × 50%
			재고자산	전기미실현이익 × 50%

(2) 내부거래 재고자산에서 발생하는 평가손실

연결대상기업으로부터 구입한 내부거래 재고자산을 기말에 저가평가하여 재고자산평가손실이 발생하는 경우가 있다. 이 경우 당기에 발생한 내부거래 미실현손익이 저가법의 적용으로 실현되어 재고자산평가손실로 미실현손익을 제거한다.

> **Ex**
>
> 20×1년에 지배회사(A)는 종속회사(B)에게 ₩800의 재고자산을 ₩1,000에 판매하였다. 종속회사는 해당 재고자산을 계속 보유하고 있으며, 기말 동 재고자산의 순실현가능가치는 ₩600이다. 단, 평가충당금을 사용하지 않고 재고자산을 직접차감하는 것으로 가정한다.
>
> 재무제표
>
> 지배회사 A
>
> | 매출원가 | 800 | 매출 | 1,000 |
> |---|---|---|---|
>
> 재무제표
>
> 종속회사 B
>
> | 재고자산 | 600 | | |
> |---|---|---|---|
> | 평가손실 | 400 | | |
>
> **1. 단순합산 재무제표**
>
> 재무제표
>
> | 매출원가 | 800 | 매출 | 1,000 |
> |---|---|---|---|
> | 재고자산 | 600 | | |
> | 평가손실 | 400 | | |
>
> **2. 채권 · 채무의 상계제거**
>
> | 미실현이익 제거 | 차) 매출 | 1,000 | 대) 매출원가 | 1,000 |
> |---|---|---|---|---|
> | | 매출원가 | 200 | 평가손실 | 200 |
>
> * 만약, 평가손실을 매출원가에 포함시키는 회계정책을 채택하고 있다면, 미실현손익을 조정할 회계처리를 할 필요가 없다.

3. 연결재무제표

재무제표		
재고자산	600	
평가손실	200	

Ex

20×1년에 지배회사(A)는 종속회사(B)에게 ₩800의 재고자산을 ₩1,000에 판매하였다. 종속회사는 해당 재고자산을 계속 보유하고 있으며, 기말 동 재고자산의 순실현가능가치는 ₩900이다. 단, 평가충당금을 사용하지 않고 재고자산을 직접차감하는 것으로 가정한다.

지배회사 A

재무제표		
매출원가	800	매출 1,000

종속회사 B

재무제표		
재고자산	900	
평가손실	100	

1. 단순합산 재무제표

재무제표		
매출원가	800	매출 1,000
재고자산	900	
평가손실	100	

2. 채권·채무의 상계제거

미실현이익 제거	차) 매출	1,000	대) 매출원가	1,000
	매출원가	200	평가손실	100
			재고자산	100

3. 연결재무제표

재무제표		
재고자산	800	

03 유형자산 내부거래 제거 특이사항

(1) 내부거래 제거와 자산손상

내부거래 미실현손익이 자산손상에 관한 한국채택국제회계기준에 따른 손상차손에 해당할 경우에는 당기손실로 인식하여야 한다. 이는 당기에 발생한 내부거래 미실현손실이 손상차손의 인식으로 실현되는 것이다.

[유형자산의 처분 + 손상차손 연결제거분개]

| 미실현이익 제거 | 차) 토지 | ×× | 대) 처분손실 | ×× |
| | 차) 손상차손 | ×× | 대) 손상차손누계액 | ×× |

> **Additional Comment**
>
> 지배기업이 종속기업에 장부금액 ₩1,000의 토지를 처분하였다. 해당 토지는 자산손상의 징후가 있어 회수가능액인 ₩800에 처분하였다.
>
> [유형자산의 처분 + 손상차손 연결제거분개]
>
> | 미실현이익 제거 | 차) 토지 | 200 | 대) 처분손실 | 200 |
> | | 차) 손상차손 | 200 | 대) 손상차손누계액 | 200 |

(2) 내부거래 유형자산 재평가

개별실체 내부거래 유형자산에 재평가모형을 적용하여 자산가치를 증가시키는 경우에는 내부거래 미실현손익을 재평가손익으로 추인해야 한다. 연결실체의 관점에서 본다면 해당 금액만큼 재평가손익이 추가 발생한 것이다.

[유형자산의 처분 + 재평가 연결제거분개]

| 처분연도 | 차) 유형자산처분이익 | ×× | 대) 토지 | ×× |
| 그 다음 사업연도 | 차) 이익잉여금 | ×× | 대) 재평가잉여금 | ×× |

> **Additional Comment**
>
> 20×1년 초에 지배기업이 종속기업에 장부금액 ₩1,000의 토지를 ₩1,200에 처분하였다. 20×2년 종속기업은 해당 토지를 ₩1,400으로 재평가하였다.
>
> [유형자산의 처분 + 재평가 연결제거분개]
>
> | 20×1년 | 차) 유형자산처분이익 | 200 | 대) 토지 | 200 |
> | 20×2년 | 차) 이익잉여금 | 200 | 대) 재평가잉여금 | 200 |

Ⅶ │ 연결자본의 계산방법

01 연결당기순이익

구분	지배기업	비지배기업
조정 전 N/I	××	××
투자평가차액 상각		(-)××
종속기업으로부터의 배당수익	(-)××	
내부거래 미실현이익(하향)	(-)××	
내부거래 실현손익(하향)	××	
내부거래 미실현이익(상향)		(-)××
내부거래 실현손익(상향)		××
조정 후 N/I	① ××	② ××

○ 연결당기순이익: ① + ②

(1) 지배지분순이익

> 지배기업의 조정후당기순이익(①) + 종속기업의 조정후당기순이익(②) × 지분율

(2) 비지배지분순이익

> 종속기업의 조정후당기순이익(②) × (1 - 지분율)

02 연결실체의 자본

연결실체의 자본은 지배기업의 자본과 종속기업의 보고된 자본에 연결조정분개를 조정하여 산정된다. 기업회계기준서 제1001호 '재무제표의 표시'에서는 연결실체의 자본을 크게 지배기업의 소유주에게 귀속되는 자본과 비지배지분으로 구분하여 표시하도록 규정하고 있다. 지배기업의 소유주에게 귀속되는 자본은 발생원인에 따라 납입자본, 이익잉여금과 기타자본구성요소로 세분하여 표시하도록 하고 있으나, 비지배지분은 이를 구분하지 않는다.

(1) 지배기업 소유지분의 납입자본

> 지배기업의 납입자본 + (종속기업의 현재시점 납입자본 - 취득 시 종속기업의 납입자본) × 지분율

(2) 지배기업 소유지분의 이익잉여금

> 지배기업의 이익잉여금 + (종속기업의 현재시점 이익잉여금 – 취득 시 이익잉여금 –
>
> 차액상각누계액 – 상향판매미실현손익잔액) × 지분율

(3) 비지배지분

	지배기업지분	비지배지분
종속기업순자산 BV		
종속기업순자산 FV – BV		
영업권		공정가치 측정 시 영업권 계상가능
이전대가		
종속회사 조정 후 N/I(②)	지배기업소유주 귀속 순이익(A)	비지배기업 귀속 순이익(B)

* 지배기업소유주 귀속 순이익: 지배기업 별도 F/S의 N/I(①) + A

* 연결당기순이익: 지배기업소유주 귀속 순이익 + B

제 **27** 장

소유지분의
변동과 기타사항

해커스 IFRS 정윤돈 재무회계 키 핸드북

Ⅰ 단계적 취득

01 단계적 취득을 통한 지배력 획득

(1) 사업결합을 위한 취득일

종속기업의 주식을 단계적으로 취득하여 지배력을 획득하는 경우 사업결합을 위한 취득일은 최초 지분취득일이 아닌 추가 취득으로 지배력을 획득한 시점이다.

(2) 이전대가의 측정

단계적으로 이루어지는 사업결합에서 취득자는 이전에 보유하고 있던 피취득자에 대한 지분을 취득일의 공정가치로 재측정하며, 이 금액에 추가로 지분을 취득하기 위하여 지급한 대가의 공정가치를 합산하여 이전대가로 측정한다.

지배력 획득 시 지배기업지분의 이전대가

= 취득일 직전까지 보유한 기존지분의 공정가치 + 취득일에 추가 취득한 지분의 취득원가

기존 보유지분에 대한 공정가치 재측정손익은 해당 투자지분의 분류방식에 따라 당기손익이나 기타포괄손익으로 인식한다. 이 경우 이전의 보고기간에 취득자가 피취득자에 대한 지분의 가치변동을 기타포괄손익으로 인식할 수 있다. 이때 기타포괄손익으로 인식한 금액에 대해 취득자가 이전에 보유하던 기존지분의 기타포괄평가손익은 취득일에 당기손익으로 재분류하지 않으며, 이익잉여금으로 대체할 수 있다.

[단계적 취득 시 기존 보유지분의 회계처리]

FVPL금융자산	공정가치 재측정손익을 당기손익으로 인식
FVOCI금융자산	공정가치 재측정손익을 기타포괄손익으로 인식
관계기업투자주식	공정가치 재측정손익을 당기손익으로 인식
공동기업투자주식	공정가치 재측정손익을 당기손익으로 인식

02 지배력 획득 후 주식의 추가 취득

지배기업은 지배력을 획득한 이후에도 종속기업의 주식을 추가로 취득할 수 있다. 이는 연결실체의 관점에서 본다면 연결실체의 주주인 비지배주주로부터 연결실체가 자기주식을 매입하는 거래이다. 이러한 논리로 기준서 제1110호 '연결재무제표'에서는 지배력을 상실하지 않는 종속기업에 대한 지배기업의 소유지분 변동을 자본거래로 회계처리하도록 규정하고 있다.

(1) 사업결합을 위한 취득일과 이전대가

지배력을 행사하고 있는 종속기업의 주식을 추가로 취득하는 경우 사업결합을 위한 취득일은 추가 취득일이 아닌 최초 지배력을 획득한 시점이다. 따라서 종속기업에 대하여 최초 지배력을 획득한 시점을 기준으로 이전대가를 측정하고, 이를 기준으로 연결실체의 영업권을 산정한다. 그러므로 추가 취득원가는 영업권을 산정하기 위한 이전대가로 보지 않는다.

(2) 추가 취득원가의 조정

지배기업이 종속기업의 주식을 추가로 취득하는 경우 추가 투자금액과 연결재무제표상 비지배지분 감소액의 차이는 자본거래손익이기에 자본에 직접 반영하여 지배기업의 소유지분에 직접 귀속시킨다.

> 추가 취득에서 발생하는 자본거래손익 = 연결재무제표의 비지배지분 감소액 - 추가 취득원가

☆ Self Study

지배기업의 별도재무제표에서는 종속기업투자주식의 추가 취득에 대하여 취득원가만 인식하여 회계처리하므로 연결재무제표 작성을 위한 연결제거분개에서 관련 자본거래손익을 인식한다.

Ⅱ | 단계적 처분

01 처분 후에도 지배력을 상실하지 않는 경우

지배기업은 지배력을 획득한 이후에도 종속기업의 주식 일부를 처분할 수 있다. 이러한 거래를 연결실체 관점에서 본다면 연결실체의 비지배주주에게 자기주식을 매각하는 거래로 볼 수 있다. 이러한 논리를 반영하여 기업회계기준서 제1110호 '연결재무제표'에서는 지배력을 상실하지 않는 종속기업에 대한 지배기업의 소유지분 변동은 자본거래로 회계처리하도록 규정하고 있다.

지배기업이 종속기업의 주식을 일부 처분하는 경우 처분금액과 연결재무제표상 비지배지분 증가액의 차이는 자본거래손익이기에 자본에 직접 반영하여 지배기업의 소유지분에 직접 귀속시킨다.

> 일부 처분에서 발생하는 자본거래손익 = 처분금액 - 연결재무제표의 비지배지분 증가액

☆ Self Study

지배기업의 별도재무제표에서는 종속기업투자주식의 일부 처분에 대해 원가법을 적용하여 당기손익으로 인식한다. 별도재무제표에 당기손익으로 인식한 종속기업투자주식처분손익은 연결실체입장에서는 당기손익이 아니므로 연결제거분개 시 이를 제거하여야 한다.

Additional Comment

종속기업투자주식의 일부를 처분한 후에도 지배기업이 종속기업에 대한 지배력을 유지하고 있다면, 연결재무제표 작성 시 처분비율에 상당하는 지배기업지분의 영업권을 감소시켜야 한다는 주장도 있지만, 이는 지배기업이론에 근거한 논리이다. 실체이론에서는 지배력이 상실되지 않는 한, 지배주주와 비지배주주 사이의 자본거래로 인하여 연결실체의 순자산이 변동되면 안된다. 그러므로 지배력이 유지되는 상태에서는 종속기업투자주식의 취득과 처분거래로 영업권 금액은 변동이 없어야 한다. 그러나 한국채택국제회계기준에서는 이 상황과 관련된 구체적인 회계처리 규정이 없다.

02 처분 후에 지배력을 상실하는 경우

지배기업은 지배력을 획득한 이후에도 종속기업의 주식 일부를 처분할 수 있다. 이러한 거래를 통해 지배기업이 종속기업에 대한 지배력을 상실하는 경우, 연결실체의 관점에서 본다면 지배기업이 연결실체의 외부이해관계자에게 종속기업투자주식을 처분한 것에 해당하므로 처분에서 발생한 손익은 당기순손익으로 인식한다. 지배기업이 종속기업에 대한 지배력을 상실하는 경우에는 한국채택국제회계기준 제1110호 '연결재무제표'의 규정에 따라 다음과 같이 회계처리한다.

1. 지배력을 상실한 날에 종속기업의 자산(영업권 포함)과 부채의 장부금액을 제거한다.

2. 지배력을 상실한 날에 이전의 종속기업에 대한 비지배지분이 있다면 그 장부금액을 제거한다.

3. 다음을 인식한다.

 1) 지배력을 상실하게 한 거래, 사건 또는 상황에서 수취한 대가가 있다면 그 공정가치

 2) 지배력을 상실하게 한 거래에 소유주로서의 자격을 행사하는 소유주에게 종속기업에 대한 지분을 분배하는 것이 포함될 경우, 그 분배

4. 지배기업이 종속기업과 관련하여 기타포괄손익으로 인식한 금액이 있다면, 이를 당기순손익으로 재분류하거나 직접 이익잉여금으로 대체한다.

5. 회계처리에 따른 모든 차이는 손익으로서 지배기업에 귀속하는 당기순손익으로 인식한다.

6. 이전의 종속기업에 대한 투자가 있다면 그 투자를 지배력을 상실한 날의 공정가치로 인식한다.

지배력상실 후에 이전의 종속기업에 대한 투자가 있다면 해당 잔여지분에 대하여 지배력을 상실한 날의 공정가치로 재측정하여 인식한다. 즉, 종속기업투자주식의 일부를 처분하여 지배력을 상실하는 경우에도 전체 지분에 대하여 처분손익을 인식한다.

Ⅲ | 종속기업의 자본거래

01 종속기업의 유상증자

종속기업의 유상증자로 인하여 지배기업의 지분이 변동하는 경우에는 지분변동차액을 계산하고, 지배력을 상실하지 않는 단계적 취득이나 단계적 처분과 유사하게 당해 지분변동차액을 지배기업의 소유지분에 직접 귀속시킨다. 유상증자에서 발생하는 지분변동차액은 다음과 같이 계산한다.

> 1. **지분변동액**: 1) - 2)
>   1) **유상증자 후 지분액**: 증자 후 순자산 × 증자 후 지분율
>   2) **유상증자 전 지분액**: 증자 전 순자산 × 증자 전 지분율
> 2. **유상증자 참여액**
> 3. **지분변동차액**: 1. - 2.

☆ Self Study

1. 유상증자에서 발생하는 지분변동차액은 단계적 취득이나 처분과 유사하게 비지배지분의 변동액을 이용해서 산정하는 것이 간편하다.

2. 종속기업의 유상증자

구분	회계처리
지분율이 증가하는 경우	단계적인 취득과 유사하므로 지분변동차액을 연결실체의 자본잉여금에 가산
지분율이 감소하는 경우	단계적인 처분과 유사하므로 지분변동차액을 연결실체의 자본잉여금에 차감

02 종속기업의 자기주식 취득

종속기업이 종속기업의 자기주식을 비지배주주로부터 취득하는 경우에도 지배기업의 상대적 지분율은 변동된다. 종속기업이 비지배주주로부터 자기주식을 취득하는 거래는 해당 대가를 지급하고 비지배지분을 감자시키는 자본거래와 동일하다. 그러므로 이 경우 지분율 변동으로 인한 지분변동차액을 계산하고, 지분변동차액을 자본에 직접 반영하여 지배기업의 소유지분에 귀속시킨다.

자기주식 취득거래에서 발생하는 지분변동차액은 다음과 같이 계산한다.

---

1. **비지배지분변동액**: 1) - 2)

   1) **자기주식 취득 후 지분액**: 취득 후 순자산 × 취득 후 비지배지분 지분율

   2) **자기주식 취득 전 지분액**: 취득 전 순자산 × 취득 전 비지배지분 지분율

2. **자기주식 취득액**

3. **지분변동차액**: 1. - 2.

Ⅳ | 기타사항

01 연결재무제표의 법인세효과

연결조정분개를 수행할 때 지배력 획득시점에 종속기업의 순자산 장부금액과 공정가치의 차이를 인식하거나 지배기업과 종속기업의 내부거래 미실현손익을 제거하거나 실현시킨다. 이때 연결재무제표의 자산·부채 장부금액과 세무상 금액 간의 차이가 발생하게 되는데 이로 인한 법인세효과를 연결재무제표에 반영하여야 한다. 연결재무제표를 작성하면 인식되는 법인세효과는 실제 납부하는 법인세와 관련이 없어 이연법인세자산(부채)으로 인식한다.

> ### ☆ Self Study
>
> 1. 지배력 획득일 종속기업 순자산 차액에 대한 법인세효과를 인식하여야 연결재무상태표와 연결포괄손익계산서의 금액들이 세금효과를 고려한 금액이 된다.
>
> 2. 영업권에 대해서는 이연법인세를 인식하지 않는다.
>
> 3. 지배기업과 종속기업의 내부거래로 인한 미실현손익을 제거하면 연결재무제표의 금액은 미실현손익이 제거된 금액으로 보고되지만, 세무상 금액은 내부거래 미실현손익을 포함한 금액으로 유지된다. 그러므로 연결재무제표의 금액과 세무상 금액의 차이가 발생한다. 이러한 차이는 이연법인세자산(부채)으로 연결조정분개를 하여 인식하게 된다.

02 복잡한 지배구조

(1) 단계적 소유의 연결

단계적 소유는 지배기업이 종속기업의 주식을 취득한 후에 그 종속기업이 다른 종속기업의 주식을 취득하여 지배종속관계가 순차적으로 이루어지는 것을 말한다. 단계적 소유의 연결에서는 최하위 종속기업부터 단계적으로 연결절차를 수행한다. 연결당기순이익을 지배기업 귀속 순이익과 비지배지분 귀속 순이익으로 배분할 때 내부거래 손익과 순자산 과소평가 상각액을 반영한 이익을 계산한 후 최하위 기업부터 상위 기업으로 순차적으로 계산한다.

> ### ☆ Self Study
>
> 종속기업을 통하여 간접 지배하는 형태는 지배기업과 종속기업이 합하여 다른 종속기업을 지배하는 경우이고 최하위 종속기업부터 단계적으로 연결절차를 수행한다.

(2) 종속기업이 소유한 지배기업 주식

종속기업이 소유한 지배기업 주식은 연결실체 입장에서 자기주식에 해당한다. 그러므로 연결재무제표를 작성하면서 종속기업이 자산으로 인식한 지배기업 주식은 **연결재무제표 자본에 차감항목으로 표시**한다.

> **☆ Self Study**
>
> 종속기업이 소유한 지배기업 주식을 공정가치로 평가하여 인식한 평가손익이 존재한다면 연결조정분개를 하여 평가손익을 취소하여야 한다. 종속기업이 지배기업으로부터 배당을 수령하였다면 배당수익도 취소하여야 한다.

03 역취득

역취득은 법적 취득자인 증권을 발행한 기업이 회계목적상 피취득자로 식별될 때 발생한다. 지분을 취득당한 기업은 역취득으로 고려되는 거래에서 회계목적상 취득자가 된다.

① **회계목적상 피취득자로서 상장기업**: 법적 취득자
② **회계목적상 취득자로서 비상장기업**: 법적 피취득자

거래가 역취득으로 회계처리되기 위하여 회계목적상 피취득자는 사업의 정의를 충족해야 하며, 영업권을 인식하기 위한 요구사항이 포함된 모든 인식원칙과 측정원칙을 적용한다.

제 **28** 장

환율변동회계

해커스 IFRS 정윤돈 재무회계 키 핸드북

Ⅰ | 환율의 기초

환율은 서로 다른 두 나라 통화를 교환할 때의 교환비율을 의미한다.

01 직접환율과 간접환율

(1) 직접환율

직접환율은 외국의 통화를 기준으로 자국의 통화를 표시하는 방법으로 자국통화 표시환율이라고 한다(Ex. $1 = ₩1,200). 이 방법은 자국화폐 대비 외화가격이 상승하는 것을 환율상승이라 하며, 그 반대를 환율하락이라고 한다. 우리나라를 비롯한 대부분의 국가는 직접표시방법을 사용하여 환율을 공시하고 있다.

(2) 간접환율

간접환율은 자국의 통화를 기준으로 하여 외국의 통화를 표시하는 방법으로 외국통화 표시환율이라고 한다(Ex. ₩1 = $0.001). 이 방법은 자국화폐 대비 외화가격이 상승하는 것을 평가절하라 하며, 그 반대를 평가절상이라고 한다.

02 현물환율과 선도환율

(1) 현물환율

현물환율(spot exchange rate)은 외환의 매매계약 성립과 동시에 통화의 인도와 대금의 결제가 이루어지는 현물거래(spot transaction)에 적용되는 환율을 말한다. 외화거래가 발생한 당시의 현물환율을 역사적 환율이라 하며, 보고기간 말에 재무제표 작성시점의 현물환율을 마감환율이라 한다.

(2) 선도환율

선도환율(forward exchange rate)은 미래의 특정 시점에서 화폐단위를 교환하는 약정인 선물환거래(forward contract)에 적용되는 환율을 말하며, 선물환율이라고도 한다.

03 기능통화와 표시통화

한국채택국제회계기준서 제1021호 '환율변동효과'의 가장 중요한 특징은 재무제표 작성용 통화인 기능통화와 재무제표 공시용 통화인 표시통화를 각각 구분하여 이를 중심으로 하는 외화환산회계를 다루고 있다는 것이다.

(1) 기능통화

기능통화는 기업의 영업활동이 이루어지는 주된 경제 환경의 통화를 말한다. 여기서 영업활동이 이루어지는 주된 경제 환경은 주로 현금을 창출하고 사용하는 환경을 말한다. 즉 기능통화는 기업이 수익을 창출하고, 수익을 창출하기 위하여 원가를 지출하는 주요 영업활동에 사용되는 통화라 할 수 있다. 일반적으로 주요 영업활동에서 사용하는 통화는 자국통화이다. 그러므로 대부분의 기업은 자국통화가 기능통화가 되지만, **기업의 업종이나 영업활동의 특성상 자국통화가 아닌 다른 통화도 기능통화가 될 수 있다.** 기업이 기능통화 개념을 사용하여 재무제표를 작성하게 되면 외화는 외국의 통화가 아닌 기능통화 이외의 다른 모든 통화를 지칭한다.

> ─☆ **Self Study**
>
> 기능통화는 관련된 실제 거래, 사건과 상황을 반영해야 하므로 일단 기능통화를 결정하면 변경하지 않는 것이 원칙이다. 그러나 실제 거래, 사건과 상황에 변화가 있다면 예외적으로 기능통화를 변경할 수 있으며, 이 경우에는 새로운 기능통화에 의한 환산절차를 변경한 날부터 전진적용한다.

(2) 표시통화

표시통화는 재무제표를 표시할 때 사용하는 통화를 말한다. 표시통화는 보고통화라고도 하며, 기능통화로 작성된 재무제표를 정보이용자에게 공시하는 경우 사용하여야 하는 통화이다.

04 한국채택국제회계기준에 의한 환산

(1) 해외사업장이 없는 보고기업

① Step 1: 기능통화 재무제표의 작성

경영진은 우선 해당 보고기업의 기능통화를 결정하고 외화거래를 당해 기능통화로 환산하여 재무제표를 작성한다.

② Step 2: 표시통화 재무제표로 환산 후 재무제표 공시

정보이용자의 요구에 따라 기능통화로 작성된 재무제표는 어떤 통화로도 표시될 수 있다. 기능통화와 표시통화가 다른 경우에는 기능통화로 작성된 재무제표를 표시통화로 다시 환산하여 회계정보를 정보이용자에게 공시한다.

(2) 해외사업장이 있는 보고기업

① Step 1: 해외사업장의 기능통화 재무제표 작성

경영진은 우선 해당 해외사업장의 기능통화를 결정하고 외화거래를 당해 기능통화로 환산하여 해외사업장의 재무제표를 작성한다.

② Step 2: 표시통화 재무제표로 환산 후 보고기업의 재무제표와 통합하여 공시

보고기업에 속해 있는 해외사업장의 경영성과와 재무상태는 보고기업이 재무제표를 보고하는 통화로 환산해야 한다. 해외사업장의 기능통화가 보고기업의 표시통화와 다른 경우에는 그 경영성과와 재무상태를 보고기업의 표시통화로 환산한 후 보고기업과 해외사업장의 재무제표를 통합(Ex. 연결재무제표의 작성이나 지분법의 적용)하여 하나의 재무제표로 공시한다.

05 이론적인 외화환산의 방법론

한국채택국제회계기준에 의한 외화거래 환산방법의 이론적인 방법론은 다음과 같다.

(1) 유동성 · 비유동성법

유동성 · 비유동성법은 외화환산방법 중에서 가장 고전적인 방법이다. 재무제표의 과목을 유동항목과 비유동항목으로 구분하여 유동항목에는 보고기간 말의 환율을 적용하고, 비유동항목에는 역사적 환율을 적용하여 외화거래를 환산하는 방법이다.

(2) 화폐성 · 비화폐성법

화폐성 · 비화폐성법은 재무제표의 과목을 화폐성 항목과 비화폐성 항목으로 분류하여 화폐성 항목은 보고기간 말의 현행환율을 적용하여 환산하고, 비화폐성 항목은 거래발생일의 역사적 환율을 적용하여 환산하며, 이에 따른 환율변동손익을 전액 당기손익으로 인식하는 방법이다.

(3) 시제법

시제법은 재무제표에 공정가치로 측정되어 있는 항목은 당해 공정가치 측정일의 현행환율을 적용하여 환산하고, 역사적 원가로 측정되는 항목은 당해 거래 발생일의 환율을 적용하여 환산하며, 이에 따른 환율변동손익은 공정가치변동손익을 인식하는 방법에 따라 당기손익이나 기타포괄손익으로 인식하는 방법이다.

(4) 현행환율법

현행환율법은 재무제표의 모든 자산과 부채항목은 보고기간 말의 현행환율을 적용하여 환산하고, 자본과 손익항목은 당해 거래발생일의 환율을 적용하여 환산하며, 이에 따른 환율변동손익을 당기손익으로 인식하지 않고 기타포괄손익으로 이연시키는 방법이다.

06 한국채택국제회계기준

한국채택국제회계기준에서는 기능통화 재무제표를 작성하는 과정에서 화폐성 · 비화폐성법과 시제법을 함께 사용하여 외화거래를 환산하도록 규정하고 있으며, 기능통화 재무제표를 표시통화 재무제표로 환산하는 과정에서는 현행환율법을 적용하여 환산하도록 규정하고 있다.

(1) 화폐성 항목

화폐성 항목의 본질적 특징은 확정되었거나 결정할 수 있는 화폐단위의 수량으로 받을 권리인 채권과 지급할 의무인 채무라는 것이다.

┌─☆ **Self Study**

현금으로 지급하는 연금과 그 밖의 종업원급여, 현금으로 상환하는 충당부채, 부채로 인식하는 현금배당 등이 화폐성 항목의 예이다.

(2) 비화폐성 항목

비화폐성 항목의 본질적 특성은 확정되었거나 결정할 수 있는 화폐단위의 수량으로 받을 권리나 지급할 의무가 없다는 것이다.

Ⅱ | 기능통화 재무제표의 작성

보고기업의 기능통화가 아닌 통화(외화거래)로 거래가 발생하면 이를 기능통화로 환산하여 재무제표를 작성해야 한다. 외화거래는 외화로 표시되어 있거나 외화로 결제되어야 하는 거래를 말한다.

01 외화거래의 최초 인식

기능통화로 외화거래를 최초 인식하는 경우 거래일의 외화와 기능통화 사이의 현물환율을 외화금액에 적용하여 인식한다.

> **Additional Comment**
>
> 외화부채에 대한 이자비용은 차입개시일부터 상환일까지의 기간에 걸쳐 매일 발생한다. 따라서 원칙적으로 이자비용에 해당일자별 환율을 적용하여 환산하여야 한다. 하지만 실무적으로 해당 기간 중에 환율이 유의적으로 변동하지 않았다면 이자비용이 발생한 기간 동안의 평균환율을 적용하여 환산하는 것이 적절할 수 있다.

02 화폐성 외화항목의 후속측정

(1) 보고기간 말의 후속측정

보고기간 말에 존재하는 화폐성 외화자산·부채는 보고기간 말의 마감환율을 적용하여 환산한다. 이 경우 최초 인식일에 적용한 환율(또는 전기의 보고기간 말에 적용한 환율)과 당기의 보고기간 말의 마감환율이 다른 경우 외환차이가 발생하게 된다.

화폐성 항목의 환산에서 발생하는 외환차이는 그 외환차이가 발생하는 회계기간의 당기손익으로 인식한다. 한국채택국제회계기준에서는 보고기간 말의 환율변동으로 인해 발생하는 외환차이에 대한 계정과목을 예시하고 있지 않다. 본서는 이를 외화환산손익의 계정과목으로 하여 인식한다.

(2) 결제일의 후속측정

화폐성 외화자산·부채가 보고기간 중에 결제되는 경우에는 당해 결제금액에는 결제일의 현행환율을 적용하여 측정한다. 이 경우 최초 인식일에 적용한 환율(또는 전기의 보고기간 말에 적용한 환율)과 결제시점의 현행환율이 다른 경우 외환차이가 발생하게 된다.

화폐성 항목의 결제시점에서 발생하는 외환차이는 그 외환차이가 발생하는 회계기간의 당기손익으로 인식한다. 한국채택국제회계기준에서는 보고기간 말의 환율변동으로 발생하는 외환차이에 대한 계정과목을 예시하고 있지 않다. 본서는 이를 외환차손익 계정과목으로 하여 인식한다.

03 비화폐성 외화항목의 후속측정

(1) 역사적원가 측정대상 비화폐성 외화항목의 후속측정

역사적원가로 측정하는 비화폐성 외화항목은 거래발생일의 환율로 환산하여 후속측정한다. 비화폐성 외화항목이 역사적원가로 측정되고 있다면 장부금액을 취득원가로 측정하고자 하는 것이므로, 환율도 최초 거래 발생일의 환율을 적용하여 후속측정하는 것이 취득원가주의와 적절히 대응된다.

역사적원가 측정대상 비화폐성 외화항목의 경우 최초 인식 시에 거래발생일의 환율을 적용하여 측정하고, 후속측정 시에도 해당 거래발생일의 환율을 적용하여 측정하므로 외환차이가 발생하지 않는다.

(2) 공정가치 측정대상 비화폐성 외화항목의 후속측정

공정가치로 측정하는 비화폐성 외화항목은 공정가치가 결정된 날의 환율로 환산하여 후속측정한다. 비화폐성 외화항목이 공정가치로 측정되고 있다면 장부금액을 공정가치로 측정하고자 하는 것이므로, 환율도 공정가치 측정일(Ex. 보고기간 말)의 환율을 적용하여 후속측정하는 것이 공정가치주의와 적절히 대응된다.

공정가치 측정대상 비화폐성 외화항목의 경우 최초 인식 시에 거래발생일의 환율을 적용하여 측정하고, 후속측정 시에도 공정가치 측정일의 환율을 적용하여 측정하므로 외환차이가 발생한다. 해당 비화폐성 항목에서 생긴 공정가치 변동손익을 당기손익으로 인식하는 경우에는 그 손익에 포함된 환율변동효과도 당기손익으로 인식한다. 그러나 비화폐성 항목에서 생긴 공정가치 변동손익을 기타포괄손익으로 인식하는 경우에는 그 손익에 포함된 환율변동효과도 기타포괄손익으로 인식한다.

> ### ☆ Self Study
>
> 공정가치 측정대상 비화폐성 외화항목의 후속측정 시 환율변동손익을 분리하여 인식하지 않는다. 환율변동에 따른 효과를 분리하여 인식하지 않고 자산 가치의 변동손익에 포함하여 환율변동손익을 인식한다.

Ⅲ | 표시통화 재무제표로의 환산

01 보고기업 재무제표의 표시통화환산

보고기업의 기능통화와 표시통화가 다른 경우에 기능통화 재무제표를 표시통화 재무제표로 환산하는 방법은 다음과 같다.

> ① **재무상태표의 자산과 부채**: 해당 보고기간 말의 마감환율로 환산
> ② **재무상태표의 자본**: 해당 거래발생일의 환율로 환산
> ③ **포괄손익계산서의 수익과 비용**: 해당 거래일의 환율 혹은 해당 기간의 평균환율로 환산
> ④ ①, ②, ③의 환산에서 생기는 **외환차이**: 기타포괄손익(해외사업환산손익)으로 인식

한국채택국제회계기준서 제1021호 '환율변동효과'에서는 기능통화를 표시통화로 환산할 때 자산과 부채, 그리고 수익과 비용항목에 적용할 환율에 대한 규정이 있지만, 이를 제외한 자본에 적용할 환율에 대한 규정이 없다. 자본항목도 수익과 비용과 마찬가지로 해당 거래일의 환율을 적용하는 것이 타당하다.

Additional Comment

표시통화의 적용에 따른 외환차이를 기타포괄손익으로 인식하는 이유는 이러한 환율의 변동은 현재와 미래의 영업현금흐름에 직접적으로 영향을 미치지 않거나 거의 미치지 않으므로 외환차이를 당기손익으로 인식하면 기업의 재무상태와 경영성과가 왜곡되기 때문이다. 그러므로 외환차이의 누계액은 자본의 별도 항목인 기타포괄손익누계액으로 표시하는 것이 타당하다.

02 해외사업장 재무제표의 표시통화 환산

(1) 해외사업장의 환산

해외사업장은 보고기업과 다른 국가에서 또는 다른 통화로 영업활동을 하는 종속기업, 공동기업, 관계기업을 말한다. 이때 해외사업장의 기능통화가 보고기업의 표시통화와 다르다면 기능통화로 작성된 해외사업장의 재무제표를 보고기업의 표시통화로 환산하여 각각 연결이나 지분법을 적용하고, 이 결과를 보고기업의 재무제표에 반영하여야 한다.

해외사업장의 기능통화가 보고기업의 표시통화와 다른 경우에 기능통화 재무제표를 표시통화 재무제표로 환산하는 방법은 다음과 같다.

> ① **재무상태표의 자산과 부채**: 해당 보고기간 말의 마감환율로 환산
> ② **재무상태표의 자본**: 해당 거래발생일의 환율로 환산
> ③ **포괄손익계산서의 수익과 비용**: 해당 거래일의 환율 혹은 해당 기간의 평균환율로 환산
> ④ ①, ②, ③의 환산에서 생기는 **외환차이**: 기타포괄손익으로 인식

이는 보고기업의 기능통화 재무제표를 표시통화로 환산하는 방법과 동일하며, 환산에서 발생하는 외환차이는 해외사업장환산손익의 계정으로 기타포괄손익으로 인식하면 된다. 또한 보고기업이 지분을 전부 소유하고 있지는 않지만 연결실체에 포함되는 해외사업장과 관련된 외환차이 중 비지배지분으로 인해 발생하는 외환차이의 누계액은 연결재무상태표의 비지배지분으로 배분하여 인식한다.

(2) 해외사업장의 처분

해외사업장을 처분하는 경우 기타포괄손익으로 인식한 해외사업장 관련 외환차이의 누계액은 해외사업장의 처분손익을 인식하는 시점에 자본에서 당기손익으로 재분류조정한다. 다만, 해외사업장의 손실 또는 투자자가 인식한 손상으로 인한 해외사업장의 장부금액에 대한 손상의 인식은 해외사업장의 일부를 처분하는 경우에는 해당하지 않는다. 따라서 기타포괄손익으로 인식한 해외사업장환산손익은 손상을 인식하는 시점에서 손익으로 재분류하지 아니하고 오직 해외사업장의 처분에 의하여만 당기손익으로 재분류조정된다.

(3) 해외종속기업의 연결

해외종속기업에 대한 연결재무제표를 작성할 때는 해외종속기업의 기능통화로 작성된 재무제표를 지배기업의 표시통화로 환산하여야 한다. 해외종속기업의 재무제표를 환산한 후 연결절차는 일반적인 경우와 동일하다. 해외종속기업의 연결에서 주의할 사항은 다음과 같다.

① 해외사업장의 취득으로 생기는 영업권과 자산·부채의 장부금액에 대한 공정가치 조정금액은 해외사업장 자산·부채로 본다. 그러므로 영업권과 자산·부채의 공정가치와 장부금액의 조정액은 해외사업장의 기능통화로 표시하고 마감환율로 환산한다. 이로 인하여 발생하는 외환차이도 해외사업장환산손익으로 기타포괄손익으로 인식한다.

② 보고기업이 해외사업장으로부터 수취하거나 해외사업장에 지급할 화폐성 항목 중에서 예측할 수 있는 미래에 결제할 계획이 없고 결제될 가능성이 낮은 항목은 실질적으로 그 해외사업장에 대한 순투자의 일부로 본다. 단, 이러한 화폐성 항목에는 장기 채권이나 대여금은 포함될 수 있으나 매출채권과 매입채무는 포함되지 않는다.

③ 보고기업의 해외사업장에 대한 순투자의 일부인 화폐성 항목에서 생기는 외환차이는 보고기업의 별도재무제표나 해외사업장의 개별재무제표에서 당기손익으로 인식한다. 그러나 보고기업과 해외사업장을 포함하는 재무제표(Ex. 해외사업장이 종속기업인 경우의 연결재무제표)에서는 이러한 외환차이를 처음부터 기타포괄손익으로 인식하고 처분시점에 당기손익으로 재분류한다.

제 29 장

파생상품회계

해커스 IFRS 정윤돈 재무회계 키 핸드북

I ┃ 파생상품의 기초

01 파생상품의 의의

파생상품(derivatives)은 주식, 채권, 외환과 금리 등의 금융상품을 기초로 만들어진 금융상품이다. 파생상품의 기초가 되는 금융상품을 기초변수 혹은 기초자산이라 하며, 파생상품은 이 기초변수의 미래 가격변동을 예상하여 당해 가격변동을 상품화한 신종금융상품이다. 대표적인 파생상품으로는 선도계약, 선물계약, 옵션계약과 스왑계약 등이 있다.

(1) 파생상품의 종류

① 선도계약과 선물계약

선도계약(forward contract)은 미래의 일정한 시점에 계약상의 특정 대상을 미리 정한 가격으로 매입하거나 매도하기로 맺은 당사자 간의 계약을 말한다. 반면, 선물계약(futures contract)은 수량·규격·품질 등이 표준화되어 있는 특정 대상에 대하여 현재시점에 결정된 가격에 의해 미래 일정 시점에 매입이나 매도할 것으로 약정한 계약으로서 조직화된 시장에서 정해진 방법으로 거래되는 것을 말한다.

② 옵션계약

옵션계약은 계약 당사자 간에 정하는 바에 따라 일정한 기간 내에 미리 정해진 가격으로 주식, 채권, 주가지수 등 특정 자산을 매입하거나 매도할 수 있는 권리에 대한 계약을 말한다. 선물거래와 달리 매입하거나 매도할 수 있는 권리를 거래하는 것이 옵션거래의 특징이다. 이때 매입할 수 있는 권리를 콜옵션이라 하며, 매도할 수 있는 권리를 풋옵션이라 한다.

③ 스왑계약

스왑계약은 미래 특정일이나 특정 기간 동안 일반상품 또는 금융상품을 상대방의 일반상품이나 금융상품과 교환하는 거래를 말한다. 교환대상이 상품인 경우를 상품스왑(commodity swap)이라고 하며 금융상품인 경우를 금융스왑(financial swap)이라 한다.

[기초변수와 파생상품의 종류]

기초변수	파생상품의 종류			
	선도거래	선물거래	옵션거래	스왑거래
일반상품의 가격	일반상품선도	일반상품선물	일반상품옵션	일반상품스왑
타기업 주식의 가격	지분선도	지분선물	주식옵션	지분스왑
환율	통화선도	통화선물	통화옵션	통화스왑
이자율	이자율선도	금리선물	금리옵션	이자율스왑

(2) 파생상품의 요건

한국채택국제회계기준서 제1109호 '금융상품'에서는 다음의 세 가지 특성을 모두 가진 금융상품이나 기타계약을 파생상품으로 정의하고 있다.

① 기초변수의 존재

파생상품으로 정의되기 위해서는 파생상품의 가치가 기초변수의 가격변동에 따라 변동하여야 한다. 기초변수는 이자율, 금융상품가격, 일반상품가격, 환율, 가격 또는 비율의 지수, 신용등급이나 신용지수 등 파생상품의 기초가 된 변수를 말한다. 다만, 비금융변수의 경우에는 계약의 당사자에게 특정되지 아니하여야 한다.

② 최초에 적은 순투자금액

파생상품을 정의하는 특성 중의 하나는 최초 계약 시 순투자금액이 필요하지 않거나 시장요소의 변동에 유사한 영향을 받을 것으로 기대되는 다른 유형의 계약보다 적은 순투자금액이 필요하다는 것이다.

③ 미래에 결제

파생상품으로 정의되기 위해서는 당해 상품이 거래발생일에 결제되는 것이 아니라 미래에 결제되어야 한다. 이 경우 결제방법이 총액으로 결제될 수도 있고, 차액으로 결제될 수도 있다. 파생상품으로 정의되기 위해서는 현재의 결제가 아니라 미래에 결제된다는 사실이 중요할 뿐 결제방법이 영향을 미치지 않는다.

02 파생상품의 거래목적

파생상품투자의 가장 큰 특징은 초기 순투자금액이 없다는 것이다. 따라서 파생상품은 크게 두 가지 거래목적에 의해서 투자되고 운용된다. 하나는 단기적인 매매차익을 얻기 위한 단기매매목적 거래이고, 나머지 하나는 기초자산의 가격변동위험을 제거하기 위한 위험회피목적 거래이다.

(1) 단기매매목적의 파생상품거래

단기매매목적 파생상품은 당해 파생상품 자체의 가격변동을 예측하여, 위험을 부담하면서 가격변동에 따른 단기적 시세차익을 목적으로 파생상품을 거래하는 것을 의미한다. 이를 투기목적이라고도 한다. 한국채택국제회계기준서 제1109호 '금융상품'에서는 후술하는 위험회피목적의 파생상품을 제외한 모든 파생상품거래를 단기매매목적의 거래로 규정하고 있다. 단기매매목적으로 파생상품을 보유하고 있는 경우에는 FVPL금융자산으로 분류한 후 관련된 회계처리를 수행하면 된다.

(2) 위험회피목적의 파생상품거래

위험회피목적 파생상품은 위험회피대상항목의 공정가치 변동이나 미래현금흐름 변동위험을 부분적 또는 전체적으로 상쇄하기 위하여 위험회피의 수단으로 파생상품을 이용하는 것을 말한다.

① 공정가치 위험회피목적

공정가치 위험회피목적은 특정 위험에 기인하고 당기손익에 영향을 줄 수 있는 것으로서, 인식된 자산이나 부채 또는 인식되지 않은 확정계약 또는 이러한 항목의 구성요소의 공정가치 변동 익스포저에 대한 위험을 회피하고자 위험회피수단으로 파생상품을 이용하는 것을 말한다.

② 현금흐름 위험회피목적

현금흐름 위험회피목적은 특정 위험에 기인하고 당기손익에 영향을 줄 수 있는 것으로서, 인식된 자산이나 부채 또는 발생 가능성이 매우 큰 예상거래의 현금흐름 변동 익스포저에 대한 위험을 회피하고자 위험회피수단으로 파생상품을 이용하는 것을 말한다.

③ 해외사업장순투자 위험회피목적

해외사업장순투자에 대한 위험회피목적은 해외사업장순투자를 지배기업의 표시통화로 환산하는 과정에서 발생하는 환율변동위험을 회피하고자 위험회피수단으로 파생상품을 이용하는 것을 말한다.

Additional Comment

위험회피대상항목은 공정가치 변동위험과 현금흐름 변동위험에 노출되어 있으며, 위험회피대상으로 지정된 자산이나 부채, 확정계약, 발생가능성이 매우 높은 예상거래 또는 해외사업장순투자를 말한다. 또한 위험회피수단은 위험회피대상항목의 공정가치 변동이나 현금흐름의 변동을 상쇄할 것으로 기대하여 지정한 파생상품 또는 비파생금융상품을 말한다. 위험회피목적으로 파생상품 등을 보유하는 경우에는 일반적인 회계처리가 아닌 위험회피회계를 적용하여야 한다.

---

03 위험회피회계

(1) 위험회피회계의 의의

위험회피회계(hedge accounting)의 목적은 당기손익이나 기타포괄손익에 영향을 미칠 수 있는 특정 위험으로 생긴 익스포저를 관리하기 위하여 금융상품을 활용하는 위험관리 활동의 효과를 재무제표에 반영하는 것이다. 이는 위험회피대상과 위험회피수단 사이에 위험회피관계가 설정된 이후에 위험회피활동이 재무제표에 적절히 반영될 수 있도록 해당 위험회피대상과 위험회피수단에 대하여 기존의 회계처리기준과 다른 별도의 회계처리방법을 적용하는 것을 말한다. 기업의 적극적인 위험회피활동으로 인하여 공정가치 변동위험 또는 현금흐름 변동위험이 상쇄되었음에도 불구하고 일반적인 회계기준을 적용하는 경우에는 기업의 위험회피활동이 재무제표에 적절히 반영되지 못하는 경우가 생길 수 있다. 이를 위해서 기존의 회계기준에 따른 회계처리방법과는 다른 회계처리방법을 적용해야 하며, 위험회피회계는 이러한 문제를 해결하기 위하여 개발된 회계처리방법이다. 이런 의미로 위험회피회계를 특별회계라고도 한다.

(2) 위험회피회계의 적용요건

위험회피목적으로 파생상품을 이용한다고 하여 모든 거래에서 위험회피회계를 적용하는 것은 아니다. 다음의 조건을 모두 충족하는 위험회피관계에 대해서만 위험회피회계를 적용한다.

1. **문서화**: 위험회피의 개시시점에 위험회피관계와 위험회피를 수행하는 위험관리의 목적과 전략을 공식적으로 지정하고 문서화한다.
2. **적격성**: 위험회피관계는 적격한 위험회피수단과 적격한 위험회피대상항목으로 구성된다.
3. **위험회피관계는 다음의 위험회피효과에 관한 요구사항을 모두 충족한다.**
   1) **경제적 관계 존재**: 위험회피대상항목과 위험회피수단 사이에 경제적 관계가 있다.
   2) **지배적이지 않은 신용위험효과의 영향**: 신용위험의 효과가 위험회피대상항목과 위험회피수단의 경제적 관계로 인한 가치 변동보다 지배적이지 않다.
   3) **동일한 위험회피비율**: 위험회피관계의 위험회피비율이 기업이 실제로 위험을 회피하는 위험회피대상항목의 수량과 위험회피대상항목의 수량 위험을 회피하기 위해 기업이 실제로 사용하는 위험회피수단의 수량의 비율과 같아야 한다.

① 위험회피효과

위험회피효과는 위험회피수단의 공정가치나 현금흐름의 변동이 위험회피대상항목의 공정가치나 현금흐름의 변동을 상쇄하는 정도이다. 위험회피에 비효과적인 부분은 위험회피수단의 공정가치나 현금흐름의 변동이 위험회피대상의 공정가치나 현금흐름의 변동보다 더 크거나 더 작은 정도이다.

② 위험회피대상항목과 위험회피수단 사이의 경제적 관계의 존재

위험회피대상항목과 위험회피수단 사이에 경제적 관계가 존재한다는 것은 위험회피수단과 위험회피대상항목이 같이 회피대상위험으로 인하여 일반적으로 반대 방향으로 변동하는 가치를 가지고 있다는 것이다. 경제적 관계가 존재하는 경우에만 위험회피회계를 적용할 수 있다.

③ 지배적이지 않은 신용위험효과의 영향

신용위험의 효과는 위험회피수단과 위험회피대상항목 사이에 경제적 관계가 있더라도 상계의 정도는 일정하지 않을 수 있다는 것을 의미한다. 위험회피수단이나 위험회피대상항목은 신용위험의 변동이 매우 커서 신용위험의 영향이 경제적 관계로 인한 가치 변동보다 지배적으로 발생하는 경우에는 위험회피회계를 적용할 수 없다. 지배적인지를 결정하는 규모의 수준은 기초변수의 변동이 유의적인 경우에도 신용위험으로부터의 손실이 위험회피수단이나 위험회피대상항목의 가치에 기초변수의 변동이 미치는 영향을 압도하는 것을 말한다.

④ 동일한 위험회피비율

위험회피비율은 상대적인 가중치로 표현되는 위험회피대상항목과 위험회피수단 각각의 수량 사이의 관계를 말한다. 위험회피관계의 위험회피비율이, 기업이 실제로 위험회피를 하는 위험회피대상항목의 수량과 기업이 그 수량을 위험회피하기 위해 사용하는 위험회피수단의 수량에 따른 위험회피비율과 같아야 위험회피회계를 적용할 수 있다.

⑤ 위험회피효과 요구사항을 충족하는지를 평가하는 빈도

위험회피관계가 위험회피효과의 요구사항을 충족하는지 여부는 위험회피관계의 개시시점부터 지속적으로 평가한다. 이러한 지속적 평가는 최소한 매 보고일이나 위험회피효과에 관한 요구사항에 영향을 미치는 상황의 유의적 변동이 있는 시점 중에서 이른 날에 수행한다. 이러한 평가는 위험회피효과에 관한 예상과 관련되므로 전진적으로만 수행한다.

(3) 위험회피관계의 위험회피비율 재조정

재조정은 이미 존재하는 위험회피관계의 위험회피대상항목이나 위험회피수단의 지정된 수량을 위험회피효과에 관한 요구사항에 부합하도록 위험회피비율을 유지하기 위해 조정하는 것을 말한다. 반면에 위험회피관계에 대한 위험관리목적이 바뀌었다면 재조정하는 것이 아니라 그 위험회피관계에 대한 위험회피회계를 중단하여야 한다. 재조정은 위험회피관계가 지속되는 것으로 회계처리하며, 재조정하는 시점에 위험회피관계에서 위험회피의 비효과적인 부분은 위험회피관계를 조정하기 전에 산정하여 즉시 인식한다. 위험회피관계를 재조정할 경우 위험회피비율은 다음과 같은 다른 방법으로 조정할 수 있다.

> 1. **위험회피대상항목의 가중치 조정**: 위험회피대상항목의 수량 증가시키거나 위험회피수단의 수량을 감소시켜 위험회피대상항목의 가중치를 증가(동시에 위험회피수단의 가중치 감소)시킨다.
> 2. **위험회피수단의 가중치 조정**: 위험회피수단의 수량을 증가시키거나 위험회피대상수단의 수량을 감소시켜 위험회피수단의 가중치를 증가시킨다.

여기서의 수량의 변동은 위험회피관계의 일부인 수량을 말한다. 따라서 수량의 감소가 반드시 항목이나 거래가 더 이상 존재하지 않거나 더 이상 발생할 것으로 예상되지 않는 것을 의미하는 것은 아니지만, 항목이나 거래가 위험회피관계의 일부가 아니라는 것을 의미한다. 즉, 위험회피에 지정되지 않은 파생상품의 일부분은 당기손익 – 공정가치 측정 항목으로 회계처리될 것이다.

(4) 위험회피회계의 중단

위험회피수단이 소멸·매각·종료·행사로 인하여 위험회피관계가 적용조건을 충족하지 않는 경우에만 전진적으로 위험회피회계를 중단하며, 이를 제외한 위험회피회계의 자발적인 중단은 허용되지 않는다. 또한, 위험회피관계의 일부만이 적용조건을 더 이상 충족하지 못하는 경우에는 위험회피관계의 일부만 위험회피회계를 중단한다. 한편, 위험회피회계의 일부나 전체가 중단된 종전의 위험회피관계의 위험회피수단이나 위험회피대상항목을 새로운 위험회피관계로 지정할 수 있다. 이는 위험회피관계의 지속이 아니라 재시작이다.

04 파생상품의 인식과 측정

(1) 파생상품의 최초 인식

금융자산이나 금융부채는 금융상품의 계약 당사자가 되는 때에만 재무상태표에 당해 금융자산이나 금융부채의 공정가치로 최초 인식한다. 따라서 파생상품의 경우에도 당해 파생상품의 계약 당사자가 되는 시점에 해당 계약에 따라 발생된 권리와 의무를 공정가치로 측정하여 자산과 부채로 최초 인식하면 된다.

> **☆ Self Study**
>
> 자산과 부채로 재무제표에 계상하여야 할 금액은 권리와 의무의 총공정가치가 아니라 순공정가치를 의미한다는 것이다. 파생상품 중 선도계약의 경우 최초 계약체결시점에 권리와 의무의 공정가치가 동일하다. 그러므로 선도계약의 경우 최초인식일의 순공정가치가 영(0)이므로 재무제표에 계상되지 않는다.

> **Additional Comment**
>
> 파생상품을 정의하는 특성 중의 하나는 최초 계약 시 순투자금액이 필요하지 않거나 시장요소의 변동에 유사한 영향을 받는 것으로 기대되는 다른 유형의 계약보다 적은 순투자금액이 필요하다는 것이다. 선도계약이나 스왑계약의 경우 최초 계약시점에 권리와 의무의 공정가치가 동일하기에 순공정가치가 영(0)이다. 따라서 최초 인식일에 순투자금액이 필요하지 않으며, 관련 회계처리도 필요 없다. 하지만 옵션계약의 경우 처음 계약시점에 권리의 공정가치인 옵션프리미엄이 존재한다. 따라서 최초 인식일에 해당 금액만큼의 순투자금액이 필요하며, 관련 회계처리가 필요하다.

(2) 파생상품의 후속측정

최초 인식 후 파생상품은 공정가치로 후속측정을 수행한다. 여기서 공정가치는 합리적인 판단력과 거래의사가 있는 독립된 당사자 사이의 거래에서 자산이 교환되거나 부채가 결제될 수 있는 금액을 말하며, 매도 등에서 발생할 수 있는 거래원가를 차감하지 않은 금액이다.

① 단기매매목적의 파생상품

단기매매목적의 파생상품을 후속측정하면서 발생한 공정가치 변동에 따른 손익은 발생한 회계기간에 즉시 당기손익으로 인식한다.

② 위험회피목적의 파생상품

위험회피목적의 파생상품을 후속측정하면서 발생한 공정가치 변동에 따른 손익은 위험회피목적의 종류에 따라 당기손익이나 기타포괄손익으로 인식한다.

③ 파생상품의 제거

파생상품이 만기에 청산되거나 중도에 반대매매를 통하여 청산되는 경우, 당해 청산이 금융상품의 제거요건을 충족한다면 파생상품을 재무제표에서 제거하고 제거에 따른 손익을 인식한다.

• **단기매매목적의 파생상품**

단기매매목적의 파생상품을 제거하면 발생한 결제손익은 발생한 회계기간에 즉시 당기손익으로 인식한다.

• **위험회피목적의 파생상품**

위험회피목적의 파생상품을 제거하면 발생한 결제손익은 위험회피목적의 종류에 따라 당기손익이나 기타포괄손익으로 인식한다.

Ⅱ | 단기매매목적의 파생상품

단기매매목적의 파생상품은 당해 파생상품 자체의 가격변동을 예측하여, 위험을 부담하면서 가격변동에 따른 단기적 시세차익을 목적으로 파생상품을 거래하는 것을 의미한다. 이를 투기목적이라고도 한다. 한국채택국제회계기준 제1109호 '금융상품'에서는 위험회피목적의 파생상품을 제외한 모든 파생상품거래를 단기매매목적의 거래로 규정하고 있다. 단기매매목적으로 파생상품을 보유하고 있는 경우에는 단기매매목적의 일반 금융상품과 동일하게 FVPL금융자산으로 분류한 후 회계처리를 수행하면 된다.

01 선도계약의 공정가치 산정

선도계약은 거래당사자 간의 미래 결제계약으로, 선물계약처럼 조직화된 시장에서 거래되는 것이 아니므로 시장가격이 없다. 따라서 선도계약의 공정가치는 현금흐름할인모형을 이용하여 다음과 같이 계산된다.

> ① **미래 예상현금흐름을 산정**
>
> 선도계약에 따른 예상현금흐름을 잔여만기가 동일한 선도가격을 기준으로 산정한다.
>
> ② **현재가치모형의 적용**
>
> 예상현금흐름 변동액을 잔여만기에 대하여 적절한 이자율로 할인하여 산정한다. 예상현금흐름변동액은 만기시점의 현금흐름이므로 선도계약의 현재 공정가치를 구하기 위해서는 이를 적절한 할인율로 할인해야 한다. 하지만 파생상품의 특성상 현재가치의 할인기간이 단기이므로 수험목적으로 현재가치를 적용하지 아니한 금액으로 공정가치를 측정하여도 무방하다.

> ┌─ **Additional Comment** ─┐
>
> 통화선도환율은 주요금융기관이 제시하는 통화선도환율을 참고로 하여 금융결제원 자금중개실이 보고기간 말에 공시하는 원화 대 미달러화 간 통화선도환율 및 이러한 원화 대 미달러화 간 통화선도환율과 미달러화 대 기타통화 간 통화선도환율을 재정한 원화 대 기타통화 간 통화선도환율을 사용한다.

02 파생상품 관련 손익의 처리

단기매매목적의 파생상품을 후속측정하면서 발생한 공정가치 변동에 따른 손익은 발생한 회계기간에 즉시 당기손익으로 인식한다. 더하여 만기나 중도 청산 시 발생한 결제손익도 발생한 회계기간에 즉시 당기손익으로 인식한다.

[단기매매목적 파생상품의 회계처리]

계약체결일	회계처리 없음			
보고기간 말	차) 파생상품	××	대) 파생상품평가이익	N/I
만기결제일	차) 파생상품	××	대) 파생상품평가이익	N/I
	현금	××	파생상품	××

Ⅲ | 공정가치 위험회피회계

파생상품을 위험회피의 수단으로 이용하는 경우에는 위험회피에 따라 회계처리를 수행하여야 한다. 공정가치 위험회피는 특정 위험에 기인하고 당기손익에 영향을 줄 수 있는 것으로서, 인식된 자산이나 부채 또는 인식되지 않은 확정계약 또는 이러한 항목의 구성요소의 공정가치 변동 익스포저에 대한 위험을 회피하기 위하여 파생상품을 이용하는 것을 말한다. 따라서 공정가치 위험회피회계는 위험회피수단인 파생상품에서 발생한 손익을 위험회피대상항목의 공정가치 변동이 발생한 기간에 손익을 대칭적으로 인식하여 상쇄되도록 하는 것이 핵심이다.

01 인식된 자산이나 부채의 공정가치 위험회피

인식된 자산이나 부채의 공정가치 위험회피는 현재 존재하는 자산이나 부채의 가격변동위험을 회피하기 위해 위험회피수단으로 파생상품을 이용하는 것을 말한다.

(1) 위험회피수단의 회계처리

인식된 자산이나 부채의 공정가치 변동위험을 회피하기 위해 위험회피수단으로 지정된 파생상품의 공정가치 변동손익은 당기손익으로 인식한다. 다만, 위험회피대상항목이 공정가치의 변동을 기타포괄손익에 표시하기로 선택한 지분상품인 경우 위험회피수단의 공정가치 변동손익은 기타포괄손익으로 인식한다.

(2) 위험회피대상항목의 회계처리

회피대상위험으로 인한 위험회피대상항목의 공정가치 변동손익은 위험회피대상항목의 장부금액에서 조정하고 당기손익으로 인식한다. 다만, 위험회피대상항목이 공정가치 변동을 기타포괄손익에 표시하기로 선택한 지분상품인 경우에는 그 금액을 기타포괄손익으로 계속 인식한다.

> **☆ Self Study**
>
> 위험회피회계를 적용하지 않는다면 원가로 측정하는 자산이나 부채의 경우에도 위험회피대상항목으로 지정되는 경우에는 당해 자산이나 부채를 공정가치로 후속측정하여 당기손익으로 인식해야 한다. 또한 위험회피대상항목이 FVOCI금융자산(채무상품)인 경우에도 회피대상위험으로 인한 손익은 기타포괄손익이 아닌 당기손익으로 인식한다.

02 확정계약의 공정가치 위험회피

확정계약은 미래의 특정 시기에 거래대상의 특정 수량을 특정 가격으로 교환하기로 하는 구속력이 있는 약정을 말한다. 확정계약의 공정가치 위험회피는 현재 존재하는 확정계약의 가격변동위험을 회피하기 위해 위험회피수단으로 파생상품을 이용하는 것을 말한다.

(1) 위험회피수단의 회계처리

확정계약의 공정가치 변동위험을 회피하기 위해 위험회피수단으로 지정된 파생상품의 공정가치 변동손익은 당기손익으로 인식한다.

(2) 위험회피대상항목의 회계처리

확정계약은 회계적으로 미이행계약이므로 계약을 이행하는 시점까지는 인식하지 않는다. 하지만 확정계약을 위험회피대상항목으로 지정한 경우에는 회피대상위험으로 인한 확정계약의 후속적인 공정가치의 누적변동분은 자산이나 부채로 인식하고, 이에 상응하는 손익은 당기손익으로 인식한다. 또한 확정계약을 이행한 결과로 인식하는 자산이나 부채의 최초 장부금액이 재무상태표에 인식된 위험회피대상항목의 공정가치 누적변동분을 포함하도록 조정한다.

⭐ **Self Study**

확정계약의 외화위험회피에 대해서는 공정가치 위험회피회계나 현금흐름 위험회피회계를 선택하여 적용할 수 있다. 확정계약의 경우 재고자산 등을 확정가격으로 매입하는 계약이므로 현금흐름변동위험을 부담하지 않는다. 하지만, 확정계약으로 인해 지급하거나 수령할 금액이 외화라면 대상자산의 가격변동으로 인한 공정가치 변동위험뿐만이 아니라, 환율변동으로 인한 현금흐름 변동위험도 부담하게 된다. 이러한 경우에는 기업의 선택에 따라 공정가치 위험회피나 현금흐름 위험회피로 지정할 수 있다.

Ⅳ │ 현금흐름 위험회피

현금흐름 위험회피는 특정 위험에 영향을 주고 미래의 당기손익에 영향을 줄 수 있는 예상현금흐름 변동에 대한 위험을 회피하고자 파생상품을 이용한다. 파생상품의 공정가치 평가손익 중 위험회피에 효과적인 부분은 기타포괄손익으로 인식하고, 비효과적인 부분은 당기손익으로 인식한다.

01 예상거래에 대한 현금흐름 위험회피회계

미래예상거래는 이행해야 하는 구속력은 없으나, 향후 발생할 것으로 예상되는 거래이다. 미래예상거래는 미이행계약이며, 법적인 구속력이 없으므로 해당 거래가 실행될 때까지는 예상거래에 대한 회계처리는 없다. 파생상품의 공정가치 평가손익 중 위험회피에 효과적인 부분은 기타포괄손익으로 인식하고, 비효과적인 부분은 당기손익으로 인식한다.

> ☆ **Self Study**
>
> 파생상품에서 발생한 기타포괄손익은 관련 자산이나 부채의 최초원가에 포함하거나 위험회피대상의 미래현금흐름이 당기손익에 영향을 미치는 기간에 당기손익으로 재분류조정한다.

02 확정계약에 대한 현금흐름 위험회피회계

현금흐름 위험회피회계를 적용하는 파생상품의 공정가치 평가손익 중 위험회피에 효과적인 부분은 기타포괄손익으로 인식하고, 비효과적인 부분은 당기손익으로 인식하나 확정계약의 예상현금흐름은 선도환율로 계산하므로 모든 평가손익이 위험회피에 효과적이며 기타포괄손익으로 인식한다.

> ☆ **Self Study**
>
> 파생상품에서 발생한 기타포괄손익은 관련 자산이나 부채의 최초원가에 포함하거나 위험회피대상의 미래현금흐름이 당기손익에 영향을 미치는 기간에 당기손익으로 재분류조정한다.

V | 파생상품의 기타사항

01 이자율스왑

이자율스왑계약은 계약 당사자 간에 각각의 채무에 대한 이자지급조건을 일정 기간 동안 교환하기로 하는 파생상품이며 금리변동위험을 회피하기 위해 사용한다.

고정금리지급조건을 스왑거래를 통해 변동금리로 전환하는 것은 공정가치위험회피회계에 해당하며, 변동금리지급조건을 스왑거래를 통해 고정금리로 전환하는 것은 현금흐름 위험회피회계에 해당한다.

(1) 공정가치 위험회피목적의 이자율스왑

고정금리를 부담하는 상황에서 고정이자를 수취하고 변동이자를 지급하는 이자율스왑계약을 체결하면 고정금리가 변동금리로 전환된다. 이에 따라 위험회피대상의 공정가치가 확정되며 이자율스왑은 공정가치 위험회피회계에 해당한다. 이자율스왑은 공정가치로 평가하여 평가손익을 당기손익에 반영하며, 위험회피대상도 공정가치로 측정하여 평가손익을 당기손익에 반영한다.

(2) 현금흐름 위험회피목적의 이자율스왑

변동금리를 부담하는 상황에서 변동이자를 수취하고 고정이자를 지급하는 이자율스왑계약을 체결하면 변동금리가 고정금리로 전환된다. 이에 따라 위험회피대상의 현금흐름이 확정되며 이자율스왑은 현금흐름 위험회피회계에 해당한다. 이자율스왑은 공정가치로 평가하며 평가손익은 위험회피에 효과적인 경우 기타포괄손익에 반영한다.

해커스
IFRS
정윤돈 재무회계
키 핸드북

개정 4판 2쇄 발행 2024년 7월 29일

개정 4판 1쇄 발행 2023년 5월 10일

지은이	정윤돈
펴낸곳	해커스패스
펴낸이	해커스 경영아카데미 출판팀

주소	서울특별시 강남구 강남대로 428 해커스 경영아카데미
고객센터	02-537-5000
교재 관련 문의	publishing@hackers.com
학원 강의 및 동영상강의	cpa.Hackers.com

ISBN	979-11-6999-157-5 (13320)
Serial Number	04-02-01